坂本保富著

佐久間象山研究 上巻

「東洋道徳・西洋芸術」思想の研究

吉川弘文館　刊行

佐久間象山肖像（真田宝物館所蔵）

目次

第二章　佐久間象山の思想と行動……九三
——「東洋道徳・西洋芸術」思想の形成と展開——

図・表目次

〔口絵〕

〔図〕

〔表〕

『佐久間象山研究』下巻
――門人帳史料「及門録」の研究――

目　次

凡　例

本書に引用した資料（史料）の記載は原文の表記を尊重したが、読者の利便性を考慮して、次のような措置を講じた。

1　引用史料の原文の一部を割愛した場合は「前略」「中略」「後略」と表記した。
2　引用史料には、読みやすくするために句点・読点・濁点を適宜、施した。
3　引用史料の原文の旧漢字は可能な限り常用漢字を用い、また異体字の場合も同様の措置を講じた。
（例）鉋・炮↓砲、劔↓剣、藏↓蔵、學↓学、德↓徳、數↓数、嶋↓島、曾↓曽、禰↓根、扣↓控、臺↓台、會↓会、礮↓砲、畧↓略、讀↓読、叓↓事、迠↓迄、處↓処、坐↓座
4　引用史料の原文が「漢文」や「候文」の場合は、読者の理解に資するために漢字仮名交じり文に読み下した。
・漢文事例：「少小窮易理中年研礮火。融会著礮卦」↓「少小にして易理を窮め、中年にして砲火を研し、融会して砲卦を著す」
・候文事例：「御出席無御座遺憾不少候」↓「御出席御座無く遺憾少なからず候」
「本邦之患とも可相成事と被存候」↓「本邦の患とも相成るべき事と存ぜられ候」
5　明らかな誤字・あて字、あるいは不適当な箇所や疑問箇所には、該当文字の右側に「ママ」を付した。
6　変体仮名は「ひらがな」あるいは「カタカナ」に換えた。
（例）之↓の・ノ、而↓て・テ、茂↓も・モ、江↓え・エ、者↓は・ハ、ゟ↓より・ヨリ、〆↓して・シテ、ヿ↓こと・コト、ゐ↓い・イ、ゑ↓え・エ、ヰ↓い・イ、子↓ね・ネ、而已↓のみ・ノミ、尓↓に・ニ、川↓つ・ツ、里↓り・リ、𪜀↓とき・トキ、𪜈↓トモ・トモ等々。
7　史料の中の欠損箇所あるいは判読不可能な箇所は、字数を推定して、□、□□、□□□とした。特に破損した史料の場合は、焼損部分の字数が不明である故、□…□と表記した。
8　年号の表記は、「安政三年（一八五六）のように、和暦（西暦）の順に記した。その際に「西暦」は「年」を省略し漢数字だけを記し、原則、各節の初出に付した。
9　他の解釈・解説の可能性がある場合、あるいは筆者が推測した語彙には右側に（カ）を付した。
10　本文中はもちろん、各章の「注記」においても、『　』は著書を、「　」は著書に収載された論文を示すものとする。
11　本書の文中に掲出する人名に関して、生存者に対する敬称はすべて「氏」を用い、故人に対しては敬称を省略させていただいた。また「注記」に引用する著者や論者についても省くことにした。

12　本書に引用した幕末期の史料などの中に、差別に関わる語句や標記が認められる場合があるが、それは歴史的表現としてそのまま記している。それは、差別の歴史的事実を直視し、差別に対する理解と解消に資するための処置である。

序論

――本書の研究意識と研究課題――

日本近代化研究の反省に求められる新たな研究視座　非西洋文化圏の北東アジア地域の片隅に位置する後進小国の日本。その日本が、いかにして欧米列強諸国に植民地化されず、しかも極めて短期間の内に西洋型の近代国家に転換することができたのか。

昭和戦後の三十年代前半から四十年代後半の時期には、日本の幕末維新期以降における急速な日本近代化＝西洋文明化の推進という歴史的現象が、欧米の日本研究者たちから刮目された。欧米先進国や発展途上国からみれば、植民地化されずに短期間で達成された日本の近代化は、実に歴史的な驚異であり不可思議な謎であった。

そこで、日本近代化の謎解きに挑んだ欧米の日本研究者たちは、日本人研究者が、封建制の前近代の日本を否定し超克して欧米型の近代日本を達成したと捉える断絶史観から解放され、事実に基づく自由史観をもって検証し、その結果、前近代社会である江戸時代の内に蓄積された豊かな文化遺産（近代化の経済的・学問的・教育的な基盤）の存在に着目した。彼らは、前近代との連続性において明治以降の日本近代化という歴史的現象を把捉し、歴史学をはじめ社会科学を中心とする幅広い学問分野からの研究成果を矢継ぎ早に発表したのである(1)。それは、日本の学術界にとっては、あたかも〝黒船来航の再来〟のごとき「西洋の衝撃」であった。これを契機に、舶来品志向の日本人研究者の多くは、学問領域の如何を問わず、競って欧米モデルの日本近代化研究に着手したのである(2)。

まさに、昭和戦後の日本の学術界は、なべて日本近代化研究の全盛期を迎えていた。当時の日本の研究者たちは、われ先にと欧米発信の近代化研究の潮流に乗り、彼ら欧米人の日本研究の翻訳紹介と欧米モデルの日本近代化研究の成果を、著書や論文などで公表していった。まさに昭和戦後における日本近代化研究の全盛期であった。

だが、当時、いまだ大学の学部学生であった著者は、このような欧米追随の二番煎じの主体性なき日本人研究者たちの研究状況に対して、言い知れぬ空虚さを感じ嫌悪感をすら抱いた。それ故に、著者は、研究の時代的な潮流に抗うがごとく、当時の日本人研究者の日本近代化研究の在り方に懐疑的な問題意識を抱き、近代化推進の当事者である日本側における主体性（independency）の形成や担保の如何を研究の中心課題とする新たな視座から、幕末期における開明的な思想家の佐久間象山（一八一一―六四）に代表される日本近代化の思想「東洋道徳・西洋芸術」（Eastern Morals and Western Science）に着目したのである。

幕末期の偏狭な鎖国攘夷の皇国思想から一転して明治以降に展開される過剰なまでに西洋文明を崇拝し摂取する日本近代化のありようは、あたかも日本人が西洋人に生まれ変わることが近代化であるかのごとき錯覚を抱かせる異様な様相を呈した。その有様は、まさに主体性なき日本人の「西洋道徳・西洋芸術」（Western Morats and Western Science）を標榜する欧化思想の模倣としかみえなかった。なぜならば、それは日本近代化の思想としては、日本人であることの主体性を喪失し、明治期以降の日本の実態から遊離した非現実的な欧化思想を振りかざす日本近代化の幻想としかみえなかった。このように江戸時代と明治以降を断絶の歴史として捉える歴史観は、同じく昭和の戦前と戦後との関係もまた否定の非連続性をもって捉える歴史理解が繰り返された。『易経』の説く「陰陽の法則」に拠らずとも、歴史は連続と非連続、肯定と否定とが複雑に絡み合い、渾然一体となった時間と空間の織り成す「今」（歴史的な現在）の連続的な展開である。そのように考えることができるからである。

混同された「東洋道徳・西洋芸術」と「和魂洋才」の思想的な異同　ところで、日本近代化の研究において、「東洋道徳・西洋芸術」と「和魂洋才」の思想的な異同が論じられることがまったくないままに、先見的に両者は同一内容の思想と理解される場合が多かった。哲学者の古在由重（一九〇一―九〇）が、「東洋道徳・西洋芸術」と「和魂漢才」の思想は、「一般的に当時のひとの思想的傾向を特長づけるものだった[3]」と述べているが、昭和戦後の日本の歴史学界にあっても「東洋道徳・西洋芸術」という思想は、明治以降、とりわけ昭和戦前に昂揚した「和魂洋才」の戦時思想と同義語と解釈され、両者はともに論理的な整合性を欠く和洋折衷の皇国思想として否定的な理解や評価を受けてきた。

だが、両者の間には、決定的な相違があった。両者の対照的な思想構造である。世界から日本をみるのか（「東洋道徳・西洋芸術」）、それとも日本から世界をみるのか（「和魂洋才」）、という日本を捉える根本的な視座の相違が認められるのである。

具体的に言えば、「和魂洋才」の思想は、「日本」と「西洋」とが直接的に対峙し折衷され「即」の関係で結合された二層構造の思想である[4]。

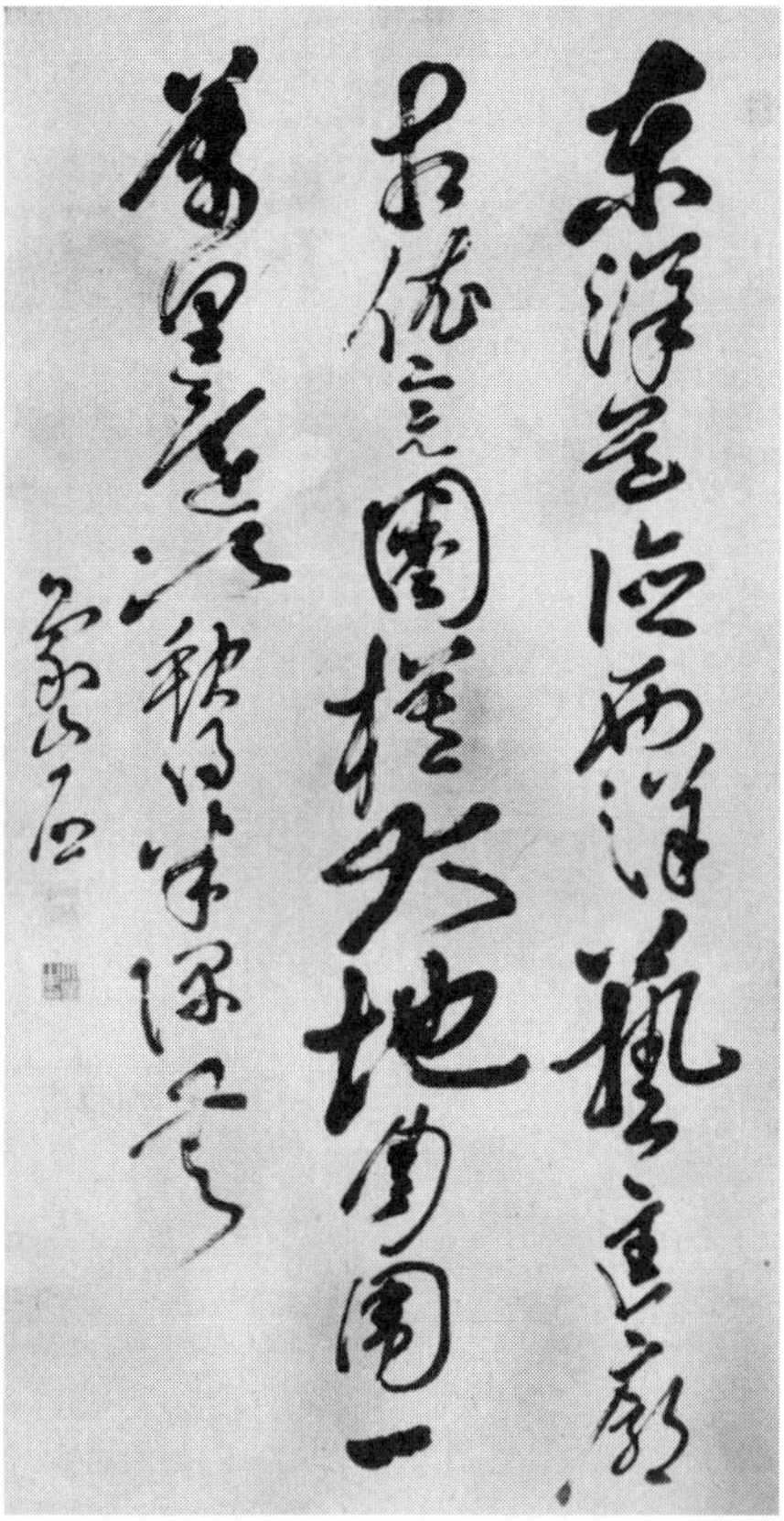

図１　「東洋道徳・西洋芸術」（『佐久間象山先生遺墨集』より）

それに対して「東洋道徳・西洋芸術」という思想の場合は、「東洋道徳」とは「和魂」と同義ではなく、中国に誕生し東洋文化圏に発展した普遍的な儒教思想を意味している。「西洋芸術」と同様に外来思想である儒教思想を媒介として日本を客観的に把捉し、そこから「西洋芸術」という別の外来文化を捉える思想、それが「東洋道徳・西洋芸術」という思想なのである。したがって「和魂洋才」と同一視はできない。象山の「東洋道徳・西洋芸術」思想は、西洋・東洋・日本という三項の関係性が、日本という天皇制国家の独立安寧の実現を究極的な目的として、西洋（欧米先進諸国の科学技術―形而下学：「西洋芸術」）と東洋（中国伝来の儒教道徳―形而上学：「東洋道徳」）とが、日本（天皇制国家―皇国）を底辺とする三角形の両翼を形成するという三角関係の構造になっている。東西両洋の学術技芸を媒介として日本を捉え、その日本が当時の覇権主義による先進国の属国化・植民地化の危機にさらされている状況を、いかにして回避するか。この喫緊の国家課題を、西洋と東洋の世界的な視野から客観的に把捉し、日本人の主体性を担保して（「東洋道徳」）、西洋近代科学（「西洋芸術」）を受容し、開国和親・進取究明の文明開化政策―日本近代化の推進を説く思想、それが象山が身命を賭して躬行実践した「東洋」「西洋」「日本」の三角構造からなる「東洋道徳・西洋芸術」という思想であった。

それに対して、「和魂洋才」の思想は、「和魂」すなわち国学・神道を中心とする日本古来の伝統思想が、「和魂」すなわち「大和魂」（昭和戦前の国家神道の思想に象徴される「日本精神」）を形成し、その上に異質な外来思想である「洋才」（西洋近代科学）が補完的に取り込まれた形の二層構造である。その思想においては、あくまでも主体は「大和魂」にあって、それを補強するのが「洋才」なのである。

したがって、「和魂洋才」は、日本（和魂）が西洋（洋才）と直接的な「即」の関係で結ばれた日本主体の西洋化の思想である。と同時に、「大和魂」が過度に強調されれば、昭和戦前の日本精神（大和魂）を鼓舞する日本の皇国化を推進する皇国思想に転位する可能性を内在する思想でもあった。

試みに「東洋道徳・西洋芸術」と「和魂洋才」を英文化して比較してみると、「和魂洋才（Japanese spirit with Western 〈Learning〉）」では「japanese」に「western」が付属する「with」の関係にあり、主体はあくまでも「japanese」にある。これに比して「東洋道徳・西洋芸術」（Eastern Morats and Western Science）の方は、「Eastern」と

「Western」は「and」という等位の接続詞で結ばれた並列の関係にあり、それら東西両洋を両翼として「japanese」が存在するという構造である。

たしかに「和魂洋才」の思想は、「東洋道徳・西洋芸術」思想と等しく、近代化の当事国である日本側に主体性を措定する日本の思想ではある。だが、国家存亡の危機的状況にあった幕末期に、国家人民の独立安寧を担保しうる実理有用な合理思想とは、はたして何であったのか。日本と西洋を二層構造の直接的な相関性でもって接合し位置づける尊皇攘夷の思想か（「和魂洋才」）、それとも東洋（中国）の伝統的な儒教思想と西洋の近代科学を媒介として日本の置かれた存在状況を客観的に把捉すると同時に、近代化を推進する日本側の主体性を担保する不可欠な要因として、東洋と西洋を両翼として位置づける三角構造をなす進取究明の開国思想（「東洋道徳・西洋芸術」）であるのか。すなわち、「東洋」の「道徳」と「西洋」の「芸術」とを統合して主体である「日本」を客観化する近代化の思想、それが「東洋道徳・西洋芸術」という思想の構造的な特徴なのである。したがって、「和魂洋才」と「東洋道徳・西洋芸術」とは同じ構造や意味を持つ思想ではない。両者の思想的な構造や内容には、明らかに同一視できない本質的な相違が認められるのである。

絶対基準化された西洋モデルに依存した日本近代化研究の再検討　日本の「近代化」（modernization）という概念の具体的な内実は、日本の「西洋化」（westernization）である。その際に、日本が「東洋芸術」から「西洋芸術」に転換する西洋化推進の進捗状況は、西洋近代をモデルとした欧米諸学会の独占的な指標（Merkmal）によって判断され評価される。はたして、西洋基準の近代化の概念は、唯一絶対の普遍性を有する世界標準たりうるのか。二十一世紀の今、明治以来の欧米基準の日本近代化を根本から疑ってみる必要がある。近代化の概念を構成する指標の設定には、風土性・民族性・歴史性・文化性・時代性など、当該国の多種多様な現実的諸条件が総合的に斟酌されてしかるべきである。

とりわけ重要な視点は、発展途上国など、近代化を推進する当該国側の主体性（indepency）が担保されることである。自分たちの伝統思想から先進国の何を選択し、それをどのように位置づけて活用するか、その選択権と決定権の有無が問題である。先進文化を受容する側の主体性を尊重することは、近代化研究の不可欠な前提条件である。煎じ詰めれば、近代化の概念は、決して欧米一辺倒の一義的なものではなく、国家や民族の相違により多義的であるはずである。極論すれば国家や民族の数だけの近代化の指標と理論、その実現に向かっての進捗状況がありうるということである。

ところで、非西洋文化圏であるアジアの一員である日本に、独自の主体的な近代化の思想があるかと問われたとき、一般の日本人であるならば、前述の「和魂洋才」思想、あるいは佐久間象山に代表される「東洋道徳・西洋芸術」思想を想起するに相違ない。冷静に幕末期の思想状況を現実分析してみると、「東洋道徳・西洋芸術」思想こそは、日本人の日本人による日本近代化の思想である、とみることができるからである。このように日本近代化を捉える発想は、一九七〇年代後半に研究者を志していた著者が発見した日本近代化研究に対する基本的な問題意識であった。以来、半世紀以上の歳月が流れた。幕末洋学史研究に携わりながら、日本の近代化と主体性の在り方の問題を、佐久間象山の「東洋道徳・西洋芸術」思想の研究を通して理解すべく、凡愚一徹で探究してきたのである。

本書における「東洋道徳・西洋芸術」思想の研究の意図と課題　一般に佐久間象山といえば、幕末動乱の時代に活躍した吉田松陰（一八三〇—五九）や坂本龍馬（一八三六—六七）、あるいは明治維新以降に活躍する西村茂樹（一八二八—一九〇二）や加藤弘之（一八三六—一九一六）、津田真道（一八二九—一九〇三）らに、尊皇攘夷の愚を指摘して開国進取の学問研鑽の重要性を説き、単なる技術を超えた本格的な洋学修得の重要性を論した恩師として知られる。だが、もう一歩、立ち入って歴史学的に象山を把捉した場合、彼の名は、幕末維新期以降の日本近代化の指標となりうる思想的な言辞「東洋道徳・西洋芸術」とともに想起される。彼が生きた幕末期の日本は、欧米列強諸国が、

「力は正義」（Might is right）という軍事的な覇権主義（hegemonism）を堂々と正当化して、後進地域の東アジアを舞台に植民地獲得に鎬を削る激動の時代であった。

そのような世界状況の下で日本の最も重要な課題は、何としても清朝中国の二の舞にはならずに、いかにして欧米諸国の植民地化の脅威を排除し、国家人民の独立安寧を確保することができるか、この一点であった。

そのためには、徳川将軍家を頂点とし二百六十余藩の地方分権制を内実とする幕藩体制（the feudal system of the shogunate, the United Clans of Japan：UFJ）を、いかにして天皇を頂点とする中央主権的な近代統一国家に改革し、藩・地域・身分という狭隘な封建的枠組を超えて、国民一丸となって国難に対応できる近代統一国家の政治体制・国防体制に改革することができるか。風雲急を告げる難題であった。だが、目的は同じでも手段は異なった。否、手段の相違が目的の違いを生んだ。幕末期の眼前に迫る現実は、新たな国家像や国民像の素描とその実現方途をめぐって、攘夷と開国、佐幕と尊皇とが対立抗争して複雑に入り交じり、目的と手段を錯綜させる政治権力の離合集散による思想的な混乱を招来する動乱の時代となった。それが幕末期日本の実像であった。

だが、象山は、黒船来港後の内憂外患に動揺し翻弄される幕末期のカオス的な時代状況が現出する十数年も前の天保十三年（一八四二）に、隣の清朝中国に勃発したアヘン戦争（一八四〇—四二）の調査分析を契機に、いち早く狭隘な鎖国攘夷の封建的な守旧論を脱却して、開国進取を基本指針とする新たな国家像を素描し、その実現に実理有用な実践的学問（実学—「真学問」）の在り方を探究していた。それ故に象山は、アヘン戦争から十数年後の黒船来港の際には、少しも動揺することなく、逆にアヘン戦争当時の自分の予測が的中したとの強い自信のほどをみせた。しかも、黒船来航のときの彼は、すでに東西両洋の学問を兼学して統合した「東洋道徳・西洋芸術」という新たな思想世界を構築して、蘭語辞典や軍事科学書の編纂、軍事科学系洋学私塾での教育活動などを積極的に展開し、幕末維新期に活躍する数多の人材育成に努めていた。また、日米和親条約の締結（一八五四年）に際しては、江戸の防衛と開港後の物流の往来を見越して、断固として下田開港に反対し横浜開港の実現に奔走するなど、開国進取の新生日本が向かうべき将来像の構築とそれを実現するための政策課題を具体的に明示していたのである。

このような象山は、江戸での蘭日辞書や西洋軍事技術書の出版事業、さらには私塾教育その他の教育文化活動を通して、全国各地の血気盛んな青少年たちに、日本に土着化した伝統思想（儒教―朱子学）を基盤として日本人としてのアイデンティティ（identity）を確立し、怯むことなく積極的に西洋文明を摂取すべしとする開国進取・文明開化の思想―「東洋道徳・西洋芸術」を説き示した。そのような彼の思想と行動とは、門人をはじめ尊皇攘夷を叫ぶ全国各地の血気盛んな青少年たちの思想形成・主体形成に強い影響を与え、彼らをして洋学の学習がいかに重要であるかを目覚めさせたのである。

はたして、幕末動乱期に日本近代化の可能性を具体的に提示し、開国進取・文明開化を力説した象山の思想「東洋道徳・西洋芸術」とは、どのような学問の修学過程を経て、いかなる思想的な形成要因の影響を受けて形成され展開された思想であるのか。そしてまた、日本近代化を指示する「東洋道徳・西洋芸術」思想の具体的な内容とその特徴は奈辺にあるのか。一体、「東洋道徳」とは何か、「西洋芸術」とは何か。そして「東洋道徳」と「西洋芸術」とは如何なる相関性で結合され、どのような意味であるのか。

これらの諸問題を、象山の全人的な人間性（主体形成の理解を基礎とする人間・象山の全体像）の理解を基にして、幕末期日本が直面した国家緊要の政策課題に応えようとした実践的思想としての「東洋道徳・西洋芸術」思想の内実を考察し、その思想の形成と展開の過程を分析し、またその思想的な構造や特徴を闡明すること、それが本書の研究課題である。

本書の内容構成と各章の研究課題　叙上のような研究課題を達成するために、本書の内容は、本論（三つの章）と補論（三つの特殊研究）とで構成されている。

まず第一章「日本近代化と幕末期洋学の新展開―西洋軍事科学の拡大と実力主義の人材登用―」では、幕末期日本における洋学受容の拡大普及という歴史的な現象を、従来の医学や本草学、暦学や天文学などの限定された狭い専門領域の点的な拡大普及によるとする理解の仕方はまったくの誤りであることを指摘する。アヘン戦争や黒船来航を契機に幕府諸藩が外圧の国難に目覚め、家臣たちを西洋砲術・西洋兵学の修得に向かわせたこと、すなわち支配階級である武士階層が西洋軍事科学（西洋砲術・西洋兵学）を学ぶことによる武士の洋学化と洋学の軍事科学化の現象を惹起したことこそが、軍事科学を中心とする西洋近代の科学技術（「西洋芸術」）の面的な拡大普及を結果した最大の要因であった、という事実を論証する。

また、黒船来航の前後から、医学系であれ軍事科学系であれ、洋学の修得者は、幕府諸藩から競って招聘され、西洋の砲術書や兵学書その他の蘭書翻訳、そして藩士子弟の洋学教育に従事した。それ故に、幕末期に洋学を修めた者は、専門分野を問わず、また例え農民や商人の出身であっても身分の垣根を超えて幕府諸藩に貴重な人材として登用され、明治維新後には新政府に任用されて様々な学術技芸の分野で日本近代化の推進に開拓的な貢献をしたのである。

このような洋学教育による洋学人材の育成と供給という新たな学歴社会の出現は、すでに幕末期に、明治以降における西洋型の近代学校制度の導入・定着に先駆けて、洋学の修得如何によって立身出世が可能となる学力主義の学歴社会が誕生していたことを物語っている。幕末期における欧米外圧を契機とした洋学修得の人材の育成と登用とは、明治の西洋型近代学校教育制度による本格的な学歴社会の到来のプロローグ（序章）であった。特に幕末期の教育世界では、公立学校である藩立学校（藩校）は、明治以降の学校制度に似て、入学年齢・担当教師・カリキュラム・テキスト・進級などが厳しく定められ制度化された学校であった。

しかし私塾の場合は異なっていた。師匠の選択や入退塾、在塾年限、他塾への移動などが学習主体である生徒（門人）に委ねられていたのである。また、師匠に教職の公的資格はなく、あくまでも自由な競争原理の下での実力主義の世界であった。師事すべき師匠がおり、そこに学ぶべき学問がある。そのような師弟の人間関係の親密な私塾で自由に学ぶことができる教育世界、そうした私塾の特性が、身分や地域を超えて武士階層を中心に洋学が普及拡大する要因であったと考えられる。

本章では、上記のような歴史的な事実の検証を、佐久間象山の軍事科学系の洋学私塾で「東洋道徳・西洋芸術」思想を学んだ門人たちの学歴や職歴などの分析を通して明らかにする。

次の第二章「佐久間象山の思想と行動―「東洋道徳・西洋芸術」思想の形成と展開―」は、質量ともに本書の中核をなす。ここでは、日本近代化の思想として象山の「東洋道徳・西洋芸術」という思想の形成と展開の過程を、従来の伝記的な理解や叙述を超える新たな視座と史料の分析を通して闡明することを意図している。二六〇頁を超える本章だけでも、優に一書にまとめることのできるほどに膨大な分量である。そのような本章では、時代とともに形成され展開される思想は、その形成者が所与の時代環境や教育条件の下で何を如何に学び、それをどのような思想と行動に展開したか。非凡な象山の幼少期からの主体的な学びの内実と軌跡を、「東洋道徳・西洋芸術」思想の形成と展開の基盤形成という視座から象山史料を内在的に把捉し分析する。

そのための具体的な研究課題の第一は、幼少期における算学と易学の兼修による数理的な朱子学理解の形成を可能にし、とりわけ朱子学の中核概念である「格物窮理」という実験的合理主義の思想形成をなしえた象山の学習歴を分析し、同時に象山の思想と行動の全的基盤となっていく武士道精神の修得とその思想形成上における影響を、新史料の紹介と分析を通して闡明することである。

続く研究課題の第二は、象山は、二十四歳で最初の江戸遊学で林家塾頭の佐藤一斎に入門する。だが、入門直後の象山に、一斎は、自著『言志四録』の二冊目に当たる『言志後録』の草稿の推敲を委ねる。これに応えて象山は、草稿を推敲・吟味して校訂した長文の報告書を一斎に提出する。このとき象山は、二十四歳。若くして相当の漢学力を身に付けていた証しである。それ故に本章では、学問一筋で刻苦勉励の幼少期を過ごした象山が、一斎に師事するときには、すでに朱子学を中核とする広範で膨大な漢学の基礎知識を修得して、すでに並の儒学者を凌駕するほどの学識を獲得していたことを論証する。さらに、そのような基礎知識の上に江戸の林家私塾で一斎門下の優秀な学徒たちと切磋琢磨し、その結果、象山は、而立を前にして学都の江戸に私塾を開いて広く名声をえることになる。朱子学の本山である幕府の昌平坂学問所からも学徒が入塾してくるほどに、正統派の朱子学を講ずる儒学者に成長した象山の学習歴（他者教育）と研究歴（自己教育）の分析が研究課題である。

そして第三の研究課題は、中国古今の漢学に精通した朱子学者に大成した象山は、「東洋道徳」の説く「格物窮理」の普遍的な有効性に対する確固たる信念を形成し、その思想的基盤に依拠して高度に発達した西洋近代の学術技芸（「西洋芸術」）を実験的に検証して理解を深め、ついには東西両洋の学術技芸を、「東洋道徳・西洋芸術」という異文化受容の思想結合にまで練り上げていく。その経緯と展開の具体的な諸相を分析する。

また、愛弟子の吉田松陰の海外密航事件に連座して罪科を問われ、信州松代での蟄居処分を受ける。が、すでに黒船来航の嘉永六年（一八五三）頃までには、蘭和辞典や砲術書の編纂、洋式大砲・軽砲の鋳造、西洋砲術塾での教育活動、そして開国進取の窓口となる横浜開港の実現に向けての東奔西走など、八面六臂で「東洋道徳・西洋芸術」思想の具体的な実践活動を展開していた。まさに黒船来航の前後の嘉永期は、象山の社会的な活動の絶頂期であった。

さらに蟄居後も、蘭書講読による洋学理解の深化、特に西洋近代科学（「西洋芸術」）を生み出す根本には「数学（ウィスキュンデ、wiskunde）」という学問が存在することを突き止め、その研究に没頭する。また、儒学と洋学の研究で漢方医学と西洋医学の知識技術を体得し、多くの臨床体験を踏まえて漢方医学と西洋医学の比較研究をするなど、従来の象山研究では未見の諸事実を解明する。

そして文久二年（一八六二）十二月に九年間に及ぶ蟄居生活が放免となる。だが、象山の招聘を待ち受けていた土佐藩や長州藩、さらには御所からの招聘を受けるが、政変の激動が著しく話はまとまらない。二年後の元治元年（一八六四）三月、今度は象山を処罰した幕府から上洛の命を受ける。私情を超えて、国難を考え、幕府の求めに応じた象山は、同年四月に争乱の京都に到着、その翌日から陪臣の身分でありながら、山階宮・中川宮、一橋慶喜・第十四代将軍徳川家茂など公武の高位高官に召され、「東洋道徳・西洋芸術」思想を具体化した開国進取の諸政策を建言して回る。だが、上洛してわずか四ヶ月後、攘夷派の刺客に斬殺される。蟄居赦免から最期に至る短期間における京での行動分析も本章の課題である。

最後の第三章「「東洋道徳・西洋芸術」思想の構造と特質―佐久間象山の東西学術を統合した思想世界―」は、「東洋道徳・西洋芸術」という思想の構造と特質の解明を意図した本書の総括をなす思想史研究の部分である。この章では、東西学術を統合するに際しての重要な接合概念である日本と西洋との数学の異同をめぐる問題、東洋の朱子学の中核概念である「格物窮理」の説く「理」の一元性と西洋科学の二元性とをめぐる問題、象山の最も得意な易学思想の東洋的弁証法（「対峙観念」）による「東洋道徳」と「西洋芸術」の理解と統合の問題、そして東西両洋の学術技芸を修得した朱子学者象山の思想的な基盤が「天人合一」の実践的な武士道精神にあったこと、等々の問題を明らかにする。すなわち、象山の形成し実践した「東洋道徳・西洋芸術」という思想の内容とその意味、特に東西両洋の学術技芸を修得して両者の本質を理解し統合した思想的な意図と論理の解明、その思想の幕末動乱期における時代的な意味と役割、等々の問題を、可能な限り象山自身の立場に寄り添って象山史料を内在的に理解し、その思想に込められた象山の真意と特徴とを解明すること、それらが第三章の研究課題である。

さらに補論（Ⅰ）の「墳原卜伝流免許皆伝「諭示」の全文の内容とその思想的特徴―象山の思想基盤の形成要因としての父親の文武両道の教育―」では、筆者が発見した「墳原卜伝流免許皆伝『諭示』」の解読と詳細な分析を通して、幼児期から成人に至る十数年間に及ぶ父親の家庭教育の内実を明らかにする。父親から受けた算学・易学、そして両者を包摂した格物窮理を中核する朱子学の教育、その独自な朱子学理解の教育は、象山の思想と行動の基礎となり、ついには「東洋道徳・西洋芸術」思想に結実する象山思想の全的基盤として機能していくもので、その経緯を分析する。すなわち、文武両道の師範で、朱子学の説く格物窮理の精神をもって「武術」を「武道」に理論化した父親の思想的な影響が如何に大きかったかを、「墳原卜伝流免許皆伝」に父親が付加した「諭示」の全文解読と内容分析を通して解明する。

また補論（Ⅱ）の「「妾」に嗣子誕生を切願した象山の女性観―幕末期の武家社会における「妾」の存在意義―」では、従来の先行研究では歴史的偉人である象山の思想的な守旧性と批判されてきた「妾」の問題に対して、「東洋道徳・西洋芸術」思想の形成と実践に生きた象山が、正妻に子がなく、妾に嗣子の誕生を切願して由緒ある佐久間家の存続を図ろうとした象山の女性観を具体的に分析する。朱子学者や洋学者である前に武門の当主であった象山の真意は、自らが誕生した由緒ある武家の佐久間家の存続を、何物にも勝る価値ある存在として自覚し、最期まで嗣子誕生を切願し正統な氏素性の妾を求めた。門人勝海舟の実妹である正妻に子がなき所以である。だが、思い描く夢は叶わず、象山横死の直後に、松代藩は冷酷にも佐久間家を御家断絶の処分に科し、家屋敷その他の一切を没収したのである。幼少期の神童ぶりを実現した象山は、学者・思想家・教育者などとしては社会的な成功者となり偉人化された。だが、ただ一点、叶わぬことがあった。正妻が子に恵まれなかったことである。その公私にわたる象山の苦悩と悲哀を埋めたのが妾の存在であった。

このような象山の妾理解を基にして、近世末期の幕末期における武家社会の家制度の存続に関わる「妾（側室）」の歴史的な意義を、思想の時代性と時代を超えた思想の存在を見据えて、象山史料の詳細な分析を通して明らかにし、それによって先行研究の象山否定に繋がる誤解や曲解を論駁し正すことを意図している。

そして補論（Ⅲ）の「象山の横浜開港の論理と行動―「東洋道徳・西洋芸術」思想の展開―」では、二百年を超える鎖国時代に幕を閉じて開国する歴史的な契機となった、黒船来航による日米和親条約の締結に際して、象山は、日米和親条約が決定した下田開港を当初から否定し、横浜開港の実現を主張して奔走した。その象山の合理的な理論と果敢な行動の詳細な分析を試みる。象山は、江戸から遠く険しい伊豆半島の突端の下田の地政学的な欠点を鋭く指摘して、同地を開港することを非とした。それに対して横浜は、幕府の本丸のある日本随一の大都市の江戸に近く、攻撃と防衛の両面で緊急事態に即応できる横浜の軍事的な防衛上の利点、そして開国後の国際貿易港としての人と物の流通上の最適地であることを、大老はじめ幕府の要路に建言し、さらには門人たちにも横浜開港を主君に説得させたのである。

長岡藩門人の三島億二郎や小林虎三郎は、当時、老中職にあった主君に恩師の横浜開港を説くが、書生の分際で政治に口を出したと断罪され、郷里での蟄居処分を受ける。この直後、横浜開港で奔走していた象山は、門人吉田松陰の海外密航事件に連座して幕府に捕縛され、自由を奪われる。だが、象山の横浜開港説は理に叶った卓見であったが故に、外国奉行の岩瀬忠震《ただなり》の理解をえて、大老・井伊直弼の独断的な条約締結により実現する。実際の横浜の開港は六年後の安政六年（一八五九）七月、前年に締結された日米修好通商条約に基づき、武蔵国久良岐郡横浜村（現、横浜市中区の関内付近）に開港された。

紆余曲折を経て象山が東奔西走して実現した横浜は、開港当時のは人口が約六〇〇人の半農半漁の寒村であった。その横浜が、今や人口三七〇万人という日本を代表する世界屈指の一大海洋都市に発展することになる。このような横浜の開港と発展は、開国進取を説く象山の「東洋道徳・西洋芸術」思想の具体的な展開の産物であった。この象山の横浜開港説の論理と実現に至る行動を分析する。

叙上のように、本書は、三つの章からなる「本論」の他に三つの「補論」を付して、「東洋道徳・西洋芸術」を基軸した象山の思想と行動の全体像を理解する補足とすることを意図したものである。

以上のような本論と補論とで構成される本書は、象山における「東洋道徳・西洋芸術」思想の成立と展開、およびその思想的な構造や特徴を、象山の思想と行動の依拠する「東洋道徳・西洋芸術」思想を、象山史料の総合的かつ内在的な分析と考察を通して解明することを意図した「佐久間象山研究」である。

註

(1) 日本が昭和戦後の復興を遂げ、驚異的な高度経済成長を続けていた一九六〇年代に、アメリカ・アジア学会（Association for Asian Studies）の特別プロジェクト「日本近代化研究会議」（Conference on Modern Japan）が結成され、近代化の概念設定をめぐる議論が展開した国際会議（箱根会議）が開催された。同会議には、丸山真男ほかの日本人研究者も参加した。その研究成果がアメリカ・プリンストン大学教授のM・B・ジャンセン編『日本における近代化の問題』（*Changing Japanese Affitudes Toward Modernization, Princeton University Press, Princetion, 1965*）として出版された。

この出版を皮切りに、欧米研究者の斬新で重厚な日本研究書が矢継ぎ早に刊行された。同じくアメリカの文化人類学者で優れた日本研究者であるH・パッシン教授（Herbert Passin, 1916–2003）の編著『日本近代化と教育』（*Society and Education in Japan, Columbia University Routledge and Kegan Paul London, 1965.*）、エール大学教授ジョン・W・ホール（John Whitney Hall）とプリンストン大学教授のマリウス・B・ジャンセン（Marius Berthus Jansen, 1922–2000）の共編になる『徳川社会と近代化』（*Studies in the Institutional History of Early Modern Japan, Prnceton, 1968*、原著書を直訳すると『近世制度史論集』）、プリンストン大学教授D・H・シベリー（Donald. h. Shvery）の編著『日本文化における伝統と近代化』（*Tradition and Modernization in Japanese Culture. Prinseton University Press, Princeton, Bew Jersey, 1976*）。

そして、イギリス・サセックス大学のR・P・ドーア教授（ロナルド・フィリップ・ドーア〈Ponald Philip Dore, CBE, 1925–〉）『江戸時代の教育』（*Educatin in Tokugawa Japan, Routledge and Kegan Paul London, 1965*）や『学歴社会　新しい文明病』（松井弘道訳、岩波書店、一九七八年、*The Diploma Disease-education, Qealification and Development by Ronald, P. Dore, First published by George Allen & Unwin Ltd, London, in 1976*）、ドナルド・H・シャイヴァリー編「*Tradition and Modernizaition in Japanese Culture, Edited by DONALD H. SHIVERLY Prinseton University Press, 1976*」（日本語訳なし）などの優れた研究成果が相ついで刊行されたのである。

日本における近代化研究の一大契機となったM・Bジャンセン編『日本における近代化の問題』の編訳者である細谷千博（一九

二〇一二〇一一、一橋大学名誉教授、国際政治学者）は、「近代日本研究会議」の研究成果が、日本の近代化研究に及ぼした影響について次のように記している。

わが国の「日本近代化」論議は、「箱根会議」と会議参加者がそのあとで発表した論文によって、大きな学問的刺激をあたえられ、これが一つの契機となり、現在各地の多くの大学に「日本近代化」の共同研究グループが組織されているが、この本の刊行が「日本近代化」の学問的研究を深める上での一助ともなり、またこれを機に西欧の学者との間で「対話」が一段と促進されることが期待される。「日本近代化」をめぐる問題状況も問題意識も、わが国と外国との間では当然差異があるが、その違いにもかかわらず（またそれ故に）、内外の学界の間での真の「対話」の成立と、国境をこえた学問的交流の一層の発展が必要なのではなかろうか。

（『日本における近代化の問題』の「編訳者あとがき」四一一—四一二頁）

細谷千博が予測した通り、本書に代表される「近代日本研究会議」の研究成果をまとめた同書は、わが国における新たな日本近代化研究の発火剤の役割をはたし、研究分野の相違を超えて日本近代化研究は急速に拡大し、同書は、あたかも日本研究のバイブルのごとき影響力をもつに至った。

以来、社会科学や人文科学の分野を中心に幾多の日本近代化研究の成果が示された。当時、日本近代化を幕末期以来の歴史的現象とみて、佐久間象山の思想「東洋道徳・西洋芸術」の思想史研究を志していた筆者は、「近代日本研究会議」の日本側の代表的な研究者であった丸山真男（一九一四—九六、東京大学名誉教授）の論文「個人析出のさまざまなパターン—近代日本をケースとして—」と、丸山の門下生で幕末期を明治期との連結点と考え日本近代化の歴史的現象とみる植手道有（一九三一—二〇一一、成蹊大学名誉教授）の『日本近代思想の形成』（岩波書店、一九七四年）に注目して、彼らの斬新な研究視座からなる象山の「東洋道徳・西洋芸術」思想の分析と理解の仕方に多大な学恩を受けたのである。

（2）　政治思想史研究者の松本三之介（一九二六—、東京大学名誉教授）は、「一般に、日本における近代思想の萌芽を問題とする場合、想定しうる視角」として次の三点をあげている。

①封建社会に対する批判的な思想の中に、近代思想への萌芽を探ろうとする方法
②近代思想一般に通ずる特質を前提とし、その新しい思想の萌芽を徳川時代の日本思想の中に探る方法
③西洋近代思想に対する日本近代思想の特質を重視し、西洋近代思想の受容についても、おもに受け入れる側の日本の伝統的思想状況の変容過程に即して、近代日本の思想的萌芽を探ろうとする方法

一九六〇年の夏に日本の箱根で開催された「近代日本研究会」の「予備会議」（箱根会議）が開催される頃までの日本近代化研究は、①の研究視座が圧倒的多数を占めていた。封建社会たる徳川時代の儒教思想、取り分け幕府の正学とされた朱子学への批判や否定なくして近代化論は成立しえなかった。その最も過激な急先鋒が佐藤昌介（『洋学史研究序説』、岩波書店、一九六四年。『洋学史の研究』、中央公論社、一九八〇年）であった。

だが、松本は、戦時下の厳しい研究統制の中にあっても、「新しい思想が旧い支配的な思想に対する外在的な批判・妥当を通してではなく、旧い思想自体の内部からする自己脱皮の結果としてもたらされる場合がしばしば見られた」（前掲『近代思想の萌芽』、九頁）として、その代表的な事例として丸山真男の荻生徂徠研究を中心とする『日本政治思想史研究』（東京大学出版会、一九五二年）をあげている。

筆者は、昭和四十年代後半から令和の今日に至る半世紀以上もの間、佐久間象山研究（「東洋道徳・西洋芸術」思想の研究）に携わってきた。その間の象山研究に係る問題意識や分析視角の時代的な変遷をみてみると、松浦や松本の提示した近代化研究の視座の類型化は、時代が過ぎて今もなお有効性が認められるということを実感する。

なお、松浦による昭和戦後の日本近代化研究の思想史的な研究の類型化に対応した、同時代の佐久間象山研究に関する研究成果の代表的な作品をあげれば次のごとくである。

①佐藤昌介『洋学史研究序説』（岩波書店、一九六四年）、②松本三之介『近代思想の萌芽』（筑摩書房、一九六六年）、『天皇制国家と政治思想』（未来社、一九六九年）、③源了圓『徳川合理思想の系譜』（中央公論社、一九七二年）、④信夫清三郎『象山と松陰』（河出書房新社、一九七五年）、⑤家永三郎『外来文化摂取史論』（青史社、一九七四年）、⑥渡辺和靖『明治思想史』（ぺりかん社、一九七八年）、⑦源了圓『佐久間象山』（PHP研究所、一九九〇年）、⑧佐藤昌介『洋学史の研究』（中央公論社、一九八〇年）、⑨川尻信夫『幕末におけるヨーロッパ学術受容の一断面—内田五観と高野長英・佐久間象山—』（東海大学出版会、一九八二年）、⑩古在由重『和魂論ノート』（岩波書店、一九八四年）、⑪丸山真男『忠誠と反逆—転形期日本の精神史的位相』（筑摩書房、一九九二年）、⑫佐藤昌介『洋学史論考』（思文閣出版、一九九三年）、⑬青木歳幸『在村蘭学の研究』（思文閣出版、一九九八年）、⑭本山幸彦『近世儒者の思想挑戦』（思文閣出版、二〇〇六年）、⑮松本健一『評伝　佐久間象山』（中央公論社、二〇〇〇年）、⑯王家驊『日本の近代化と儒学』（農山漁村文化協会、一九九八年）、⑰栗原剛『佐藤一斎—克己の思想』（講談社、二〇〇七年）、⑱小池喜明『武士と開国』（ぺりかん社、二〇〇八年）、⑲陶徳民『吉田松陰と佐久間象山　開国初期の海外事情探索者たち（Ⅰ）』（『関西大学東西学術研究所資料集刊』三九、二〇一六年）。

以上は、研究書であるが、他にも学会誌や大学紀要その他に発表された象山研究の論考は把握しきれないほどに多く、そこには内容的に秀逸な作品も多い。それらについては、本書の中の関連する箇所で紹介する。

（3）　古在由重『和魂論ノート』（岩波書店、一九八四年）、三二頁。

（4）　昭和戦後における「和魂漢才」の本格的な研究は、加藤仁平（一八九四―一九九三）の『和魂漢才説』（汲古書院、初版は一九八七年、増補版が二〇〇〇年に刊行）である。同書は、「和魂（大和魂）」の語源的な意味や古代平安以来の歴史的な用例や意味を丹念に考証した大著である。なお、同書に先だって、今井康子論文「和魂洋才・和魂漢才・やまとだましひ」（上下、岩波書店『文学』第四三号、一九七五年七、九月）がある。同論文は、古代の平安時代における「和魂漢才」の成立から江戸の幕末期の「和魂漢洋才」「和魂洋才」に至るまでの時代的な意味や役割の変遷を詳細に考察している。

また、近年では、加藤の著書を、各章ごとに内容を丹念に整理し検討した標宮子論文「加藤仁平著『和魂漢才説』をめぐって」（『聖学院大学総合研究所紀要』第一六号、二〇〇〇年二月）がある。

だが、「和魂洋才」の意味とその歴史的な役割を、哲学的な観点から鋭く分析した研究は、古在由重『和魂論ノート』（岩波書店、一九八四年）である。同書の初出は昭和四十七年（一九七二）に刊行された岩波講座「哲学」第十八巻の『日本の哲学』に収められていた。古在の論考は、それまでの先行研究における「和魂洋才」思想の歴史的な意味や役割の解釈の仕方を転換するほどに、鋭く本質を突く勇気ある論考である。

なお、これまで「和魂洋才」と「東洋道徳・西洋芸術」が同義的な思想と理解されてきたが、それは誤りで、両者の思想的な構造や意味の相違を、筆者は、前述の〈「東洋道徳・西洋芸術」と「和魂洋才」の思想的な異同性〉で論述しておいた。

第一章　日本近代化と幕末期洋学の新展開
――西洋軍事科学の拡大と実力主義の人材登用――

はじめに――本章の問題意識と研究課題

曖昧な「幕末期」および「幕末期洋学」の時代区分の問題　わが国は、桃山時代の末期、晩年の豊臣秀吉（一五三七―九八）が二度目の朝鮮出兵（慶長の役、一五九八―九九年）をして以来、明治の日清戦争（一八九四―九五年）に至る約三百年間もの長きにわたって、他国と戦火を交えることはなかった。このことは、歴史上、奇跡とさえいえるほどに極めて希なことで、世界に誇るべき厳粛な歴史的事実である。特に、その内の二百六十余年も続いた徳川時代は、世界史上、戦争なき平和安寧の希有な社会であった。しかし、その太平の世を当然と思いなして生きてきた日本人を、突如として震撼させ、不安と恐怖に貶める世界史的な大事件が勃発するのである。

その第一波が、隣国の清朝中国に起きたアヘン戦争（一八四〇―四二年）であり、続く第二波が黒船（米国海軍東インド艦隊）の浦賀来航（一八五三年）であった。前者は日本の為政者や知識人たちに、海国日本にとって「明日はわが身」という現実的な対外的危機意識を募らせた。そして後者は、鎖国攘夷を墨守してきた平和国家・日本の存亡に関わる直接的な危機の衝撃を与え、徳川幕藩体制の根幹を揺るがす未曾有の歴史的な大事件であった。

これらの国家人民の独立安寧を脅かす危機的状況を惹起した欧米列強諸国の武力を誇示した東アジア侵攻を眼前に

して、まさに幕藩体制という地方分権制を敷く日本においても危機管理能力が問われたのである。国家の独立と人民の安寧をいかにして担保するか。このような根本的視座から確かな防衛体制の確立とそれを支えうる実効性のある政治経済・学問文化、そして兵制軍備の刷新を急ぎ探求し構築することが、政権を担う幕府当局にとっては最大の国家的な緊要課題となったのである。

これら二つの欧米先進諸国による強大な軍事力を行使した外圧の事件が、幕藩体制に与えた衝撃は極めて甚大であった。迫り来る未曾有の国家存亡の危機に直面して、何ら有効な打開策を講じえない幕府は、以後、急速に政治的威信を失墜させ、崩壊の一途をたどっていくことになる。それは、徳川幕府の存立末期、すなわち幕末期という時代の転換期の幕開けであった。

ところで、「幕末」という用語であるが、もちろん幕末期の人々は自らが生きる時代を「幕末期」とは呼ばず、当然ながら「現代」であり「今」であった。「幕末期」という用語は、明治以降になって使用されたものである。そのことを、科学史研究者の中山茂（一九二八―二〇一四、神奈川大学名誉教授）は、次のように述べている。

幕末という呼び方はもちろん幕府存続中に出来た言葉ではなく、明治の史家たちの回想のなかでつくられた造語である。明治人にとって幕末といえば、嘉永年間に異国船の来航がしげくなって以来の慌ただしかった日々がまず回想される。洋学の上では、蘭医坪井信良の書翰によると、この頃から海防への関心より蘭学が急にブームになり、砲術が大流行し、医者よりも兵学者の世となった、とある。そこでやはり嘉永から慶応にかけてがもっとも幕末らしい時期であったといえる。

ただ、一般には化政期（文化文政期〈一八〇四―三〇〉、著者注、以下同様）の後に続く天保中期以降を幕末としても差し支えないようである。とくに本書との関連では天保十一年（一八四〇）のアヘン戦争の勃発とその情報の日本への到来を幕末洋学の隆盛への契機とみてもよいであろう(1)。

本章の研究意図と研究課題　上記の引用文に、佐久間象山と親交のあった幕府奥医師を勤める坪井信良（一八二三―一九〇四）の、幕末期洋学の時代状況に関する体験的な理解が簡潔明瞭にまとめられている。(2) 幕末期の日本は、内憂外患の激動期であり、特に国内における鎖国と開国、佐幕（幕藩体制の維持勢力）と勤王（天皇制統一国家の創出勢力）との対立という熾烈な政治的な権力闘争が展開され、あたかも内戦状態のごとき社会混乱を惹起した。その結果、約二百七十年にわたって日本を統治してきた徳川幕藩体制は崩壊し、天皇制近代統一国家としての新生日本（明治新政府）が誕生することになるわけである。それ故に、幕末期における徳川幕藩体制の崩壊過程は、同時に日本の近代化＝西洋化の推進過程でもあった。

わが国の歴史的な転換期であった幕末期には、歴史の表舞台を彩る政治や経済の面ばかりでなく、それらの基底や背後にある学術技芸や教育文化の世界においても、極めてラディカルな変化が生起していた。結果的には、内憂外患によって激動する幕末期の日本が、極めて短期間の内に東洋型の近世的世界を脱皮して、西洋型の近代的世界へと転換することになるわけである。だが、その際に、幕末期日本が直面する重要課題は、産業革命を達成し強大な軍事力をもって植民地獲得に奔走する十九世紀中葉の欧米先進諸国の実像を、どこまで正確に把捉し、彼らの誇示する近代科学文明の何をいかにして摂取し、新生日本の近代的な国家像や国民像を描出することができるのか、ということが問題であった。これらの難問は、単なる徳川幕藩体制の存続如何を超えた異次元の問題で、最も本質的な国家人民の存続自体を左右する重大問題であった。

このような歴史上の時代を画する転換期にあった激動の幕末期には、従来の儒学を中心とする極東アジア文化圏に位置する日本の伝統的な学問教育の世界においても、急激な異変が起きていた。欧米先進諸国の強大な軍事力の基盤である洋学（蘭学を媒介として受容される西洋学術文化の総体）が、極めて短期間の内に、しかも幕藩体制の存続を超えた全国レベルでの面的な拡大現象が惹起されたのである。

そもそも幕末期という歴史的スパンの起点をいかに捉えるのか。その端緒は、アヘン戦争の天保期か、それとも黒船来航の嘉永期か。これまでの歴史学界では、「黒船来航説」が圧倒的に有力であった。だが、前述の中山茂が「天保期以降を幕末としても差し支えない」というように、筆者を含めた歴史専門家の一部には「アヘン戦争説」が存在し、結果的には両説相まって判然とせず、黒船来航を幕末期の端緒、すなわち日本近代化の始まりとする歴史観が学校の歴史教科書でも使用されている。さらに、幕末期の最後をどの時点までとするかも不明瞭であった。こちらの問題は圧倒的多数の研究者が、徳川幕府の崩壊と明治新政府の誕生（一八六八年）をもって画期と理解してきた。だが、戊辰戦争（一八六八―六九年）を含めた明治初期（維新期）までも加えて幕末期と考える識者もおり、これまた曖昧な理解であった。それ故に本章では、幕末期洋学に関する以下の問題点を闡明することを研究目的としている。

まず第一に、本章の研究対象に関わる前提条件、すなわち研究対象の時代的スパンの問題である。「幕末期」という歴史的時間の概念に関する諸説を比較検証し、歴史認識の常識の非常識を正すことが本章の第一の研究課題となる。

その上で、次に検討すべき問題は、幕末期洋学の急速な拡大普及という現象が、いかなる動機や目的で、どのような分野を主要な拡大領域として全国展開し、明治維新に至る西洋化現象を内実とする日本近代化の推進要因となりえたのか、ということである。すなわち、幕末期洋学の量的拡大面と質的変容面という両面の実態を詳細な史料分析を通して解析し、洋学の拡大普及を招来し推進した両者の実態を分析することである。

さらに第三には、幕末期における洋学の全国的な普及拡大現象の担い手となった洋学学習者たちの身分階層や活動展開の実態を、主として佐久間象山の軍事科学系洋学私塾の門人たちの洋学歴と職歴を解析することである。すなわち、幕末期における洋学の学習履歴―学歴が、その後の彼らの人生に、どのような新たな地位や身分を保障し、いかなる次元や領域での活動展開を可能ならしめたのか。西洋日進の洋学（「西洋芸術」）に関する学力や学歴が、西洋先進国をモデルとした日本の近代化過程において、いかに評価され意味づけられる新たな社会―学歴社会に転換したのか、という問題の解明である。

以上のような研究課題の解明を通して、極めて短期間の内に質量共に画期的な新展開を遂げた幕末期洋学の実態とその歴史的な意義を、明治以降の日本近代化（西洋化現象）に繋がる重要な歴史変動の表現として捉え考察することが、以下の本章に課せられた研究課題である。

一 「幕末期洋学」の時代概念をめぐる問題

1 福沢諭吉の幕末期洋学に関する体験的理解

激動する幕末期に多感な青年期を迎え、刻苦勉励の末に蘭学や英学を修得し、明治維新以降の日本近代化過程で八面六臂の国家的啓蒙活動を展開する学問的基礎を築いた福沢諭吉（一八三四—一九〇一）。まさしく彼は、日本近代化が急展開する明治維新以降の欧化日本の渦中にあって、当時の日本の向かうべき方向性を指示する羅針盤の役割を演じ、日本の西洋化推進に多大な啓蒙的貢献をなした最も代表的な洋学者（西洋啓蒙思想家）の一人であった。

その福沢が、幕末期における洋学の普及拡大過程の実態を晩年に回顧して、次のように往時の特異な洋学普及の進展状況を述懐している。

宝暦明和（一七五一—七二）以来八、九十年間の蘭学は、医師を蘭学にしたるものなれども、弘化嘉永（一八四四—五四）以後の蘭学は士族を蘭学にしたるものなり。本来日本の人口は三千何百万と称して盛んなるが如くなれども、社会の上流に位して其表面に立ち治乱共に国事を左右する者は唯士族あるのみ。士族の好悪軽重する所のものは、他の人民も亦これを好悪軽重し、士族は喩へは国の主人の如きものにして、今この主人なる者が蘭学

の結果たる武術を見て之に心酔する者多し。其学の区域の増大して勢力を得たるも当然の数なりと云はざるを得ず。（中略）

先生（幕末期洋学の大家・杉田成卿）の没後二十七年の今日と為りては、凡そ日本社会の兵事は勿論、政治学問商売工業の事より日常衣食住の細に至るまでも大に趣を変じて、専ら西洋文明の風に従ひ、啻に医師士族を蘭学にしたるのみならず、日本全国を挙げて西洋学にしたるは、時の勢とは雖ども、其因て来る所の原因を求れば偶然に非ざるを知るべし。即ち我国に行なはるゝ西洋の文明は始め医に端を発して、中に士族に伝へ、終に全国に及ぼしたるもの（後略）[3]。

上記のごとき福沢の、近世日本社会への洋学の普及拡大過程に関する時代的な変遷、とりわけ幕末期洋学の特徴的な把握とその簡潔平易な表現は、実に正鵠をえた内容である。彼は、蘭学や英学の語学修得や三度にわたる欧米渡航などの先駆的な西洋体験を通して、世界的視野から日本近代化の基本指針とその具体的な方向性を指示し、日本近代化に貢献した人物である。彼の国民を対象とした思想と行動の多面的な展開は、明治期日本を代表する啓蒙思想家として面目躍如たるものがある。

その福沢が述べるごとく、わが国の幕末期における洋学受容は、アヘン戦争や黒船来航という十九世紀中葉の欧米列強諸国による強大な軍事力を背景とした東アジア侵攻、すなわち外側から一方的にもたらされた「西洋の衝撃（ウエスタン・インパクト）」による国家的な危機意識を契機として、洋学の学習主体者の重点移動と受容領域の拡大、そして洋学学習者の全国規模での量的拡大という異常な現象をもたらした。まさに日本の洋学は、幕末期において従来の医学主導から新たに武士を主体とする軍事科学主導へと質量ともに急転回したのである。

特に洋学受容の質的側面に注目してみると、福沢が指摘したごとく、天保期以前の化政期（文化文政時代〈一八〇四—三〇〉）になると、ロシアやイギリスなどの外国船舶の日本近海への接近や長崎出島への来航などが頻繁になる。

だが、当時の洋学は、医学を主体として、その関連分野である薬学や本草学、あるいは天文学や暦法学、洋画など、民生に関わる実利有用を基本とした形而下学の専門分野に限定されたものであった。また、それを担う人々も、知的好奇心に満ちた少数の専門的な知識人たちであった。したがって、当時の洋学は、これを全国的次元で俯瞰すれば、江戸や大坂、長崎を中心として全国の城下町に散在する点的な普及状況に過ぎなかったのである。

だが、福沢が「弘化嘉永以後の蘭学は士族を蘭学にした」と記しているように、弘化嘉永年間の十一年間（第十二代将軍徳川家慶の治世〈一八三七―五三〉と第十三代徳川家定の治世〈一八五三―五八〉）には、欧米列強の軍事的脅威が現実問題となる幕末期を迎える。ペリー提督率いる米国艦隊の来航である。この事件を契機に、国防問題が喫緊の国家課題となり、尊皇攘夷や祖国防衛を掲げるナショナリズム運動が急速に昂揚するのである。

前述のような福沢の幕末期洋学に関する特徴の指摘は、幕末期の理解の仕方といい、それを担った主体の身分階層の分析といい、実に的確妥当な表現である。それは、同時代に洋学と関わって生きた福沢の体験的理解のリアリティである。だが、より正確にみるならば、福沢の「弘化嘉永以後」という茫漠たる表現よりも、幕末期の起点としては、それに先立つ天保年間（一八三〇―四四）末期のアヘン戦争の時期を看過することができない。一衣帯水の隣国中国に勃発した対岸の火事を一大契機として、長く続いた平和安定の武家支配の日本社会で、武士が本来の職業軍人（武官）としての姿ではなくなって、政治や行政など文官の職務に埋没し安住していた。そのような惰眠を貪る武士階層が、領国あるいは国家の防衛という本来の軍事的任務に目覚め、軍事科学に関する西洋日進の知識技術の修得、さらにはそれを生み出した西洋近代の学問探求にまで踏み込んでいく者も少なくなかった。まさに、幕末期における洋学世界への全国的な規模での武士の大量進出という現象は、西洋化現象としての日本近代化の端緒であり大きな推進力であったといえる。

2　大槻如電の幕末期洋学に関する考証史的理解

実は、上記の福沢説を補正して、アヘン戦争を契機とする天保末期を幕末期洋学の起点と考え、その時期を日本洋学史上の一大転換期と捉える人物がいた。大槻如電（一八四五―一九三一）である。祖父は蘭方医・杉田玄白（一七三三―一八一七）の門人で蘭学大家の大槻玄沢（一七五七―一八二七）、父は仙台藩の儒学者で象山と親交のあった大槻磐渓（一八〇一―七八）、そして実兄は日本最初の大部な近代国語辞典『言海』を編纂した大槻文彦（一八四七―一九二八）であった(4)。

錚々たる学者の家系に生まれ、博学多才の大槻如電が遺した洋学研究の業績は、刊行から一世紀以上の歳月を経て、今なお洋学研究者の座右の書である不朽の名著『新撰洋学年表』（柏林社書店、初版刊行は、一九二七年）である。同書の中で彼は、近世洋学発展史における幕末期洋学の実態と特徴とを次のように述べている。

洋学伝来は星暦（ほしごよみ、天体運行が示された暦）より出つ。明和（一七六四―七二）以後は医人の手に帰し、六七十年医療書外は波留麻和解《ハルマわげ》、増訂采覧異言、魯文規範、英文鑑、気海観瀾等、京坂は訳鍵、窮理原等に過ぎず。長崎は之に反して天地二球用法、暦象新書、諳厄利亜語林大成《アンゲリアゴリン》、道訳波留麻《ハルマ》等にて医書甚だ少し。天保末に至り外警頻至る。之に於て海防用として銃陣兵鑑の訳書多く出つ。多年医家専用の姿なりし蘭学も一転して武士禦侮の具となる。是れ日本洋学一大変動を与ふ者又以て内外の形勢を視るべし(5)。

上記の文中で驚くべきことは、大槻が日本の洋学の転換期を「天保末」と明確に捉えていたことである。天保時代とは、元年から十五年までの期間での十五年間である。それ故に「天保末」とは、まさにアヘン戦争の勃発を起点としている。さらに彼は、洋学の内容についても、「外警頻至る於之海防用として銃陣兵鑑の訳書多く出つ」と、軍事科学系への洋学領域の拡大が急速に顕著となったこと、したがって洋学の主たる担い手も「多年医家専用の姿なりし蘭学も一転して武士禦侮の具となる」と、従来の「医家」から「武士」に重点移動したこと、等々を特徴としてあげている。幕末期洋学の時期と特徴を的確に把捉した表現である。

以上のように、アヘン戦争を契機とする幕末期の洋学は、その内容も担い手も大きく変化し拡大した。それ故に大槻は、このような日本洋学史上における歴史的な異常現象を、「日本洋学一大変動」と驚嘆をもって表現し、福沢の時系列に即した幕末期洋学の理解とは異なって、同時代の洋学世界の空間的実態に即して具体的に絞り込んだのである。このような日本蘭学研究史上における大槻の研究功績は、実に先駆者なものであった。

ところで、上記の大槻の引用文中の「波留麻和解」とは日本最初の蘭和辞典『ハルマ和解』（一七九六年）のこと、『増訂采覧異言』は新井白石（一六五七―一七二五）の著書『采覧異言』を山村才助（一七七〇―一八〇七、地理学者）が訂正補足した増訂版（一八〇二年）、『魯文規範』は馬場佐十郎（一七八七―一八二二、和蘭陀通詞）の撰じた『露語文法規範』（一八一四年）、『英文鑑』は渋川敬直（一八一五―五一、暦学者）による蘭書英文法書の和訳（一八四〇年）、『気海観瀾』は青地宗林（一七七五―一八三三、蘭学者）の撰した蘭語の西洋物理学書（一八二六年）である。また、『訳鍵』は稲村三伯（一七五八―一八一一、蘭学者）の編纂した『波留麻和解』（通称『江戸ハルマ』）を藤林淳道（一七八一―一八三六、蘭学者）が改訂し簡略化した改良版（一八一〇年）である[6]。

なお、『窮理原』は、帆足万里（一七七八―一八五二、豊後国日出藩出身の儒学者）の著した物理学書『窮理通』（一八三六年）と思われる。さらに『天地二球用法』は本木蘭皐（一七三五―九四、和蘭陀通詞）による西洋天文地理に関する蘭書の翻訳書（一七七四年）、『暦象新書』は志筑忠雄（一七六〇―一八〇六、和蘭陀通詞）が翻訳した西洋天文学物理学書（一八〇二年）、『諳厄利亜《あんげりあ》語林大成《ごりんたいせい》』は、本木庄左衛門（一七六七―一八二二、正栄、和蘭陀通詞、本木良永の長子）が中心となって編纂した日本最初の英和辞書（一八一四年）、『道訳波留麻』は長崎オランダ商館長のズーフ・ハルマ（Hendrik Doeff、一七七七―一八三五）が和蘭陀通詞・吉雄永保（一七八五―一八三一）らの協力を得て『蘭仏辞

典』をもとに編纂した『蘭和辞典』（一八三一年頃）のことである。(7)

上記の洋学（蘭学）に関する著書・翻訳書は、すべてが一八〇〇年代初頭からアヘン戦争の勃発に至る期間の作品で、洋学が軍事科学へと重点移動する前の作品である。

ところが、前述のごとく日本の洋学事情は、隣国の清朝中国に勃発したアヘン戦争で一変する。古代以来、アジアの政治文化の宗主国であった大国の中国が、強力な軍事力をもってイギリスに敗北を喫して無条件降伏。その結果、多額の賠償金、香港島の割譲、広州・福州・廈門・寧波・上海の五港の開港、治外法権・関税自主権の放棄など、独立国家の体をなさないほどに悲惨な植民地同様の結末を招来したのである。

このアヘン戦争に関する情報は、長崎出島を経由して、逐一、日本にもたらされ、幕府諸藩は大きな衝撃を受けた。(8)特にイギリスの強大無比な軍事力に圧倒された老中首座の水野忠邦（一七九四―一八五一、浜松藩主）は、高島秋帆一門による武州徳丸原での西洋銃陣繰練を命じ、天保十二年五月、その実際を眼前にみて西洋軍事科学の優秀性に圧倒されたのである。

これを契機に水野は、従来の狭隘な洋学政策を転換して、「兵政を改革し外国処置に対して天文方に和蘭の政書兵書の翻訳をせしむ」(9)と、西洋知識技術の導入を積極的に推進すべく、西洋書籍の翻訳対象範囲を拡大緩和する洋学政策に転換したのである。大槻は、このような水野の洋学政策の転換を洋学史上の画期と捉えたのである。上述のごとき、幕末期における洋学受容の発展史に関する大槻の理解と叙述は、福沢の体験的な洋学理解を、より詳細かつ具体的に論証する貴重な役割を果たしている。

ところで、天保期以降は欧米先進諸国の軍事的な東アジア侵攻が一段と加速し、海国日本は植民地化の射程距離の内に捉えられていた。アヘン戦争の悲惨な顛末状況を他山の石とする現実的認識から惹起される日本人の不安と恐怖に満ちた危機意識が、幕府諸藩に沿岸防備による国家防衛を政治的な緊急課題とさせたわけである。植民地化という悪夢のような国難打開の施策を具体化するには、「彼を知り己を知れば百戦殆うからず」（『孫子』「謀攻篇第三」）の名言に従って、たしかな西洋理解に基づく西洋知識の積極的な導入と幕府諸藩の軍備や兵制の近代化＝西洋化が不可欠となったのである。

それ故に、幕府諸藩の為政者や経世済民の実学を探求する知識人たちは、従来の医学・薬学・天文学・本草学など、主として利用厚生に関わる民生中心の洋学とは異なった、祖国防衛に有効な西洋軍事科学（西洋砲術・西洋兵学）の知識技術の導入に関心が強まっていった。その結果、幕府諸藩による西洋軍事科学に関する人材育成の教育体制の確立が重要課題となり、幕府諸藩の学校教育への洋学関係の学科や学科目の導入[10]、そして西洋軍科学に関する洋書の翻訳・刊行事業の急増、という大きな変化をもたらしたのである[11]。

欧米列強の植民地化を阻止するに足る国家人民レベルでの防衛体制を、軍備兵制の改革や人材育成の教育改革を通じて、いかに整備拡充し担保するか。幕府と諸藩との相対的な封建的主従関係からなる従来の幕藩体制の枠組を超えて、幕府も諸藩も自らの存続基盤である国家や領国領民の存亡に対する危機意識を共有し、軍事科学の近代化＝西洋化を推進しなければならなかった。そのような幕府諸藩の洋学への対応動向が、幕末期における軍事科学を主体とする洋学の量的と質的との両面が相まっての変容（洋学領域の拡大普及と専門分化）、そして洋学人材の全国的な存在（武士階層の洋学への大量参入）という転換期特有の歴史的現象の惹起を必然的ならしめた、とみることができる。

二　幕末期洋学の軍事科学化による武士の大量参入

1　医学系洋学私塾へ軍事的動機で武士が大量入門

武士の参入による幕末期洋学の軍事科学化　前述した福沢の「弘化嘉永以後の蘭学は士族を蘭学にしたるもの」という証言、あるいは大槻の『新撰洋学年表』における的確な叙述にみられる通り、アヘン戦争後の天保年間（一八三〇―四四）以降の幕末期洋学は、質量ともに劇的な変容を遂げた。日本に洋学（蛮学・蘭学・西洋学）がもたらされて以来、長い間、政治権力による厳しい内容面での統制を受け、医学や本草学、あるいは天文学や暦学など、利用厚生の実利実益に直結する分野に限定され、しかも少数の高度な語学力や知識技術を備えた知的エリートたちによって担われてきたのである。

だが、アヘン戦争を契機とする幕末期には、欧米先進諸国の軍事的侵攻の脅威に直面し、祖国人民の防衛という軍事的契機から、本来は職業軍人である職分に目覚めた武士階層の人々が、全国的な面的広がりをもって洋学世界に多数参入する、という歴史的現象が惹起された。この未曾有の危機的現実に対して、アヘン戦争の顛末を眼前にみた幕府諸藩の為政者や文化人など上層の支配階層・知識人階層の日本人は、震撼し畏怖したのである。特に旧慣旧習に囚われない自由で鋭敏な青少年たちは、高度で精巧緻密な近代科学を背景に産業革命を達成した欧米先進諸国が、「力は正義」という国家道徳をもって、近代科学兵器で武装した強力な軍事力を全面に押し出し、中国を中心とする東アジア世界に植民地獲得を意図して侵攻してきたことを、決して座視することはできなかった。

その結果、彼らは、国家防衛という護国攘夷の武士道精神に基づく軍事的動機から、西洋近代の軍事科学（西洋砲術・西洋兵学）を内実とする洋学学習の必要性を痛感し、洋学世界に新規参入していったのである。それ故、アヘン戦争以降の幕末期、特にペリー来航前夜からの武士階層の洋学世界への参入現象は、洋学が質量ともに急激な変容を遂げる現象、すなわち本格的な洋学の軍事科学化（兵制・軍備・戦法の西洋化）を招来したのである。

このような外圧という抗しがたい世界的潮流によって、①洋学の質的な変容—洋学内容が医学関係中心から軍事関係中心に重心移動する洋学の質的変容、②武士の大量参入による洋学学習者の量的拡大—従来の医学を中心とする点的存在の知的エリートたちを主体とする知的好奇心からの洋学から、支配階層である武士たちの国家防衛を目的とする洋学への大量参入による洋学人口の全国規模での量的拡大、③軍事科学を中心とする洋学の専門分化と統合化、例えば軍艦や大砲を製造するには多様な専門科学（数学・物理学・測量学・金属工学・化学・薬学、等々）の学問が不可欠となった。しかも、軍事技術に関する学問は、単独では軍艦や大砲を製造することができず、専門分化した様々な西洋近代科学が総合的に統合されなければ実利有用の実学たりえなかったのである。

それ故に洋学の軍事科学化は、専門分化した西洋諸科学を統合した総合科学の方向へと展開した。今日なお、軍事科学が先端科学を切り開き、その成果を民生の利用厚生に必要な知識技術として提供する、という現実に変わりはない。ましてや世界が弱肉強食の時代にあった幕末期における洋学のドラスティックな変容現象は、不可避的な歴史的現象として惹起されたものである。このような幕末期洋学の質と量の両面にわたる激変によって、従来は異国の野蛮な学問文化と洋学を蔑視し否定していた武士階層の人々が、洋学学習の主体に躍り出たのは時代の趨勢であった。

叙上のような幕末期洋学の軍事科学化という国家レベルでの質量両面における変容現象は、幕府諸藩に急速な洋学受容の拡大を促した。しかしながら、武士階層の参入による洋学学習者の急増現象は、洋学を教授する教育施設や教育者が絶対的に不足していた幕末期、特に黒船来航前後の嘉永安政年間（一八四八—六〇）には、洋学人材の絶対的な不足という難題に直面した。とても幕府諸藩が求める喫緊の洋学人材の需要には応えきれなかったのである。それ故に幕府諸藩は、教育改革（学政改革）を断行して、洋学学習を必要十分条件とする洋学教育を実施し、新たな人材育成の教育を期すことになる。だが、その成果がでるまでには長い時間を要することとなった。

そのために、幕府諸藩は学政改革を進め洋学教育の導入を推進するが、当面の応急的措置として軍事科学とはまったく関係のない洋学関連の人々、蘭学を通じて西洋事情に精通した西洋医学その他の蘭学関係者、極端にいえば専門が何であれ蘭語原書の読解能力を有する人々を競って招聘し、彼らに西洋の知識技術の提供を求め、洋学人材の育成や西洋軍事科学書の翻訳刊行、等々の役割を担わせたのである。その結果、戦争に関わる軍事とはまったく関係のない医者や天文学者・本草学者・暦学者など西洋諸科学の蘭学に精通した様々な分野の人々が、武士たちに対する蘭語教育、西洋砲術・西洋兵学など西洋日進の軍事関係の蘭語原書の翻訳刊行、西洋軍事科学に関する知識技術の教授活動、等々に従事し、幕末期日本の洋学世界は軍事科学を中心に異常な程の活況を呈したのである。試みに前述の大槻如電著『新撰洋学年表』の天保末期以降の記載項目をみていくと、ほとんどが幕府諸藩の洋学政策や学政改革、洋学系私塾の開設と洋学教育の実践、兵制改革や武器製造、軍事科学に関する蘭書の翻訳刊行、等々の項目が圧倒していることに気付くのである(12)。

医学系など非軍事科学系洋学私塾への武士の入門　だが、いかに蘭学関係者を総動員しても、洋学者の絶対的な不足という状況に変わりはなかった。その結果、従来の洋学世界にはありえなかった異常現象が惹起された。すなわち、武士階層である幕府諸藩の家臣たちが、医学系その他の非軍事科学系の洋学私塾に入門し蘭語を習得するという新たな現象である。彼らは、国防（海防）という軍事的動機でオランダ語の習得を志し、緒方洪庵（一八一〇―六三）や伊東玄朴（一八〇一―七一、江戸幕府奥医師、西洋医学所取締役、維新後は明治天皇侍医）らの医学系洋学私塾にまでも入門したのである。すなわち幕府諸藩は、急ぎ洋学を導入して人材を育成すべく学制を改革し、藩校など既存の学校に洋学関係の学科目を導入したり、さらには洋学専門の教育施設を新設したりするなどの対応措置をとった。だが、そうした洋学教育が軌道に乗るまでの代替機関として、医学系洋学を中心とする民間私塾が幕末期の時代的な教育の要請に応えたのである。

上記のような幕末期洋学界の異常現象を、当時の西洋医学系私塾を代表する大坂の緒方洪庵の私塾（適塾）で西洋医学を学んでいた長与専斎（一八三八―一九〇二、適塾の塾頭、肥前大村藩医、幕府医官、維新後は文部省初代医務局長、東京医学校―東京大学の前身の医学部長などを歴任）は、幕末期に洋学修得に明け暮れた自らの適塾時代の状況を回顧し、自叙伝に次のように記している（引用史料に付された句読点は読みや易くするために著者が適宜、句読点を施した。以下、同様）。

元来適塾は医家の塾とはいえ、その実蘭書解読の研究所にて、諸生には医師に限らず、兵学家もあり、砲術家もあり、本草家もあり、舎密家も、およそ当時蘭学を志す人は、みなこの塾に入りてその文度をなす。[13]

同じく江戸の西洋医学界を代表する洋学大家であった伊東玄朴も西洋医学塾「象先堂」を開設（天保四年〈一八三三〉、江戸下谷御徒町和泉通）するが、同塾でも医者志望ではない武士階層の人々が多数入門し、軍事科学系洋学（西洋砲術・西洋兵学）の理解に必要なオランダ語の修得に、次のごとく励んでいたのである。

蘭書翻訳本其外新著の書籍等、数年の間、数十部御内献致され、第一医師は申すに及ばず、兵砲火技稽古の為、江戸に罷り越し候人々、皆同人宅（伊東玄朴）を以て寄留、学術昇達御用相立候人不少なからずに付、近年遊学仰付られ候人々は、皆、同人（伊東玄朴）に稽古仕り候様御達相成り候（後略）。[14]

幕府諸藩は、海国日本の沿岸防衛という軍事的観点から洋学に係る人材を育成することの緊要性に対処すべく、家臣たちを長崎や江戸の洋学者（蘭学者）の私塾へ派遣して遊学させたり、あるいは西洋医を含めた洋学者を召し抱えて軍事科学関係の蘭書翻訳や洋学教育を推進したりしたのである。[15] 先に紹介した適塾門下で長与専斎の先輩門人に当たる福沢諭吉は、何故に武士が西洋医学の専門塾である適塾に入門してきたかを、武士である自分自身の入門経緯の体験から次のように説明している。

丁度ペルリの来た時で、アメリカの軍艦が江戸に来たということは田舎（大分県中津市、筆者注）でもみな知っていて、同時に砲術ということが大変喧しくなって来て、ソコデ砲術を学ぶものは皆オランダ流に就いて学ぶので、そのとき私の兄が申すに「オランダの砲術を取調べるにはいかしても原書を読まなければならぬ」と言うから、私にはわからぬ。「原書とは何のことですか」と兄に質問すると、兄の答に「原書というはオランダ出版の横文字の書だ。いま日本に翻訳書というものがあって、西洋のことをかいてあるけれども、真実に調べるにはその大本の蘭文の書を読まなければならぬ。それについては貴様はその原書を読む気はないか」と言う。(16)

豊前中津藩の下級武士の家庭に生まれた福沢が、藩外に出て西洋の学問（蘭学）を学ぶには、時代が求める「砲術修行」を目的としなければ、藩当局の遊学許可が得られなかった。それ故に福沢は、「砲術修行」を名目として蘭学修得のための長崎遊学を申請して許されたのである。その後の彼は、さらに当時の日本洋学界を代表する大坂の緒方洪庵が主宰する天下一等の「適塾」での蘭学修行が叶い、立身出世の軌道に乗ることができたのである。

幕末期洋学の軍事科学化による洋学の隆盛は、下級武士であった福沢の蘭学や英学の修得を通して、本人自身が夢想だにしなかった潜在能力の開花と立身出世を可能とし、国家的人材にまで成長しえたのである。洋学学習を契機として福沢の辿った軌跡が物語るごとく、身分制度を基本とする近世幕藩体制が崩壊し、洋学を中心とする学力主義・能力主義・学歴主義という新たな身分制度が形成される近代日本の誕生に向かっての歴史的な転換期、それが幕末期であり、その具体的な触媒は洋学であった。洋学学習の如何が、激動の幕末期を生きる武士階層を中心とした青少年たちの最も有効な立身出世への階梯となったからである。

2　軍事科学系洋学私塾への武士の入門事例の分析

幕末期における洋学学習者の学習動機と進路　国防を目的とした武士の洋学学習者の急増による幕末期洋学の質的あるいは量的な変容について、黒船来航の当時、西洋砲術を専門とする洋学者として全国に名声が轟き、多数の入門者が殺到したのは、佐久間象山の西洋砲術塾であった。以下、その象山の門人の場合を中心に、入門者の入門動機、学習内容、学習後の進路と活動などを、具体的な人物の事例分析を通してみていくこととする。

明治維新後の日本近代史上における学問文化の世界で顕著な功績を残した西村茂樹（一八二八―一九〇二、佐倉藩出身）[17]、加藤弘之（一八三六―一九一六、但馬国出石藩出身）[18]、そして津田真道（一八二九―一九〇三、美作国津山藩出身）[19]の三名は、奇しくも幕末期の青年時代に象山門人となって西洋砲術・西洋兵学をともに学んだ仲である[20]。しかし、同じ幕末期に洋学を学ぶに際しても、彼らの場合は、その動機や目的は福沢などの場合とはまったく異なっていた。尊皇攘夷に燃える青年武士であった彼らは、当初、西洋の学問に対しては極めて否定的であった。だが、危機に直面した日本の国家人民の防衛を担うべく、彼らは、東洋の及びえない高度で精緻な西洋の軍事技術を修得する必要性を痛感して洋学の修得を志し、西洋砲術・西洋兵学など西洋軍事科学の修得を決意するに至ったのである。

それ故に彼らの心中には、洋学に対する羨望と軽蔑、肯定と否定のアンビバレント（ambivalent）な葛藤が渦巻きながらも、軍事科学系洋学塾である象山の私塾に入門するわけである。しかし、入門後の彼らは、砲術や兵学などの西洋軍事科学の成果である知識技術の修得に止まらず、その背後にある学問としての西洋近代科学に刮目し、軍事科学に関わる自然科学の専門分野（数学・物理学・化学、地理学、天文学等々）はもちろん、国家の政治経済体制の在り方に関わる人文社会科学系の学問分野にまでも進んでいくことになる。

そして、明治維新以降における彼らは、洋学の修得を通して獲得した、国家レベルで活用可能な西洋新知識をもって、日本の近代化過程における文明開化の推進を担って国家レベルで活躍していくのである。次に、そうした具体的な事例を、軍事科学系洋学私塾を主宰した象山の門人を中心に幾人かの場合を分析し紹介する。

西村茂樹（佐倉藩）の場合　まず最初に尊皇攘夷の血気盛んな青年であった西村茂樹の場合。彼は、佐倉藩の支藩である佐野藩（現在の栃木県佐野市）の出身である。その西村が、初めて洋学と出会うのは、本藩の佐倉藩校「成徳書院」（現在の千葉県立佐倉高等学校の前身）で、藩儒の安井息軒（一七九九―一八七六、日向国飫肥《おび》藩の武家の出身、儒学者として大成し昌平坂学問所の儒官として活躍）から儒学を学んだ後のことであった。本格的に儒学を学んだ彼は、「東洋道徳」の形而上学的な学問思想の基盤の上に西洋軍事科学系の洋学（西洋砲術・西洋兵学）の形而下学的な知識技術を修得すべく、嘉永年間（一八四八―五四）の江戸で最も盛況を極めていた象山塾に入門する。彼は、自らの象山塾入門の経緯を、次のごとく端的に記している。

> 佐久間の門に入り砲術を学ぶに及ぶに、象山余に謂て曰く、砲術は末なり、洋学は本なり、吾子の如きは宜しく洋学に従事すべし。余の如きは三十二歳の時始めて蘭書を学べり。吾子は余の学べる時に比すれば年猶若し、必ず志を起こして洋学を勉むべしと。余、謂へらく、余、今、西洋砲術を学ぶといへども、其意は攘夷護国に在り、已に其術を得れば足れり、敢て彼の書を読むを要せず、道徳政事に至りては東洋の教は西洋の上に在るべしと。故に初めは象山の言を以て然とせざりし[21]。

西村は、「西洋砲術を学ぶといへども其意は攘夷護国に在り、已に其術を得れば足れり」という入門当時の攘夷護国の狭隘な愛国精神で、洋学の学習に向かった当初の心境を率直に吐露している。この西村の場合が幕末期の武士たちの極めて一般的な洋学世界へ参入する動機あった。

加藤弘之（出石藩）の場合　但馬国出石藩（現、兵庫県豊岡市）の旧家老の家（代々甲州流兵学師範の家柄）に生まれた加藤弘之もまた、西村と同様に、武家の本務である国防精神をもって江戸に出て西洋兵学を学ぶべく、象山塾に入門する。彼は、入門時の経緯を次のように自叙伝で述べている。

余の十七歳、即ち嘉永五年壬子に先考は用人役で江戸在勤の命を受けられたので、余にも江戸で兵学を勉強させる目的で随行させられた。そこで江戸に出て先ず甲州流の兵学者をたづねて、中津藩（奥平家）や佐倉藩（堀田家）の甲州流の師範家に就て学習した。けれども其頃の時勢は、既に日本古代の兵学を以て満足する訳にはゆかぬから、先考は西洋兵学の学習を急務とせられて、そこで又佐久間象山先生の門に入らしめたのである[22]。

兵学師範の武家の長男に生まれた加藤は、十七歳で父親に随行して江戸に出て、兵学の学習を和流兵学から西洋兵学に転じ、当時、江戸で隆盛を極めていた象山塾に入門する。黒船来航の前年の嘉永五年のことである。入門後の彼は、西洋兵学・西洋砲術の修得ばかりでなく、蘭語の学習にも精励し、象山から難解な『砲卦』などの著書の浄書を任せられるほどに優秀な門人で、洋学学習の進歩がはやく、象山にとっては期待の門人であった。

だが、加藤は、嘉永六年、所用で一時、国元へ帰藩することになる。だが、安政元年（一八五四）には、再び上江して象山塾への再入門を志すのである。しかし、その時には、すでに象山は門人の吉田松陰の密航事件に連座して幕府の処罰を受け、地元信州松代で蟄居の身にあり、再入門は叶わなかった。再び象山の教えを受けることができなかった当時の無念な思いを、加藤は次のように書き記している。

余は幸に象山先生にも愛せられて実地の練兵や講義にも多大の世話を受けたのであるけれども、又已むを得ざる事情が起て国元へ帰らねばならむこととなつて、僅一年有余にして即ち嘉永六年癸丑（余の十八のとき）に帰郷したけれども、田舎では到底学習の手段もなく後の望みがないから、又翌年即ち安政元年甲寅に更に江戸に出た。然るに佐久間先生は、彼の吉田寅次郎（松陰と号す）が露船《ママ》乗込の事に就て周旋したといふ罪に依て、其藩（信州松代藩）に幽閉された後であったから、最早再び先生の門に入ることは出来なんだ[23]。

それ故、やむなく加藤は、新たに蘭方医の坪井為春（大木仲益、一八二四―八六）に師事して蘭学を深めた[24]。やがて彼の優秀な学力が認められ、万延元年（一八六〇）には、弱冠二十五歳にして幕府の洋学研究教育機関である蕃書調所教授手伝に任じられる。幸運にも、同所には同じ象山門人であったや市川兼恭《かねのり》（一八一八―九九）や津田真道がいたのである。

加藤は、市川と切磋琢磨し、蘭学の他にドイツ語も修得し、幕末維新期以降にはドイツ語原書の翻訳や研究書を刊行していくことになる。その最初の研究成果が、文久元年（一八六一）、欧米立憲政体を日本に最初に紹介する著書『鄰草《となりぐさ》』であった（印刷・公表は明治二十二年〈一八八九〉）。さらに、元治元年（一八六四）には、幕府の旗本に昇格し、開成所教授職並（現在の大学准教授）に叙任される。やがて彼は、日本におけるドイツ学の先駆者となり第一人者となった。

幕府倒壊後の加藤は、明治政府に仕え、明治二年に外務大丞（従四位の政府高官）、翌三年に洋書進講担当の侍講（天皇・東宮に和漢洋の学問を講義する官職）となり、同年には西洋の天賦人権論を紹介した『真政大意』を著した。そして、明治六年には、洋学者を中心とする各界の知識人を結集した日本最初の近代的な学術啓蒙団体「明六社」（初代社長は伊藤博文）の創設に参画し、その中心的会員として機関誌『明六雑誌』に健筆を振るうのである。そして明治十年には、東京開成学校綜理（後の東京大学総長）に就任する。

加藤は、西洋兵学―蘭語―独語という外国語の学習遍歴、とりわけドイツ語を修得した先駆者としての希少価値は大きかった。彼の卓越した蘭語や独語の語学力が、彼をして文明開化の明治時代に、日本を代表する洋学者（学者・思想家・教育者）としての国家的な地位と名声を獲得せしめる要因となったのである。

幕末期における洋学の学習と研究が、偏狭な尊皇攘夷を唱えた地方の下級武士の青年をして、国家を代表する偉大な学者・文化人にまで押し上げた、ということである。ドイツ語を中心に西洋の学問一筋で生きた加藤の辿った人生は、江戸時代には本人自身も夢想だにできなかった高位高官の地位や名誉を獲得する順風満帆の軌跡であった。

加藤のような事例は、西洋の学問を学べば、いかなる立身出世も可能な学歴主義の新時代が日本に到来したことを物語っている。その加藤自身が、近代日本の法制度が整い、学校教育を基本とする学歴主義社会が形成されていく明治の新時代の様子を次のように回顧している。

今日の日本は上に帝室があり下に一般人民があるといふだけのものになつたのである、それゆへ士族は勿論又農工商の如きも才識又は学芸のある者ならば、いかなる高位高官にも任ぜられることが出来るのであるが、左様なる事は武家時代には殆ど夢にも見られぬことであった。余の如きは、本来貧士族から成り上つたのであるけれども、今日は親任官（天皇の親任式を経て任命される最高の官位）を辱くして居るから、宮中席次に於いては公侯爵の上に列することが出来るのである。(25)

津田真道（津山藩）の場合　次に津田真道の場合である。彼は、美作国津山藩（現在の岡山県津山市）の武家の出身で、早くもアヘン戦争後の天保末年において、「沿海頻に警を伝へ、海防の議漸く喧しきに及び、兵学の忽にすべからざるを感じ、更に越州流兵学師範榊原平次郎の門に入り、兵学を講ず。年十七にして皆伝を受け(26)」と記すがごとく、若くして国防の軍事科学から西洋の学問文化に覚醒して洋学に転じ、明治期日本を代表する偉大な西洋法学者に大成した人物である。

彼は、最初は藩内の師範から兵学を学び、さらなる兵学修行の目的で藩当局から江戸遊学を許される。江戸では、まず原書講読の基礎となる蘭語を習得すべく、同じ津山藩出身で偉大な蘭学大家の箕作阮甫（一七九九―一八六三、津山藩医から幕府蕃書調所の首席教授に任用された蘭学大家）に師事して蘭語学を修めた。さらに彼は、西洋医学の大家として西の緒方洪庵と双璧をなす東の伊東玄朴の西洋医学の私塾「象先堂」（天保四年〈一八三三〉、江戸に開設）に入り、蘭語の学力を洗練させ西洋医学を修得した優秀な洋学者に成長する。(27)

だが、西洋医学を修めた彼は、国家多難な状況の中で、兵学を目的に蘭学学習を志した当時の初心に戻り、軍事科学の必要性を痛感する。そこで彼は、当時、新進気鋭の洋学者として全国に有名を馳せていた佐久間象山の西洋砲術塾に入門するわけである。[28] その経緯が、彼の「伝記」には次のごとく記されている。

同年（嘉永三年〈一八五〇〉）八月兵学修行の為江戸遊学を許され、父文行、君駕に扈して上府するに随ひ、江戸に来り、鍛冶橋の藩邸に寓し、箕作阮甫に就て和蘭学を修む。（中略）更に伊東玄朴の塾に入り、別に佐久間象山に就て兵式を学ぶ。

嘉永六年、米国軍艦浦賀に来港し、海内為に騒然たり。真道、一日浦賀に遊び、米艦の動静を視察し、往いて其師象山を旅館に訪ひ論ずる所あり。座に吉田松陰外数名あり、皆是れ当時慷慨の士、互に和戦の得失を論ぜしが、遂に象山の姑く和し、大に戦備を整へて後、戦うべし、との議に一決す。真道、時に末席に在り。（中略）

時に西学勃興、各藩競ふて之を修むるの士を需む。松前侯、藩老下国某（象山門人となった下国頼母）をして、来り真道を聘せしむ。真道二君に仕ふるを潔とせずして就かず。阿部伊勢守（時に老中たり）亦人を介して来り要す。辞意頗慇懃なり。[29]

蘭学に熟達し西洋兵学を修得した津田は、松前藩や備後福山藩主で幕府の老中首座の阿部伊勢守などから招聘されるほどに新進気鋭の洋学者に成長したのである。その後の津田は、嘉永三年には象山塾在塾中に福井藩の砲術師範に招聘されたりするが、恩師で蘭学大家の箕作阮甫の推薦で、安政四年（一八五七）には幕府の蕃書調所教授手伝並に任用される。同所では、軍事科学ではなく西洋の哲学や政治学などの研究に従事することとなる。

そして文久二年（一八六二）には、洋学者として大きな人生の転機となる幕府派遣のオランダ留学が実現し、ライデン大学で法学関係五科（自然法・国際法・国内法・経済学・統計学）を学び、慶応元年（一八六五）に帰国する。早速、翌年には開成所教授職に任じられ、身分も直参旗本に昇任する。

維新後も新政府に重用され、刑律取調、学制取調、刑部中判事、外務権大丞、元老院議官、民法編纂委員、高等法

院陪席判事、衆議院議員、貴族院議員（初代衆議院副議長）、等々の国家的要職の数々を歴任する。特に津田の業績の中で評価すべきは、近代日本の法律制度や教育制度の基礎を築いたことである。法学者として成し遂げた津田の国家的な功績は誠に大きかった(30)。

彼が、国家的次元で数々の貢献をなし、位階勲等の極みに至る立身出世ができたことは、欧米列強の危機迫る幕末期に、国学や水戸学に心酔する偏狭な尊皇攘夷の熱血青年の自己と決別し、時代の趨勢を冷静に看取して蘭学を修得し、さらに軍事的動機で西洋軍事科学を学ぶという未知の洋学世界に身を投じた結果に他ならなかった。このように洋学学習の有無や程度が立身出世の梯子となり、近代日本における新たな身分制度の準則となって、明治五年（一八七二）には洋学を主要な学習内容とする西洋型の近代学校教育制度が確立し、そこに学歴主義という新たな身分制社会が、明治以降の近代日本社会に形成されていくことになるのである。

前島密（越後の農民出身）の場合　象山門人ではないが、日本における西洋型の近代郵便制度を創設して「郵便制度の父」と評される前島密（一八三五―一九〇二）の場合も、幕末期に洋学を学び、国家的次元で多大な貢献をなし、洋学をもって立身出世を果たした典型的な人物である(31)。彼は、越後国頸城郡下池部村（現在の新潟県上越市大字下池部）の豪農（身分は農民、母は高田藩士の娘）の次男であった。だが、医者を志し、江戸に出て西洋医学を修めるために蘭学を学ぶ。しかし彼は、黒船来航を契機に国防問題に強い関心を抱き、西洋医学から西洋軍事科学に転身するのである。

安政二年、二十歳を迎えた彼は、象山（当時は信州松代で蟄居中）の師匠筋に当たる幕府砲術師範の旗本・下曽根信敦（一八〇六―七四）に師事して西洋砲術を学ぶ(32)、さらに前島は、安政五年には航海術を学ぶために函館に行き、その翌年には象山門人である武田斐三郎（成章、一八二七―八〇、伊予大洲藩士）が教授を勤める幕府の諸術調所（箱館奉行所の教育機関）に入る。そこで前島は、蘭学・測量・航海・造船・砲術・築城・化学などの西洋諸科学を学ぶのである。

その後、洋学に関する学力を高く評価された彼は、松江藩・福井藩・和歌山藩などに招聘され、蒸気船の機関士長などを歴任する。慶応元年（一八六五）には、薩摩藩洋学校（開成所）の蘭学講師に招かれ、翌年三月には譜代御家人の前島家の養子となって相続し、晴れて幕臣となる。そして同年十二月には、徳川慶喜に対して有名な国字改革案「漢字御廃止之決議」を建議する。それは、教育を国家発展の基礎と位置づけ、国民教育の普及を図るためには難解な漢字・漢文を廃止して、仮名文字を用いた口語体（言文一致）にすべしとする画期的な国字改革案であった。この彼の国字改革論は、維新後、明六社の機関誌『明六雑誌』を舞台に、福沢諭吉・西周・西村茂樹・清水卯三郎らが展開した国字改革論争の先駆けとなったものである[33]。さらに翌年の慶応三年には、蘭学の力量を評価され、三十二歳で幕府開成所の数学教授に抜擢される。幕臣となってからの積極果敢な活動展開は極めて順風満帆な船出であった。

前島は、大政奉還の後も非凡な洋学の才能を買われて維新政府に出仕し、初代の「駅逓頭《えきていのかみ》」（郵政大臣）に任じられ、日本の近代郵便制度の創設に尽力する。以後、駅逓総官・内務省内務大輔・元老院議官・逓信省次官・貴族院議員など政府の要職を歴任する。

また、官を辞し野に下ってからは、大隈重信らと行動をともにして立憲改進党の結成に尽力した。さらに東京専門学校（早稲田大学の前身）の校長、関西鉄道株式会社の社長などにも就任し、民間の経済活動を精力的に展開した。晩年には男爵を授与され、貴族院議員に選任された[34]。

このように前島は、出自は農民でありながらも幕臣にまで立身出世し、維新政府の重鎮として国家的次元での様々な要職を歴任し、日本近代化に大きな貢献をなしたのである。まさに洋学によって拓かれた前島の人生は華麗なる生涯であった。それは、前述の西村茂樹・加藤弘之・津田真道らの場合と同様に、すべてが幕末期に洋学を学んだことに起因している。

はたして幕藩体制の終焉によって士農工商という身分制度が崩壊し、四民平等の近代社会が明治の新時代に到来したであろうか。それは幻想である。江戸時代の固定的な身分制度は崩壊しても、それに代わる新たな身分制度、すなわち学歴主義という社会階層の流動的な身分制度、特に洋学の学歴の有無や浅深高低を判断基準とする立身出世の学歴社会が形成されたのである。前島の人生もまた、その種の洋学を主体とする学歴社会が生み出した典型的なサクセス・ストーリーであった。

石黒忠悳（幕府代官手代の出身）の場合　陸軍の軍医総監や日本赤十字社の社長など、国家の要職を歴任した石黒忠悳《ただのり》（一八四五—一九四一）。彼もまた、幕末期から明治期の日本近代化過程において日本の上流社会を代表する錚々たる人物と面識をもち、日本の西洋医学界を代表する重鎮であった(35)。彼の出自もまた、前島と同様に決して高貴な出自ではなく、奥州陣屋（福島県伊達郡）の幕府代官の手代（元は越後の農民出身）に生まれた(36)。彼は、十一歳で父親が、十四歳で母親が他界し、天涯孤独の幼少期を送る。そんな彼の不運な人生の転機となったのは、十六歳のときに伯母（父の姉）が嫁いでいた越後国三島郡片貝村（現在の新潟県小千谷市）の石黒家の養子となり、「平野庸太郎忠恕」を改め「石黒恒太郎忠悳」となったことである。翌年には、先祖である石黒家の屋敷跡や旦那寺のある同郷の地に、結婚して転居し、そこに私塾を開く。弱冠十七歳のときであった。

当時、尊皇攘夷の志士たちとの交流を深めていた石黒は、尊皇愛国の教育精神をもって近隣子弟に読書算の基礎から四書五経に至るまでを教えた。その私塾の門人で、後に哲学者として大成したのが「お化け博士」と呼ばれ「哲学館」（現在の東洋大学）を創立した井上円了（一八五八—一九一九）であった。

だが、尊皇愛国の志士であった石黒は、自分の将来に迷い、文久三年（一八六三）三月、意を決して少年時代より敬仰していた開明的思想家の佐久間象山に教えを請うべく、松陰密航事件での蟄居謹慎を赦免された翌年に、象山を信州松代に訪問する。このとき石黒は、十九歳であった。

象山は、この無名の青年に対して、西洋日新の学問文化の蘊蓄を披瀝して、幕末期の日本が直面する様々な重要課題（国事・外交・経済・軍事・兵制、学問、文学、教育、等々）について個人教授をした。そして最後に象山は、いかに武力による攘夷が無謀であるかを諄々と諭し、西洋の学問を研究し日本に広めることこそが「真の攘夷」であると説いたのである。

西洋の学問の進歩は恐るべきものである。足下ぐらいの若者は充分我が国の学問をした上で、更に西洋の学問をなし、そしてそれぞれ一科の専門を究めることにせねばならぬ。また、そのうちからしっかりした者を西洋に遣し修業せしめることが肝要である。かくて、それぞれの専門家を集めて、国の力を充実し兵制を完成しなければならぬ（中略）青年はそれぞれ一科の学問を修め、研究を遂げてその結果を挙げるに力めることが結局、今後、真の攘夷の方法である。(37)

石黒が信州の象山を訪問して面談したのは、たった三日間のことであった。だが、石黒が象山から受けた衝撃は、彼の人生観が逆転するほどに強烈であった。帰郷後の彼は、偏狭な尊皇攘夷論者から眼を西洋に開き、洋学、それも西洋医学を己の講究すべき学問と定めたのである。

以来、西洋医学の道を志し、元治元年（一八六四）には江戸に出て蘭方医の柳見仙（下谷摩利支天横町）の書生となり西洋医学を学ぶ。さらに、その翌年の慶応元年（一八六五）には、幕府の洋学所（東京大学医学部の前身）に入学して本格的に西洋医学を学ぶ。そして、同所を修了後は医学校雇となり、明治二年（一八六九）には大学東校（幕府の西洋医学所を改称した医学校で東京大学医学部の前身）の小寮長心得、同三年には大学少助教にと順調に昇進する。しかし、同四年、文部省の上司と対立して罷免される。

だが、幸いにも当時の西洋医学界の重鎮であった松本順（良順、一八三二―一九〇七、幕府医学所頭取、新政府の兵部省軍医頭、初代軍医総監）(38)の推挙で兵部省軍医寮に出仕する。草創期の軍医となったのである。そして、同十二年には文部省御用掛、東京大学医学部総理心得となり、翌十三年には陸軍軍医監に就任するのである。
そして同二十年には、ドイツ陸軍衛生制度視察のために欧州に派遣される。翌二十一年に帰国した石黒は、軍医学校長、陸軍衛生会議長に、さらに同二十三年には軍医の最高位である軍医総監に就任と、異例の出世を遂げる。さらに、その後も男爵に叙任され貴族院議員にも選任されて、西洋医学界の重鎮として国家の要職を歴任する。退官後は、日本赤十字社長、枢密顧問官となって日本医学界に重きをなした(39)。

叙上のような石黒の日本近代化過程における人生の軌跡をみると、心底、教育とは出会いの衝撃である、との思いが募る。晩年の石黒は、幕末期から明治・大正・昭和の時代を生き、己が邂逅した歴史的偉人たち（川路聖謨、江川太郎左衛門・佐藤一斎・三条実美・岩倉具視・西郷隆盛・木戸孝允・大久保利通・勝海舟、等々）を思い浮かべ、改めて佐久間象山という人物の偉大さを再認識して、次のように述懐している。

　私の見た限りにおいて、その見識の雄大さ明達にして、一言一句、私の脳中に沁み入んで永く忘れることの出来ないのは、佐久間先生であります。吉田松陰でも、橋本左内でも、象山先生によって大なる感化を受けたことと思います。また勝海舟伯はなかなか人に許さぬ方でしたが、その実、象山先生には畏敬しておられたように思います(40)。

まさに激動する幕末期という時代の一大転換期に、偏狭な尊皇攘夷を唱える血気盛んな軍事青年が、象山との出会いを契機として西洋に目を向け、新たな洋学（西洋医学）という学問の世界に転身して猛勉強する。その結果、彼は、洋学学習の履歴が幕末期以降の日本近代化過程における医学の分野で認められ、国家的な活動をつぎつぎと展開していく。日本近代化に西洋医学をもって貢献する石黒の人生の展開は、洋学に開眼させた象山との出会いが契機であった。さすれば、石黒にとって人生最大の恩師は、日本近代化を素描した幕末期の先覚者である象山だったといえる。
陸軍軍医総監や日本赤十字社社長など国家枢要の要職を歴任した石黒は、前述のごとく、幕末維新期の錚錚たる人物と面識をもった、当時の西洋医学界を代表する重鎮であった。その彼が、洋学の必要性を説諭してくれた象山を回顧し、尊崇の念を込めて、西洋医学に転身した経緯を次のように述べている。そこで彼は、自らを象山の「死後の門人たらんことを願う」とまで哀願している。

象山先生に謁した際、先生は、横文字をお読みなさるから、私は門下生とならぬという、大失礼の言を吐いたが、先生の広量なる、その折りには別段のお叱りもなく、近いうち、足下も横文字を読まざるを得ぬ場合に逢着するだろうから、その時までは、さような言を吐いていてもよかろう、自身必要を感じた時、読み始めても遅くはない、という靄々《あいあい》春日の如き御教訓を今更思い出すと、かえって秋霜烈日の下にたったような気がして、何とも申し訳がない。

もし先生が御在世ならば、百里の路も走せ参って、膝下に付してお詫びを申し上げ、御許しを乞うべきであるが、今や幽明境を異にしいかんとも致し難い。ここに浄香を焚き涙を拭うて、先生尊霊の前に白《もう》す。昔年、平田篤胤は、本居宣長先生に対し、死後の門人と称したと申すが、われまた先生に対して死後の門人たらんことを願う。今より斯学を研究しその奥を極め、我が国斯学を以てかの泰西と併行し、攘夷の実を挙げて先生に報い奉らむ(41)。

石黒は、まさに「死後の門人」の自覚を持って、他の数多の象山門人たちに勝るとも劣らず、生涯、象山への学恩を忘れず、地元信州松代その他の象山ゆかりの地を訪ね、報恩感謝の人生を送った。彼にとって、象山と出会って西洋に目覚め、尊皇攘夷の青年から洋学研究の人生に転じたことは、まさに人生の一大事であった。専攻する学問分野で西洋に追いつき追い越すことが、象山の説く「真の攘夷」であり、その時代を先取りした象山の一言半句に幕末期の多感な青少年たちは感動し、大志を抱いて洋学の学習に向かったのである。

なお、石黒が象山を松代に訪ねて教えを受けたのは、文久三年（一八六三）三月のことであった。実は、この前年の文久二年十二月に、象山は九年余りの長きに及んだ蟄居処分から解放される。だが、それも束の間、翌々年の元治元年（一八六四）三月、幕命（海陸御備向掛手附御雇）を拝して京都に上る。山科宮や中川宮、第十四代将軍徳川家茂や一橋慶喜などの要人たちに召されて、開国和親・進取究明・公武合体などの近代化政策を建言する多忙な日々を送る。だが、同年七月、象山は、山科宮邸からの帰途、白昼堂々、尊王攘夷派に斬殺される。上洛して四ヶ月後のことであった。親類縁者や門人たちの制止を振り切って覚悟の上洛であった。開国進取の文明開化を説く象山の希望に満ちた言説は、まさに「死後の門人」を切願した石黒にとってみれば、象山思想の継承と実践を託された遺言のような教えであった。

なお、石黒は、女性にも医師国家資格を与える道を拓き、日本人初の女性医師、荻野吟子（一八五一―一九一三、埼玉県熊谷市、旧大里郡妻沼町の出身）を誕生させた恩人でもある。女医を切望する荻野の嘆願を受けた石黒は、東奔西走、明治十七年（一八八四）、ついに女性の「医術開業試験」を認める「女医公許」を実現させたのである。その公許女性医師第一号となったのが、渡辺淳一の歴史小説『花埋み』（河出書房新社、一九七〇年）で有名になった主人公の荻野吟子であった[42]。

3　幕末期に洋学修得者を競って招聘した幕府諸藩

ところで、江戸時代の世襲制を基本とする固定的な身分制度では、人口の一割にも満たない少数の武士だけでは、戦力的な質と量の両面において国家人民を防衛することなど、とても不可能なことであった[43]。それ故に、身分制度の枠を超えた実力ある人材の育成と登用とが、国家多難な時代には求められた。まさに幕末期にあっては、西洋砲術・西洋兵学などの軍事科学をはじめとする洋学を修得し、西洋の知識技術を獲得した者は、出自を問わず人材であり、幕府諸藩から士分（藩士や旗本・御家人）の厚遇をもって招聘され、指導的な地位と役割を与えられた。さらに能力のある者は、藩県あるいは国家の次元での高い地位や役割を与えられ、日本の近代化に大きく貢献することも可能であった。

そのような国家的人材の典型的は一人が、前述の前島密であった。彼は、黒船来航時に国家的人材への成長と貢献を一大決心し、西洋医学から西洋軍事科学へ転じる非常な立志の覚悟をするのである。その時の心境を次のように記している。

時ニ嘉永六年、米国使船ノ来リシヨリ、国情大ニ騒然トシ、天下ノ志士モ皆、臂《うで》ヲ振ヒ胆ヲ嘗メテゾ立タリケリ。余モ亦、当時謂《おも》ヒラク、年未タ弱冠ニ至ラス、材未タ百夫ニ長タルニ足スト雖トモ、此ノ遭ヒ難キノ時ニ遇ス。豈ニ徒ラニ生涯ノ医ノ小枝ヲ以テ終ユヘケンヤ。須ク志ヲ勃興シ、微力ヲ国ノ大事ニ尽スヘシト。(44)

武士階層を中心とする幕末期の血気盛んな青少年たちは、迫りくる欧米列強の外圧によってもたらされた国家人民の危機的な存在状況に直面し、武士本来の国防意識に目覚める。その結果、政治的には偏狭で排他的な尊皇攘夷のナショナリズムの思想や運動が急速に昂揚し、やがては開国派と武力による対立抗争も展開されることになる。だが、同じ幕末期に、本来的には国家防衛を本務とする武士階層の人々が、西洋軍事科学の成果たる西洋砲術・西洋兵学に関する知識技術の修得を目的に、医学系や軍事科学系の洋学私塾に入門して、時代が要請する西洋近代科学を修得していくことになる。

したがって、武士階層の洋学への参入という現象は、それまでの医師その他の知的エリートたちの個人的な興味や関心を超えて、国家や藩という次元での非常な使命感をもって、洋学に全国規模で大量に参入していくのである。これは、幕末期という歴史的な時代の転換期における極めて顕著な現象であった。支配階層である武士を担い手の主体とする幕末期洋学の軍事科学化が、やがては明治維新後における新生日本の構築（西洋をモデルとした日本の近代化）に向けた多面的な文明開化の活動を推進する基盤となり、軍事科学を入口として様々な分野の洋学の人材を輩出していくことになる。幕末期に続く明治維新以降の本格的な日本近代化は、西洋型学校教育制度を導入して、身分制度を超えた新たな学歴主義による人材の大量育成―国民の西洋型人材化を推進していくことになる。

4　幕末期の洋学私塾における入退塾および師匠選択の自由

ところで、近世社会、とりわけ幕末期における私塾への入門や退塾、あるいは同時に複数の私塾に在籍したり、さらには他塾への転向などは、学びの主体である学習者自身の自由意思に委ねられていた。例えば、吉田松陰の場合、嘉永四年（一八五一）四月、二十二歳で初めて江戸に遊学する。が、江戸に到着するや否や、彼は、学ぶべき学問と師事すべき師匠を捜し求めて奔走する。様々な情報を分析した結果、彼は、まず幕末期日本の儒学界を代表する安積艮斎（一七九一―一八六一）に入門する。(45)と同時に、高名な幕府の昌平坂学問所教授である古賀茶渓（謹一郎、一八一六―八四）の私塾にも入門する。(46)

さらに松陰は、家学である長州藩山鹿流兵学師範のであるが故に、当代有数の兵学者であった山鹿素水（生年不詳―一八五七、山鹿素行の女系末裔）にも入門する。さらにまた彼は、軍事科学系洋学の代表的人物として名声の高かった佐久間象山の私塾にも入門するのである。松陰が、これら四つの私塾に入門するのは、江戸到着後、わずか二ヶ月の間のことであった。

しかし、彼は、数回あるいは数ヶ月、各塾の講義を受講して真に自らが求める学問や師匠であるか否かを厳しく吟味し、学ぶに足らない私塾や師匠は、容赦なく切り捨てた。そして、最終的に彼が絞り込んだ師匠が、佐久間象山だったのである。

叙上のように、嘉永四年四月、江戸に到着した松陰は、早速、師事すべき師匠を求めて江戸の学術界の情報を分析した結果を、同年の翌月、長州萩の叔父（玉木文之進）に書簡で次のように報告している。

方今江都文学・兵学の事三等に分れ居候やに相見え候。一は林家・佐藤一斎等は至て兵事をいみ、殊に西洋辺の事ども申し候へば老仏の害よりも甚しとやら申さる由。二は安積艮斎・山鹿素水等西洋事には強て取るべき事はなし、只防禦の論は之れなくてはと鍛錬す。三は古賀謹一郎・佐久間修理（真田信濃守様藩人）・田上宇平太が紹介にて逢申候。尤古賀、佐久間知音《ちいん》にては之れなし。西洋の事発明精覈《せいかく》取るべき事多しとて頻に研究す。矩方（松陰）按ずるに一の説は勿論取に足らず、二三の説を湊合《そうごう》して習練仕候はゞ、少々面目を開く之れ有るべきかと存じ奉り候。(47)

上述のような私塾遊歴をした松陰の事例は決して例外ではなかった。江戸時代、特に学問の実利有効性が問われた幕末期には、学びの主人公である門人側に私塾や師匠を選択する権利が担保されていたのである。彼ら学徒は、師事して教えを受けるにふさわしい私塾や師匠を主体的に選別して入門し、満足できなければいつでも退塾して他塾に移ることができたのである。

なお、上記の史料中に記されているように、松陰を象山に紹介したのは同じ長州藩の伊東玄朴門人で西洋医学塾「象先堂」の塾監を勤める田上宇平太（一八一七―六九、高杉晋作の大叔父）であった。(48) 一般に、私塾の場合、紹介者が必要とされたからである。松陰が象山に紹介されたのは嘉永四年（一八五一）のことで、すでに松陰と玄朴とは親交があり、その筋で玄朴の医学塾よりも象山の西洋砲術・西洋兵学の私塾の方が、松陰の意にかなう私塾と田上が判断し、象山に紹介したものと思われる。

上記の松陰の場合と同様のことが、幕末期の洋学世界においては極めて一般的な教育慣行となっていたのである。特にアヘン戦争後には、急速に脚光を浴びた洋学の世界では、国防（海防）という軍事的動機により、医学系洋学私塾から軍事科学系洋学私塾に門人が移動入門するという特異な現象が顕著にみられた。

例えば黒船来航前に象山が江戸に開設した軍事科学系洋学私塾には、当時、日本を代表する西洋医学系私塾であった伊東玄朴「象先堂」（江戸）や緒方洪庵「適塾」（大坂）などの有名な医学系洋学私塾から移動入門してくる者、あるいは象山とは師弟関係にあった江川太郎左衛門（担庵、一八〇一―五五、伊豆韮山）や下曽根金三郎（信敦、江戸）などの同じ軍事科学系洋学私塾からも象山塾に転塾してくる門人も少なくなかった。そのような洋学系私塾の相互における門人移動の現象と洋学学習後の進路状況を、次に象山塾門人の場合を事例に具体的まとめて示しておく。

表1　洋学系私塾の門人移動と進路状況

①医学系洋学私塾から象山の軍事科学系私塾への門人移動

緒方洪庵「適塾」（西洋医学塾）→佐久間象山「西洋砲術塾」	
□村上代三郎（一八二三―八二、姫路藩）(49)	
・天保十五年（一八四四）	・緒方洪庵の「適塾」に入門。
・嘉永　三年（一八五一）	・象山の「西洋砲術塾」に入門。
・安政　元年（一八五四）	・紀州田辺藩に招聘され大砲鋳造の設計を指導。
・安政　四年（一八五七）	・幕府の講武所師範（西洋兵学教授）に任用。
□武田斐三郎（一八二七―八〇、成章、大洲藩）(50)	
・嘉永　元年（一八四八）	・緒方洪庵の「適塾」に入門。
・嘉永　三年（一八五一）	・緒方洪庵の紹介で象山の「西洋砲術塾」に入門。
・嘉永　六年（一八五三）	・象山の推挙で幕府の旗本に登用され、開成所教授。
・明治　四年（一八七一）	・維新政府の兵部省に出仕、後に陸軍大学校教授、陸軍士官学校教授、陸軍幼年学校初代校長を歴任。
□橋本左内（一八三四―五九、福井藩）(51)	
・嘉永　二年（一八四九）	・緒方洪庵の「適塾」に入門し蘭学修業、さらに江戸の蘭学大家の杉田成卿に師事して蘭学を研鑽。

・安政　元年（一八五四）	・象山の「西洋砲術塾」に入門、西洋砲術・西洋兵学を修業。
・安政　四年（一八五七）	・福井藩主の松平春嶽（慶永）側近として藩の学政改革を実施、藩校教育に西洋学術を積極的に導入し、藩の子弟に修学を奨励。

伊東玄朴「象先堂」（西洋医学塾）→佐久間象山「西洋砲術塾」

□高畠五郎（一八二五―八四、徳島藩）(52)

・嘉永　二年（一八五〇）	・緒方洪庵の「適塾」を経て、伊東玄朴の「象先堂」に入門。
・嘉永　三年（一八五一）	・象山の「西洋砲術塾」に入門、西洋砲術・西洋兵学を修業。
・安政　元年（一八五四）	・紀州田辺藩に招聘され大砲鋳造の設計を指導。
・安政　三年（一八五六）	・幕府の蕃書調所教授に抜擢され外交文書の翻訳を担当。
・安政　四年（一八五七）	・幕府の講武所師範となり西洋兵学を教授。
・元治　元年（一八六四）	・幕府の開成所教授職並となり、幕府の旗本に列す。
・明治　三年（一八七〇）	・明治新政府の兵部省に出仕、以後、海軍権大書記官、元老院議官などの要職を歴任、特に海軍刑法の制定に尽力。

□武田斐三郎（一八二七―八〇、大洲藩）(53)

・弘化　五年（一八四五）	・緒方洪庵の「適塾」に入門。
・嘉永　三年（一八五一）	・伊東玄朴の「象先堂」に入門。
・嘉永　三年（一八五一）	・象山の「西洋砲術塾」に入門。
・嘉永　六年（一八五三）	・象山の推挙で幕府に登用され、幕臣となる。
・元治　元年（一八六四）	・幕府開成所の兵学教授。
・明治　四年（一八七一）	・明治維新政府の兵部省に出仕。
・明治　五年（一八七二）	・明治維新政府の陸軍大学校教授に就任。陸軍士官学校の創設（明治八年〈一八七五〉）に尽力。

森村助次郎（生没不詳、佐倉藩）(54)

・嘉永　二年（一八五〇）	・伊東玄朴の「象先堂」に入門。

・嘉永　四年（一八五二）	・佐久間象山の「西洋砲術塾」に入門。

□菅沼幾太郎（生没不詳、長岡藩）(55)

・嘉永　四年（一八五二）	・伊東玄朴の「象先堂」に入門。
・嘉永　六年（一八五四）	・佐久間象山の「西洋砲術塾」に入門。

□小寺常之助（生没不詳、大垣藩）(56)

・嘉永　七年（一八五三）	・伊東玄朴の「象先堂」に入門。
・安政　元年（一八五四）	・佐久間象山の「西洋砲術塾」に入門。

□白井小輔（小助、一八二六―一九〇二、長州藩）(57)

・安政　二年（一八五〇）	・伊東玄朴の「象先堂」に入門。
・嘉永　六年（一八五三）	・佐久間象山の「西洋砲術塾」に入門。
・元治　元年（一八六四）	・長州藩騎兵隊を組織し総督軍監。
・慶応　元年（一八五八）	・四国連合艦隊下関砲撃戦に従軍。
・明治　元年（一八六八）	・官軍の討幕軍参謀となり北越戦争に出陣。官軍先鋒軍軍監の土佐藩岩村高俊とともに小千谷で長岡藩家老河井継之助との会見が決裂。長岡藩を激戦の末に討伐。
	・明治維新政府に仕官せず、郷里で私塾教育に尽力。

□津田真道（眞一郎、一八二九―一九〇三、津山藩）(58)

・嘉永　三年（一八五一）	・江戸に出て箕作阮甫・伊東玄朴に師事し蘭学を学ぶ。
・嘉永　三年（一八五一）	・佐久間象山の「西洋砲術塾」に入門（門人帳には「津田眞一郎」と記載）。
・安政　四年（一八五七）	・幕府の蕃書調所教授手伝並に任用。
・文久　二年（一八六二）	・幕府の蕃書調所の同僚である西周（一八二九―九七）とともにオランダに幕府留学生としてライデン大学に留学し、法学・哲学・経済学・国際法などを四年間学ぶ。
・慶応　元年（一八六五）	・帰国後は、幕府陸軍の騎兵差図役頭取を経て目付役に就任。大政奉還の際には徳川家中心の憲法草案「日本国総制度」を構想し執筆。
・明治　二年（一八六九）	・維新後は新政府の司法省に出仕、翌年三月に発布された維新政府の最初の刑法典『新律綱領』の編纂に参画。

	・明治四年に外務権大丞に就任し、日清修好条規提携の全権大使・伊達宗城（一八一八―九二）の副使として清国へ同行。その後、陸軍省に転じて陸軍刑法を作成。さらに裁判官、元老院議官などを歴任。
・明治二十三年（一八九〇）	・第一回衆議院議員総選挙に当選し、初代の衆議院副議長に就任。
・明治二十九年（一八九六）	・勅選貴族院議員となる。男爵、法学博士。

②蘭語学系洋学私塾から佐久間象山の軍事科学系私塾への移動

□木村軍太郎（一八二七―六二、佐倉藩）(59)

・嘉永　二年（一八四九）	・佐倉藩校で蘭学を学んだ後、藩命により西洋学の修得を命じられ杉田成卿の蘭学塾で蘭学を学ぶ。
・嘉永　三年（一八五〇）	・七月、佐久間象山の「西洋砲術塾」に入門、西洋砲術を修得。その後、佐倉藩の兵制改革に尽力。
・嘉永　四年（一八五一）	・三月、黒船来航のときには浦賀に赴き、同門の吉田松陰とともに米艦を見学。十一月に再来日したハリスの外国使節待遇の件に関し老中へ差出した覚書を翻訳。
・嘉永　七年（一八五四）	・十一月、再来日したハリスが、日米修好通商条約の締結を求めた国書を翻訳。
・安政　三年（一八五六）	・十二月、幕府の蕃書調所教授手伝出役に任用される。
・文久　二年（一八六二）	・八月十五日病没（享年三十六）、蘭書の翻訳訳書に『砲術訓蒙』（全一二巻、天真楼蔵版）。

③同じ軍事科学系洋学私塾から佐久間象山の私塾へ門人移動

江川太郎左衛門「西洋砲術塾」→佐久間象山「西洋砲術塾」

□高洲弥左衛門（生没不詳、佐倉藩、長量平の弟）(60)

・天保十四年（一八四三）	・江川太郎左衛門の「西洋砲術塾」に入門。
・嘉永　四年（一八五二）	・佐久間象山の「西洋砲術塾」に入門。

□馬場志津馬（生没不詳、佐倉藩）(61)

・天保十四年（一八四三）	・江川太郎左衛門の「西洋砲術塾」に入門。
・嘉永　四年（一八五二）	・佐久間象山の「西洋砲術塾」に入門。

□長　量平（生没不詳、佐倉藩）(62)

・天保十四年（一八四四）　・江川太郎左衛門の「西洋砲術塾」に入門。

・嘉永　四年（一八五二）　・佐久間象山の「西洋砲術塾」に入門。

□高橋午之助（生没不詳、佐倉藩）(63)

・天保十四年（一八四四）　・江川太郎左衛門の「西洋砲術塾」に入門。

・嘉永　四年（一八五二）　・佐久間象山の「西洋砲術塾」に入門。

金児忠兵衛（一八一七―八八、松代藩）(64)

・天保十三年（一八四三）　・江川太郎左衛門の「西洋砲術塾」に入門（象山と同年入門）。

・嘉永　二年（一八五〇）　・佐久間象山の「西洋砲術塾」に入門、だが同年中に象山塾を離門（破門）。その後は松代藩の砲術師範・武具奉行・足軽奉行を歴任。戊辰戦争後は家塾教育に専念。

□斉藤碩五郎（生没不詳、佐倉藩）(65)

・弘化　元年（一八四一）　・江川太郎左衛門の「西洋砲術塾」に入門。

・嘉永　四年（一八五一）　・佐久間象山の「西洋砲術塾」に入門。

□兼松繁蔵（生没不詳、佐倉藩、兼松碩五郎実兄）(66)

・天保十四年（一八四四）　・江川太郎左衛門の「西洋砲術塾」に入門。

・嘉永　四年（一八五一）　・佐久間象山の「西洋砲術塾」に入門。

□八木剛助（一八〇一―七一、上田藩）(67)

・天保十三年（一八四二）　・江川太郎左衛門の「西洋砲術塾」に入門。

・天保十四年（一八四三）　・藩命で田原藩の高島秋帆門人村上範致（定平、田原藩家老）に入門、西洋砲術を修得（上田藩主と田原藩主は兄弟の関係）。

・嘉永　三年（一八五〇）　・佐久間象山の「西洋砲術塾」に入門、翌年には嫡男の八木數馬も象山塾に入門（嘉永七年十月に病死）。

・安政　五年（一八五八）　・藩の学問所頭取に就任。

・万延　元年（一八六〇）　・藩の武芸頭となり軍学師範・砲術師範・読書教授を兼務し、桜井純造や山田貫兵衛など象山門人の若手を登用。

・元治　元年(一八六四)	・長州再征伐では大坂に駐屯し藩銃隊調練を担当。
・明治　二年(一八六九)	・藩の武学校頭取を辞し御席間番頭となる。
・明治　四年(一八七一)	・病気隠居、同年十月病没、享年七十一。

下曾根金三郎「西洋砲術塾」→佐久間象山「西洋砲術塾」

□桜井純造(一八一二—八四、上田藩)(68)

・嘉永　三年(一八五〇)	・下曾根金三郎の西洋砲術塾に入門し「西洋砲術」を学ぶ。 ・その後、幕府の昌平坂学問所で儒学を学ぶ。
・嘉永　六年(一八五三)	・佐久間象山の「西洋砲術塾」に入門。
・安政　元年(一八五四)	・藩の洋式砲術助教に任用。
・文久　二年(一八六二)	・藩の兵制改革担い繰練取調・大小銃器製造を担当。
・明治　元年(一八六八)	・越後戊辰戦争のときは藩の参謀。同年十二月に郡奉行、文学教授、軍事方取調方頭取を兼務。
・明治　四年(一八七〇)	・上田藩参事。
・明治十五年(一八八一)	・明治政府の宮内省七等出仕。後、宮内少丞、権大書記官を経て宮内大書記官。同十七年十一月病没、享年五十九。

□大島貞薫(さだか、萬兵衛、一八〇六—八八、但馬国大藪領主・旗本小出家家臣)(69)

・嘉永年間(年を不特定)	・下曾根金三郎の「西洋砲術塾」に入門。
・嘉永　四年(一八五一)	・佐久間象山の「西洋砲術塾」に入門。
・慶応　元年(一八六五)	・紀州藩に西洋兵学顧問として招聘され、藩士に軍事指導。
・明治　元年(一八六八)	・明治政府より京都兵学校教授(御用掛)に任用。
・明治　四年(一八七一)	・兵部省兵学少教授。
・明治　六年(一八七三)	・兵部省徴兵掛、兵学侍講御用として明治天皇に西洋兵学を進講。

□桑原介馬(譲、生年不詳—一八七三、土佐藩郷士)(70)

・嘉永　二年(一八四九)	・下曽根信敦の「西洋砲術塾」に入門。

・嘉永　五年（一八五二）	・佐久間象山の「西洋砲術塾」に入門。
・慶応　四年（一八六八）	・戊辰戦争時には邏卒隊差引役。
・明治維新後	・軍人となり邏卒隊長（巡邏査察、巡査長）。
その他の西洋砲術塾→佐久間象山「西洋砲術塾」	
□西村茂樹（一八二八―一九〇二、佐倉藩）(71)	
・嘉永　三年（一八五一）	・大塚同庵（一七九五―一八五五、佐倉藩）の「西洋砲術塾」に入門し免許皆伝。
・嘉永　四年（一八五二）	・佐久間象山の「西洋砲術塾」に入門（儒学・西洋砲術など象山の「東洋道徳・西洋芸術」の学問思想の全体を修得し、明治の文明開化期の日本を代表する思想家・官僚・教育者として活躍。）。

三　幕府諸藩における洋学学習者の人材登用

1　洋学修得者の立身出世——能力主義による人材の供給

上述のように江戸時代、特に幕末期には、医学系あるいは蘭語学系を中心とする非軍事系洋学私塾から西洋砲術・西洋兵学などの軍事科学系洋学私塾への門人の移動、あるいは同じ軍事科学系洋学私塾から同種の私塾への門人移動という現象は、学習主体である門人側の自由意思によって決定されていた。特に、幕末期の私塾の場合、伝統ある国学や儒学の私塾とは異なって、新進の洋学系私塾では、門人自身が自分の進路にふさわしい指導者の教育を受けるための主体的な選択が可能であったこと、あるいは学習内容がより高度で充実している私塾や指導者への移動が当然視されていたこと、等々により学習者の私塾間の移動は極めて自由であり、活発に行われていたのである。

すなわち、移動入塾したいと思う私塾の条件は、師事して教えを請いたいと思える魅力ある指導者であること（師匠の人間的な魅力や学問的な力量）、それに付随して教育施設や教育内容が整備されていること（寄宿舎、高価な書物や自習室など教育の施設・設備・備品の充実度）、であった。このような幕末期の洋学世界にみられる教育の自由、学習の自由は、現代社会からみれば特異な教育形態にみえるかも知れない。だが、江戸時代、とりわけ幕末期日本の教育社会では、被教育者の主体的な教育選択の自由が、至極当然な出来事であった(72)。

以上のような事例からも明らかなごとく、天保年間（一八三〇―四四）末期のアヘン戦争以後、とりわけ黒船来航前後の嘉永年間（一八四八―五四）末期の頃からは、全国諸藩における領国・領民の防衛、あるいは幕府の国家人民の防衛を目的とした武士階層の軍事科学系洋学（西洋砲術・西洋兵学）の私塾への入門者が急増する。このような教育変動は、アヘン戦争や黒船来航が起こる前にはまったく予期できない新たな歴史的現象であった。

それ故に幕府諸藩は、身分制度の壁を越えて洋学関係の人材、とりわけ西洋砲術・西洋兵学などの軍事科学の修得者を競って招聘しようとした。だが、そのような人材は絶対的に不足していたのである。そこで窮余の策として、蘭書を読解できる語学力さえあれば、採用後に軍事科学関係の原書翻訳と家臣に対する蘭語教育という重要任務を担当させることができる故、出身地や身分に関係なく、本人の学力次第で、誰でもが幕府諸藩から招聘され身分と地位を担保されるという立身出世の対象となりえたのである。まさに黒船来航の前後から、幕府諸藩は、洋学に精通した人材を必要とし、その発掘と登用、さらには養成に鎬を削っていたのである(73)。

例えば、象山が黒船来航前後の嘉永年間の四年有余の間（安政元年〈一八五四〉の愛弟子吉田松陰の海外密航事件で象山も連座制で捕縛入牢の間）、江戸木挽町に開設した西洋砲術・西洋兵学を主体とする私塾（塾主象山は、あくまでも「東洋道徳・西洋芸術」思想を教育の基本理念として、儒学・洋学・西洋砲術・西洋兵学、西洋医学などを教授と明言）に学んだ門人たちの中で、軍事科学系洋学の学習者で、その学力を評価され幕府や維新政府に登用された門人は数多くおり、現在判明するだけでも、下記の二九名を数える、また前述のごとく、浪人身分の門人が洋学の学習歴をもって諸藩に招かれ仕官した者もいたのである。

表2　幕府・明治維新政府に登用された象山門人

□勝　海舟（麟太郎、一八二三—九九、幕臣旗本）(74)

・弘化　元年（一八四四）	・曽祖父は新潟の農民で視覚障害者、江戸に出て高利貸で成功し、朝廷より盲官最高位の検校を買官して米山検校を名乗る。三男（麟太郎の祖父）に御家人・男谷家の株を買い与え幕臣とする。父親は旗本小普請組（四一石）。
・嘉永　三年（一八五〇）	・アヘン戦争直後、幕府の取るべき「海防八策」を建言した象山が、本格的な蘭学修学中に、海舟は初めて象山を訪問、だが正式な入門は象山が江戸木挽町に私塾を開いた直後の嘉永三年。
・安政　四年（一八五六）	・赤坂田町に蘭学の私塾「氷解塾」を開設。
・安政　六年（一八六九）	・幕府の講武所砲術師範役。
・万延　元年（一八六〇）	・幕府の軍艦操練所教授方頭取。
	・日米修好通商条約の批准書交換のため、幕府の咸臨丸で渡米、帰国後は幕府の軍艦奉行並となり神戸海軍操練所を開設。
・慶応　四年（一八六八）	・戊辰戦争時には幕府軍の軍事総裁で、早期停戦と江戸城無血開城を主張、同年四月に大総督府下参謀の西郷隆盛（薩摩藩）との会談で江戸城の無血開城を実現した。
・明治　二年（一八六九）	・明治維新政府の外務大丞。その後は、兵部大丞、海軍大輔、参議、海軍卿、枢密顧問官、貴族院議員、等々、維新政府の要職を歴任し、伯爵に叙せられた。

□山本覚馬（一八二八—九二、会津藩）(75)

・文政十一年（一八二八）	・蘭学者で会津藩砲術師範の武家の嫡男として誕生。
・嘉永　三年（一八五〇）	・藩校日新館を経て佐久間象山の「西洋砲術塾」に入門。
・嘉永　六年（一八五三）	・会津に帰藩するが再度上江、だが、すでに象山は信州で蟄居中につき、今度は勝海舟・江川太郎左衛門の「西洋砲術塾」に入門。
・安政　三年（一八五六）	・藩校日新館教授。翌年、藩校内に蘭学所を設置、藩軍制の西洋化の改革を推進。

・元治　元年（一八六四）　・恩師佐久間象山が蟄居放免となり上京する際には、覚馬たち門人が随伴し護衛などの守護体制をとる。
・明治　二年（一八六九）　・岩倉具視の勧めで京都府顧問に就任し、府知事の槇村正直（長州藩、天保五―明治二十九）の助言役を務める。
・明治　三年（一八七〇）　・京都府勧業御用掛となり府庁の勧業政策を推進。
・明治　八年（一八七五）　・新島襄と同志社英学校を覚馬の邸内に創設（妹の八重子は新島の妻）。
・明治十二年（一八七五）　・京都府議会議員に当選、初代議長に就任。

□内山隆佐（一八一三―六四、越前大野藩）(76)

・嘉永　五年（一八五二）　・佐久間象山の「西洋砲術塾」に入門。
・安政　二年（一八五五）　・兄・良休とともに藩政改革に尽力。安政三年には藩の蝦夷地総督となり、藩の財政再建に資する樺太開拓用の西洋式帆船・大野丸を建造、箱館に開設した藩営商社大野屋を拠点に経済活動を展開（蝦夷地開拓・樺太開拓の先駆者）。

□蟻川賢之助（直方、一八三二―九一、松代藩）(77)

・天保・弘化・嘉永年間（一八三〇―五四）　・幼少時、象山が松代藩の御城付月並講釈助の時代の自邸内の私塾に入門して、『小学』など漢学の基礎から儒学・蘭学・西洋砲術に至るまで、象山の「東洋道徳・西洋芸術」思想を修得する。吉田松陰・小林虎三郎とともに「象門三傑」と呼ばれる。
・嘉永　七年（一八五四）　・象山が吉田松陰の海外密航事件に連座して幕府に捕縛された後、江戸と松代の象山私塾の教育（蘭学・西洋砲術）を、師範代として担当。
・文久　三年（一八六三）　・正月、松代藩鉄砲奉行に就任、幕府の洋銃隊取調掛を兼務。十月、幕府の講武所砲術教授並を拝命。
・明治　二年（一八六九）　・維新政府兵部省の権大丞・大丞などの政府高官を歴任。
・明治二十四年（一八九一）　・四月、病没、享年六十。

□小松　彰（一八四二―八八、松本藩）(78)

・文久　三年（一八六三）　・江戸遊学後、蟄居赦免の翌年の文久三年に象山に師事、遅れて入門した門人。だが、象山の「東洋道徳・西洋芸術」の学問思想の全体を修得した最も誠実勤勉な終生の門人。
・元治　元年（一八六四）　・象山が元治元年三月、京都に上洛する際も随行。象山が京都で斬殺された後の処理に奔走。
・明治　二年（一八六九）　・岡山県判事、同年十月に大学小丞。
・明治　三年（一八七〇）　・大学大丞に就任（二十九歳）、その後、同四年に生野県知事、同五年に豊岡県令など政府の地方官僚を歴

	任。
・明治　六年(一八七三)	・司法省の法制課長に昇進。
・明治　七年(一八七四)	・文部省の文部大丞に昇進。
・明治　九年(一八七六)	・文部省の文部大丞を辞して下野(三十六歳)。
・明治十一年(一八七八)	・東京兜町に東京株式取引所を創立し初代頭取に就任。さらに両毛鉄道会社・東京米商会社などを創設し取締役に就任するなど、野にあって国家的次元での殖産興業に尽力。明治二十一年病没、享年四十七。

□薄井龍之(一八二九―一九一六、商人身分、飯田藩内醤油製造業者子息)(79)

・弘化　三年(一八四三)	・商家に生まれたが学問の道を志し、江戸に出て昌平坂学問所に入学(十八歳)して儒学を修める。その後、さらに京都の頼三樹三郎(一八二五―五九)に師事して尊皇攘夷思想を学ぶ。再度、江戸に出て**佐久間象山の西洋砲術塾に入門**。
	・大政奉還後は維新政府の軍監として奥羽を歴戦。
・明治維新以後	・明治維新後は政府高官・岩倉具視(一八二五―八三)の知遇を得て、北海道開拓幹事、山形県参事、東京裁判所判事、名古屋裁判所長など法曹界の要職を歴任。

□桜井純造(蔵、一八一二―八四、上田藩)(80)

・嘉永　三年(一八五〇)	・藩校明倫堂で文武を兼学し長沼流兵学を習得した後、嘉永三年、江戸に出て高島秋帆・下曾根金三郎に師事して西洋砲術を修練。
・嘉永　六年(一八五三)	・**佐久間象山の「西洋砲術塾」**に入門し西洋兵学を学ぶ。
・安政　元年(一八五四)	・上田藩の洋式砲術助教。
・文久　二年(一八六二)	・上田藩の操練取調並および軍務庁判事。
・元治　元年(一八六四)	・藩校の寄宿舎「鍾美館」(しょうびかん)が新設されると舎長に就任。
・慶応　二年(一八六六)	・藩校鍾美館の学監。
・明治　元年(一八六八)	・越後戦争の参謀、十二月に郡奉行、文学教授。
・明治　三年(一八七〇)	・藩大属、上田藩慘事。
・明治　四年(一八七一)	・十月には宮内省出仕、のち宮内小丞、権大書記官に昇進。
・明治十五年(一八八二)	・宮内省大書記官に就任。同十七年に病没、享年五十九。

□渡邊驥(すすむ、一八二九―九〇、松代藩)(81)

・文久　二年（一八六二）	・幼少より象山に師事し象山の学問全体を修得（「及門録」には記載なし）。
・明治　二年（一八六九）	・維新政府の弾正少疎に任官、同年二月に弾正大疎に昇進。
・明治　三年（一八七〇）	・二月に弾正大巡察、四月に弾正権少忠、十月には弾正少忠に昇進。
・明治　四年（一八七一）	・七月には刑法局弾正台を廃して司法省の設置に伴い同省に出仕して少判事、十月には中判事。
・明治　五年（一八七二）	・五月に司法少丞に昇進し大検事となる。
・明治　八年（一八七五）	・八月、司法省第一局長。
・明治　十年（一八七七）	・一月、司法大書記官となり庶務照査修補第三課長。
・明治十二年（一八七九）	・十一月に太政官大書記官。
・明治十三年（一八八〇）	・二月、勅任検事となり大審院詰、元老院議官を兼任。
・明治十四年（一八八一）	・十月、大審院検事長（検事総長、検察官の最高位）。
・明治二十三年（一八八九）	・貴族院議員（長野県最初の勅選終身議員）、錦鶏祗侯。
・明治二十九年（一八九六）	・六月、東京で死去、享年六十一。

□北沢正誠（まさなり、一八四〇—一九〇一、松代藩）(82)

・天保十一年（一八四〇）	・松代藩江戸藩邸に生まれ、幼少より象山の教えを受け、象山の学問全体を修得し継承した終生の門人（「及門録」には記載なし）。象山没後も恩師の顕彰事業に生涯、尽力。
・万延　元年（一八六〇）	・御近習役。
・元治　元年（一八六四）	・御留守居役。
・明治　元年（一八六四）	・権少参事。
・明治　四年（一八七一）	・維新政府の左院中議に出仕。同年、五等議官に昇進し兵務を担当。
・明治　五年（一八七二）	・同門の小林虎三郎・子安峻とともに『象山先生詩鈔』（全二巻）を編纂し刊行。
・明治　八年（一八七五）	・維新政府の正院修史局に出仕、左院五等議官勲六等。
・明治　八年（一八七五）	・左院の廃止に伴い地理寮七等出仕となり全国地誌を編集、正院修史局三等修撰に移動。
・明治十二年（一八七九）	・東京地学会の創立に参画、赤松則良・佐野常民・福沢諭吉・福地源一郎・山田顕義らとともに幹事に就任（会長は北白川能久親王）。
・明治十三年（一八八〇）	・三月、興亜会を創立し支那語学校を設立（中国清人の張景試を教師に採用）。
・明治十四年（一八八一）	・外務権少書記官・記録局編纂課長となり『蘭学者伝記資料』を編纂、その後、華族女学校（女子学習院の前身）の学監。

・明治十七年(一八八四)	・勝海舟・小松彰などと謀り東京飛鳥山に恩師象山の遺墨「櫻賦」の碑を建立、また京都妙心寺に象山の墓所を建立し墓田を購入して寄進。
・明治十九年(一八八八)	・東京府知事・高崎五六(一八三六―九六、薩摩藩出身)の推挙で本郷区小石川第二代区長(明治十九年八月―明治二十二年三月年)。
・明治三十年頃からの晩年の数年間	・請われて新潟県立高田中学校(旧制)に奉職、国語・漢文を担当。小説家の相馬御風や児童文学作家の小川未明は教え子(83)。
・明治三十四年(一九〇一)	・明治三十四年二月病没、享年六十二。

□牧野　毅(たけし、一八四三―九四、松代藩)(84)

・慶応　四年(一八六四)	・幼少より象山に師事して東西の学問を学ぶ。後、江戸に出て幕府の開成所教授である川本幸民に師事して蘭学を修得。さらに海軍操練所で洋算を学び、幕府大通弁の福地櫻痴(源一郎)に師事して仏学を修めた(「及門録」には記載なし)。 ・象山塾高弟の武田斐三郎(成章)を藩主に推薦して松代藩兵制士官学校教官に招聘、自らも同校の助教に就任。
・明治　三年(一八七〇)	・松代藩文武学校が廃校。
・明治　四年(一八七一)	・武田とともに上京してフランス学の私塾を開設。
・明治　五年(一八七二)	・兵部省出仕となり砲兵局兼築造掛。同年、兵部権大録に昇任。
・明治十一年(一八七八)	・陸軍大尉に昇任し、参謀局第二課長。
・明治十五年(一八八二)	・砲兵会議会員、砲兵敞検査局長。
・明治二十三年(一八九〇)	・陸軍砲兵大佐に昇任。 ・陸軍少将従四位に昇任し将軍となる。 ※象山塾同門の小松、渡辺、蟻川ら数名の同志と謀り、恩師象山の頌徳碑を京都妙心寺内に建立するなど、生涯、恩師象山の学恩に報いた。

□長谷川三郎兵衛(生没不詳―推一八八九、松代藩)(85)

・藩　時　代(年不詳)	・松代藩の御側御納戸役、側用人、郡奉行を歴任。
・明治　二年(一八六九)	・大蔵省に出仕。
・明治十三年(一八八〇)	・権判事兼租税司知事。

・明治十五年(一八八二)	・会計局出納物用度係。
・明治二十一年(一八八八)	・広島地方裁判所会計課長に昇進。

□高野真遜(一八二八―一九〇八、松代藩)(86)

・藩　時　代(年不詳)	・佐久間象山に儒学を学んだ後、江戸に至り林大学頭に入門し儒学を研鑽。
・明治　元年(一八六八)	・徴士(維新政府に登用された藩士)となり新潟府判事に任じられたが受けず。同二年松代に帰藩し権参事。
・明治　二年(一八六九)	・松代藩権参事兼議長となって藩政改革に尽力。
・明治　四年(一八七一)	・廃藩後、司法省に出仕し判事、民法編纂委員などを歴任。
・明治十九年(一八八九)	・徳川幕府の遺典および世の正伝実録を採蒐した『実録彙編』(忠愛社、明治十九年)を編纂・刊行。

□津田真一郎(真道、一八二九―一九〇三、津山藩)(87)

・嘉永　三年(一八五〇)	・江戸に遊学して箕作阮甫・伊東玄朴に蘭学を学び、その後、佐久間象山の「西洋砲術塾」に入門。
・安政　四年(一八五七)	・箕作阮甫の推薦で幕府蕃書調所の教授手伝並を拝命。
・文久　二年(一八六二)	・幕府派遣で同僚の西周とともにオランダに留学、ライデン大学に学ぶ。四年後(慶応二年)に帰国し幕臣となり、幕府の陸軍騎兵差図役頭取を経て目付役に就任。
・維新後の活躍(前述)	・大政奉還の際は徳川家側の憲法草案『日本国総制度』を執筆。 ・維新後は新政府の司法省・陸軍省に出仕し法制度の整備に尽力。裁判官・元老院議官・衆議院議員・勅選貴族院議員などの重職を歴任。 ・男爵、法学博士。民間では「明六社」の社員として国民啓蒙に尽力した。

□加藤弘之(一八三六―一九一六、出石藩)(88)

・嘉永　五年(一八五二)	・藩校講道館を経て江戸に出て、最初は和流の甲州流兵学を学び、その後、佐久間象山の「西洋砲術塾」に入門、西洋砲術を学んで郷里に帰国。
・安政　元年(一八五四)	・再度、江戸に遊学したが、象山は信州松代で蟄居中。故に大木仲益(坪井為春)に蘭学を学ぶ。
・万延　元年(一八六〇)	・幕府蕃書調所教授手伝を経て幕臣となり、開成所教授職並に昇進。
・明治　元年(一八六八)	・新政府の政体律令取調御用に任用。
・明治　三年(一八七〇)	・文部大丞、外務大丞など政府高官を歴任。
・明治　十年(一八七八)	・明治十年に東京大学初代綜理(総長)、その後、男爵、元老院議官、勅選貴族院議員、初代帝国学士院院長、枢密顧問官などの国家の重職を歴任。また法学者としても大成し法学博士、文学博士。

□大島貞薫（さだか、萬兵衛、一八〇六―八八、旗本家臣）(89)

・文化三年（一八〇六）	・但馬国養父郡大藪領主（旗本）の家臣の家に生まれる。
・嘉永年間（一八四八―五四）	・領主の小出内記（英道）に随い江戸に出て、高島流西洋砲術の下曽根信敦に入門。
・嘉永　四年（一八五四）	・佐久間象山の「西洋砲術塾」に入門。
・安政　三年（一八五六）	・幕府講武所教授の下曽根信敦が主宰する大規模な洋式調練に参加。
・慶応　四年（一八六八）	・五月に維新政府の京都兵学校の御用掛、教授に任用。同年十月に兵学権充に任じられ大阪兵学寮（士官学校）に移動。
・明治　五年（一八七三）	・兵学寮教授に任じられ東京兵学寮に着任。
・明治　六年（一八七四）	・一月、兵学侍講御用を命じられ明治天皇に西洋兵学を進講、同年七月に退任。
・明治二十一年（一八八八）	・退官後は悠々自適の隠居生活を送り、八十三歳で死去。

□高畠五郎（一八三五―八四、徳島藩）(90)

・弘化　二年（一八四五）	・大坂の緒方洪庵の「適塾」に入門し蘭学を学ぶ。
・嘉永　二年（一八四九）	・洪庵の紹介で江戸の伊東玄朴の「象先堂」に入門し蘭語を習得。
・嘉永　三年（一八五〇）	・佐久間象山の「西洋砲術塾」に入門、西洋砲術を修得。
・嘉永　六年（一八五三）	・ペリー来航時には、象山や松陰と共に浦賀に行き、黒船を実際に見分し、著書『三浦見聞記』を著す。
・安政　三年（一八五六）	・幕府の旗本格に抜擢され蕃書取調所教授となり、幕府の外交文書の翻訳に従事。
・明治　三年（一八七〇）	・維新政府の兵部省に出仕、陸軍大佐、陸軍大学校教授、陸軍士官学校教授、陸軍幼年学校初代校長などを歴任。特に海軍刑法制定文献の蘭文翻訳を通して、日本の軍事力（兵制・装備・運用）の近代化（西洋化）に尽力。

□子安　峻（たかし、鐵五郎、一八三六―九八、大垣藩）(91)

・安政　元年（一八五四）	・大村益次郎に蘭学を学んだ後、江戸に出て佐久間象山の「西洋砲術塾」に入門し西洋砲術その他を修得。
	・優れた語学力（英語・蘭語）を評価され、幕府の神奈川奉行所翻訳方に登用。
・明治　三年（一八七〇）	・明治維新後も新政府の外務省翻訳官として活躍。
	・かたわら本野盛亨や柴田昌吉らとともに、明治三年、横浜弁天町に活版印刷所「日就社」を設立し、日本最初の　英和辞典『英和字彙』を刊行。

・明治　七年（一八七四）	・「日就社」を基に「讀賣新聞社」を設立し初代社長に就任。
・明治　十年（一八七七）	・政府官僚の外務少丞を退官して下野、貿易会社、貯蓄銀行、保険会社、さらには日本銀行の設立にも関わり初代監事を歴任。
	・幅広く日本近代化に貢献した子安は、「日本の文明開化の先導役」「明治初期の民間の元勲」と評された。
	・また、勝海舟や小林虎三郎などの同門有志とともに、終生、恩師象山の著書の編集・出版や記念碑建立・法事などの顕彰事業にも尽力した。

□小原鉄心（仁兵衛、一八一七—七二、大垣藩）(92)

・藩　時　代（年未詳）	・小原家は大垣藩で代々、城代家老を勤める名家（七五〇石）、鉄心も幕末期に城代家老を務め藩の難局運営に当たった。
・安政　元年（一八五四）	・江戸に出て佐久間象山の「西洋砲術塾」に入門。
・元治　元年（一八六四）	・象山は上洛途中に大垣に立ち寄り、鉄心と久しく再会し歓談。
・慶応　四年（一八六八）	・**維新政府より参与**（明治維新政府が設置した官職）に任じられて出仕、同年には御親征行幸御用掛、会計官判事などを歴任。
・明治　二年（一八六九）	・版籍奉還で**大垣藩大参事**（地方長官である知府事・知藩事の旧藩主に次ぐ官職。幕藩体制下の家老、現在の副知事に相当）。

□市川兼恭（かねのり、一八一八—九九、広島藩医子息、幼名は岩之進または斎宮）(93)

・天保　九年（一八三八）	・緒方洪庵の「適塾」に入門して蘭学を学ぶ。
・天保十三年（一八四二）	・江戸の杉田成卿の私塾に入門して本格的に蘭学を修得。
・嘉永　三年（一八五〇）	・**佐久間象山の「西洋砲術塾」に入門**、西洋砲術・西洋兵学を修得。
・嘉永　六年（一八五三）	・越前藩に砲術師範として招聘され、大砲・砲台を建造するなど軍備の近代化に尽力。
・嘉永　六年（一八五三）	・幕府天文方の蕃書和解出役に登用。
・安政　三年（一八五六）	・幕府の洋学所教授手伝に任用。
・文久　三年（一八六三）	・幕府の開成所教授職に昇進（ドイツ語教授・辞書編集を担当）。
・明治　元年（一八六八）	・新政府の兵学寮出仕（兵学校御用掛）。
・明治十二年（一八七九）	・東京学士会院会員。

□西村茂樹（一八二八—一九〇二、佐倉藩）(94)

・嘉永　三年(一八五一)　・同藩の大塚同庵(一八〇六―七四、下曽根信敦門人)に入門し西洋砲術を学ぶ(同年、西洋砲術免許を受領)。
・嘉永　四年(一八五二)　・佐久間象山の「西洋砲術塾」に入門(吉田松陰・小林虎三郎と同年の入門)。
・安政　元年(一八五四)　・佐倉藩の支藩佐野藩の年寄役に就任。
・明治　二年(一八六九)　・佐倉藩執政(大参事)となり藩政改革を実施。
・明治　六年(一八七三)　・文部省出仕となり編輯課長に叙任(学校教科書編纂)。
・明治　九年(一八七六)　・宮内省御用を拝命、東京修身学社を創設(日本弘道会の前身)。
・明治　十年(一八七七)　・文部大書記官に叙任(同十三年に編集局長)。
・明治十九年(一八八八)　・宮中顧問官に叙任、文部大臣森有礼が大学総理(東京大学総長)に任命しようとしたが辞退。

□小林虎三郎(一八二八―七七、長岡藩)(95)

・弘化　二年(一八四五)　・十八歳で藩校崇徳館助教に任用。
・嘉永　四年(一八五一)　・藩費遊学生として江戸へ遊学し佐久間象山に師事、儒学・洋学・西洋砲術・西洋兵学など象山思想の全体を修学。
・嘉永　七年(一八五四)　・恩師象山の「横浜開港説」を藩主に上書、即刻、帰藩謹慎の処分(戊辰戦争終結までの十五年に及ぶ長い謹慎中は、病躯をおして蘭書翻訳や論文執筆などの研究生活に専心)。
・明治　二年(一八六九)　・長岡藩大参事(旧家老)に選挙され長岡復興に奔走。
・明治　三年(一八七〇)　・美談「米百俵」(支藩の三根山藩が援助米「米百俵」を恵送、虎三郎はこれを教育立国主義に基づき学校建設に充当)。
・明治　四年(一八七一)　・廃藩置県の直後、大参事・藩立学校長などの役職を、病気療養を理由に辞して上京。
・明治　六年(一八七三)　・東京で小学校歴史教科書『小学国史』(全十二巻)を単独で編纂し刊行。
・明治　七年(一八七四)　・在中国ドイツ人宣教師の執筆した漢書『大徳国学校論略』(一八七三年)を日本で翻刻刊行(フランス・アメリカなど・西洋先進国をモデルとする日本近代化を後進国のドイツモデルに転換すべしとする嚆矢)。
・明治　九年(一八七五)　・文部省の委嘱を受け、オランダ人外国人教師ファン・カステーレンが日本語に訳した英米教育書『学室要論』『教師必読』『童女筌』の日本語を校訂し文科省より刊行。

□薄井龍之(一八二九―一九一六、飯田藩領内の商家子息)(96)

・明治十二年(一八七九)　・飯田藩内の醤油製造業者の家に誕生。学問の道を志して江戸の昌平坂学問所に学僕として学び、さらに上洛して尊皇攘夷運動家の儒学者頼三樹三郎(一八二五―五九)に師事して尊皇攘夷思想の影響を受ける。

	その後、江戸へ出て佐久間象山門人となり西洋砲術を修業。 ・維新後は政府の重鎮・岩倉具視（一八二五―八三）の知遇を得て、北海道開拓幹事、山形県参事、東京裁判所判事、名古屋地方裁判所長などを歴任。

□長谷川昭道（一八一五―九七、松代藩士）(97)

・嘉永　六年（一八五三）	・象山門人帳「及門録」の「嘉永二年」の項に「松代藩離門　長谷川深美」と記載。入門後に退塾。
・元治　元年（一八六四）	・藩政に関して象山と意見を異にし御側役を辞して蟄居。
・明治　元年（一八六八）	・免罪となり京都に上り勤皇論者として活躍。 ・七月、新政府に大学校設立を建言、八月に学校掛。十二月、皇学所・漢学所・兵学所の御用掛。
・明治　二年（一八六九）	・維新政府の太政官権大吏となり制度取調の任務。晩年は真田家顧問として貢献。
・明治三十年（一八九七）	・一月三十日病没、享年八十三。

□長谷川直太郎（生没不詳、松代藩）(98)

・藩　時　代（年不詳）	・幼少より佐久間象山に師事し学問を修業（修学の開始と期間は不詳）。
・元治　元年（一八六四）	・松代藩御近習役。
・慶応　二年（一八六六）	・松代藩払方御金奉行。
・明治　元年（一八六八）	・戊辰戦争時は弾薬奉行兼小荷駄奉行。
・明治　七年（一八六四）	・維新政府の司法省に出仕。地方裁判所を歴任。
・明治二十六年（一八九三）	・司法省を退職。同三十七年に他界、享年六十四。

□長谷川三郎兵衛（生没不詳―推一八八九、松代藩）(99)

・藩　時　代（年不詳）	・幼少より佐久間象山に師事し学問を修業（修学の開始と期間は不詳）。
・明治十三年（一八八〇）	・藩時代には松代藩御側御納戸役、郡奉行などを歴任。
・明治十五年（一八八二）	・維新政府の司法省に出仕し権判事兼租税司知事。
・明治二十一年（一八八八）	・会計局出納物用度係。 ・広島地方裁判所会計課長。

□菅　春風（鉞太郎、一八二〇―一九〇二、松代藩）(100)

・藩　時　代（年不詳）	・佐久間象山の儒学私塾「象山書院」に入門と推定されるが、入門年月は不詳。二十歳のときには古典、

	歌道をきわめた。
・嘉永　二年（一八四九）	・佐久間象山塾に入門し文学（儒学）を修める。その後、江戸に出て皇国典籍を考究、帰国して嘉永年間より私塾を開き近隣の後進を指導。 ・明治維新後は新政府に召され盛岡県判事に叙任。
・明治三十二年（一八九九）	・国幣中社生島足島（いくしまたるしま）神社宮司。同三十五年下高井郡中野町で没。享年八十三。

表2にあげた象山門人二八名は、幕末維新期の日本近代化の過程で、幕府諸藩や明治維新政府に登用され、藩県あるいは国家レベルで活躍した人々である。象山の私塾で最新の西洋砲術・西洋兵学（洋儒兼修の象山が形成した「東洋道徳・西洋芸術」の思想世界）を修得した門人たちは、その多くが帰属する自藩の国元に戻り、江戸で修得した西洋知識を活かし、全国各地で兵制・軍備などの近代化＝西洋化を中心に、行政、教育、医療、殖産興業（地域産業の振興）など、地方の富国強兵・殖産興業の諸分野で地域創生の活躍をする者が多かった。

しかし、優秀な門人たちは、藩帰属の陪臣身分から幕府に登用されて、西洋軍事科学（西洋砲術・西洋兵学）の知識技術や語学力を活かし、幕府の蕃書調所（後の洋学所、洋学の研究教育機関）や講武所（幕府設置の武芸訓練機関）など官立の教育研究機関に採用され、最先端の研究教育の職務に精励した。

さらに彼らは、明治維新後も西洋新知識を有するテクノクラート（technocrat、高級技術官）として維新政府に適材適所で任用された。もちろん、軍事科学系洋学の出身である彼らは、日本の軍事力の近代化に尽力した者も少なからずいた。しかし、多くは軍事科学以外の学問分野や政治行政などの諸分野で、幕末期洋学で培った専門的な西洋の知識技術を活かし、明治政府の中央各省における高官として日本近代化の推進に貢献した門人が多かったのである。

また、幕府や維新政府に登用された者の他にも、市川兼恭（入門時は「岩文之進」）のように象山塾で修業時代は浪人または非士分であった者が、軍事科学を中心とする洋学を学び、その学力を買われて福井藩に仕官して砲術師範となり、さらには幕府の天文台訳員・蕃書調所教授を努め、維新後は陸軍兵学中教授など国家レベルでの地位や役割を得て活躍する門人もいた。同様の門人は、市川の他にもおり、例えば長崎出身で嘉永三年に象山塾に入門した「藤井重作」という門人がいた。彼は、象山塾で西洋砲術・西洋兵学を学んだ後、洋学導入に積極的であった館林藩（現在の群馬県館林市）に西洋砲術師範として召し抱えられた(101)。

幕末期に洋学の学力や知識技術力が評価されて仕官した彼らは、招聘された新天地で軍事科学関係での貢献はもちろん、それ以外の人材育成や殖産興業など近代化の諸分野で活躍した。さらに、幕府が崩壊して明治新政府が誕生してからも、彼らの専門的な学問知識が認められて新政府に任用され、国家レベルでの日本近代化推進の地位と役割を与えられて貢献した。

おわりに——幕末期洋学の軍事科学化による能力主義社会の萌芽

本章において検討すべき研究課題の第一は、洋学史研究を含めた歴史研究全体において重要なキーワードである「幕末期」という概念の内実を検証することであった。はたして「幕末期」とは、日本歴史上のいかなる時系列上のスパン（時間的な幅）を指すのか。一見すると自明であるかのごとき概念ではあるが、熟慮再考してみると、その内実や使用法は実に曖昧である。従来は、黒船来航（一八五三年）を起点とし徳川幕藩体制の崩壊（一八六八年）、すなわち、王政復古による明治維新政府の誕生までの時系列（約十五年間）と考えるのが、歴史学会その他における一般的な理解であった。

実は、このような「幕末期」の理解の仕方を最も具体的に表現している事例が、長年、歴史学界で最も信頼されてきた大著『近代日本総合年表』（岩波書店、初版は一九六八年）である。書名に「近代」を冠する同年表は、嘉永六年

（一八五三）の黒船来航をはじめとし、それ以後の事項を収録すべき内容としている（二〇〇一年刊行の最新第四版でも不変）。すなわち、「近代」（厳密に表現するならば「近代化」）の端緒を「黒船来航」としているのである。これに倣って数多くの歴史書や文部科学省検定合格の高等学校教科書「日本史」などの記述も、すべて米国艦隊の浦賀来航をもって「幕末期」のはじまりとしているのである(102)。

だが、はたして、いつからいつまでを「幕末期」と捉えるのが妥当かという問題は、徳川将軍家を頂点とする幕藩政治体制から天皇親政の近代国家体制（明治新政府）に転換する歴史の展開過程、すなわち日本近代化の端緒を、どの時点から捉えるのが歴史認識として適切妥当であるのか、という問題が存在するのである。

この問題を検証しようとする場合、隣国の清朝中国に起きたアヘン戦争を看過することはできない。それは、産業革命を達成した西洋先進国で植民地獲得を積極的に世界展開していたイギリスが、古代以来、アジアの宗主国であった中国を強力無比な近代科学兵器で圧倒し、不平等条約を結ばせて植民地と化した世界史的な出来事であった。この歴史的事実は、東洋文明の無条件敗北（未開性・劣等性）を意味し、逆に西洋文明の圧倒的勝利（先進性・優秀性）を証明する結果となったわけである。

さすれば、もしも対岸の火事であったアヘン戦争がわが国に勃発した場合、はたして当時の徳川幕藩体制の外交力や軍事力をもってして、欧米先進諸国の政治的かつ軍事的な外圧を跳ね返し、国家人民の独立安寧を担保することが可能であったか。それはまったく不可能であった。

その眼前の現実的な危機を、すでにアヘン戦争の勃発前に指摘していた洋学知識を有する学者文化人たちがいた。彼らは、いかにして欧米列強諸国の東アジア進出から日本の国家人民を防衛するかという「海防論」を展開して警鐘を鳴らし、日本を取り巻く国際環境の危機的状況を指摘し、早急な防備対策を幕府当局に求めていた。例えば海防論の先駆的な著書としては、林子平著『海国兵談』（一七九一年）があり(103)、さらにモリソン号事件（一八三七年）を契機に書かれた代表的な海防書としては、[104] 渡辺崋山著『鴃舌或問』『慎機論』（ともに一八三八年[105]）、高野長英著『夢物語』（一八三八年[106]）などがある。

しかし、幕府当局は、幕府の外交政策―鎖国政策を批判したとの政治的理由をもって、彼らを処罰した。この洋学者弾圧事件が、何とアヘン戦争の前年に起きた歴史的事件「蛮社の獄」（一八三九年）であった[107]。

上述のように黒船が浦賀に来航する十年以上も前に勃発したアヘン戦争を契機に、日本を取り巻く国際環境は急速に変化し外圧は強まり、したがって日本の学問文化、特に洋学の世界では質的にも量的にも従来とはまったく異なる変化が惹起されていく。二百六十年以上も続いた徳川幕藩体制の国家統治制度は、もはや新たな危機的状況に対する対応能力に欠け、無力なアンシャン・レジーム（Ancien regime）と化していくのである。

叙上のように、本章が問題とした「幕末期」という歴史的概念の画期は、種々の関係史料を検証した結果、天保時代末期のアヘン戦争を端緒として徳川幕藩体制の崩壊までと捉える方が、緊迫化する国際環境の中で右往左往する日本の政治動向はもちろん、長い歴史を有する日本洋学の質的変化（洋学領域の拡大進化と専門化）や量的変化（武士階層を中心とする新たな洋学学習者の急増）という新現象を説明し理解する上でも無理がない。また、洋学学習による立身出世が可能となる学歴主義社会の招来という近代的現象の出現という点に関しても、アヘン戦争を日本近代化の起点と考えることが、「幕末期」の歴史認識としては妥当性があるのではないか。

次に本章の中心課題である幕末期洋学の「軍事科学化」という特徴的な変化の問題である。洋学の軍事科学化（武士の洋学への大量参入）という歴史的現象に関しては、昭和戦後、特に一九六〇年代以降に活発化する洋学研究の世界における共通理解となり、二十一世紀の現代では洋学史理解に関するコンセンサスになっているとみてよい。

だが、幕末期洋学の軍事科学化とはいっても、その内容や性格、あるいは歴史的な意味に関する諸論を精査すると、研究者間あるいは研究グループ相互に、様々な見解の相違が認められる。例えば民生的分野の洋学と軍事科学的分野の洋学との関係性をめぐっては、問題関心の重点の置き方によって幕末期洋学の性格づけや意味づけが大きく異なってくるのである。

具体的な事例をあげれば、地方史研究の視座から在村蘭学の研究を進めてきた青木歳幸氏（一九四八―、佐賀大学名誉教授）の場合である。彼は、従来の吉田忠氏（一九四〇―、東北大学名誉教授）に代表される軍事科学化を幕末洋学の主要な特徴とみる立場に対して、[108]田崎哲郎（一九三四―二〇二四、愛知大学名誉教授）を中心とする在村蘭方医を中心とする在村蘭学の広範な存在を幕末期洋学の最大の特徴として重視する研究スタンスを踏襲し、日本近代化の推進に際して在村蘭学の歴史的役割を強調する立場に立脚している。[109]青木氏は、洋学史全体における両者の相違を、次のように整理している。

幕末期蘭学（洋学）の性格規定は、田崎哲郎『在村の蘭学』のあとがきにある「医学を中心とする民生的な蘭学の拡がりに加えるに、幕末期に軍事科学的な面も増加をみ、両々相俟って発展した」とみる見方がもっとも適切な見解である。[110]

上記の見解では、明らかに幕末期洋学の主流は「医学を中心とする民生的な蘭学」であり、それに加うるに「軍事科学的な面も増加」という理解である。したがって、軍事科学的な洋学は、幕末期洋学においては傍系的な位置や役割に過ぎないという見解である。

たしかに、従来の地域医療を担う在村医学を中心とする福利厚生的な洋学も、幕末期には、西洋医学系洋学私塾の増加と相まって地方にまで拡大普及していく。だが、それによって、幕末期に武士の大量参入によって急速に国家人民の防衛を目的とする軍事科学系洋学が脚光を浴び、武士の学習者の急増現象が顕著になったという事実を軽視あるいは過小評価することはできない。

しかも青木氏は、上記の引用文に続いて、「地方からみると、武士を中心とした軍事科学的技術は維新及び廃藩によりほとんど断絶」したと明言し、逆に自らが研究している「種痘を中心とした蘭方医学は、担い手・学問内容ともに幕末から明治期にかけて継続し庶民の間へ普及」したと、両者の維新後の日本近代化過程における対照的な盛衰の明暗を指摘している。はたして、青木氏が断言するように、幕末期における医学系洋学は明治以降の近代に連続して地方にまで普及し発展したが、逆に軍事科学系洋学は非連続で断絶したと言いうるであろうか(11)。

本章で検証してきた通り、軍事科学系洋学を入口として洋学の学習を始めた武士階層を中心とする人々が、幕末期や明治以降の日本近代化過程で同じ軍事科学の分野で活躍したという事例も多くみられる（例えば廃藩後、失職した武士階層の多くが国民皆兵制度の下で明治近代国家の職業軍人に転身して活躍した事例）。だが、それによって西洋軍事科学が幕末期と明治期との画期で非連続と断定することはできない。

青木氏の見解には、上述の問題以上に看過しえない重大な問題点があるのである。本章において幕末期洋学と象山門人の関係性を、具体的に門人の事例分析を通して論証してきた。その結果、国家人民の防衛という軍事科学的な動機で洋学に参入した武士階層を主とする人々は、やがて西洋軍事科学の背後にある西洋近代の精緻な学問文化の存在に気付くのである。それ故に、西村茂樹・加藤弘之・津田真道のごとく、人文社会科学系の専門分野の学問に進み、明治以降の日本近代化過程における非軍事科学的な領域の専門分野において開拓的あるいは先駆的な業績を残したのである。このような事実を看過してはならない。

幕末期に軍事科学を含めて西洋近代科学を学び西洋知識を修得した人々は、地方レベルか国家レベルかは別として、明治以降の日本近代化過程における新たな人材として求められ、適材適所で様々な活躍の場を与えられた。例えば、中央政府や地方官庁の行政官をはじめ、判事・学者・医師・教育者、あるいは国家や地域の経済振興をはかる殖産興業の諸分野における推進者などとして、文明開化という新時代の潮流の中で有意な役割を担ったのである。

また、幕末期における洋学系人材の需要は異常なほどに大きかった。いまだ身分制を基本とする幕末期において、最新の洋学知識を獲得した学習者が、不可欠の人材として評価されて登用され、立身出世のできる社会に変化した社会現象である。洋学知識の有無によって判別する学歴主義という新たな理想社会の開扉は、明治以降の近代社会に継承され本格的に開化し定着する。すなわち、明治以降の近代化過程では、日本の殖産興業・富国強兵の実現に必要な人的資源の養成と配分という国家的重責を担った西洋型学校教育システムが構築され、結果として学習者の学歴に応じて立身出世が可能となる学歴社会が形成されていくわけである。

明治以降の欧米諸国をモデルとする日本の体系的な学校教育は、まさに幕末期における洋学系の学問知識の実理有用性の修得の延長上にあり、したがって教育の内容も方法も教材も、学習者の発達段階に応じて教授・学習する欧米の洋学教育を基本とするものであった。逆に、それまでの身分や職分、あるいは性別などに応じた近世教育の伝統的な教育遺産は否定され、近代学校での教育は洋学一辺倒となり、学校で教授する洋学の知識技術の習得程度に応じて人材としての人間の社会的価値が評価される学歴社会が形成されることになるわけである。

幕末期洋学の軍事科学化による洋学の質的変容と量的拡大は、明治以降における日本近代化（殖産興業・富国強兵）の人的基盤である洋学系人材の計画的な大量養成と適性配分を可能とする西洋型学校教育制度の成立基盤となりえたのである。事実、幕末期の洋学者たちは、教育に関して西洋モデルの学校教育制度の必要性を早くから提唱していたのである[112]。その意味で、幕末期洋学は日本の西洋型近代学校教育の源流であり、そこで教授学習する教育内容も基本的には幕末期洋学に連続する内容や方法であった。

以上に指摘した本章での検証結果を踏まえ、本章において解明しえたファインデングスー歴史的事実を総括すると、次の四点に要約することができる。

① 例え軍事的動機からであっても、幕府諸藩に帰属する武士階層の本格的な洋学世界への大量参入という幕末期の歴史的な現象が、国民的規模での洋学の拡大普及を誘発し可能とする一大要因となった。洋学の全国的規模で

の面的な拡大現象は、やがて身分制や地域性など幕藩体制を支えてきた封建的アンシャン・レジームを踏み越えて、「国家は国民全体で防衛するもの」という国民皆兵制を原則とする近代国家の誕生へと向かう歴史的な方向性を確かなものとする実態が形成されたこと。

また、叙上のような軍事的現象を教育的観点からみれば、各種の差別政策を基本とする幕藩体制による封建的支配体制の枠組みを超えて、それまでは一部の優秀なエリート知識人によって独占的に担われてきた洋学が、それ故の特徴である点的な存在状況を脱皮して、国家的な拡がりを有する面的な存在状況にまで拡大普及し、しかも近代国家の形成に不可欠な国民教育の洋学化（西洋化）を必然的ならしめたということ。

② 幕末期における武士階層の洋学への大量参入という歴史的現象は、結果的には明治期以降における欧米列強をモデルとする日本近代化を推進する最も必要不可欠な条件、すなわち人的基盤である多様な洋学系人材を数多く育成し適材適所で配分するという近代学校教育の不可欠性を招来することになったこと。

③ 幕末期における武士階層の洋学学習への動機（入口）が、例え国家防衛という軍事的動機からではあっても、結果的（出口）には精巧緻密で強力な軍事科学を創出した西洋近代科学の様々な学問分野に立ち入って深く学び、その結果、彼らが明治以降の日本近代化推進の学問分野における先駆者な開拓者となって活躍した、という事実を看過することはできない。すなわち、武士の洋学への参入は、軍事科学から入って西洋近代科学の専門分野に進み、その結果、専門分野の知識技術を修得した人々が日本近代化を支える学術文化の開拓的な先駆者となりえたこと。

④ さらにまた、幕末期における洋学の普及拡大という現象は、洋学世界の基本原理である能力主義・実力主義という新たな人材の要件を惹起し、それまでの幾重にも複雑に重層化し固定化していた武士社会の身分内身分制度（特に士分の重層構造）を崩壊させ、ひいては士農工商という封建制度の基本的スキームである身分制度をも打破

し、洋学を基本とする学力、およびそれによって獲得される西洋に関する知識技術の質と量を絶対的な人材評価の基準とする、近代日本の新しい身分制度ともいえる能力主義（meritocracy）あるいは学歴主義（diplomaism）の社会形成を必然的ならしめたこと。

すなわち、洋学の学習能力を基本とする新しい学力観に基づく人材概念への転換を通して、洋学（西洋の教育・学問・文化）を基準とする近代社会の新たな身分制度を再構築することになった、ということである。具体的には、日本近代化推進に必要な人材育成を担う教育システムの面では、明治五年（一八七二）に頒布された日本の西洋型近代学校制度を描いた「学制」という法律は、教育の制度・内容・方法から教師・教材・教具・試験・進級などに至る学校教育のすべてを、西洋化の原理原則で規定し具体化した西洋モデルの所産であったこと。したがって、日本教育の近代化＝西洋化は、まさに幕末期洋学の内容や方法を継承し標準化したものであり、洋学教育の国民化を推進し、殖産興業・富国強兵の実現に必要な人材を大量に養成し配分する国民皆学を前提とする学歴社会、換言すれば士農工商に代わる新たな身分制度として学力重視の学歴主義社会の形成を招来するものであったということ。

叙上のように、明治期の近代日本を準備し推進した幕末期洋学の歴史的意義を考えるとき、上述のような歴史的諸事実を看過あるいは無視することはできない。幕末期から百八十年前後の歳月が過ぎた現代の国際社会において、なおも軍事科学が科学研究の最前線に位置づき、国家の経済力や政治力を担保し、国家国民の経世済民に関わる生産活動・経済活動・消費活動などを牽引する先導的役割を担っている。アメリカやイギリス、フランスなどの民主主義を標榜する国々であっても、軍事力あっての経済力であり政治力である。その内実は、軍事科学研究の成果が経済大国・政治大国の基盤である幕末期以来の実態と何ら変わりはないのである。

ましてや、日本の幕末期は、現代日本人の歴史認識などとはまったく比較にならないほどに危機的な時代であった。

国家人民の存亡が現実的な国家課題となっていた幕末期日本にあっては、武士階層を中心とする同時代の最も優秀な青少年たちが、国防的動機から軍事科学に進んで参入し、そこから西洋の精巧精緻な軍事科学の背後にある学問─近代諸科学の優秀性の秘密に迫り、やがては単なる知識技術の獲得という次元を超えて、それらを生み出す専門分化した学問分野の奥深くに分け入っていったのである。

それ故に、幕末期洋学の軍事科学化による武士階層の洋学世界への大量参入という歴史的現象は、全国レベルでの洋学人口の量的拡大を惹起すると同時に、明治以降における西洋モデルの日本近代化を担う新たな洋学系人材の大量育成を準備し推進するという結果を招来した。また、近代国家における殖産興業・富国強兵の実現に不可欠な人的基盤の形成という質的面でも、日本に西洋型の人材育成を目的とする教育制度と教育実態を実現させるに至った。西洋の知識技術の習得を内実とする人材の大量生産と適正配分とを可能にする学校という文明の利器を通して、学歴主義という新たな身分制度の新社会を誕生させるなど、幕末期洋学のはたした歴史的役割は現代人の想像を絶する非常に大きものであったといわなければならない。

アヘン戦争から明治維新による近代国家の誕生まではわずか二十八年、そして黒船来航からは何と十五年、極めて短期間の歴史的スパンであった幕末期に、日本に導入された洋学（西洋諸科学）が質と量との両面において全国的に拡大普及するという驚異的な現象は、まさに明治以降における西洋型日本近代化の基盤形成、とりわけ殖産興業・富国強兵に不可欠な人材育成という教育基盤の形成に大きく貢献した。幕末期における洋学の質と量の両面が相まった相乗的な発展なくしては、明治期以降の短期間における日本近代化の実現はありえなかったといえるであろう。

註

（1）　中山茂編『幕末の洋学』（ミネルヴァ書房、一九八四年）、中山茂執筆「序章」、一頁。
（2）　宮地正人編『幕末維新風雲通信─蘭医坪井信良家兄宛書翰集』（東京大学出版会、一九七八年）。本書は、幕末期日本を代表する

蘭方医で幕府奥医師を勤めた坪井信良が、西洋医学に生きた人生を、越中高岡の実家の兄宛に綴った書簡一八〇通と関連史料八通を年代順で弘化元年（一八四四）から明治十年（一八七七）までの幕末維新期の四十数年間に整理して収録した幕末維新史料集である。

同書に収録された書簡集には、幕末維新期における医学を中心とした洋学の動向が時系列で連続的に記録されており、日本近代化過程における洋学の推移や役割がリアルに再現され、その実相を具に理解することができる。

（3）『福澤諭吉全集』第一〇巻（岩波書店、一九六〇年、二五〇―二五三頁）所収、「明治十八年四月四日梅里杉田成卿先生の祭典に付演説」。

（4）大槻磐渓・大槻如電・大槻文彦の父子兄弟に関しては、竹内博編『日本洋学人名事典』（柏書房、一九九四年）および日蘭学会編『洋学史事典』（雄松堂出版、一九八四年）その他の人名辞典を参照。

（5）大槻如電著『新撰洋学年表』（柏林社書店、一九二七年）、一二六頁。

（6）（7）紹介した洋学に関する著書・翻訳書、あるいは著者・翻訳者に関しては、前掲『洋学史事典』『新撰洋学年表』『日本洋学編年史』などを参照。

（8）坂本保富『幕末洋学教育史研究』（高知市民図書館、二〇〇四年）の第二章「高島流砲術師範・下曽根信敦の門人析出」で「下曽根信敦」について詳述。その外に、アヘン戦争に関する学術的研究書としては、井上裕正著『清代アヘン政策史の研究』（東洋史研究叢刊之六十三、新装版、京都大学学術出版会、二〇〇四年）が詳細な研究書である。他に日蘭学会・法政蘭学研究会編『和蘭風説書集成（上・下）』（吉川弘文館、一九七七―七九年）や松方冬子『オランダ風説書と近世日本』（東京大学出版会、二〇〇七年）などがある。また、身近で平易な文献としては、江口圭一著『日中アヘン戦争』（岩波新書、一九八八年）、陳舜臣著『実録アヘン戦争』（中公文庫、一九八五）などがある。

（9）『新撰洋学年表』、一二六頁。

（10）幕末期における幕府諸藩の学校への洋学関係の学科新設や科目導入に関しては、幕末期における日本教育の近代化という観点から早くから注目され、石川謙（一八九一―一九六九）の『日本学校史の研究』（小学館、一九六〇年）、尾形裕康（一八九七―一九八五）の『西洋教育移入の方途』（講談社、『野間教育研究所紀要』第一九号、一九六一年）・『学制実施経緯の研究』（校倉書房、一九六三年）・『学制成立史の研究』（校倉書房、一九七三年）、笠井助治（一九〇五―八五）の『近世藩校の総合的研究』（吉川弘文館、一九六〇年）、等々がある。だが、幕末維新期における幕府諸藩の洋学教育を含めた教育改革を総合的に史料分析をして解明したのは倉沢剛著『幕末教育史の研究』(全三巻、吉川弘文館、一九八三―八六年)である。

(11) 近世、特に幕末期に刊行された洋学に関する著書・翻訳書に関する文献としては、幕府の洋書刊行事業に関しては福井保著『江戸幕府刊行物』(雄松堂出版、一九八五年)、全国諸藩の洋書刊行事業に関しては笠井助治著『近世藩校に於ける出版書の研究』(吉川弘文館、一九六二年)などがある。だが、洋学関係の書籍紹介で質量ともに最大最良の文献は、日蘭学会編『洋学史事典』(雄松堂書店、一九八四年)である。

また、大槻如電原著『新撰洋学年表』を大幅に増補改訂した前掲の佐藤榮七・増訂『日本洋学編年史』には、大槻が引用あるいは紹介した多数の洋学関係図書をすべての原本に当たって再確認して必要部分の史料を加筆し、さらに新たな関係図書も追加している。それ故に同書の巻末には、人名・事項・書名を一緒にしたA5判五段組で五三頁もの「索引」があり、その中には多数の洋学関係者の人名が収められている。

さらにまた、倉沢剛著『幕末教育史の研究』は、洋学史を含めた幕末維新期の教育史を、膨大な原史料(公文書史料)を解読して総合的に調査・整理・分析した非常に大部な研究書(全三巻で二三四〇頁)である。各巻には幕末期洋学に関する人名・書籍・事項などが一体化された総合的な「索引」が付されている。

(12) 前掲、大槻如電著『新撰洋学年表』、一二五―一五三頁を参照。

(13) 『松本順自伝・長与専斎自伝』(平凡社、一九八〇年)所収「松香私志」、一一一―一一二頁。長与の適塾修業時代の学習状況やその後の西洋医学界での活躍状況などに関しては、伴忠康著『適塾と長与専斉』(創元社、一九八七年)を参照。

(14) 伊東榮著『伊東玄朴傳』(玄文社、一九一六年)、一四八頁。

(15) 緒方洪庵「適々齋塾姓名録」(緒方富雄著『緒方洪庵傳』所収、岩波書店、一九六三年)、伊東玄朴「門人姓名録」(伊東榮著『伊東玄朴伝』所収、玄文社、一九一六年)などの伝記的な研究書、あるいは前掲の日蘭学会編『洋学史事典』や竹内博編『日本洋学人名事典』(柏書房、一九九四年)所収の洋学私塾の門人名簿を参照。

また、幕府諸藩が長崎遊学に派遣した洋学学習者の人名録に関しては、平松寛治著『長崎遊学者事典』(渓水社、一九九九年)などの文献、さらには都道府県史や郡市町村史には地方レベルでの洋学学習者を含めた幕末期洋学の学習者略伝などの記載がある。

(16) 前掲、岩波文庫版『福翁自伝』、二一七頁。

(17) 森有礼の相談役である西村茂樹は、福沢諭吉・西周・中村正直・加藤弘之たちを結集して日本最初の学術団体「明六社」を結成し、その機関誌『明六雑誌』に「漢字廃止論」などを執筆し提唱した。

象山門人の出世頭である西村は、東京学士会院会員、貴族院議員、宮中顧問官など歴任。また、明治四年（一八七一）の文部省開設直後の編輯局長で、教科書編集や教育制度の確立に尽力した。特に「修身」の教育を重視し、同九年には「修身学社」（現・社団法人日本弘道会）を創設して雑誌『修身学社叢説』を発行して、恩師象山の「東洋道徳・西洋芸術」思想を社会道徳の振興普及に具体化した。高橋将郎著『西村茂樹』（吉川弘文館、人物叢書、一九八七年）、松平直亮著『泊翁西村茂樹伝』（日本弘道会、上下二巻、一九三三年）その他を参照。

(18) 加藤弘之の思想と学問、活動、功績などの概容については、田畑忍著『加藤弘之』（吉川弘文館、人物叢書、一九五九年）がある。また、彼の学問的内容を理解する基本文献としては、大久保利謙、田畑忍監修『加藤弘之文書』（全三巻、同朋出版、一九九〇年）がある。

(19) 津田真道に関する参考文献としては、大久保利謙編『津田真道　研究と伝記』（みすず書房、一九九七年）があり、さらに本格的な理解のための文献としては、大久保利謙・桑原伸介・川崎勝編『津田真道全集』（上下二巻、みすず書房、二〇〇一年）がある。

(20) 佐久間象山の門人帳史料「訂正及門録」（増訂版『象山全集』第五巻所収）には、極めて誤謬が多く、筆者は宮本仲著『佐久間象山』（岩波書店、一九四二）所収の「及門録」や京都大学図書館蔵「及門録」、あるいは信濃教育博物館蔵「及門録」など現存する五種の史料「及門録」に記載された門人四百六十余名のすべてを比較校合して、可能な限りの誤謬を析出し補正した最新訂正版「及門録」を作成し提示した。その研究成果を総括した研究書が、本書の下巻である。なお、筆者の象山門人帳「及門録」に関する研究成果は以下の通りである。

①「象山研究史上の問題点（上）―特に門人帳「及門録」の理解と使用に関する問題をめぐって―」（信濃教育会『信濃教育』第一二二九号、一九八九年四月）

②「象山研究史上の問題点（下）―特に門人帳「及門録」の理解と使用に関する問題をめぐって―」（信濃教育会編『信濃教育』第一二三〇号、一九八九年五月）

③「門人帳資料『訂正及門録』からみた象山塾の入門者―幕末期における「東洋道徳・西洋芸術」思想の展開―」（日本歴史学会編『日本歴史』第五〇六号、一九九〇年七月）

④「京都大学附属図書館所蔵「及門録」の内容とその問題点」（信州大学全学教育機構『坂本保富教授定年退職記念論文集』、二〇一三年三月）

⑤信濃教育博物館所蔵「及門録」の内容と史料的意義」（信州大学全学教育機構『坂本保富教授定年退職記念論文集』、二〇一三年三月）
⑥「青木歳幸氏の京都大学附属図書館所蔵「及門録」の解読・紹介とその誤謬」（平成国際大学『平成国際大学論集』第一九巻、二〇一四年一二月）
⑦「国立歴史民俗博物館公開「佐久間象山門人帳データ「及門録」の誤謬」（平成国際大学『平成法政研究』第一九巻第一号、二〇一四年一〇月）
⑧「最新訂正版『象山門人帳史料』の提示と門人の全国分布（平成国際大学法制学会編『平成法制研究』第一九巻第二号、二〇一五年三月）
⑨「佐久間象山の門人確定に関する先行研究の検討（Ⅰ）―井上哲次郎・宮本仲による「及門録」の紹介―」（平成国際大学『平成国際大学論集』第二三号、二〇一八年三月）
⑩「佐久間象山の門人確定に関する先行研究の検討（Ⅱ）―増訂版『象山全集』所収の象山門人帳「訂正及門録」の分析―」（平成国際大学『平成国際大学論集』第二四号、二〇二〇年三月）

(21)『泊翁西村茂樹傳』上巻（日本弘道会、一九三三年）三〇頁。
(22)復刻版『加藤弘之自伝』（弘隆書林、一九七九年）、二六―二七頁。
(23)『加藤弘之自伝』、二七―二八頁。
(24)『加藤弘之自伝』、二八頁。
(25)『加藤弘之自伝』、七七頁。
(26)大久保利謙編『津田真道』の「研究と伝記」所収「津田真道伝」（みすず書房、一九九七年）同書二九一頁。『三百藩家臣人名事典』（新人物往来社、一九八九年）第六巻の「津田真道」の項（二二一―二二三頁）を参照。
(27)津田真道は、当初は平田篤胤（一七七六―一八四三、江戸時代後期の国学者）や会沢安（正志斎、一七八二―一八六三、幕末期水戸藩の儒学者）を崇敬する「勤王の志」の強い攘夷青年であった。だが、佐久間象山に入門し、西洋兵学を学び「洋学の研鑽せざるべからざる」と改心し、蘭学、蘭医学を修得し、その後は本格的な洋学世界に入っていく（『津田真道伝』、二九一―三三三頁）。
なお、津田真道が伊東玄朴の西洋医学塾へ入門した事実は、私塾「象先堂」の「門人姓名録」に「嘉永四亥八月二十二日　作州

津山藩　請人　鍛冶橋　箕作阮甫」という様式で記されている（前掲、伊東榮著『伊東玄朴傳』所収「門人姓名録」八頁）。私塾入塾の際に差し出す「請人」とは「紹介者兼保証人」という意味である。津田の場合、それが同郷同藩とはいえ、幕府蕃書調所の首席教授の幕臣で蘭学大家の「箕作阮甫」であったということは、大変に力強い後ろ盾であった。

(28) 全集版の象山塾門人帳「訂正及門録」の嘉永三年（一八五〇）の項に「津田眞一郎」とだけ記載されており、そこに「入門年月日」や「請人」の記載はない。

(29) 「津田真道伝」、二九三頁。

(30) 「津田真道伝」、二九一―三三三頁。前掲の日蘭学会編『洋学史事典』四六〇―四六一頁）その他を参照。

(31) 前島密の学歴・職歴などの経歴に関しては、山口修著『前島密』（吉川弘文館、人物叢書、一九九〇）を参照。なお、高島流砲術師範・下曽根信敦に関しては、前掲、坂本保富『幕末洋学教育史研究』を参照。

(32) 函館開成所については、前掲の倉沢剛著『幕末教育史の研究（二）』の「第一章」「第七節」、一〇九―一一八頁）を参照。

(33) 幕末維新期、とりわけ『明六雑誌』を舞台とした国字改革論議の具体的な内容に関しては、前掲の坂本保富著『米百俵の主人公小林虎三郎―日本近代化と佐久間象山門人の軌跡―』（学文社、二〇一一年）所収の「第三章」「第三節　『明六雑誌』を舞台とした国字改革論と虎三郎」（同書一一七―一三五頁）に詳述。

(34) 前掲、山口修著『前島密』所収「略年譜」、前掲『洋学史事典』六六九頁その他を参照。

(35) 石黒忠眞の経歴に関しては、『石黒忠眞懐旧九十年』（博文館、一九三六年。なお、同書は一九八三年に岩波文庫版が刊行）を参照。他に前掲の日蘭学会編『洋学史事典』五四頁その他も参照。

(36) 「手代」とは「江戸初期以来、郡代・代官・奉行などによって町人・百姓の中から採用され、収税その他の事務を助けた小吏」（『広辞苑』）のこと。石黒の祖先も百姓から採用された「手代」であり、それ故に石黒の元々の身分は「農民」であった。

(37) 前掲『石黒忠眞懐旧九十年』（岩波文庫版）一〇六―一〇七頁。

(38) 松本順の経歴に関しては、小川鼎三・酒井シズ編『松本良順自伝・長与専斎自伝』（東洋文庫、一九八〇年）、前掲『洋学史事典』その他を参照。

(39) 石黒忠悳の履歴に関しては、前掲『石黒忠眞懐旧九十年』（岩波文庫版、特に巻末の「年譜」）、同上『洋学史事典』その他を参照。

(40) 『石黒忠眞懐旧九十年』（岩波文庫版）、一一三頁。

(41)『石黒忠悳懐旧九十年』(岩波文庫版)、一一四―一一五頁。

(42) 渡辺淳一『花埋み』(河出書房新社、一九七〇年)。同書は、荻野に関する基本史料を駆使した歴史小説、というよりは評伝と呼びうる歴史書である。

(43) 江戸時代の身分制度「士農工商」の各身分階層の占める人口比率はどのような構成になっていたのか。関山直太郎著『近世日本の人口構造』(吉川弘文館、一九五八年)では、「全国では、士農工商の士、すなわち華士族・卒を含めた支配階級が六・四%、神官と僧が一・二%、農工商の平民が九〇・六%、エタ・非人が一・七%」との研究結果が示されている。なお、武士階層の人口比率は、地方や藩によってかなりの差違が認められた。

(44) 前島密著『行き路』、前掲の山口修著『前島密』、三三三頁。

(45) 安積艮斎は、陸奥国二本松藩郡山の神社宮司の三男、十七歳で江戸に出て佐藤一斎(一七七二―一八五九、幕府昌平黌儒官)、林述斎(一七六八―一八四一、林家第八代当主)ら当時の日本儒学界を代表する儒学者に師事して儒学を研鑽した。その後、文化十一年(一八一四)には江戸神田駿河台に私塾「見山楼」を開設、岩崎弥太郎、小栗忠順、栗本鋤雲、清河八郎らが入門。天保十四年(一八四三)には二本松藩の藩校教授、嘉永三年(一八五〇)には幕府昌平黌教授に任官、さらにペリー来航時にはアメリカ国書の翻訳、プチャーチン持参のロシア国書の返書を起草した。安積艮斎に関しては、井上哲次郎著「日本朱子学派之哲学」(冨山房、一九三七年)、前掲の高瀬代次郎『佐藤一斎と其の門人』を参照。

(46) 古賀茶渓(謹一郎)の祖父は「寛政の三博士」の一人である儒学者・古賀精里(一七五〇―一八一七)、父親は幕府昌平坂学問所教授の古賀侗庵(一七八八―一八四七)という著名な儒学者の家系に誕生。非常な秀才で三十二歳にして昌平坂学問所教授に就任。儒学者でありながら洋学の必要性を痛感し漢訳蘭書により独学で西洋事情に精通した。そして、安政二年(一八五五)には幕府の洋学所頭取に就任、さらに安政四年には幕府が洋学研究教育機関として「蕃書調所」を開設すると、初代の蕃書調所頭取に就任。幕末期における幕府の文教政策の中心的存在として活躍し、多数の洋学人材を養成した。前掲の日蘭学会編『洋学史事典』二七〇頁、竹内博編『日本洋学人名事典』一五四頁その他を参照。

(47)『吉田松陰全集』(大和書房、一九六二年)の第七巻所収、「嘉永四年五月二七日、叔父玉木文之進宛書簡」、同書五二―五三頁。

(48) 沼倉研史・沼倉満帆「長州藩蘭学者田上宇平太と翻訳砲術書」)『英学史研究第』二〇号所収)を参照

(49) 村上代三郎については、川本裕司・中谷一正著『川本幸民伝』(共立出版、一八七一年)九二―九三頁)、梅渓昇著『日本近代化の諸相』(思文閣出版、一九八四年)六一〇―六一一頁)その他を参照。

(50) 武田斐三郎については、『明治維新人名辞典』（吉川弘文館）五八四頁。影山昇著『日本近代教育の遺産』（第一法規出版、一九七六年、四一—四六頁）の武田成章の伝記的内容の章。景山昇著『伊予の蘭学』（青葉図書、一九七五著）四八—五五頁、白山友正論文「武田斐三郎の教育」（『立正史学』第一六号所収）、笠井助治著『近世藩校に於ける学統学派の研究』下巻、九四頁。その他に竹田英一編『竹塘武田先生伝』（長男の編集刊行、一八九六年）、白山友正著「武田斐三郎伝」（北海道経済史研究所叢書の第四六編、一九七一年）なども参照。

(51) 橋本左内に関しては、山口宗之著『橋本左内』（吉川弘文館、一九六二年）、景岳会編『橋本景岳』（同全集刊行会、一九三七年）、「日本思想体系五五『渡辺崋山・高野長英・佐久間象山・横井小楠・橋本左内』（岩波書店、一九七一年）その他を参照。

(52) 高畠五郎については、前掲『明治維新人名事典』五七一頁、「高畑五郎」（原三平『伝記』八—一〇・一一号、一九四一年）、前掲の梅渓昇『日本近代化の諸相』（六一〇—六一一頁）その他も参照。

(53) 武田斐三郎については註（50）を参照。

(54) 森村助次郎については篠丸頼彦著『佐倉藩学史』（小宮山書店、千葉県立佐倉高等学校、一九六一年）、村上一郎著『蘭学者　木村軍太郎伝』（『佐倉藩の洋学』第一輯第一巻、一九三七年）その他を参照。

(55) 菅沼幾太郎については前掲の坂本保富著『米百俵の主人公小林虎三郎—日本近代化と佐久間象山門人の軌跡—』を参照。

(56) 小寺常之助に関しては、大垣藩からの象山塾入門者は判明するだけでも八名を数えるが（『象山全集』第五巻所収「訂正及門録」記載）、小寺の場合は、子安峻（鐵五郎、読売新聞社を創設し初代社長、出版社「日就社」を創業し日本最初の英和字典『英和字彙』を発行）のように中央での活躍がまったくわからず、その生涯は不明である。しかし、象山が小寺に宛てた西洋砲術に関する書簡があり、象山からみれば印象深い門人であったことが窺われる（『象山全集』第四巻所収の書簡「小寺常之助に贈る」一五六—一五八頁）、また信濃教育会編『信濃教育』第六二六号の「象山先生七十五年祭記念」（昭和十三年十二月、第六二六号」の中の佐藤堅司論文「佐久間象山の兵学と其の影響」その他も参照。

(57) 白井小輔については、『幕末維新人名事典』（学芸書林、一九七八年）三二九頁。『明治維新人名辞典』（吉川弘文館、一九八一年）五一四頁、前掲『吉田松陰全集』第一〇巻、五四〇—五四一頁を参照。

(58) 津田真一郎、前記の註（27）（28）（29）を参照。

(59) 木村軍太郎、『蘭学資料研究会研究報告』（第三五号所収、村上一郎著「佐倉藩の蘭学と蘭学者」、一九五八年）、村上一郎著『蘭学者木村軍太郎』、篠丸頼彦著『佐倉藩学史』（千葉県立佐倉高等学校、一九六一年）、前掲『幕末維新人名事典』三三九頁、『三百

藩人物事典』（新人物往来社、第三巻、六九頁）その他を参照。
(60) 高洲弥左衛門、前掲、篠丸頼彦著『佐倉藩学史』一一八—一二二頁その他を参照。
(61) 馬場志津馬については、篠丸頼彦著『佐倉藩学史』一一八—一二二頁その他を参照。
(62) 長量平については、篠丸頼彦『佐倉藩学史』一一八—一二二頁その他を参照。
(63) 高橋午之助については、篠丸頼彦著『佐倉藩学史』一一八—一二二頁その他を参照。
(64) 金児忠兵衛については、前掲、宮本仲著『佐久間象山』六一五頁その他を参照。
(65) 斉藤碩五郎については、前掲、篠丸頼彦著『佐倉藩学史』一一八—一二二頁その他を参照。
(66) 兼松繁蔵については、篠丸頼彦著『佐倉藩学史』一一—一二二頁その他。
(67) 八木剛助については、前掲『三百藩人物事典』第三三六〇—三六一頁、『信濃教育』第六二六号「象山先生七十五年祭記念」、一九三八年）所収の佐藤堅司論文「佐久間象山の兵学と其の影響」、『上田市史』（下）一二三六—一二三七頁、『上田藩の人物と文化』（上田市立博物館、一九八六年）八三—八六頁。
(68) 桜井純造については、『上田市史』（下）一二一六—一六一七頁その他を参照。
(69) 大島貞薫については、前掲『信濃教育』（第六二六号「象山先生七十五年祭記念」所収の佐藤論文「佐久間象山の兵学と其の影響」、竹本知行著「陸軍建設初期の大島貞薫」（『軍事科学』四六—三、二〇一〇年十一月）、前掲の坂本保富著『幕末洋学教育史研究』（高知市民図書館、二〇〇四年）その他を参照。
(70) 土佐藩の桑原介馬に関しては、同上、坂本保富著『幕末洋学教育史研究』一九六頁、前掲の拙稿（最新訂正版「象山門人帳史料」の提示—象山門人帳史料「及門録」の比較研究（V）—」）、前掲『高知県人名事典』一三四頁その他を参照。
(71) 西村茂樹については、前記の註（17）を参照。
(72) 明治五年（一八七二）に欧米型近代教育制度にのっとった日本の近代学校（下等と上等の小学校・尋常と高等の中学校・大学）が全国規模で設置されるが（行政区域単位の学区制の下での計画的な設置）、それら近代学校、特に国民皆学とされた下等小学校（四年）は、江戸時代までの入退学や出欠が自由で、束脩（入学金）や謝儀（授業料）も随意（学制に規定された小学校の授業料は五〇銭相当で現金納付）、試験も成績表もなかった寺子屋とはまったく異なる規則づくめの金のかかる学校で、教育内容も日常生活には無縁で、修学率は低かった。
明治以降の近代学校教育では、まず国家の法律に従って設置された学校があって、そこに教師が雇用され教材が配置されるというように、教育の世界を構成する基本要素（施設・教師・教材）の優先順位や意味づけが、近世社会とはまったく逆転してしまった。

欧米先進諸国に追いつき追い越すことを最大の教育目標とする明治以降の日本の教育は、児童が学校や教師を選択する自由はなく、行政単位の中に組み込まれた学区中心主義・学校中心主義・教師中心主義・教科書中心の教育にならざるをえなかった。詳細は、坂本保富著『日本人の生き方―「教育勅語」と日本の道徳思想―』（振学出版、二〇一五年）、前掲の『米百俵の主人公　小林虎三郎―日本近代化と佐久間象山門人の軌跡―』（学文社、二〇一一年）等を参照。

(73) 佐久間象山が江戸に開設した西洋砲術塾の私塾には、五〇を超える全国諸藩から多くの入門者が殺到した。彼ら門人の中には洋学（西洋砲術・西洋兵学）の学力を買われて幕府や大名から家臣として招聘される門人もいた。例えば嘉永三年入門の長崎浪人「藤井重作」が館林藩に、嘉永三年入門の浪人「市川岩之進」が越前福井藩に、それぞれ召し抱えられている。筆者の前掲の論文「最新訂正版『象山門人帳史料』」の提示―象山門人帳史料「及門録」の比較研究（Ｖ）」を参照。

(74) 勝海舟に関する文献は数多くあるが、本章では石井孝著『勝海舟』（吉川弘文館　人物叢書、一九七四年）、松浦玲著『勝海舟』（中公新書、一九六八年）、それに『勝海舟全集』（勁草書房、一九六三年）その他を参照。

(75) 山本覚馬に関する文献は、青山霞村著『山本覚馬』（同志社、一九二八年）、安藤優一郎著『山本覚馬』（ＰＨＰ文庫、二〇一三年）、前掲『幕末維新人名事典』（新人物往来社）、『日本人名大事典』（平凡社、一九三八年）。『三百藩家臣人名事典』第二巻（新人物往来社、一九八八年、一〇七―一〇八頁）その他を参照。

(76) 内山隆佐に関する文献は、『福井県史』「通史編四　近世二」（一九九六年）の「第六章幕末の動向　第二節若越諸藩の活動」の「三　北蝦夷地開拓と大野丸　蝦夷地「開拓」の発端」、石川三吾編『内山隆佐翁略傳附詩文抄』（自費出版、一八九六年）。

(77) 蟻川賢之助に関しては、『松代町史（下）』（六三二―六三三頁）、前掲の宮本仲著『佐久間象山』、六一四―六一五頁。前掲『幕末維新人名事典』二七頁、『長野県教育史』第七巻（史料編一）一三八頁、『日本教育史資料』第五巻、その他を参照。

(78) 小松彰に関する文献は、大植四郎編『明治過去帳』（東京美術、一九七一年発行の新訂初版）二五八頁、星新一著『祖父・小金井良精の記』、『長野県歴史人物大辞典』（郷土出版社、一九八九年）三〇〇―三〇一頁、『信州人物誌』（信州人物誌刊行会、一九六九年）二一九頁、その他を参照。

(79) 薄井龍之に関しては、前掲、『長野県歴史人物大事典』一〇五頁、市村咸人著『伊那尊皇思想史』（下伊那郡国民精神作興会、一九二九年）その他を参照。

(80)　桜井純造に関しては、藤沢直枝編『上田市史』下巻（信濃毎日新聞社、一九四〇年）一二一六—一二一七頁、その他を参照。

(81)　渡邊驥に関する文献は多数あり、大平喜間多他編『松代町史』下巻（臨川書店、一九八六年）六三八—六四〇頁、前掲の宮本仲著『佐久間象山』六一八頁、『松代学校沿革史』（長野市立松代小学校、第二編）二九頁、松下軍次著『信濃名士伝』（初編、一八九四年）一七九—一八七頁、前掲『明治過去帳』四九四頁、前掲『長野県歴史人物大辞典』七九九頁、『松代文武学校』（長野市立松代小学校、一九七五年）八三—八五頁、土屋弼太郎著『近世信濃文化史』（信濃教育会、一九六二年）一三五頁、『信州人物誌』（同刊行会、一九六九年、五三七頁）その他を参照。

(82)　象山側近の高弟である北沢正誠に関する参考文献は多数あり、前掲の宮本仲著『佐久間象山』六一七—六一八頁、北沢正誠編『蘭学者伝記資料』（青史社、一九八〇年）、前掲『明治過去帳』六一九頁、前掲『更級郡埴科郡人名辞書』一一六頁。だが、意外にも充実した内容の評伝の論文としては岩生成一（一九〇〇—八八、東京大学名誉教授）の論文「忘れられた歴史・地理学者北沢正誠」（『日本學士院紀要』第四二巻、一九六九年二月がある。

(83)　渡邊慶一論文「佐久象山と越後」（雑誌『信濃』第二二巻第一号所収、一九六七年一月）。驚くべきは、最晩年の明治三十年頃からの数年間、新潟県立高田中学校（旧制）に招かれた北沢は、国語・漢文を担当したことである。
　その北沢の授業を受けて大きな影響を受けたのが、何と小説家で児童作家の小川未明（一八八二—一九六一）や同じく同級生で作家の相馬御風（一八八三—一九五〇）であった。

　高田中学での漢学の学習こそ、未明の自己革命を方向づける要因となったようである。「漢学の教師だけは、私の作った漢詩を見て褒めた。（前掲書、八—九頁）」未明在学中、高田中学には漢学教師として江坂香堂がおり、ほどなく佐久間象山（一八一一—六四）の弟子にあたる北沢正誠（まさなり、字・乾堂）が赴任してきました。未明は乾堂（北沢の号）の家に寄宿し、師に漢詩の添削指導を受けました。

　（石塚正英小川未明の愛郷心—霊碑文に注目して—」『頸城野郷土資料室学術研究部研究紀要』第三号所収、二〇一七年）

(84)　牧野毅に関しては、前掲『松代町史』（下）六三四—六三六頁、前掲の宮本仲著『佐久間象山』六一九—六二〇頁、前掲『明治過去帳』四〇六—四〇七頁、前掲『長野県歴史人物大辞典』六四二頁、前掲の土屋弼太郎著『近世信濃文化史』一三四頁、前掲の松下軍次著『信濃名士傳』三二九—三八一頁、前掲『更級郡埴科郡人名辞書』四一八頁、その他を参照。

(85)　長谷川三郎兵衛に関しては、前掲の宮本仲著『佐久間象山』六二〇—六二一頁、前掲『更級郡埴科郡人名辞書』、三六九頁、その他を参照。

(86) 高野真遜に関しては、前掲『松代町史』(下)六七三―六七五頁、前掲『更級郡埴科郡人名辞書』二六二―二六三頁、その他を参照。

(87) 津田真道(真一郎)に関しては、前記の註(27)(28)(29)(59)を参照。

(88) 加藤弘之に関する参考文献は、註(58)を参照。

(89) 大島貞薫に関しては、『日本教育史資料』(巻の七、六六七頁)、豊田実著『日本英学史の研究』六七頁、『読売新聞の沿革』、田村栄太郎著『日本電気技術者伝』(科学振興社、一九四三年)、「内外新聞人列伝 子安峻」(『新聞研究』二〇号所収、一九五二年)、前掲『明治過去帳』五三〇頁、その他を参照。

(90) 高畠五郎、前註(52)を参照。

(91) 子安峻に関しては、読売新聞社『讀賣新聞百年史』(読売新聞社、一九七六年)、徳田武著『小原鉄心と大垣維新史』(勉誠社、二〇一三年)、竹内繁『読売新聞の創始者 子安峻』(日本生産性本部、一九九二年)その他を参照。

(92) 小原鉄心に関しては、徳田武著『小原鉄心と大垣維新史』(勉誠社、二〇一三年)、『三百藩家臣人名事典』(新人物往来社、第三巻)四二七―四二八頁、中村規一著『小原鉄心伝』(上田書房、一九一九年)、『大垣市史』(中巻、文科志篇、大垣市役所、一九三〇年)二六五―二七八頁、前掲―明治維新人名辞典』、前掲『明治過去帳』、その他を参照。

(93) 市川兼恭に関しては、『東京学士会院雑誌』第一二号ノ六所収「会員市川兼恭ノ伝」、『日本教育史資料』(巻四の四〇頁、巻七の六六五頁)、『名家談叢』(二六、「市川兼恭「経歴談」」)、原三平著『市川兼恭』(温知会、一九四一年)、「市川斎宮翁伝」(石橋重吉『若越新文化』所収、一九七八年)一九―三三頁、『シーボルト先生』(東洋文庫、第三巻)二二六―二二七頁、渡辺実著『近代日本海外留学生史』(上、一九七七年)九六頁、その他を参照。

なお、象山門人録「訂正及門録」(『象山全集』第五巻所収)に記載の氏名は「岩文進」とあるが、これは明らかに「市川岩之進」の誤記である。編集に関わった人物の記憶に基づく誤りと思われる。「訂正及門録」が象山門人帳史料の原本ではなく、象山没後の明治期に門人たちによって作成された二次史料であることから発生する問題のひとつである。詳細は、註(20)の拙稿を参照。

(94) 西村茂樹に関しては、註(21)を参照。

(95) 小林虎三郎に関しては、前掲、坂本保富著『米百俵の歴史学―封印された主人公と送り主―』(学文社、二〇〇六年)、前掲の坂本保富著『米百俵の主人公 小林虎三郎―日本近代化と佐久間象山門人の軌跡―』二―二六三頁、その他を参照。

(96) 薄井龍之に関しては、前掲、『松代町史（下）』六四〇―六四三頁、前掲の宮本仲著『佐久間象山』六一六頁。

(97) 長谷川昭道に関しては、『松代町史（下）』六七三―六七五頁、『長谷川昭道全集』（信濃毎日新聞社、一九三五年）、飯島忠夫編『長谷川昭道傳』（信濃教育会埴科部会、一九三五年）、前掲『幕末維新人名事典』五三一―五三二頁、前掲『明治維新人名辞典』七七九―七八〇頁、前掲『更級郡埴科郡人名辞書』三六九―三七〇頁、その他を参照。

(98) 長谷川直太郎に関しては、象山門人帳「訂正及門録」記載、国立史料館編『真田家家中明細書』（東京大学出版会、一九八六）二四八頁、その他を参照。

(99) 長谷川三郎兵衛に関しては、前掲『更級郡埴科郡人名辞書』三六九頁。前掲の宮本仲著『佐久間象山』六二一頁その他を参照。

(100) 菅春風（鉄太郎）に関しては、前掲『松代町史』（下）六五三―六五四頁、前掲の宮本仲著『佐久間象山』六一七頁、前掲『更級郡埴科郡人名辞書』一九六頁、『長野県教育史』（第八巻、史料編二）一六五頁、その他を参照。

(101) 前掲の象山門人録「訂正及門録」には、嘉永三年の項に「長崎人　元名藤吉作太郎と云ふ。後、砲術を以て館林侯に仕ふ」と付記されており、象山塾で西洋砲術を修業の後、館林藩（秋元家六万石の譜代大名）に召し抱えられたことが判明する。

(102) 例えば山川出版社の『詳説日本史』では、「近代国家の成立」の「1、開国と幕末の動乱」の箇所で、産業革命で巨大な工業生産力と軍事力を備えた欧米諸国は、国外市場や原料供給地を求め競って植民地獲得を目的にアジア地域への進出を本格化。その象徴的出来事としてアヘン戦争に触れているが、そこで「幕末」とは、「ペリー来航（黒船来航）」を端緒として叙述している（同書二二七頁、二〇〇三年文部科学省検定済の初版）。だが、第一学習社『詳録　新日本史　資料集成』（二〇一〇年版）では、「第三篇　近世」の「第七章　幕藩体制の動揺」の次に「第四篇　近現代」を組み、その最初の章に「第八章　外圧の激化」をおき、その内容は①「異国船打払令（無二念打払令）」、②「モリソン号事件」としている。このような編集の仕方は、明らかに「幕末期」を「アヘン戦争の勃発」を端緒とする時代区分の判断であることは明白である。

(103) 林子平著『海国兵談』は、『林子平全集』（全二巻、学蔵会編、一九三三年）の第一巻にも所収。また、その後刊行された山岸徳平・佐野正巳共編『新編林子平全集』（第一書房、一九七九年）に収録。ロシアの南下政策に危機感を抱き、江戸幕府の軍事体制の不備を批判し海防の充実（強力な海軍の充実と全国規模での沿岸砲台の建設）を唱えた書物である。

(104) モリソン号事件（一八三七年）とは、日本人漂流民を乗せてたアメリカ合衆国の商船が鹿児島湾の浦賀沖に現れたのを、薩摩藩及び浦賀奉行所は異国船打払令に基づき砲撃した事件。しかし、日本人漂流民七名の送還と通商やキリスト教布教を目的とした非武装のモリソン号に対する異国船打払令の措置に、国内の識者から批判が強まった。春名徹著『にっぽん音吉漂流記』（晶文社、一九七九年）その他を参照。
(105) 渡辺崋山著『鴃舌小記・鴃舌或問』『慎機論』（ともに一八三八年）は、岩波文庫『崋山・長英論集』に所収、日本思想体系五五『渡辺崋山　高野長英　佐久間象山　横井小楠　橋本左内』（岩波書店、一九七一年）に所収。
(106) 高野長英著『夢物語』（一八三八年）は、同上の岩波文庫『崋山・長英論集』と前掲の日本思想大系　五五『渡辺崋山　高野長英　佐久間象山　横井小楠　橋本左内』（岩波書店、一九七一年）に所収。
(107)「蛮社の獄」は、天保十年（一八三九）五月に起きた幕府当局の言論弾圧事件で、モリソン号事件や江戸幕府の鎖国政策・海防政策を批判した高野長英、渡辺崋山などが捕縛され処罰された。田中弘之著『「蛮社の獄」のすべて』（吉川弘文館、二〇一一年）その他を参照。
(108) 吉田忠論文「展望　蘭学史」（『科学史研究』一五〇号、一九八四年）を参照。
(109) 田崎哲郎は、吉田の幕末期洋学理解を批判的に検討する立場で、論文「在村蘭学究序説」（『愛知大学文学論叢』第五〇号、一九七二年）あるいは「洋学論再構成史論」（岩波書店『思想』六六五号所収、一九七九年）を手始めとして、在村蘭学の事例発掘を中心とする洋学研究を積極的に進め、その成果を『在村の蘭学』（名著出版、一九八五年、前記両論文を収録）、『地方知識人の形成』（名著出版、一九九〇年）、そして編著『在村蘭学の展開』（思文閣出版、一九九二年）などにまとめて刊行し、在村蘭方医を中心とする在村蘭学者の発掘とその数量的拡大の実態を精力的に解明し、洋学研究に「在村蘭学」という新たな研究領域を開拓した功績は大きい。
(110)(111) 田崎の学問意識を継承する青木歳幸は、自著『在村蘭学の研究』（思文閣出版、一九九八年）の「在村蘭学の諸相」で、幕末洋学をめぐる理解の相違を具体的な研究者の見解を比較分析して整理している。だが、彼の立場は軍事科学化よりも、地域医療に従事した在村医師の数量的発掘と活動内容の解明にあり、その研究を進めてきた青木は、幕末の在村蘭学に比重をおく見解をとる。だが、軍事科学化を否定はせず幕末洋学史における両者の関係性を総括している（同書「あとがき」、四三四頁）。
(112) 例えば佐久間象山は、アヘン戦争後の洋学研究の成果を踏まえて植民地獲得に奔走する欧米列強に対して、日本の取るべき緊急防衛政策として、幕府の老中職（海防掛）の重責を担っていた松代藩第八代藩主の真田幸貫に対して、天保十三年（一八四二）、上書「感応公に上りて天下当今の要務を陳ず」、いわゆる「海防八策」を提出する。その第六条に「辺鄙の浦々里々に至り候迄学校を興し教化を盛に仕愚夫愚婦迄も忠孝節婦を弁え候様仕度候事」（前掲『象山全集』第二巻、三五頁）と、身分・地域・男女の別なく学ぶ初等学校を設置し国民皆学を実現することの国家的重要性を提言している。

象山は、国民全体の文字能力の向上と愛国心の自覚こそが、殖産興業を達成し強国日本を実現することができる国家的施策と考えていた。象山の教育立国主義である。この象山の国民児童の皆学を基本とする学校教育の献策は、黒船来航の十年以上も前に出された実に先駆的なものであった。しかし、これが実現するのは、三十年後の明治五年（一八七二）発布の総合的な学校教育制度の法令「学制」においてであった。

第二章　佐久間象山の思想と行動

――「東洋道徳・西洋芸術」思想の形成と展開――

はじめに――本章の問題意識と研究課題

象山に関する先行研究と本章の研究課題　欧米列強の軍事的な東アジア侵攻に対して、国家の独立と国民の安寧とをいかにして確保すべきか。この幕末期日本における最大の国家的な緊要課題に、本気で真正面から取り組んだ一人の武家の学者がいた。洋儒兼学の儒学者である佐久間象山（一八一一―六四）である。彼は、従来の伝統的な学問思想であった儒学、とりわけ幕府の正統な道徳学として全国諸藩に最も普及していた朱子学を、幕末期の時代状況から革新的あるいは創造的に「格物窮理」の科学として解釈する新たな視座を獲得して、西洋の異質な近代科学文明を積極的に評価して統合し、その斬新な儒学理解を基礎にして日本人の主体性を担保する洋学受容の思想として、「東洋道徳・西洋芸術」という日本近代化の指標となる思想を形成し展開したのである。

歴史的な偉人と評される象山の思想と行動の全体像を描こうとした伝記や評伝の類いが、象山没後の明治以降、数多く刊行されてきた。それらの作品が、はたして、どのような問題意識や分析視座からなされた象山理解の作品であるのか。各々が、著者自身の人間性と象山に対する問題意識の持ちよう、それに何よりも執筆されたときの時代性や社会性などを反映して、実に様々な象山像が提示されてきた。多くの場合、幕末期日本の先駆者あるいは先覚者という偉人としての象山像の分析であることは共通する。だが、その切り口、すなわち分析の視座は、象山が「東洋道徳・西洋芸術」思想を多面的に展開したが故にか、象山研究に挑む研究者の専門領域の相違、あるいは個人的な問題関心の差異などにより、政治史・思想史・科学史・軍事史・医学史・実学史・儒学史・文学史、等々、実に様々であった。

管見の限りでは、明治期に刊行された象山の伝記や評伝などの単行本だけでも次の七冊を数える。最初に刊行されたのは、明治十五年（一八八二）の清水義寿『信濃英傑　佐久間象山大志傳』（上下二冊、市川量造校閲、一八八二年）であった。同書は、絵入りですべての漢字にルビを付し、全一〇回の読み物という編集で、著者の出身地である信州松本で刊行された。そこで注目すべきは、同書に詳細な脚注を付して校閲を担当し出版人となった人物が、長野県会議員や信飛新聞社長などを歴任した信州松本の名士である市川量造（一八四四―一九〇八）であったことである。

続いて明治二十一年には松本芳忠『象山翁事績』（上下二巻、東京　兎屋誠書梓）が、明治二十六年には林政文『佐久間象山』（東京・開新堂）が刊行された。何と林の著書の印刷者は、足尾鉱毒事件で有名な田中正造（一八四一―一九一三）であった。このことは、林が田中と深い交友関係にあったことを物語っている。そして明治三十二年には、二十五歳で早世した小此木秀野《しゅうや》（一八七四―一九九八、群馬県出身の毎日新聞社員）の遺稿である『佐久間象山』（東京・裳華房）が出版された。さらに明治四十一年には村田寛敬『佐久間象山言行録』（東京・内外出版協会）、明治四十二年には厳正堂忠貞居士編『象山先生実録』（東京・金港堂）、その翌年の明治四十三年には斎藤謙『佐久間象山』（東京・隆文館）が相ついで刊行された。

そして明治四十四年には、山路愛山（一八六五―一九一七）の『佐久間象山』（東京・東亜堂書房）が刊行された。信濃毎日新聞の主筆を勤めた縁でか、当時の日本の言論界を代表する著名な評論家・歴史家であった山路の著書は、いまだ『象山全集』が刊行される前の明治時代に、散逸した膨大な象山史料を渉猟して丹念に読み解き、象山の思想と行動を全文ルビの高尚な文体で叙述した力作であり、読者を勇躍歓喜させる希望の象山評伝である。

以上は象山と直接的あるいは間接的に関係した人物が、象山門人らが生存中の明治時代に刊行された象山伝記の単行本である。意外なことに、いずれの作品も象山史料に基づく質量ともに充実した作品である。著者や編者たちのすべてが、幕末期の生まれで、象山と同時代をともに生きた人々である。それ故にか、象山を日本近代化の身近な偉人あるいは先覚者として敬慕する筆致で、象山の思想と行動を共感的に叙述する作品となっている。

大正期以降にも多くの象山伝記が相ついで刊行された。が、これまでの数多くの象山に関する伝記や評伝の中で、最も一般に普及し読まれてきたのは、信州松代の郷土史家・大平喜間多（一八八九―一九五九）の『佐久間象山』（吉川弘文館、一九五九年）である。同書は、象山の地元史家で昭和の戦前から長年にわたって地道に象山研究を進めてきた大平の研究成果である。無駄のない詳細な記述内容で、象山に関する史実の精度はかなり高い。だが、惜しむらくは、論述の根拠となる史料の出典や解釈の仕方などに不明な点が多々散見され、内容的にも学術的には補正されるべき問題点も多い。しかしながら、象山を知らない昭和戦後の日本人に、象山の人と思想を広く知らしめた同書の啓蒙的な功績は大きい。

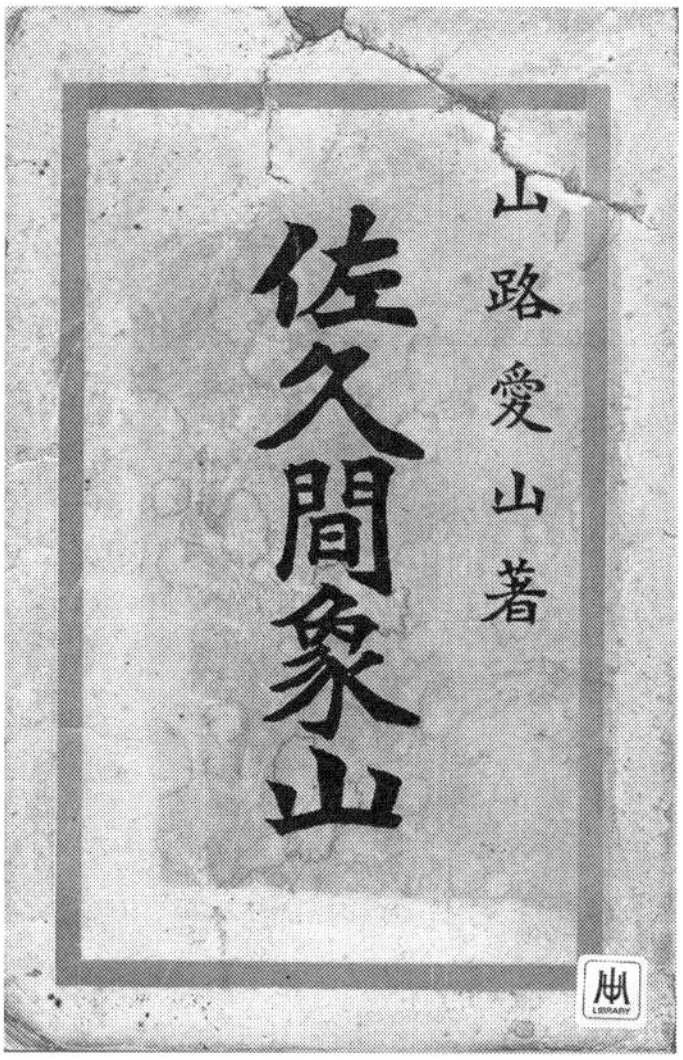

図2　山路愛山の名著『佐久間象山』
（東京・東亜堂書房，明治44年）

それらと対照的な象山研究の本格的な伝記が、宮本仲《なかつ》（一八五六―一九三六）の『佐久間象山』（岩波書店、一九三二年）である。同書は、昭和の戦前における象山研究の第一人者が、生涯をかけて書きあげた伝記で、まさに「伝記中の伝記」と呼ぶにふさわしい作品であり、今日なお研究者にとっては必須の基本文献となっている。著者の宮本は、正岡子規（一八六七―一九〇二）の主治医として有名な医学者である。彼は、東京帝国大学医学部を森林太郎（鴎外、一八六二―一九二二）と同年に卒業後、ドイツ留学（内科および小児科の研究）を経て東京で開業医となった医者である。だが、祖父が松代藩士で象山の算学師匠であったが故にか、象山にかける想いはことの外強く、敬仰する象山の研究に生涯を捧げた歴史家でもあった。なお、宮本は、最初の『象山全集』（上下二巻、一九一三）と増訂版『象山全集』全五巻（一八三五―三六年）の二度にわたる「象山全集」の編纂顧問を務めた名実ともに象山研究の第一人者であった。

平成の新時代に入って刊行された松本健一（一九四六―二〇一四）の『評伝　佐久間象山』（上下二巻、中央公論新社、二〇〇〇年）もまた、各冊六〇〇頁を超える大著である。同書は、象山関係史料を駆使して、幕末期日本の政治思想史研究という視座から象山の思想と行動を分析し、引用史料に象山の生涯を語らせるという松本特有の研究手法でまとめられた評伝である。また、近世実学史研究での豊かな象山研究の蓄積を背景にまとめられた源了圓（一九二〇―二〇二〇）の『佐久間象山』（PHP研究所、二〇二二年に吉川弘文館より復刊）は、簡潔平易な内容と文体で象山の全容を偏りなく論じた、象山理解の格好の啓蒙書である。

なお、筆者が本書をまとめる上で多大な恩恵を受けた意外な作品がある。それは、象山と同じ信州出身の歴史小説家である井出孫六（一九三一―二〇二〇）の作品で、朝日新聞の連載小説をまとめた『杏花爛漫　小説佐久間象山』（上下二巻、朝日新聞社、一九八三年）である。井出は、従前の象山研究者たちが提示した象山理解の曲解や偏見などに抗うがごとくに、象山の思想表現の根源である人間性を過不足なく誠実に捉え、研究者の及びえない、喜怒哀楽に満ちた象山の全体像を活写している。と言っても、同書は文学書ではなく、象山史料に忠実で、単なる読み物の域を超えた歴史書であり、研究者の研究書を凌駕する象山評伝の大著である。

また、単著ではないが、幕末史研究、取り分け日本近代化研究の著書や論文などの中には、象山の人と思想に触れた作品が枚挙に暇がない。しかし、不思議なことに、象山の思想と行動の全体像を、「東洋道徳・西洋芸術」という日本近代化の思想の表現として真正面から捉え、その思想の形成と展開の過程を、象山史料の原典分析を通して形成史的な視座から考察した研究成果はほとんどみられなかった。そのような象山研究の状況の中で注目されるのは、象山の思想と行動の本質に迫る斬新な視座から象山史料の分析を試み、日本近代化と象山との思想的な連関を正当に描出した研究成果として評価できる論考がいくつか散見される。

まずもって紹介すべきは、哲学者・古在由重（一九〇一―九〇）の「和魂論ノート」である。[1] 同氏は、象山の「『東洋の道徳、西洋の芸術』こそ明治維新を思想的に準備した人々のほぼ共通のスローガン[2]」との視座から象山思想を分析し、昭和戦後の学術世界の中で日本近代化に関わる積極的な象山像の描写を試みた勇気ある研究者である。

次に挙げるのは、政治思想史研究の丸山真男（一九一四―九六）の「幕末における視座の変革―佐久間象山の場合―[3]」である。丸山は、象山の思想と行動は、「当時の認識用具の再検討ということは、古典の読みかえによって、儒教のカテゴリーを新しい状況のなかで再解釈していくというやり方[4]」に基づくものと捉え、象山理解における「読みかえ」や「再解釈」という斬新な理論と視座を提供したのである。

その丸山の指導を受けて象山研究を進めたのが植手通有（一九三〇―二〇一一）である。その彼には、論文「佐久間象山における儒学・武士精神・洋学」という力作がある。[5] 植手は、象山は、「儒教の普遍性を深く信奉していたがために、彼は西洋の衝撃をたんに国家体制の危機として受止めるのではなく、同時にそれを儒教にたいする本来的意味における思想的挑戦として受取り、儒教の再解釈を通じてこの挑戦に応えようとした[6]」と捉え、象山理解における「儒教の再解釈」という、丸山の分析視座を継承し発展させたのである。

また、思想史学者の本山幸彦（一九二四―二〇二二）は、単著『近世儒者の思想挑戦』の中に「東洋道徳・西洋芸術の理想を求めて―佐久間象山―[7]」という独立した一章を設けて、幼少期からの形成史的な観点から象山思想を詳細に分析している。象山が、「東洋道徳・西洋芸術」という思想を形成して、いまだ鎖国体制にあった幕末期に、開国和親・進取究明を説き西洋文明の摂取を主張した際、日本人に「西洋知識を摂取する主体性の確立を儒教に求め」[8]「何物にも動じない日本人の主体性形成の要求」[9]を担保した、それこそが象山の「東洋道徳・西洋芸術」思想における「東洋道徳」の歴史的な意味であり役割である、と捉えている。

以上の他にも評価すべき象山論考は数多くある。だが、そこで特に問題とすべきは、多くの場合、断片的な象山史料による象山理解から、象山の人間性と思想や行動とが一面的あるいは表層的に捉えられ、人間・象山の実像とかけ離れた、事実誤認の歪んだ象山理解が示されてきたことである。その典型的な事例が、近世洋学史研究の佐藤昌介（一九一八―九七、東北大学名誉教授）や数学史研究の川尻信夫（一九二四―二〇一三、東海大学名誉教授）の場合である。佐藤の『洋学史の研究』その他の研究書には、[10]象山史料を丹念に精査せずに、断片を引き抜いて推量で読み取り、象山の人格と思想を生理的な嫌悪観をもって批判し否定する下劣な表現が数え切れない。[11]彼の象山批判は、象山個人に止まらず、正当な象山研究者にまで向けられ、前述の丸山真男・植手通有・源了圓などの象山研究をも批判し否定するのであった。[12]

また、佐藤の研究姿勢を信奉して継承し、現代の西洋数学史の観点から象山の日本数学（和算）の実力を否定し卑下したのが、川尻信夫の『幕末におけるヨーロッパ学術受容の一断面』である。[13]彼もまた、象山史料の断片を引用して象山の西洋数学（ウキスキュンデ、詳証術）の理解の仕方を歪曲し、そこから象山の「東洋道徳・西洋芸術」思想を低次な折衷思想と批判し、下劣な表現で叙述しているである。[14]

本章における象山研究の視座と方法　幕末期における「東洋道徳・西洋芸術」という思想の成立と展開の実際を、その思想の成立を可能ならしめた象山の儒学や洋学の修学と理解の在り方や、その思想の社会的な展開の仕方に注目して、新史料を交えた象山史料の原典分析を通して闡明すること、これが本章に課せられた研究課題である。具体的には、前述のような明治以来の象山研究の展開状況を踏まえて、本章では、日本近代化の指標となった「東洋道徳・西洋芸術」思想の成立と展開の過程を、象山の学問研究による思想形成に即して下記のような五期に分けて考究する。

（一）朱子学者象山の幼少期における思想基盤の形成過程（文化八―天保三年、一八一一―三二、一―二十二歳）
（二）江戸遊学期における朱子学者象山の思想基盤の確立（天保四―同十二年、一八三三―四一、二十三―三十一歳）
（三）アヘン戦争を契機に西洋世界に開眼し洋学を修得（天保十三―弘化四年、一八四二―四七、三十二―三十七歳）
（四）「東洋道徳・西洋芸術」思想の成立と社会的展開（嘉永元年―嘉永七年、一八四八―五四年、三十八―四十四歳）
（五）蟄居中の洋学研究と教育活動および赦免後の上洛と横死（嘉永七年―元治元年、一八五四―六四、四十四―五十四歳）

上記のように象山の「東洋道徳・西洋芸術」思想の成立と展開の過程を分析するに際して、特に留意したことは、象山の思想と行動の具体的な表現である象山史料に込められた真意を、象山と同時代を生きた人間の目線で捉えるように努め、もって可能な限り象山史料の内在的な理解を可能にするという研究手法を遵守したことである。

幕末当時の日本人にとって、相反する対立的な関係にあるとみられていた西洋先進諸国の学術技芸（「西洋芸術」）―洋学を、象山は、儒学―朱子学の基本原理である「格物窮理」の対象内に捉えて、東西両洋における「理」の普遍的一元性という共通概念で統合し、日本人の主体的な洋学受容の思想として「東洋道徳・西洋芸術」という思想を形成し展開した。それ故に本章では、「東洋道徳・西洋芸術」思想を根幹とする象山の思想と行動の全体像を、内憂外患の幕末期における日本近代化の思想の形成と展開という基本的な視座から分析し、同思想の意味や特徴、さらには歴史的な意義や役割についても考察することを研究課題とする。

象山思想の理解に関する象山史料の解読の仕方の問題　本章においては、上述のような象山の「東洋道徳・西洋芸術」思想の形成史的な理解という分析の視座から、象山が遺した膨大な原史料である『象山全集』（全五巻）を中心に分析する。だが、その場合に、文字史料の裏側に秘められた象山の真意を追体験的に読み解くことを研究手法の基本とする。たとえ象山史料の原典といえども、文字史料は、象山その人の混沌とした思索の部分的な表出であり、思索の全体を表現したものではない。それ故に本章では、従来のほとんどの研究者が試みた外側から象山史料の文面を解釈する外在的な象山理解―象山不在の象山理解―ではなく、象山が文字に表現する以前の内面的な思索のカオスを共感的に理解する内在的な象山理解を意図するものである。

従来の象山研究で問題とすべきは、はたして膨大な象山史料の全体を解読して象山の人と思想の全体像を理解し描写した象山研究であるか否か、ということである。多くの場合、思索や体験の表出としての様々な象山関係の文字史料を、研究者自身の問題意識に関わる部分だけを抜き出し、それを研究者自身の問題関心に即して外側から文字分析して外在的に理解し、その歴史的な意味や役割が、自由にというよりも勝手に論じられてきた。そのような象山理解は、所詮、象山をして自己を語らしめる研究者自身の思想表現に他ならない。象山に関する文字史料といえども、象山の思想と行動を理解する上では、決して完全無欠な全体ではありえない。象山は、何故に、このような文字表現をしたのか、そこにどのような意味を含意させようとしたのか。このような象山史料との真摯な問答を基本として、「東洋道徳・西洋芸術」思想に結実する象山の人と思想の軌跡を考究することを、本章は意図している。

象山自身の内面心理に可能な限り接近して、史料の裏側に隠された象山の本音を聞くという象山理解の内在的な手法は、著者が、半世紀以上も前に象山と出会って以来、常に抱き続けてきた象山理解の手法であった。あくまでも象山その人の目線で象山史料を読み解き、象山の人と思想の全体像を素描しつつ、その基軸としての「東洋道徳・西洋芸術」思想の形成と展開の軌跡を辿りたい。そのように考えてきたである。

なおも鎖国制度の旧慣旧法に縛られていた幕末期に、開国進取（横浜開港による自由貿易の実現）・文明開化（外国語辞書の編纂・刊行による日本人の西洋理解の拡大、優秀な青少年の海外先進国への留学と外国人研究者の日本への招聘、男女を問わず国民全体の国家意識の向上を図る国民皆学の教育制度の実現、等々）を、決死の覚悟をもって紡ぎ出した象山の「東洋道徳・西洋芸術」思想とは、一体、どのような時代状況の下での修学・思索・実践の過程を経て形成され、どのような時代状況の下で展開された思想であったのか。著者自身が象山の生きた幕末期という時代にタイムスリップして、同時代人として象山に寄り添いながら象山の思想と行動の展開を追体験し、象山の側から主体的に象山の思想と行動を理解するように努めたい。

特に本章では、「東洋道徳・西洋芸術」という洋学受容の思想成立を可能ならしめた象山の儒学理解―特に朱子学の「格物窮理」という実践的概念の特異な理解の仕方に注目して、彼の思想基盤の重要な形成要因と思われる幼少期に受けた基礎教育―易学・算学・朱子学、そして文武両道の武士道精神―の教育実態とその思想的な意味を探究し、さらにその後の本格的な儒学研究や洋学修得の躬行実践の過程を経て、象山に「東洋道徳・西洋芸術」という思想が形成され展開されるに至る具体的な経緯を解明する。換言すると、幕末期の問題状況に対応して展開された象山の多様な修学や実践の数々を俯瞰してみれば、すべてが「東洋道徳・西洋芸術」思想の形成に収斂する。そしてその思想が、どのように幕末期の問題解決に関わり、日本近代化の推進にどのような歴史的な影響を与えたのか、という思想史的な問題を、象山思想の内在的な理解という基本視座から、著者が発見した新史料をも交えた象山史料の分析を通して闡明すること、それが本章に課せられた研究課題である。

象山の思想形成の年代的な拡大過程の分析　象山は、嘉永七年（一八五四、安政元年）四月、愛弟子吉田松陰の海外密航事件に連座して幕府に捕縛される。四十三歳（以降、年齢はすべて江戸時代の暦法による年齢計法の「数え年」を使用）のときである。彼は、幕府の江戸伝馬町（現在、東京都中央区日本橋小伝馬町）の獄中で、幕府役人の尋問に応答する緊張の獄中生活の合間に、自らが事ここに至った四十余年の半生を省み、それを『省諐録《せいけんろく》』と題する反省録にまとめた[15]。

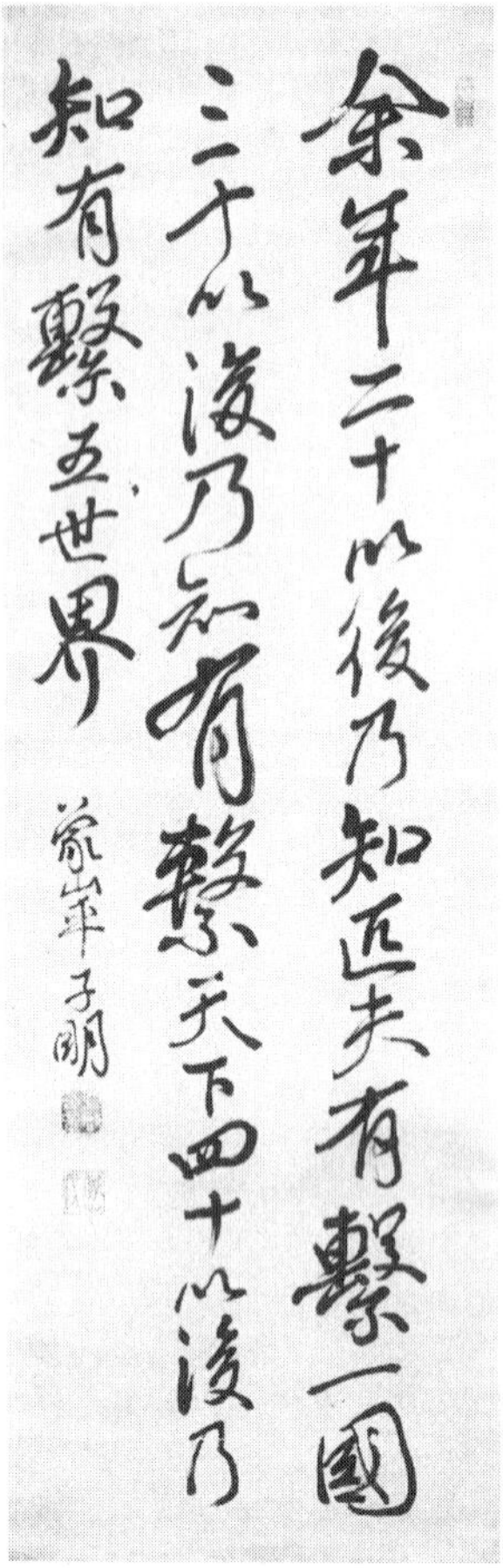

図３　『省訾録』第57条（『佐久間象山先生遺墨集』より）

余年二十以後
乃知匹夫有繫一國
三十以後乃知有繫天下
四十以後乃知有繫五世界

余《われ》年二十以後
乃《すなわ》ち匹夫の一国に繫《かか》ること有るを知る
三十以後は、乃ち天下に繫ること有るを知る
四十以後は、乃ち五世界に繫ること有るを知る

同書の全文は、象山得意の漢文で、本文は全五十七条の箇条書きで構成されている。その最後の条文は、象山自身の思想的な視野と活動舞台の時系列的な拡大過程が、象山の学究的人生の理想と現実とが複雑にないまざった心情を滲ませた漢文である(16)。

象山は、囚人となるまでの四十四年間の自己の前半生に展開した思想と行動を省みて、海外密航事件を含めた自己の判断と行動には、いささかの過誤も悔恨もないことを再確認する。彼は、罪人として獄中に囚われた己の胸中に湧き起こる雄叫びのごとき正義の感情を、冒頭の第一条で次のように表現している。

行ふところの道は、以て自ら安んずべし。得るところの道は、以て自ら楽しむべし。罪の有無は我に在るのみ。外より至る者は、豈に憂戚するに足らんや(17)。

この一文は、決して象山の強がりの表現ではない。省みて聊かも天に恥じることなしとする象山の思想基盤である「天人合一」の武士道精神の表現であり、真実、象山自身の存在証明を吐露した自己表現でもあった。常に時代が希求する実利有用な学問の躬行実践に生きた象山。捕縛後、九年間の蟄居時代を含めた十余年の後に、開国進取を主張する文明開花の象徴的な存在であった彼の生涯は、西洋排撃の攘夷派刺客に斬殺されて終わる。京都での五十四年の無念な最期であった。時代に先だつ者が時代に逆行する者に抹殺されという幕末期の非条理を象徴する残忍な事件であった。

だが、四十四歳で囚われの身となったときの象山は、己の思想と行動の展開を、前述のごとく、十年刻みでの拡大発展段階で区分し、各時代における自己の存在意義を時系列で簡潔に表現している。

二十代に「格物窮理」を中核とする朱子学の数理哲学的な理解を可能にした象山は、その学問をもって信州の松代藩一国の藩政改革・学政改革の実現に取り組んだ。さらに象山は、再度の江戸遊学を機に朱子学の私塾を江戸の学都に開き、朱子学徒としての独立を宣言する。

三十代に入ると、名誉ある『江戸現存名家一覧』に恩師の佐藤一斎と並んで彼の名が掲載される。儒学者としての象山の存在が、学都である江戸の内外に喧伝されたのである(18)。だが、朱子学派の儒学者として認知された直後、象山はアヘン戦争（一八四〇―四二）の情報に接する。この未曾有の歴史的な大事件は、象山の学究人生に一大転機をもたらす。好奇心の強い象山は、アヘン戦争を契機に一念発起し、未知の西洋世界にまで学問の視野を拡大し、積極果敢に洋学を修得する。と同時に、松代藩主真田幸貫の老中就任に伴い、その顧問となった象山は、内憂外患の幕末期における国家存亡の課題解決に真正面から取り組む国家的な存在となるのである。蘭語を修得して西洋砲術・西洋兵学を中心とする洋学を研鑽して、三十代後半には東西両洋の学問を兼修し、両者の本質を把捉して統合した「東洋道徳・西洋芸術」というグローバルな思想的世界に到達する。

さらに知命に至る四十代には、「東洋道徳・西洋芸術」という思想的視座から日本の将来を展望し、日本の向かうべき近代化の理想像を素描して、その実現に関わる様々な活動を展開し、世界の中の日本という世界的視野での自己の存在を認識するのである。

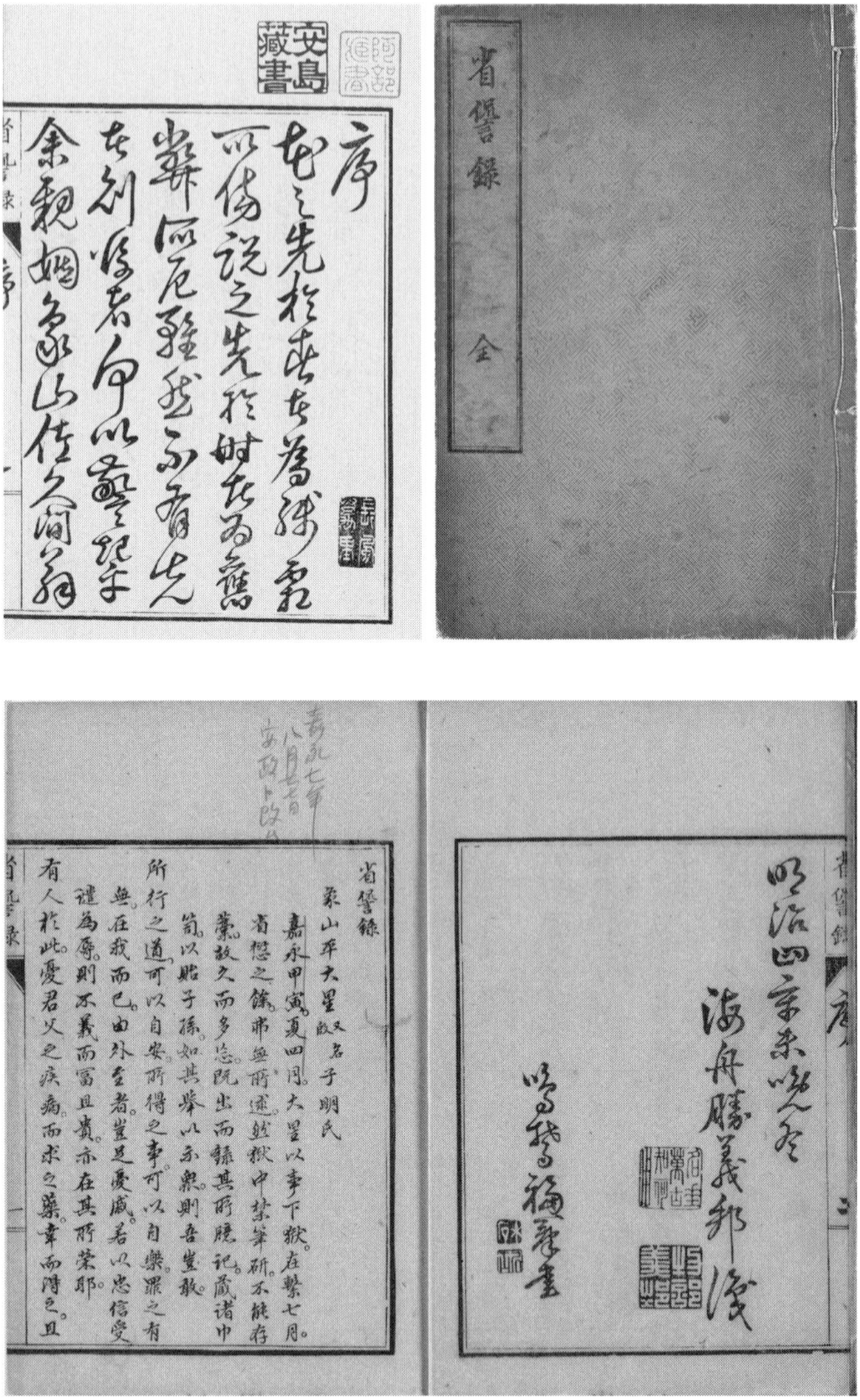

図４　『省諐録』　全　（明治４年刊，著者所蔵）

叙上のように『省諐録』は、象山自身が、松代藩一国は言うに及ばず、天下国家に価値のある有意な人間存在であることの意味を確認する書であった。と同時に、彼自身の思想と行動の拡大発展と、その思想的な帰結としての「東洋道徳・西洋芸術」思想の形成と展開の過程を確認する書でもあった。まさに『省諐録』は、象山が、深い自愛と自省、自責と自信の思いを込めて半生を省み、それを忠実に書き留めた畢生の著作である。

そして、『省諐録』を締めくくる最後には、様々な可能性を発揮して、彼が辿った学問と行動の展開過程、すなわち彼の思想世界の理論と実践の拡大深化の過程が、流麗な漢詩の名文をもって雄々しく表現されている。特に最後の四十代以降の段階の「五世界に繋ること有るを知る」とは、まさに象山自身の目指したワールドワイドな思想世界の到達点を指示するものであった。はたして、象山の「東洋道徳・西洋芸術」という日本近代化の思想世界は、彼がいかなる人物や学問との邂逅を重ねて形成されたものであったのか。そして、その思想の拠って立つ実理有用な学問の構造とその幕末期における意義とはいかなるものであったのか。

叙上のような問題意識の下で、以下の本章の論攷においては、喜怒哀楽の豊かな感情表現をもって生きた人間・象山の思想と行動の全体像を、幕末期における日本近代化の思想としての「東洋道徳・西洋芸術」思想の形成と展開の解明という研究課題を基軸として、形成史的な視座から象山史料を丹念に読み解いて考察していくこととする。

一　朱子学者象山の幼少期における思想基盤の形成過程

1　父親の武士道教育による思想基盤の形成

嗣子なき故に辿った佐久間家悲運の教訓　象山の儒学理解や洋学理解の革新的あるいは創造的な在り方を可能

にしているのは、彼の思想基盤を形成している武士道精神である。それは、幼少期における父親から受けた文武両道の教育によって形成されたものである。象山の儒学理解の特徴は、儒者の儒学ではなく、武士の儒学であった。父親による「武」（武士道）と「文」（朱子学）の教育によって形成された武士道精神という確かな思想基盤の上に、彼の本格的な儒学研究や易学研究、算学研究、そして洋学研究が重層的に重なり、それらが渾然一体となって東西両洋の学術技芸を統合した「東洋道徳・西洋芸術」という幕末期における日本近代化の思想に結実するのである。

象山は、武家に生まれたこと、しかも何代も続く由緒ある家系の佐久間家に生まれたことを、生涯、自尊と自信の依拠する自己存在の絶対的な根拠として生きた。いまだ天下泰平の文化八年（一八一一）二月、象山は、幾重にも連なる信州の山河に囲まれた松代藩（長野市松代）の下級武家の嫡男として生まれた。だが、佐久間家の家系をたどると、何とその淵源は桓武天皇の皇子である葛原親王《かずらはらしんのう》（桓武天皇の皇子）の孫の高見皇子（桓武平氏の祖）が平氏の姓を賜って上総介に叙任されたことに遡るとされる(19)。

まさに神話か伝説の世界である。だが、史実として辿れるのは、直接に佐久間氏を名乗る祖先が大坂の陣で戦功をあげ、信州長沼藩（現在の長野県長野市、一万三〇〇〇石）の初代藩主となった佐久間大膳勝之（一五六八―一六三四）の家臣である岩間市兵衛清重という侍の存在からである。彼は、文武の両道に優れ、俸禄も四〇〇石の大身であったという(20)。

ところが、貞享五年（一六八八）、第四代藩主の佐久間織部正勝親（一六六九―九一）に落ち度が生じて幕府より改易を命じられ、身柄は二本松藩（藩主丹羽長次）にお預けとなり、信州長沼藩は廃絶となる。このとき、岩間家の当主であった清重の次男・岩間治郎左衛門清村（後に祖父母の姓である佐久間氏に改姓）は、「忠臣は二君に事《つか》えず」（『史記』の「田単伝」）との清廉潔白な武士道精神を貫き、仕官せずに浪々の身となった気骨のある侍であった。

だが、その次子の佐久間三左衛門国品が、享保年間（一七一六―三六）、同じ信州の松代藩、当時は第四代藩主の真田信弘（一六七一—一七三七）に、一〇〇石の家禄をもって仕官することになる。この人物が、松代藩における佐久間家の開祖であり、象山の曾祖父であった。だが、不運にも三左衛門国品には嫡子がなく、娘に婿養子（松代藩士林覚衛門の息子・岩之進）を迎えて何とか家門を維持する。しかし、不幸にも、その婿養子に迎えた岩之進が夭折してしまい、佐久間家は廃絶の憂き目を見る。だが、佐久間家一族の不幸を見かねた藩当局は、三左衛門国品の松代藩に対する長年の功績に鑑みて、甥の村上彦九郎の息子である彦兵衛国正を佐久間家の嗣子として迎えることで佐久間家の再興を許したのである。

叙上のような曾祖父の三左衛門国品が松代藩に仕官してから祖父の彦兵衛国正に至る佐久間家の家譜を、象山自身が、藩老宛の書簡で次のように記している。

図5　佐久間氏略系図

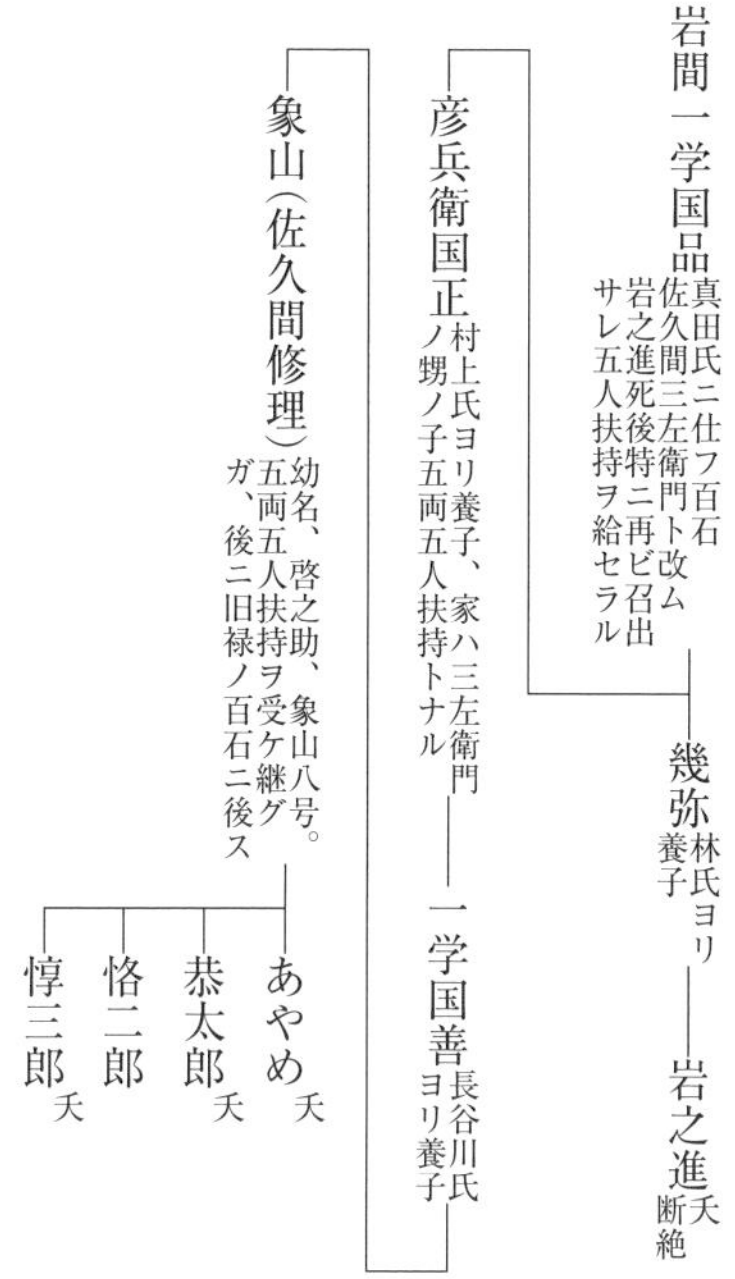

※信濃教育会編『象山全集』第一巻所収の「佐久間氏略系」（信濃毎日新聞社刊、一九三四年）を基に著者が補訂し作成。

私祖々父三左衛門浪人仕罷在候処、新知百石下置かれ召出され候。然る所、同人孫岩之進幼少にて死去仕候付、家断絶仕候。其節隠居罷在候三左衛門、老年迄長く御奉公仕候付、御不便に思召され五人扶持隠居へ下し置かれ候。是へ私の祖父彦兵衛を養子仕家名を相続為仕候。(21)

上記の史料に記された彦兵衛国正こそは、象山の祖父に当たる人物である。彦兵衛国正を嗣子に招くことによって、佐久間家は御家断絶を免れたが、俸禄は大幅に減額され、何と一〇〇石から五人扶持（五石八斗、約九石）という極めて微禄の下級武士に没落してしまった。しかし、藩当局は、これを哀れみ、後に「五両」を追贈し五両五人扶持（約一四石）に改めた[22]。この祖父の代から少禄となった佐久間家の家禄が、そのまま象山に引き継がれることになるのである。

しかし、佐久間家の不幸は、なおも繰り返された。何と、再興が叶い佐久間家の当主となった彦兵衛国正にも嫡男が生まれず、今度は同藩の長谷川千助善員の次男を嗣子に迎えることで、何とか佐久間家の存続を維持することができた。この長谷川家から佐久間家の嗣子となった佐久間一学国善（一七五六―一八三二）こそは、象山の実父である。五両五人扶持という家禄は変わらず、それ故に象山は、微禄であるが故に経済的には苦しい家庭で育ったのである。

叙上のように象山に至るまでの佐久間家の家譜を遡ってみると、嗣子たる男児なきが故に御家断絶という悲運を幾度も経験している。象山は、最初の江戸遊学中の天保五年（一八三四）、二十四歳のときに、自身の氏素性のルーツを知るために、父親の「神渓先生年譜」と同時に「佐久間氏略譜」を執筆している。これによって象山は、佐久間家の歴史が嗣子不在で断絶という不幸の連続であったことを改めて知り、嗣子がいて御家が存続できることがいかに重大事であるかを深く心に印刻したのである。

ことさらに祖先を崇拝し武門の家系に生まれたことを矜持とする象山にとって、佐久間家存亡の危機を招いた嗣子不在という悲劇は、実に無念な思いであった。このことが、彼の結婚観や女性観、そして妾制度に関する観念の形成に大きな影響を与えたことは間違いない。

父親による文武両道の武士道教育

叙上のごとく、象山の父親である神渓佐久間国善一学は、五両五人扶持（約一四石）という極めて少禄の下級武士であった。だが、彼は、墳原《ママ》朴伝流槍剣術の師範として自邸内に武道場や学問所を構え、多くの門人を得て文武両道の私塾教育を行っていた。その束脩（入学金）や謝儀（授業料）だけでも結構な収入となり、お陰で象山は、他家のように「釣り竿作り」や「傘張り」などの「内職」をせずに、「子供の素読指南剣槍の教授等仕りて罷り在り候」という知勇兼備の恵まれた教育環境で育つことができたのである[23]。

ところで、武士の身分と学力とは必ずしも一致しない。福沢諭吉の場合と同様、佐久間家も父親の一学は微禄の下級武士であった。それ故に、優れた能力であっても高位の役職には就けず大きな功績を残すことができなかったとして、象山は、藩老（家老）に対して次のように父親の人格と能力について申し立てている。

亡父一学始め才力の処、格段卓越と申に御座有間敷候得共、又尋常の人にても御座無く、其表裏内外一徹にて偽の無きの処に至て候ては有名古人にも劣り申間敷と奉存候。依て老年に及び御側御右筆等仰付られ候得共又格段の御用をも仰付られず、遂に世に大功をも遺さず相果候。是皆小給の不幸と申ものに御座候(24)。

下級武士ではあったが、一学の人格と才能は尋常一様ではなかった。彼は、易学や算学に造詣が深く、それに儒学―「格物窮理」を説く朱子学に精通し、まさに文学と武道に優れた文武両道の教養ある武士であった。それ故に、彼は、微禄ながらも人格と能力を高く評価され、寛政年間（一七八九―一八〇一）から文政年間（一八一八―三一）にわたる長い間、近習役や表右筆組頭など、藩主の側近に仕える重要な役職を給わり、歴代藩主の厚い信頼を得た忠義の家臣であった(25)。

また、佐久間家は、少禄の下級武士にしては過分に広い屋敷を賜り（敷地面積は八七七・八平方メートルで約二六六坪、屋敷内に母屋・槍剣術道場・学問所など幾棟かの建物を配置）、壙《ツカ》原朴伝流槍剣術の師範としても人物・技量ともに優れた文武両道の指導者であった。彼の道場には、多くの松代藩の子弟が入門した。まさに一学は、文学と武術の両道に優れた武士であり、「公平剛直にして古武士風(26)」と評される謹厳実直な侍であった。彼は、藩士子弟に文学教授や武道教授を行い、いまだ藩校を持たなかった時代の松代藩における知勇兼備の人材育成に、武士道教育をもって多大な貢献をなしたのである。

一学が六十八歳を迎えた文政六年十月、松代藩第七代藩主の真田幸専（一七七〇―一八二八）より、「其方先年殿様剣術申上、其上老年ニ及び候ても絶へず門弟共へ稽古等も致し遺奇特の事思召候(27)」と褒賞され、長年の藩士教育の功績に対して永年加増の「玄米三人扶持」（五・四石も加増）を賞賜された。かくも謹厳実直な忠義の家臣であった父親から、象山は、幼児期より成人に至るまでの十数年にわたって文武両道の基礎教育を受け、心技体を鍛錬する武士道精神の基本思想を徹底して体得したのである。

それ故に、象山の儒学理解や洋学理解の斬新な在り方を可能にしている思想基盤の形成要因の第一として、実践の哲学である武士道精神をあげることができる。[28] それは、まさに幼少期に父一学から受けた文武両道の教育によって養成されたものである。父親による「武」（武士道）と「文」（朱子儒学）の両道一体の教育によって形成された象山の武士道精神という堅い思想基盤の上に、その後の本格的な儒学や洋学の研究とが重なり合い、ついには東西両洋の学問芸術を統合したワールドワイドな「東洋道徳・西洋芸術」という重層構造の統一思想に結実することになる。

ところで、前述のごとく、象山の父親である佐久間一学は、[29] 五両五人扶持という微禄の信州松代藩の下級藩士であったが、藩主の側右筆組頭を務める学識豊かな藩士であり、[30] 儒学（朱子学）や算学に造詣が深く、特に易学に精通した学究肌の文人であった。と同時に彼は、墳原卜伝流槍剣術の免許皆伝で、自邸内に道場を開き藩の子弟に文武を教授する武道の達人でもあった。福沢諭吉が下級武士であった父親を、「私の父は学者であった[31]」と誇りにしていたごとく、象山もまた父親を師匠として、この上なく敬仰し、自らの学問の原点としたのである。

江戸後期の経世家であった林子平（一七三八―九三）は、教育の名著『父兄訓』（一八五六年）の中で、「三つ子の魂百までもといふ俗見、諺のごとく幼少の年の躾けが老年までもつきまとうものなり[32]」と記し、人間形成に与って家庭教育、特に父親の教育的な影響力の重要性を説いている。時代や社会を超えて教育の本質を透視した不易の名言である。

尊皇攘夷の運動が激しく高揚する幕末期にあって、開国和親・進取究明を説く開明的な思想家であった象山の、「東洋道徳・西洋芸術」という日本近代化の思想の底流には、己が誉れ高い武家の出自であることに対する強い矜持の念が働いていた。「私儀父一学の教育を以て成長仕候(33)」と公言して憚らず、父一学の門人であることを、この上ない名誉としたのである。象山自らが「生六歳にして聖人の道を学ぶ(34)」と記すがごとく、象山に対する父一学の家庭教育は六歳のときから本格化し、その内容は易学や算学を基本とする「聖人の道」の学問、儒学（朱子学）であった。象山にとっては、父親から薫陶を受けた武士道精神の教育が、彼自身の強固な自尊心と責任観を形成しているとの自覚が強かった。と同時に、その精神が、実践性と有用性を基本とする彼の武士ならではの合理的な思想と行動の原点ともなっていたのである。まさしく、文武両道を実践躬行して武士道を生き抜いた父一学の存在が、早くから学問の世界を目指した象山少年の胸中に強く刻印されていたことは否めない。

非凡な才能を秘めた早熟怜悧な童子

幼少期の象山は、神童と悪童とを併せ持つ特異な童子であった。だが、早くから明断な頭脳と強固な克己心を発揮して周囲に非凡な才能を認められ、大いに将来の学問的大成を嘱望された。象山が非凡であった証しは、いまだ数え年で二、三歳の幼児にして、難解な易学の専門用語である六四卦の卦名を暗誦したという逸話である(35)。儒教の基本経典である『易経』には、占筮《せんぜい》（五〇本の筮竹で卦を立て吉凶を占うこと）の基本図象が、太極が陰陽の「両儀」→「四象」→「八卦」と、「卦」が二倍則で分裂生成して漢字二字熟語の六四の基本図象（「卦辞《けいじ》」、六十四卦）が形成される。これら六十四卦の理論によって天地間に生成する万事の変化を読み取り吉凶を判断するのが易学の実践形である(36)。言うなれば、非合理の中に合理を読む、あるいは偶然の中に必然を読む、それが一般人からみた易学理論の基本と理解できる、象山は、かなりの早熟で非凡な知的才能を秘めた童子であった。その象山の知的能力は、東洋の難解な易学において最初に発揮されたのである。

さらに象山は、四、五歳の頃から算学の教育を父親から受け(37)、六歳からは父一学の家庭教育が本格化して、難解な易学と算学を両輪とする儒学―「格物窮理」を説く朱子学―の教えを受け始めた(38)。そして十五歳で成人してからの象山は、本格的に易学の理論を学ぶのである。この『易経』の説く実践哲学の易学こそは、「象山思想の根底(39)」をなしていると言われるごとく、象山の学問と人生の最も根幹をなす不動の思想となるものであった。

ところで、象山の少年期における学問への開眼の大きな転機となる出来事があった。それは十三歳のときのことである。象山少年は、期せずして家老の恩田頼母（一七九八―一八六二、一二〇〇石の家老職）の息子と喧嘩ざたになり、それを父親から咎められ、三ヶ年の自宅謹慎を命ぜられた(40)。清廉潔癖で正義感の強い象山少年は、不本意ながらも、この上下の厳しい身分制社会における不条理な出来事を契機に心機一転、一心不乱に学問武芸に精進し学者をめざしたのである。この三年間の謹慎期間における不眠不休の刻苦勉励こそが、象山の主体的な儒学理解や洋学理解の基礎となる独創性に富んだ思想基盤を形成し、その後の豊かな学究的人生を決定付けた要因とみてよいであろう。

特に密林の迷路に分け入るがごとき複雑難解な数理哲学の理論で構成されている易学を、幼少時より修得し、毎日、自在に占筮をできるほどに習熟したことは、象山が、様々な論理を超えた現実の難問に遭遇したとき、その克服を試練として主体的に受け止め、易理に導かれた朱子学の合理的な分析と客観的な認識とをもって、積極果敢に対処できる能力（問題解決に目的化された分析能力・認識能力・判断能力・処理能力）を形成しえたことを物語っている。

易学では、天地の法則を示す「易」は「複雑な変化の中に最も簡易な法則の存することを見いだす」「矛盾の中に統一があり、複雑の間に調和が存する」(41)と説く。その意味で、易学は希望の思想である。いかなる苦境をも乗り越えて生きる勇気と希望を喚起し、果敢な実行を促す思想なのである。そのような易学に精通した象山は、アヘン戦争（一八四〇―四二年）や黒船来航（一八五三年）など欧米列強の極東アジアへの侵攻という危機的状況に遭遇しても、少しも動揺することはなかった。易学は、象山の冷静な現状分析と適切な対応策を発想する精神的な契機となり、それ故に彼が異質な西洋の学問である「洋学」をも積極的に意味づけて受容することを可能にし、新時代の日本人の主体的な思想形成の指標となる「東洋道徳・西洋芸術」という思想世界を形成する重要な思想的契機となった、と理解することができる。

2　松代藩内の諸師から受けた算学と易学の教育

最上流算学師範から受けた算学教育　象山は、十五歳で元服するまでの十数年間、父親の家庭教育によって易学と数学と儒学（朱子学）、それに武道（槍剣術）など、文武両道の基礎教育を受けて成長した。だが、元服した翌年の文政九年（一八二六）、十六歳になってからは、藩内の諸師に就いて本格的に儒学・算学・易学などの専門的な文学修得に励んでいく。

まず、注目すべきは、算学（和算）の修得である。算学は、彼が幼少時より父親から学んできた易学と相俟って、学問探究の道を志す象山の基礎学力となり、とりわけ合理的な論理性を特徴とする象山思想の大きな形成要因ともなった。算学こそは、数理的な易学理論の理解の前提となる思考能力や判断能力を養うものでもあったのである。

象山は、幼少期には父親から算学の初歩を学んだ。が、本格的に算学の研鑽に励むのは、成人以後に松代藩内の和算の専門家たちに師事してからであった。彼が最初に師事したのは、算学の大家である町田源左衛門正記（町田正記、一七八五―一八五七）であった(42)。町田は、当時の武家社会においては軽視されていた算学の師範であるが故にか、身分は松代藩士ではあるが一代給人格の徒士席で勘定役、御切米五斗入四〇俵・御役料壱人（約二三石）(43)という下級藩士であった。

その町田は、初め宮城流和算を修めた。が、さらに江戸へ出て和算の大家である会田算左衛門安明（会田安明、一七四七―一八一七）に師事して最上流《さいじょうりゅう》算学（会田が関流を批判して新たに故郷の出羽国最上に因んで「最上流」と称する新流派を創始）を修得した(44)。また、町田は、江戸勤番中に、幕府天文方の高橋至時《よしとき》（一七六四―一八〇四）やその弟子である伊能忠敬（一七四五―一八一八）にも教えを請い、算学の上に天文学や測量学をも修めたのである(45)。

町田の算学能力は群を抜いて優れており、江戸では会田門下屈指の高弟として知られる実力者となった。だが、修学後の彼は、郷里の信州松代に戻って藩務のかたわら算学の私塾を開いた。その算学塾は、「藩ヲ挙テ入門セザルモノ少ク、余勢四隣ニ波及セリ」[46]と言われるほどに大盛況で、松代藩の内外に最上流算学を普及させた功労者である。

その町田の没後、象山は、町田の高弟で松代藩の郷士であった宮本市兵衛正武（宮本正武、生没不詳）に就き、さらに最上流算学を深めていく。[47]実は、この宮本の家系に連なる人々の知的能力は極めて優秀で、孫の一人が、東京帝国大学医学部出身の医者で象山研究に半生を捧げ、前述の名著『佐久間象山』を著した宮本仲（一八五六―一九二八）である。[48]かくして象山は、父親の一学・町田正記・宮本正武という三人の算学師匠に師事して、最上流和算を修得したのである。

最上流算法免許状にみる算学と易学の連関　なお、問題となるのは、算学と易学との関係である。幕末期の算学私塾における教授内容は、例えば象山と親交の深かった同じ松代藩士の池田定見（一七九五―一八七〇）が開業していた算学塾の場合は、「八算見一を卒へ相場割より方程　正負　天元術（高次方程式の解法）算題宛　町見測量（測量術）等に至ル」[49]とあり、これが一般的であった。しかし、中には非常に高度な内容を教授する算学塾も例外的に存在した。[50]

実は、最上流和算の開祖である会田安明が、文化十二年（一八一五）八月、松代藩の門人である町田正記に授与した最上流和算の上級免許状である「算法許状」が現存するのである。[51]その免許皆伝書「算法許状」の実物は、数学史家の小寺裕氏が運営する「和算の館」（膨大な和算の「算額」を都道府県の寺社仏閣別に分類整理しデジタル化して、「和算書アーカイブス」としてネット上に公開）が管理する史料である。史料の所蔵者は小林博隆氏。同史料を、小寺氏の了解を得て本書に転載することができたことは幸運であった。

関流に改革を加えて和算内容の充実革新を図った最上流は、東北地方を中心に流布したが、信州松代藩からも江戸の会田塾への入門者がおり、特に町田正記は会田の高弟であった。彼は、松代に帰藩後は、最上流の算学塾を開いて

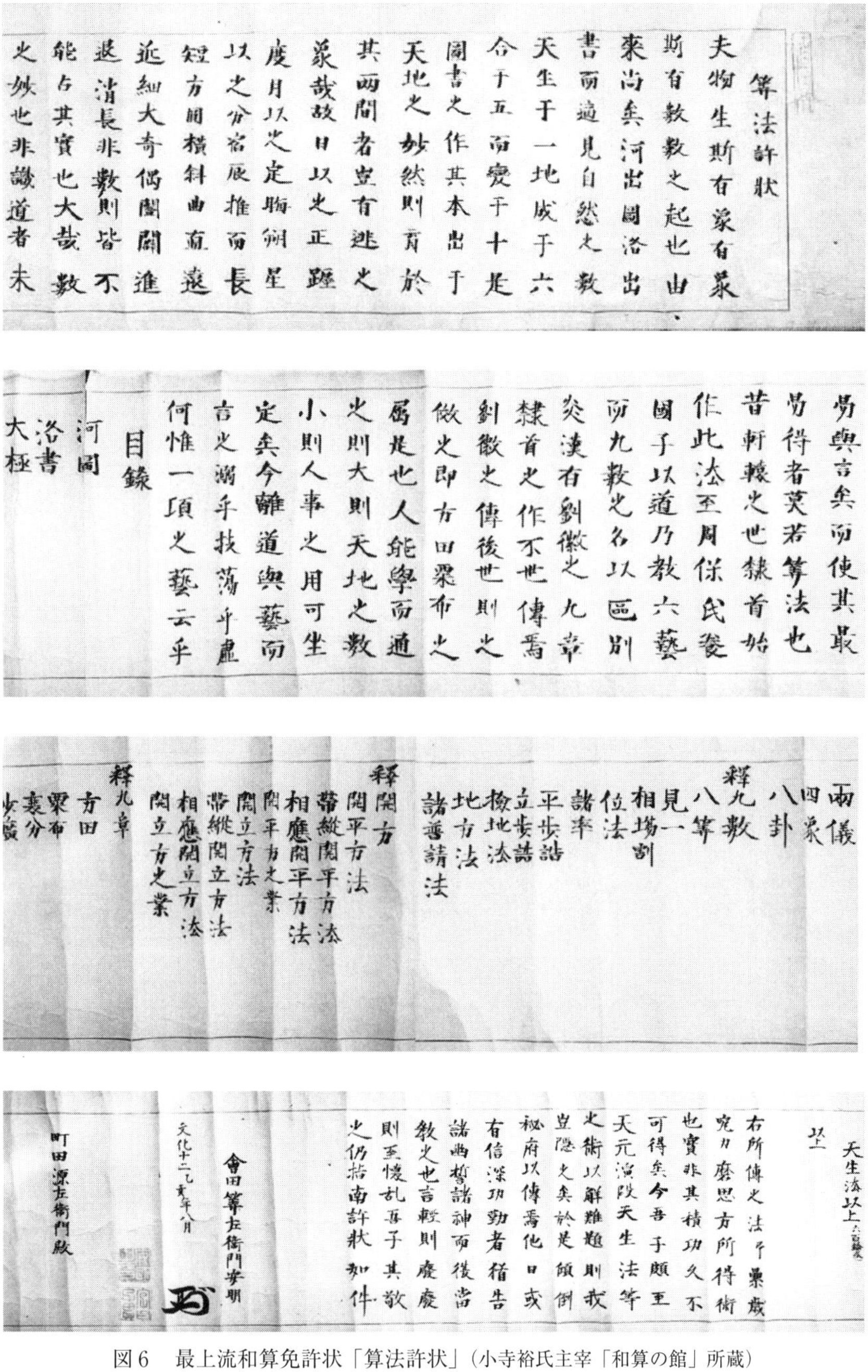
算法許状
夫物生斯有象有象斯有数数之起也由来尚矣河出図洛出書而適見自然之数天生于一地成于六合于五而変于十是図書之作其本出于天地之妙然則貢於其両間者豈有逃之象哉故日以之正躔度月以之定朓朒星以之分宿辰推而長短方圓横斜曲直遠近細大奇偶闔闢進退消長非数則皆不能占其實也大哉数之妙也非識道者未易與言矣而使其最易得者莫若算法也昔軒轅之世隷首始作此法至周保氏養國子以道乃教六藝而九数之名以區別焉漢有劉徽之九章隷首之作不世傳焉劉徽之傳後世則之徴之即方田粟布之属是也人能學而通之則大則天地之数小則人事之用可生定矣今離道與藝而言之溺乎技蕩乎虚何惟一頃之藝云乎

目録
河圖
洛書
大極
両儀
四象
八卦
釈九数
八算
見一
相場割
位法
諸率
平歩諸
立歩諸
檢地法
地方法
諸普請法
釈開方
開平方法
帯縦開平方法
相應開平方法
開平方之業
開立方法
帯縦開立方法
相應開立方法
開立方之業
釈九章
方田
粟布
衰分
少廣

天生流以上六百条
並
右所傳之法千巣蔵究乃磨思方所得術也實非其積功久不可得矣今吾子頗至天元演段天生法等之術以解難題則我豈隠之矣於是傾倒秘府以傳焉他日或有信深功勤者猶告諸幽賛諸神而後當教之也言軽則慶慶則至懐乱吾子其敬之仍指南許状如件
文化十二乙亥年八月
會田算左衛門安明
町田源左衛門殿

図6　最上流和算免許状「算法許状」（小寺裕氏主宰「和算の館」所蔵）

最上流算学を藩内に流布させた功労者である。その門人に、彼の後継者で象山の師匠となった宮本市兵衛正武がいたのである。

図6の写真史料で明らかなように、会田安明から町田正記に授与された最上流和算の上級免許状である「算法許状」の内容は、一般の算学塾の教育内容をはるかに凌駕する、当時としては最高難度の「数学」で、算学に関する多様な分野を網羅するものであった。その会田は、自身が修得した算学知識のすべてを、後継の優秀な門人である松代藩の町田に伝授したのである。

ところで、当時の算学の一般的な呼称は「算術」であるが、他にも「算法」「数学」「算盤」などの名称が使われており、「和算」という表現は幕末期まではまったく用いられていなかった。現代では、古代日本に中国から伝来して発展した数学のすべてを「和算」と呼ぶ。だが、実は、その呼称は、明治五年（一八七三）の西洋型近代学校制度を規定した「学制」の発布で、西洋数学を学校教育に導入することとなり、その際に西洋数学を「洋算」と呼ぶことに対して、江戸時代までの日本の伝統的な数学を「和算」と表現したのである。

また、江戸時代には、佐久間象山をはじめ、広く一般的に「和算」を「数学」と表現していた。はたして、「算術」ではなく「数学」という呼称に込められた意味は何であったのか。「術」と「学」とでは、本質的に概念の意味するところに違いがある。それは、数学（数に関する学問）が単なる数字の操作に関する技術や技法ではなく、その奥に数字を操作する法則性や体系性などの学問的な理論があり、数字の操作に関する合理的な理論―「数学」に支えられて数字操作の技術としての「算術」（数の技術、arithmetic）がある、ということである。それ故に、東洋の日本でも「数」に関する「学」、すなわち「数学」という意味が込められた用語が、江戸時代には広く一般に定着していたのである。

会田は、当時、一般的に使用されていた「算法」「算術」「算盤」などの名称を用いず、一貫して「数学」と表現していた。また、その会田が松代藩の門人で象山の恩師である町田正記に伝授した免許状には「当流数学多年積功の深志稽古の始終抜群也」と「数学」という表現が用いられていた(52)。そして、会田が信州の門人寺島数右衛門に伝授した算学免許状にも、象山の師匠である町田の場合と同様に「数学」という表現が用いられていた(53)。さらに、町田の門人で象山の師匠でもあった宮本正之（宮本仲の祖父）もまた、「北信地方数学者輩出（中略）先生家学相伝玄孫に至り、正暎、数学を以て真田侯に仕え禄を賜ふ」と記されているごとく、「算術」や「算法」ではなく、「数学」「数学者」と記載されていたのである(54)。

町田や宮本の門人である象山は、朱子学の「格物窮理」を支える重要な学問である「数学」の伝統を継承して、二十代半ばに初めて松代藩の儒員に登用されたとき、藩政改革―学政改革を建言する上書に、「医学」と併記して「算学」（「算学医学等も此法に従ひ」）と表現して「学」の名称を用いていた。その後も幕末期には、「算学」「算術」の使用例は多く認められるが、徐々に「数学」という表現が一般化されるようになる。しかし、象山の場合の「算学」という名称の使用例は、前述のごとく彼が初めて松代藩の儒官に登用された二十代半ばに藩庁に呈した「藩政改革上書」の「学政改革案」の中で藩学の教授科目として「医学」と列記して「算学」と表記している事例が最初である(55)。

後に象山は、洋学を修得すると、西洋の数学を意味する「ウイスキュンデ（wiskunde）」というオランダ語と出会い、これを「詳証術」という日本語の訳語を用いて、洋学（「西洋芸術」）の本質を語るときに専ら「数学」という表現を多用するのである(56)。

また、象山門人の勝海舟も、長崎海軍伝習所の教育は「学科の内にても数学は天文方の者両人スチュールキュント丈けの処は会得仕候(57)」と、象山の「数学」と同じ名称を用いている。なお、海舟は、「算学出来候者は会得早く参り申候(58)」と、「算学」という名称も使用している。象山や海舟にみられるごとく、幕末期の知識人は、伝統的な日本の数学を、「術」ではなく「学」として認識していたことが理解できる。

藩内諸師から受けた易学の教育　ところで、数学に関して町田正記が会田安明から受領した「算法許状」という算学免許状には、「前書」に続き、伝授した具体的な内容を示す詳細な「目録」の全体が記載されていた。そこで驚くべきことは、その冒頭の部分に、何と算学の伝授項目の最初に「太極」という大項目とその内容を構成する小項目の「両儀」「四象」「八卦」（儒教の基本経典『易経』に示された基本図象の「八卦」を掛け合わせると易学の全体世界の「六四卦」になる）というように、二倍法の数理的構造をもつ易学理論の基本を表わす重要な概念が記されていたことである。

このように易学を伝授科目の筆頭に位置づける算学の免許状は、管見の限りでは他に例をみない。だが、本史料によって、算学が易学を取り込み、易学が算学を不可欠とする両者の不可分な関係性が証明されることになる。

これまで、象山が幼児期から父親の指導の下で易学を学んだ事実を述べてきた。その易学の基本理論は、『易経』の「繫辞上伝」に「易に太極あり。これ両儀を生ず。両儀は四象を生じ、四象は八卦を生ず」[59]と説かれているがごとく、易学は天地万物の生成発展についての理論であり、陰陽二気の相関性が連続性（肯定）と不連続性（否定）との相関関係にあって弁証法的に発展するという理論を説いている。[60]

なお、信州松代出身の象山研究の第一人者であった東洋史学者の飯島忠夫（一八七五—一九五四、学習院大学名誉教授）は、昭和戦前から象山思想における易経の影響に早くから着目し、論文「佐久間象山先生の易学」[61]を発表し、そこで「天地万物の現象は陰陽二気の弁証法的発展の交錯する上に生ずるもの」で、「易に於ては自然界に行はれる理法も人間界に行はれる理法も同一」であるとしている。それ故に、飯島の易学理解と同様な、「天地万物の理と人倫日用の理とは本来同一のものであつて、天地万物の理を窮めることによつて人倫日用の理は一層明になるべきもの」という儒学理解を示した中国宋代の儒学者・邵康節の研究態度に対して、象山は共鳴し影響を受けた、と分析している。[62]

易学の理論では、天地万物を生成発展させる宇宙の根源を「太極」（万物の根源）というが、その太極が分離して「陰」と「陽」という二つの極面、すなわち「両儀」を生じる。そして両者の関係は、別個に分離独立した対立的関係にあるのではなく、あくまでも万物の根源である「太極」の表と裏の両面を表現するものなのである。それ故に、陰陽二元論の思想である易学では、「陰極まれば陽に転じ陽極まれば陰に転ず」と『易経』に説かれる通り、「陰」は「陽」に、「陽」は「陰」にと、「陰」と「陽」とが相互に転化する「陰陽転化」の理論で成り立っているのである(63)。

なお、「太極」とは「陰陽未ダ生ズル以前の根源」、すなわち宇宙の根源、万物の根源という意味であり、易の「八卦」（陽と陰の組み合わせで得られる易学における八種類の基本図像）の生成や天地万物の生成を示す最も基本的な概念である。「陰」と「陽」の「両義」（万物の根源である「太極」から生じる二つの極）が交わって、さらに宇宙の四つの変化の現象である「四象」（老陽・老陰・少陰・少陽）を生じるが、「四象」の解釈には他にも「春夏秋冬」「木火金水」「日月星辰」「水火土石」などの諸説がある。そして、なおも「四象」が運動し展開して宇宙の八変化、すなわち易学の基本中の基本の要素である「八卦《はっけ》」（「乾《ケン》・兌《ダ》・離《リ》・震《シン》・巽《ソン》・坎《カン》・艮《ゴン》・坤《コン》」）という現象を生じるのである(64)。

叙上のような宇宙における天地万物の根源であり本体である「太極」が、数学の二倍法の規則性をもって整然と生成発展する各段階（八卦→十六卦→三十二卦→六十四卦）の位相を表現する易学の理論が、日本の算学における必須の教授内容として位置づけられ伝授されていたのである。このことは、非常な驚きであった。儒学、特に朱子学の理論においては、易学と算学とが相即不離の関係性をもって易学理論の中に組み込まれていた、という歴史的事実を物語るものであるからである。

上述のごとく、人事を含めた天地万物が拡大発展的に生成変化する諸相を、様々な数字や数式、図表（図像）などを用いて表現し解き明かす易学の理論を理解するためには、数字で表現された変化の展開過程や数字を用いた概念を理解する能力が求められる。それ故に、数学的な計算能力や数理的な思考能力が不可欠となるのである。

象山は、六歳から父親より儒学と武道を教えられ、同時に儒学―朱子学の理解に不可欠な易学と算学の基礎をも学んだ。そして、元服後の十六歳からは、藩内の諸師に就いて儒学・易学・算学、さらには天文学をも研鑽し、もって易学の数理的な理論の全体像を理解し、易学を具体的な問題解決に自在に応用できる実践的な儒学者（朱子学者）として必要な、理論と知識と技法を三位一体で修得したのである。そして成人して後の象山は、易学理論を中核として現実問題に「格物窮理」を躬行実践できる実践的な朱子学者としての大成を期して、さらなる学問探究の道を邁進していくのである。

なお、付言しておくべきことは、象山が天保四年（一八三三）の夏、二十三歳のときに『春秋占筮書補正』という易学関係の書物を著したことである。(65) 同書の原典である『春秋占筮書』（全三巻）という書物は、中国明末清初の儒学者であった毛奇齢（一六二三―一七一六）の著書で、その内容は古代中国の運勢判断の「筮辞《ぜいじ》」（占筮）の事例を集めた「占筮書」であった。

象山の著した『春秋占筮書補正』とは、その『春秋占筮書』に収録された「筮辞」の注釈を吟味して誤謬を補正し、新たな注釈を加えて再編集した書物であった。この仕事は、中国語を原文で読み書きできる豊かな漢学力を備えた象山にして、初めてなし得る学問的な労作であった。

まさに『春秋占筮書補正』は、林家学頭の佐藤一斎に入門する直前における象山の、朱子学を正学とする儒学理解、特にその中核的な理論となっている「格物窮理」や易学理解が、相当程度、高度の次元に到達していた事実を示す作品であったといえる。

この『春秋占筮書補正』の功績の故にか、同年の天保四年十一月、二十三歳の象山は、ついに念願の江戸遊学の許可を与えられる。象山は、松代藩における文学修業での藩費遊学の第一号となったのである。

藩内諸師から受けた朱子学の教育　象山が、儒学に関する専門教育を本格的に受けた最初は、十四歳のときに松代藩の儒者であった竹内錫命（俗称は八十五郎、一七八〇―一八七一）に師事したことである。[66]錫命は、信州更級郡の農家の出身ながら、江戸に出て幕府儒官の古賀侗庵（一七八八―一八四七）に師事して儒学の研鑽に励み、松代藩の儒者にまで出世した刻苦勉励の人である。儒学者である彼の学問は幅広く、「天文及び易道に精しく且つ関流算術に長じ」た朱子学者であった。[67]不思議にも同じ朱子学で象山の学風と重なる錫命から、象山は、さらなる朱子学の専門教育を受け、同時に易学や算学をも学び、総合的な学問の視野から朱子学の理論とその現実問題に対処する実践的な応用能力を修得したのである。

錫命の儒学教育を受けた後、十六歳の象山は、学問的大成をめざして松代藩を代表する儒学の大家である鎌原桐山（貫忠、一七七四―一八五二）に師事する。松代藩随一の学者であった桐山は、早くに象山の非凡な才知を見抜き、松代藩最初の文学研究の遊学生として学都の江戸に送り出し、自らの恩師で親交の深い当代随一の碩学であった林家塾頭の佐藤一斎（一七七二―一八五九）の門に入らしめたのである。

この桐山との出会いは、単なる子弟関係を超えて、象山の学問的人生の支えとなり励みとなった。桐山こそは、天下に名だたる信州の儒学者として、象山を大成させた学徳兼備の名伯楽であった。桐山は、広く深く文武の両道を極め、松代一藩を超えて天下に名立たる日本儒学界の傑物であり、教養豊かな文化人であった。しかも彼は、何と禄高千石という松代藩の御大身で、藩老首座という重職を勤め、第六代藩主の真田幸弘（一七四〇―一八一五）から幸専（一七七〇―一八二八）・幸貫（一七九一―一八五二）と続く、三代にわたる松代藩主の教育係であり政治顧問でもあったのである。[68]

桐山は、江戸後期の日本儒学界を代表する碩学の佐藤一斎とは師弟の契りを結んだ門人ではあるが、両者の関係は師弟関係を超えて深い交友関係で結ばれていた。桐山と一斎との親交は生涯にわたり、一斎は、桐山の没後に建立された墓碑「桐山鎌原翁遺跡碑」の銘文を撰し、その死を深く悼んだ。[69]まさに桐山は、天下に知名の偉大な儒学者であり文化人であり、かつ才徳兼備の政治家でもあった。

その桐山が、藩内子弟のために設けた漢学私塾の「朝陽館」[70]に、十六歳の象山は、桐山門人であった父一学の勧めで入門した。入門するや否や、象山の非凡な才能を見抜いた桐山は、自らが修得してきた儒学経典の読解や漢詩文の創作など、儒学者として必要な学問知識のすべてを象山に伝授した。象山にとって、桐山は生涯の師であった。特に実父の一学が、天保三年（一八三二）に他界した後は、子弟関係を超えた育ての親として、象山の思想と行動を全面的に理解し、彼の活躍を最期まで見守る父性愛の深い人物であった。

その桐山の教育で特に注目すべきは、桐山が信奉し教授する儒学が、父親や恩師の竹内錫命と同様、やはり朱子学であったことである。それ故に、桐山との出会いは、象山の儒学理解の在り方を朱子学に決定づける契機となった。はたして偶然の必然と言うべきか、碩学の桐山との邂逅は、十代半ばの若き象山の学問的人生を、「格物窮理」を躬行実践する朱子学の学徒と化したのである。

桐山の私塾での象山は、多くの門人たちの若きリーダーとして学問探究を率先垂範し、自ら私塾の自主的な学習規則「輪講会則五則」を制定して、昼夜を分かたず学友たちと切磋琢磨した[71]。自主規定の会則には、刻苦勉励に明け暮れる充実した日々の学習生活が時間帯で規定されており、それを厳しく遵守した。すなわち、「六鼓（朝七時）を以て会集」（第一条）し、「凡そ講終は九鼓（午前零時）に及ぶも未だ終らず」（第五条）、その後も「夜六鼓（午後六時）から宵六鼓（午後十二時）過ぎまで、六時間以上にも及んだ。だが、この夜間の自主的な勉学よりも厳しい試練が、桐山師匠による昼間の授業であった。かくして象山たち門人は、四六時中、勉学に没頭し、互いに切磋琢磨する充実の青春を送ったのである。

象山が儒学者として大成するのに必要な儒学・易学・算学・天文学など、修得すべき必須のカリキュラムは、桐山塾入門から五年が過ぎた天保元年、二十歳のときにはすべて修了していた。しかも象山は、同年までに漢詩文を百篇も創作し、これらの作品を編集して「二十歳文稿」と題し、万感こもる謝意を込めて恩師の桐山に献呈したのである(72)。その作品の数々をみるとき、すでにこの時点において、漢詩文の創作を含めた象山の漢学の思索と表現の学力は相当なレベルに達していたことがわかる。

幼少期以来、止むことのなかった象山の壮絶な勉学精励の努力とその弛まぬ向上心は、天保元年、二十歳のときに藩当局の目にとまって表彰され、銀三枚を賞賜された。非凡な象山の学問探究とその実践能力（集中力・忍耐力・持続力の合力ベクトル）は壮絶極まりなく非凡なものであった。このような象山の豊かな天賦の才能の根底を流れる〝目的遂行に向かって全力傾注する不撓不屈の精神力〟は、まさに、何事をも成し遂げられるという金剛不壊《こんごうふえ》の強固な意志力の根源でもあった。そのような自信と自尊に満ち溢れた象山を、他人は「高慢」「驕慢」「自信過剰」「傲岸不遜」などと批判する。だが、事実はそうではなかった。象山の異常なほどの非常さが平凡な他者の批判を招いたのである。また、決断と実行に関しても、何事にも動じない象山の強固な不動心は、早くも幼少期にその片鱗が窺え、桐山塾を卒業して佐藤一斎と出会う前の二十歳の頃には間違いなく形成されていた彼の性格特性であった。父親や桐山をはじめとする藩内諸師の教育を媒介として象山が内在する天分の学問的才能は顕在化し、強固な自我が形成されたのであれる。

天保二年三月、二十一歳を迎えたばかりの象山は、藩当局から顕著な学問の進歩を認められ、お城に出仕することになる。すなわち、同年三月二十三日付で「御近習役」の辞令を拝命し(73)、若殿様（世嗣の幸良）の教育担当に任じられたのである。象山は、文武の両道を修めた若き儒学者として、初めて藩の公職に就くことになる。この人事は、象山が六歳から積み重ねてきた文武両道を基本として天下一等の儒学者をめざしてきた学問技芸の並み外れた卓越性が、藩当局から公認された証しでもあった。

ところが、何と、それから二ヶ月足らず後の同年五月には、象山自身の願いにより近習役を免ぜられるのである(74)。

その理由は、在職中も江戸での学問修業を切望してきた象山の強固な向学心が、藩当局から認められ、念願の江戸遊学の夢が実現することになったからである。

3　活文禅師から学んだ「華音」と「琴曲」

活文禅師から「華音」（中国語）を習得　象山は、いまだ桐山の指導を受けていた天保元年（一八三〇）、二十歳のとき、上田城外の禅宗寺院に鎌原桐山と親交のある禅僧の活文（鳳山、一七七五—一八四五）を訪ねて入門する。六里の山路を馬で往復すること数年間、「華音《かいん》」（中国語の発音、中国語）および琴学（中国古来の七絃琴の演奏技法と琴学理論）を学ぶのである。特に象山がめざしたものは、漢学者に求められる漢詩文の読解や創作に必要な中国語の本格的な語学力を修得することであった[75]。

活文禅師は、象山と同じ松代藩の武家の出身であるが、次男であったが故に十歳で信州小県郡和田村（現在の長野県小県郡長和町）の曹洞宗寺院で剃髪して仏教に帰依し、仏道修行の道に進んだ。寛政十年（一七九八）、二十四歳のときに長崎に行き、当地の禅寺大徳寺の実門禅師に師事して参禅修業を重ね、その旁ら中国人の「陳晴山」および「孟渙九」に師事して、本場の中国語を学び[76]、それを三年間で修得したのである。

その後の活文禅師は、江戸に赴き、今度は伊勢長島藩の第五代藩主で文人画家の長島雪斎（正賢、一七五四—一八一九）に就いて儒学・琴曲・書画を学ぶ。活文禅師は、取り分け儒学の研鑽には強い勉学意欲を持ち、幕府の湯島聖堂の儒官で高名な朱子学者であった柴野栗山（一七三六—一八〇七、寛政の三博士の一人）の門にも入り、本格的に儒学をも修めたのである。

かくして活文禅師は、仏道を極めた上に儒学をも修得した儒仏兼修の禅僧となった。その後の活文禅師は、文政二年（一八一九）に故郷の信州小県郡青木村の龍洞院住職となる。さらに文政七年には、同じ信州小県郡の常田村（現在の上田市）の毘沙門堂に移り、越後の良寛禅師（一七五八―一八三一）を理想像としていた活文禅師は、以後、同地で寺子屋「多聞庵」を開き、近隣住民の子弟教育に尽力した。小県郡庁より長野県への「私塾寺子屋取調べ」（明治十七年〈一八八四〉）には、活文禅師の人と学問につき、次のように報告されている。

僧活門ハ其生所知らず、文政の初郡内（小県郡）上青木邨竜洞禅寺ニ住す。性恬淡嗜好なく禅理に深く、学徒常に参禅ス。又音律に妙にして旁ら唐音に熟す。佐久間象山、松代より日々往反して之を脩む。(77)

その活文禅師が輩出した門人には、象山の他に西洋兵学者の赤松小三郎（一八三一―六七、下曽根信敦・勝海舟の門人、上田藩）や儒学者の高井鴻山（一八〇六―八三、佐藤一斎・梁川星巌・佐久間象山の門人、豪農商の高井家四男）ら、信州を代表する優秀な人材を育成した。

ところで活文禅師の下でともに学んだ学友の高井は、のちに象山門人となり親交を深くした仲で、象山が蟄居放免の後、幕命を受けて上洛するときには、小松左右輔（小松彰、一八四二―八八、松本藩）とともに象山警護のために随従した側近の門人である。(78)

その高井は、佐藤一斎や漢詩人の梁川星巌（一七八九―一八五八）、浮世絵師の葛飾北斎（一七六〇―一八四九）らの教えも受けたが、同じ松代藩の象山を敬愛してやまない篤実な門人で、故郷の信州小布施で天下に高名な文化人として活躍した。

入門時に活文禅師から自著の序文執筆の依頼　象山が活文禅師に師事するのは、禅師が信州常田村の毘沙門堂に移った後のことであった。天保元年（一八三〇）十月、二十歳のときである。(79) このとき活文禅師は五十六歳の晩年で、親子ほども年の差があった。

象山にとって、この儒仏兼学の文人禅僧の活文との出会いは劇的であった。何と、入門直後の象山に、活文禅師が自作文稿三巻をみせて、その序文の執筆を依頼したのである。高名な儒学者である柴野栗山（湯島聖堂儒官）の門人で、儒学にも造詣の深い活文からの願いであるが故に、象山にとっては予想外の出来事であった。だが、象山は、これを快諾し、難なく全漢文の「鳳山禅師文稿序及岩鼻記文稿」を書き上げるのである。その冒頭に、象山は、活文禅師が「華音」（中国語）に精通し、「鼓琴」（琴の演奏）も達者で、その両方の教えを受けたことを、次のように記している(80)。

鳳山禅師（活文禅師）は吾が華音の師なり。（中略）昔は長崎に寓居し清客の陳氏の徒として交わり華音に妙通し、又、鼓琴を善くす。偉人と謂ふべし。（中略）庚寅（天保元年）の冬、師の廬を訪ね奉る。師、文稿三巻を出して啓（象山）に示す(81)。

象山が、「鳳山禅師文稿序及岩鼻記文稿」を執筆したのは、二十歳のときであった。そのとき、すでに象山の漢詩文を創作する漢学力は、儒学にも造詣の深かった活文禅師が序文の執筆を依頼するほどに、相当な学力レベルに到達していたことを物語っている。二十歳を迎えた象山は、活文禅師依頼の序文を含めて漢詩文百篇を創作し、前述のごとく「二十歳文稿」と名づけ、これを生涯の恩師である鎌原桐山に献呈したのである(82)。

象山は、活文禅師に師事して松代から上田までの六里（二四キロ）の道を馬で往復し、数年で中国語を修得した。それは、象山の学問修得にかける強固な意志力と実行力との賜物であった。この若き日に労苦を厭わず漢語学を修得したことは、象山の潜在的な漢学能力（漢詩文の読解力・創作力・表現力）を格段に高め、中国語の堪能な儒学者として、また「書聖」と称される中国書道界の聖人・王羲之（三〇三―三六一）などの書体をも修得した書家として、さらには本家の中国人も認める流麗秀逸な漢詩文を創作できる漢詩人として、象山の名を天下に広く知らしめるところとなった。

生涯の道楽「琴曲」を「格物窮理」して理論化　象山と活文禅師との師弟関係で付言すべきことは、象山が幼少期より儒者の嗜みである音楽を好み、琴を唯一の楽しみとして修練に励んでいたことである。その象山が、活文禅師から中国語とともに中国伝来の「琴操」（琴の演奏技術とその歴史や理論）をも学んだのである。[83] 本来、琴の演奏は、孔子など中国古代の文人たちが嗜んだ道楽「琴・棋・書・画」の筆頭にあげられる高尚な余技であり、まさに「道楽」であった。以来、「琴楽」は、中国古代における士大夫の六種の教養「六芸」（「礼（礼儀）」「楽（音楽）」「射（弓術）」「御（馬術）」「書（書道）」「数（算数）」）の一科（「楽」）として正式に位置づけられ、[84] これが日本に伝来し平安貴族の教養として広まったものである。

幼少時より易学を学び、儒学者としての大成を期した象山は、同時に天地自然の音楽の表現として中国伝来の琴の演奏を唯一の道楽とし、その演奏法を活文禅師より学んだ。その象山は、天保四年十一月、初めて江戸に遊学して林家学頭・佐藤一斎の門に入り、本格的に学問研鑽に向かう。が、その翌年、好きな琴曲についても、何とか秘伝を伝授されるまでに上達したいとの強い願望を抱き、恩師の活文禅師と琴楽で同門の旗本・仁木三岳（一七七九―一八三九）に入門することになる。仁木に入門した当時の心境を、象山は次のように記している。

秋以来琴師を求得、時々往来仕候。師は大朝麾下《きか》（将軍直属の家来―旗本）の致仕人にて仁木三岳と申人に御座候。（中略）活文師と同師にて倶に児玉空空と申人の門人の由、甚奇縁に御座候。此老、小生の志篤に感じ何卒皆伝致度と申事にて来春は大抵其訣《けつ》（秘訣―免許皆伝）を受け申すべく候。[85]

江戸の琴曲の世界の大家である仁木に師事して琴曲を学んだ象山は、三年間で三十余曲の演奏ができるほどに、たしかな演奏技術を修得した。松代藩遊学生としての期限がきて信州に帰郷することになった天保七年、三年間の修業を終えた象山は、恩師の仁木より念願の琴曲の免許皆伝「秘譜」（古琴の楽譜）の伝授を受けるに至った。[86]

その後の象山は、琴曲を単に楽しむだけの演奏技術レベルから発展させて、琴曲の「格物窮理」、すなわち理論的な体系性を有する「琴学」（中国古来の七弦琴の音楽を体系化した学問）にまで高めようと熱心に調査研究を重ねた。その研究の成果が、「琴録序」「琴録後序」「琴賦」「琴記」「三岳仁木先生碑」など、琴曲に関する幾多の漢詩文に遺さ

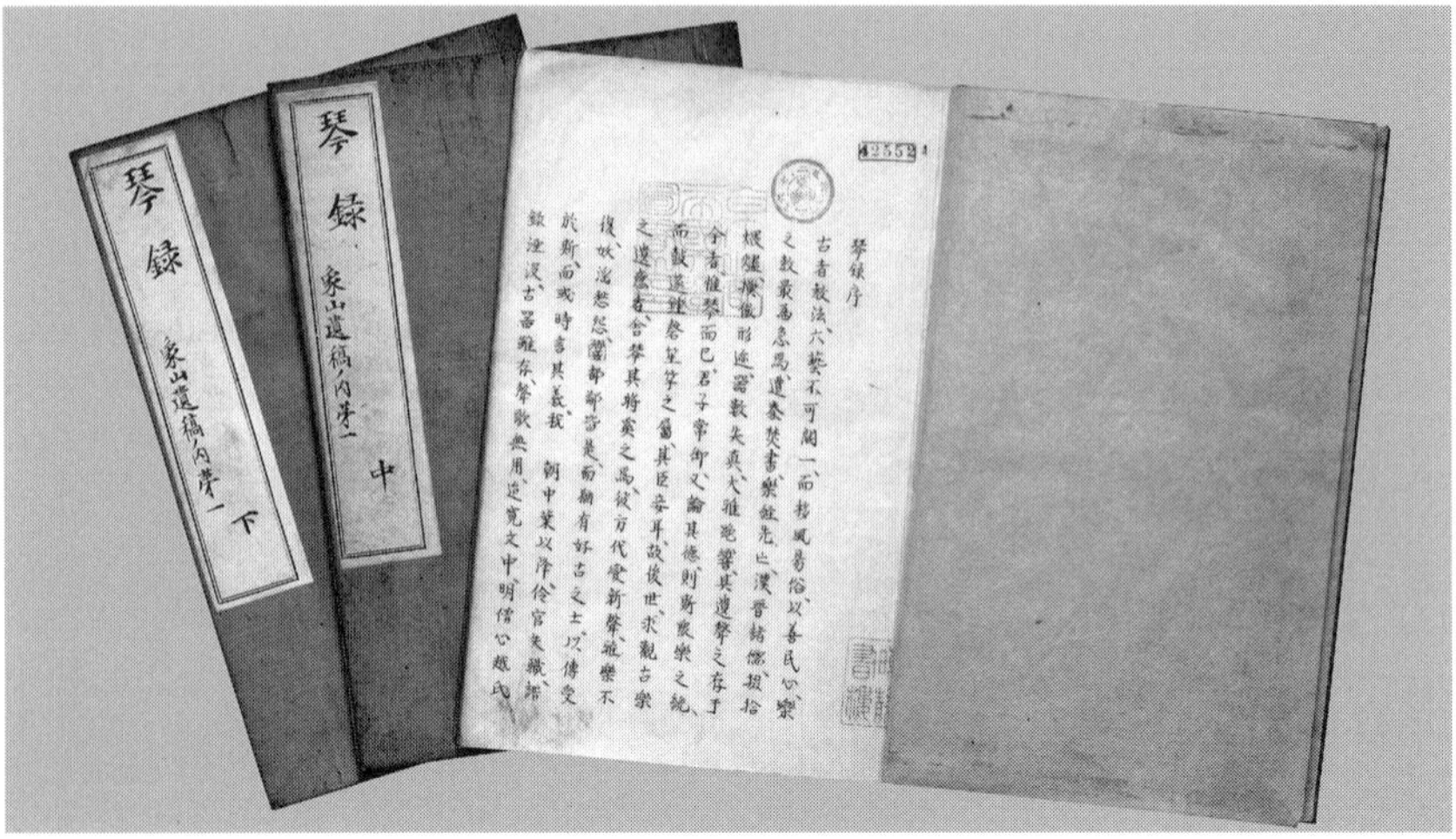

図７　象山著『琴　録』（京都大学附属図書館所蔵，真田宝物館画像提供）

れている。

だが、象山の「琴学」に関する代表的な研究成果は、何と言っても最初の江戸遊学から松代に帰郷した天保九年十一月、琴に関する中国古典を幅広く渉猟して琴に関する諸説を校訂し、十篇三冊の大著にまとめた『琴録』という琴学史料集を編纂したことである(87)。

朱子学者としての大成を期して刻苦勉励の日々を送っていた二十代半ばの象山は、意外にも琴の免許を伝授された玄人の演奏家であり、琴の歴史と理論に精通した音楽の専門家でもあった。象山は、自分が感心を抱いて取り組んだ課題に対しては、何事も徹底的に調査研究し、本質を究めようとする「格物窮理」の一途な実践者であった。それ故、琴曲に関しても、自ら七絃琴を製作して演奏するほどに琴の演奏技術を高め、同時に琴譜を蒐集校訂して琴曲を理論的に体系化するなど、神妙な音色を響かせる琴の演奏を心から愛でたのである。

なお、象山は、自らの「楽」の嗜みとして琴を演奏し、その歴史と理論を研究すると同時に、琴の門人も受け入れて指導した。代表的な門人の一人が、「北沢伊勢子」（一八一七―八六、門人北沢正誠の母）である。彼女は、幕末明治の激動の時代を生きた賢婦と讃えられた女性であった(88)。

象山は、郷里の信州松代に蟄居を強いられていたとき、当時の日本の箏曲界が新流派の誕生で混乱し俗化する状況にあることを憂慮し、箏曲界の革新を願って伊勢子に新しい謡曲を作譜させた。象山の謡曲界の改革に向けた強い意志を受け継いだ彼女は、象山没後の明治十七年（一八八四）、新謡曲をもって東海十余県を吟行して、多数の箏曲作品を遺し、恩師象山への報恩感謝をはたしたのである。

二　江戸遊学期における思想基盤の確立

1　江戸遊学を契機とした独自の朱子学理解

恩師・佐藤一斎を否定的媒介とした独自の朱子学理解　天保三年（一八三二）八月、象山二十二歳のとき、父親で文武両道の恩師であった一学（神渓佐久間国善）が病没する。享年七十七。法号は「蒼龍院淡水日映居士」。敬愛してやまない父親の死の悲しみを乗り越えて、翌年の天保四年十一月、象山は、信州松代一藩から天下の学都である江戸の学術世界に羽ばたくときが到来する。待ち望んだ江戸遊学の実現である。学都の江戸への遊学は、象山の人間的かつ学問的な自立への第一歩となった。

江戸遊学へ出立する直前の天保四年の夏、象山は、中国清代の儒学者・毛奇齢《もうきれい》（一六二三―一七一六）の『春秋』（儒学教典「五経」の内の一書）の易学に関する漢書の研究書『春秋占筮書』の疑問点を発見し、これを補正した処女作『春秋占筮補正《しゅんじゅうせんぜいほせい》』（『春秋』の「占筮」に関する注釈書）を著す。この時、象山は二十三歳であった。同書は、この時点における象山の易学に関する知識と学力が、中国古典の易学書を補正できるほどに高度なレベルにまで達していたことを窺わせる作品である。

そして同年の十一月、象山は、念願の江戸へ学問修業に旅立つ。文学修業では、松代藩で最初の公費遊学生であった。江戸に到着した象山は、直ちに林羅山（一五八三―一六五七）を開祖とする儒学の本山とも言うべき林家私塾（当時の塾主は幕府第八代大学頭の林述斎）の塾頭を務める佐藤一斎（一七七二―一八五九）に入門する。一斎は、象山が松代で儒学の基礎教育を受けた藩老・鎌原桐山の恩師であり、両者は肝胆相照らす仲であった[(89)]。天下一等の大儒である一斎への象山の入門は、恩師であり父親代わりでもある桐山の紹介によるものであった。

象山が入門したとき、一斎は六十二歳、幕府儒官（昌平坂学問所の総長）に就任する八年前のことであった。彼は、すでに三年前の天保元年に、代表作『言志四録』（全四冊）の第一作目の『言志録』を刊行し、儒学界で大きな反響を呼び、象山の入門当時は続編の『言志後録』を執筆中であった。一斎が後半生の四十余年の歳月を傾注して執筆した代表作の『言志四録』は、次の四書を合わせた総称で、全一一三三条の箇条書きからなる漢文の名言集である[(90)]。

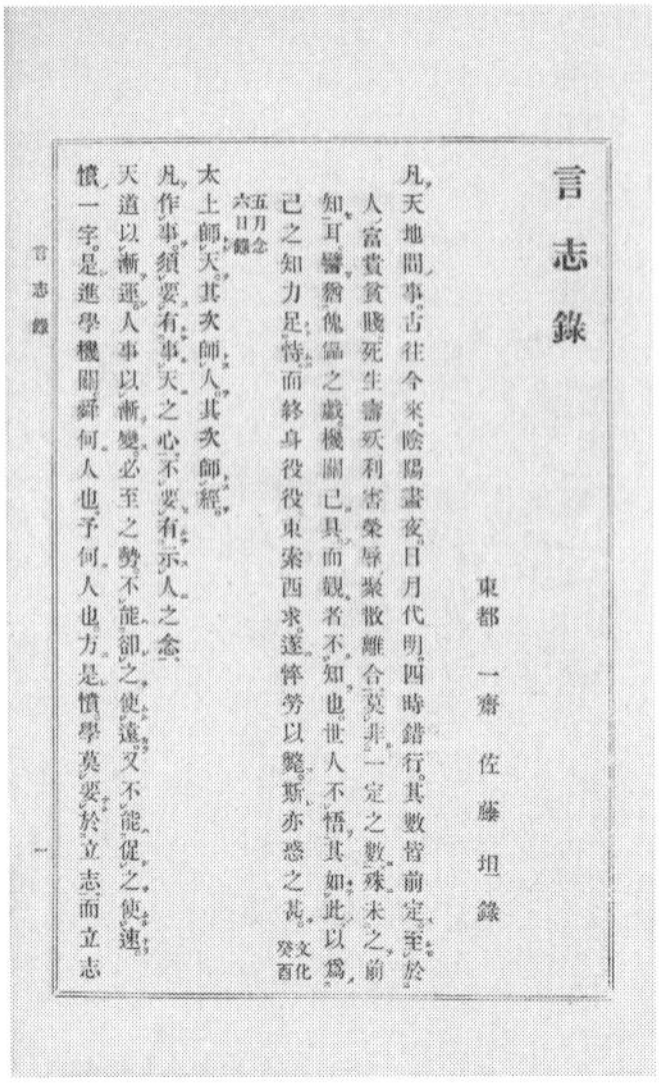
言志錄

東都　一齋　佐藤　坦　錄

凡天地間事。古往今來。陰陽晝夜。日月代明。四時錯行。其數皆前定。至於人富貴貧賤。死生壽殀。利害榮辱。聚散離合。莫非一定之數。殊未之前知耳。譬猶傀儡之戲。機關已具。而觀者不知也。世人不悟其如此。以爲己之知力足恃。而終身役役。東索西求。遂悴勞以斃。斯亦惑之甚。文化癸酉

太上師天。其次師人。其次師經。五月念六日錄

凡作事。須要有事天之心。不要有示人之念。

天道以漸運。人事以漸變。必至之勢。不能卻之使遠。又不能促之使速。

憤一字。是進學機關。舜何人也。予何人也。方是憤。學莫要於立志。而立志

言志錄　一

図８　佐藤一斎著『言志四録』（著者所蔵）

①『言　志　録』（全二四六条、四十二―五十三歳、一八一三―二四年に執筆）
②『言志後録』（全二五五条、五十七―六十七歳、一八二八―三八年に執筆）

③『言志晩録』（全二九二条、六十七―七十八歳、一八三八―四九年に執筆）
④『言志耋《てつ》録』（全三四〇条、八十―八十三歳、一八五一―五三年に執筆）

まさに、一斎が半生をかけた渾身の作品である『言志四録』は、日本の『論語』と呼ぶに値する簡潔流麗な漢文で書かれた絶品である。幕末期の同時代人はもちろん、明治維新以降も現代に至るまで、日本人に広く読み継がれてきた名著で、日本人の生き方に多大な影響を与えてきた。特に西郷隆盛（南洲、一八二八―七七）は、同書の中から一〇一ヶ条を抄出して編集し、自らの座右の銘とした。それが『西郷南洲遺訓』である。(91)

幕末期日本の儒学界を代表する碩学の一斎は、八十八年にわたる学究一筋の人生を生き抜き、多くの著書とともに数多の優秀な門人を輩出した。俗に「佐藤一斎門人は三千人」といわれる。(92)代表的な門人には、前述の松代藩の鎌原桐山を筆頭に、幕末維新期の学問思想の世界で活躍する安積艮斎（一七九一―一八六〇）、渡辺崋山（一七九三―一八四一）、山田方谷（一八〇五―七七）、横井小楠（一八〇九―六九）、奥宮慥斎（一八一一―七七、幕末土佐藩の儒学者、藩校教授）、池田草庵（一八一三―七八、幕末期の儒学者、但馬聖人）、大橋訥菴（一八一六―六二、幕末の尊皇攘夷論者、長沼流兵学者・清水赤城の四男）、中村正直（一八三二―九一、幕府同心の長男）ら、錚々たる人物がおり、枚挙に暇がない。(93)

名だたる門人の中でも、ひときわ異彩を放ったのが佐久間象山である。彼は、若くして学問への自我に目覚め、大志を抱いて天下一等の学者を志す意志強固な青年学徒であった。その象山が、学者として学問・人格ともに円熟した絶頂期の一斎と出会うのは、二十三歳のときである。入門直後の象山は、天下の碩学である一斎に対して、少しも臆することなく、一斎の陽明学に偏した学問を論駁し、果敢に論戦を挑んだのである。(94)

そのような恩師に対する傲岸不遜な象山の態度は、決して許されるものではなく、破門になっても致し方のない無礼な振る舞いであったかも知れない。しかし、温厚篤実な人格者であった老齢の一斎は、親子ほども年の差のある前途有望な鬼才の象山を、広い度量をもって抱擁し、心から愛育したのである。大志を抱いて異常なまでの向学心に燃える象山にとって、佐藤一斎という天下の名伯楽に邂逅できたことは非常な幸運であった。

この一斎の私塾にあるとき、象山の性格や学問を象徴する有名な出来事があった。象山が入門した年に、陽明学者で大坂町奉行所の与力を勤める大塩中斎（平八郎、一七九三―一八三七）が、自己の学問思想を端的に表現した『洗心洞箚記』（上下二冊）という著書を著した。大坂町奉行組与力（旗本）で陽明学者の大塩は、天保元年（一八三〇）に奉行所を辞職して隠居し、独学で儒学―陽明学の研究に専念し、その傍ら私塾「洗心洞」を開いて地元子弟の教育に当たっていた。そして天保四年には自己の儒学研究の成果を『洗心洞箚記』という著書にまとめ、同六年に刊行した。同書は、「箚記」（読書録・随想録）という形式を取ってはいるが、内容は独学で研究した陽明学に関する大塩自身の主体的な儒学の解釈（思想）を叙述した哲学書であった。

同書を刊行して二年後、象山が一斎に師事してから四年後の天保八年二月、大塩は、天保飢饉による窮民救済を掲げて門人や民衆たちとともに武装蜂起し、大坂町奉行の諸役人と特権豪商とを誅伐して、彼らが隠匿する米穀・金銭を窮民救済に当てようとした。だが、反乱は半日で大坂町奉行所側に鎮圧され、大塩は自決した。いわゆる「大塩平八郎の乱」である。

大塩の陽明学に関する学問思想の結晶ともいうべき著書『洗心洞箚記』は、長州藩の吉田松陰や薩摩藩の西郷隆盛ら幕末維新の志士たちに大きな思想的影響を与えた。刊行後、百七十余年が過ぎた現在の日本社会で、なおも同書は多くの日本人に読み継がれ、日本人の生き方（精神形成）に大きな影響を与え続けている名著である。(95)

ところで、大塩は、独学で刻苦勉励した長年の学問研究の成果をまとめた同書を、書簡での交流はあったが、まったく面識のなかった佐藤一斎に真っ先に恵送し、批評を仰いだ。(96)大塩にとって、日本の儒学界を代表する碩学の一斎は、最も敬仰する学者であったからである。

しかし、これに対して一斎は、朱子学を正学とする幕府を意識してか、大塩の送ってきた著書『洗心洞箚記』に対する礼状の中で、作品そのものに対する論評は避け、朱子学を説くべき自分自身の学問的な立場や役割を弁明して、次のように述べている。

姚江《とうこう》（王陽明のこと）の書、元より読候共、只自己の箴砭《しんぺん》（訓戒）に致し候のみにて、都《すべ》ての教授は並の宋説（朱子学）計《ばかり》にて候。殊に林家家学も之れ有り候へば、其碍《さまたげ》にも相成り、人の疑惑を生じ候事故、余り別説も唱へ申さず候。[97]

一斎は、個人的な自重自戒のために陽明学の書物を読むが、幕府の昌平坂学問所や林家私塾で教授する場合は、すべて朱子学を講じていると弁明し、朱子学を正学とする幕府儒官という公的立場を意識してか、大塩の著書に対しては、一切、論評を加えなかった。

だが、朱子学者としての大成を期して学問探求に精進していた象山は、大坂で物価高騰による貧民の飢饉救済を求めて門人たちと武装蜂起した「大塩の乱」を、「姚学」（「陸王之学」）すなわち陽明学の思想的な弊害と断じて厳しく批判したのである。[98]

実は、象山の大塩批判には、根拠となる自らの実体験があったのである。すなわち、象山もまた、大塩の乱が起きる前年の天保七年、松代藩における物価高騰による貧民救済の問題に直面した。この天保飢饉の重大事に遭遇した象山は、藩当局を説得して藩倉（御蔵所）を開放させるとともに、藩出入りの豪商・八田嘉右衛門に金穀を藩に献納させ、困窮する領民に米塩などの緊急物資を配給して、飢餓から領民を救済したのである。[99]このように、象山には、武力に訴えず、合理的な仕方で平和裏に困窮する領民を救済したと自負する実体験があったのである。[100]

さらに、この大塩の乱を機に、象山は、風俗頽廃の著しい松代藩に、朱子学を基本とした学政改革を徹底して風俗矯正や人材育成を図る藩政改革の断行を訴え、「風俗を正し賢人を生育候には学政を張り儒術を学び道芸を講明し義理を習熟致すの外御座有間敷候」と説き、藩老宛に「学政意見書」を上書した。[101]

象山は、早くから『孫子』の兵法を学び、「百戦百勝は、善の善なる者に非るなり。戦わずして人の兵を屈するは、善の善なる者なり」（『孫子』の「謀攻篇」）を座右の銘とし、生涯、平和的解決を兵学の「上策」と固く信じて生きた。それ故に、象山は、学問上では激しい言論戦を展開するが、東西両洋の兵学を学んだ兵学者であるが故に、人生上のいかなる場合においても、武力による問題解決は「下策」として否定し厳しく戒めたのである。

ところで、幕府は、寛政二年（一七九〇）に官立学校の昌平坂学問所に対して、朱子学以外の学問を講義することを禁じた。いわゆる「寛政異学の禁」である。同じ孔孟の教えである儒教とはいっても、経典の解釈や意味づけをめぐって様々な学統学派に分かれていた。中でも「性即理」「先知後行」「格物致知」（「格物窮理」）を基本原理とする朱子学は、「修身斉家治国平天下」（『大学』）という平和社会の実現をめざし、徹底して主観を排した合理的な秩序形成の重要性を説く学派であった。それ故に、「情」に忠実な陽明学が「主観的唯心論」と評されるのに対して、「理」を基本とする朱子学は「客観的唯心論」と称されるのである(102)。

その朱子学を、幕府は、寛政二年五月、昌平坂学問所における「正統の学問」（正学）と定めたのである。老中・松平定信（一七五九―一八二九、第八代将軍徳川吉宗の次子。象山の最大の庇護者であった松代藩第八代藩主・真田幸貫の実父）が寛政改革の一貫として行なった学問の統制、いわゆる「寛政異学の禁」である。

幕府が正統とした朱子学からみて、異端の学問とされる儒教の諸学派の中でも、とりわけ人間の心の内面から湧き起こる自然な情念を尊重して、「心（情）即理」「知行合一」を説く行動主義の陽明学（中国の王陽明が開祖）は、「大塩の乱」にみられるごとく、為政者側からみれば武力解決をも辞さない危険な革命思想とみなされたのである。

権力側から正統と異端とに仕分けされた江戸時代後期の学問状況の中で、幕府側にあって正学たる朱子学を教授すべき一斎は、表（官立学校の昌平坂学問所）では朱子学を教え、裏（自宅の私塾）では陽明学を説く、いわゆる「陽朱陰王」の学者と批判されたのである。だが、一斎自身は、「孔門の学は専ら躬行するに在り(103)」と喝破して、泰然自若、学者としての矜恃もって世間の風評を意に介さなかった。

ところで、象山は、二十四歳にして最初の江戸遊学が叶い、念願であった天下の碩学・佐藤一斎と出会うことができた。この時点で、象山は、すでに自己の躬行実践すべき学問を、「格物窮理」を中核とする朱子学と定め、自分自身の思想的な拠り所とする学問的な主体性を、朱子学をもって形成していたのである。それ故に象山は、一斎の下では、彼の漢詩文に関する卓越した文章能力には深く敬服して真摯に学び取ろうとした。が、若気の至りというべきか、不遜にも、「文章詩賦は学ぶけれども経学の教授は受けない[104]」と公言して憚らず、経書（儒学の基本経典の「四書五経」）の講義には出席しなかった。このような自己の学問の正統性に対する象山の絶対的な自負心は、終生、ぶれることはなく、結果として他人からは人間としての円満さを欠く傲岸不遜な性格とみられ、厳しい批判や中傷を受けるところとなったのである。

だが、象山の自信過剰で傲岸不遜と批判される態度は、自己の学問思想に関する彼自身の信念の純粋性の発露であり、少年のような妥協を許さない徹底した正義感や潔癖性の表れであった。したがって、象山は、相手がどう思うかという他者の目は気にせず、逆にどのように思われても慌てふためくことはなかった。それほどまでに、彼の思想的な主体性は強固なものであった。

慈父のような恩師の一斎が、安政六年（一八五九）九月に他界したとき、象山は門人・吉田松陰の海外密航事件に連座して信州松代に蟄居中であった。だが、象山は、学恩ある恩師の一斎を偲んで「題一斎先生遺墨」という漢文をものにして哀悼の意を表した。そこには、入門当初から一斎先生の愛情溢れる指導を受けて、文章作法の壁が破れて成長できたことに対する深い感謝の念が記されている。だが、その後段では、一斎先生が陽明学を主張して、「格物窮理」の朱子学を躬行実践して洋学をも取り込もうとする象山独自の学問とは相容れなかった様子が、次のように明記されている。

余少時一斎先生に師事す。門牆《もんしよう》（門や垣根）を灑掃《さいそう》（水をかけ箒で掃く）こと両歳。頗る愛育を承わる。嘗て作文の訣を聞き、余言下に釈然とす。是より平地の路を得たるが如し。（中略）但し先生は王学（陽明学）を主張し窮理（朱子学）を好まず。余則ち専ら程朱の規を承り、以て天地万物の理を極め、斯学の旗手となす。漢人の未だ窺い知らざる所、則ち欧羅巴の説（洋学）を以て之を補う。是則ち先生と異ならざること能ざる所以なり。(105)

恩師一斎から『言志後録』の草稿の推敲依頼　ところで、一斎は、すでに「言志四録」の第一冊目の『言志録』を文政七年（一八二四）に刊行し、象山が最初の江戸遊学で一斎に入門した天保四年（一八三三）の当時は、第二冊目の『言志後録』の草稿を書き上げ、その推敲の段階に入っていた。だが、驚くことなかれ、一斎は、入門して間もない二十四歳という若輩の象山に、その博学多識な漢学力を見込んで、何と『言志後録』の草稿の推敲（論評）を命じ、腹蔵なき意見を求めたのである（「言志後禄御浄写に相成候て拝見仰付且存寄るも御座候はゞ腹蔵無く申上るべき旨仰を蒙り(106)」）。

　大役を仰せつかった象山は、『言志後録』の浄書を幾度も精読して、Ａ４判の活版組みで表裏四二頁にわたる大部な浄稿に、各頁ごとに様々な問題点を仔細に指摘して明記し、また自らが躬行実践する「格物窮理」をもっぱらとする正統な朱子学の理論と表現とに照らし合わせて、容赦のない批判を加えて徹底的に校閲し、その結果を忌憚のない長文の報告書「一斎先生言志後録に付存念申述候案(107)」にまとめ、恩師に提出したのである。

　一体、象山は、何故に恩師の浄稿を遠慮なく批判し、数々の文章表現の修正を迫ったのか。それは、象山が、下記のように報告書の最初に記している文章から理解できる。同書は、いったん、刊行されれば、多くの人々に読まれ、後世にも読み継がれ、中国など関係各国へも紹介される著書となるのである。それ故に、何としても偉大な日本の儒学者である恩師の学問的な威信を守らなければならない。この強い思いが、学問上では批判はするが、恩師として敬仰してやまない一斎に対する象山の絶対的な報恩感謝の念の成せる技であった。

浅学の拙者底《てい》、兎角申上候は慮外千万に御座候得ども、礼にも隠無く犯無きは無犯は師に事《つか》ふるの道、共に之れ有り又先生の御道学御文章当時天下の山斗《さんと》（人々から尊敬されている権威者、泰斗）に為入らせられ候ば、御言行とも衆人の則を取り候所に御座候。（中略）今度御著述御座候類は、当時本邦に行はれ候のみに之れ無く、後世へも伝り、且外国へ流伝も仕り申すべく候へば、御精錬御座候仕度存じ奉り候に付、聊にても愚意御座候場所をば韜《かくさ》ず申上候。尚又御門下の高足へも御示し銘々の存寄をも夫々御聞届の上、尚再三再四御聖量御座候て、其上にも御行ひ成され候様仕度、畢竟右の存念にて申上候。(108)

いまだ若輩で入門したばかりの象山が、上述の「一斎先生言志後録に付存念申述候案」に示した遠慮のない一斎の学問に対する厳しい批判は、一見すると象山の傲岸不遜な性格の表れと批判されるかも知れない。だが、その本文を象山自身の人間性の内面から読んで理解すると、それは単なる恩師一斎先生を批判するものではなかった。そのことを、実学思想研究者で『佐久間象山』の著者でもある源了圓は、実に見事に読み解き、次のように記している。

老大家佐藤一斎に対する数え年二十四歳の象山の対決の書である。全文、師に対する礼を失しないよう細やかな配慮がなされ、そして考えこそ違え、象山は師に対する尊敬の気持ちを失っていないことが充分くみとれるが、考えの違う点についてはなんの妥協・遠慮もなしに率直に象山の考えが述べられ、しかもそれが師弟の関係の断絶となっていないところに、一斎の人間的な大きさが感じられる。(109)

この後、幾度も推敲を重ねた一斎の『言志後録』は、嘉永三年（一八五〇）に、第三冊目の『言志晩録』と同時に刊行された。そして最後の『言志耋《てつ》録』は、一斎が五十七歳（一八二八年）から六十七歳（一八三八年）までの十年間を費やして書き上げた、全二五五条からなる平易な漢文の語録である。象山が推敲した分を含めて全四冊からなる「言志四録」（全一一三三条）は、一斎が四十二歳から八十二歳に至る約四十年の間に、一字一句も見逃さずに、推敲に推敲を重ねて書き上げた代表作であり、日本の『論語』と評して余りある流麗な文体と深遠な思想の名作である。

それにしても、いまだ二十四歳の象山が、一斎の「言志四録」の第二冊目『言志後録』の刊行に深く関わっていたことは、これまでの先行研究ではまったく触れられず、大変な驚きであった。最初の江戸遊学中の二年目の象山に、恩師で天下の大儒である一斎が、自分の代表作の推敲を委ねたということは、二十四歳の時点での象山が、すでに相当な漢学の実力を身に付けていた証しである。象山は、入門当初から陽明学に傾倒している一斎の真意を見抜いて論駁し、恩師に対する忌憚のない批判を通して自身の信奉する朱子学、それも「格物窮理」を中核とする朱子学の正統性に対する独自の信頼性を深めていったのである。

まさに「東洋道徳・西洋芸術」思想の形成に至る象山の壮絶な学究的人生は、恩師である一斎と邂逅して、本音で天下の大儒に儒学の正統性に関する論争を挑み、やがて一斎を否定して自らの信じる学問の道に自立する軌跡でもあった。まさしく象山は、天下の大儒である佐藤一斎を否定的媒介として、「格物窮理」の学問としての独自の朱子学理解を躬行実践していったのである。後に黒船が来航する嘉永年間になると、朱子学者として大成した象山は、さらにオランダ語を習得して自ら蘭語原書で西洋知識を吸収できる洋儒兼学の学者となって西洋の学問の本質をみぬき、やがては東西両洋の学問を統合した「東洋道徳・西洋芸術」という思想世界に到達することになる。

恩師一斎は『愛日楼文詩』「続編」に収録する作品選定も象山に依頼　さらに象山は、その後の黒船が来航する嘉永六年（一八五三）五月、佐藤一斎から、今度は詩文集『愛日楼文詩』の「続編」に収録する作品の選定を依頼される。最初の『愛日楼文詩』は、文政十二年（一八二九）、五十八歳のときに刊行されていたが、今度はその後の詩文を選定して「続編」を刊行することになったのである。[110] 当時の象山は、江戸木挽町の西洋砲術・西洋兵学を主体とする私塾が頗る盛況で、全国から入門者が殺到していた。当時の象山にとって、何よりも重大なことは、黒船来航による日米和親条約の締結内容であった。松代藩は、日米交渉の応接所となった横浜を護衛する藩兵隊を派遣し、象山は軍議役（指揮官）に任じられた。特に象山が条約締結で問題としたのは、下田開港が非であることであった。江戸防衛の軍事的な地政学上で下田は攻守両面でまったく不利な地であり、また開国後の貿易や学術文化の交流面でも、大消費地の江戸に隣接する横浜を開港すべしと説き、東奔西走の多忙な時期であった。

そのような国事多難なときに、象山は、恩師一斎の詩文集の作品選定を依頼されたのである。学問的には対立したが、生涯にわたり象山の恩師一斎に対する学恩は深く、一斎の方もまた師弟関係を超えて慈父的な存在であった。それ故に、象山は、当代一流の文人（儒者）と天下に仰がれる恩師一斎の名誉にかけて、作品選定を遠慮なく進め、選定した作品にも少なからず加筆や削除の訂正を加えた。そのような象山の厳しい作品選定の結果に、一斎は多いに参考になったと悦んだと、象山自身が次のように記している。

一斎先生の人選に預り候て先達て中愛日桜文詩続編の選定を仕候が、彼先生など近来稀の文人にて候所、議すべき所少なからず、大分愚意申候事御座候。先生にも、大に益を得候とて悦ばれ候。(111)

江戸に朱子学の私塾を開き儒学界に登場

象山は、アヘン戦争（一八四〇—四二）を契機として積極的に西洋情報の収集分析に努め、偏見を排して洋学に対する理解を深めていき、さらには蘭語の修得による原書の解読に挑んでいく。だが、それに先立つ天保六年（一八三五）十二月、弱冠二十五歳のときに、彼は松代藩の御城付月並講釈助（藩儒者、毎月二回、城内で儒教教典の講義を担当する正規の役職）に任じられる。当時の松代藩の学問所頭取は、同じ佐藤一斎門下の大先輩に当たる朱子学者の林単山（丈左衛門、一七六六—一八三六）であった。単山が儒員に任用されるまでの松代藩の儒学は、「古学」（解釈書によらずに儒教の経典を直接、読んで実証的に研究する学派、山鹿素行の「聖学」、伊藤仁斎の「古義学」、荻生徂徠の「古文辞学」など、朱子学を否定する学派の総称）であった。だが、「単山出づるに及び一藩皆朱子学を学ぶに至れるが如きは特筆大書すべきこと」(112)と評価される。その単山を象山は尊敬し、単山もまた象山の非凡な才能を認め、何かと面倒をみてくれた。文化三年（一八〇六）以来、単山は、松代藩の学問文化の向上に努めてきたが、天保六年、病床に臥し、翌七年四月に他界する、享年七十一であった。この単山の後継者として同年十二月に任用されたのが象山であった。

だが、藩儒である御城付月並講釈助という役職を拝命した二十代半ばの象山は、天下一等の学者（朱子学者）をめざして再度の江戸遊学を切望し、藩庁や関係筋に幾度も嘆願し続けた。やっと念願が叶い、四年後の天保十年二月、ついに再度の江戸遊学が認められたのである。

ところで、近世までの日本社会における学術技芸の修業の一般的な形態であった遊学とは、藩や郷里を離れて、日本国内の他所の土地に行って学問修業をすることを意味した。その最大の特徴は、学びの場所・内容・師匠を固定せず、どこで、誰に、何をどの程度まで学ぶかは、すべて学習者自身に決定権が委ねられていた、という学習者主体の教育世界であった。明治以来の学びの対象と場所と教師を固定化した近代的な学校制度、そして海外留学や内地留学の制度とはまったく異なる自由な学びの慣行であった。

数えで三十歳（而立）を迎えようとする前年の象山は、再度の遊学で江戸へ到着した後は、一斎の他に師事するに値する都下の学者を探し求めた[113]。だが、もはや学都の江戸には教えを請うべき学者は見当たらず、「此度出都以来も、正学再興の為め、所を嫌はず聞入さて相尋ね見候所、都下広しと雖も屈服致すべき人も今以見当り申さず候[114]」との結論に至る。もはや江戸には師事して教えを請うべき学者はいない。そのような象山の判断と表現は、決して傲慢不遜の故ではなく、朱子学者として社会改革・藩政改革を一身に担おうと決意する象山自身の正直な心中の吐露であった。だが、言葉や文章から人間の内面や人格を判断する他人からみれば、やはり傲慢不遜と人格攻撃を受けても致し方のない言動ではあった。しかし、象山にしてみれば、真実、師事すべき良師とは出会えず、もはや外に師匠を求めずとの決断に至るのである。その心境を、象山は次のように弁解し自戒している。

朝暮自省仕り自己の勝るに及ばざるの義をも能く承知仕り候得共、外に其人之れ無く候節は、孟子謂ふ所の彼も一時是も一時と存じ奉り候。（中略）既に謙虚を失し候と命を蒙り候得ば、一言も御座無く候[115]。

だが、上記の引用文の表現は、彼自身、他人から傲慢不遜との批判を浴びることを十分に想定した上で、何よりも自己自身の学究的人生を誠実に生きようとする強固な意志をもって、胸中に湧き出ずる少年のような心意気を素直に自己表現したに過ぎなかった。自己自身に対しては微塵も自己欺瞞のない自愛に徹した象山の誠実な人間性は、生涯、変わることはなかった。だが、皮肉にも、そのような自愛と自尊に満ちた彼の性格が、ことさらに他人からの誤解と中傷を浴びる要因となったことも否定できない。

しかしながら、象山は、故郷信州における数多くの門人たち、そして当代一流の学者文化人、さらには公家・将軍・大名に至るまでの、身分や地域を超えた幅広い同時代の人々と関わるなど、多種多様な人脈のネットワークを築き上げ、波乱の生涯を生きたのである。たしかに、象山は、一部の人々からは、自信過剰な自説の主張に対して批判や中傷を受けはした。だが、それは、あくまでも象山自身が形成した朱子学を基本とする学問に関する絶対的な自信の表現であった。圧倒的に多数の人々は、象山の礼儀正しさ、学問探究に注ぐ一途な研究心、非凡な能力と積極果敢な利他的行動、人間関係を大切にし音信を絶やさぬ誠実な人柄、他者への強い信頼と深い愛情、等々、いったん、人間象山の実像を理解した人々は、深い親交を結んで、生涯、象山の理解者、支援者となったのである。

叙上の事実は、『象山全集』（全五巻の内の第三、四、五巻）に収録された千二百九十余通の書簡を読めば納得できる。(116)とりわけ、漢学・洋学・西洋砲術・西洋兵学・西洋医学・剣槍術の武道その他の各分野で、象山から指導を受けた数多の門人たちの場合は、心底、恩師象山に対する敬慕と信頼の念が強かった。そして、明治以降に生き残って日本近代化の推進を担った多くの門人たちは、象山の深い教育愛に対する報恩感謝の念をもって、象山の法事や顕彰の活動、著書や漢詩集の編纂・出版の活動などに関わり、生涯、恩師の象山を偲んで報恩感謝の人生を生きたのである。(117)

幕末動乱という非常の時代を非常の人として、非常の使命を担って生きた象山。まさに永遠で絶対的な天と誠実に対峙して「天人合一」の人生を生きた象山。天才に特有の彼の変人奇人的な側面を拡大誇張して捉え、生理的な次元での嫌悪感をもって異常な程に象山を非難・中傷する研究者もいた。象山の人格までも否定する論考を学術書に発表し、象山の人間性の異常さや変人奇人ぶりを広く日本社会に伝播させたのは、昭和戦後に幕末史研究を担った歴史学者の一部であった(118)。

幼少期より江戸遊学に至るまでの二十余年間、象山は、父親や松代藩内の諸師に就いて諸学（算学・易学・朱子学・武士道）を貪欲に学び取り、後の「東洋道徳・西洋芸術」という幕末期のワールドワイドな思想構築の基盤を、良師による他者教育（父親や教師などの他者による受動的教育）によって形成した。だが、成人の後は、学びの姿勢を他者教育から自己教育（自己が自己実現を期して自己を教育する自発能動の教育）に転換し、主体的な自学自習・自問自答による自己研鑽の歳月を送った。学びの質と量とを決定する彼の驚異的な集中力・持続力・忍耐力の合力（ベクトル）である学習能力は、決して尋常一様なものではなく、将来の学問的大成が期待される非凡な少年であったのである。

なお、象山は、江戸遊学中、二十五歳で御城月並講釈助を拝命して帰藩してからは、毎月の御城での定例講義を担当すると同時に、頽廃堕落した藩内士風の刷新をめざして、学政改革を皮切りに藩政改革を推進しようと悪戦苦闘する。同時にまた、職務から解放された夕刻後や休日には、父一学の跡を継いで自邸内の講武所や文学所で藩士子弟に対する文武の私塾教育にも当たった。この象山の私邸における文武両道の教育は、好評を得て幼少児から年配者まで数多くの入門者が集い、互いに切磋琢磨して学びあった。

その証しとしては、象山が再度の江戸遊学に出立する天保十年二月十二日、再び江戸に旅立つ象山を、御城講義の受講生や自邸内の塾生とで一〇〇人を超える大勢の門人たちが城外まで見送ったのである(119)。そのとき、象山は、いまだ二十九歳の若き師範であった。が、父親譲りの武士道精神を基本とする象山の文武両道の教育を受けた門人たちの信頼は、極めて厚かったのである。

江戸に到着して四ヶ月が過ぎた天保十年六月、象山は、神田阿玉ヶ池（現在の東京都千代田区岩本町二丁目）の畔に自宅兼私塾の居を構えた。塾名にした「五柳精舎」の由来を、象山自身が「本月一日お玉ヶ池へ外宅候。都下珍重の勝地にて南庭垂柳五株。頗る佳景に御座候」[120]と説明している。

象山は、学都の江戸に念願の漢学塾「象山書院」（別名を五柳精舎・玉池書院）を開く。が、一両年は入門者は少ないとみていた。ところが、開塾早々、下記のごとく入門者が相つぎ、象山は嬉しい悲鳴をあげることになる。

最初の考にては卜居後一両年の間は門人等も付申間敷覚悟に御座候所、外宅以来直様打続き月々一両人両三人宛入門の生も御座候て、この節、塾生三人の外、外より通に参り候もの十四五人も御座候様子にて、来年にも及び候はゞ追々多分にも相成申すべく左様御座候えば、最初の見込より却て早く門戸を成し申すべく存じ奉り候。[121]

私塾を開業して半年早々で、一四、五人の入門者が集まるとは予想外のことであった。が、その中でも特に象山が問題としたのは、「池田善吉」という旗本の兄弟の入門であった。彼らは、湯島の「聖堂寄宿」（昌平坂学問所）の学徒で、兄弟ともに安積艮斎（一七九一―一八六一、聖堂―昌平坂学問所の儒官）の門人であった。旗本で昌平坂学問所の学徒にして安積門人というエリート学徒の入門者が、開設して間もない象山の私塾に入門してくることは、一体、何を意味するのか。象山は嬉しい反面、不安が募った。池田兄弟の入門とその事情を、象山は次のごとく記している。

聖堂寄宿の御旗本衆に池田善吉抔申人相尋入門致し、折々参り候が頗有志の士且精力も御座候人と見え候（中略）兄弟とも安積艮斎門人のよし。然る所如何致し候事か拙者或問（「大学或問」）語類（「朱子語類」）等沈潜（沈潜）致し、純粋に朱学を奉じ候趣聞伝へ相従ひ候て其の心髄を窮ひ度とて見え候が肝心なる事に御座候。[122]

天下の朱子学の大本山たる聖堂（昌平坂学問所）の学問が衰退して、満足に学ぶことができない状態にある。それ故に、朱子学を専門とする象山の私塾に入門したと、池田兄弟はいうのである。かねてより象山は、天下一等の朱子学者になり頽廃した朱子学を再興して松代藩の学政改革をし、天下の政道をも正すことを願ってきた。池田兄弟の象山塾入門の動機が、湯島聖堂の朱子学の衰退にあることを知ったとき、象山の嘆き悲しみは如何ばかりであったか。そのときの心境を、象山は次のように記している。

何分此節の機会に乗じ学政をも維新致、天下の学術道徳を一に仕度ものに御座候。此節の所にては大家と呼れ候ものにても大学格致の義を本意に違はざる様説得候もの疎にて毎々議論をも致し候が、さてさて学問も衰薄を窮め候事と嘆息致し候事に御座候。（中略）正学（朱子学）に志あるの徒に候得ば賢愚となく唯空谷《くうこく》の足音と存ぜられ候。賢友にも何分御発憤御座候所祈御座候。近日塾中に於て大業を始め申候。(123)

上記の書簡は、天保十二年（一八四二）の秋、象山三十一歳、二度目の江戸遊学で私塾を構えた年のものである。幕府の聖堂の正学である朱子学が衰退し、悲惨な状況にあることを知った象山は、自らの私塾における朱子学の存在意義を強く感じ、以後、徹底して朱子学の躬行実践に邁進していくことを決意する。

ところで、天保十年六月、象山は、而立を前にした二十九歳で、学都の江戸に朱子学を専門とする私塾を開設した。近世の学術技芸の世界にあって、私塾を構えることは、学習者から教授者への転換を意味する。ましてや学都の江戸に私塾を開いたことは、まさに〝儒学者・佐久間象山の誕生〟を天下に宣言することに他ならなかった。

象山が開設した私塾は、朱子学を教授する漢学塾であった。が、当時の江戸には、恩師の佐藤一斎を筆頭に、安井息軒（一七九九―一八七六、九州飫肥藩出身の幕府儒官）、塩谷宕陰《とういん》（一八〇九―六七、浜松藩出身の幕府儒官）、林鶴梁《かくりよう》（一八〇六―七八、幕臣で幕府儒官）、大槻盤渓（一八〇一―七八、仙台藩出身の儒者）、藤田東湖（一八〇六―五五、水戸藩出身の幕府府海岸防禦御用掛）、渡辺崋山（一七九三―一八四一、田原藩、洋画家・洋学者）、羽倉簡堂《はくら》（一七九〇―一八六二、幕臣で儒学者）ら、象山と親交の深い錚々たる儒学の大家が開く私塾が林立していた。

学都の江戸に私塾を開くことは、学徒としての象山の夢であったであろうが、そのことは実に自信と勇気のいる行動で、学者としての独立宣言であった。しかしながら、前述のごとく、象山は、江戸の学問世界に登場してからも、天下第一の学者を目指して、さらなる切磋琢磨を誓い、自塾の門人に教授をする傍ら、引き続き恩師一斎の私塾にも出入りして、同門の優秀な学友たちとの学術論争を交わして親交の輪を広めていく。

象山の漢学力を評価した梁川星巌や中村正直　象山は、すでに二十歳にして一〇〇篇の漢詩文を作り、「二十歳文稿」と名づけた。文筆とともに生きた象山は、五十余年の生涯で、何と六〇〇篇を越える漢詩文を創作している。

事実、最初の江戸遊学の時点で象山の漢詩文の創作学力は相当に高かった。実は、それを証明する具体的な出来事が、①活文禅師の「鳳山禅師文稿序」の執筆、②佐藤一斎の『言志四録』の第二冊目『言志後録』の推敲、と続いたのである。また、江戸に遊学して間もなく、象山は、幕末日本を代表する漢詩人の梁川星巌（一七八九—一八五八）とも深い親交を結んだ。

だが、知り合って間もない星巌から、象山は、突然、自分の創作した「漢詩集」を清朝中国の知人に送るにつき、その序文を漢文で執筆してほしいとの依頼を受けるのである。親友のたっての願いを快諾した象山は、難なく序文に当たる「星巌詩集序」を執筆する。それを見た星巌たちは、象山の漢詩文の出来映えを、本場の中国人にみせても恥ずかしくない見事な出来映えだと絶賛したのである。この話の経緯を、象山自身が次のように記している。

梁川星巌と申詩人〈詩学にては当節都下第一に御座候。竹村氏（松代藩士で象山親友の竹村金吾）も既に其門下になられ申候。〉（後略）詩集を刻し候て、只今迄数人の序文も候へども、幸便を窺ひ清朝へも送り見度所に、序文等余り見苦しく候ては第一我国の恥に候間、一篇認め呉れ候へと申頼にて、不出来ながら去年中、相認め遣し候所、至極意に叶ひ候と申に付書をば雪庵老へ頼み候。(124)

象山が、「星巌詩集序」を書いたのは、天保十一年の冬、三十一歳のときであった。折しも象山は、その前年の六月に、親友の梁川星巌の漢詩塾「玉池吟社」のある神田阿玉ヶ池に、星巌の紹介で朱子学をもっぱらとする漢学私塾「象山書院」を開いていた。象山は、衰退した日本の朱子学復興の旗手たらんとの大志を抱いて、学都の江戸で儒学教育に乗り出した時期である。なお、象山と星巌とは漢詩だけの関係ではなく、幕末期の混迷する政治や外交などの問題に関しても意見や情報を交換し合う親密な関係にあった[125]。

梁川星巌をはじめ、当時の江戸の儒学界その他の学界における象山の漢学力に対する評価は非常に高かった。同じ佐藤一斎門下の親友である大槻磐渓や中村正直（一八三二―九一、幕府儒官）らは、象山の漢詩の出来映えを高く評価し敬仰していた。特に、一斎門下の後輩で秀才の中村正直は、象山が晩年に上洛した折り、斬殺される日までの短期間に、象山の宿舎を幾度か訪ねて懇談し意気投合する。

その中村が、象山が黒船来航以前から提唱してきた青年学徒の海外留学制度が、慶応二年（一八六六）十月に実現することになる。中村は、幕府派遣のイギリス留学生一四名（川路太郎・外山正一・林董らの幕臣子弟）の監督として英国に渡り[126]、優秀な青年学徒の海外留学を幕府に建議していた象山の長年の夢を実現したのである。だが、残念ながら幕府瓦解のために慶応四年六月、留学途中で、急遽、帰国しなければならなかった。

しかし、英国留学の経験を積んだ中村は、堪能な英語の語学力を活かして、明治三年（一八七〇）には、福沢諭吉の『学問のすゝめ』『西洋事情』に比肩しうる『西国立志編』（一八五九年出版、原題は"Self-Help"）を翻訳して出版し、明治の文明開化の時代に活躍した英語学の実力者であった。だが、実は、意外に知られていないが、本来の中村の専門は、幕末期に幕府儒官（昌平坂学問所教授）を勤めた著名な漢学者であり、明治維新後は東京大学教授として漢文学を講じる当代随一の漢学者だったのである。

その中村が、佐藤一斎門下の大先輩である象山の漢学力を高く評価していたのである。象山没後の明治十一年に、門人の北沢正誠編、小林虎炳文・子安峻士徳校による『象山詩鈔』（上下二冊、日就社）【図9】が刊行される[127]。

その巻頭の序文「象山詩鈔」を執筆し、さらに収録された象山の漢詩文の全体を校閲し詳細な脚注を付したのは中村であった。この一事をもってしても、中村が、いかに象山と深い親交を結び象山の漢学能力を高く評価していたかが窺い知れる。

ところで、中村正直といえば、前述のごとく英国人医者サミュエル・スマイルズ（Samuel Smiles, 1812-1904）の著書“*Self Help*”を『西国立志編』（別名『自助論』、一八五九年）と翻訳して出版した英語の実力者で、福沢諭吉（一八三五―一九〇一）と並ぶ明治期日本を代表する啓蒙思想家として知られる。だが、佐藤一斎門下の中村は、幕末期には有名な幕府儒官であった。そもそも象山と中村との出会いは、象山が晩年に幕命（陸海御備向掛）を受けて、元治元

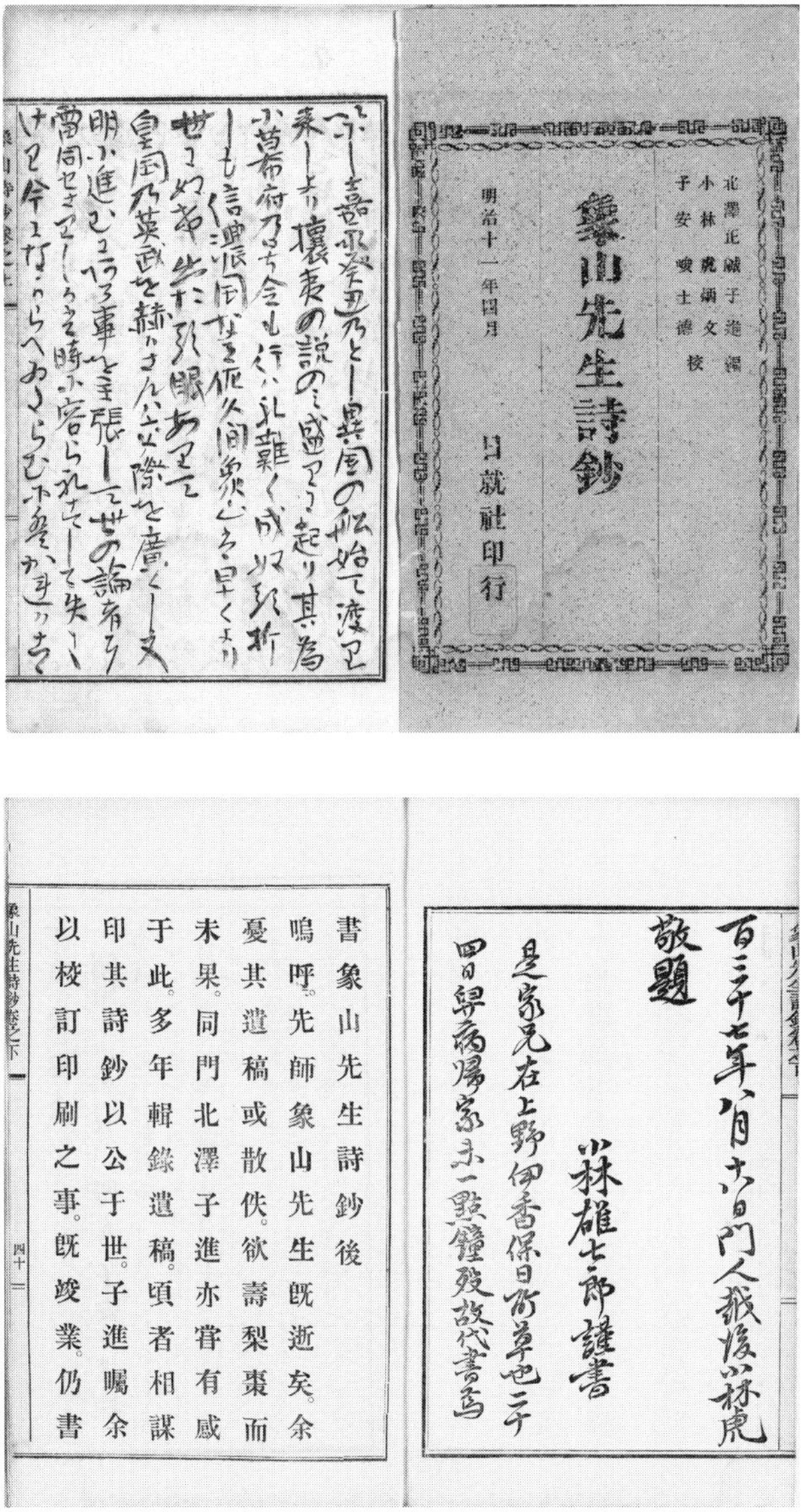

図9　『象山詩鈔』上下２巻（日就社，著者所蔵）

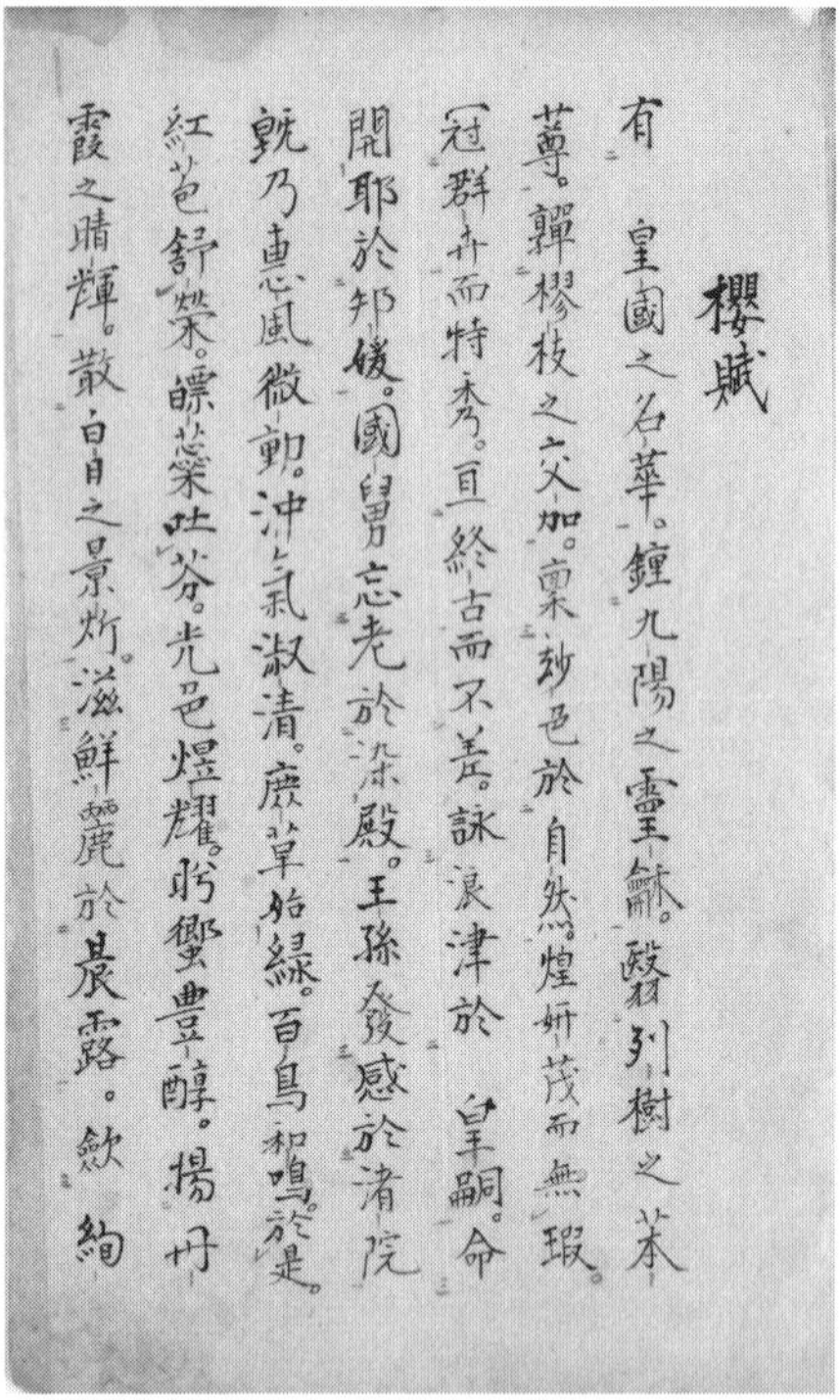
櫻賦
有 皇國之名華。鍾九陽之靈氣。發列樹之英
蕣。韡櫻枝之交加。稟秒色於自然。煌妍茂而無瑕。
冠群卉而特秀。亘終古而不差。詠浪津於 皇嗣。命
開耶於邦媛。國舅忘老於深殿。王孫發感於渚院
既乃惠風微動。沖々氣淑清。靡草始緑。百鳥和鳴於是
紅芭舒榮。縹蕊吐芬。光色煜耀。形質豊醇。揚丹
霞之晴輝。散白日之景炘。滋鮮麗於晨露。欽絢

図10　孝明天皇上覧「桜　賦」（著者所蔵）

年（一八六四）三月に上洛した翌月の四月三日、当時、幕府儒官であった中村の方から象山を京都の宿舎に訪ね（「御儒者の中村敬輔と申人も尋ね参り」[128]）、歓談して意気投合したことに始まる。これが象山と中村との最初の直接的な出会いであった。その後は、同年七月十一日に象山が攘夷派に刺殺される直前まで、両者は、数回、京都で歓談して親交を深めていた。

中村にとって、親子ほども年の差のある晩年の象山と出会い、漢学論をはじめ洋学論、兵学論、政治論、外交論など、象山が提唱実践する「東洋道徳・西洋芸術」という日本近代化の思想世界を語り合えたことは、非常な感激であった。中村は、象山の没後、前述の象山の漢詩集『象山詩鈔』を校訂して脚注を付した。その成果は、さらに『象山全集』（上下二巻、東京尚文館、一九一三年）や増訂『象山全集』（全五巻、信濃毎日新聞社、一九三四―三六年）にも継承され、今日なお象山研究の最重要史料となっている。

一体、中村が象山の漢詩をどれほど高く評価し敬仰していたのか。そのことを示す具体的な事実がある。象山は、蟄居放免となる直前の万延元年（一八六〇）に、「桜賦」「観桜賦」という桜を詠んだ漢詩文を創作する。五十歳の晩年である。特に「桜賦」は、中国・顔真卿の書体で書かれた全文七五九文字の漢文である。その内容は、開国和親・進取究明の「東洋道徳・西洋芸術」の思想世界を読んだ作品である。この「桜賦」（縦一七六チセン×横一三四チセン）の大作

が、二年後の文久二年（一八六二）、親交のある公卿の正親町《おおぎまち》三条《さんじょう》実愛《さねなる》（一八二一―一九〇九）の仲介で孝明天皇（一八三一―六七、実母は正親町家の出身。明治天皇の実父）の天覧に供せられるという栄誉を受けるのである。

象山没後の明治に、象山の漢詩文集『象山詩鈔』の編纂に関わった中村は、改めて「桜賦」を観賞して、その作品の秀逸さに驚歎し、希有の歴史的評価を与えるのである。そのときの感想を、中村は次のように記している。

匹夫の著作にして天覧を蒙るもの、前に佐川因の国歌あり。後に象山の此賦あり。三百年間、唯二人のみ。無上の栄と謂ふべし。門人小松彰等之を石に刻して、東京城の西北飛鳥山上に建てたり。(129)

謹厳実直な学者である中村は、象山没後も象山との厚誼を忘れず、象山の法事や顕彰などの行事の際にも、親交深い象山門人の西村茂樹・津田真道・加藤弘之・北沢正誠らとともに、象山の霊前に詣でたり寄贈金を寄せるなどしている。

その一例をあげれば、明治二十二年の紀元節（大日本帝国憲法発布）に際して、明治政府から象山に正四位の贈位が授与された。これを祝し、佐久間家（亡き恪二郎の妻・佐久間静枝が主宰）は、象山の縁故者たちに贈位御礼の品物を贈った。その中に中村も含まれていたのである。門人の渡辺驥（一八三六―九六、大審院検事長を経て老院議官・貴族院議員）たちが催した贈位の祝賀会（明治二十二年三月十日、東京江東中村楼で開催）にも、中村は、象山門人たちとともにお祝いの寄付金を贈っている。(130) 中村の象山に対する衷心からなる敬愛の情は、終生、変わることはなかった。

『江戸現存名家一覧』に恩師一斎とともに象山の名が掲載　江戸に私塾を開いて半年が過ぎた天保十一年（一八四〇）の春、象山は、すでに渡辺崋山や大槻盤渓など、当時の日本の儒学界を代表する大家たちと親交を結び、自らの学問にも絶大なる確信を抱いていた。その象山の名前が、何と江戸の著名な学術文化人一覧の冊子『江戸現存名家一覧』に掲載されたのである。その冊子は、江戸で活躍する儒学・蘭学・漢詩・和歌・恋歌・俳諧・書画・技芸など、各界の名家・名士・名人を一〇〇〇人余り記載したものである。その「儒者」の部に、象山の名が記載されてい

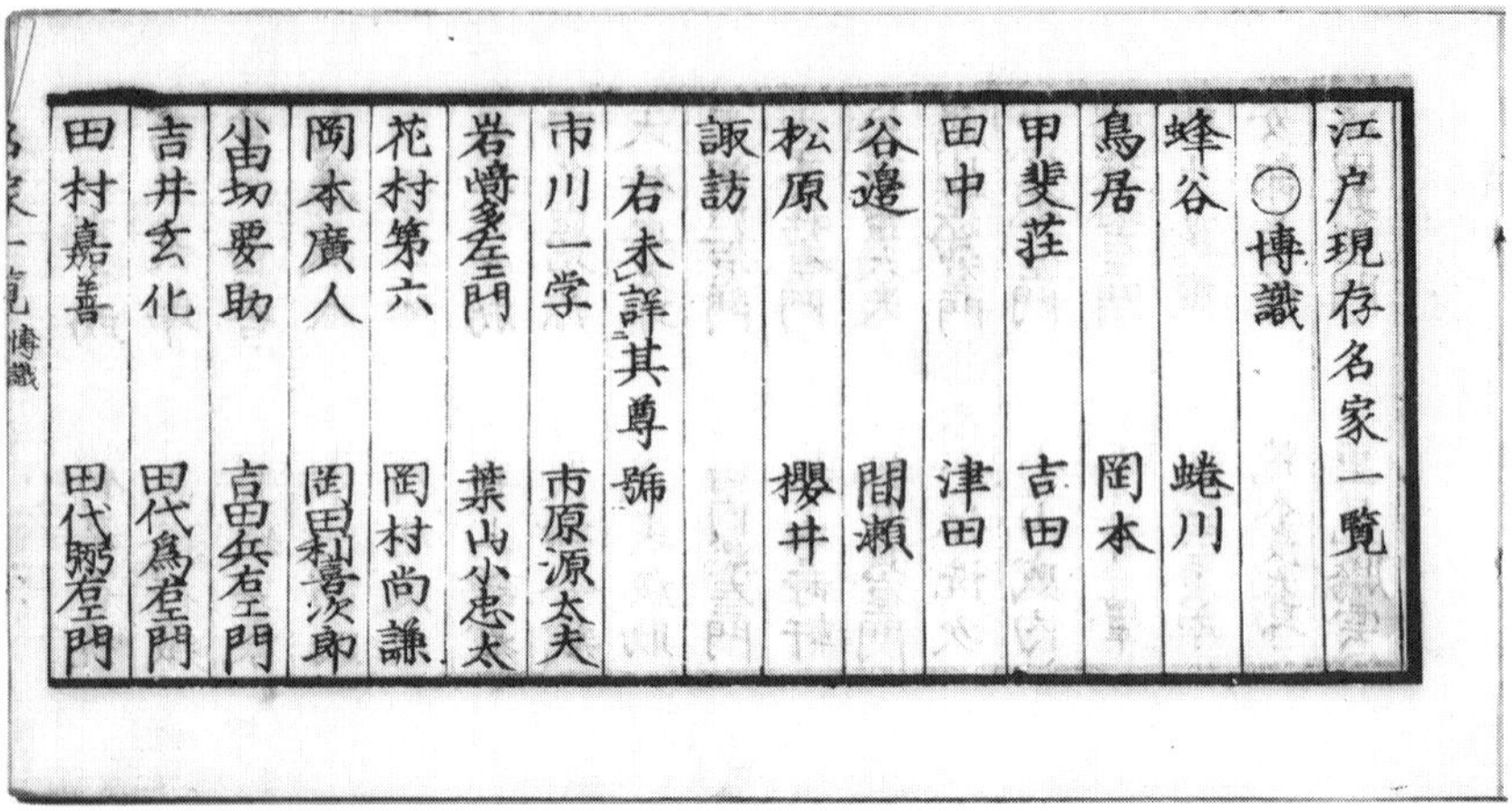

江戸現存名家一覧
○博識
蜂谷　蜷川
鳥居　岡本
甲斐荘　吉田
田中　津田
谷邉　間瀬
松原　櫻井
諏訪
右未詳其尊號
市川一学　市原源太夫
岩崎多左衛門　葉山小忠太
花村第六　岡村尚謙
岡本廣人　岡田利喜次郎
小曲坳要助　吉田兵右衛門
吉井玄化　田代為右衛門
田村嘉善　田代郷左衛門

名家一覧　博識

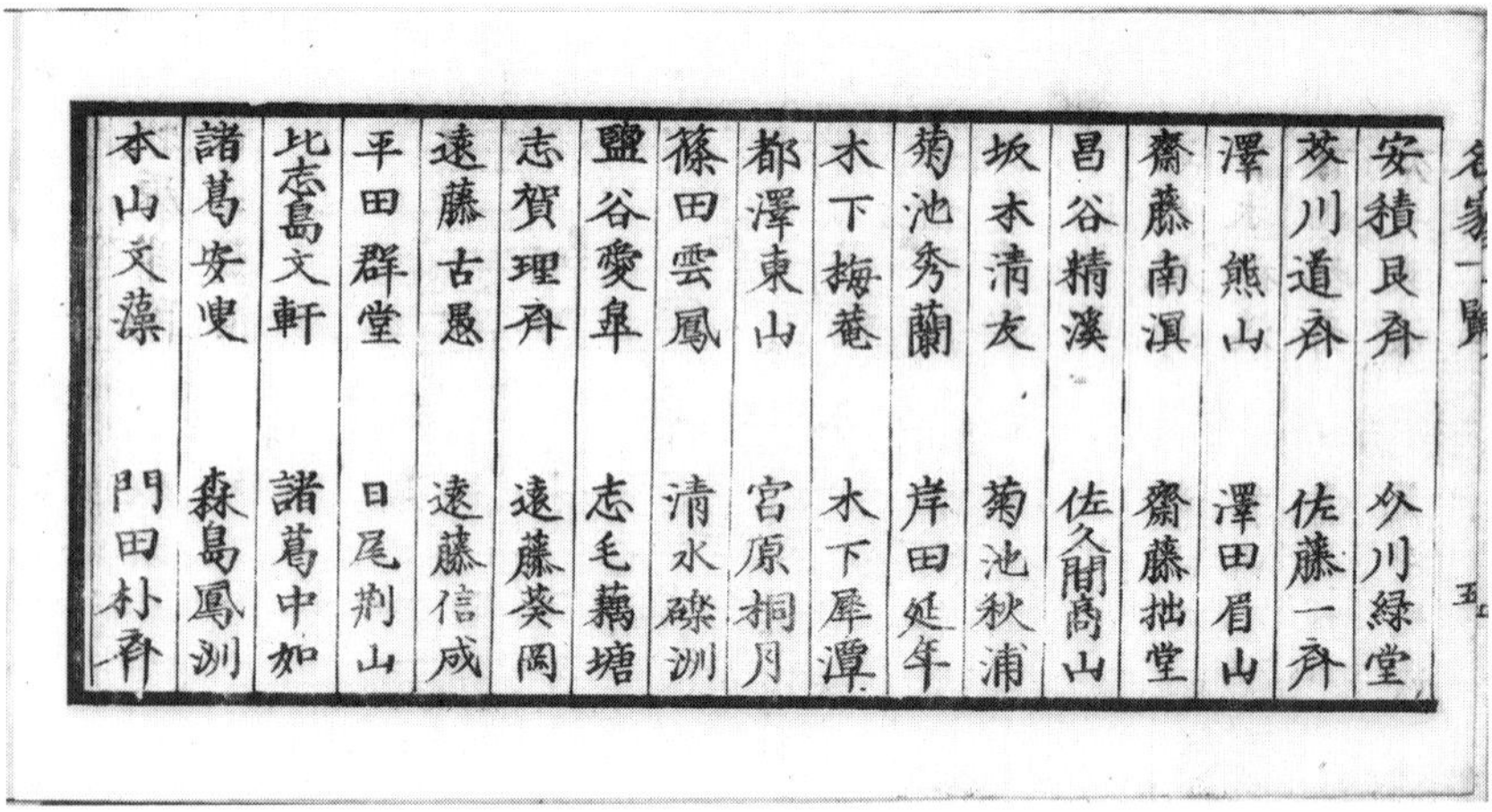

名家一覧
安積艮斎　朶川緑堂
朶川道斎　佐藤一斎
澤熊山　澤田眉山
齋藤南溟　齋藤拙堂
昌谷精溪　佐久間象山
坂本清友　菊池秋浦
菊池秀蘭　岸田延年
木下梅菴　木下犀潭
都澤東山　宮原桐月
篠田雲鳳　清水礫洲
鹽谷愛阜　志毛藕塘
志賀理斎　遠藤葵岡
遠藤古愚　遠藤信成
平田群堂　日尾荊山
比志島文軒　諸葛中加
諸葛安東　森島鳳洲
本山文藻　門田朴斎

図11　『江戸現存名家一覧』（星槎ラボラトリー所蔵，国文学研究資料館提供）

たのである。

これまでの象山研究では、昭和戦前の宮本仲をはじめ戦後の源了圓に至るまで、多くの象山研究者の伝記・評伝のすべてが、『江戸名家一覧』と記し、その史料的な根拠は示されてはいなかった。だが、象山自身が恩師の鎌原桐山宛の書簡で、「今春板行江戸名家一覧と申小冊到来候所、其内既に賤名をも録し之有り候[131]」との記載がある。この象山関係史料『江戸名家一覧』を最初に紹介したのが、昭和七年（一九三二）に刊行された宮本仲『佐久間象山』であった[132]。以後、象山の伝記や評伝を執筆した人々は、この宮本の象山伝記に倣って『江戸名家一覧』と記してきたものと思われる[133]。

しかし、問題なのは、宮本をはじめ象山の伝記・評伝を執筆してきた人々は、誰一人として『江戸現存名家一覧』の現物をみてはいなかったということである。それ故に、今回、本書を執筆するに際して、筆者は、その原本を探し求めたところ、星槎大学関係機関の星槎ラボラトリー眞山青果所蔵の藤田万樹編『江戸現存名家一覧』という現物史料と出会った。象山本人をはじめ従来の象山研究者の作品には、例外なく「現存」の記述がなく、単に「江戸名家一覧」とだけ記されてきた。だが、現物（写真版）をみると、間違いなく「現存」という二文字の付された冊子名が、正式な史料名であることが判明した。

同書は、全三〇コマ（六〇頁、九×一九《チセン》）の横長の小冊子である。その内容は、歌人、連歌、儒家、詩人、学医、物産、蘭学、書家、篆刻、画家、有職画、仏画、蘭画、東都画、雑画、兵学、剣法、射術、馬術、砲術、数学、入木道、筆耕道、書画鑒定、卜筮、作者、俳諧歌、俳諧、姚風狂句、風流、詩人、医家、雑家、有職、等々、多数の専門分野別に名家の氏名が上下二段綴りで千三百四十余名が記載されている。だが、記載された各分野の名家の人名が玉石混淆であったが故にか、象山は、自分が掲載されたことを「賤名をも録し之有り候」と喜ぶ反面、「不勝一笑と出来仕候」と笑ってしまうほどの不快感をも表明していた[134]。

同冊子の「儒者」の部には合計一九三名の儒者が記されている。象山の氏名は、同書九コマ目の下段の五人目に記載されている。何と象山と同じ下段の右二人目には恩師の佐藤一斎の名が記されているのである。他にも、安積艮斎（一七九一―一八六一、昌平坂学問所教授）、斎藤拙堂（一七九七―一八六五、津藩朱子学者）、塩谷宕陰《とういん》（一八〇九―六七、幕府儒官）、藤田東湖（一八〇六―五五、水戸学者）ら、当時の著名な儒学者の氏名が列記されている。

また、蘭学では戸塚静海（一七九九―一八七六、幕府奥医師蘭方医）、鈴木春山（一八〇一―四六、田原藩医・西洋兵学者）、渡辺崋山（一七九三―一八四一、田原藩家老・蘭学者）、大槻盤里（大槻玄沢の長子、盤渓の兄）、桂川甫賢（一七九七―一八四五、幕府奥医師）ら、象山と親交のある高名な蘭学者が名を連ねている。詩人では、象山親交の梁川星厳などが記載されている。当時の江戸の学術技芸の世界の一流文化人を掲載した『江戸現存名家一覧』に、儒者の部門では最年少の象山が、恩師の佐藤一斎など著名な学者・文化人たちと並び記されていたのである。象山自身にとっては驚きであり喜びであった。

なお、同書には意外な重大発見がある。その第一は、前述の通り、史料名が『江戸名家一覧』ではなく『江戸現存名家一覧』であることである。次に重大な発見は、象山の氏名が「佐久間商山」と記されていることである。「象山」ではなく「商山」、これは明らかに誤記である。だが、この誤記が意外な問題解決のヒントになるのである。実は、佐久間啓之助（修理）の「象山」という号は、最初の江戸遊学から帰藩した天保七年（一八三六）、二十七歳のときから用いたものである。だが、その「象山」という二文字の「号」の読み方が、はたして「しょうざん」か「ぞうざん」かをめぐって、歴史学者の森銑三（一八九五―一九八五）が昭和十六年に発表した論文「ザウ山かショウ山か」の問題提起を発端に[135]、昭和の戦前から現代に至るまで長い論争が続いている。しかし、「商山」は「しょうざん」としか読みようがない。明治になって近代学校教育が始まり、国語の漢字音訓の読み方の整理・統一がなされるまでは、古代以来、江戸の幕末期においても、音読みの発音が同じであれば、それに様々な漢字を充てて書くことのできる文字社会であった。それ故に、『江戸現存名家一覧』では、「象山」を「商人」と書き「しょうざん」と読ませる表現で、当時としては何ら問題はなかった。しかし、この記載の事実は、当時の江戸で、象山が、「ぞうざん」ではなく「しょうざん」と呼ばれていたことを物語る表現なのである。さすれば、『江戸現存名家一覧』は、「象山」という号を「しょうざん」と読むことが正しいことの証しとなる重要な新史料となるはずである。

この『江戸現存名家一覧』に名前が載ったことは、いまだ三十歳の象山にとって一大事件であった。このことは、儒学者として江戸の学問世界で一流と認知されたことを意味するからである。それ故に、このことを、象山はことさらに欣喜した。早速、象山は、この喜びを、父親のよう存在である信州の恩師・鎌原桐山に、「今春江戸名家一覧と申す小冊到来仕候所、其内既に賤名をも録し之れ有り候」(136)という書簡に七言絶句を四篇添え、いの一番に報告している。

実は、『江戸現存名家一覧』に象山の名前が掲載されたのは、後に紹介する「邵康節先生文集序」の執筆と、期せずして時を同じくしていた。「三十にして立つ」(『論語』の「為政篇」)というが、「而立」の三十歳を迎えた天保十一年という年は、象山にとって実りの多い記念すべき年であった。

また、その年は、隣国の清朝中国にアヘン戦争という世界史的な大事件が勃発した年でもあった。しかし、この時点では、日本の象山には、アヘン戦争の情報はまったく入らず、したがって象山は、もっぱら「三十以後は、すなわち天下に繋わること有るを知る」(『省諐録』)という日本国内の学術世界に関わる存在であり、いまだ西洋諸国の動向や学問に対する関心はまったく見られなかった。天下に繋わる朱子学者としての大成を目前にして、ひたすらに学問の研鑽に励む夢多き青春の時期であったのである。

この後、象山の学問は、アヘン戦争を機に大きく転回する。だが、彼の思想的な根幹をなす朱子学に対する信頼は、すでにこの時点で絶対的な確信となっており、何が起きても微動だにすることはなかった。やがて彼は、その朱子学の説く「格物窮理」という科学的概念を、独自に解釈した数理的な思想世界の中で、もっぱら真理の探究の学問を正学と確信して貫き、自然科学者のごとき冷静沈着な緻密さをもって西洋列強の富国強兵を支える学問—洋学の実態を分析し理解していくのである。

『四書経註旁釈』を著し儒学者として大成　なお、『江戸現存名家一覧』に名前が掲載された翌年の天保十二年の五月、象山は、松代藩庁より儒学の基本経典である「四書」（儒教の朱子学派の重要経典である『大学』『中庸』『論語』『孟子』）の注釈を命じられる[137]。この藩務が完成するまでは江戸に滞留することを許すという条件つきであった。実は、江戸在留期間の延長という配慮は、象山が望む実に有難い措置であった。それは、非凡な才能の象山を学都の江戸に留め置き存分に天下国家のために活躍させたいと願う、象山の最大の理解者であり庇護者であった第八代藩主・真田幸貫の親心とも言うべき特別の配慮であったのである[138]。

儒学必須の古典である「四書」を注釈するという活動は、朱子学では「格物窮理」と並んで「居敬」（居敬窮理）という聖人（理想的人間像）に至るための方法的原理の正当な実践活動であった。しかしながら、膨大な分量の「四書」を精読して新たな注釈を施すという知的な営為は、仏教の座禅の修業にも似た、実に根気の要る学問修行の苦行であったはずである。だが、象山は、この藩命に躊躇なく自信をもって挑み、漢文の白文である「四書」の全体を精読して吟味し、従来の訓点の誤りを訂正して新たな注釈を加えた新著『四書経註旁釈』という作品に仕上げた。私塾を開設したばかりで三十代初めの象山には、新たな「四書」の注釈書を著せるほどに確かな漢学力が備わっていた証しである。

ところで、象山の開設した漢学塾の「象山書院」は、当初の予想に反して嬉しい誤算に見舞われた。開塾して早々に、入門者が相ついだのである。入門者は、松代藩江戸屋敷の藩士子弟が多く、幼少の童子教育を施す寺子屋をも兼ねる私塾であったが故に、幼少児童から成人に至るまで幅広く入門してきた。さらに、これに加えて松代藩での御城講釈時代の門人や私塾門人なども、江戸勤番などで上江の折りには引き続き指導を受けた。また、江戸と松代とに離れた門人たちには書簡などを通じた通信教育で、質疑応答を繰り返す学習指導を実施した。加えて、江戸在勤の他藩の武士たちや全国各地から江戸遊学に来ていた学徒たちも入門してきたのである。

かくして私塾を開設してから半年が過ぎる頃になると、江戸藩邸その他からの通塾生は別として、地方出身で塾舎に寄宿する門人は七名を数え、勝手向きは大わらわであった。松代藩以外の越後（新潟）や九州天草（熊本）などの遠方からの入門者もいたことを、象山は次のように記している。

近日其表より林北山両童参り候て、其外にも去年中、貴君御尋成し下され候頃より両人相増し候て、都合熟生七名と罷成、御存知の手狭故、大混雑仕候。右両人一人は越後のもの、一人は九州天草の人に御座候。此者、当年十八歳の様子に御座候[139]。

象山の名声が高まるとともに、象山塾への入門者は、通学生の松代藩関係者に止まらず、遠方の地方からも寄宿の入門者があり、門人は徐々に増加していった。

特執すべきは、前述のごとく、「御旗本衆に池田善吉抔申人相尋入門」と、旗本の入門があったことである。しかも、その旗本の場合は、兄弟が安積艮斎が象山塾近くの神田駿河台に開いている私塾「見山楼」に入門していたのである。だが、当人たちは、象山塾は「純粋に朱学を奉じ候趣聞伝へ相従ひ候て其心髄を窮ひ度とて見え候が感心なる事に御座候[140]」と述べ、象山の私塾が朱子学を専門とする私塾であるが故に、その朱子学を究めたくて象山塾に入門したということであった。

私塾を開設後、朱子学者としての象山の名声は高まり入門者が増加するという裏側には、由々しき事情があった。それは、正学である朱子学の本山である幕府の聖堂（昌平坂学問所、昌平黌）の学問の衰退である。聖堂から入門してくる学徒が、学びたいと望む正学の朱子学（「大学格致の義」）を聖堂では学べないという聖堂の悲惨な学問衰退の状況を嘆いて、象山に、次のような愚痴をこぼしているのである。

　聖堂勤番の御儒者と申もの抔は誠に衰薄《カ》のよし衰極まり候（中略）何分此節の機会に乗じ学政をも維新致天下の学術道徳を一に仕度ものに御座候。此節の所にては大家と呼れ候ものにても大学格致の義を本意に違はざる様説得候もの疎にて毎々議論をも致し候が、さてさて学問も衰薄を窮め候事と嘆息致し候事に御座候。(141)

聖堂勤番の幕府儒官の学力が低下し、正学である朱子学の核心である「格物致知」（格物窮理）の真意を教授できないほどに、学問は衰退している。そこで朱子学者の中でも、特に「大学格致の学」（格物窮理）をもっぱら躬行実践する象山の私塾に入門者が相ついだ、ということである。象山は、阿玉ヶ池に朱子学の私塾を開いた翌年の天保十一年（一八四〇）七月には、「邵康節《しょうこうせつ》（邵雍、一〇一一―七七）」という中国の儒者と出会って彼の著書を研究し、これを機に「大学格致の学」の研鑽は旧に倍して深まった、という自信のほどを次のように述べている。

　大言の様にて恐入候得共、近年来程朱純粋の学に帰し候て（中略）邵子の経世書全本を得候て研究仕候（中略）大学格致の訓において旧にひすれば大に力を得候事御座候て近頃手に取り候如く見出し候物理数百に下り候はず。それをその侭《まま》、詩に作り候も最早五十余篇に罷成候。(142)

そこに「大学格致」とは、もともとは『礼記』の「大学篇」(143)に説かれた「致知在格物、物格而知至」（知に致るは物に格に在り、物に格るは知に致るに在り）を出典とし、朱子学における最重要の概念である。(144)特に宋代の朱子学においては、「大学格致」と同義語の「格物窮理」は中核概念として重要視された。朱子学で最も重要な経典とされる『易経』の「説卦伝」には、「窮理は理を窮め性を尽くし以て命に至る」（「窮理盡性以至於命」）の「窮理」が、「物に至りて理を窮める営為」（天下の道理を窮め尽くし人間の本性を知り尽くして天命を知るという境地に到達すること）という「格物」と結びつけられ、「大学格致」と同義語の「格物窮理」を、朱子学の真理探究を目的とする合理主義思想の中核概念としたのである。(145)幕府の聖堂（昌平坂学問所）からの入門者が語る当時の聖堂の学問衰退の状況が、象山をして、天下の学政改革を期して「格物窮理」の朱子学を再興せんとの大志を抱かせたゆえんである。

なお、前述のごとく象山は、再度の江戸遊学に出る前の松代藩御城講釈助時代には、自邸の私塾（文学所や講武所）で教えていた門人たちのその後の教育についても常に気を遣い、後事を託してきた有力門人に、書簡で頻繁に幼い旧門人たちの学習状況を尋ねていた。

例えば、後年、象山の学問思想のすべてを学び取り、西洋砲術塾の塾頭になり、幕府講武所の教授にまで出世する当時の幼い蟻川賢之助（一八三一―九一、吉田松陰・小林虎三郎につぐ象門の高弟）について、門人で寺子屋師匠の高野車之助（一八一八―一九〇七）から質問書状が、たびたび届くのである。(146) あるとき、蟻川が儒学の入門書である『小学』を修了したので、次に「四書」（論語・大学・中庸・孟子）に進むべきか、それとも基礎教育が大切である故に『小学』を反復学習をさせるべきか、また象山の甥（藩医の北山家に嫁いだ実姉の嫡男）の北山藤三郎の手本交換の問題についていかに対処すべきか、等々の質問が届く。それらの問いに対して象山は労を厭わず、幼い門人である個々の児童の個性に応じた教育という観点から次のように丁寧に答えている。

・蟻川（賢之助）小学卒業の由、当人の才発感心の至に候得共、畢竟、御教導御精力の致す所と一段に存候。四書に進べきや小学の反を懸候やの義、何れ小学の反を懸候方尤の事に御座候。小学書中何れと申皆喫緊の事には候得共、敬身篇に至りては殊に肝要に候間、是は足下より御始め暗記御座候様に致度候。藤三郎（象山の甥の北山藤三郎）只今迄の通り手本通り頼度候。(147)

・北山の両人（実姉の子供二人）段々御世話下され千万辱次第、さりながら此の上あしき事は何分にも御叱り御引立て下され候様希《ねが》い候。藤岡、小幡兄弟、草間抔は如何の様子や、少々宛は上達と存候。三沢、金井兄弟は如何や、よく折々書状遣り呉れ候共、此方よりは誠に不沙汰に御座候。御序も候はゞ是等宜敷く希い候。(148)

象山の門人に対する教育は、個々人の性格を理解して個性に応じた実に細やかな配慮のなされた教育であった。神田阿玉ヶ池に開設した象山の私塾にも、旧門人を含め松代藩の門人が多く入門した。彼らは江戸藩邸詰の藩士子弟や江戸勤番の人々であり、特に江戸藩邸で生まれた北沢正誠（一八四〇―一九〇一）などは、幼少時に入門して寺子屋教育の初歩段階から象山の教育を受けて育った愛弟子である。北沢は、寺子屋教育を終了して私塾の入門者となると、さらに儒学の入門書である『小学』の教育から学び直し、成人後は儒学・洋学・西洋砲術・西洋兵学・医学などに至る諸学の専門教育を習得したのである。まさに北沢は、象山子飼いの塾生であり、象山に最期まで師事して「東洋道徳・西洋芸術」という象山の学問思想の全体を学び取った象山門下の秀才であった。

その北沢は、門人として常に恩師の象山を敬慕して側近で仕え、象山の没後も門人代表格の勝海舟とともに象山の著作集の編纂・刊行や顕彰碑の建立、法事の開催などの諸事に尽力し、恩師に対する報恩感謝の生涯を送った奇特な門人であった。

中国の儒者「邵康節」との邂逅とその思想的影響　紛う方なく象山が生涯にわたって信奉し研鑽した学問は、幕府が正統の学問と公認した朱子学であった。だが、同じ儒学の中の朱子学とはいっても、様々な朱子学者がおり、「体制を補佐」するも者から従来の「朱子学の枠からはみ出た独創的な思想家」までが存在した。(149)「洋学をこなし」「積極的に社会的行動」をする幕末期の独創的な朱子学者、その典型が象山だったのである。(150)

同じ朱子学者でも基本となる教典（「四書五経」）の解釈や理解の仕方には相違があり、とりわけ象山のように幕末期の危機的な時代状況の打開という現実問題の解決に対する有効性を求める実学的視座から朱子学を学ぶ者には、理解の仕方に顕著な個性が認められた。

幼少期から易学や算学を修めて数理的な思想世界を形成してきた象山は、幼少期の学びの当初から朱子学を人倫道徳を説く為政者の形而上学的な「居敬窮理」（道徳学）の学問としてではなく、易学や数学を基本として「格物窮理」（物に格《いた》りて理を窮む）を説く自然科学的な合理性の強い形而下学（物理学）として朱子学を理解していた。そして、象山は、「格物窮理」を「万物」の「理」の探究を基本とする数理的な学問と理解し、そこに朱子学の普遍性や正統性の思想的な根拠を求めていたのである。

実は、そのような象山の朱子学理解に決定的な影響を与えた人物がいたのである。それは、象山が敬仰してやまなかった中国北宋の「邵康節（邵雍）」という儒学者であった。象山が邵康節と出会ったのは三十歳のときで、天保十一年七月に期せずして邵康節の著作を入手したときであった。その時の驚きと喜びを、次のように記している。

近年来程朱純粋の学に帰し候て（中略）易こそは誠に神明不測の経典と存じ奉り候。近来邵子（邵康節先生）の経世書全本を得候て（性理大全中に収り候は全本にては之れなく候）研究仕候所、又希代に面白きものに御座候。其外大学格致（格物致知）の訓に於て旧に比すれば大に力を得候事御座候て、近頃手に取り候如く見出し候物理数百に下り候はず。それをその侭詩に作り候も最早五十余篇に罷成候。[151]

象山が入手した「邵子の経世書全本」とは、北宋の邵康節の編著の中国書『皇極経世書』（全一二冊）と推察される。同書は、中国古代の歴史（堯舜の治世から後周末年の世宗の時代まで）の生成の変化を、易学を駆使して数理的な分析を試みた独自の歴史書である。同書は、中国明代の『性理大全』（全七〇巻、一四一五年）の中にも収められてはいるが、それは全体ではなく、まさに象山が入手した『皇極経世書』こそは、邵康節の作品全体を収めた「全書」であった。儒学、特に易学に関する高度の理解がなければ読めない難解な書とされてきた同書を手にした象山は、これを歓喜して読破し理解したのである。まさに同書こそは、朱子学における『易

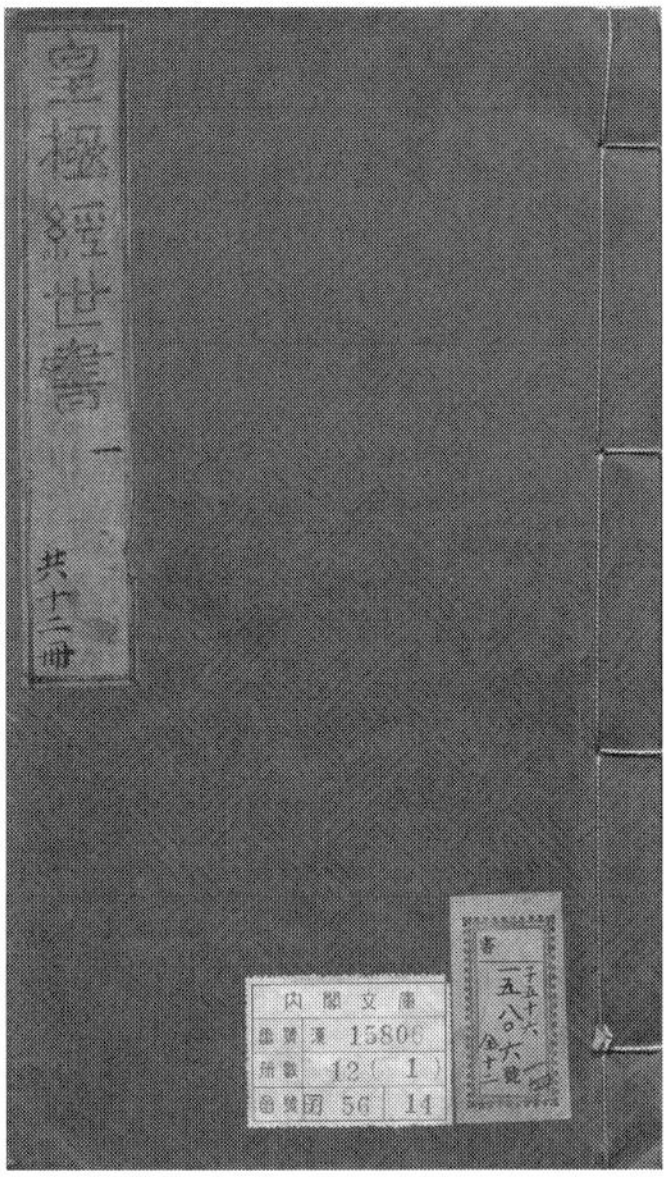

図12　邵康節著『皇極経世書』（内閣文庫所蔵）

経』と「大学格致（「格物窮理」）」の重要性を象山に再確認させ、数を通して理を探究しようとする象山の数理哲学の視座からなる特異な朱子学理解の正統性を裏付ける、窮めて重大な影響を与えるところとなった書物である。

はやくも象山は、邵康節の『皇極経世書』を入手した二ヶ月後の同年九月には、「邵康節先生文集」を編纂している。中国の儒学者である「邵康節」の文集を、初めて日本の象山が編纂したことの日本儒学史上における意義は大きい。

中国・南宋時代（一一二七―一二七九）に起こった儒学の革新運動の中から新儒学の一派である朱子学が誕生する。その新儒学の誕生に大きく貢献したのが「邵康節」であった。邵康節は、易学上では、「一→二→四→八→一六→三二→六四」と進展する「加一倍法」や、四季の「四」、十干の「一〇」、十二支の「一二」、一世三十年の「三〇」など、中国人に馴染みの深い数を適宜に掛けあわせる数理計算によって、「万物生成の過程や宇宙変遷の周期などを算出しようとし」「数を通して理を考えよう」とする数理的な朱子学の理論を構築したのである。その邵康節の理論が、朱熹（一一三〇―一二〇〇）の易学を中核とする朱子学の理論的体系化に大きな影響を与えたのである。(152)

だが、易学を基本とする難解な哲学を説くが故にか、中国儒学史上における邵康節の評価は奇人とよばれて低く、日本の儒学界においても同様であった。しかし、幕末期の日本で、その偉大な儒学者である邵康節の存在を発見して蘇生させ、彼の思想をして自らの朱子学理解の正統性・普遍性の根拠としたのは、佐久間象山であった。邵康節の学問的な業績を高く評価し賞賛する象山は、邵康節の論考を蒐集して一篇の「邵康節先生文集」という文集に編纂し、その重要性を自らが主宰する朱子学の私塾の門人たちに教科書として説諭し、広く天下に知らしめようとしたのである。

以後、象山は、教育や学問を論じるときには、学問探究の理想的な範例として必ず邵康節の名をあげるのであった。例えば、象山は、「邵康節先生文集」を編纂した翌年の天保十二年（一八四一）五月には、すでに設立し教育活動を始めていた私塾「象山書院」の学則（「象山書院学約」）を定めるが、その全十四条の第一条の「読書」に関する規定の中で、「書を読むには務めて小学をもって先となし、ついで四書、五経、もって周（周敦頤）・程（程顥・程頤）・張（張載）・邵（邵康節）・朱（朱熹）諸子の書に及び、務むること序に循《したが》ひ精を致すにあり」と定めている。[153] 学問の基本である読書の進行順序（カリキュラム論における「シークエンス sequence：学習教材配列の優先順位」に応じて、読むべきテキストを順次、指定しているのである。そこには、「邵康節」が、朱子学の大成者である程顥・程頤や朱熹たちとともに列記されている。象山にとって、易学や数学に精通した数理哲学をもって「格物窮理」の理論を躬行実践した邵康節という人物は、心底、自らが目指すべき理想の学問的存在であったのである。

ところで邵康節は、易学大家の李之才（九八〇—一〇四五）に師事して易学を極めた人物である。その彼は、幼少時より貧苦の中で刻苦勉励し、大胆にも易学に数理哲学を導入した儒学革新運動の先駆者となった特異な儒学者であった。彼は、「宋代理学の気運旺盛なる時に於て独り象数（易の卦に表れる形象と変化：『広辞苑』）の学を以て立」った人物と評される。[154] それ故に、邵康節の学問形成の中核には、「易学」と「数学」とが極めて重要な学問として密接な相関性をもって位置づけられていたのである。彼の学問は、一般には「図書象数の学」—易学の「陰陽五行説」に「天文学」「数学」を交えた神秘的な数理哲学の学問、いわゆる「先天象数の学」を受け継ぎ、天地間におけるすべての現象の展開を数理の理論で解釈し将来を予示する学問と呼ばれたのであった。[155]

しかし、何と言っても、邵康節の儒学史上における最大の特徴は、前述のごとく、「数学」と「易学」とを融合させた点にあった。[156] 彼は、易学の理論に基づいて宇宙の万物を貫く理法を探求する神秘的な宇宙観・自然哲学を説き、朱子（朱熹）の易学理解に多大な影響を与えた特異な学者として知られている。また、易学とともに、数学を重視する彼の数理哲学では、「物をもって物を観ることこそ性であり、我をもって物を観るのは情である。性は公にして明るく、情は偏りて暗い」（『観物内篇』）とも説いている。[157] まさに、「性即理」を基本命題とし「格物窮理」を中核概念とする朱子学と、「情」を重視して「心即理」を基本命題とする陽明学とでは、同じ中国南宋の時代に生まれた新儒学（宋学）でありながら、両者の間には根本的な相違が認められる。朱子に先んじて、「性即理」に基づく「格物窮理」を説いた邵康節の思想史的な先見性が認められるのである。

ところで、邵康節の数理哲学には、前述のごとく非常に難解な専門用語「象数」「図書」「先天」などが用いられている。その点について東洋史学者の島田虔次（一九一七—二〇〇〇、京都大学名誉教授）は、次のように説明している。

（邵康節は）道家に伝わる「図書先天象数の学」を学んだ。図書とは、河図洛書、つまり大昔に黄河と洛水とから出現したところの形而上学的なダイヤグラム（diagram：図表）、先天とは易の哲理の解釈に先天説・後天説というのがある、その先天、象数というのは、易の解釈学のうち図象的方法による象学と一種の数理哲学による数学、要するに易の宇宙理論あるいは宇宙時間論のきわめて密教的なもの（後略）(158)。

上記のように邵康節の学問は、「循環的歴史観を象数学にもとづいて定式化」した雄大な思想世界と評されている通り、数学や易学の用語と理論とが多用されて複雑に絡み合う内容であり、非常に難解な理論である。

幼少期より学問への使命感を抱いて刻苦勉励してきた象山は、邵康節の「物は身の舟車なり。人にして物理を窮めざるは、なほこれ柁なきの舟に乗り、轂《こしき》なきの車に立つがごときなり(159)」という、邵康節の「物理」を探究する「格物窮理」の学説に接して感動を受け、朱子学における「格物窮理」の重要性を再認識する一大契機となった。

この衝撃的な出来事を通して、象山は、江戸遊学に至るまでの二十数年間、信州松代時代に易学と数学を兼学・融合して朱子学の「格物窮理」の意味を理解し、それを躬行実践する主体である自己自身の「朱子学」や「格物窮理」などの基本的概念の理解の在り方そのものが間違いではなかったことを確認することができ、一層、朱子学への確信は強固なものとなった。まさに、象山にとって邵康節は学究人生の恩人であり、目指すべき理想の学者像であった。

二十九歳を迎えて再度の江戸遊学を果たした象山は、江戸に私塾「象山書院」を開設した翌年の天保十一年（一八四〇）の九月、前述のごとく「邵康節先生文集」を編纂するわけである。彼は、自らが書いたその序文「邵康節先生文集序」において、「学を為すの要は「格物窮理」に在り」「物理を窮めんと欲する者は、必ずまさに邵氏より入るべし」と説き、(160)朱子学の説く「格物窮理」の躬行実践において「物理」を探究することがいかに重要であるかを述べ、学問探究における邵康節の存在の偉大さを強調している。

ところで、父一学の「諭示」（「墳原卜伝流槍剣術」の免許皆伝書に付された一学の武道哲学）に説き示された朱子学における学問探究の実践的な方法原理である「格物窮理」の普遍的な妥当性を信じて育った象山は、邵康節の思想形成の軌跡と同様に、父親から幼少時より易学および数学を学び、そこから儒学の本質を理解して、自己の主体的な学問観の基礎を形成したのである。しかも、象山が父親や藩内の儒学者たちから学んだ儒学は、偶然の必然ともいうべきか、いずれもが「性即理」の実践原理である「格物窮理」を学問の基本精神とする朱子学であったのである。

それ故に、象山は、幼少期から朱子学を正統な学問と確信し、天下一等の朱子学者を目指して刻苦勉励したのである。その象山は、偶然にも邵康節の数理哲学との遭遇によって、自分自身の儒学理解の正統性を不動なものとすることができたのである。以後の象山は、自己の朱子学理解の正統性を担保する思想的根拠として邵康節を定位し、「第一の学問は此外に学問これなしと小子は相心得候」(161)と自得するまでに、心底、邵康節の学問に共感し共鳴したのである。易学や数学を基本として天地万物を貫通する理法（物理）を究める方法的原理としての「格物窮理」を強調する邵康節の思想内容を知るとき、その彼を自己の学問探究のモデルとして敬慕してやまなかった象山の朱子学理解の特徴が、奈辺にあったかを窺い知ることができる。

さらにまた、象山は、「邵康節先生文集」において、物理を知らなければ倫理を知ることはできず、したがって物理を究める「格物窮理」という西洋近代科学に通底する数理的思考を重視した物事の分析的な理解の態度こそは、学問探求の基本精神であると、邵康節の学問の特徴を引用して門人たちに説いたのである。

その後、アヘン戦争を契機として異質な洋学と出会った象山は、朱子学における「格物窮理」の対象を、洋の東西を超えて宇宙間に存在する万物に適応可能な理論にまで拡大解釈する。それによって、「格物窮理」という普遍的な学問探究によって東西両洋を分ける境界線を超えたのである。

本来的な意味では、「格物窮理」とは、朱子学の根本命題である「性即理」（「性」―人間に内在する本質―に従って宇宙の根本原理である「理」に即応して生きることによって「聖人」と呼ばれる理想的人間像を実現すること）の方法的原理であった。だが、象山は、「格物窮理」を真理探究の目的的原理と解釈する独自の創造的な朱子学理解を可能にしたのである。一体、異質な洋学との出会いを、いかに意味づけすることが、無理のない建設的な洋学理解になりうるのか。そこには、象山が精通した易学の東洋的弁証法的の理論が働いていたのである。

西洋の学術技芸を貫く「理」が、東洋の朱子学の説く「格物窮理」の「理」と矛盾するものではなく、真理探究の正統な学問探究の対象内に収めることが可能であるとするならば、象山が強調してやまない「格物窮理」を中核概念とする朱子学は、西洋砲術や西洋兵学などの軍事科学を含めた西洋近代科学（「西洋芸術」）の全体を、無理なく取り込むことができる理論となりえた。そのような革新的あるいは創造的な東洋の儒学理解から西洋近代科学（「西洋芸術」）を理解し、両者を一円的に統合した象山の思想、それが「東洋道徳・西洋芸術」というワールドワイドな思想であった。この象山思想の成立によって、幕末期の多くの青少年たちが「東洋道徳」を基礎として自己の日本人としてのアイデンティティを形成し、そこから自信をもって異質な西洋の学問（「西洋芸術」）を学び取り、進んで西洋の専門的な学問世界の各分野に飛翔することができたのである。

なお、その後の象山は、邵康節と同様に易学や数学を重視した朱子学の研鑽に挑み続け、自己の学問思想のさらなる基盤強化に粉骨砕身していく。その結果、早くも象山は、弘化嘉永年間（一八四四―五四）、西洋の学問と本格的に対峙する前の天保十一年、すなわちアヘン戦争が勃発する年に、敬慕して止まない邵康節に関する各種文献を蒐集して、前述の「邵康節先生文集」を編纂するわけである。その序文である「邵康節先生文集序」（原漢文）には次のごとく述べられている。

今の人は、試みに之と物理を言へば、すなわち曰く、吾方《まさ》に人倫日用を窮むるにこれ暇あらず。而して何ぞ物の理を窮むに暇あらんやと。ああ、豈に人倫日用にして物理に外なる者あらんや。（中略）宇宙を包括し、古今を終始し、事物に変を尽して、天人の蘊を究むるに至りては、則ち秦漢以来一人なるのみ。故に余嘗て謂《おも》へらく、物理を窮めんと欲するものは、必ず当《まさ》に邵子《しょうし》（邵康節先生）より入るべしと。[162]

「物理」を知らなければ「倫理」を知ることはできない。したがって「物理」を究める「格物窮理」（物に格りて理を窮める）という西洋近代科学に通底する数理的思考を重視した分析的な朱子学理解の態度こそが、象山の学問探求の基本精神である。そのように、象山は、邵康節の学問の核心を把捉したのである。このように「格物窮理」を強調する自然科学的な朱子学理解の態度こそは、やがて象山が洋学理解の前提として探究した実験・観察・実践を重視する実学的学問観の基本的な特徴であった。それ故に、当時の人倫道徳の在り方を探究する形而上学的な朱子学理解が大勢を占めていた幕末期日本の儒学界にあって、形而下学を重視する数理的な朱子学理解を可能にした象山は、極めて独自性の強い特異な儒学者―朱子学の理解者であったといえるであろう。

現実問題に対応する実践的学問として朱子学を理解　前述のごとく、同じ儒学であっても、朱子学は本来的に数理的な思考を重視する学問であるが故に、冷静な知的理解を基本とする「客観的観念論」（客観唯心論）と評されるわけである。だが、これに反して陽明学は心中に湧き出る抑えがたい衝動と誠実に向き合い、その純粋な実践を重視する「主観的観念論」（主観唯心論）と評される。「知」の哲学の朱子学と「情」の哲学の陽明学、同じ儒学として時代に対応した行動や実践を重視するが、本質的にみれば、朱子学と陽明学とは、互いに相容れない極めて対立的な関係にあったのである。[163]

表面的には朱子学を掲げ、本音では陽明学を説く「陽朱陰王」の儒学者と批判されていた佐藤一斎に対して、象山は、入門当初から文章詩賦の教えは受けるが儒学の教授は受けないと豪語した。いまだ二十代初頭の象山は、自らを儒学の正統性を継承し「格物窮理」を躬行実践する日本朱子学界の旗手たらんとする強固な信念の下に、異端とされる陽明学を徹底的に批判したのである。それ故に象山は、前述のごとく、大塩平八郎が天保の大飢饉に際して武力蜂起した事件（一八三七年）を、「心即理」「知行合一」を説く陽明学の思想的弊害の具体的事例であるとして厳しく論破したのである(164)。

ところで日本の朱子学は、慶長八年（一六〇三）に徳川家康（一五四三―一六一六）が江戸に幕府を開いて以来、藤原惺窩（一五六一―一六一九）や林羅山（一五八三―一六五七）ら将軍側近の儒学者（朱子学者）たちによって、幕藩体制の文治主義・徳治主義を支える思想的基盤をなす形而上学として、大義名分（行為の正当な道理）を重んじる文民統治の政治哲学という意図の下で、倫理道徳的な観点から解釈され運用された。それ故に、以後の儒学者たちは、倫理道徳的な「居敬」（「居敬窮理」）の視座から「道理」を探究する形而上学として朱子学を研究し、万物に内在する「物理」を探究する「格物窮理」という数理的な合理主義の視座からの躬行実践は、ほとんどみられなかった。「居敬」が「窮理」を圧倒していたのである。したがって、幕府の官職にある儒学者たちはもちろん、全国諸藩の儒学者たちもまた、もっぱら倫理道徳的な視座から朱子学を理解し講じていたのである。

だが、幕末動乱の時代に登城した象山の場合はまったく異なっていた。象山は、「格物窮理」という実験・実証・観察・分析・評価という一連の客観的な手続きを踏まえて、物事に内在する「理」（真理）を探究する自然科学的な学問として朱子学を捉える合理主義の思想形成を、幼少時の早い時期から学びとっていたのである。しかも、後年、異質な西洋の学問―洋学と出会ってからも、朱子学における「格物窮理」を、洋の東西を超えて宇宙間に存在する万物に適応可能な理論として拡大理解したのである。それ故に、象山の目指す「格物窮理」を根本的な目的原理とする朱子学は、西洋の砲術や兵学などの軍事科学をも含めた西洋科学（「西洋芸術」）の全体を、受容の対象内に取り込み、国防をはじめとする日本近代化の諸分野に実理有用の実学思想として理解され実践されたのである。

正統な朱子学の探究者をもって自らを任じた象山は、「格物窮理」を根幹とする朱子学を、自らが志向する実利有用の実践的な学問として「本学問」「真学問」「大学問」などと独自の表現をしている。それらの使用事例には、次のような事例があり、その意味を文脈から理解することができる。

①「本学問」の事例

「本学問は五倫五常の道を明にし人情世故に通達致し天下国家を経済致し候外御座無く候[165]」

〈天保八年〈一八三七〉、象山二十七歳。いまだ洋学とは出会わず、最初の江戸遊学を経て松代藩御城付月次講釈助の役職をもって松代藩の学政改革に取り組んでいた時代の上書「学政意見書並に藩老に呈する附書」の中の一文〉

②「真学問」の事例

「儒者輩真学問を知らず、天下の形勢を審かにせず、万国の情状をも察せず、外国の人をば押並て夷人などと称し、外国所有の諸学科諸芸術を此邦に興し夫れを以て国力を強くし候事を知らず[166]」

〈安政三年〈一八五六〉、象山四十六歳。洋学を修得して多様な実験的検証を経て、東西両洋の学術技芸を一円統合した「東洋道徳・西洋芸術」という思想を形成し展開した蟄居時代〉

③「大学問」の事例

「道徳仁義孝悌忠信等の教は悉く漢土聖人の模訓に従ひ、天文地理航海測量万物の窮理、砲兵の技、商法医術器械工作等は皆西洋を主とし、五世界の所長を集めて皇国の大学問を成し候義に御座候[167]」

〈文久二年〈一八六二〉、九年間の蟄居が赦免となる象山五十二歳の晩年に到達した時点における「東洋道徳・西洋芸術」の思想世界の具体的な表現〉

時代状況の変化とそこに求められる学問を、象山は自らの学問研鑽の進捗状況に応じて観取し、幕末期の国家緊要の難題に直面した日本が目指すべき学問を、「本学問」「真学問」「大学問」と表現している。だが、知命を過ぎた晩年の象山は、幕府に対する上書の中で、「朱子大学格致の訓に従ひ修業仕候義、理学の正脈と存じ奉り候。朱子格致の補伝に凡天下の物に即て其理を窮むることに御座候(168)」と表明し、改めて朱子学の説く「格物窮理」の「理」を共通原理として「五世界を総括」したグローバルな日本の学問の構築を建言している。

すなわち、人間の倫理道徳に関する形而上の「道理」は古代中国の聖人の教訓（「四書五経」）をもってし（「東洋道徳」）、殖産興業・文明開化に関する形而下の学問は西洋近代の学問をもってすべきであり（「西洋芸術」）、それら両者を朱子学の「格物窮理」の原理で統合した新生日本の学問（「東洋道徳・西洋芸術」）を構築する以外にない、と説いているのである。まさに、このような内容の幕府に対する具申は、東西両洋の学術技芸を修めた象山の学問的集大成である「東洋道徳・西洋芸術」という思想世界を表現したものであった。

2　数学重視の朱子学理解とその実践的展開

松代藩の学政改革を唱え数学教育の必要性を強調　思えば象山は、二十三歳で佐藤一斎と出会った当初から、彼の陽朱陰王的な思想を拒絶し、ひたすらに「格物窮理」という「理」の探究を基本原理とする朱子学の本格的な研鑽に向い、学都である江戸の儒学界での大成を目指していた(169)。何者をも恐れず、自信と勇気と知性とに満ち溢れた二十代半ばの若き朱子学徒であった象山。天下一等の朱子学者を目指すという彼の夢は、野望にも似て気宇壮大な志であった。

だが、その象山は、江戸遊学の期限である二年が過ぎた天保六年（一八三五）十二月、突然、松代藩の公務（儒者「御城付月並講釈助」）の辞令を受ける。不本意ながら、約二ヶ年の充実した江戸での学問研鑽の生活を切り上げ、天保七年二月、信州松代に帰藩する。二十六歳のときであった。それからの象山は、定期的に登城して藩士に「経書」(儒教の教典―「四書五経」)を講ずることを本務とし、余暇には父親の一学が自邸に残した講武所や文学所で門人に文武の教育を施すことを日課としたのである。

ところが、帰藩した翌年の天保八年五月、かねてから松代藩の士風衰退・風俗頽廃を憂いていた象山は、これを教育や学問の萎靡沈滞の故と分析した。そこで帰藩して早々に、象山は、藩立学校を建て正学である朱子学の教育を徹底して藩の学政を振興し、「賢才育成」(文武兼備の良材としての人材育成)を根本目的とする教育を実現する学政改革の断行を、藩政を統轄する家老職で象山の庇護者でもあった矢沢監物(一七九六―一八四二)に上書したのである。(170)長文の学政改革案の中のカリキュラム改革の基本指針に関して、象山は、次のように朱子学の根本原理である「格物窮理」を基本として「人情世故に通達致し、天下国家を経済致し候」「本学問」の実施を徹底的に主張している。

経史等好み読候ても、格物窮理の真を積み気質を変化致候迄に至らざる者は、必人情に通ぜず世故に疎き者に御座候。俗人は其本を尋ねず、唯、右等の人を見て書物を読候者は人情世故に疎く相成り候と心得、文学を忌嫌ひ候事、以の外の僻事と奉存候。本学問は五倫五常の道を明にし人情世故に通達致し、天下国家を経済致し候外御座無く候。(171)

上記の学政改革案は、いまだ二十七歳の若き象山が、すでに自己の学問として確立した朱子学の説く「格物窮理」の重要性を強調し、「本学問」(「五倫五常の道を明にし、人情世故に致通達天下国家を経済致し候」)を躬行実践するという極めて正当な儒学理解―朱子学理解に基づく学政改革案であった。士風衰退・風俗頽廃を、藩政の危機的状況と捉える象山は、政治の根本は「風俗を正し賢才を養ふ」ことにあると説き、そのためには「儒術を尊び道芸を講明し義理を習熟」することが不可欠であるとした。それ故、士風衰退・風俗退廃の原因を、「学政立たざるは御勧懲の御法御座なく候故(172)」と分析した象山は、正規の藩立学校(藩校)を創立して藩学の確立を期すべしとする学政改革案を建白したのである。

その内容は、藩士子弟のすべてを学びの対象とした藩立学校を設立して教育を振興すること、「正学」である朱子学を根本とする教育を実施して有為の「賢才」を育成すること、が学政改革案の基本的な目的となっている。特にその上書の中で、とりわけ象山が強調した「本学問」と称する実理有用の学問である「正学」とは、「五倫五常の道を明にして、人情世故に通達し、天下国家を経済致」し「格物窮理の真を積み気質の変化を致」す朱子学であった(173)。

この二十七歳のときの松代藩の学政改革に示された、朱子学を正学とする学問の理解、そして「五倫五常の道」（「居敬（窮理）」に相当する人倫道徳の教育と真理探究の「格物窮理」の教育）という朱子学の両輪を躬行実践する正統派の教育主張は、まさに若き朱子学徒の象山が理想として描いた「本学問」を実現する教育改革の実践であった。

なお、この象山の「学政意見書」には、叙上のような内容の「総論」の他に、それぞれ十ヶ条からなる各論の「学政策」と「学堂規則」とが付されていた(174)。「学政策」では、入学年齢が「八歳以上二十五歳以下」（二十五歳以上でも入学希望者は許可）で「家督無役嫡子次男三男残らず一所に集め」「八歳より十五歳」と「十五歳以上」に組み分けするという義務教育の規定は、古代中国における理想の学校教育制度を説いた『大学』の学校教育制度に準拠する教育制度論であった(175)。

このように、学都である江戸での遊学から帰藩したばかりで、いまだ二十代半ばの朱子学徒である象山が企図する学政改革の目的は、あくまでも藩の風俗を矯正して賢才を育成すること（「偸薄浮靡《とうはくふび》の士風一変仕」）であった。人材育成の教育によって藩の規律を正し政治を変革するという象山の思想は、まさに『大学』その他の儒教思想から学んだ教育第一主義・教育立国主義の思想であったのである。

この計画を実現するためには、「文のみにては真文にあらず、武のみにて文なく候得ば真武に非ざる」が故に、「御家中の子弟自ら誠の士らしく相成」「御家中悉く文武の良材と相成」ること、すなわち本来は戦士であるべき藩士が、その本質である武士道を忘れて文弱に流れ、役人化・官僚化してしまった藩士を根本から意識改革しなければならない。そのためには文と武の両道を兼修して武士道精神を体現した「賢才」（「良材」「人材」）に変革することが求められるとしたのである。(176)

すべての藩士を、教育によって「賢材化」「良材化」「人材化」するという文武両道の教育理想を実現する学校は、「真文」と「真武」を兼ね備えた「道芸兼備」（「道徳」と「芸術」の兼学）の教育、すなわち「文武両道」の教育を徹底することであり、そのためには是非とも藩立学校（藩校）の設立が不可欠であると、象山は強く提言したのである。

なお、この時の象山の「道芸兼備」、すなわち「道徳」と「芸術」の兼学という思想は、後に洋学を兼修して洋儒兼学となり、「東洋道徳・西洋芸術」思想を形成する思考法の原型とみることができる。

しかし、象山が藩政改革を具申した当時は、天保の飢饉で藩財政が窮乏の時代で改革の実行は無理であった。象山の構想した水戸藩弘道館を模した壮大な「松代藩文武学校」が設立され文武両道の人材教育が実現するのは、ペリーの浦賀来航の二年後、安政二年（一八五五）のことであった。(177)だが、その時の象山は、門人吉田松陰の海外密航事件に連座して幕府の処罰を受け、同じ信州松代で蟄居生活の身にあり、開学の挙式を見届けることはできなかった。

象山が教育改革を内実とする学政改革案を上程した三年後の天保十一年（一八四〇）には、隣国の清朝中国に世界史的な大事件が勃発する。アヘン戦争である。この対岸の火事を機に、象山は西洋諸国に関する本格的な調査分析を実施して、自らの主体的な西洋認識を形成する。すなわち、象山は、植民地獲得のために手段を選ばない極悪非道な「西洋道徳」と、高度に発達した西洋科学技術（「西洋芸術」）とに、本格的に向き合うことになる。

だが、アヘン戦争以前の象山にとって、教育とは藩政改革の根本をなす藩士の意識改革、すなわち文武兼備の武士道精神を体現した賢才育成（良材育成・人材育成）を目的とする教育的営為であり、それは朱子学の説く「格物窮理の真を積み気質を変化」させる人間変革の営みとして認識されていたものである。(178)したがって、主要な学習教材も、当然のことながら儒学の主要経典である「四書五経」であった。

だが、そこで注目すべきは、学問の目的を「脩身斉家治国平天下」(『大学』)の実現にあると説くが、「大学格知の法を授けながら小学の教を兼修仕まらせたく候[179]」と、学問へと進む教育の入門書である『小学』の徹底とともに、「格致の法」すなわち「格物窮理」の重要性を説く『大学』の教育が強調されていたことである[180]。

そして、次に注目すべきは、象山の「東洋道徳・西洋芸術」という思想の形成上において重要な意味を有することであるが、それは藩学で教えるべきカリキュラムの中に「算学医学等も此法に従ひ相場割は幾月、方程は幾日、天元術は幾月、内経は幾月、傷寒論金匱要略《きんきようりやく》(中国古典の薬物療法の医学書)は幾月[181]」と記し、「算学」「医学」「薬学」「天文学」など理数系の実学教科を必須科目として導入することを提言していることである。アヘン戦争前の、いまだ幕藩体制が安泰な平和社会であった天保年間の初期に、「格物窮理」という科学的な真理の探究を重視する象山は、風俗退廃・士気萎靡《いび》の藩風を何としても刷新すべく藩政改革—学政改革を提言し、そこで教授すべき学科目に当時の武家社会では軽視されていた「算学」を初めとする実学教科の大幅な導入を強調したのである。

この後も、象山は、松代藩や幕府の政治改革の要として教育改革を主張していくが、そこで常に彼が強調した点は、①身分や性別を超えた男女皆学の小学教育の実現、②算学・医学・薬学など日常の生活や職務に有用な実学科目の導入、であった。武家に生まれた象山は、幼少時から朱子学理解の基礎として易学とともに算学を学び、その実理有用性と数理的な普遍性の教育的価値を認識して育ったのである。しかも、算学教育の有用性は、武士の男子ばかりでなく、家政を担う女子の教育においても必要不可欠であり、必須教科として算学の基礎を女児に教えるべきことを、三十代初めに著した武家のための女子教育書『女訓』において詳細に論述している。

藩政改革の思想の底流は父一学の武士道教育　若き象山の松代藩の藩政改革—学政改革を構想した上書「学政意見書」について、その内容の概略をみてきた。畢竟するに、それは父一学が自己の実践的な文武両道の教育思想を表現した「諭示」（『墳原卜伝流剣刀術印可巻』の「剣刀術免許状」に付加）の内容そのものであった[182]。一学の門人に対する教育指針は、武士道精神を基礎とする文武兼備の「道芸」（文学修業による「道徳」と武術修業による「芸術」）を兼修した理想的人間像の育成を目的するものであった。象山の藩老への上書「学政意見書」と父一学の「諭示」との間には、「道徳の規範は外から与えられるものではなく、内より出づるものとして力強く説かれ、道徳の実践は人間の使命として、また、やむにやまれぬ至上命令の如きものとして高唱されるという朱子学における純粋性尊重の理想主義」がともに貫かれているのである[183]。

したがって、そこには、現実から遊離した机上の空理空論ではなく、常に眼前の現実問題の改革・改善に取り組む、現実的な「実理」（実際経験から得た「道理」）を探究する学問（実学）としての朱子学の理解と実践とが、象山父子に共通する思想的特徴として読み取ることができる。しかし、等しく朱子学を信奉して、その現実社会への実践を企図するものではあっても、その理解の仕方や展開の仕方に関しては、象山と一学との間には、例え親子・師弟であっても若干の相違が認められる。両者は等しく朱子学の「格物窮理」を重視しながらも、その特徴は、一学の場合は「諭示」に看取されるごとく、中国哲学者の阿部吉雄（一九〇五―七八、東京大学名誉教授）の儒学理解に従えば、「理の窮めかたが向内的であり、内的経験を重んじ、体得自得を尊ぶ」という、朱子学における「主理派」の傾向性が顕著で、「体験主義的であり道徳主義」の色彩が強いということである[184]。

それに反して象山の場合は、「学政意見書」の内容に認められるがごとく、「格物窮理」についての理解と実践とが、「事物の法則性を客観的に探求するという方向に向う」という学究的な傾向性が極めて顕著であり、それ故に「向外的であり、知識主義の立場に向う」という「主気派」の傾向性が強い、とみることができる。したがって、象山の「学政意見書」は、一学の「諭示」と比較した場合、本格的な儒学者の文章らしく、その内容が博学網羅的かつ論理的体系的であり、朱子学の説く「修身斎家治国平天下」（『大学』）という理想社会の実現に向かっての政治的主張の強いものとなっている。

以上のような「学政意見書」に示された象山の朱子学理解の在り方は、彼の再度の江戸遊学（一八三九年）によって、さらに明確なものとなる。再度の江戸遊学は、最初の遊学とは異なり、もはや佐藤一斎の私塾に学ぶ学徒ではなく、朱子学復興の旗手として天下に屹立せんと奮起する象山の、学問的な主体性の確立へと向かっていくものであった。その証しとして、彼は、最初の江戸遊学から帰藩し御城付月並講釈助という藩の儒者という公職に就いたことを契機に、自らを「象山」と号し、名前を「啓之助」から「修理」と改名して、「象山佐久間修理」と心機一転して、本格的に学問探究の世界に船出することになる。

学都の江戸で学問的な大成を希求する象山は、最初の遊学から帰藩して三年後の天保十年二月、大志を抱いて再度の江戸遊学へと向かう。その途上で、象山は、五言古詩の古体詩「東遊紀行」を詠じ、そこに自己の並々ならぬ学問大成にかける稀有壮大な心境を率直に吐露している[185]。

まず、その冒頭で象山は、「驥神《きしん》は千里を馳り（『史記』伯夷伝）：「駿馬は一日に千里をかけ[186]」「鶴念《かくめい》は九皐《きゅうこう》に在あり（声は天に届く）[187]」、「人に大志なくんば、豈に羽毛に恥じず。奮発して至道を求め、装を促して翔翺《しょうこう》（鳥が羽を広げて空高く飛び回ること）を興す。辛苦は報国を期し、自ら此の翶《こう》を誓ふ[188]」と詠むのである。

なお、象山の「報国」（国家人民への忠誠と報恩の思想）とは、学びの目的、すなわち「立志」の最も核となる基本精神であり、それは父一学から受けた武士道精神に根差した天与の観念であった。後に蟄居中の象山は、この報国意識の実践的な使命観の重要性に関して、弟子たちに次のような訓諭をしている。

> 時勢の好みに随ひて己の守るべき所を失ひ志す所を変ずるは、士気なき輩の事也。有志の士に於ては、世の用ひは如何なるべしとも国家の御為にかくならでは叶はぬ筋と思ふことは其志を変ぜず、己の身に学習する所も是を以て国家の洪恩に報じ奉るべし[189]。

自らを「驥神」「鶴念」に譬えて「報国」という大目的に定位された国家レベルでの学問の大成を、象山は、己自身に誓う形で悲愴な求道心を表明している。それ故に、再度の江戸への到着後の彼は、特定の師匠には師事せず、直ちに神田阿玉ヶ池の畔に居を構え、そこに朱子学を正学とする自らの漢学塾「象山書院」を開設する。このことは、学都の内外に〝朱子学者象山の誕生〟を宣言するものであった。

なお、象山は、江戸に自塾を開設するに際して、全十四条からなる「象山書院学約」（一八三九年五月）という「塾則」を制定し(190)、さらに翌年には、彼が中国儒学史上で最も敬仰する儒学者「邵康節」の論考を蒐集して「邵康節先生文集」（一八四〇年九月）を編纂し、これを自塾の教材とした(191)。三十歳前後の若き儒学者の象山が執筆した両作品は、その後のアヘン戦争を契機として洋学研究へと向う直前における象山の朱子学理解の在りようを端的に示している作品である。

主体的な学びの理論として「問学」を提唱

まず「象山書院学約」においては、「聖賢の学をもって志となし世俗浮華の習を除去す」「志を立つること卑陋《ひろう》なるは聖賢のことをもつて為すべからずと為す(192)」、これら両条を、象山は学問修得の究極的な目的と銘記している。また、「象山書院学約」において特に注目すべきは、「学問」という一般的な概念とは別に、「問学」という現代でもあまり聞き慣れない新奇な概念の教育用語を用いて、「予、至つて陋劣《ろうれつ》にして道においていまだ得る所あらず。諸生は鄙《いや》しとせずして、ここに相集まるは問学をもつて事となす(193)」と記していることである。

明らかに象山は、幕末期にあって既成の「学問」という概念とは異なる「新たな学びの概念」として「問学」という学習者主体の教育用語を用いている。それは、聖堂を初めとする当時の頽廃した学問（教師中心、知識中心の教育）の根本的な変革を意図した概念である。それでは、「問学」の意味するところは何か。

朱子学の経典である『中庸』には、「君子は徳性を尊びて問学に道《よ》り、広大を致して精微を尽くし、高明を極めて中庸に道り、故《ふるき》を温めて新しきを知り、敦厚にし以て礼を崇ぶ」[194]とある。中国の古代社会において、すでに「問学」という用語が学問探究の方法的概念を表す学術用語として用いられていたのである。朱子儒学者である象山は、「四書」の一書である『中庸』はもちろん、「四書五経」の全体を暗誦し、その内容に精通していた。したがって「学問」とは異なる『中庸』の中の「問学」を想起して、「人は何故に学ぶのか」を問い、「自らが自らに問い、そして自らが自らの問いに答えるべくして学べ」と、学ぶ者自身の能動的かつ主体的な学び、すなわち「問学」の実践を門人たちに喚起しているのである。それは、学びの主体的な本質を問う象山の、幕末動乱の時代における新たな学びの提唱と理解することができる。

畢竟するに、問いなき学びは空虚な観念である。納得できない物事に対して、なぜなのか、という自問自答の末に発見した主体的な問いに、自らが自らに納得のいく回答のできる自発能動的な学びを自らに課す、ということである。まさに、教師や教材を媒介とはするものの、自己が自己の問いに答え、自己が真の自己を形成する自己教育こそが、教育の究極的な意味と形なのである。それ故に、「問学」こそは、自己の存在の在り方に関わる自問自答の自己教育の営為であり、それは象山自身が壮絶な学びの実践の究極において直感し把捉しえた学びの本質論であった。このことを、象山は、後年、気づくのである。「問学」とは他者変革の前提たる自己変革、あるいは他者教育を媒介とした自己変革の学びの理論であると。[195]

学問の目的の優先順位―「徳行∨才識∨文芸」

また、「象山書院学約」では、学ぶべき学問に関して、象山は、「学は徳行をもって首となし、才識はこれに次ぎ、文芸は最も末なり」[196]と述べ、学問探究の目的に関する優先順位を「徳行∨才識∨文芸」と規定している。後に朱子学の私塾を開設した当初の象山の学問論は、極めて常識的な儒教思想に準拠したものであった。だが、道徳的な実践の重要性を意味する「徳行」を、学問探究の第一目的とする象山の学問観における価値判断の基準は、やがて洋学と出会って「東洋道徳・西洋芸術」という思想を形成する際に発揮される主体性を強調する価値観の基礎をなすものとなる。

象山は、アヘン戦争を契機に西洋（大英帝国）と東洋（清朝中国）とを、「道徳（人倫道徳）」と「芸術（科学技術）」の両面から比較分析する。その結果、強大無比な科学技術を駆使した軍艦や大砲に象徴される強力な軍事力を誇る西洋は、道徳なき残虐非道な方法で、清朝中国を徹底的に駆逐し、植民地のごとき過酷な不平等条約を締結せしめた。そのような覇権主義をもって恥じない西洋の侵略行為を、象山は、許しがたい反道徳的、否、人間以下の野獣的行為と表現して、道徳的観点から西洋を批判し否定したのである（「西洋道徳」の絶対的否定）。と同時に、象山は、そのような英国の蛮行を招いた中国自身の旧態依然とした無為無力な国家体制をも厳しく批判したのである。

旧態依然とした進歩なき学問と道徳とを至高なものとしてひたすらに遵守し、中華思想の幻想を夢みて惰眠を貪ってきた清朝中国の悲惨な敗北は、自業自得、至極当然のことであった。そのようなアヘン戦争の冷静な経緯の分析を通して、象山の西洋観と東洋観、道徳観（「東洋道徳」）と芸術観（「西洋芸術」）の基礎が形成されたのである。象山がアヘン戦争から学んだことは、「東洋道徳・東洋芸術」「西洋道徳・西洋芸術」「西洋芸術・東洋芸術」の三択は全く選択の余地のないもので、「東洋道徳・西洋芸術」のみが日本の選択しうる最良の選択肢として残り、これを日本近代化の有力な思想として提唱し実践していくことになる。

さらにまた、「象山書院学約」には、「言」「立志」「読書」「作字」「治事肄業《いぎょう》（事を治め業を肄《なら》う）」等々、十数ヶ条にわたる学問探究に不可欠なモチベーションを高める重要なアイテムが具体的に記されている。その末尾において、象山は、「皆是古の聖賢が人を教ふるの良規なり。予の私言に非ず」[197]と記している。象山の私塾「象山書院」の教育を規定する塾則には、「問学」など象山の経験知に基づく斬新な学びの概念が垣間みられる。だが、そのほとんどは古代中国の教育理想を説いた『大学』などの儒教経典に示された、朱子学本来の教育思想を遵守する伝統的な儒学教育を踏襲して制定されたものである。が、そこには、正統な朱子学を継承して、その再興を担う天下の起手たらんとする若き朱子学者・象山の意欲的な学問探究の姿勢を看取することができる。

西洋科学の秘密を数学「詳証術（ウヰスキュンデ）」に発見　次に、西洋数学（蘭語：ウヰスキュンデ「wiskunde」）と象山との関係の問題を取り上げる。この問題には、数理的な合理性を特徴とする象山思想と西洋数学の日本受容および日本数学（和算）との相違など、アヘン戦争を機に洋学と出会ってからの象山は、基本思想が朱子学であることには何ら変わりはないが、朱子学の「格物窮理」の創造的な拡大解釈をもって洋学を取り込むなど、ますます、独自な朱子学理解の深まりや広がりが認められるのである。

特に象山の西洋理解に重要な影響を与えたのは西洋数学であった。それ故、象山と西洋数学の問題は、極めて重要であるが故に、本書の第三章で詳細に検討し考察している。[198] したがって、以下の本章では、象山と「蘭語（ウヰスキュンデ）」の関係の概要を紹介するに止める。

象山は、蘭語原書の解読や蘭学者仲間との交流の中で、西洋の科学技術文明を創出した諸々の学問の基礎には、日本の数学を意味する「詳証術（蘭語のウヰスキュンデ「wiskunde」）」が存在することを発見する。高度で精緻な西洋軍事科学を初めとする西洋近代文明の基礎には、万学の基たる西洋数学（ウヰスキュンデ）が存在する。この厳粛な事実への気づきは、象山自身にとっては非常な驚きであった。黒船来航前の弘化年間の初めに蘭学を修得した好奇心の旺盛な象山は、解読した蘭書の内容を基に、様々な西洋機器を製造・実験し、西洋知識の確実性を確認する。象山は、洋式大砲・洋式鉄砲などの洋式武器をはじめ、ガラス・電気治療器・地震計などの科学機器、豚の飼育・馬鈴薯の栽培、薬用人參や甘草などの薬草栽培、温泉や各種の鉱物資源の発見、石灰・硝石の製造、葡萄酒の醸造、等々の試みを、信州松代藩の殖産興業と日本の富国強兵の実現に関わる諸々の西洋知識の日本化への有効性の検証として試みたのである。

蘭学を通して西洋科学の一面に触れた象山は、西洋科学（物理学・力学・分析学・地理学・天文学など）の学問レヴェルが、とても東洋の中国や日本などの及び得ない高度で精緻なものであることを実感する。そして、その高度な西洋近代の科学技術を創出する西洋諸科学の裏には「ウヰスキュンデ（wiskunde）」と呼ばれる西洋数学が、すべての学問の基礎学として位置づいていることに気づき感嘆する。それ故、この西洋数学を、是非とも日本に摂取し日本の諸学問に導入して抜本的な技術革新を図るべきことの重要性を、象山は、幕府その他の要路に建言するのである。

象山の西洋数学「詳証術（ウヰスキュンデ）」に関する記述の最も早い史料は、黒船来航の翌年に当たる嘉永七年（安政元、一八五四）二月付の書簡に、「天地万物の実際を窮め、詳証術分析術等の大略をも心得、大砲小銃諸器械の製作使用をも講究[199]」と記されている。だが、その二ヶ月後の嘉永七年四月、門人の吉田松陰の海外密航事件に連座して捕縛されるが、象山は、獄中で自省録の草稿を執筆した。『省諐録』である。そこで彼は、全五十七条中の第三十五条で「ウイスキュンデ」という西洋数学の用語に対して「詳証術」という日本語訳を充てて説明し、それを早急に日本に受容し全国に普及させるべきことの重要性を次のように記している。

詳証術は万学の基なり。泰西にて此の術を発明し、兵略も亦大に進み、夐然《けいぜん》として往時と別なり。謂はゆる下学して上達するなり。孫子の兵法に度量数称勝といへるもまたその術なり。（中略）今真に武備を修飾せんと欲せば先づこの学科を興すにあらずんば不可なり[200]。

また、地元松代に蟄居後の安政三年三月、門人で義弟の勝海舟宛の書簡に、象山は、「ウヰスキュンデ」を「詳証術」という日本語訳語を用いず、単に「数学」と表現して、下記のように記している。

航海術悉数学のみウヰスキュンデ開け申さず候ては叶ひ申さず候との事、御尤に存じ奉り候。此事は、僕に於ても兼て左様存じ候事。（中略）省諐録と名づけ候其内にもウヰスキュンデに係り候一條之れ有り候。仰下され候所に符合候[201]。

なお、この恩師象山から送られた「ウヰスキュンデ」に関する書簡に対して、当時、長崎海軍伝習所でオランダ海軍の教官から西洋式航海術を修得中の勝海舟は、日本の算学（和算）と西洋の算学（洋算）とは決して別物ではなく、それ故に和算のできる者は洋算を基礎とする西洋諸学科の理解が早いと述べるなど、西洋数学（ウヰスキユンデ）の重要性に関する認識は、恩師象山とまったく同じである旨、次のような返書を象山に送っている。

何分蘭書読候者少く候間、誤伝多く、これには困り申候。学科の内にて数学は天文方の者両人スチュールキュント丈けの処は会得仕候。元来彼の算と申者も之を極むる処、我との差別格別に違ひ候ものにも之れなき事故、算学出来候者は会得早く参り申候義に御座候。小子輩算なきの者は算より入候事にて甚困難に御座候。此節大方は覚申候。何分困難致し候程面白く之なき事に御座候。詳証術の御説有難く一々御尤至極と存じ奉り候。(202)

さらに、安政五年前後の史料と思われる象山史料「目安書」においても、象山は、外国への留学生派遣や外国貿易の実施、蝦夷地の開拓、活字版（活版印刷）など西洋の厚生利用に関する諸々の科学技術を、是非とも日本に導入して広く普及させること、また、西洋書籍を漢籍同様に売買自由にして洋学知識の普及拡大を図ること、等々の西洋化政策の早急な実施とともに、「西洋より諸学の師召呼ばれ、就中詳証術盛に行はれ候様御座ありたき事(203)」と述べ、外国から諸学の教師を招聘すること（御雇外国人教師制度）を提唱し、とりわけ「詳証術」、すなわち西洋数学の教師を多く招き、日本の学術世界に「詳証術」の普及を図るべきことを説いている。

多分、象山は、蘭書の解読研究中か蘭学者との交流中に、「wiskunde（ウヰスキュンデ）」という蘭語と出会い、その意味が日本の算学と同じ意味で、その内容は日本や中国などの及びえないほど高度に発達した精緻な学問と認識し、これを日本の数学と区別して「西洋数学」と理解していた。

以来、象山は、西洋近代の学術技芸（「西洋芸術」）の基礎学である「詳証術（ウヰスキュンデ）」を日本に導入普及すべきことを、幕府の要路に積極的に建言していく。西洋数学を摂取して活用し、日本の学術技芸の西洋化を推進すべしとする象山の学政改革の主張は、幕末期の儒学者にしては非常に珍しい事例で、日本近代化の推進に関わる極めて要をえた先駆的な政策提言であった。そのような象山の西洋数学の認識は、彼が「格物窮理」を基本として数理的な朱子学理解を徹底していたが故に可能となった所産である。西洋数学が富国強兵・殖産興業を実現する日本の近代化政策を推進する上で、極めて重要な学問であるとの象山の主張は、ペリー来航後の嘉永安政年間以降において展開した象山の一貫した主張であった。

3　『女訓』を執筆し女子教育に数学の必要性を強調

女子教訓書『女訓』の執筆動機と象山の女子教育論　ところで、象山は、再度の江戸遊学中に私塾を創設して儒学教育を始めた翌年の天保十一年（一八四〇）十二月、『女訓』という女子教訓書を著わす。この書を執筆した動機は、姪（松代藩御番医・北山林翁に嫁した実姉の「けい」の長女）で十九歳の「北山りう」が、同じく松代藩の武家（藩医の和田隼之助）に嫁ぐに際して、祝いの餞として書かれたものである(204)。

この象山の『女訓』は、女子教育史（女子往来物）の研究の世界では、何故にかまったく看過され、存在すら記されてはいない。同書は、象山の没後、日清戦争が開戦する年の明治二十七年（一八九四）一月、東京の出版社・長島文昌堂から和装本二十七頁で刊行された。同書の刊行を企画したのは、松代藩の象山門人である青木直隆とその嫡子・青木士亮の父子である（直隆が標柱—解説を、士亮が校正を担当）。同書の扉には象山が生前に深い信頼関係にあった山階宮（山階宮晃親王、一八一六—九八）の御歌、門人で義弟の勝海舟（一八二三—九九）の揮毫があり、続いて著名な三名の「序」—象山門人で当時は宮中顧問官の西村茂樹（一八二八—一九〇二、下総佐倉藩）、同じ信州出身で当時は大日本教育会長の辻新次（一八四二—一九一五、信州松本藩）、そして華族女学校教授の浅岡一（一八五一—一九二六、福島二本松藩出身、長野県尋常師範学校校長が前歴で信州教育に多大な貢献）が掲げられていた。

前述のごとく、同書は、象山が、結婚する姪に祝いの記念品として書いた女子教訓書である。すなわち、武家の娘が武家に嫁ぎ、やがて母となって子女の教育に当たるに際しての心得を記した内容で、武家の女子教育を年頭において書かれた内容である。だが、同書の中で注目されるのは、象山が、女子にも「算学」の教育が必要であることなど、従来の女子教訓書にはみられない女子教育の革新を説いた点である。

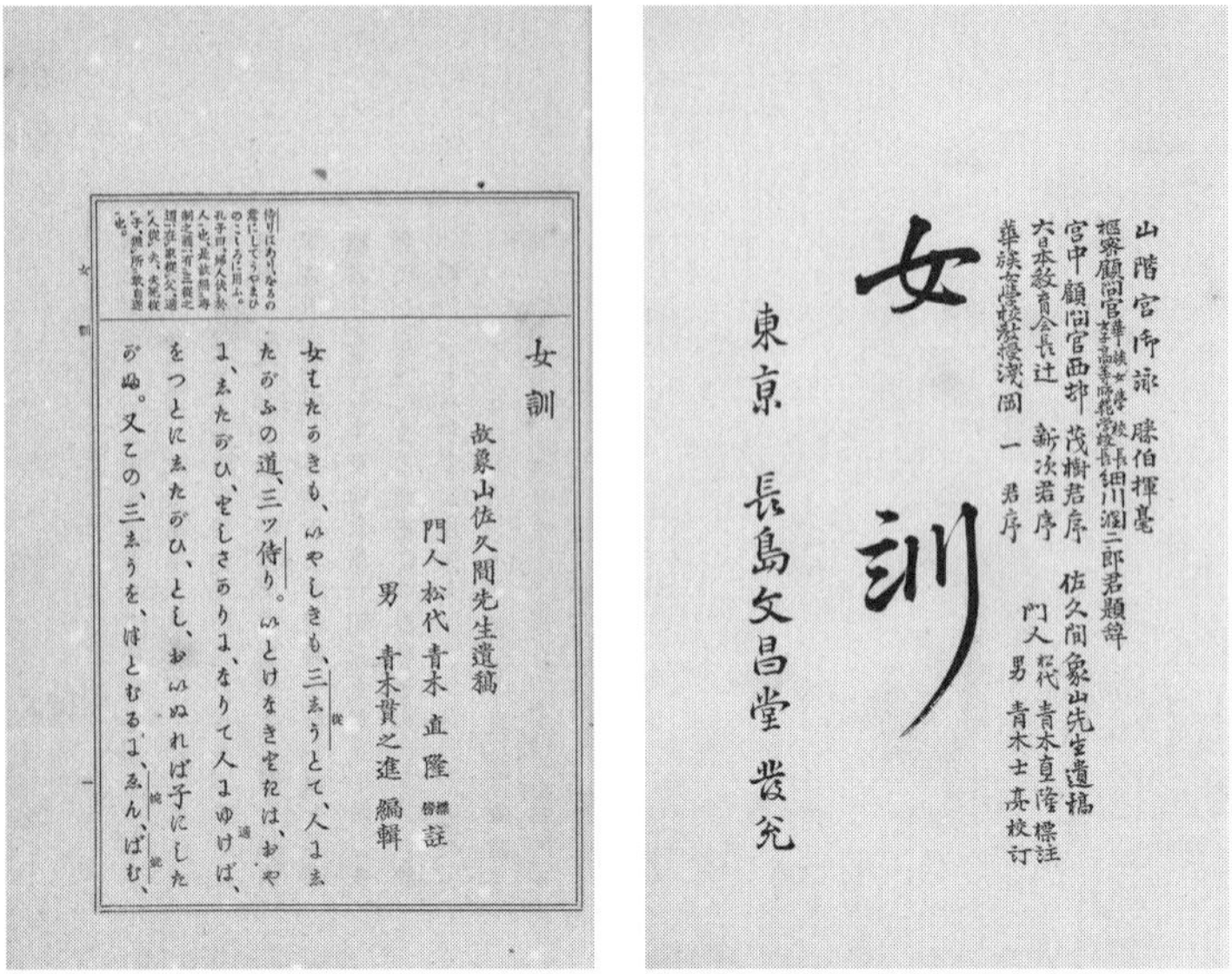

図13　象山の女子教訓書『女　訓』（著者所蔵）

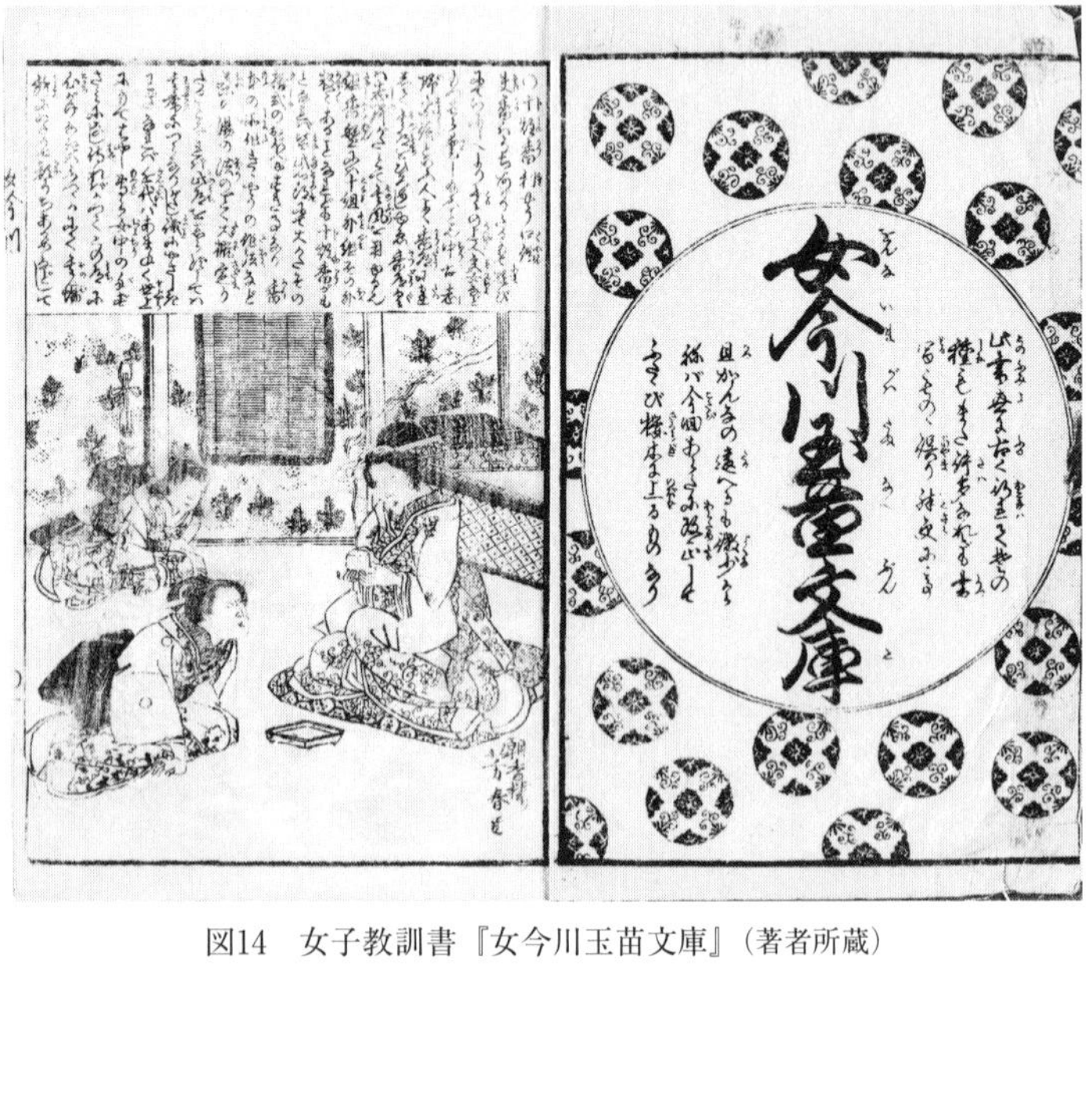

図14　女子教訓書『女今川玉苗文庫』（著者所蔵）

象山の『女訓』は、あくまでも武家の女児を対象とする女子教訓書で、江戸時代には、同書に類する女子教育書は数多く存在した。しかし、江戸時代の初期までの女訓書は、中国の古典である「女四書」（『女論語』『女孝経』『女誡』『内訓』）を日本語に意訳したり抄録した男尊女卑の儒教思想の紹介がほとんどであった。[205] だが、女子の文字教育が

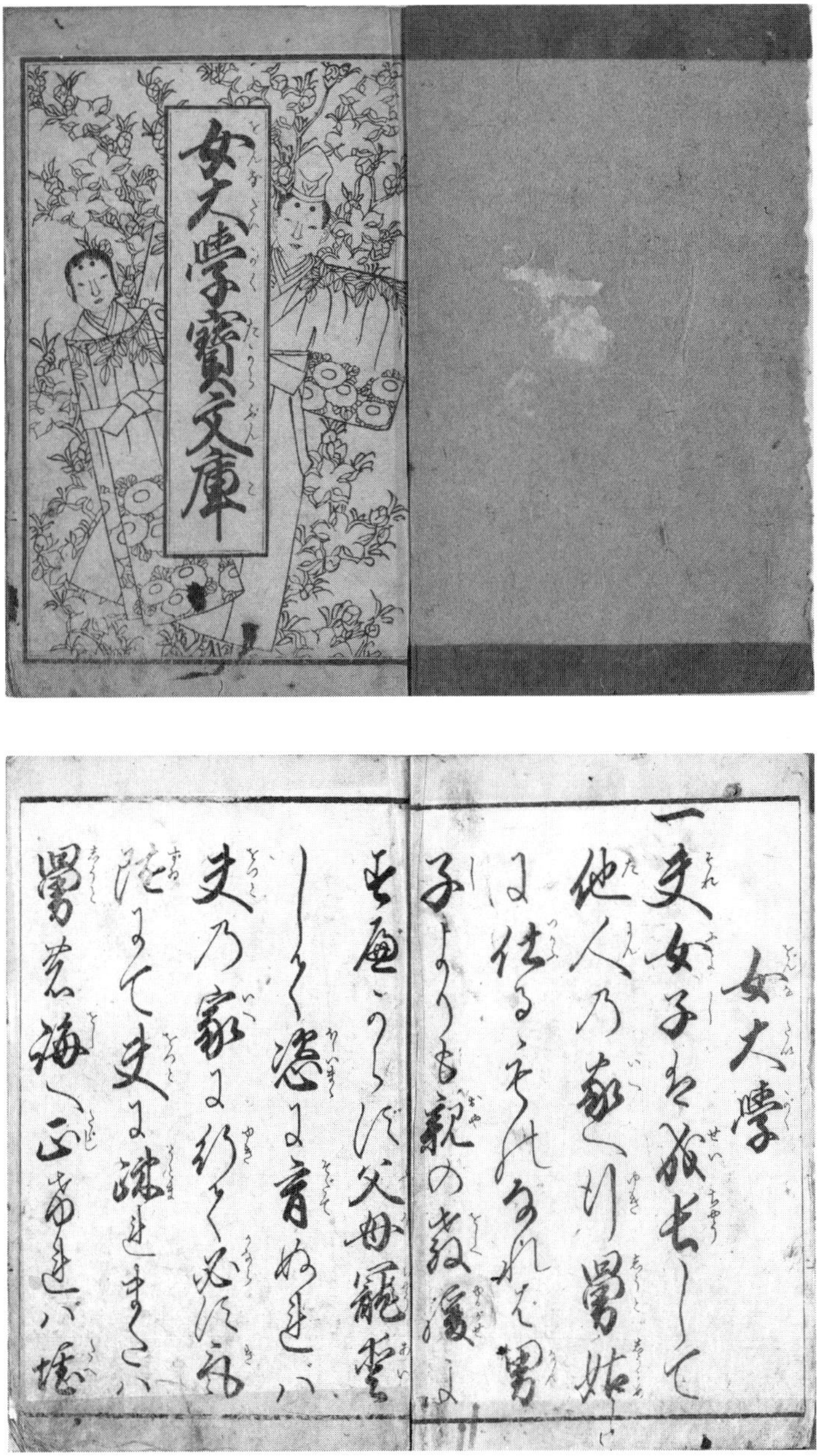

図15　女子教訓書『女大学宝文庫』（著者所蔵）

盛んになる江戸の貞享年間（一六八四―八八）に入ると、日本人による日本人のための平易な女訓書が出現する。その先駆けとなったのが、武人の今川了俊（一三二六―一四二〇）が養子の今川仲秋（今川家の分家で遠江今川氏第二代当主）に書き残したとされる「家訓」（『今川状』または『今川家家訓』）である。同書は、江戸中期以降から明治に至るまで『女今川』（「今川になぞらえて自らを誡む条々」）の書名で全国に広く普及した女子教訓書である。(206)

この『女今川』の後を受けて出現したのが近世の女子教訓書を代表する『女大学』であった。同書の原型は、享保元年（一七一六）に刊行された『女大学宝文庫』であるが、一般には『女大学』と呼ばれ、身分や地域を超えて全国に広く普及し、近世日本の女子教育に最も大きな影響を与えた女子教訓書である。

なお、『女大学』の作者は、教訓書『和俗童子訓』の著者である貝原益軒（一六三〇―一七一四）とみる説がある。それは、益軒の同書の「巻之五」に収められた「女子を教ゆる法」が『女大学』の内容と類似しているというのが根拠とされる。だが、『女大学』は十八ヶ条の構成であるが、益軒の「女子を教ゆる法」は十九ヶ条と結語からなっており、両書の内容構成にも相違が認められる。また、各条文の記載順序や文章表現にも違いが認められる点などを総合的に判断すると、『女大学』は、益軒の「女子を教ゆる法」を原典とする女子教訓書ではないとされる。(207)

『女大学』と比較した『女訓』の内容と特徴　だが、象山の『女訓』には、それまでの『女大学』その他の女子教訓書にはみられない顕著な特徴がいくつも認められる。その第一は、一見してわかる特徴であるが、全文のほとんどが女文字の平仮名で書かれている点である。近世の女子教訓書を代表する『女大学』などは、すべて本文は漢文で平仮名のルビが付されていた。このように簡潔平易な文体で書かれた象山の女子教訓書は、同書の前にも後にもみられず、婦女子の読み易さに対する象山の優しい配慮が窺える。そのことは、本質的にみれば女子が文字教育の修得を通じて、生活に必要な実学を身に付ける女子教育の拡大普及を招来する契機になれば幸いという、象山の女子教育に対する教育的な企図や期待の表れとみることができる。

そして第二の特徴は、同書の内容に関する点である。同書の全体は、全二十八ヶ条で構成されており、前段の十九条までが結婚前の教訓、中段の二十条から二十四条までが結婚後の教訓、そして後段の二十五条から最後の二十八条までが一般婦人の心得となっている。分量的に同書をみると、江戸時代を代表する女子教訓書である『女大学』は全十九条と結語からなる簡潔な構成である。したがって象山の『女訓』は、当時の数ある女子教訓書の中ではかなり分量の多い教訓書である。

また、その内容は、基本的には江戸時代に身分や地域を超えて広く全国に流布した女子教訓書型往来物の代表である『女大学』を踏襲したもので、封建社会の身分制を反映した男尊女卑・良妻賢母の思想が基本となっている。例えば、最初の第一条で、「女は、たかきもいやしきも、三じうゆ（従）とて、人にしたがふの道三つ侍り」と「三従」の教えを説いている。「三従」とは、江戸時代の女子往来物に共通する封建的女性観の最も代表的な道徳で、「結婚前には父に、結婚後は夫に、夫の死後は子に従う」という「従って生きる女性の生き方」を意味している。

さらに「三従」に続いて、「ゑん・ばん・てい・じゆ（婉・娩・聴・従）とて、四つのをしえあり」と四つの教え（四教）を付記し、その意味を、①「ゑんとは、ものいいさまやさしく」、②「ばんとは、ふるまひしとやかに」、③「ていとはかりそめの事にも専らなるふるまひなく、したがう」、④「じゆうとは、何ごとも身をこころにまかせず、仕ふる人にたがふことなきをいふ」と、言葉の意味を優しく丁寧に説明している[208]。

もともと、「三従」とは、中国の儒教経典の『儀礼』や『礼記』等に記された女性が守るべきとされた三つの道（婦徳）の教えである。これが日本に入って、江戸時代には筑前福岡藩の儒学者・貝原益軒の『和俗童子訓』（巻五「女子ニ教ユル法」）に収録され家庭教育書として広く用いられた。この「三従」の教えが、女性道徳の基本として広く江戸時代の日本社会に一般化したのである。

次に四つの教え「四教」であるが、その内容は「三従」の教えの延長上に位置づけられる道徳的教訓である。「四教」の教えもまた、中国儒教の経典『礼記』に説かれた女性の守るべき四つの道徳（①「婦徳」―女子の守るべき節操の道徳、②「婦言」―女子の言葉づかい、③「婦容」―女子の身だしなみ」、④「婦功」―女子の仕事である家事も、「三従」と同じ女子道徳の教えであるが故に、古来、「四徳」と合わせた意味で「三従四徳」という四字熟語で表現されてきた。

象山の『女訓』に書かれた叙上のような「四教」という教えは、日本の他の数多くの女子教訓型の往来物には全くみられない教訓である。したがって、この「四教」をあげているいる点は、同書の特徴である。それは、若くして博学多識な漢学力を修得した儒学者象山の真骨頂である。象山は、『女訓』を執筆する際に中国の女子教訓書を広く博捜して、日本の女子教育に援用できる教訓と判断して取り入れた教えの一つと推察することができる。

たしかに象山の『女訓』は、他の女子教訓書と同様に、江戸時代の思潮を反映した封建的女性観を基本とする女子教育論ではある。だが、象山の『女訓』は、当時の他の女子教訓書の内容とは異なり、象山独特の近代的な「女子教訓」の数々が織り込まれた実に豊富な内容となっているのである。

象山の「女訓」にみられる第三の特徴は、象山特有の女訓の内容である。他の女子教訓書では女子の順守すべき禁欲的・従順的な「女らしさ」の数々が記されている。だが、象山の「女訓」には、①読み書きの文字能力の修得（第四条「ふみよみものかくことをおこたるべからず」）、②詠歌の能力の修練（第五条「うたよめる人はおのづからなぐさむすじもすくなからず（中略）古のひとをともとし侍る心地するは、うたなりけり」）、③太刀扱いの修得（第六条「ものゝふのつまともならむ身の、太刀長刀のあつかいひ、一とほり心得ざるもいかゞなれば」）、④日本の古典の読書（第九条「源氏物語のたぐひは、人の心をもうごかしやすく」）、⑤中国古典の読書（第十条「からのふみも、力ある人は、四書・小学・女孝経・女論語・女戒・閨範《けいはん》・烈女伝の類、必ずよみてえきおほし」）等々が、女子の修得すべき学力技芸としてあげられているのである。

上記の教訓内容は、③「太刀扱いの修得」や⑤「中国古典の読書」などにみられるごとく、男子と同様に女性の秘めた様々な身体的・知的な能力の開発・向上を図るべきとする象山の女子教育に期待する提言である。象山の「女訓」は、直接的には武家の女性を対象としているが故に、他の一般庶民を対象とした女子教訓書とは異なり、従順な女性像を打破して、積極的に女性の心身の潜在能力の開発を説く革新的な内容を盛り込んでいる。その一つが、女性にも算学が必要であり、これを学ぶべきことを挙げていることである。この点が本書の第四の特徴である。

象山は、結婚して家庭を経営する女子の教育には、どうしても家庭経営上、加減乗除などの計算能力が必要と考えている。それ故に、是非とも女性は嫁する前に算学の基礎（和算の加減乗除）は修得しておく必要があるとして、次のように説いている。

さん（算）は、いまの世には、いや（賤）しきわざ（術）のやうにのみおもふ人もあれども、いにしへのりくげい（「りくげい」〈六芸〉とは、身分ある教養人の修めるべき『周礼』に記された「礼」〈礼儀〉・「楽」〈音楽〉・「射」〈弓道〉・「御」〈馬術〉、「書」〈書道〉、「数」〈算術〉の六科目をさす[209]）のひとつにも侍れば、いさゝかいやしむべき事にあらず。のちに家をもち、内のまかなひをする身なれば、さん（算）も、わり（割）・かけ（乗）・じいうにして、ようだつほどにこゝろえたるよろし[210]。

算学は、歴史的にみれば『周礼』（中国の儒教教典）に描かれた中国古代の貴族社会で必要とされた六種類の基本的な教養・技芸である「六芸」（礼〈礼儀〉・楽〈音楽〉・射〈弓術〉・御〈馬術〉・書〈書道〉・数〈算術〉）の一芸に位置づくものである。象山は、これを自らの『女訓』に取り入れている点が第四の特徴である。

幼くして算学を習い、その実利有用性を体感している象山は、男子はもちろん、将来は家政を担う女児もまた加減乗除を基本とする算学の基礎を学ぶことは有用である、と考えていた。松代藩の学政改革でも武士の人材育成に算学の教育の必要性を強調したが、女子の教育においても算学学習の必要性を説いているのである。

幕末当時の武家社会においては、なおも算学に対する蔑視観が根強く存在していた。ましてや女児に算学教育の必要性を説く者は少なく、全国各地に普及した寺子屋でも女児の入学者は男児に比して極めて少なく、したがってリテラシーとして算学を学ぶ女児の割合は寡少であった。だが、象山は、そのような女児教育に関する故なき悪弊を打破して、武家の男子や女子の学習内容に算学を取り入れるべきであると力説したのである。因習にとらわれない極めて合理的かつ実学的な判断である。このような勇気ある判断と行動は、而立を迎えたばかりの若き朱子学者・象山による旧弊打破を企図する教育改革の一環でもあった。

江戸時代に刊行された数多い「女子往来」の中でも、象山の『女訓』は、上記のように教育史上、大変に特徴のある革新的な内容を含む作品ではある。だが、昭和戦後の民主主義社会となった日本の歴史学者に、妾の斡旋を公募する傲岸不遜で尊大な男尊女卑の代表であるかのごとくに誤解されてきた象山に、[211]『女大学』を凌駕する革新的な女子教訓書の『女訓』という作品があったことは、明治以降、特に昭和戦後の象山研究者の誰もが夢想だにしないことであった。その証左に、同書は、現代に至るまで日本の歴史学界や教育学界、特に教育史学界において、その存在が全く知られておらず、『女大学』」をはじめとする女子教訓書の研究者ですら、まったく研究対象とはせず、看過されたままで現在に至っているのである。

管見の限りでは、唯一、黒川真道編『日本教育文庫　女訓篇』のみが、象山の『女訓』の全文を収録している。だが、同書は研究書ではなく研究史料集である。[212]往来物研究の第一人者であった石川謙（一八九一―一九六九）・石川松太郎（一九二六―二〇〇九）の父子による長年の往来物研究の成果である石川謙編『女子用往来物分類目録』（大日本雄弁会講談社、一九四六年）、石川謙編『日本教科書大系　往来編』（第五巻「教訓」、講談社、一九七八年）、石川謙著『往来物の成立と展開』（雄松堂出版、一九八八年）、石川松太郎編『女大学集』（平凡社・東洋文庫、一九七七年）、石川松太郎編『往来物分類目録並に解題』（全三巻、謙堂文庫、一九八六―九二年）、そして天野晴子『現代日本女子教育文献集解説』など、女子教訓書に関する膨大な数の学術研究書の中にも、[213] 象山の『女訓』はまったく収録されてはいないのである。

門人・吉田松陰の女子教訓集『女訓』の存在　さらに、恩師である象山の『女訓』をモデルにして編集したと推察される門人・吉田松陰の『女訓』もまた、研究の世界ではまったく触れられてはいない。だが、松陰の『女子訓育書』も前述の黒川真道編『日本教育文庫　女訓篇』には収められているのである。しかし、同書はその内容の異同からみて幾種類かが存在すると推察される。最初に公刊されたのは明治末期で、吉田庫三編『松陰先生女訓』[214] である。同書が、一般に松陰の『女訓』と言われる作品である。

だが、それは、象山の『女訓』のように単一の独立した内容にまとめられた著書ではない。松陰の『女訓』とされるものは、松陰の女子教育に関する多彩な論考を、松陰没後に一冊の書籍にまとめたものである。同書に収められた松陰の女子教育に関する論考の構成は、「女誡訓」（全三篇）や「妹千代宛書簡」（九通）などで、全体を通して「女子はかくあるべし、兄妹、家族はかく在るべし―松陰が妹たちに説いた人生心得」[215] をまとめたものである。

図16　吉田庫三編『松陰先生女訓』
（国立国会図書館所蔵）

また、昭和十七年（一九三二）に出版された清水英敏訳述『吉田松陰の女訓を語る』（日本青年文化協会）という著書があるが、同書は、題名の通り吉田庫三編の『松陰先生女訓』を平易な現代語に訳述したものである。

しかしながら、象山と松陰の両書は、明治時代に刊行されて以来、現在に至るまで女子教育史研究をはじめとする教育関連の学界からは、何故にかまったく無視された状態にある。

ところで、象山は、文字教育から疎外されてきた近世社会の女性が文字能力（リテラシー、literacy、読解や記述の文字能力）を備えることは、日本の国民全体の国家意識の自覚を喚起するためには必要不可欠であり、国民資質の向上こそが国家富強の基であるとする教育立国主義の思想を基本としていた。

また、前述の女子教訓書にみたごとく、女性にとって文字教育は必要であり、特に家庭経営を担う女性の経済的運営には計算能力（加減乗除を基本とする算学の基礎能力の習得）が必要不可欠であることを、象山は、執拗に指摘しているのである。

叙上のような象山と松陰の師弟が遺した「女子教訓書」は、幕末期といえども当時の封建社会を象徴する江戸時代の男尊女卑を基本とする『女大学』など多くの女子教育書と重なり合う内容が基本ではある。だが、特に象山の『女訓』は、女性の知的能力の開化向上や家庭経営を担う女性の数理的能力の必要性を説くなど、厳格な男尊女碑の身分制社会であった近世社会において、女子教育の変革と女性の地位向上とを切願する、極めて革新的な女子教育論であったとみることができる。

三　アヘン戦争を機に西洋先進世界への開眼

1　アヘン戦争の実態分析と西洋認識の形成

アヘン戦争の経緯分析と西洋列強への対応策の提言　象山が江戸に朱子学の漢学塾を開き、学者としての独立宣言をしたその年に、北東アジアを震撼させる世界史的な大事件、アヘン戦争が勃発する。古代以来、アジアの盟主で日本の学術文化の本家であった清朝中国が、産業革命（Industrial Revolution）と連動した植民地獲得（工業製品の原材料の確保と販売市場の拡大）に奔走していた大英帝国の強大な軍事力に蹂躙されるという残酷悲惨な戦況が、『阿蘭陀風説書』や『別段風説書』などを通じて、[216]日本の幕府関係者や学者知識人たちに伝えられた。この突然に勃発した対岸の大火事に、惰眠を貪っていた幕府大名は驚愕して動揺し、また日本の取るべき対応策をめぐって学者知識人たちも百家争鳴、思想的な混乱と対立を惹起したのである。

象山が再度の江戸遊学を済ませて信州に帰藩してから二年目の天保十二年（一八四一）、朱子学者としての学問的大成が実現しようとしていた矢先に、彼の学究人生に大転換を促す突風が吹き荒れ、身辺が大きく動いたのである。同年六月、主君である信州松代藩の第八代藩主の真田幸貫（一七九一―一八五二）が、水戸藩主の徳川斉昭（一八〇〇―六〇）の推挙で、幕府老中職に抜擢され、幕政の表舞台に登場することになる。実は幸貫は、第八代将軍徳川吉宗（一六八四―一七五一）の孫で、寛政改革を主導した松平定信（一七五八―一八二九、陸奥白河藩主）の次男であり、松代藩真田家の養嗣子となって活躍した名君である。この藩主が、個性が強く非凡な才能を有する象山の最大の理解者であり庇護者であった。時あたかもアヘン戦争が勃発した翌年の天保十二年六月、幸貫は、幕府の老中職（在任期間一八四一―四四）に就任し、同年の秋には海防掛（現在の防衛大臣）となる。一国の防衛責任者となった幸貫は、早速、寵臣の象山を顧問に抜擢して、アヘン戦争に揺れ動く海外事情の調査を命じたのである。

ところで、遺された象山史料の中でアヘン戦争の勃発に関わる史料は少なく、すでに藩主から海外事情の調査を命じられた、戦争勃発から二年後の天保十三年十月九日付の上田藩旧友「加藤氷谷宛書翰」が最初の史料である。そこには、象山の、中国とは一衣帯水の日本にとってアヘン戦争は決して他人事ではなく、明日はわが身、国家の存続に関わる重大事件であるとの強い危機意識が、次のように記されていた。

時に清国英吉利と戦争の様子は近頃御伝聞候や。慥《たしか》に承候とも申かね候事に候へども近来の風聞にては実に容易ならぬ事に存られ候事、勢に依り候ては唐虞《とうぐ》（古代中国の理想国家である堯舜の時代）以来礼楽の区、欧羅巴洲の腥穢《せいわい》（生臭い汚れ）に変じ申されまじきとも申難き様子に聞え、扠々嘆《さてさて》はしき義に之れ有り候。万一又清国に大変革御座候節は本邦とは僅かの海路を隔て候のみ（中略）本邦の患とも相成るべき事と存ぜられ候。よしや彼より我を犯し候心なく候とも、兵法にもその来らざるを恃《たの》まず其待あるを恃むとも申候へば、国本を固くし海岸防禦の事備具致し候様本邦に生を受候ものは願はしき事に之れ有り候。(217)

理想政治の鑑とされる堯舜神話の古代以来、アジア諸国の理想社会「礼楽の区」（文明社会）として君臨してきた中国が、産業革命を経て富国強兵を達成した大英帝国と戦って大敗し、屈辱的な不平等条約を締結させられ、国家主権を蹂躙《じゆうりん》されてしまった。この驚愕すべき出来事を風聞した象山は、海国日本の海岸防備（海防）の重要性を強調する。この悲惨なアヘン戦争を契機に、朱子学者である象山の関心事は、西洋砲術・西洋兵学を中心とする国防問題となり、やがて蘭語を修得して洋学を学び、日本を代表する西洋軍事科学の専門家となるのである。

その象山は、たとえ幕府公認の正学であっても、国家の危機に役立つ学問でなければ無用であると朱子学の存在意義を厳しく問い詰め、国防に関する軍事科学（砲術や兵学）の研究も、これまで自分が研究してきた儒学―「格物窮理」を基本原理とする朱子学―の範疇に入るべきものであると述べ、その上で当時の日本の旧態依然とした海防技術や兵学理論をまったく無益であると喝破して、次のように述べている。

兵談も講学家の一端にて本より儒術中の事に御座候。迚《とて》も入て相となり出て将となる規模之れ無く候ては正学も畢竟無用に属し申候。然る処、此節形の如き火術盛に行れ候ては是迄の兵家に唱へ候城築も陣法も皆用立申さず候。(218)

幕府の老中海防掛に就任した藩主から、西洋事情の調査を命じられた象山は、以後、活躍の舞台を松代一藩から天下国家へと拡大する好機を得る。象山は、江戸で親交を結んだ坪井信道（一七九五―一八四八、長州藩医）・鈴木春山（一八〇一―四六、西洋医）・村上定平（一八〇八―七二、高島秋帆門人）ら、当時の日本蘭学界を代表する洋学者たちや翻訳書などを通じて積極的に海外情報を収集し、アヘン戦争の経緯を冷静に分析した。と同時に、彼は、幕臣で西洋砲術の先駆者である江川坦庵（太郎左衛門、一八〇一―五五、幕臣旗本で伊豆韮山の代官）や下曽根信敦（金三郎、一八〇六―七四、幕臣旗本、幕府講武所の砲術師範）に師事して高島流の西洋砲術・西洋兵学を修得して、その体験的理解を通じて西洋軍事科学の圧倒的な優秀性を痛感するのである。

すなわち、象山は、天保十三年（一八四二）九月、日本における西洋砲術の開祖である高島秋帆（一七九八―一八六六、長崎町年寄）から幕命で高島流西洋砲術の秘伝を伝授された江川胆庵に最初の門人として入門し、伊豆韮山で西洋砲術の修得に励むことになる。江川入門に至る経緯とその目的を、彼は、松代藩の友人宛書翰に次のように記している。

豆州韮山の江川県令に出会致し、はからずフランス法の火術の談に及び一通り承り候処、是迄世間有来り候砲術とは格別の事と存られ、先いずれにも彼を知り己を知り候を兵の本と致し候事故、近来、彼にて専らと致し候術を得候て、夫につきて勝ちを制し候義をも考へ申度、其門に入候て研究致し候。(219)

象山は、野外での実践訓練を主体とする江川塾で三ヶ月余りにわたる西洋砲術の難行苦行の修業を終え、翌年の天保十四年二月に免許皆伝を受ける。江川塾における西洋砲術免許の第一号であった。だが、象山は、江川塾での西洋砲術教授の内容や方法には満足できず、後に自らがオランダ原書の解読を通して直接に最新の西洋砲術・西洋兵学を研究するようになると、江川の砲術教授が洋学に精通していないが故に、砲筒製造の学問的な論拠すら知らず、単なる銃砲の製法技術や操作技術のみの教授に終始していたことを、次のように鋭く指摘している。

江川殿にも西洋の学にはうとき人にて（中略）四郎大夫伝書（高島秋帆の西洋砲術秘伝書）三巻の中巻に、鋳筒金合せの事聊か之れ有り候へども、中々物理を尽し候事には之れ無く、只砲術を学び候もの丶聊かの心得に迄記し置き候位の事に御座候。(220)

それ故に象山は、江川塾を修了後、今度は同じ高島門人ではあるが蘭学の基礎から西洋砲術・西洋兵学を修得して幕府諸藩の門人を多数集めて砲術教授をしていた旗本の下曽根信敦（金三郎）に入門し、学び直すこととなる。

象山は、江川と下曽根の両者を比較して、江川の門人に対する秘密主義の教育を批判し、対して下曽根の方は開放主義の教育を基本方針として、「高島流秘伝書」などの貴重な書物も自由に門人に貸与してくれる度量の広い人物である、と述べている。同じ高島流西洋砲術師範でありながら、教授方法や人間性のまったく対照的な両者に師事した経験は、後に象山自身が西洋砲術の門人に対して、高価で貴重な蘭書を惜しみなく貸与あるいは贈与したり、また門人の求めに応じて自由な形式で個性的内容の免許状を個別に授与したりするなど、学問や教育の世界における権威主義や秘密主義、秘伝主義の教育を打破して、自由公開主義・個性尊重主義の教育を実行する。それは、日本における学術技芸の近代化に先駆する貴重な教訓となるものであった(221)。

強烈な自尊心と自負心を抱く象山は、相手がいかに偉大と評される学者であっても、滅多に「先生」という敬称は用いなかった。だが、西洋砲術関係では下曽根に対してだけは、自ら「下曽根先生」と称して敬仰したのである。そのような象山が、江川塾から下曽根塾へ移る際の忌憚のない経緯を、母親宛の書翰に次のように記している。

是（下曽根殿）は高島流の先生にて、江川と肩をならべ、当節は却て江川より盛にて、公儀より浦賀と申す所の御固め御人数の教授を仰付られ、此節右浦賀へ勤番いたし居られ候。私おらんだ書を読み候はぬ以前、江川へ参り砲術習ひ候頃、江川にてはけしからず、伝書など惜み候て、中々三年五年にては皆伝など致し候はぬ様子にて、中々私など外に大なるれうけん（了見）も御座候を、なみなみの人のごとく鉄砲を打ち候一生を送り候半《はば》とは存じ申さず、依て其事を下曽根殿へ参りかまけ候所、夫程にこんもう（懇望）に候はゞ伝書をか（貸）し候半とて借《（ママ）》され候ひき。只今にてこそ高島の伝書などは見下げ居候へども、其頃は原書は読め申さず、先其伝書を二ツなきものに珍重致し候事に候。その伝書を借し下され候恩分之れ有り候故、私より先生と申候(222)。

象山は、当時の日本を代表する江川・下曽根の高島秋帆門人から西洋砲術を修得した。しかし、生来、旺盛な知的好奇心に満ちた象山は、江川や下曽根が教授した単なる知識技術の次元での西洋理解ではとても満足できなかった。彼は、強力な軍事科学を生み出している西洋近代科学の秘密―学問的な背景に刮目し、直接に蘭学原書を解読して学問的次元での西洋理解に立ち向かおうとしたのである。

まさにアヘン戦争こそは、象山をして自らが信奉する中国儒教（朱子学）の再吟味と、新たな西洋科学技術の学問的世界への開眼とを促す一大事であった。やがて象山は、本格的な蘭学研究を通して西洋列強の西洋砲術・西洋兵学に象徴される学術技芸の優秀性を知ることになる。と同時に、この洋学体験を契機として、象山は、東洋と西洋の両文明を、異質な別物としてではなく、半円の統一的な全体を構成する相互不可分の関係にあるものと把捉し、それを「東洋道徳・西洋芸術」という幕末期日本の向かうべき近代化の指標となる新たな思想世界の構築という課題に挑んでいくのである。

幕府に「海防」の緊急対応策を建言―「海防八策」と「急務十条」　象山は、アヘン戦争の経緯を中心に海外事情を徹底的に調査・分析し、その結果を、当時、幕府老中職の海防担当という要職にあった主君の真田幸貫（感応公、戒名は感応院殿至貫一誠大居士）に報告する。この報告書が、有名な「海防八策」を含む具体的な海防政策の提言にまとめられた長文の上書「感応公に上りて天下当今の要務を陳ず」（天保十三年十一月）であった。この上書には、アヘン戦争の精緻な分析を通して獲得した、当時の象山における最初の西洋認識と西洋列強に対して日本が執るべき具体的な対応策とが示されていた。

アヘン戦争に象徴される当時の欧米列強諸国に対する象山の基本認識は、いかに優れた近代科学技術を駆使した強力な軍事力を誇示しようとも、覇権主義をもって自国の権益を最優先して相手国の国家主権を蹂躙して顧みず、目的のためには手段を選ばない振る舞いは、道徳なき野蛮人、人間以下の悪逆非道な動物であると厳しく批判し、それが欧米列強の実像であるとして、まずは倫理道徳面（「東洋道徳」）から欧米列強諸国の所業を厳しく指弾したのである。

ところで、象山は、「去る亥年以来イギリス夷唐山と乱を構へ頻に戦争に及び候[223]」と、アヘン戦争の事実を最初に知ったとき、この重大事件を、翻って日本にとっての現実的な大問題として捉え、「本邦へ対しイギリス夷の野心を抱き罷在候事は、実に相違之れなき義と存じ奉り候[224]」と捉えたのである。横暴な覇権主義を貫く欧米列強諸国は、強大な軍事力を背景として植民地獲得の競争に凌ぎを削っている。そうした列強諸国が、いかなる横暴な論理と手法をもって日本に軍事侵攻してくるか、その道徳なき野蛮な危険性を、象山は次のように分析している。

彼れの本邦へ対し野心御座候義は益以顕然たる義と存じ奉り候（中略）唐山との事方付次第《かたづき》、必ず渡海仕り最初に交易を相願ひ、其段御許容之れ無き節は、屹度《きつと》、先年船へ鉄砲を打掛られ候所謂《いわ》れを承り度と申す難題を申出候。抑、彼国は唯利にのみ走り候習俗に之れ有り候得ば、仮令《たとえ》本邦に深き讐怨《しゆうおん》（恩讐）之れ有り候とも本邦を乱妨（乱暴）仕候。（中略）兵を構へ本邦を悩まし、遂に要して交易を始め本邦の利を網《あみ》し候べき料見に之れ有るべく候。元来、道徳仁義を弁へぬ夷狄《いてき》（異民族―西洋人）の事にて唯利にのみ賢く候ば、一旦兵乱を構へ候方終始己れの利潤に相成申べきと見込候はば、聊か我に怨なくとも如何様の暴虐をも仕るべく候[225]。

上述のごとく、アヘン戦争の顚末から今後の日本への出方を冷静に分析した象山は、イギリスに代表される、当時の西洋列強の「力は正義」という軍事力を背景とした覇権主義をもって植民地獲得に奔走する野蛮な実態（「道徳仁義を弁へぬ夷狄」）を鋭く見抜き、これを批判したのである。

上記の引用史料は、象山が洋学を本格的に学ぶ前における最初の西洋理解である。アヘン戦争を知るまでは、象山には西洋諸国やそこでの学問（洋学）などについての情報は入っておらず、まったく眼中にはなかった。それが、アヘン戦争の勃発により、突然にして西洋と対峙する羽目になったのである。それ故、当時の象山は、西洋を「夷狄（野蛮な民族）」と蔑視する日本人一般の表現を用いている。だが、後にオランダ原書で西洋の学問文化を学んで西洋理解が深まる黒船来航の頃になると、自らの西洋蔑視の態度を厳しく自戒し、欧米先進諸国を「夷狄」と蔑視する表現をすべきではない、と日本人に注意を喚起するように変化する。

だが、アヘン戦争の段階での象山の西洋理解は、十七世紀以降の弱肉強食を正義として恥じない西洋列強の覇権主義の本質を鋭く見抜いた、まったくの正論であった。欧米列強による植民地獲得の競争が、地球上の最後の楽園である東アジア世界にまで侵攻する危機的状況の中で、一体、海国日本が生き残るために取るべき緊要な具体策とは何か。倫理道徳なき西洋列強の日本侵攻こそが国家第一の重大事であり、この緊急事態に対して、日本国を統治する徳川幕府はいかに対応すべきであるか。眼前に迫る国難打開という緊迫した問題は、現実問題の解決に有効な実践的学問を探究してきた象山にとって、まさに自らが担うべき最大の難題となったのである。特に、幕府老中の海防掛である主君の顧問という立場で、象山は、幕府の取るべき具体的な対応策を考えなければならなかった。その心境を次のように述べている。

外寇の議は国内の争乱とも相違仕事勢に依ては、世界万国比類無之れ無き百代連綿とおわしまし候皇統の御安危にも預かり候ことにて、独《ひと》り徳川家の御栄辱《ごえいじょく》にのみ係り候義に御座無く候へば、神州闔国《こうこく》（日本）の休戚《きゅうせき》（喜憂）を共に仕り候事にて、生を此の国に受け候ものは、貴賤尊卑を限らず、如何様とも憂念仕るべき義と存じ奉り候。[226]

アヘン戦争を重大な他山の石とみた象山は、日本の国家人民の独立安寧を図る具体策を模索した。彼は、「生を此の国に受け候ものは、貴賤尊卑を限らず、如何様とも憂念仕るべき義」と述べ、西洋列強に対する国家の防衛は、貴賤上下を問わず、日本の国民全体に課せられた責務であると考えていた。国家の防衛は、国民の数%でしかない職業軍人たる武士階級だけでは決して担えるものではなく、国民全体の責務と考える象山の国家防衛観・国民国家観は、近代国家における〝国民の国家防衛は国民全体の責務〟という国民皆兵の捉え方を先取りするものであった。

このような象山の国防観は、幕府や藩を超えた新たな近代統一国家としての日本における国家と国民との直接的な関係への開眼でもあった。その上で象山は、現実問題として危機に瀕した国家の存続のために、幕府が緊急に実施すべき対応策とは何かを調査分析し思案したのである。その結果、象山は、幕府が緊急に執るべき具体的な対応策を八項目にまとめた「上書」を、天保十三年（一八四三）十一月、主君である老中海防掛の感応公（真田幸貫）に提出したのである。

長文の上書の中に示された下記の八ヶ条からなる幕府の執るべき具体的な海防策が、世に言う象山の「海防八策」と呼ばれるもので、後に門人の勝海舟や坂本龍馬の海防策に継承されていくものである。[227]

其一、諸国海岸要害《ようがい》の所に、厳重に砲台を築き、平常大砲を備へ置き、緩急の事に応じ候様仕度候事。

其二、和蘭貿易に銅を差遣され候事、暫く御停止に相成、右の銅を以て西洋製に倣《なら》ひ数百千門の大砲を鋳立《いた》て諸方に御分配之れ有り度候事。

其三、西洋の製に倣ひ堅固の大船を作り、江戸御廻米に難破船之れ無き様仕度候事。

其四、海運御取締の義、御人選を以て仰付られ、異国人と通商は勿論、海上万端の奸猾《かんかつ》（狡猾な悪事）厳敷取糺《とりただ》し御座有り度候事。

其五、洋製に倣ひ船艦を造り専ら水軍の駈引《かけひき》を習はせ申度候事。

其六、辺鄙の浦々里々に至り候迄学校を興し教化を盛に仕、愚夫愚婦迄も忠孝節義を弁へ候様仕度候事。

其七、御賞罰　彌《いよいよ》　明にし御威恩益顕れ、民心　愈《いよいよ》　固結仕候様仕度候事。

第八、貢士《こうし》の法起し申度事。

いまだ天下泰平の天保十三年という早い段階で、象山は英国の日本侵攻を予測し、その防衛策を幕府に建言したわけである。そこで象山は、日本国の防衛は徳川家のためではなく国家（皇統の御安危に関わる闔国《こうこく》の休戚―国家の安寧）

の存亡に関わる国家的・国民的な緊要課題と捉え、幕府を相対化して国家人民の独立安寧を第一と考えたわけである。「三十以後は、乃ち天下に繫ること有るを知る」(228)と述べるように、アヘン戦争は、象山における「国家」と「国民」への開眼を促す大事件であった。

ところで、海国日本の国防の重要性に関する警鐘は早くから打ち鳴らされていた。早くも江戸中期の戦争なき平和と安定の時代に、林子平（一七三八—九三）の『海国兵談』『三国通覧図説』や頼山陽（一七八〇—一八三二）の『日本外史』『日本政記』、あるいは高野長英（一八〇四—五〇）の『戊戌夢物語』『三兵答古知幾』、さらには渡辺崋山（一七九三—一八四一）の『慎機論』『戊戌夢物語』、等々が、海外事情に注目して海国日本の厳しい環境にある海防問題を素描し、迫り来る欧米列強による海防問題の危険性を世界史的観点から指摘していたのである。

だが、海軍の設置や海運貿易の振興、海外留学生の派遣や外国人教師の招聘、国民皆学の義務教育学校の設置、法治国家体制の整備と人材登用制度の確立など、明治以降の日本近代化の指標となる近代的な重要政策の数々を描出した象山の、最初の海防思想の具体策が上記の「海防八策」であった。この「海防八策」に示された提言の内容は、明治の近代日本に繫がる極めて近代的な国家政策であった。それは、幕末期の端緒に提起された象山の欧米列強に対する具体的な対応策であり、浦賀に黒船が来港する十余年も前のことで、これを時系列でみれば実に先駆的な提言であった。

アヘン戦争当時の日本は、第十二代将軍徳川家慶（一七九三—一八五三）の治世下で、老中首座の水野忠邦（一七九四—一八五一、肥前唐津藩主）が天保の改革を推進中であった。そのときの象山が三十二歳で「海防八策」を上書した天保十三年（一八四二）には、幕末維新期に近代日本の実現に向かって活躍する人たちは、伊藤博文二歳、久坂玄瑞三歳、高杉晋作四歳、山県有朋五歳、大隈重信五歳、徳川慶喜六歳、坂本龍馬八歳、福沢諭吉九歳、橋本左内九歳、吉田松陰十三歳、小林虎三郎十五歳と、彼らはいまだ幼少期にあった。西郷隆盛も十六歳、象山門人の筆頭で義弟の勝海舟でさえもが、いまだ洋学とは無縁な二十歳の青年であった。象山の思想的影響を受けて成長した彼ら幼い偉人たちの顔触れを見ても、幕末史における象山の先見性や先駆性を窺い知ることができる。

アヘン戦争の直後に、象山は、「海防八策」を幕府老中に上書したが、黒船来航のときにも、予言が的中したとして、新たに「急務十条」という幕府が執るべき緊急の具体策を老中の阿部正弘（福山藩主の）に上書したのである。その「急務十条」は、「海防八策」のように、箇条書きで列記された史料として、『象山全集』第二巻の「補遺」に収められている。が、全集の「本文」の中には「急務十条」の全文をみることはできない。だが、黒船来航の翌年（一八五四年）に日米和親条約が調印された後、続いて日米修好通商条約が調印される前年の安政四年（一八五七）七月二十二日付の松代藩友人宛の書簡には、「急務十ヶ条を認め阿部相公迄申上候[229]」との象山自身の記述があり、続いて「第一条は右の人を出し船を購ひ形勢を探知候の策」「第二条は初めにも申し述べ江戸御城下東辺砲台の事兼ての心計にも候」とあるが[230]、何故か第三条以下は各条ごとに列記された記述も内容もみあたらない。

しかしながら、大平喜間多・奈良本辰也・源了圓・松本健一の各氏の象山伝記・評伝には、「海防八策」と同様、「急務十条」の全十条が箇条書きで整然と列記された史料として紹介されている。だが、それらの史料の出所は明記されてはおらず、明らかに宮本仲『佐久間象山』（一八二一―一八三頁）からの引用と推定される。肝心の宮本の紹介した「急務十条」も、老中阿部正弘に提出された年月日の記載などのない不確定な史料である。

さらに不思議なことは、各氏の象山伝記・評伝の年表には、〈黒船来航の年「嘉永六年（一八五三）秋」に老中阿部に提出〉と、まったく同じ表現で記されており、しかも本文記載と年表記載の年月が異なり、十ヶ条の順番と内容にも大変な相違が認められる。各々の研究者の象山史料「急務十条」の取り扱いと記載の仕方には甚だ疑問点が多い。

以下に参考までに紹介する各氏引用の史料は、宮本仲『佐久間象山』に記載の「急務十条」がほとんどであるが、本章では『象山全集』第二巻「補遺」に所収の原史料「急務十条」を下記に紹介しておく[231]。

急務十条

第一、堅固の船を備へ水軍を練るべき事
第二、城東の砲台を新築し相房（相模安房）の砲台を改築すべき事
第三、士気精鋭筋骨強壮の者を選び大砲隊を編成すべき事
第四、慶安度の軍制を改正すべき事
第五、砲政を定め広く硝田を開くべき事
第六、警急の為め将材を選ぶべき事
第七、其短を捨て其長を用ひ其名に循はず其実を講ずべき事
第八、綱紀を正し士気を振ふべき事
第九、大小銃を演習し四時間断なからしむる事
第十、諸藩海防人数連事の法を以て編成すべき事

象山が、知友の開国論者で海岸防禦御用掛（海防掛）を務める幕府官僚の川路聖謨《としあきら》（一八〇一―六八、旗本）を介して、ときの老中で日米和親条約を締結させた阿部正弘（一八一九―五七、福山藩主）に、「急務十条」を提出したことは確かである。それは、黒船来航という未曾有の国難に直面した日本側（幕府）の執るべき国家防衛の緊急対応策であった。それ故に、「海防八策」のように時間を要する洋式大砲や軍艦の製造などは見送られ、また人材登用制度・国民皆学制度・賞罰制度などの長期的な教育文化政策も記載されてはいなかった。「急務十条」は国家防衛の緊急時に、東西両洋の兵学に精通した天下の兵学者象山の描いた現実的な国防策であった。

2　西洋近代科学の理解を求めて蘭学を修得し原書を講読

西洋知識の有効性の確認と蘭語修得の決意　アヘン戦争の後、象山は、翻訳蘭書などにより間接的な西洋情報の蒐集分析を通して、アヘン戦争の顛末に関する長文の調査書を書き上げ、天保十三年（一八四三）十一月、老中海防掛の主君真田幸貫に提出した。その報告書の中に示されたのが前述の「海防八策」である。西洋列強に関する調査分析の特命が一段落した後、象山が注目したのは、高島秋帆が、天保十二年五月、武州徳丸原で老中首座の水野忠邦（浜松藩主）を筆頭に居並ぶ幕閣を前に、西洋砲術繰練（洋式砲術・洋式銃陣）を一門あげて実施し、その威力を披瀝し圧倒したことである。(232)そこで象山は、同十四年正月、幕命で高島から西洋砲術の秘伝を伝授された旗本の江川坦庵（太郎左衛門）に入門して、西洋砲術の秘技を体験学習し、同年二月には江川門人第一号の西洋砲術免許を受け、江戸に帰るのである。

もっぱら日本国内で朱子学の説く「格物窮理」の理論を躬行実践していた象山は、アヘン戦争を契機に新たな自己認識と研究課題とに目覚める。その第一が国家意識の覚醒である。アヘン戦争を他山の石として、風前の灯火である狭小海国の日本をいかにして防衛するか。儒者である前に国家防衛を担う武士が本分の象山は、外国の日本侵攻という国家の危機に対する防衛問題に目覚める。

第二に外国の日本侵攻を防衛する目的は、決して徳川将軍家の体制維持のためではなく、歴史と伝統のある日本（「百代連綿とおはしまし候皇統」）という国家の安危に関わる重大問題であると認識する。象山における国家としての日本への目覚めである。そこでは、徳川将軍家は相対的な存在であり、天皇を戴く日本という国家こそが絶対的な存在なのである。このような象山の国防に関する主体的かつ現実的な国家観は、すでに儒学者として天下に名声を馳せていた象山をして、さらに国家防衛の軍事科学を専門とする洋学者へと転身させる重大な決意を促したのである。

それは、江川塾に入門して西洋砲術を修得する矢先のことであった。

アヘン戦争では「大鑑」（洋式軍艦）に象徴される英国の近代科学を駆使した強力な軍事力―軍艦や大砲などの驚異的な科学兵器の威力に、象山は驚歎し刮目したのである。そこで、「格物窮理」を躬行実践する朱子学者の象山は、当時の日本で最も進化していると言われた西洋流砲術に強い関心を抱き、前述のごとく、藩主の真田幸貫の斡旋で高島流西洋砲術の江川塾に入門したのである。

象山は、天保十四年の二月末、江川から免許皆伝を受けて伊豆の江川塾から江戸に戻る。が、その年の十月には、藩から「郡中横目役」（領内調査役）を命じられて松代に帰藩することになる。江戸を離れる無念さを払拭した象山は、藩命である公職の「郡中横目役」の担うべき役目を、西洋知識を活かして藩の殖産興業を推進し、藩の財政を再建し民政を改革することと受け止める。その翌月の同年十一月には、悲願であった家禄が曾祖父の時代の旧禄であった一〇〇石に復する栄誉を受けるのである(233)。

象山は、その翌月の同年十二月には、藩の殖産興業の具体的な実施政策を策定するために、活用する西洋新知識の資料の収集と研究を目的に、三度、江戸へ戻った。早速、象山は、松代藩領沓野村の実地見聞調査を踏まえて『ショメール』（百科全書）を活用した殖産興業施策「興利の事二十六条」を立案し、開発すべき広範な品目の具体的な価値を箇条書きにまとめた報告書「興利祛《きよ》弊目安書」を、翌年の弘化元年（一八四四）十一月、藩老に提出し役目を果たす(234)。この松代領内の殖産興業のための実地調査と資源開発に際して、『ショメール』に書かれた西洋知識が有効であったことを実感した象山は、西洋知識の有効性に対する確信を深める。これで洋学研究に自信を得た象山は、まずは字書を頼りに独学で蘭語原書に挑む。だが、本格的に西洋最新の知識技術を獲得するには、どうしても蘭語文法を基礎から修得することが原書解読には不可欠であることに気づく。曲折を経て、象山が、本格的に蘭語の修得に向かうのは、弘化元年六月、象山三十四歳の壮年期のことであった。

蘭学者・黒川良安との蘭漢交換教授による蘭語の修得　弘化元年という年は、象山にとって画期的な一年であった。アヘン戦争にみる西洋軍事科学の絶大な威力に圧倒された象山は、江川塾での高島流西洋砲術の修得、松代藩領内の実地調査による殖産興業の「報告書」の作成、等々で西洋近代科学の知識技術の実利有効性を実感し、一念発起してオランダ語を修得して自在にオランダ原書を解読できるようにと決意し、オランダ語の基礎から学習することに挑むのである。

実際に象山を蘭学研究に向かわしめたのは、前述のような種々の洋学に関わる実体験であった。だが、彼に躊躇なく西洋世界への開眼を促した思想は、幼少期より精通した『易経』と中国古代の兵学書である『孫子』であった。特に『孫子』に説かれた、「彼を知り己を知れば百戦殆《あや》うからず」（Know yourself as well as your enemy、『孫子』「謀攻篇」）という名言は、平和的な方法で危機打開の道を模索する兵学者象山の思想的な核心であった。後に、西洋砲術を中心とする洋学私塾を開いて幕末期の青少年たちを教育する場合にも、象山は、当時の日本人にとっては周知の中国古典である『孫子』の名言を引いて、真摯な他者理解（「彼を知り」）に基づく冷静な自己認識（「己を知る」）がいかに重要であるかを説いている。かくして、日本語とはまったく異質な言語構造のオランダ語の修得を象山が始めたのは、弘化元年二月、三十四歳のときであった。平均寿命が五十歳を切っていた幕末期においては、非常な覚悟と努力を要する晩学であった。

すでに象山は、アヘン戦争が勃発する前年の天保十年（一八三九）には、江戸の神田阿玉ヶ池に漢学塾を開いて朱子学者象山の誕生を内外に宣言していた。そして、その翌年には『江戸現存名家一覧』の「儒者」の部に恩師の佐藤一斎と並んで名前が掲載され、当代一流の儒学者として認知されたのである。

天下に令名を馳せる儒学者に大成した象山が、今度は、晩学にして蘭語学の初歩から学習して新たな語学を修得するという難行に挑もうというのである。「凡そ学問は必ず積累を以てす。一朝一夕の能く通暁するところにあらず」(235)

を、学問修得の信念とする象山は、蘭語の修得に際しても基礎基本を重視する正攻法を採り、徹底してオランダ語の文法を修得するという最も基本的な学習から始める。

ところで、西洋情報を求めて積極的に洋学者たちと親交を結んでいた象山が、当時の江戸を代表する洋学者（蘭学者）と親交を結んだのは、坪井信道（一七九五―一八四八、蘭方医、江戸に西洋医学塾「安懐堂」「日習堂」を開設、長州藩医）、杉田成卿（一八一七―五九、杉田玄白の孫で坪井信道の門人、幕府の蕃書調所教授）、渡辺崋山（一七九三―一八四一、田原藩の家老、蘭学者で画家）、伊東玄朴（一八〇〇―七一、幕府奥医師、蘭学塾「日習堂」を主宰）、鈴木春山（一八〇八―四六、田原藩、藩医〈蘭方医〉、多数の西洋兵学書を翻訳）、村上定平（一八〇八―七二、田原藩、高島秋帆門人の西洋砲術師範）下曽根信敦（金三郎、一八〇六―七四、旗本・浦賀奉行、高島秋帆門人の西洋砲術師範）ら、当時の日本洋学界の頂点に立つ錚々たる蘭学者たちであった。

蘭学の修得を決意した象山は、当初は字書を頼りに独学で蘭書の解読に挑み、先生と敬慕する松代藩の先輩である竹村金吾（一八〇五―九二、一五〇石で各種の奉行職を歴任）から拝借した蘭学辞書の『ショメール』（“*Dictionaire Oeconomique*”、家庭用百科辞典[236]）の読解から始めた。弘化元年三月の書簡には、「字書にて引候て読む位にも相成居度、去月末より事の隙々に読見候処、近日に至り少しく文意を解し候事出来申候[237]」と記すほどに、蘭語の読解になれてきた様子を記している。

だが、独学の限界を打破して本格的に蘭語の習得を志した象山は、江戸の洋学界の巨頭である坪井信道の蘭学塾に入門して蘭語を学ぶ決意をする。だが、坪井から、門人で蘭学の実力者である塾頭の黒川良安（一八一七―九〇）という人物を紹介され、個人教授を受けることになる。黒川は、越中富山藩の藩医の長男に生まれたが、長崎に遊学して阿蘭陀通詞の吉雄権之助（一七八五―一八三一）に師事して蘭学を修得し、さらにシーボルト（Philipp Franz von Siebold, 1796-1866）や大坂の緒方洪庵（一八一〇―六三）に師事して西洋医学をも学んだ。その後、彼は、江戸に出て蘭学の大家・坪井信道に師事して蘭学を極め、坪井塾の塾頭を務めるほどに蘭学の実力者となった人物である。

本来、黒川の専門は西洋医学（蘭方医学）であった。だが、彼の学問分野は、医学に止まらず、西洋の化学・天文学・歴史学・兵学など広範囲に及び、幕末期日本の洋学者を代表する典型的な洋学者であった。弘化元年六月、この黒川を、象山は江戸阿玉ヶ池の塾舎に住まわせて蘭語の教授を受け、代わりに儒学者である象山が黒川に儒学を教授するという、「蘭漢交換教授」という珍しい相互教授の学習法を始める。それは、弘化元年六月、象山三十四歳のときであった。象山は、当時の黒川との蘭漢交換教授の様子を次のように記している。

此節、私方へ黒川何がしと申蘭学生参り居り候。これは一体加洲の産に御座候が、幼年の節より長崎に遊びて蘭学を修業致し中々達者なる事に御座候。此節、此表にて第一等に唱へられ候ものに御座候。この人、漢学には甚不案内の事も候故に私に益を求め候念慮かねて候ひし所に、又私に於ては蘭学に不案内に候間、互にその長所を交易いたし候はんと約し候て、此節よびよせ申候。先頃、御買上げに致し候蘭書どもを読み候所、大に益を得申候。(238)

そもそも象山の蘭学研究は、弘化元年の二月に、「蘭日百科辞書」の『ショメール』(*Huishoudelyk Woordboek Leyden, 1743*) を頼りに、無謀にも独学で蘭書の解読に挑んだことに始まる。幕末当時、一般に「ショメール」と呼ばれた「蘭日百科辞書」は、フランス人の司祭で農学者のノエル・ショメール（Noel Chomel, 1633-1712）が編集した「家庭百科事典」で、家庭の生活設計や健康管理をはじめ、家畜の飼育や病気の治療法、魚や鳥の捕獲、樹木の栽培など、その内容は多岐に及んでいた。この蘭学事典は大部なもので、はじめ津山藩医の宇田川玄真（一七七〇―一八三五）など幕府の蕃書和解御用（後の洋学所）の蘭学翻訳官たちの四十年に及ぶ長期間の翻訳作業で成し遂げられ、『厚生新編』（全七〇巻）という書名で日本語に翻訳されていた。(239)

なお、象山の蘭学修得の過程で注目すべきは、彼が、高度な科学技術文明を創造した西洋人に対して、日本人は知的な能力面でまったく劣等感を抱く必要はなく、「西洋人とても三面六臂も之なく矢張同じ人にて、本邦人なりとて片端《ママ》ものにも之れ無く候へば、よくその書を読み考へをつけ候はゞ、必同じ様に出来候はんと存じ取掛り候所、果して何の苦も候はず出来申候」[240]と、東西両洋における人間の学習能力の平等性を信じて洋学研究に挑んでいたこと、また、この体験的な叡智を私塾の門人たちにも常々、説諭し徹底していたことである。このことは、象山自身の実体験の検証に裏付けられた東西両洋における人間の能力の平等性に関する真理観・教育観の優れた表現であった。

　ところで、幕末当時における蘭学の一般的な学習階梯は、後に緒方洪庵の門人であった福沢諭吉（一八三四―一九〇一）や長与専斎《ながよせんさい》（一八三九―一九〇二、適塾の塾長を勤め、後に第二代文部省医務局長や東京医学校長などの要職を歴任し貴族院議員）などが、自らの洪庵の「適塾」時代の学習体験を記録している学習方法が、すでに一般的に確立されていた。例えば緒方洪庵の適塾に学んだ福沢は、自らの体験を踏まえて幕末期の蘭学学習の階梯を次のように記している。

> 江戸で翻刻になっているオランダの文典が二冊ある。一をガランマチカといい、一をセインタキスという。初学の者には、まずガランマチカを教え、素読を授ける。傍らには講釈をもして聞かせる。これを一冊読了《よみおわ》るとセインタキスをまたその通にして教える。如何《どう》やらこうやら二冊の文典を解《げ》せるようになったところで解読をさせる。会読ということは、生徒が十人なら十人、十五人なら十五人に会頭が一人あって、その会読するのを聞いていて、出来不出来によって白玉を付けたり黒玉をつけたりするという趣向で、ソコで文典二冊の素読も済めば講釈も済み会読も出来るようになると、それ以上は専ら自身自力の研究に任せることにして、会読本の不審は一字半句も他人に質問するを許さず、また質問を試みるような卑劣な者もいない。[241]

　象山の門人である西村茂樹（一八二八―一九〇二）も、幕末期における蘭学学習の一般的な階梯を、「最初蘭学を学ぶに、まず文典二冊の素読を受け、夫より一通り会読を為す。是を畢《おわ》るに三年を費す。夫より窮理書（理化学書）を読み、夫より医書に移る[242]」と、福澤と同じ内容を簡潔に記している。

入門者は、まず、「マートシカッペイ」(*Maatschappij*、出版社名)の文法書である「ガランマチカ」(*Grammatica*、文法編)と「セインタキス」(*Syntaxis*、文章編)の両書を習得することから始め、それを卒業した後は理化学書や医学書など専門分野の蘭書を解読する学習課程へと進むのである。

前述のごとく、黒川良安の指導による象山の蘭学学習においてもまったく同様の階梯がとられた。象山は、弘化元年(一八四四)六月から蘭語学の学習をはじめ、両文法書の習得から開始した。三十四歳という晩学であった象山は、「文法書両巻をば是非に卒業仕度、昼夜分陰を惜みて勉励仕候[243]」と、生来の徹底した努力主義(集中力・持続力・忍耐力が三位一体化した驚異的な学習能力)を発揮し、不眠不休の末、半年後の翌弘化二年二月には両書を卒業している。通常は三年を要するという入門階梯を、彼はわずか半年余りの短期間で修了したことになる。

さらに驚くべきことは、彼は、まだ入門の文法書を学習していた合間にも、黒川の指導の下で平行して専門書の解読に挑んでいたことである。例えば、蘭学文法書の学習を始めた翌月の弘化元年七月付の象山史料には、「此節カステレインと申書の土類の吟味に係り候所を日々三枚位宛読候て口授を受け候[244]」と、蘭学の原書解読も黒川の指導の下で文法書の学習と同時平行で挑戦していたのである。

なお、そこに「カステレイン」とは、Kasteleijn P. J: *Chemische en physische oefeningen, voor de beminnaars der schei- en natuurkunde in, t algemeen, terbevordering van industrie en oeconomiekunde, en ten nutte der apothek-ers, fabrikanten en trafikanten in't bijzonders, 3dln., Leydnen, 1793-1798.* のことである。同書は、西洋の産業・経済・商業・工業・薬学などの諸科学に関する幅広い知識技術を網羅した一般的な理化学書であった。この本は、象山が蘭学文法の習得途上で初めて読解した原書であり、象山の広範な洋学知識の習得に最も有益な蘭学の原書であった[245]。

さらに、翌年の弘化二年三月の書簡には、「去月中旬迄に右両巻共卒業[246]」と、蘭語入門の文法書の学習が短期間で修了し、その後の象山は、「西洋兵書を昼夜研究精仕候[247]」と、彼の最大の関心事である海防問題に関する蘭学書や西洋砲術書や西洋兵学書を中心に、蘭学原書の解読研究に昼夜を分かたず没頭していく。友人の大槻盤渓（一八〇一―七八、仙台藩出身の儒学者）が、「佐久間といふ男はいつ眠るのかわからぬ[248]」と驚くほどの猛勉強ぶりであった。

象山の蘭書の読解能力をめぐる問題　象山は、アヘン戦争の顛末を分析した後、蘭語原書から直接に西洋情報を獲得したいとの強い知的要求を募らせ、弘化元年二月から蘭語の修得に挑む。当初は辞書を頼りに原書を解読するという無謀な独学で始めた[249]。が、同年六月には方針を転換、江戸の蘭学大家で親交の坪井信道に依頼して彼の蘭学私塾の塾頭を勤める黒川良安を紹介されて師事し、文法の基礎から本格的に蘭語を学び始める[250]。以後の象山は、下記のような弘化二年六月の知人宛書簡に記すように、昼夜を問わず生来の猛勉強ぶりを発揮して蘭語の修得に励み、普通の人が一年を要する所をわずか六〇日（二ヶ月）で蘭語文法書を修得したという。

　晩学に候故別して苦学仕らず候ては届き申さず候に付、昼夜を限らず勉強仕、夜分も冬夏に拘らず九ッ八ッに及び申候。去乍ら右の苦学の甲斐御座候て、世に才子と申程の人の一年の業と申を六十日計の日数にて事を了し候[251]。

上述のような象山の蘭語文法書の非常な短期での修得に関しては、後述するように、昭和戦後の研究者の中には否定的な見解を呈する者もいる。そのような誤解と偏見に満ちた象山理解をする研究者の態度を、徹底した象山史料を基に歴史学者顔負けの歴史小説をものにする信州出身の作家である井出孫六（一九三一―二〇二〇）は、象山に関する歴史小説『杏花爛漫　小説佐久間象山』の中で、次のように問題の指摘とその原因を分析している。

　洋学史家のなかには、わずか二ヶ月（六〇日）で文典をマスターという象山の語学力の基礎に不審の目を向けるものもあるが、黒川良安というよき師、象山のいじょうなほどの集中力を考慮すれば、（中略）決して大言壮語とはいえぬだろう。象山をとりまくもろもろの状況を捨象してしまうと、その象山のことばは誤解のみをのこす結果となってしまう。（中略）後世の慎み深い洋学史家の神経をさかなでする結果となる。[252]

象山の蘭語の学力をめぐる問題については、詳しく後述する。文法書を修了した、その後の象山は、砲術書・兵学書に限らず、理化学書や医学書など、関心ある高価な蘭語原書を松代藩の公費でつぎつぎと購入し、貪欲に西洋知識を獲得していく。一心不乱に蘭書と向き合う象山は、獲得した西洋知識を可能な限り製造・製作・実験という追試を通して実験的に吟味しながら、その真偽を確かめ理解していくのである。

蘭書研究で象山の蘭語の学力は進歩していったことは間違いない。蘭学史研究者の池田哲郎（一九〇二—八五）は、象山個人が所蔵した蘭書（象山書院蔵）と藩費購入の蘭書を調査した結果、象山が所蔵したと確認できた蘭書だけでも合計五〇点を数えている。その内訳は、語学五点、医学五点、理科（物理・化学・薬学）一一点、兵学一五点、砲術・火砲鋳造一四点である。[253]西洋砲術家として令名を馳せた象山であったが故に、西洋砲術・西洋兵学の蘭書が多いのは当然である。また、西洋砲術の製造や演習に必要な理科学系の物理・化学・薬学に関する蘭書が多いのも理解できる。

だが、意外なのは医学関係の蘭書の所蔵である。儒学者として漢方医学を学び、洋学者として西洋医学を修得した象山は、当時の日本を代表する伊東玄朴や緒方洪庵らの西洋医学者（蘭方医）たちと交流があり、自らも西洋医学の知識技術をもって知人や門人など数多くの病人を診察し投薬し治療している。それ故に象山は、自他ともに確かな診断と治療を施す西洋医とみられていたことは間違いない。

当時、江戸に流行した感染病のコレラ（虎狼病）に関して、杉田玄白（一七三三—一八一七）の孫で、当時、天下の蘭学大家であった知人の杉田成卿（一八一七—五九、幕府の蕃書調所教授）の西洋医学の力量を批判し、次のように述べている。

杉田先年より読書を好み候人、且、治療にも骨折候と承居候故、コレラの義に付候ても治験も多かるべく、又其症の穿鑿も行届き居りと申すべく存じ（中略）此病を虎狼病（虎狼痢、コレラ）と称し候事をだにも弁へ候はぬは、大家株に似合候はぬ狭見固陋大いに望を失ひ申候。（中略）杉田の如き緩慢のあつかひにては皆救ふに及ぶべからずと相考候。(254)

好奇心の旺盛な象山の蘭学は、西洋砲術・西洋兵学を中心に物理学・化学・薬学・医学・本草学・畜産学など、富国強兵・殖産興業に関わる実に広範な西洋科学（「西洋芸術」）の知識技術を修得し実践する。実は、その象山の蘭学の学力をめぐって、様々な見解が示されてきた。昭和戦前の代表的な論考は、宮本仲『佐久間象山』に収められた「先生の医術」である。(255)それは、蘭方医学者としての象山の先駆的な側面を、象山史料の詳細な分析に基づいて立証しようとした力作であり、後世の象山研究者たちが依存する基本文献とされてきたものである。

そして、昭和の戦後にいち早く、象山の蘭学知識の程度や兵学書に対する関心の程度に着眼し、原史料（『象山全集』）の分析を行なったのが、東西両洋の歴史学に精通した西洋史学者の佐藤堅司（一八八九―一九六四）であった。佐藤は、「佐久間象山とデッケルの『三兵答古知幾《タクチキ》』(256)で、佐倉藩の兵制改革が象山門人の木村軍太郎や西村平太郎（茂樹）によって断行された事例をあげて、「象山の佐倉藩兵制改革（安政二年）の影響」と捉え、「象山の蘭学に対する熱意と語学力と三兵知識との程度を充分理解することができた」と高く評価したのである。そして、象山が「デッケル（西洋戦術書）を取て三遍くり返し通読仕候。右にて大に益を得申候」(257)と、象山が門人の勝海舟宛の書簡に記していることを、実際に同書を所蔵する「遅北館で象山が三遍精読したデッケルの翻訳本をみたとき」「日進月歩を追う象山は、完全な原書派」(258)であったと述べ、象山の蘭学原書の解読による確かな西洋兵学の知識獲得の事実を確認している。

だが、この後、前述の池田哲郎も、象山が熟読したというデッケル著『三兵答古知幾』（「三兵」とは「歩兵」「騎兵」「砲兵」、「答古知幾」とは「戦術書」の意）の現物をみて、佐藤堅司の見解を基本的には首肯しながら、なおも象山の蘭学の実力に対する猜疑心の消えない心境を、次のように述べている。

本書程よく象山が詠んだ本はない。全巻赤どおし（不審紙＝昔の人は鉛筆なく書物に書き込まない）を一杯貼りつけて洵に壮観である。これだけ読んだのだから象山の蘭語読解力は相当なものであったであろうという佐藤（堅司）教授の説も一応首肯できるが、又こんなにベタベタ不審だらけでは、（中略）「小生義は原書にて事済候故訳書は不用に付」式の大言も心配になる。しかし随分よく勉強したらしい証拠は歴然としている。[259]

上記のように、池田哲郎は、もともと、象山の蘭学の学力に関しては否定的な見解を取る立場であったが、研究者らしく、象山の蘭学の内実を蔵書数や語彙数を統計的な手法で冷静に分析している。[260]池田は、象山の蔵書の確定とその内容の分析、および象山の蘭語の語彙とカタカナ書きの仕方の分析を通して、象山の蘭学がどの程度のレベルであったのか、その実力を解明しようとしたのである。その結果、池田は次のような結論に達するのである。

・象山の蔵書分析からみた蘭学の程度

「象山の蘭学が彼が自負したままに大物であったとは決めかねるが、又過少に見積もることも許されない。尠くとも象山は当時オランダ一流の兵書を渉猟しており、その実学（砲術）応用に或る程度成功したとみなければならない。[261]」

・象山の蘭語語彙の分析からみた蘭学の程度

「白石や昆陽時代のように単に名詞を羅列したものでなく、かなり専門に倚った内容のある語彙の多いことに気づく。蘭語の発音については仮名書きした場合の当然の制約を受けるが、相当進歩して（それ以前に較べて）正確に近い。[262]」

昭和戦後の自由で多様な象山研究では、佐藤堅司や池田哲郎に続いて、象山の思想と行動を批判的に捉える研究も出現し、懐疑論者である池田の象山理解を圧倒するような象山の蘭学の学力に関する極めて否定的な見解も示された。

その典型的な事例が、洋学史研究者の佐藤昌介（一九一七―九七）の場合である。彼は、次のように、とても学術研究書とは思えない下劣下品な言葉を連ねて象山を批判し、その蘭学の実力を蔑視したである。

「一見『開明的』と思われる思想や蘭学観も彼の蘭学研究の成果と結びつけて解釈しないかぎり、かれの大言壮語癖に足をすくわれる(263)」「読めもしない蘭書を字書さえあれば読めると偽って記した(264)」「原書主義も、所詮はかれの大言壮語癖、ないし自己顕示欲の表れ(265)」「かれの蘭学は、西洋のそれとは異なり、幕末維新の激動期に狂い咲いた徒花にすぎない(266)」

叙上のような佐藤昌介の象山蘭学を極端に否定する見解に対して、前述の井出孫六は、同じ信州人として象山に対するいわれなき汚名をはらさんとの思いからか、佐藤堅司の象山理解を踏襲して、象山が三遍精読したという蘭語の兵学書（デッケル著『三兵答古知幾』）の現物と、長野市犀北館で対面する。そのときの驚きを次のように記している。

デッケルの蘭訳本をみて、予想以上の事実に当面して驚愕した。同書七八三頁の全ページも欠かすことなく赤く点々と貼りつけられた不審紙と諸処頻々と施された訳語をみたとき、私は象山が三遍も精読したということが、真に疑うべからざることを知った。（中略）「三遍くり返し通読仕り候」は、決して大言壮語でも、自己顕示の空言でもなく、リアリズムそのものであることが、のこされたデッケルの「タクチーキ」原本に語られている(267)。

象山が解読したという蘭書の現物の確認を経た井出の、上記のような象山の蘭学に関する理解は信頼に足るものである。その後、井出の『杏花爛漫　小説佐久間象山』を重要参考文献として象山伝記を執筆した源了圓も、次のように象山の蘭学の学力に関する偏見を脱皮して、高く再評価している。

私が象山のこの伝記を書きながら、大変気にしている問題は象山の蘭学研究の実力の問題であった。（中略）この問題について私には一つの先入見があった。それは勝海舟が、象山という男は、儒学を勉強している男には蘭学の話をし、蘭学をやっている者には儒学の話をして相手を煙にまくところがある、と述べているのを見て、少しいかがわしい感じをもっていた。しかし今度この伝記を書くに当たって彼の書簡をよむと、その旺盛な知識欲とこれは原書をきっちり読んでいるという実感をもたざるを得なかった。（中略）井出孫六氏の『小説佐久間象山』（下）を読んで（中略）とくに安政二年勝海舟との往復書簡に出るデッケルの八百ページに及ぶ二巻本の蘭訳本の、ほとんど全ページに及ぶほどの付箋の記事を見て、頭の下がる思いがした。[268]

以上、象山の蘭学の実力をめぐって、宮本仲・佐藤堅司・池田哲朗・佐藤昌介・井出孫六・源了圓らの様々な見解をみてきた。膨大ではあるが、『象山全集』（全五巻）を基本とする象山史料を丹念に読み解くならば、宮本仲・佐藤堅司・井出孫六・源了圓の見解が妥当であることは明白である。だが、象山という人間を心理的に忌避する研究者は、象山否定の先入観をもって象山史料の必要部分を引き抜き、象山の蘭学の学力を消極的、否、否定的に評価する誤った見解を提示するのである。確かに象山は、その忌憚のない自由な自己表現の言動から、誤解や偏見を受けやすい典型的な人物ではある。だが、少なくとも研究の世界では、象山研究に関しても情にほだされた先入観を捨てて、基本史料の分析に基づく科学者に恥じない正統な研究成果を公表べきである。

3　洋儒兼学による「東洋道徳・西洋芸術」思想の成立

洋学の真理探究と朱子学の説く「格物窮理」の躬行実践　儒学者であり洋学者である象山は、西洋の軍事科学だけではなく、前述のごとく当時の西洋医（蘭方医）たちに勝るとも劣らない西洋医学の知識技術をもつ医学者でもあった。だが、広範な西洋知識を獲得し実践した儒学者である象山の洋学の専門領域は、あくまでも西洋砲術・西洋兵学にあった。前述のごとく、象山が所蔵したオランダ原書は、判明するだけでも医学・理学・化学・兵学・砲術・獣医学・工学・物産など、実に幅広い分野にわたり、彼が手にした蘭書の数は五〇冊にも及ぶ。[269]知的好奇心の旺盛な象山は、現実問題に対して実利有用性のある原書の選択を基準として、極めて多方面にわたる西洋知識の獲得を目指して精力的に洋学研究を躬行実践したのである。

たしかに象山は、蘭書を頼りに洋式大砲をはじめ西洋の科学技術を追試する様々な洋式製品の製作・製造を試みた。だが、そのような象山の洋学実践は、あくまでも蘭学書に書かれた西洋の知識技術の精度を追試するという意図に発するもので、はたして原書に書かれた通りの製品が得られるか否かを実験的に検証することが第一の目的であった。

それ故に象山は、決して今日的な意味での専門的な自然科学者ではなかった。しかしながら、彼は、西洋の知識技術の様々な実験的理解を通じて、西洋の科学技術の本質や精神、その原理や方法のエッセンスを把捉し、やがて「東洋道徳・西洋芸術」という思想を形成するに至るほどに、東西両洋の学術文化の異同に関する比較考察に相当の努力を注いでいたのである。

洋学を躬行実践する朱子学者の象山は、常に東洋の目をもって西洋をみ、逆に西洋科学の目をもって東洋をみるという複眼的な比較分析の知的能力を有し、それによって「東洋道徳・西洋芸術」という東西両洋の学術技芸を統合したワールドワイドな思想世界の形成を実現しえたのである。

特に象山の洋学研究において注目すべきことは、洋学と朱子学との関係である。前述のごとく、彼は、原書で知り得た西洋知識を、可能な限り実験・観察や製作・製造などの追試を試み、原書に記載された内容の真偽の如何を検証していった。その本質的な目的は、蘭書に記載された西洋科学技術の数々を貫く「理」（真理・理法・法則）が、はたして東洋の朱子学が説く「理」（天地間を貫く普遍性や法則性）と符合するか否かを吟味することにあった。洋学研究に対する朱子学の説く「格物窮理」の躬行実践である。

机上での表面的な理解による空理空論を厳しく批判する象山は、徹底的に「格物窮理」という朱子学の実験・実証の学問精神を発揮して、「小弟の凡人にまさり候所は、書上に於て研究候事、直に実事に施こし、誤りを成し申さず候事」(270)と自負するほどに、徹底して朱子学の説く「格物窮理」という東洋の科学的精神を発揮して、洋学の実験・実証的な理解を広め深めていったのである。

そのような研究生活の結果、象山が気づいたことは、「西洋人とても三面六臂も之れ無く、矢張り同じ人にて本邦人なりとて片端《ママ》ものにも之れ無く候へば、よくその書を読み考へをつけ候はゞ、必同じ様に出来候はんと存じ取掛り候。」(271)という希望に満ちた確信であった。学問研究に洋の東西の違いはなく、国籍や人種による能力の差別もない。人間の学習能力に関する東西両洋の平等性に対する象山の強い体験的な信念は、彼の希望に満ちた学問観・教育観の基本精神となった。西洋人にできたことが東洋人である日本人にできないはずがない。この象山の確信に満ちた希望の精神は、門人たちに徹底され継承されていった。蘭書で知り得た西洋知識の真偽のほどを実験・製作・分析・観察、等々による検証を経て確認した象山は、自分自身の洋学研究の実体験に基づく「格物窮理」の基本精神を、後に開設する軍事科学系の洋学私塾における門人指導の教育指針としていくのである。

象山の洋学研究に認められる最も顕著な特徴は、前述のごとく、朱子学の説く「格物窮理」の精神を基本とする、実験的検証の実行に裏付けられた西洋の科学的知識の是非を確認する検証作業を重視したことである。同時に、その西洋知識が、国家防衛や殖産興業など、国家人民の利用厚生に実利有用な実践的知識であるか否かを吟味すること、それが重要な課題であった。それ故に、象山は、蘭学原書で知り得た西洋知識については、様々な実験観察や製造工夫を精力的に試み、洋学の知識や理論の検証を可能な限り推し進めていった。

その結果、象山は、大砲・小銃・火薬・ガラス・望遠鏡・電信機・電気治療器・銀鉱脈などの鉱山の発見や採掘、蠟石や硫黄の採取、硝石の製造、温泉の発見、人参や馬鈴薯の栽培、ブドウの採取や植林、さては養豚に至るまで、日本の国家や地方の近代化推進の根幹に関わる殖産興業・富国強兵の諸分野において、有益な様々な発明や発見を成し遂げていく。だが、象山は、前述のごとく決して専門的な意味での科学者ではなかった。しかし、その時代的な先駆性の故に、後世においては「日本における近代科学の先駆者《パイオニア》」と評されるに至ったのである。(272)

蘭学原書を解読して有益と考えた知識・技術を、彼は、自ら再現して様々な西洋器機を製作し製造した。だが、そのような象山の科学的な営為は、あくまでも朱子学の「格物窮理」の躬行実践であり、しかも、その根底には緊要な国家課題である国防（国家人民の防衛）に貢献できる有効な科学的知識技術の探究という武士道の精神が働いていた。

象山は、攘夷を叫ぶ狭隘な武士ではなかった。彼は、知的好奇心が旺盛で「格物窮理」を躬行実践する正統派の朱子学者であった。だが、尽忠報国の武士道精神を基盤として朱子学の説く「格物窮理」を躬行実践するという観点が、象山の思想的営為の核心であり、国防をはじめとする現実的課題に対処する彼の発想の根源であった。武士道精神を基盤とした正当な朱子学者であることに、揺るぎない自尊と自負の心を抱く象山自身の本心からすれば、彼が蘭書研究を通して生み出した西洋文物に関する様々な科学的実験の成果は、あくまでも朱子学の基本原理である「格物窮理」の実践躬行による実利有用な学問探求の過程や結果において生じた、単なる副産物に過ぎなかったのである。

「東洋道徳・西洋芸術」思想の形成とその教育的実践　象山は、武士道精神を根幹とする国家人民に対する強烈な報恩感謝の意識を有していた。そのことは、彼自身が、世界の中の日本を見据えて天下国家の将来を展望する「経世済民の学者」（governing a nation and providing relief to people as a scholar）であった、ということである。そのために、彼が志したのは、「東洋道徳」（国家や人間の存在の在り方を貫通する「道理」）と「西洋芸術」（国家や人間の存在に貢献する西洋科学の「物理」）との両者に通底する「実理」（道理と物理を貫通する東洋の儒学における一元的な真理）を探求することであった。それは、危機に瀕した幕末期の日本を、国家人民の独立安寧が保証される平和社会に再構築することの可能な思想基盤を形成し、日本近代化の基本的な方向性と具体的な実現方途を指示する思想として、「東洋道徳・西洋芸術」を形成し展開することであった。

それ故に象山は、様々な実験的理解を媒介とする洋学研究を進めた結果、「詳証術（ウキスキュンデ）」（数学）を基本とする精緻な論理性と法則性とに貫かれた西洋近代科学の実理有用性を、とても時代遅れの東洋文明の及びえない、高度で精緻な「実理」（実践的真理）と理解し評価するに至るのである。象山は、すでにアヘン戦争後の弘化三年（一八四六）の書簡で、「暦算家内田彌太郎の手にやはり紅毛製にて台に乗り居候天球と地球と揃い候[273]」、あるいは「地球図と申は例の近頃箕作省吾が刻し候小図に御座候[274]」と記し、実際に「地球」や「地球図」、あるいは「天球」や「天球図」の現物をみて、地球が東洋と西洋を併せた一円的な構造の球体であり、それは宏大無辺な天空に浮かぶ物体であることを理解していたのである。それ故に、地球全体の形状や東洋と西洋との地球上における位置関係を知った象山は、まさに地球的次元から東西両洋の学術技芸を俯瞰し、両者は決して対立あるいは分離の関係にあるのではなく、一円的な球的世界であることを理解していたのである。その上で彼は、「漢土の学のみにては空疎の議を免れず、又、西洋の学ばかりにては道徳義理の講究これなく候[275]」と述べ、自らの最大の研究課題である東西両洋の学問を統合した地球規模での新たな思想世界――「東洋道徳・西洋芸術」の構築へと向かうのである。

蘭書講読によって獲得した西洋知識の実験的検証に明け暮れていた弘化四年十月、三十七歳の象山は、親交の深かった幕臣の川路聖謨《かわじとしあきら》（一八〇一―六八）に宛てた書簡で、異質とみられている西洋科学（「西洋の窮理の科」）も朱子学の「格物窮理」に符合するものであるとして、「東洋道徳・西洋芸術」という思想の基本的な輪郭を次のように表明している。

> 西洋の窮理の科なども、やはり程朱（朱子学を構築した程頤と朱熹―程朱学）の意に符合し候へば、実に程朱二先生の格致（格物致知）の説は、之を東海西海北海に於て皆準ずるの至説と存候義に御座候。程朱の意に従ひ候へば、西洋の学術迄も皆吾学中の一端にて本より外のものにては御座なく（中略）。程朱の学に随ひ、西人説迄をも広く用ひ斯理を講明し候時、程朱の誤迄を弁じ候に到り申候[276]。

象山は、弘化年間における精力的な蘭書研究とそれによって獲得した西洋の知識技術の実験的検証を経て、嘉永六年（一八五三）六月の黒船来航を迎える前の時点で、すでに東西両洋の学術技芸を止揚し統一した「東洋道徳・西洋芸術」という一円的な思想世界を形成していたとみてよい。彼が、初めて「東洋道徳、西洋芸術」という独自の思想的表現をもって、自己の新たな思想世界の全体像を正式に表明したのは、黒船来航の前（嘉永六年以前と推定）であり、それは門人・小林虎三郎の父君である小林又兵衛（一七九九―一八五九、新潟町奉行）に宛てた書簡における次の一文に窺うことができる[277]。

　東洋道徳西洋芸（科学）、匡廓《きょうかく》（物を囲む枠）相依り圏模《けんぼ》（円形）を完うす。大地は周囲一萬里、還りて須く半隅を虧《か》きうべきか。

　末句の意は、道徳芸術相済《すく》ひ候事、譬へば亜細亜《あじあ》も欧羅巴《よーろっぱ》も合せて地球を成し候如くにて、一隅を欠き候ては円形を成し申さず候、その如く道徳芸術、一を欠き候ては完全の者にあらずとの考えに候[278]。

象山が形成し実践した「東洋道徳・西洋芸術」という思想は、幕末期の日本にあっては鎖国攘夷の守旧思想に対峙する開国進取の開明思想として展開された。その象山の思想は、世界の大勢を知らずに鎖国攘夷を叫ぶ多くの幕末期の青少年たちに対しては、来たるべき新生日本の創出に実効ある参画をなす人材に大成するためには、是非とも西洋日新の学問を学ぶことが必要不可欠であることを説き、偏狭固陋な尊皇攘夷の思想や運動に奔走する青少年たちの人生を、開国進取・文明開化の精神に転換させるほどに大きな思想的感化を与えた。それを証明する格好の事例として、石黒忠悳《ただのり》（一八四五―一九四一）の場合を挙げることができる。

石黒は象山門人ではなかった。実は、松陰密航事件に連座して処罰され、地元の信州松代で長い蟄居生活を余儀なくされていた象山が、文久二年（一八六二）十二月に蟄居赦免となった翌年の春、尊皇攘夷に燃える一人の青年が信州松代に象山を訪ねる。石黒である。彼は、そのときの心境を、次のように記している。

　江戸馬喰町の郡代屋敷にいました叔父秋山省三から、（文久三年正月）年始状が来、そのなかに自分の病気の趣を報じ、また佐久間象山《さくましょうざん》先生も旧臘《きゅうろう》いよいよ幽閉を釈《と》かれた由を知らせて参りました。多年佐久間先生を慕うていた私は実に嬉しく、もはや往訪しても差し支えないから、江戸への途中是非松代に立ち寄って訪問致そうとここに決意しました[279]。

この青年こそが、明治の西洋医学界を代表し陸軍軍医総監や日本赤十字社社長などの重職を歴任した石黒忠悳であった。石黒の象山訪問は、文久三年三月のことで、そのときの象山は、前年十二月に九年間に及ぶ長い蟄居生活を赦免された直後で、翌年の元治元年（一八六四）三月には、幕府から「陸海御備向掛手付御雇」（陸海軍相談役）との命を受けて、過激な攘夷運動が展開される京に上り、同年七月に斬殺される合間のことであった。

石黒は十九歳、五十三歳の象山とは親子ほど年の差があった。彼が、幕末動乱期に狭隘な尊皇攘夷運動の無知から覚めて西洋医学の研鑚に向かう一大転機となった劇的な契機が、実に象山との出会いであった。象山は、無名の青年の突然の訪問に対して西洋日新の学問文化に関する長年の研究成果の蘊蓄を披瀝して、国事多難な日本の状況や外国の事情など、幕末期日本が直面する様々な難問をグローバルな視座から昼夜にわたって個人教授した。それは、たった三日間のことであった。だが、石黒が象山から受けた衝撃は、彼の人生観が逆転するほどに痛烈な電撃であった。

当時は、石黒のように攘夷を叫ぶ純粋無垢な青年たちは、「横文字を習い洋学を致すことを、世を惑わす一つの非行[280]」と畏怖していたのである。そのような心理的呪縛をかけられていた石黒に対して、象山は、「早晩必ず横文字を読まねばならぬ場合がある。その時になって始めて横文字は物好きで読むのではない。読まねばならぬ必要があるのだということを自覚するであろう[281]。」と諭し、別れに臨んで恩情溢れる餞の言葉を、前途ある石黒青年に贈ったのである。

その二年後、象山が京都で凶刃に斃れてから数ヶ月後、石黒は西洋医学を志して「横文字（オランダ語）」の修得に向かうのである。その時に、象山の言葉を想起した石黒は、報恩感謝の意を込めて「象山先生を祭るの文」という一文を草し、「香を焚いて先生の霊前にお詫び」をしたという。その祭文の最後には、象山を師と仰ぎたいという石黒の絶大な尊敬の念が次のように記されていた。

先生霊前、平田篤胤は、本居宣長先生にたいして、死後の門人と称したと申すが、われまた先生に対して死後の門人たらんことを願う。今より斯学（西洋医学）を研究し、その奥を極め、我が国新学を以てかの泰西と併行し、攘夷の実を挙げて先生に報い奉らむ。(282)

畢竟、教育とは出会いの衝撃である。西洋医学者として日本の西洋医学の普及・発展に多大な貢献をした石黒は、晩年に自身が出会ってきた幕末維新期に国家的次元で活躍した多くの偉人たちを回顧し、改めて象山から受けた思想的感化の絶大さを再認識して、次のように述懐している。

私の見た限りにおいて、その見識の雄大さ明達にして、一言一句、私の脳中に沁み入んで永く忘れることの出来ないのは、佐久間先生であります。吉田松蔭でも、橋本左内でも、象山先生によって大なる感化を受けたことと思います。(283)

四 「東洋道徳・西洋芸術」思想の社会的展開

1 洋学普及の国家的な重要性とその対応策の実践

蘭和辞書『ハルマ和解』の出版計画とその挫折　象山は、すでに弘化年間（一八四四―四八）には、オランダ語の読解力を身につけ、辞書を頼りにオランダ原書を解読して西洋知識を獲得できるまでになっていた。その後、黒船来航前の嘉永期（一八四八―五四）に入ると、彼は、日本への洋学の拡大普及を企図した社会的な実践活動に主力を注いでいくことになる。

弘化二年五月、蘭学者の黒川良安との蘭漢交換教授の甲斐あって、象山の蘭学力は急速に上達し、辞書があれば自力で専門書を解読できるまでになった。『ショメール』を独力で解読できるまでになった象山は、蘭書中の知識を追試して「(本邦にては未だ開けざる)ビードロやギヤマン(いずれもガラス)」[284]を製造できた成功体験を例示して、日本人も西洋人と同じ人間であり、科学する能力も平等であることを次のように説き、自分自身の学習信念とし、また私塾教育における青少年に対する学びの基本指針とした。

　ビードロと申すもの是迄本邦にては決して出来ぬ事と致し居候事にて、たまたまに好事の人蘭学致し候もの杯幾度幾人となく拵候はんと掛り見候ても、此広き都下にてつゐに出来候はず。皆辟易し候て手を引居候事に御座候。右故に強薬精を貯へ候には必ず舶来を求め候事に候。私の存じ候に西洋人とても三面六臂も之れ無く、矢張り同じ人にて本邦人なりとて片端《ママ》ものにも之れ無く候へば、よくその書を読み考へをつけ候はゞ必ず同じ様に出来候はんと存じ取掛り候所、果して何の苦も候はず出来申候。[285]

西洋人に劣らないとの日本人の能力観を説く象山は、日本近代化に向けての壮大な夢を構想する。日本中に蘭語を普及させて西洋の科学技術を摂取し、舶来品を凌ぐ高級品を製造して海外に輸出し、国内にも輸入せずとも効力ある薬品を製造して国益を図るようにすべきだとして、西洋知識を活かした殖産興業の推進を次のように説いている。

　何方にても本邦にては未だ開けざる警剛の品を製し出し候て、諸国へ差出し御国の利益を開き申度、かつは天下に舶来を待たずして強き薬を製し強き《ママ》薬を貯へ候に困らざる様致し申度所存。[286]

当時、洋学を志す者にとって、原書講読の入り口となるオランダ語の習得には、様々な障害があった。蘭語の学習を始める前から、外国語学習がいかに重要であるかを認識していた象山は、何故に蘭語辞書を編輯し刊行しようとしたのか、その理由を下記のように述べている。彼は、オランダ語だけでなく西洋諸国の多様な言語を理解するためには、様々な言語の辞書（『皇国同文鑑』）を編輯して刊行する必要があるという壮大な夢を描き、嘉永二年、その手始めとして蘭語辞書の編纂・刊行に着手するのである。

夷俗を駁《ばく》するには、先ず夷情を知るに如《し》くはなし。夷情を知るには、先ず夷語に通ずるに如くはなし。故に夷語に通じることは、ただ彼を知るの階梯たるのみならず、また彼を駁するの先務なり。（中略）因りて、皇国同文鑑若干巻を編輯して、以て欧羅諸国の語を通ずるの志あり。而して荷蘭久しく互市の国となり、邦人また多くその国の書を読むことを知れり。故に先ず阿蘭部を刊行せんと欲す。[287]

ところで、幕府の外国語政策についてみれば、外国語の翻訳に関しては、すでに文化八年（一八一一）には、天文暦法の地誌測量などを司る幕府天文方に「蛮書和解御用」という部局が設置され、同所が蘭書を中心とする外国語の翻訳機関となった。それがペリー来航後の安政三年（一八五六）には「洋学所」と改称されて拡充され、蘭語ばかりでなく英語・仏語・独語など多様な洋書の翻訳出版および洋学教育を担う幕府官立の総合的な洋学研究教育機関に一新されたのである。

しかし、いまだ象山が蘭語の修得に刻苦勉励していたペリー来航前の弘化年間には、外国語である蘭語読解の語学力を修得する外国語学習は非常な困難を極めていた。蘭語学習上の障碍は教師や語学校の不足など幾つもあった。だが、とりわけ難渋を極めたのが、蘭日辞書の絶対的な不足であった。すでに江戸後期の寛政年間には蘭和辞典『ハルマ和解』が編纂され、[288]さらに天保年間には『ハルマ和解』を増補改訂した『ズーフ・ハルマ』（Doeff-Halma Dictionary、一八三三年に完成）と呼ばれる「蘭和辞典」が編纂されていた。[289]だが、それらは、印刷技術の未発達な当時においては、活版印刷機で大量に印刷して刊行することなど不可能であり、旧態依然として版木に印刻した版本による出版であった。それ故、書物を出版するということは、すべての作業行程が熟練職人の手作業（作家・書家・彫師・刷師・綴師、等々の総合力）であった。

したがって、彫刻刷りの書物（和装本、和本）は大変に手間暇がかかり、非常に高価であった。そこで、江戸時代には高価な書籍は手書きで写し取る「写本」という活動が、学徒の学習と収入の両面で有益な方法として広く一般に普及していた。「写本」と言えども、希少で商品価値が高く、数両から数十両、中には百両を超える書物も希ではなかった。特に分量の多い辞書や難解な蘭書の専門書になると、個人で入手することは極めて困難であった。

それ故、西洋の医学や本草学、天文学や暦学、そして西洋砲術や西洋兵学などを、蘭学を通じて修得しようと志す者にとって、「蘭和辞書」は写本といえども異常な高価で売買される時代であった。はたして、辞書を含めた写本の蘭学書が、いかに稀少価値の高い代物であったか。福沢諭吉の『福翁自伝』には、写本にまつわる次のような体験談が記されている。

写本ということがまた書生の生活の種子になった。当時の写本代は、半紙一枚十行二十字詰で何文（一両＝四〇〇〇文、一文は現在の二〇円前後、筆者注）という相場である。ところがヅーフ一枚は横文字三十行ぐらいのもので、それだけの横文字を写すと一枚十六文、それから日本文字で入れてある註の方を写すと八文、ただの写本に較べると余程割りが宜しい。一枚十六文であるから十枚写せば百六十四文になる。註の方ならばその半値八十文になる。註を写す者もあれば横文字を写す者もあつた。ソレを三千枚写すというのであるから、合計してみるとなかなか大きな金高になって、おのずから書生の生活を助けていました。(290)

福沢と同時代を生きた象山門人の西村茂樹（一八二八―一九〇二）もまた、「余が蘭学を初めし時は、文法は已に板本ありしかども、辞書、窮理書はともに写本の外なし」(291)と、辞書や蘭学書の不足に難儀した蘭学学習の体験談を記している。ましてや、福沢や西村の蘭学全盛の時代からみれば、遙かに先んじて洋学研究に取り組んだ象山にとって、西洋文明をまったく知らずに、中国語の翻訳書でアヘン戦争で惨敗した中国の悲惨な状況を知るという苦渋の教訓に鑑みて、国家的次元での辞書不足はことさらに深刻な重大問題であると、象山が認識したのは当然のことであった。

それ故に象山は、蘭学学習者の増加による西洋知識の拡大普及が切望される幕末期に、蘭和辞書の編集・刊行を緊要な国家課題と受け止め、嘉永二年（一八四九）二月、次のように述べている。

荷蘭《オランダ》語彙編輯候に付ては、天下後世の為に遺恨之れ無き様致し度く、字書の類の渡り居り候をば、残らず集め候心得、又本草等の類も是迄詳かならざるをも成る丈け詮議も致し度候に就きよき本草書（薬用となる動植鉱物に関する書物）も之れ無く候に就ては叶はず。又此節急務の火術兵事に携り候事は、成る丈け精しく仕度候に就ては、火術書兵書の類も成る丈け新しきもの備へ申度（後略）[292]。

この象山の願いに対して、松代藩家老の小山田壱岐（一七九九—一八七九、次席家老、一二〇〇石）は、「百両もかけて五六部右辞書の写本を得れば事足る」と、一〇〇〇両を超える非常な大金を必要とする象山の出版事業計画に反対し、結局、藩当局は辞書の刊行資金の出資を拒んだのである。

だが、正当性のある自説を曲げない意志強固な象山は、招来する日本近代化の進捗を思い、ついに自費出版を決意する。今度は編纂・刊行に必要な資金一二〇〇両という大金を、何と自分の年収である知行一〇〇石を抵当にして、藩から資金貸与を受けるべく、理解者である家老の恩田頼母（一七九八—一八六二、一二〇〇石、松代藩第一の大身）に、借用書を添えて再度懇願するのである。

なお、当時の松代藩では「御借高」（藩が藩士の禄高の半額を借り上げる制度）という藩の財政再建策が行われていた。それ故に象山の知行高一〇〇石は実質的には半分の五〇石となる。嘉永五年の松代藩家臣の知行高（領地からの年貢量）が記録された年貢史料によると[293]、象山の実質五〇石の領地から収められた年貢量は「一一〇九俵四斗八升八合六勺」であった。しかも、さらに、これから藩への納付分が減量され、結局、象山の年貢収入は七〇俵となってしまった。実質収入を現代の現金収入に換算すると、米価を一㌔当たり四〇〇円として計算すると二六八万円（七〇俵×六〇㌔×四〇〇円＝一六八万円）と実に少ない金額の年収である。当時は、電気・ガス・水道代などの公共料金はなく、物価も現代より廉価で自給も可能であった。それ故に一六八万円という象山の年収は、現代よりは遙かに高い価値があったと推定される。

さらに象山の場合は、最初の江戸遊学から帰藩してからは、松代と江戸で私塾を開設しており、そこから入学金（束脩）や授業料（謝儀）の収入があり、特に上記の嘉永五年当時の江戸の私塾は、最盛期で門人数百人が納める多額の収入もあり、経済的には極めて裕福であったと推察される。

象山は、自分の家禄一〇〇石の年収を抵当に藩から出版費用一二〇〇両という大金を借用すべく、下記のような証文を書き、理解者である家老の恩田頼母に借用願を出したのである。

覚

一金壱千弐百両也

右は兼々存込罷存候西洋詞書ハルマ開彫の儀、今般公義《ママ》より御免を得べき候処、彫刻諸入用金子差支候に付、此企決して始終の損財に相成ざる筋段々申立、御内借願奉り候。（中略）私頂戴罷在候知行百石差上べく候間、何とか幾重にも御許容相成候様再応相願候。(294)（後略）

天下国家に有用な外国語辞典を編纂し刊行するための必要経費を、自分の禄高の年収を抵当に藩から多額の借金をするという、返済不能な象山の大胆奇抜な発想は、前代未聞の話である。

自分の何年分もの年収を抵当に入れて一〇〇〇両を超える大金を藩から借金し、自らが増補改訂した『蘭和辞書』（増補改訂版『ズーフ・ハルマ』）を、象山は刊行しようとしたのである。この証文は、本人自身にとっては天下国家に寄与する極めて真面目な話であった。だが、藩主幸貫から絶大な庇護を受けて、江戸遊学や蘭書購入などに湯水のごとく藩の公金を使う象山は、藩当局からみれば金食い虫の厄介者、他人からみれば笑止千万な児戯の戯言としか思われなかったに相違ない。しかし、天下国家への貢献を学問の根本信条と考える象山は、辞書の印刷出版という文化事業は、まさに国家百年の大計であり、取り組むに値する、否、取り組まなければならない、至極当然の国家的次元の事業であったのである。

叙上のごとく、語学の学習上に不可欠な辞書の入手が極めて困難なペリー来航前の時代に、象山は自らのオランダ語修得での難儀な体験を基にして、嘉永二年七月、意を決して『蘭和辞書』（ハルマ辞書）の増補改訂版である『増訂荷蘭語彙』の編纂に着手する。と同時に象山は、同書を松代藩の公費の借用をもって刊行すべく、今度は家老を飛び越えて藩主や幕府老中の阿部正弘にまで上書して、(295)出版費用の貸与を懇願する。見かねた藩主・真田幸貫の英断で、ついに松代藩からの資金貸与が実現するのである。国家的大事業を実現せんとする象山の岩をも通す強固な意志は、藩や幕府までも動かしたのである。

この嘉永二年、数えで三十九歳の象山は、蘭語辞書の刊行に向けて具体的な編纂作業に着手する。象山の当初の刊行計画では、蘭和辞書を皮切りに本草書、砲術書、兵学書など各種の専門書も順次、翻訳・刊行していく予定であった。だが、翌年の嘉永三年四月、「内々天文台出役のものより知らせ候。荷蘭語彙　彌《いよいよ》板行相成らざる趣(296)」との連絡が藩当局にあり、非常の覚悟をもって象山が臨んだ蘭語辞書の刊行が、松代藩からの経費借入は認められたものの、鎖国政策の下で異国文化の移入統制の厳しかった幕府当局から板行不許可の決定が下されたのである。これによって、無念にも洋学普及に向けた象山の『蘭和辞書』をはじめとする壮大な出版事業の計画は断念せざるをえなかった。

象山は、洋学の拡大普及を夢みて、自らの俸禄を抵当にして藩から出版資金の提供を受けたが、計画した辞書刊行の計画は頓挫してしまった。だが、洋学普及に不可欠な外国語翻訳の辞書を刊行するという初心を、これで、象山は断念したわけではなかった。彼は、『蘭和辞書』に代わって、今度はさらなる外国語辞書の編集刊行を企てるのである。それは、清朝中国で編集出版された外国語対照の漢語辞書である『清文鑑』や『同文龍統』に倣って、日本語に対応した西洋の複数言語と対照できる翻訳辞書『皇国同文鑑』を編集し刊行することであった。(297)だが、天意を拝し天命として取り組んだこの企画もまた、やむなき事情で実現するには至らなかった。象山は、このときの無念さを、狩野派の松代藩絵師で親交の深い三村晴山（一八〇〇―五八）に次のように述べている。

日本に生れ出で是迄の学力をも得候事、則ち天意も御座候事と存じ、例の字書を取立て天下の人に彼を知り己を守り候法を知らせ、御国恩〈日本を併て申候也〉を報じ申すべきと企候所、時至らず候て段々申上候次第に至り、借財のみ残り候様相成候。(298)

フランス学の始祖・村上英俊を誕生させた象山　自らが企画した蘭日辞書等の編纂刊行の事業を断念せざるをえなかった象山は、江戸の蘭学大家である宇田川榕庵（一七九八―一八四六、津山藩医から幕府天文方蕃書和解御用翻訳員）の門下生である蘭方医の村上英俊（一八一一―九〇）と奇遇な出会いをし、同じ洋学研究を志す盟友となる。(299)

両者は同じ年齢であるが、蘭学に関しては村上が先輩格であった。村上は、下野国の奥州街道佐久山宿（現、栃木県大田原市佐久山）の本陣佐野屋（旅籠）に生まれ、医学を志す父親に従って十四歳のときに江戸へ上り、京橋柳町（現、東京都中央区京橋三丁目）に居住する。父親の影響を受けた村上もまた、江戸で医者を目指して医学・漢学・蘭学を学ぶ。特に文政十年（一八二七）の十七歳のときからは、江戸の蘭学大家・宇田川榕庵に師事して医学を中心に蘭学を修めた。

象山の最大の庇護者が信州松代藩の第八代藩主の真田幸貫（一七九一―一八五二）であったことは幾度も述べたが、奇しくも、その嗣子である真田幸良《ゆきよし》（一八一四―四四）の側室が、何と村上の実妹（於順）であった。だが、不幸にも、その幸良が第九代藩主を継ぐべきであったが早世してしまうのである。それ故、他界した幸良の嫡男である真田幸教（一八三六―六九）が、祖父である真田幸貫の嗣子となって第九代藩主となる。したがって、幸良の側室であった村上の実妹は、第九代藩主となった真田幸教の生母（順操院）に当たるのであった。

叙上のように実妹が真田家の縁戚にいるという不思議な縁で、実兄の村上もまた、天保十二年（一八四一）には信州松代に移り、町医者を開業する。そして、弘化元年（一八四四）には、松代藩に藩医として仕官し、蘭学研究に没頭する象山と同様、当時の藩主で幕府老中職にあった真田幸貫の厚い庇護を受け、江戸に滞留してフランス学の研究に専念することが許されるのである。

実は、もともとは蘭医であった村上がフランス語を修得し、〝日本フランス学の始祖〟となる機会を与えたのは、何と同藩盟友の象山であった。[300] 蘭学者の村上が、象山と相談して大砲の新火薬製造に関する西洋の最新知識を得ようとして、スウェーデンの有名な化学者（ストックホルム医学校教授）であるベルセリウス（Jöns Jacob Berzelius, 1779–1848）の著した化学教科書『化学提要』の蘭語版（全六巻、*“Lärboki Kemien”, 1808-30*）を一五〇両という非常に高価な蘭書を注文する。[301]

ところが、届いた蘭書のはずの書籍は、何と蘭学者の村上にはまったく読めないフランス語版（*TRAITÉ DE CHIMIE MINÉRALE, VÉGÉTALE et ANIMALE, PAR J. J. BERZELIUS, PAR B, VALERIUS, BRUXELLEIS, 1838*）だったのである。[302] ロシアのピョートル大帝とともに、フランスのナポレオンを歴史上の偉人として敬仰し、とりわけナポレオン戦争（一八〇三―一五）の後の復興著しいフランスに注目していた象山は、蘭語の得意な村上に対して、フランス語の原書を解読できることの国家的な有用性を力説し、これを契機に彼にフランス語を修得すべしと強く慫慂したのである。それは、蘭日辞書『ズーフ・ハルマ』や西洋の複数言語対照の翻訳辞書『皇国同文鑑』などの編纂・刊行事業が幕府の許可が得られずに挫折した象山にとっては、自身の叶なわぬ夢の実現を願っての懇請であった。象山の真剣な説得に意を決した村上は、「蘭仏辞書」を頼りにベルセリウスのフランス語版『化学書』の解読に挑んだのである。

まず彼は、蘭語のフランス語文典（文法入門書）から初めてフランス語の基礎を修得し、続いて蘭仏辞書を頼りに膨大な分量のベルセリウス著『化学書』（全三巻、三〇〇〇頁超）の日本語訳に着手した。村上は、不眠不休、難行苦行の末に十六ヶ月の歳月を費やして、ついに嘉永三年に日本語に完訳したのである。[303] 物理的に要した時間も相当なものであったが、象山と同様、村上の言語を絶する研究に傾注する精神力（集中力・持続力・忍耐力）たるやいかばかりであったか、とても尋常なものでなかった。この難解極まる翻訳作業を成し遂げたことによって、彼は、独学でフランス語の原書を翻訳できる語学力を修得し、幕末期日本におけるフランス語学の先駆者となったのである。

村上がフランス語を習得し、膨大なベルセリウスのフランス語版『化学書』を解読するに至った経緯を、杉田玄白の「蘭学事始」の悪戦苦闘に劣らぬ「仏学事始」の苦労談を吐露して、彼自身が次のように記している。

嘉永元年五月初テ仏蘭西文典ヲ取テ之ヲ閲スルコト五閲月、聊カ文法ヲ知ル。故ニ更ニ別爾攝律私（ベルセリウス、著者注）ノ著書ヲ取テ之ヲ閲スルニ、一行オモ読コト能ハス。遂に語書ニ因テ語ヲ庾索《ユサク》シテ、指意《その》ヲ探リ。晨夜《シンヤ》専意積精スルコト茲ニ十有六月ニシテ。寖《ようや》ク読得ルコトヲ得タリ。然レドモ此カ為ニ歯痛ヲ患フルニ至レリ。其困苦、言以ヲ説ク可ラス。筆以テ書ス可ラス。(304)

その後の村上は、象山とともに藩主真田幸貫の手厚い庇護を受け、嘉永四年には再び江戸に出て松代藩邸内に住み、著作活動に専念して、『三語便覧』『五方通語』『仏蘭西詞林』などの辞書をはじめフランス語学に関する多くの書物を執筆し刊行していく。と同時に、蘭学全盛の幕末期にフランス語の語学力という希少価値を高く評価された村上は、安政六年（一八五九）三月、蘭学を主体とする幕末期日本の洋学者を結集した幕府官立の外国語学研究所「蕃書調所」の教授手伝出役（仏学）に抜擢される。権威ある同所には、奇しくも木村軍太郎（蘭学）・高畠五郎（蘭学）・津田真道（蘭学）・加藤弘之（独学）ら、象山門下の俊英たちが幾人も在職していたのである。

だが、明治維新の後の村上は、官職に就かず、野にあって私塾「達理堂」（江戸深川に明治元年〈一八六八〉開設）を開き、フランス語の教育に尽力する。同塾は、中江兆民（一八四七―一九〇一、フランスの思想家ジャン＝ジャック・ルソーを日本に紹介した自由民権運動の理論的指導者）をはじめ、加太邦憲（一八四九―一九二九、政治家。桑名藩士、大津始審裁判所長、京都始審裁判所長・大阪控訴院長・勅撰貴族院議員などを歴任した司法官僚）、栗塚省吾（一八五三―一九二〇、司法省民事局長・大審院判事・衆議院議員などを歴任）、濱尾新（一八四九—一九二五、文部大臣・東京帝国大学総長・内大臣・貴族院議員・東宮御学問所・東宮大夫副総裁・枢密院議長などを歴任）ら、国家有意の錚々たるフランス語系の人材を数多く輩出したのである。

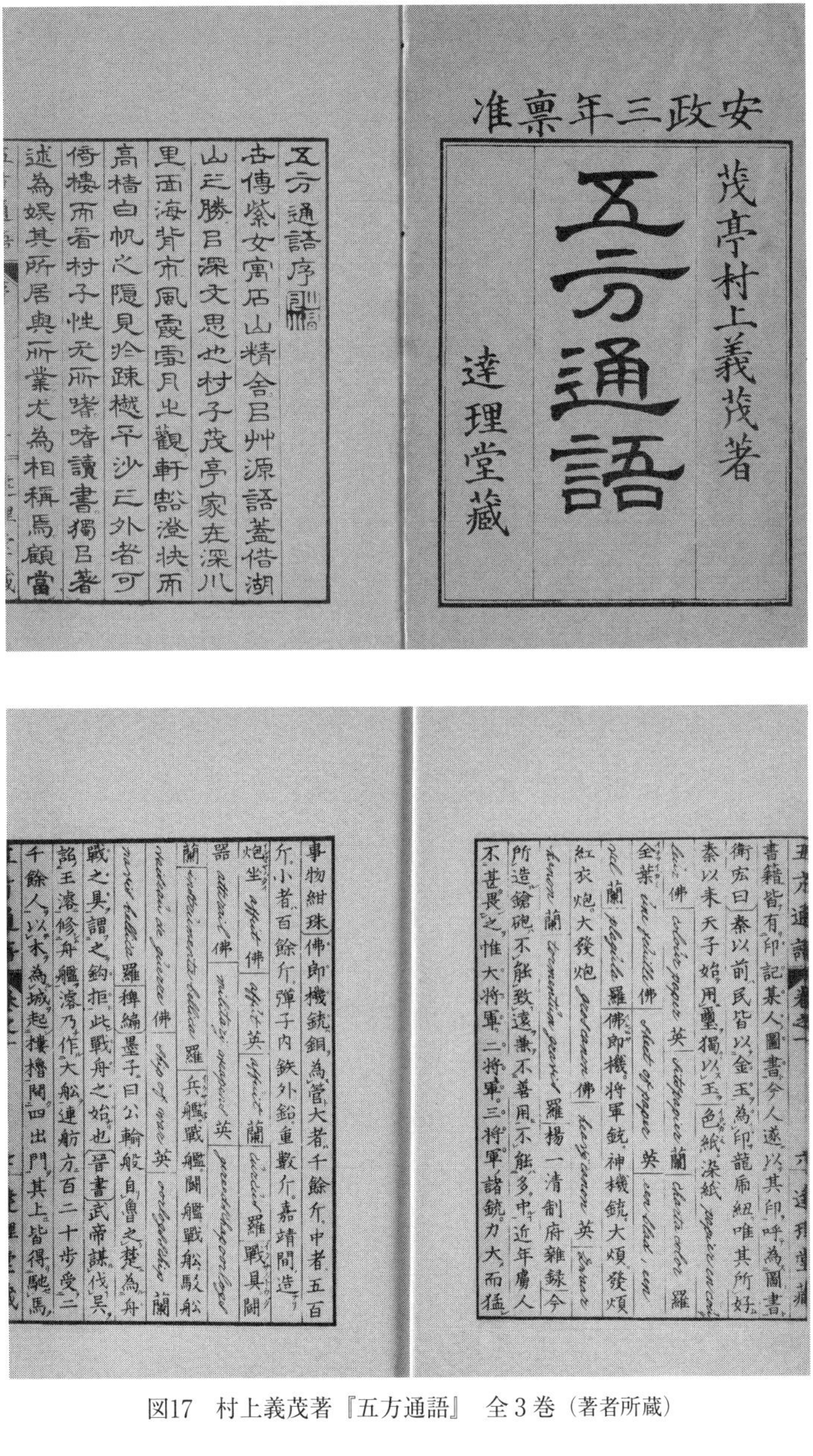

図17　村上義茂著『五方通語』　全3巻（著者所蔵）

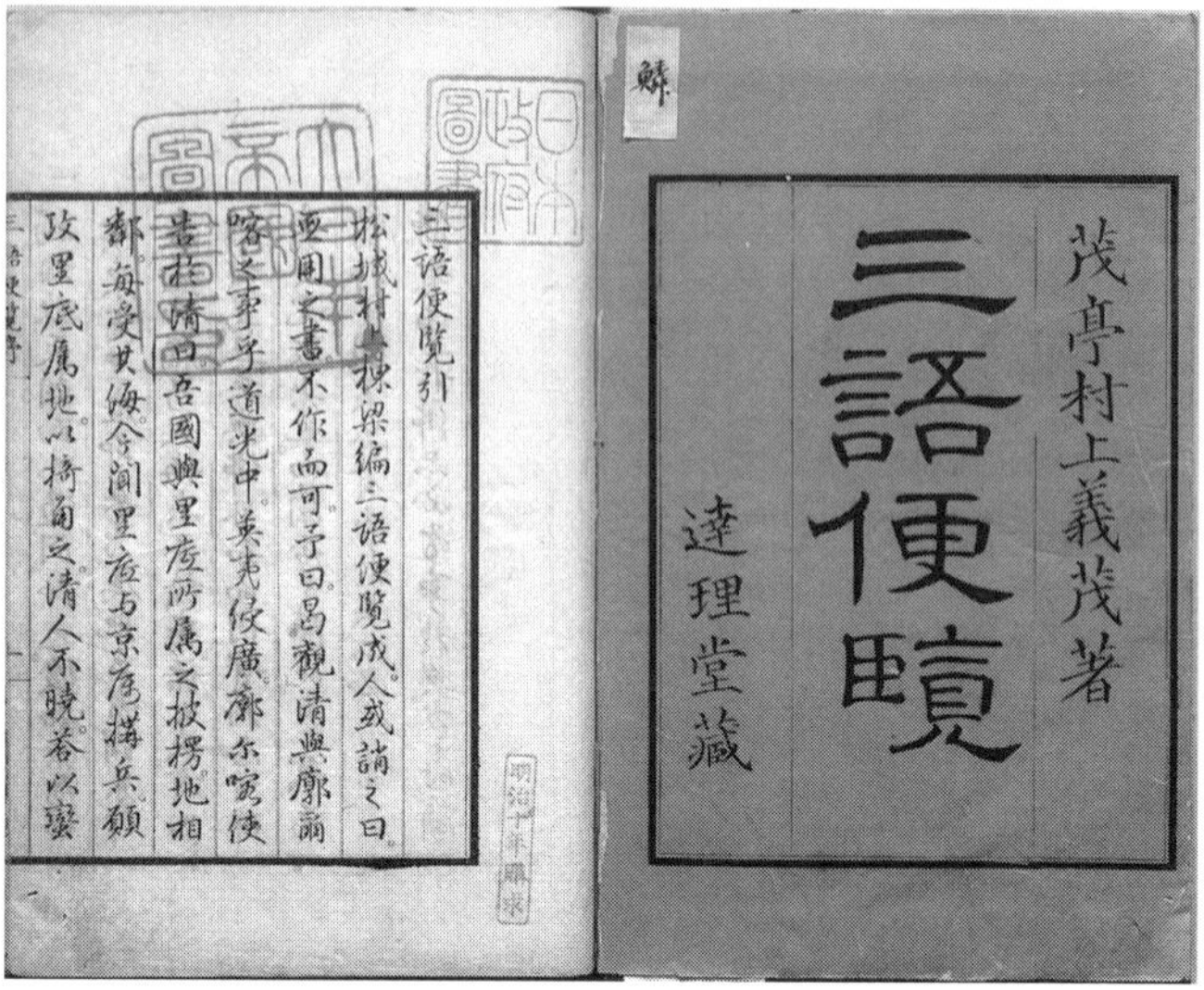

図18　村上義茂著『三語便覧』（国立公文書館所蔵）

フランス語学に関する村上の代表的な著作としては、わが国最初の仏・英・蘭三ヶ国語の日本語対照辞書『三語便覧』（全三巻、一八五四年）であり、収録語彙数は天文・地理・身体・疾病・家倫・官職・人品・宮室・飲食・衣服など二五項目に分類され、三〇〇〇語を超える膨大な語彙数を納めていた。さらに『洋学捷径　仏英訓弁箋』（一八五四年）、日本で初めてラテン語を加えた和・仏・英・蘭・羅の対照辞典『五方通語』（全三冊、一八五六年）、英和・和英辞書の翻刻『英語箋（米語箋）』（一八五七―六三年）や『仏語明要』（一八六四年）、『仏蘭西答屈智機』（一八六七年）、『仏英独三語会話』（一八七二年）、『西洋史記』（一八七〇年）、『仏蘭西詞林』（一八七一年）、等々を精力的に執筆し、矢継ぎ早に刊行した。彼の優れた語学力は何と言ってもフランス語であった。だが、彼はそれに止まらず、英語や独語にも精通していたのである。

数多い著作の中でも最初の大作で最も思いで深い著書『三語便覧』を刊行した直後のことであるが、村上は、松代藩の友人・山寺常山宛の書翰で、蘭学大家の杉田成卿（杉田玄白の孫、一八一七―五九）・箕作玩甫（一七七九―一八六三、幕末期を代表する蘭学大家、幕府蕃書調所初代教授、蘭書の翻訳書多数）、川本幸民（一八一〇―七一、幕府蕃書調所教授、蘭書の翻訳多数）、緒方洪庵（一八一〇―六三、医師、蘭学者・蘭方医の大家、蘭学塾「適塾」を開設し、福澤諭吉・大島圭介・橋本左内・大村益次郎・長与専斎・佐野常民・高松凌雲など優秀な人材を多数育成）ら、当時の日本洋学界を代表する大家たちを、蘭学しか知らず、英仏のことはまったく知らない人たちだと厳しく批判し、自分はフランス語の大著『三語便覧』を日本で初めて翻訳したと自画自賛して、訳出に至る労苦の経緯を次のように述べている。

此度の著述（『三語便覧』、著者注）は第一書籍に富み申さず候、第二に勉強家に有ざり候ては相成ず、第三閑暇を得ず候はでは相成ず、第四蘭学も之れ無くては相成ず候、第五仏学も御座無く候ては相成ず、第六漢学も少々は御座無く候ては相成ず、（中略）成卿（著者注、幕末期を代表する蘭学大家の杉田成卿、杉田玄白の孫）杯は蘭学にて虚名高く候得共、仏学の事は更に存ぜず候者に御座候。箕作玩甫、川本幸民、大坂の緒方洪庵杯は、皆蘭学のみにて仏英の学の事は更に存ぜず候。仏籍を読候者は私一人に御座候。(305)

象山に負けず劣らず強烈な自尊心と強固な克己心を活力源とする村上は、仏・英・蘭三ヶ国語の日本語対照辞書『三語便覧』という前代未聞の大作を刊行し、一躍、天下にその名を馳せた。村上の自信たるや尋常ではなかった。杉田成卿や緒方洪庵ら、江戸や大坂の蘭学大家たちを浅学非才と批判して羞じない村上は、同時代の学問世界では、傲慢不遜で自信過剰と評される盟友の象山以上に、奇異な傑物とみられた人物かも知れない。

しかし、彼が成し遂げた国家的な偉業と歴史的な貢献は、何人も否定することはできない。蘭学からフランス学へと転じて、数々のフランス語系の辞書類や翻訳書を刊行し、わが国フランス語学の開拓者となった村上は、明治十八年には、日本にフランス学を創始し普及させた偉大な功績が認められ、何とフランス大統領から日本人初のレジョン・ド・ヌール・シュヴァリエ勲章（L'ordre national de la légion d'honneur）を授与された。これによって、全身全霊を傾注してフランス語学の新世界を開拓した彼の長年にわたる労苦が報われたのである。村上の生涯は、野州下野国（栃木県）から学都に上江し、難行苦行、刻苦勉励の末に偉大なフランス学者に自己実現した青年の成功物語《サクセス・ストーリー》である。その彼は、明治二十三年一月十日、天寿を全うして他界。享年八十、学究一筋の偉大な生涯であった。

早くに村上の優れた語学力を見抜き、彼をフランス語研究に向かわしめた人物、それは同じ洋学研究を志す同士として切磋琢磨し鼓舞し合う盟友の象山その人であった。後世に日本フランス学の始祖として学問的な功績が位置づけられる村上が、幕末維新期に独学でフランス語を修得し、『三語便覧』（全三巻三冊）・『五方通語』（全三巻三冊）をはじめ幾冊ものフランス語学関係の開拓的著作を遺し、また維新後は私塾を開いて数多の優秀な国家的人材を育成したことは、日本近代化の観点から洋学普及を図る目的で蘭学辞書をはじめとする西洋学書の編纂・刊行を夢見て挫折を重ねた象山の、開国進取・文明開化を説く「東洋道徳・西洋芸術」思想の実現の一翼を担った偉大な事業であり、村上と象山との深い学究的な友情の結晶でもあった。

2　西洋砲術の私塾を開設し多数の人材を育成

黒船来航前における「東洋道徳」と西洋芸術」の事実認識　アヘン戦争に象徴される西洋列強の道徳なき覇権主義のアジア侵攻に強い危機感を抱いた象山は、悪しき「西洋道徳」に対する「東洋道徳」の正統性と優越性とを担保する実理有用の学問として、朱子学の説く東洋の儒教道徳の存在意義を再認識する。と同時に、アヘン戦争に象徴される西洋諸国の極悪非道な侵略主義の道徳を厳しく批判するのである。象山が、アヘン戦争の顛末から学んだ重要な教訓は、人道に悖る反道徳主義の「西洋道徳」に対する人間的な軽蔑であり否定であった。

しかしながら、同時に彼は、敗戦を喫した中国側の悲劇の原因をも分析した。その根本原因が、中国の儒学を中心とする学問文化の旧態依然とした守旧性や後進性、特に国家・人民を防衛する軍事科学の後進性と脆弱性を厳しく指摘したのである。中華思想に拘泥した中国の旧態依然とした粗末な現状とは逆に、強力無比な軍事科学を創出した西洋近代の高度な科学技術とそれを支える専門分化した学問（「西洋芸術」）の優秀性とを、象山は冷静に事実認識していたのである。

ところで、他人から見れば、冷酷なまでに徹底した合理主義者と思われがちな象山ではあるが、アヘン戦争に示された西洋科学の驚異的な威力を眼前にみた彼の心中には、西洋列強に対する否定と肯定、憎悪と憧憬というアンビバレント（ambivalent、両面価値）な対立葛藤がなかったわけではない。しかしながら、彼は、内面の複雑な心理的葛藤を乗り越えて、朱子学の説く「格物窮理」の精神を発揮して、現実的な合理主義の視座から軍事科学をはじめとする西洋列強の全体像を分析して冷静に把捉し、その本質を看破した。それ故に、当時の日本の偏狭固陋な攘夷思想には組みせず、高度で精緻な西洋の科学技術とそれを創出した学問文化に刮目し、「西洋人とても三面六臂も之れ無く矢張り同じ人[306]」と見ぬいた象山は、以後も様々な情報を蒐集して、「格物窮理」の精神を発揮し事実認識を徹底して冷静な西洋理解を深めていく。

西洋列強の科学技術が優秀であればあるほど、中国はもちろん、停滞した日本の学問文化の後進的や脆弱性が問題となる。特に国防を担う軍事科学面での日本の圧倒的な劣勢に対する危機感は増幅するばかりであった。それ故に象山は、当時の日本の学問文化の水準、とりわけ国防に関する軍事科学面での「国力」と国民の教育的資質面での「民力」の現状を分析をする。その結果を、天保十三年（一八四二）十月、彼は、幕府の老中海防掛であった松代藩主の真田幸貫に上書し、当面、急務の具体的な国防政策「海防八策」を建言して、西洋列強の日本侵攻を防衛できる強力な国防体制の構築が急務であることを進言したわけである。それは、黒船来航の十年も前のことであった。いまだ蘭学の修得に向かう前のことであり、象山、三十二歳のときであった。

その際に、兵学者でもある象山が、最も緊要な課題と認識したことは、孫子の兵法を引用して、「彼を知り己を知れば百戦殆からず[307]」といい、西洋諸国の軍事力の実態とそれを創出した高度な科学技術力の現況を、日本人自身が直接に知る必要性のあることを強調したことである。そして象山は、西洋の最新知識を得るために、自らが率先垂範すべく一念発起して、三十四歳の晩年に至ってオランダ語の修得に本格的に挑んだわけである。

西洋知識を活用した殖産興業の調査報告書　蘭語を修得した後の象山は、西洋砲術・西洋兵学・化学・物理学・医学・電信電話・電信医療器・地震計、そして養豚・馬鈴薯・薬用人參・甘草・薬草の栽培、葡萄酒の製造、石灰からの硝石の製造、等々、軍事科学書に限らず、殖産興業・国利民福に関わる様々なオランダ原書の訳読と翻訳知識の実験的検証に没頭して、急速に西洋知識を獲得し西洋理解―洋学理解を深めていく。それは、まさに実学を基本とする朱子学者・象山による「格物窮理」の有言実行の姿であった。「小弟学ひ候所皆実用を成」し「書上に於て研究候事直に実事に施[308]」すことを学問探究の信条とする象山は、オランダ語の原書を介して西洋最新の知識技術を貪欲に獲得していく。しかも、その内容の学問的な正確さと現実的な有効性を、象山は、「学問窮理の功を以て西洋の図書に求め、実験の上無疑的証之れ有り候と申條を信用[309]」するという、朱子学の説く「格物窮理」の実験・実証の精神を発揮して、西洋知識の真否を検証していったのである。

ところで、象山の学問思想の時代的な特徴は、何と言っても幕末期という国家的危機の時代が求める緊要の課題に挑戦する実践性と有効性とにあった。時代が思想を求め、思想が時代に応えようとする。それ故に彼は、「書を読み学を講ずるに、徒に空言をなして当世の勤めに及ばざれば、清談（現実離れした高尚な論議）して事を廃すると一間のみ[310]」と断じて、個人的な興味や関心を動機とする学問のための学問、現実離れした観念の遊戯としての学問を、無用な学問として否定したのである。

特に象山思想を分析をする際に、これまで看過されてきた西洋知識の有益性・有利性の視座という問題がある。このことを、すでに小池嘉明（東洋大学名誉教授）は、象山思想の分析で「利」的視座の有効性に着目し、この斬新な視座から象山思想を分析している[311]。その実例を、象山が、「我国に之れ無き利益の事ども開き候て、上は申に及ばず御領内御近領一統に其利を蒙り候様致し度[312]」として、「蘭書中には尚種々の数へ難き程の良法之れ有り[313]」と考え、これを弘化元年に藩命として受けた領内山村踏査役（「郡中横目役」「三ヶ村利用係」）という職務を遂行する際に、西洋知識を活用して領内を巡回して調査し、松代藩沓野村における殖産興業の開拓策を箇条書きにまとめた長文の調査報告書「藩老に差し出せる興利祛弊《しゃへい》目安書」を藩老に提出したことをあげている。

その報告書の内容は、水利事業をはじめ、商品化して他藩に販売できる商品の数々（各種鉄鋼の発掘事業・炭焼き廃木の活用・洋藷〈ジャガタライモ〉粉末化事業・温泉地屎尿〈糞尿〉による硝石製造・西洋石筆の製造・白根山硫黄の薬品化、竹火縄・石塩・蠟石・温泉染・土染、等々）が、「興利の事二十六條」にまとめられている。[314] 象山は、領内に埋もれている資源を商品化して他藩に販売するなどの殖産興業を図り、藩財政の再建に利する営利事業を提案したのである。まさに、広範な西洋知識（「西洋芸術」）を獲得した象山における新たな視座、すなわち洋学の有益性・有利性という利的な視座からの合理的な発想であり行動であった。

西洋砲術・西洋兵学の修得と教授開始時期の問題　象山は、天保十三年九月に伊豆韮山の江川塾に入門し、同塾での西洋砲術修練を経て、入門から半年後、翌年の天保十四年二月には、江川塾西洋砲術免許の第一号となる。だが、その後の彼は、直接に蘭書を解読して西洋新知識の獲得をめざしていく。そのために彼は、親交のあった当時の日本蘭学界の泰斗である坪井信道（一七九五―一八四八、長州藩医、門人には緒方洪庵・青木周弼・川本幸民・杉田成卿・黒川良安ら錚々たる洋学者）から坪井塾（江戸冬木町の蘭学塾「日習堂」）の塾頭を務める黒川良安を紹介される。

早速、象山は、弘化元年（一八四四）六月より蘭漢交換教授（蘭学者の象山が黒川に蘭学を教授し、蘭学者の黒川が象山に蘭学を教授）という珍しい教授・学習の相互教授法で、蘭語学の修得に昼夜を分かたず、不眠不休で取り組んでいった。[315] その結果、蘭語学習の文法書二冊（箕作阮甫翻刻『和蘭文典』前後編二冊）を、象山は黒川に就いて「（弘化元年十二月）九日より初めて取掛り候て二月中旬に済まし候」[316] と、不眠不休の異常な速さでオランダ語の文法書二冊を卒業したのである。

蘭語文法書を修得した後の象山は、軍事科学に限らず様々な蘭書の解読に挑み、しかも原書に記載された内容の真偽を確認するための追試（製作・実験・分析等による実地検証）を進めていく。特に西洋兵学に関しては、蘭語文法を修得した翌年の弘化二年六月頃より、「西洋兵書を昼夜研精仕り候[317]」と、西洋兵書の翻訳に昼夜を分かたず取り組んでいく。そのように蘭学原書から真剣に西洋兵学の知識を獲得していくにつれ、象山は、日本の代表的な西洋兵学者である高島秋帆や江川坦庵の教えている内容が極めて低級で、蔵書を門人に貸与もせずに秘匿し、伝統的な秘伝主義の免許制度を貫く秘密主義の教育をする、とても信用できない人物であると憤激して、下記のように厳しく批判するのである。

彼方の原書を索め候て見候へば、高島何がしより江川氏の伝へ候などは百分の一にも足り申さず候。（中略）原書に取掛らず只たまたま不学の人の翻し候もの等を得候て、夫れを帳中の秘とし、却て西洋にては印行して外邦迄も送り候ものを此方の同胞に秘匿し候事、扨又埒もなき料見のものが多く候と憤激いたし候[318]。

これ以後の象山は、高島や江川には一切、教えを請わず、砲術・人柄共に信頼できる同じ高島門人の下曽根信敦（高島流西洋砲術師範の旗本）と村上貞平（田原藩家老で高島流西洋砲術師範）と親交を深め、彼らから西洋砲術・西洋兵学の知識技術を精力的に修得し、その成果をもって教育実践を展開していくのである[319]。

ところで、従来の象山研究では、象山の西洋砲術の教授活動は、嘉永三年（一八五〇）に江戸深川藩邸に「砲術教授」の看板を掲げたときから開始された、と理解されてきた。例えば大平喜間多の場合は「嘉永三年七月、象山は出府し江戸深川の藩邸に住居して砲術教授の看板を掲げた[320]」とし、源了圓も「（嘉永三年）藩邸に銃砲の製造所をつくり、砲術の教授を始める[321]」、さらに奈良本辰也もまた「嘉永四年の五月、象山は母を伴って江戸に移り住み、木挽町五丁目に儒学と蘭学と砲術の塾を開く[322]」と記している。そして、古典的名著として研究者が引用する宮本仲の象山伝記では、さらに開設時期が一年遅く、「先生は藩の許可を得て、嘉永四年四月上旬、今度は一家を挙げて江戸に赴き、翌五月二十八日木挽町五丁目に居住」「先生は私塾を開き専ら兵学及び砲術の教授を為し、特に海防の方策を講述[323]」

と記されているのである。

だが、叙上のように象山の西洋砲術教授という私塾教育のはじまりを、嘉永三年または同四年とするのは明らかに誤りである。実際には、それより三年も早かったのである。すなわち、『象山全集』第一巻所収の「佐久間象山先生年譜」の嘉永元年の項には、[324]「此の年（嘉永元年）より子弟に大砲打方教授を始む」との記載があり、さらに同年には藩命で大砲三門を蘭人ベウセル（三斤野戦地砲）およびブランドト（十二拇人砲・十三拇天砲）の砲術書を基に鋳造し、松代西郊の堂島で門人たちと試演をしているのである。[325]洋式大砲の試演は一人では出来ず、一定数の門人（五人一組が原則）が必要であった。したがって、試演を実施できたということは、この時点において、すでに象山には一定数の砲術門人が存在し、象山の洋式大砲の鋳造や試演に参加していたことを意味する。この事実を、次の嘉永元年二月付の象山書簡は如実に物語っている。

二五八の日に演武、子弟参り候所、漸く令郎御見え成されず、御不例にても候歟と心無く許存じ奉候（中略）近日原書の真形を以てホウヰツスルモルチールを鋳立申候。大分よく出来申候。彈をも引続き造り候てカノンと一同に打試申度候。[326]

すでに蘭語を修得して原書を解読し、最新の西洋砲術・西洋兵学などに関する新知識を獲得することができた象山は、嘉永元年二月の時点で、西洋砲術演武の教授を毎月二・五・八の日に実施していたこと、また藩命を受け蘭学原書を手本に鋳造した洋式大砲ができ上がり、一門での試演を予定していたこと、等々が、上記の引用史料には明記されている。これらの記述からみても、明らかに嘉永元年二月の段階で、象山には西洋砲術の門人が存在し、洋式大砲の鋳造と試演の実技教育を実施していた、という事実が判明する。

なお、その年の嘉永元年六月に、藩庁が斬新な内容の「歩兵調練書」を含む西洋兵学書を購入する。が、これを見た象山は、「兵を練る一に其の式に依り西洋真伝と称す」と考え、自らの蘭学原書の砲術書・兵学書の内容を基本と

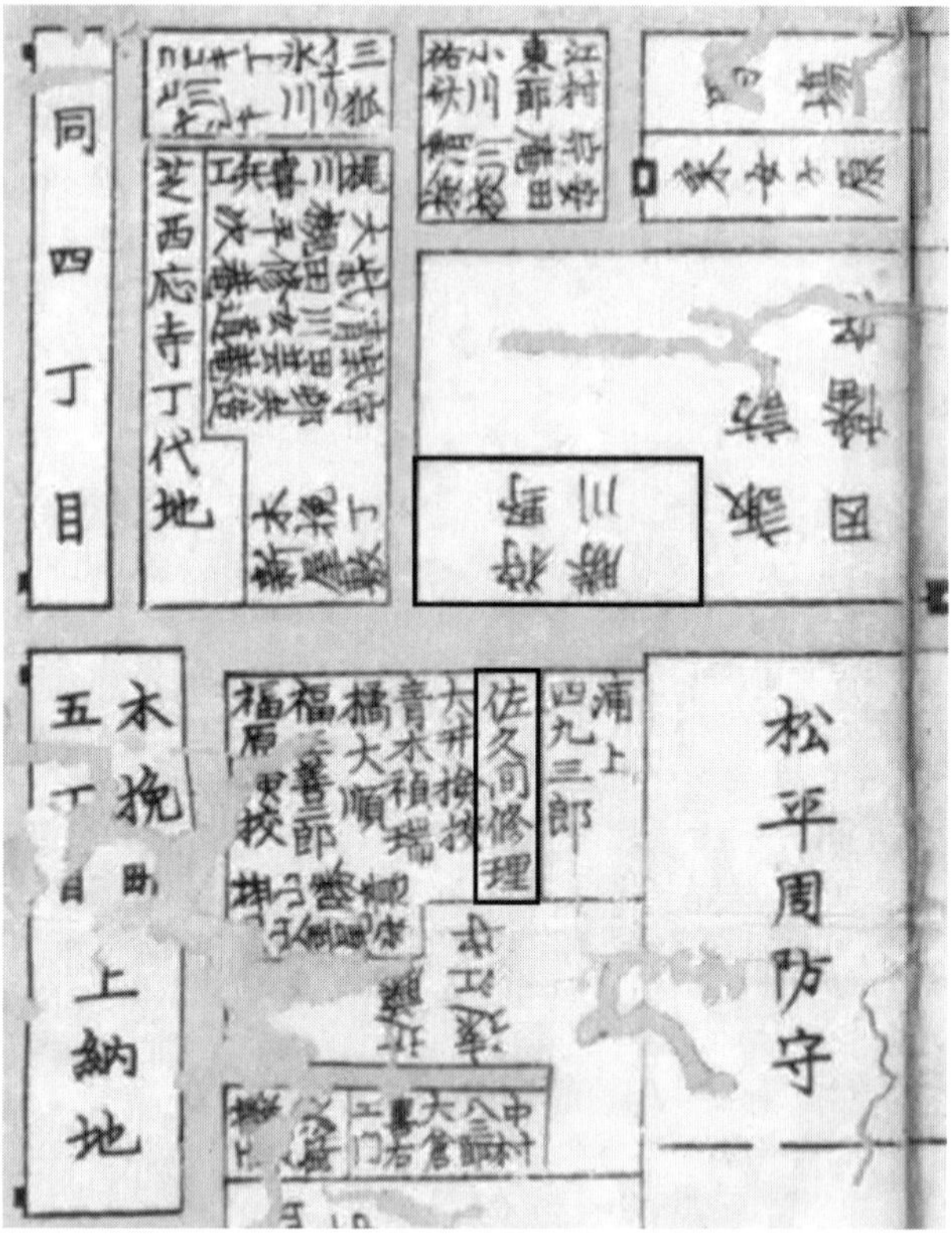

図19　「京橋南芝口橋筑地鉄炮洲辺地図」嘉永６年版部分（東京都都立中央図書館所蔵）

する新たな西洋砲術の繰練法を、従来の高島流その他と区別して、新たに「西洋真伝」と名づけたのである。象山独自の「西洋真伝流砲術」の誕生である。以後、象山は、門人に免許皆伝を授与する際には、必ず「西洋真伝」と明記している。

以上の事柄を総合的に勘案すると、従来の諸説は誤りであり、象山の西洋砲術・西洋兵学の教授活動は、すでに嘉永元年には開始されていたとみるのが妥当である。

ところで、象山は、天保十年（一八三九）六月、神田阿玉ヶ池（現在の東京都千代田区岩本町二丁目）に漢学塾「象山書院」を開設した。が、奇しくも、その十年後の嘉永三年には深川小松町（現在の東京都江東区永代一丁目）の松代藩下屋敷に西洋砲術教授の看板を掲げ、軍事科学系洋学である西洋砲術・西洋兵学の教授活動を本格的に始める。だが、両塾は別物ではなく、前者の漢学塾「象山書院」の門人を、後者の西洋砲術塾が継続して引き継ぐという関係にあった。それ故、象山塾入門者の名簿とされる問題の「訂正及門録」（『象山全集』第五巻所収）に記載の門人には、「象山書院」の儒学門人が含まれているのである。[327]

そして、全国諸藩から入門者が急増した象山の西洋砲術・西洋兵学を中心とする私塾は、嘉永四年五月、松代藩からの経済支援「御手当金百三十金」[328]を受けて、最も門人の多い中津藩（奥平大膳大夫）の上屋敷（木挽町汐留）に近い木挽町五丁目（現在の東京都中央区銀座六丁目）の借家（地主は旗本の浦上四九郎）に移転した。

ときあたかも、木挽町への西洋砲術塾の移転は、黒船来航の前夜であった。日本近海を英・露・米・仏など欧米列強の大型軍艦の往来が激しさを増し、危機感を募らせた幕府諸藩は、海防（領国の沿岸防衛）の重大性に目覚め、急遽、藩士教育の刷新と軍備の拡張を図ることになる。だが、しょせん、海防・軍備の要は、優秀な人材の有無に左右されるが故に、西洋砲術・西洋兵学の理論と実践を教授する象山の私塾には、幕臣（旗本・御家人とその家臣）や五〇を超える全国諸藩の藩士・郷士などの武士階層の入門者が急増した。

しかし、象山は、終生、「小生砲術の事等は誠に余業」[329]と公言して、あくまでも正統な朱子学の躬行実践者（朱子学者）あるとの強固なアイデンティティ（identity）を堅持して、波乱に富んだ一期の人生を生き抜くのである。だが、皮肉にも象山の令名は、西洋砲術・西洋兵学の大家として全国に轟くことになる。その結果、象山を西洋砲術家とみて儒学者であることを知らず、本末転倒の風評が流れる。このことを、天下一等の儒学者（朱子学者）をもって任じる象山自身は、西洋砲術の修得を求めて入門する者が最盛期を迎える黒船来航前夜の嘉永六年の時点でも、「本業と仕候経学（儒学）の事は存ぜぬ人多く、結句一箇の砲術家の様に世間には申候」[330]と非常に困惑している。幕末期に、象山ほど朱子学者であることに自信と自尊の念を抱いて、その社会的な実践躬行に励んだ学者はいなかったであろう。

歴史学の研究者でさえもが、例外なく、木挽町の私塾は西洋砲術・西洋兵学を教授する軍事科学系の洋学塾とみてきた。だが、それもまた明らかに誤解で、その実態は異なるのである。このことは、西洋砲術教授の開始時期の誤り以上に重大な誤謬である。木挽町に移転した私塾は、前述のごとく西洋砲術・西洋兵学を教授する軍事科学系の洋学塾と誤解されてきたが、その実は、最初に開いた漢学塾の「象山書院」を母体とし、それを継承し発展させた私塾であったのである。したがって、木挽町の私塾の教育内容は、井上哲次郎（一八五六―一九四四）が論文「佐久間象山及門録に就いて」（『東洋学芸雑誌』）で指摘したように[331]、儒学と西洋砲術・西洋兵学、洋学（蘭語学）・西洋医学、等々を、幅広く教授する私塾であったのである。それ故に、かつての松代の象山邸内にあった文学所や講武所の門人や神田阿玉ヶ池の「象山書院」時代の門人なども、引き続き木挽町の西洋砲術塾の門人として象山門人帳（「全集版」その他の「及門録」）には記載されているのである。たしかに、黒船来航前後の時代状況を反映して、全国各地から西洋砲術・西洋兵学の修得を求めて新規入門する者が圧倒的に多数を占めてはいた。だが、洋学（蘭学）や漢学（朱子学）を学ぶ目的で入門してくる門人も存在したのである。この事実を、従来の研究者はまったく看過している。

木挽町の独立塾舎に移転する直前の嘉永三年七月における入門者の急増状況と門人の内訳を、象山自身が、江戸での生活を心配している郷里の母親に、次のように報告している内容からも明白である。

　只今の勢にては砲術門人二三百人に相成候は遠からずと存じ申候。二三百人の門人御座候へば、二季の謝儀（授業料）ばかりにても百金にあまり申すべく、左候へばくらし方は夫のみにてもつき申すべく、況や儒業並に西洋学の門人も之れ有り候事に候へば、其表にて医方などの内職の様致し候よりはるかに姿もよろしく第一に天下の益に相成候[332]。

3　国民皆学の教育立国主義を提唱――民力が国力の基礎

領民児童の教育を重要し寺子屋教材を執筆　いまだ洋学の修得に向かうはるか以前の、すでに最初の江戸遊学を経た二十代の半ばから教育立国主義を提唱する象山は、藩政改革の中核は学政改革にあるとして藩士に対する文武両道の武士道教育を説いた。また、領民児童の寺子屋教育にも寺子屋師匠を支援して深く関わり、女児の教育に対しても女子教訓書『女訓』を著して算学教育を推奨するなど、洋学の修得前の象山の重要な政策課題と認識された領民児童の教育や女児教育の重要性の主張と実践、そして洋学修学後は幕府の国家防衛の重要政策として建言した男女平等の国民皆学の教育立国主義を展開した。この教育立国主義は、象山思想の根幹をなす一つで、それ故に象山は人材育成の教育と共に領民児童や国民児童の皆学思想の実現が殖産興業・富国強兵の要であることを門人たちにも説いていた。象山は、若くして多くの寺子屋師匠と親交を結んで寺子屋教育に深く関わり、江戸に開設した私塾でも、江戸在勤の藩士子弟の児童教育をも実施したのである。

象山は、国力の根本は国民の資質の如何にあるとの考えで、国民教育、取り分け男女児童のリテラシー（読み書きの能力）を基本とする教育の重要性を認識して、国民皆学の教育思想を展開した。若くして朱子学者としての地位を不動のものとした象山は、さらに洋学の修得に挑む三十代に入ると、藩の「郡中横目役」「利用掛」（領内探査役）という職務で領内北部の高井郡三ヶ村（沓野村・佐野村・湯田中村）に出張し、藩の殖産興業に役立つ資源調査に携わる。その折りに象山は、信州の山奥の寒村に住む児童の教育に励む地元の寺子屋師匠と昵懇となり、寒村児童の文字能力の習得と学力向上を願い、寺子屋師匠を激励し援助の手をさしのべたのである。

高井郡沓野村の寺子屋師匠「中村孝右衛門」との親交と支援　その典型的な事例が、松代藩下高井郡沓野村（現在の山ノ内町）の寺子屋師匠「中村孝右衛門」（一七八一―一八六〇）との深い親交である[333]。象山は、嘉永元年（一八四八）六月、郡中横目役として沓野村に出役した折り、湯田中の親交深い中村孝右衛門に地元の児童教育の現状を尋ね、宿所に児童の作品（浄書）を持参させた。そのことを、象山の『沓野日記』の嘉永元年六月二十八日の項には次のように記している。

（嘉永元年六月）二十八日陰雨

一、所の児輩に手習はする孝右衛門呼びて茶など與へて例の子弟の浄書取集めて見せよといふ（出る毎にかくする事也[334]）。

孝右衛門は早速、翌日、児童の作品（浄書）を持参して象山を宿舎に訪ねる。すると象山は、児童二〇人ばかりを呼び寄せて各々二本ずつの筆を与えて励まし、師匠の孝右衛門に対して児童教育の重要性を次のように説いている。

此処は偏卑《へんぴ》なれば人々もの読み手習ふことなどすべてうとし。故に某出づるごとに童児輩には必ずもの読み手習はせよ、文字しらねばもののことわり暗くして親につかへ上をうやまふ事もおろそかなるぞかしなど勧めいざなうこと也。[335]

児童がリテラシー能力を獲得し「もののことわり（物事の筋道、道理）」を弁別できる賢明な児童になるためには是非とも教育が必要だとして、象山は、孝右衛門に児童教育の重要性を力説した。すでに象山は、弘化五年（一八四八、嘉永元）正月、孝右衛門に寺子屋教育の教材である「手習本」（往来物教材「消息文」）を書き与えていた。そのことを象山が孝右衛門に宛てた次の書簡で知ることができる。

新年芽出度候。老人丈夫にて加齢悦存候。然ハかねて申聞置候童子輩の手本いろは上りのものへ此様の事習はせ候方然べく候。手本一本上け候へハ一本たけの用之れ有り候様致し度ものニ候。是を皆上け候様出精候ものへハ其分量ニ従ひ続き候もの又ハ名頭の字なと習はせ候も然るべく候。其村方弁別のもの少く候間、何とその老人の骨折を以わかきものとも少しつゝも字を知り候様致し度候。[336]

象山から手習いのお手本（消息往来）を贈られた孝右衛門は、敬仰する象山の配慮に深く感激し、そのお手本の「表見返」に、「此御手本は松代佐久間修理様より頂戴仕候。右之文面新参之童児ニ為習可申由ニ而御贈被下置候　弘化五戊申年正月」[337]と記したのである。

文盲成人の撲滅と子守児童の教育　なお、上記の孝右衛門宛の書簡で独創的な象山の教育論として注目すべきは、識字能力を持つ老人が、文盲の若者に文字を教えるという発想である。辺鄙な村社会に識字能力を普及させるには、もちろん寺子屋での児童教育が不可欠である。だが、それだけでは事足りない。寺子屋教育を受けずに文盲でいる若者にも、読み書き能力を付けるためには、文字能力のある老人が、一丸となって若者の教育を担う必要があるとして、象山は辺鄙な山村社会における文盲撲滅の全村教育運動を提起しているのである。

象山は、上記の自筆本の往来物「消息文」の他にも、自分の所蔵する寺子屋教材「慶安御触書」を孝右衛門に貸与している。このことを、孝右衛門は、「佐久間修理様仰付らる御本御拝借仕令書写置也　嘉永元年戊申年九月吉日中村孝右衛門常美(338)」と記録している。

象山は、寺子屋教材の往来物（消息文）を執筆して寺子屋師匠に与えたり、所蔵する寺子屋教材を貸与したりしているが、さらに寒村では児童が不可欠な労働力として子守をする風習が強く、寺子屋に通うことができずに文盲でいる実態を嘆いた。そのために象山は、子守をする児童のための文字教材として「秋のはしめのおどりのうた」という「子守歌」を創作していた(339)。

象山は、二十代の早くから松代領内の寒村児童に対する文字教育の奨励と援助の手を差し伸べた。が、この全村文盲撲滅という象山の独創的な教育信念は、やがて三十代に国政に関与する立場になると、幕府老中という要職にあった藩主真田幸貫宛の上書に「海防八策」を献策し、そこに国民すべての男女児童に対する文字教育の必要性を建言している。寒村児童のリテラシー教育の次元からなる国民皆学の学校教育の構想は、民力こそ国力の基礎であると考える象山の教育立国主義を物語る最も具体的な展開であった。

国民皆学を国家富強の根本とする象山の教育立国主義　なお、象山は、国民皆学を基本とする男女平等の先駆的な小学教育論を、アヘン戦争の調査・分析を通して幕府の執るべき緊要課題の一つとして指摘した。このことは、天保十三年（一八四二）十一月、幕府の老中職にあった藩主真田幸貫宛の上書に政策化された「海防八策」の第六条に明文化されている。それは、「辺鄙の浦々里々に至り候迄、学校を興し、教化を盛に仕、愚夫・愚婦迄も忠孝・節義を弁え候様支度候事(340)」という一文で、幕府が実行すべき緊要な海防政策の一ヶ条として建言されたものである。いまだ黒船来航の十数年も前の平和社会の日本において、身分も性別も問わずに、すべての日本国民の児童が学校教育の基礎を受けて、国民の国家意識の道徳的涵養を図るべきことを提言した内容であった。三十一歳の若き象山の画期的な教育改革案である。この象山の提案した教育論は、教育による国民全体の資質の向上（国家意識の涵養）こそが国家防衛の基本施策であるという教育立国主義（教育第一主義）の思想であり、以後、門人たちにも継承され実践されていく。

そして、すべての日本人に初等教育を施すべきあるという象山の教育建言策は、明治五年（一八七二）の学校教育法である「学制」が目指した「国民皆学」の思想的源流となる。このような幕末期の入り口における象山の先駆的な国民教育論を、日本の歴史学者や教育学者は、気づかぬ故にか、誰一人として取り上げないできた。だが、不思議にも駐日外交官で日本研究者のG・B・サムソン（Sir George Bailey Sansom, KCMG, 1883-1965）は、開国による西洋世界の衝撃を受けて、自己変容をとげてゆく日本近代化の歴史を素描した『西欧世界と日本』の中で、象山の教育論を次のように評している。

象山のようなタイプの人間は、自国の軍事・経済的弱点だけでなく、社会組織の欠陥に気づいていたことがわかる。その一例として、象山は大衆の無知を感じ普遍的教育を望み、善政は道徳教育に基づかねばならないという、東洋独自の線をとった。(341)

上記の「象山は大衆の無知を感じ普遍的教育を望み、善政は道徳教育に基づかねばならないという、東洋独自の線をとった」という象山理解は、まさに象山の「東洋道徳・西洋芸術」思想の国民教育への具体化を企図した教育理解の表現であったといえる。

叙上のような象山が提唱した身分・性別・地域などの差違を超えた国民皆学の小学教育の構想は、天皇を頂点とする近代統一国家を構成する国民意識の形成、農業国から工業国に転換する産業構造の転換（産業革命の推進）、そして国民全体による国家の防衛（徴兵制度に具体化される近代国家の防衛論）に必須の高質な労働力の計画的な大量育成、等々、日本近代化に不可欠な国家政策に連動する政策提言であった。この象山の提言した教育政策は、明治五年発布の西洋型近代学校制度を摸した日本最初の学校教育法である「学制」に収斂する内容であった。

その好例は、象山の門人で美談「米百俵」の主人公となった越後長岡藩の小林虎三郎（一八二八—七七）などは、恩師象山の説く教育立国論を掲げて戊辰戦争で廃墟となった長岡藩の復興を、学校教育の振興による人材育成によって実現しようとした試みであった。(342)

いまだ西洋知識が少なかった黒船来航前の幕末期に、象山や彼の門人たちの構想する教育制度の発想モデルは、漢学に精通した彼らが、古代中国の理想的な教育制度を描いた儒学の経典『大学』に説かれた学校教育制度に負うものであった。

だが、いまだ西洋近代の学校教育制度を知らない彼らにとって、古代中国人が理想として描いた教育制度は、時空を超えて普遍的かつ合理的な制度であり、それが結果的に西洋近代社会における学校教育制度を受け入れる前提となり基礎となって、日本の「学制」による西洋モデルの国民皆学を基本とする小学教育制度に収斂するところとなったわけである。このことは、アヘン戦争直後の天保十三年という極めて早い時期のことである。やがて、国家急務の防衛政策として提唱された象山の国民皆学制度を基本とする教育構想が、三十年近くも遅れた明治五年に発布された西洋モデルの近代学校教育制度の「学制」に結実し実現するに至ったということである。

西洋列強の軍事的な東アジア侵攻を眼前にみて、象山が建言した国民皆学の教育構想は、身分・男女・地域などの封建的な差異を超えて、国民皆学を基本とする学校教育の存在を、国家に不可欠なリテラシー能力を備えた人的要因を実現するという日本近代化を推進する発想であった。これを時系列でみれば、近代日本の到来に先駆けた歴史的な先駆性を有する近代的な教育構想であったと評することができる。

4　西洋砲術の教授活動による国際的視野の人材育成

誤謬に満ちた象山門人帳史料「訂正及門録」を用いた先行研究　これまでの数多くの象山研究では、象山門人の確定に関する実証的な研究がまったくなされず、増訂『象山全集』第五巻に所収の象山門人帳史料「訂正及門録」（「訂正」と「及門録」の間が一文字空いている「訂正　及門録」が正確な史料名であるが、以下の本書においては「訂正及門録」と記載）が、「訂正」の意味すら問われずに、あたかも実物の象山門人帳史料であるかのごとく錯覚され利用されてきた。だが、同史料は、象山生存当時の現物ではなく、緒方洪庵や福沢諭吉など同時代の幕末期における私塾の門人帳とは、まったく性格を異にする「二次史料」であり「作為的史料」なのである。したがって、これまでの同史料に基づく数多の象山門人の分析に関する研究の一〇〇%が、象山門人の確定に関する重大な事実誤認を内在する砂上の楼閣とみてよいものなのである。(343)

本書の下巻で象山門人史料「及門録」の様々な真偽に関する詳細な研究がなされる予定である。が、実は、江戸神田の阿玉ヶ池に開設した儒学（朱子学）の私塾（象山書院）、さらには松代藩邸及び木挽町（現在の東京都中央区銀座六丁目）に開いた西洋砲術を主体とした私塾など、象山の開設した私塾の門人帳史料は、一切、存在しないのである。『象山全集』に収録された「訂正及門録」は門人帳史料と見紛いやすいが、様々な誤謬を内在する作為的な二次史料なのである。

同史料は、象山没後の明治時代に生き残った象山側近の門人たち―北沢正誠を中心とする勝海舟・小林虎三郎・子安俊ら―が、象山関係史料を蒐集して整理し、それに彼らの記憶に残る門人なども想起して付加し、それら雑多な寄せ集めの門人関係史料を整理して作成した「二次史料」であり、それをさらに「訂正」して『象山全集』に収録されたのが「訂正及門録」という作為的史料なのである。『象山全集』（全五巻）に収録された一二九〇通を超える膨大な書簡の宛名や文中の記載内容を詳細に検討すると、そこには各時代の多くの門人名が記載されているのを散見することができる。だが、彼らの名前はほとんど「訂正及門録」に記されてはいない。

象山門人帳とみられてきた「訂正及門録」は、嘉永二年（一八四九）から安政元年（一八五四、嘉永七）正月までの約五年間に限定された年月に実施された砲術繰練への参加者名簿の抄録（例えば門人名の記載が多い「嘉永六癸丑歳砲術稽古出座帳抄録」「安政甲寅歳正月稽古出座帳抄録」など）を中心として、他の象山門人に関する各種史料を寄せ集めた文字史料と記憶史料を総合して年代別に配列し、門人名の誤字や重複などの誤りを可能な限り「訂正」して作成して象山門人帳史料「訂正及門録」と名付け、これを第二回目の「全集」である増訂版「象山全集」第五巻の巻末に収めたのである。

だが、驚くなかれ、同史料を、なおも詳細に精査すると、門人名の重記・誤字・帰属する藩名・藩主名など様々な誤謬が、数十、数百という多さで析出されるのである。

この事実を解明するために、著者は、三十数年の歳月を懸けて、五〇〇名近い門人名が記載された「訂正「及門録」」の作成に関わった現存する四種類「及門録」を、門人一人ずつ詳細に比較校合して分析し、記載内容の異同や誤謬を多数、析出した。その結果、同史料を、そのまま研究史料として用いることは不適切であることを証明したのである。(344)

さらに従来の象山門人研究で重大な問題は、『象山全集』第五巻に収録された「訂正及門録」を、事実を物語る門人帳の一次史料と信じて疑わず、そこに記載された五〇〇名近い人物を一括して象山門人として取り扱ってきたことである。だが、前述のごとく、同史料は、象山没後の明治時代に、門人たちが象山関係史料を蒐集・整理して作成した二次史料（作為史料）なのである。

その内容は、前述のごとく嘉永二年から安政元年の約五年間の門人名を記載した名簿である。松代藩の江戸藩邸および江戸木挽町時代の各年の特定の歳月に実施された西洋砲術演習の参加者名簿が中心で、それに江戸神田の阿玉ヶ池に開設した儒学の私塾時代以来の門人らが加えられた雑多な寄せ集めの門人名簿である。しかし、従来の研究書では、象山の西洋砲術教授は嘉永三年または同四年からとされており、嘉永二年からの門人名が「訂正及門録」に記載されていることには矛盾がある。しかも、「嘉永二年己酉歳」「嘉永三年庚戌歳」「嘉永四辛亥歳」「嘉永五壬子歳」の四年間については、そのいずれにも「西洋砲術」の門人であることがわかる標題の記載は一切ないのである。次の嘉永六年の記載で初めて「西洋砲術」の門人であることが判明する記載様式となる。だが、これまた重大問題を内在しており、その記載は嘉永六年が「嘉永六癸丑六月砲術稽古出座帳抄録」、翌年の安政元年が「安政元甲寅歳正月砲術稽古出座帳抄録」と記され、その門人名簿が特定年月の西洋砲術稽古に参加した出席者の名簿であること、しかも参加者の「全員」ではなく「抄録」、すなわち「一部」であることを物語っており、象山私塾の門人の正確な実態を記した門人帳ではないのである。

さらに、「訂正及門録」が、象山没後の明治期に門人たちによって作成されたことを示す確かな証拠がある。『象山全集』第一巻「浄稿」に所収の漢文「増永山生」という史料の宛先が「平山平八」となっているが、はたして彼が象山門人であるか否かを、全集編纂の代表格である門人の北沢正誠が判定し、その結果が欄外に「注記」された、「玉地時代か。平山生通称平八（北沢正誠氏の覚え書きによる。以下、単に北と略記するもの皆然り）(345)」との記載である。上記の北沢の史料校訂の記載は、象山門人か否かの判定を北沢が中心となって明治に生存した門人たちが行い、これらの作業を通して「及門録」の原型を作成したことを証明する証拠なのである。

現存する各種の象山門人帳「及門録」の詳細な比較分析は、本書の下巻に委ねることとして、叙上の概略の論証により、『象山全集』第五巻に所収の「訂正及門録」が、象山門人帳の実物ではなく、明治期に生存した門人たちが断片的な象山関係史料を蒐集して整理し、門人帳の体裁を整えた「二次史料（作為史料）」であることは歴然たる事実であることが判明する。だが、これまでの象山研究者たちは、「訂正及門録」の「訂正」の意味も問わずに、なべて「訂正及門録」を象山門人帳とみて微塵も疑わず、記載された人々を無条件に象山門人と記してきたのである。誠に無責任なことである。「訂正及門録」を現存する各種の「及門録」と比較校合して数多の誤謬を正し、可能な限り史実に基づく正確な「及門録」を作成することが求められる所以である。

西洋砲術・西洋兵学を主体とする象山私塾の門人類型　叙上のごとく、『象山全集』第五巻に所収の象山門人史料「訂正及門録」には、多くの門人の記載漏れがあり、しかも特定年月の「西洋砲術演習出座帳」の「抄録」の名簿が中心であるために、複数回、西洋砲術演習に出座した門人名の重記（二重三重の記載）が多数あり、また門人名や帰属する藩名や藩主名、身分や進路などの誤謬も非常に多く、とても歴史研究における象山門人帳史料として使用することは不可能なものである。しかも、同史料の門人記載は、前述のごとく、嘉永二年から安政元年正月までの約五年間という短期間の入門者を対象としている。だが、象山門人は、彼が二十代半ばの松代藩儒者時代から京都で最期を迎えるまでの、天保七年から元治元年（一八六四）までの約三十年間にわたって存在していたのである。

象山門人の入門時期を、象山の私塾教育の時期区分別によって整理すると、次の四種に分類することができるのである。

象山門人を時系列で四種類に分類

（1）松代藩の御城月並講釈助時代の門人と自邸の私塾門人―①儒学と②武道の門人（文武両道の武士道教育）

（2）江戸の神田阿玉ヶ池に開設した漢学塾「象山書院」の門人―①儒学の門人（「東洋道徳」）

（3）松代藩の江戸藩邸および江戸木挽町の私塾の門人―①と②西洋砲術・西洋兵学、③洋学、④儒学、⑤西洋医学その他の多様な門人（「東洋道徳・西洋芸術」）

（4）門人吉田松陰の海外密航事件で処罰され地元の信州松代での蟄居時代の門人―①②③④の門人と信州を中心

とする新規入門者（「東洋道徳・西洋芸術」）

上記のように象山門人は、入門時期と学習内容から四種類に分類することができる。（1）が儒学と武道（文武両道の武士道教育）、（2）が儒学（朱子学の格物窮理を中心とする「東洋道徳」の教育）、（3）（4）が「東洋道徳・西洋芸術」（西洋砲術・西洋兵学）を中心として儒学・洋学、西洋医学を教授する「東洋道徳・西洋芸術」の教育と、同じ象山私塾の門人でも学習内容は異なる。したがって象山門人は複雑多岐にわたり、西洋砲術で一派一絡げに把握することは誤りであり、どの時期の象山私塾で何を学んだか、によって異なるのである。

学習内容で象山門人を捉えると、①のみの儒学あるいは武道の門人、②のみの儒学門人、③のみの「東洋道徳・西洋芸術」（洋学、西洋砲術・西洋兵学、医学、儒学）の門人、あるいは①②の二種類の私塾にまたがる門人、さらには①②③あるいは①②③④のすべてを象山私塾で学んだ門人、に分別することができる。①②③④の門人の典型は蟻川賢之助（一八三二―九一、松代藩）であり、②③④の典型は北沢正誠（一八四〇―一九〇一、松代藩）である。だが、なに故にか、彼ら側近にいて長く学んだ門人たちは「訂正及門録」には記載されてはいない。門人数の全体からみれば③のみの門人が最も多く、「訂正及門録」の記載対象期間（嘉永二〜七年）の西洋砲術・西洋兵学の門人が主体で、吉田松陰（一八三〇―五九、長州藩）、坂本龍馬（一八三六―六七）、勝海舟（一八二三―九九、旗本）、加藤弘之（一八三六―一九一六、出石藩）、西村茂樹（一八二八―一九〇二、佐倉藩）、津田真道（一八二九―一九〇三、津山藩）ら、幕臣や全国五十余藩から入門した著名な門人が多い。

なお、象山は蟄居中の教育その他の活動を幕府からは禁じられていた。だが、④の門人は、①②③の門人たちの松代訪問や書簡の往復による通信教育を手段として教えを請うており、さらに信州を中心とする地元から新規の入門者も象山の蟄居先に通学していたのである。

ところで、象山が「四書」の訓点上木（再注釈し版木に彫り出版すること）を命じられた天保十二年（一八四一）の六月、象山の最大の庇護者である藩主の真田幸貫が、幕府老中に就任する。しかも、その直後の同年九月には、藩庁より象山に江戸学問所頭取（江戸在住の藩士子弟の教育を担当する江戸藩邸内の学問所の頭取）の辞令が出される。これは、いまだ二十代半ばである象山の非凡な才能を認めて江戸在住を庇護しようとする藩主幸貫の特別の計らいによるものであったとみられる。

こうした藩主から物心両面で特別な寵愛を受けた象山は、天保十二年の五月に、「四書音訓相正上木」の任務を完遂する。が、さらに同年九月には、松代藩江戸学問所頭取に任ぜられる。この辞令により、象山は引き続き江戸に長期滞在して天下国家のための学問研究に精進することが可能となった。したがって、これ以降の象山は、江戸を主な舞台として、私塾教育の活動や蘭和辞典の編纂をはじめ、『邵康節文集』『女訓』『増訂和蘭語彙』『砲卦』『砲学図編』「象山書院学約」「幕府・藩主宛上書」「膨大な分量の書簡執筆」、等々、文筆活動に専念したのである。

なお、象山が私塾で教授する儒学は、幕府公認の正学である朱子学であった。しかしながら、戦争のない平和社会が長く続いたがために、幕府諸藩における朱子学の衰退と武士道の退廃は顕著であった。このような全国的な弊害状況に早くから危機感を抱いていた象山は、様々な藩務活動や精力的な著作活動を展開するが、それら諸々の活動は彼の学究人生の初心である朱子学の復興・幕政改革・藩政改革、その他の学術文化の改革、という大目的に焦点づけられた活動であった。特に、正学復興を切願する正統派の朱子学者をもって自任する象山は、朱子学の説く聖人・君子（天理を存し人欲を去った理想的人間―「性即理」を実現した理想の人間存在）の実現に至る躬行実践の方法的概念である「格物窮理」（「物に格りて知を致す」）を、学問探究における最も重要な目的的概念と解する独自の視座から、幕末期の日本が直面する国家社会の問題に実利有効な朱子学理解の革新性や創造性の道を切り開いた、といえるであろう。

このような観点から象山をみれば、丸山真男・植手通有の師弟が説く「新しい現実状況に照らして古いカテゴリーを一歩一歩吟味し、これを再定義しながら、内発的に自分の思想を成長させ豊かにしてゆくという態度」(346)「古典の読みかえによって、儒教のカテゴリーを新しい状況のなかで再解釈してゆくというやり方[347]」というような象山理解は、決して誤りではない。だが、適切でもない。象山思想のより正確な理解は、儒学の本質を時代の問題解決に応じて新たに解釈実践する思想理解の革新性や創造性にある、と捉える方が適切妥当である。それは、儒学古典の「読みかえ」でも「再解釈」でもなく、時代の問題解決に応答する象山の革新的あるいは創造的な解釈、すなわち「問学」の実践であったのである。

象山は、朱子学を、「格物窮理」を中核概念とする数理哲学として独自の解釈をし[348]、その学問の成果を朱子学本来の根本目的である「修身斉家治国平天下」（『大学』）の実現に資する社会的実践に還元すべしと考えた。すなわち彼は、内外に勃発する様々な現実問題を改革し改善できる「実利有用の学問」（「実学」）をこそ探究し、その成果を現実社会の問題解決に資することのできる学問、これを「真学問」と称したのである。そのような革新的・創造的な学問観の構築を志向した象山は、それと対極にあって現実を遊離した机上の学問を「無用の学」として厳しく批判したのである[349]。それ故に象山自らは、天下国家や地域社会が直面している現実問題の解決に有効な実践的学問を探究し、それを率先垂範する自身の姿を通して門人たちに「真学問」とは何かを指導したのである。

なお、象山が、江戸時代の儒学史上において現実問題の解決に深く関わった実践的な儒学者として高く評価し、理想的な学者として尊敬したのは、新井白石（一六五七―一七二五、将軍侍講の学者政治家）と熊沢蕃山（一六一九―九一、陽明学者で岡山藩家老）であった。両者の中でも特に学者の理想像として敬仰したのは新井白石であった。象山は、両者について下記のように記している。

白石蕃山御欽慕の條尤に存じ奉り候。いづれも偉人と申内、白石尤も及ぶべからずと存じ奉候。しかし二氏共に政事は中分御座候様、かねてより存じ居り候。二氏もし此節世に在り相応の要地に居られ候はゞ、いづれの所より手を下し申さるべきや。定て御考有るべく御座候[350]。

上記のごとく博学才穎《さいえい》の新井白石を欽慕し理想像とする象山を、植手通有は、新井白石・佐久間象山・福沢諭吉の三人の学問を比較考察して、「客観的にみて、白石─象山─福沢の間には、発言態度や文体の面で一筋の線が流れている」と捉え、彼ら三名の偉人の共通性を次のように指摘している。

すなわち植手は、象山の言動や文体を、「極めて論理的で、相手を知的に説得しようという態度」で一貫しており、そのような「論理性と知的説得の態度」には、福沢の『文明論之概略』に共通する知的説得性を看取することができる」と評しているのである(351)。

易学に精通した象山の「東洋道徳・西洋芸術」という思想形成の原点には、白石がイタリア人宣教師ジョバンニ・シドッチを審問してまとめた『西洋紀聞』『采覧異言』の名著があった。また、象山没後に遺児の恪二郎を慶應義塾に引き取り、教育して司法界に送り出したのは福沢であった。福沢の帰属する中津藩奥平家は、幕末期に藩命で一藩こぞって象山の西洋砲術教授を受けて深い繋がりがあり、その歴史的経緯を踏まえて、福沢の象山理解と遺児の教育を引き受けるという意外とみえる出来事があったのである。象山、それに白石と福沢の三人には、たしかに思想的に相通じる共通項があったのかも知れない。

特に象山にとっての理想像である白石は、武士であることを基本として、朱子学を躬行実践する学者として理想社会の実現に向けた様々な政治改革を試み、歴史学その他の幅広い学問分野に「格物窮理」を実践して多くの研究成果を遺した。しかも白石は、イタリア人のカトリック司祭シドッティとの対話を通して西洋事情書を著し、日本人の西洋理解の基本的な枠組を示すなど、偉大な貢献をなした人物である。そのような白石に、象山は、自己自身の学問的人生の在るべき理想像を見て取り、親近感を抱きながら敬して仰ぎ見る存在であったと思われる。

入門者が急増し江戸木挽町に独立した私塾を移転　日本国中に洋学が普及しすべての日本人が西洋を理解できるようになること。これは、苦労してオランダ語を修得した洋学者・象山の切なる願いであった。外国語が普及するための第一の必要条件、それが辞書の存在であった。幕末期の日本で最も普及した外国語はオランダ語であり、そのために象山は、蘭日辞典の編纂・刊行を、悲壮な覚悟をもって独力で企図し奮闘した。だが、辞書の編纂・刊行には大金を要し、象山には資金的余裕は全くなかった。意を決した象山は、何と自分の俸禄（一〇〇石）を抵当に入れて藩から一二〇〇両もの大金を借金して編纂・刊行の資金を準備したのである。そこまで苦心して取り組んだ蘭日辞典の刊行は、幕府から出版の許可を得られずに頓挫してしまう。だが、辞典の刊行に、物心両面で全力を注いだ象山は、挫折や失敗にもめげず、休むことなく次の行動を積極果敢に開始したのである。

実は、象山は、蘭日辞典の編纂作業を進めながら、同時に西洋砲術の研究を進め、洋式砲筒の製造に腐心していた。すでに嘉永元年（一八四八）という黒船来航の五年も前に、藩命を受け三種類の洋式大砲を鋳造し、それを領内で門人たちと試演していたのである。大砲試演という活動は門人の協力なくしては不可能であった。それ故に、前述のごとく、象山の西洋砲術の教授活動は、遅くとも嘉永元年までには開始されていた、とみるのが妥当である。特に嘉永三年以降になると、象山の活動は、「東洋道徳・西洋芸術」思想の具体化としての西洋砲術・西洋兵学の教授活動に重心が移行していく。また、その前年の嘉永二年五月に実施した西洋砲術繰練の参加者名簿「覚　三斤野戦銃四尺的百間水平打試中附」には、当日、参加して大砲を実射した次の一六名が記録されており、全員、松代藩関係の門人である。[352]

①佐久間修理（象山）、②白井平左衛門、③水野瀬平、④山寺源大夫、⑤北山安世、⑥蟻川賢之助、⑦増田助之丞、⑧長谷川深美、⑨高野車之助、⑩金井彌惣左衛門、⑪岩下富馬、⑫佐藤忠之進、⑬和田森之助（和田新左衛門悴）、⑭大野健左衛門（御手先組小頭）、⑮永井庄三郎（鐵砲師）、⑯（行司）白井平左衛門

なお、そこに記された⑤北山安世（生年不詳―一八七〇、象山の甥、松代藩御番医、吉田松陰の親友）、⑥蟻川賢之助（一八三二―九一、吉田松陰・小林虎三郎に次ぐ象門高弟、幕府の洋銃取調掛・講武所砲銃教授）、⑨高野車之助（眞遜、一

八二八―一九〇八、松代藩権大参事・司法省判事）たちは、象山が二十代の松代藩御城月並講釈助の時代からの門人で、彼らは西洋砲術に先立って寺子屋レベルの儒学の基礎から象山に学び、さらに進んで本格的に儒学を修め、ついには洋学をも修得して、生涯を象山側近の門人として、恩師の「東洋道徳・西洋芸術」思想を躬行実践した人々である。

後世に遺された象山史料からみると、上記の史料が、象山が門人たちとともに実施した西洋砲術操練の最初の記録である。この砲術繰練に臨んだ松代藩の門人たちは、実は、江戸における象山の西洋砲術塾の最初の門人として、そのまま門人帳史料「訂正及門録」の最初の「嘉永二己酉歳」に記載されているのである。(353) だが、前述のごとく、この時期には、蘭日辞書の編纂・刊行という出版活動が、象山の主要な関心事となっていたので、いまだ独自の塾舎を構えた私塾ではなく、藩命で鋳造した大砲の出来映えを実験し検証する目的で藩領の信州生萱村《いきがやむら》（現在の長野県更埴市生萱）で試演を実施したもので、当時の象山にとって、砲術教授活動は、いまだ副次的な活動に過ぎなかった。

さらに、嘉永四年二月二十六日にも一門による「大砲試演」が実施された。当日の演習記録「生萱村大砲試演点放人員次第書」には、次のような松代藩内外の大勢の門人名が記されている。(354)

（嘉永）四年辛亥二月二十六日西洋制五十斤石衝天砲演習人員次第

第一発　　水野　瀬平（松代藩）
　　　　　菅《かん》　鉞太郎《えつたろう》（松代藩）
　　　　　増田助之丞（松代藩）
　　　　　岩下　富馬（松代藩）
　　　　　蟻川賢之助（松代藩）

第二発　　菅　鉞太郎（松代藩）

紀藩久能丹波守家来
三好小三郎（紀州藩）
水野　瀬平（松代藩）

奥平大膳大夫様御家来
岡見　彦三（中津藩）
増田助之丞（松代藩）

第三発
蟻川賢之助（松代藩）
岩下　富馬（松代藩）

松藩伊豆守様御家来
藤原　重太（松前藩）

紀藩水野丹後守家来
目良　造酒（紀州藩）

松藩伊豆守様御家来
下國　殿母（松前藩）

第四発

紀藩水野丹後守家来
三谷　佐馬（紀州藩）
水野　瀬平（松代藩）
蟻川賢之助（松代藩）
松木源太郎（松代藩）
藤原　重太（松前藩）

第五発
増田助之丞（松代藩）

紀藩久能丹波守家来
森　　安蔵（紀州藩）

第六発

菅　鉞太郎（松代藩）
松木源太郎（松代藩）
岡見　彦三（中津藩）

菅　鉞太郎（松代藩）
水野　瀬平（松代藩）
増田助之丞（松代藩）
岡見　彦三（中津藩）
佐久間修理（松代藩）

以上　　　　佐久間修理

この洋式大砲の試演は、上記のごとく、松代藩門人のみで実施した前回とは異なり、松代藩門人（水野瀬平・菅鉞太郎・増田助之丞・岩下富馬・蟻川賢之助・松木源太郎）の他に、紀州藩門人四名（三好小三郎・目良造酒・三谷佐馬・森安蔵）、松前藩門人二名（藤原重太・下國殿母）、中津藩門人一名（岡見彦三）ら、他藩の門人たちを含めると延べ三〇名（実数は下記の一三名）が参加して実施された。

この演習では六発の実弾試演が行われた。射手は五人一組で、象山を入れて延べ三〇人の象山一門が参加した。ところが、この試演を記録した「生萱村大砲試演点放人員次第書」という「参加門人名簿」には、水野瀬平（松代藩）・菅鉞太郎（松代藩）・増田助之丞（松代藩）が四回記載、蟻川賢之助（松代藩）・岡見彦三（中津藩）が三回記載、松木源太郎（松代藩）・岩下富馬（松代藩）・藤原重太（松前藩）が各二回、そして三好小三郎（紀州藩）・目良造酒（紀州藩）・下國殿母（松前藩）・三谷佐馬（紀州藩）・森安蔵（紀州藩）・佐久間修理は各一回の記載である。すなわち大砲試演を行なった門人の数は延べ人数で三〇名であったが、門人の実数は一三名であった。

幕末の西洋砲術塾では大砲試演ごとに「大砲試演点放人員次第書」が作成され、この試演に一度でも参加すれば門人として記録されるのである。したがって、この試演の場合、参加した門人は、その氏名が、名簿に四回（四重記）・三回（三重記）・二回（重記）・一回（単記）と記録される。だが、詳しくは後述するが、象山の門人名簿と思われてきた「訂正及門録」（『象山全集』第五巻所収）という史料には、今回のこの名簿と同様に、特定の年月に実施された演習参加者名簿が、重記をそのままにして、延べ人数の門人名で記載されているのである。門人の実射回数と参加門人の数字の誤差は大きいが、何とこのまま「訂正及門録」には転写されているのである。したがって「訂正及門録」には同一人物の重記の数が三〇名を超えるほど多数を数えるのである。

さらに問題なのは、幕末期の西洋砲術塾では、下曾根塾なども、砲術繰練に一度でも出席した者は、すべて門人として記載されてしまうことの問題である。たとえば有名な坂本龍馬は象山門人として広く認知されている。だが、龍馬側の史料には象山塾入門に関する記録はまったく見当たらず、象山門人と確認することはできない。一度だけは象山塾の砲術繰練に参加したが、入門したという自覚は龍馬本人にはまったくなかったものと思われる。長岡藩の河井継之助の場合も同様である。象山の師匠筋に当たる下曾根信敦（金三郎）の場合も同じで、筆者は下曾根塾に入門した土佐藩関係者を、各回ごとに記録された多くの砲術繰練の参加者名簿から土佐藩関係者を析出した[355]。幕末期における西洋砲術塾の門人特定は実に困難を極める作業なのである。

逆に象山側近の北沢正誠や画家の狩野芳崖などの場合は、門人側の史料から明らかに象山門人と確認できるのに、「訂正及門録」には記載がないのである。他にも門人でありながら記載されていない象山門人が多数、存在するのである。この問題も、従来の象山研究ではまったく触れられてはいない。

叙上のような門人名の重記をはじめ、様々な誤謬に満ちた『象山全集』第五巻に収録された象山門人帳史料「訂正及門録」を、象山門人帳と鵜呑みにして象山門人の分析を行なってきた従前の研究者の研究成果は、すべて信憑性に欠ける、ということである。

ところで、黒船が来航する前の嘉永二年や四年という時点で、西洋砲術・西洋兵学の専門家として蘭学原書を解読し洋式大砲を鋳造できる本格的な洋学者として、象山の名声と評価は全国レベルで定まり、有名を馳せていたのである。そのことを、次に示す嘉永二年四月の福井藩公文書史料によって確認することができる。

　砲術の上は素より練兵其外知彼の学術ならては相適い難き処、此頃、世上に蘭書出来せる者は総て医学の余緒に出る者なる故、公には兵科専門の洋学者御懇望にて所々御頼有りて御来訪なりしかと、豆州韮山御代官江川太郎左衛門殿、信州上田（ママ）藩佐久間修理の外は、悉く医ならぬはなし[356]。

上記の史料によって、象山は、早くも黒船来航の四年前の嘉永二年（一八四九）の時点で、西洋砲術・西洋兵学に精通した軍事科学系の洋学者として、高島門人で恩師筋に当たる江川担庵と並び称されるほどの存在になっていた。嘉永年間以降、全国の有力諸大名たちは、領国の沿岸防備に万全を期すべく、急ぎ抜本的な兵制改革を実施し、西洋兵制に基づく西洋砲術の導入と洋式隊列の訓練を図ろうとしていた。そのためには、是非とも西洋砲術・西洋兵学に精通した軍事科学系の洋学者が必要であった。それ故に各藩は、競って洋学者を招抱えようとしたのである。だが、黒船来航前の嘉永年間においては、いまだ西洋砲術・西洋兵学などの西洋軍事科学に精通した洋学者の絶対数は極めて少なく、幕府や全国諸藩の需要を満たすことなど、とてもできる状況にはなかった。

その結果、前章で触れたごとく、異様な現象が起きた。緒方洪庵や伊東玄朴（一八〇〇—七一、幕府の西洋医学所取締）など、本来は西洋医（蘭方医）を養成する西洋医学塾の出身者を、幕府諸藩が競って招聘し、西洋軍事科学の人材教育や蘭書の翻訳・出版を委ねざるをえないという前代未聞の状況が発生したのである。このことを、緒方洪庵の門人である長与専斎（一八三八―一九〇二、肥前国大村藩侍医、維新後は文部省医務局長や東京大学医学部前身の東京医学校長などを歴任した明治医学界の重鎮）は、「元来、適塾は医家の塾とはいえ、その実蘭書解読の研究所にて、諸生には医師に限らず、兵学家もあり、砲術家もあり」(357)と記し、軍事的な動機で蘭語修得を目的として西洋医学系の私塾に入門する武士階層の人々が急増したことを物語っている。このような異常な現象を、福沢諭吉もまた、「宝暦明和以来八、九十年間の蘭学は、医師を蘭学にしたるものなれども、弘化嘉永以後の蘭学は士族を蘭学にしたるもの」(358)と回顧している。軍事科学系の人材教育の需要が急増する中で蘭学の全盛期を迎える異常な時代状況が、黒船来航前後の嘉永安政年間の幕末期に現出したのである。

実は、海防（海国防衛）という軍事的動機で西洋軍事科学に向かい、洋学世界に入っていった幕末期の青少年たちは、軍事関係の分野に止まらず、やがては高度で精巧緻密な科学技術を創出する西洋近代科学に専門分化した様々な学問世界（「西洋芸術」）に分け入っていくことになる。たしかに洋学への入り口は軍事科学であった。だが、その後の彼らの進路は様々で、出口もまた多様であった。やがて、彼らの多くが維新後の日本近代化に不可欠な学問分野の各方面で、西洋の知識技術を修得した先駆的あるいは開拓的な役割を担って国家社会の近代化に貢献することになるのである。

畢竟、日本の近代化は西洋化の現象であった。だが、それは、幕末期の欧米先進諸国の外圧に対する国家防衛という国家意識の下で、国家的規模で必要とされる軍事科学の摂取を最大の契機とした軍事科学系洋学の拡大普及という現象を招来したのである。

だが、従来の洋学史研究の世界では、医学や薬学をはじめ、本草学・天文学・暦学・鉱山学・動植物学などの洋学諸分野が、西洋近代の学問を摂取する窓口として日本近代化に重要な役割をはたした、と考えられてきた。高等学校などの歴史教科書にも、そのように記述されてきた。たしかに、一理ある理解の仕方ではある。だが、維新期以降の日本近代化過程において、上記のような従前からの専門諸分野で西洋の学問を担った人々は、全国的な広がりの観点から鳥瞰すれば、あくまでも〝点的な存在〟の少数者に過ぎず、決して幕末期日本における洋学の〝面的な普及拡大〟を担う多数者の主流ではありえなかった。

はたして、国家的規模で国民全体を洋学世界に導く学問技芸の領域とは何であったのか。それは、紛う方なく国防であった。当初は祖国防衛を専門職とする武士階層を主体としていたが、全国の諸藩、特に土佐藩など領国に長い海岸線を有する諸藩では、わずか数％の武士階層だけでは、絶対的に兵員不足であり、領国防衛などはとても不可能なことであった。それ故に、土佐藩などでは、黒船来航までに、厳格であった身分や地位などで人間を差別する旧体制（アンシャン・レジューム）を超えて、領民全体を国防要員に組み込んだ新防衛体制――〝領国は領民全体で防衛するという皆兵制度〟を組織化していったのである(359)。

まさに、幕末期の洋学は、領国防衛という国防的緊要性から軍事科学系洋学が主体となって、全国規模で洋学の面的な展開を遂げていった。それ故に、日本近代化の問題を幕末期洋学の普及拡大現象という視座から考える場合、軍事科学的な視点を看過したり否定することはできない。従来の幕末洋学研究者の捉え方は、木をみて森をみない極めて狭隘な歴史理解であった、といわざるをえない。

かくして、西洋軍事科学の受容が急速に拡大普及する幕末期という時代状況の中で、武士にして儒学者となり、日本人の生き方に根付いた伝統的な思想基盤の上に本格的に蘭学を修めて洋学者となり、最後は東西両洋の学問を統合して、日本近代化の思想としての「東洋道徳・西洋芸術」に結実させた人物、それが佐久間象山であった。

象山の存在は、前述のごとく、すでに黒船来航前から西洋軍事科学に精通した洋学者として幕閣や全国諸藩の注目を浴びていた。それ故に、彼が西洋砲術教授の看板を掲げると同時に、全国諸藩から入門者が殺到したのである。縁故や個人的な関係での入門はもちろん、大名や旗本の君命をもって家臣が集団入門する場合、あるいは象山が藩の要請を受けて藩邸に出張教授する場合など、西洋砲術・西洋兵学の教授の在り方は様々であった。もちろん、何の縁故もない個人的な入門者も殺到した。

嘉永三年七月、三度、江戸に出た象山は、深川（現在の江東区）の松代藩下屋敷（上屋敷は新橋、中屋敷は赤坂）に西洋砲術教授の看板を掲げ、積極的に教育活動を展開していく。特に嘉永年間以後は、西洋砲術の修得を目指して全国諸藩からの入門者が殺到してくる。福沢諭吉の出身地である豊前中津藩（藩主は奥平昌服《まさもと》〈一八三一―一九〇一〉）などは、藩主が洋学者象山の信奉者であり、一藩挙げて象山塾に家臣たちが集団入門し、さらに象山自身も高輪の中津藩下屋敷（現、東京都港区高輪四丁目）に出向して出張教授もしたのである。

奥平様よりも昨日又々頼み参り、両三日中おもだち候もの十四人、一同入門いたさせ、夫は日々私方迄通にいたし、その他百人余は何とぞ高なは（高輪）と申所に其下やしき御座候が、是へ一月に三度也五度也出張り候て、其人数ねり立てくれ候様にと申事に御座候。(360)

象山塾は、予想をはるかに超える入門者の急増現象によって、最早、松代藩邸内で教授活動をすることは、物理的にも不可能となった。そこで翌四年の五月、象山は、物心両面で象山の最大の庇護者であった藩主の真田幸貫の配慮により、藩当局から藩邸外に私塾を開設する資金一三〇両という大金を下賜された。これにより、江戸深川木挽町（現在の東京都中央区銀座六丁目）に自前の塾舎兼自宅を構えることができ、以後、ここを拠点に本格的な私塾教育を展開していくことになる。

此度外宅御手充百三拾金戴き候て、木挽町五丁目《ママ》、御絵師の狩野殿向へ家を求め引移り候。畳の数八十枚ばかりにて蔵も二ツ之れ有り、大小銃習はせ候空地も少々之れ有り、都合も宜しく偏に上の御特恩と有難き仕合はせと存じ奉り候。(361)

土地は狭かったが家屋は広かった。この辺りは江戸でも「有名人たちの居住区」で、大名や有名人の住む「大変にセレブなエリア」（東京都中央区教育委員会作成の現地掲示板「佐久間象山塾跡」）であった。また、新たな象山塾は、日本画界の名門・狩野家画塾の向かい隣であった。しかも、そこには、同塾の出身者で松代藩絵師の三村晴山（一八〇〇—一五八）が、当時も顧問役として指導に関わっていたのである。(362)三村と象山は極めて昵懇の仲であった。この三村の仲介で、やがて狩野芳崖（一八二八—一八八）は、象山門人となり、伝統的な日本画の世界に西洋近代の画法を取り入れた新たな日本画の世界を創生し、「近代日本画の父」と称されることになる。

これまで、芳崖が象山門人であるという事実を知る歴史研究者は、一部の美術史の専門家以外にはいなかった。象山没後の幕末維新期の日本近代過程で多様な進路を辿った象山門人の中でも、伝統的な日本画の世界で、迫り来る西洋絵画と格闘し、畢生の名画「悲母観音」を生み出す新境地を切り開いた芳崖は、象山の「東洋道徳・西洋芸術」思想を絵画の世界に具現化した希有な門人である。(363)

5　教育慣行の旧弊を打破して近代教育制度を志向

西洋砲術塾における洋儒兼学の人材教育を実践　象山の西洋砲術の教授活動は、遅くとも嘉永元年（一八四八）には開始されていた。その活動は、彼自身の蘭学学習を経て儒学的洋学受容の理論に具体化された「東洋道徳・西洋芸術」思想の教育的な展開と理解されるべき活動で、時代が要求する社会的な実践活動であった。弘化年間に東西両洋の学問を修得した当時の象山の理論は、黒船来航前の嘉永期における「東洋道徳・西洋芸術」思想の成熟度は、いまだ論理的な体系性においては粗雑性や不整合性が認められた。しかし、その後の研究教育活動を媒介とした洋学研究の実践的な展開を媒介として、彼の構想する「東洋道徳・西洋芸術」思想の論理的な整合性は錬磨されて深化し具体化されていった。(364)

象山における西洋砲術の教授という教育活動は、彼自身が「砲術の事は誠に余業」(365)と明言しているごとく、決して研究の本業ではなかった。彼が営む私塾教育の真の狙いは、あくまでも西洋の精巧緻密な知識技術の裏側にある洋学の探究と普及に目的化されていたのである。したがって、象山思想における学問探究の目的からみれば、明らかに西洋砲術・西洋兵学そのものは「余技」（「西洋芸術」）、すなわち枝葉末節であった。

東西両洋の学問を統合したグローバルな学問的世界の構築を志向し、学問の王道を極めようとする象山にとって、西洋砲術・西洋兵学は、高度に発達して専門分化した西洋の学問を探究するための具体的な契機（入口）に過ぎなかった。自分は西洋砲術の技術屋ではなく、それを生み出す西洋科学技術の奥に潜む真理の探究をめざす学者なのだ。その強い意識は、象山が学者として天下国家の安危に関わる学問の本流を生きているという自負心と自尊心の表れであった。象山自身の内面には、天下国家の危機に応答しうる新たな学問構築の旗手たらんとする強烈な自負心が溢れていたのである。それ故に、象山思想を理解する場合に心得るべきことは、彼における西洋の学問探究をめぐる手段と目的の本末関係の位置づけと意味づけである。この点を取り違えたり看過しては、象山思想「東洋道徳・西洋芸術」の誤解や曲解が生じることになる。

象山が蟄居赦免となった翌年の文久三年（一八六三）三月、紹介状もなく、突然に晩年の象山を松代に訪れた無名の青年がいた。明治時代に日本陸軍の軍医総監、日本赤十字社の社長などの重職を歴任して、北里柴三郎（一八五三―一九三一）や森林太郎（鴎外、一八六二―一九二二）たちと同時代の西洋医学界で活躍する石黒忠悳（一八四五―一九四一）であった。攘夷運動に熱中する石黒青年に対して、象山は、「東洋道徳・西洋芸術」というワールドワイドな思想世界から、時代の流れに逆行する偏狭な攘夷運動の非を諌め、視野を世界に広げて冷静に西洋を凝視し、日進月歩の西洋の学問を学ぶ必要性が不可であることを、次のように説き示した。

西洋の学問の進歩は恐るべきものである。足下ぐらいの若者は充分我が国の学問をした上で、更に西洋の学問をなし、そしてそれぞれ一科の専門を究めることにせねばならぬ。また、そのうちからしっかりした者を西洋に遺し修業せしめることが肝要である[366]。

象山は、この石黒との邂逅の翌年の元治元年（一八六四）七月、幕命で上洛し、その四ヶ月後、攘夷派に斬殺される。石黒に対する象山の説諭は、幕末期の青少年に国家救済を付託する遺言であったのかも知れない。畢竟するに、象山が私塾教育で目指した究極的な目的は、当時の武士階層を主対象とする青少年たちに、西洋日進の学問を本格的に学ばせ、西洋諸国に対する日本人の主体的な対応姿勢と西洋の学問を進取究明する本格的な探究精神を喚起し、もって日本近代化―開国進取・文明開化を推進する有能な担い手を育成することにあった。したがって、象山の西洋砲術教授という教育活動の前提には、「漢土聖賢の道徳仁義を以て是が経とし、西洋芸術諸科の学を以て是が緯とし、只顧皇国の御威稜（ママ）を盛に致し度と申存念のよしに御座候[367]」と述べているがごとく、東西学問の統一（縦糸と横糸で織り成す世界的次元で統一された新たな学問的世界の構築）が大前提であった。

それ故に、彼の私塾を舞台とした教育活動は、西洋砲術・西洋兵学の修得を志す門人だけに限定されていたわけではなかった。私塾を開いて間もない嘉永三年の象山史料には、象山自身が、「砲術門人二三百人に相成候は、遠からずと存じ申候（中略）儒業並に西洋学の門人も之れ有り候[368]」と記す通り、多様な塾生の存在で、私塾は盛況を極めた。実は、象山の新たな西洋砲術の私塾は、開塾当初から、最初に天保十年（一八三九）に設立した漢学私塾「象山書院」の教育精神とそこでの門人を受け継いだものであった。それ故に、教授の内容も「西洋砲術（西洋軍事科学の知識技術）」「儒学（東洋道徳の基本となる朱子学）」「西洋学（蘭学を媒介とした西洋の学問）」という複数の分野に大別された。したがって、吉田松陰や坂本龍馬が入門した嘉永年間（一八四八―五四）の象山私塾は、決して西洋砲術だけを教授する私塾ではなかったのである。このことを誤解する多くの研究者たちは、象山の私塾＝西洋砲術塾と捉えるが、それはまったくの誤りである。その事実は、東西哲学に精通した井上哲次郎（一八五六―一九四四）が、早くも大正三年（一九一四）に象山塾には「西洋砲術」「西洋学」「儒学」という三種の門人が存在していたことを、具体的な門人名をあげて指摘した通りであった(369)。

しかしながら、それら三種の門人の学習目的に対応した教育を、象山自身が、個々の門人に提供していたわけではなかった。彼は、すべての門人に対して、東西両洋の学問を統合する「東洋道徳・西洋芸術」という思想で主体性を担保するという観点から、「西洋の学専ら修め申度と申すもの共に候へども、聖賢の大道を知らず候時は大本立ち不申候に付、課を定め候て四書等講明致させ候(370)」と、「洋儒兼学」の教育方針を徹底していた。それ故に、彼の私塾では、東西両洋の学問が必須の学習内容とされていたのである。また、西洋砲術の教授に関しても、単なる銃砲の操作技術に止まらず、蘭書の購読を通して銃砲の構造や戦術の理論も教え、さらには自身が東洋の易学理論を基に西洋砲術の仕組みや機能を解明した著書『砲卦』なども教材に組み込まれていた。

今日なお、一般的には西洋砲術の専門塾とみられてきた象山の私塾は、決してそうではなかった。「西洋芸術」（専門分化した西洋科学に基づく知識技術とその理論）を獲得できる国家有能な人材の育成を教育方針として、西洋砲術・西洋兵学の理論と技術の教育と、東洋の思想である儒学の根幹をなす易学理論から主体的に意味づけられた「東洋道徳」の教育とが一体となってなされていたのである。

九州遊学を終えた長州藩の吉田松陰は、その翌年の嘉永四年三月、今度は藩主に扈従《こしょう》して上江する。純情一途で向学心に燃えた若き松陰は、江戸の長州藩桜田藩邸（現、東京都千代田区日比谷公園一丁目）に到着するや否や、江戸の学界の大家と評される著名な学者を相ついで訪問し、「束脩」（入学金）を払い体験入門して師匠の学問と人格を吟味するのである。その一つが象山塾であった。彼は、入門する直前に象山塾の教育状況を、地元長州の叔父・玉木文之進（一八一〇—七六、吉田松陰の叔父、松下村塾の創立者）に宛てた書簡で、次のように報告している。

真田侯藩中佐久間修理と申す人、頗る豪傑卓偉の人に御座候。元来、一斎門にて経学は艮斎《ごんさい》（安積艮斎）よかりし由、古賀謹一郎いへり。艮斎も数々《しばしば》是を称す。今は砲術家に成り候処、其の入塾生、砲術の為めに入れ候ものにても必ず経学（儒教の学問）をさせ、経学の為に入れ候ものにても必ず砲術をさせ候様仕懸《しか》けに御座候。西洋学も大分出来候由。会日《かいじつ》（集会日）ありて原書の講釈いたし申し候。(371)

黒船来航前夜の喧騒のとき、江戸遊学に出た松陰は、都下で天下に名高い安積艮斎（一七九一―一八六一、朱子学者で幕府昌平黌教授）、山鹿素水（生年不詳―一八五七、山鹿流兵学の第六代目宗家）、古賀謹一郎（一八一六―八四、幕府儒官で昌平黌教授・古賀侗庵の子、洋儒兼学の学者で父親同様に昌平黌教授）ら、多くの高名な学者に入門の礼を尽くして聴講した。師事して学ぶべき師匠を消去法で絞り込んでいった松陰を、最終的に生涯の師として満足させた学者は、象山その人であった。初めて講義を受けた象山の印象は格別に強烈な印象であった。

松陰が入門の礼を取った古賀は、佐藤一斎・安積艮斎とともに、幕府儒官として幕末期の昌平坂学問所の教授職にある碩学であった。とりわけ彼は、独学で漢訳蘭書を読破した洋学者としても広く知られ、安政二年（一八五五）には幕府の洋学所頭取に任命されるほどの大物であった。その古賀が、同じ佐藤一斎門下の盟友である象山を、安積艮斎をも凌ぐ学者として高く評価し、洋学にも優れて洋儒必修の西洋砲術塾を開いている人物、と松陰に語ったのである。やがて象山は、門人となった田舎出の純情一途な松陰の世界観、西洋観を一変させ、決死の覚悟で海外密航を断行するほどに強烈な思想的影響を与えることになる。

だが、西洋砲術や西洋兵学を、あくまでも洋学の枝葉末節とみる象山の教育的な意図に反して、西洋列強諸国の軍事的手段による極東アジア地域への侵攻という幕末期の緊迫した時代状況は、幕府諸藩の軍備や兵制の西洋化（近代化）の推進に必要な人材を、象山などの軍事科学系洋学私塾に求めざるをえなかった。それ故に、江戸の象山塾には、西洋の軍事科学（西洋砲術・西洋兵学）の修得を目的に、短期間の内に全国五十余藩から五〇〇名近い入門者が殺到して盛況を極めたのである。

象山塾には、開塾して間もない嘉永三年に、幕臣（旗本・御家人やその家来）や全国諸藩の藩士などの入門者が急増する。勝麟太郎（海舟、旗本）、木村軍太郎（佐倉藩）、山本覚馬（会津藩）、武田斐三郎（大洲藩）、津田真一郎（真道、津山藩）、高畠五郎（徳島藩）、本島藤太夫（佐賀藩）・下国頼母（松前藩家老）・岡見彦三（中津藩）らが入門したのも、この年であった。松陰が入門するのは、その翌年の嘉永四年で、小林虎三郎（長岡藩）、西村平太郎（茂樹、佐倉藩）、宮部鼎蔵（熊本藩）らと同年であった。

孝心の厚い象山は、信州松代に在住の母親宛に頻繁に近況報告の書簡を送っていた。象山は、開設間もない嘉永三年当時の私塾の盛況と、自分の江戸での活躍振りを、次のごとく自慢げに老母に報告し安心させている。

　先年中野御代官つとめられ候小谷彦四郎殿（旗本）の孫麟太郎（勝海舟）と申人なども入門致し候。旗本衆は是にて両人、追々是も多く相成り申すべく候。陪臣（大名や旗本の家来）にては日々の様に頼み之れ有り候。もはや此表（江戸）ばかり五拾人近く相成り申候。塾生（住み込み門人）も当時、蟻川（賢之助、松代藩）、万之助（不詳、松代藩カ）外に越後様より参り居り候中尾定治郎（津山藩）と三人の上、尚五六人頼入御座候。（中略）只今の勢いにては砲術門人二三百人に相成候は遠からずと存じ申候。[372]

秘伝主義を否定し自由公開制の免許制に改革

ところで、象山の西洋砲術教授の具体的な内容は、彼が門人に授与した免許状「西洋砲学真伝免許状」に窺い知ることができる。[373] おおむね教授の内容は、江川坦庵や下曽根信敦から伝授された高島流西洋砲術・西洋兵学を基本にしてはいるが、江川塾の後に彼自身が蘭書研究その他で得た最新の西洋砲術・西洋兵学の成果（『三兵《さんぺい》答古知幾《タクチキ》』（歩兵・騎兵・砲兵の三兵の西洋兵学における用兵術などの知識技術）などを加えて刷新した内容で、大砲の製造や火薬の調合、それに小銃・大砲の集団隊列を基本とする集団繰練―歩兵法・騎兵法・砲兵法の銃陣戦法などが付け加えられている。そこに「三兵」とは「歩兵」「騎兵」「砲兵」を意味し、それらの隊列行動を使用兵器（例えば「小銃」や「大砲」など）に即して論述した「西洋砲術隊列戦法」。この種の西洋砲術・西洋銃陣に関する輸入蘭書としては、鈴木春山訳『三兵活法』（原書はプロシア人ハインリッヒ・フォン・ブラン

ト著の独語版 *Taktik der drie wapens, 1837*）から訳した蘭書（全一〇巻四冊、一八四六年）や高野長英訳『三兵答古知幾（タクチキ）』（原書は同じプロシア人ブラントの独語版 *Heinrich von Brandt;, Grundzuge der Taktiek der drei waffen, 1833*、全二七巻一五冊、一八五六）などが代表的である。[374]

だが、象山が、蘭書の原典を精読して理解し自塾の教授内容（主要教材）としたのは、ブラントの原書ではなく、同じプロシア人デッケルの独語版の蘭書翻訳版である『三兵答古知機』（*Decker, C. von: Taktiek der drie Wapens, Infanterie,Kavallerie en Artillerie, of, Zich-zelve en Verbonden, in den Geses der nieuaere Krijgsvoering,uit het Hoogduitsch vertaald door L. Baron van Boeccop, Eerste Deel. Veld-Batterij, Nimegem,'s Grav. en Amst. 1831; Tweede Deel, Stukken-School, 1833 pp. 385; Derde Deel, Veld-Arllerie, 1833. pp. 398 3 dln.*〈*Saihokukan*〉）であった。[375]

注目すべきは、象山が、江川塾の秘伝主義・権威主義の免許授与制度を厳しく批判して、学術技芸の自由公開制を主張し、自塾の免許皆伝書を、修行内容を証明する自由形式の証明書としたことである。それ故に、免許状の内容と書式は個々の門人の技量や人格により相違がある。このような象山塾の大胆な免許制度の改革は、幕末期はもちろん、近世の私塾教育の歴史上においても他に例をみない画期的な決断であった。まさに、日本における免許制度の革新である。

例えば、象山が最初に授与した西洋砲術免許状は、史料で判明する限りでは嘉永三年八月に、紀州田辺藩安藤家の家臣で門人の柏木義武（兵衛、一八二三—八五）に授与したものである。だが、それよりも個性的な免許状としては、同四年十一月、仙台藩重臣片倉氏の家臣である大槻龍之進（一八〇二—七〇）に授与した下記の免許状である。[376]

西洋真伝砲術免許状（稿）

一　立法

一　頭の向けやう左右
一　右向左向右向回りやう
一　歩法直斜
一　止法
一　小銃ちやう
一　同あつかひやう
一　同こめ方　十二段　四段　急
一　同打方直斜
一　二列打方
一　人数組方
一　点足法
一　替足法
一　急足法
一　正面進みやう
一　側面進み様
一　（向け方直しやう　目良）
一　（隊伍回し方左右　三谷）（括弧内の分は付箋）
以上　小銃

一　山用三斤地砲使用法
（同十二拇長人砲使用法　目良・三谷）（括弧内の分は付箋）
一　野戦六斤地砲使用法
一　同十二斤地砲使用法
一　同拓榴装法
一　同十五拇人砲使用法
一　攻城二十拇人砲使用法
一　十三天砲使用法
一　二十拇天砲使用法
一　二十九拇天砲使用法
一　各種砲身並砲車図式
一　三才諸砲装置分量
一　同射擲遠近
一　遠近測量
一　ねらひ規則
一　三才諸砲さまざまの打方
一　同時所位の心得
一　諸火術

以上　大銃

貴殿、今夏入門以来、篤く心懸、日々出精修業せられ感入、今般、帰郷申され候に付、此巻今附属候畢。某、元来此術を講習候事、偏に家国天下の御為を存じ候迄にて、世間卑に臨んで高を為さんと欲するもの、比にあらず。故に勤苦して発明する所の業といへども、初よりこれを隠秘せず、此邦に良法奇術を心得たるもの一人も多くあらん事、某の志願也。去れば、貴殿帰郷の後、其人を得て指南之れ有る義、尤も以て可然るべく候。但、修業の日甚浅く某の意に満ざる所猶多し、且、西洋火砲の術甚広博にして某といへども猶尽さゞる所少からず候間、自ら其の及ばざる所を知り、旦暮れ怠慢無く習熟続て請益有るべき者也。

嘉永四年十一月　　佐久間修理

明

大槻龍之進　殿

上記の免許状の第一の特徴は、免許名に「真伝」を付し「西洋真伝」と明記している点である。「真伝」を付記することによって、従来の高島秋帆、江川坦庵、下曽根信敦ら、当時の日本で名声を博していた西洋流砲術諸家との内容的な相違を強調している。象山が否定したのは、高島から下曽根・江川へと伝授された高島流西洋砲術が、長崎出島でオランダ人から西洋砲術の技術を伝授された内容を基本として、それに高島が蘭学の翻訳書で西洋砲術の技術や理論を学んで体系化した間接的な西洋知識技術による洋式砲術であった。象山は、高島秋帆や江川坦庵の砲術は西洋流を名乗るが、その内実は、蘭学原書から学び直した象山の西洋砲術レベル、あるいは象山親交の下曾根信敦（師弟関係に近い親交の間柄の高島流西洋砲術家）や村上貞平（一八〇八―七二、田原藩家老で高島流の西洋砲術家）らからみれば、とても西洋流とは呼べない低級なものであったと批判して、次のように述べている。

江川殿心得得られ候位の義は僅か高島何かしの伝へ候のみの略々の法にて、西洋軍争実地に掛り候術の百分の一にも足り申さず候。（中略）下曾根金三郎殿幷に村上貞平殿等に深く交わり益を乞ひ候事も少なからず候

（後略）[377]。

これに反して、象山の場合は、蘭学の砲術や兵学に関する蘭学原書を自ら解読して研究し、各種の西洋銃砲を製造して試演を兼ねて実際に門人たちと繰練して西洋砲術の技術と理論を体系化した最新の本格的な洋式砲術であること、それ故に免許状に「真伝」という表現を付して強調しているのである。

第二の特徴は、象山が伝授した免許状は、①記載の書式がまったく自由形式で、平仮名交じりの漢文体と全文が漢文体のものとがあること、また②記載の内容が、「歩兵法　目録之有」「騎兵法　目録有之」「砲兵法　目録有之」と伝授内容の標題のみを記すだけの極めて簡潔なものから、上記の大槻龍之進に伝授した免許状のように伝授内容を項目立てて詳細に記載したものまで、実に様々である。

第三には、個々の門人に応じた書式・内容の免許状の最後に、自らが父一学から伝授された「墳原朴伝流剣刀術免許状」の場合とまったく同様に、伝授すべき記載内容を記した後に、「諭示」という長文の訓戒文を付している点に特徴が認められる。門人の象山私塾における学習期間や修得段階に応じて、退塾して帰郷の後は、さらに精進努力すべき目標や心得を記載したのが「諭示」である。だが、「諭示」の記載のない免許状もあり、これも門人により自由である。なお、「諭示」の分量にも長短があり、帰省後の精進の奨励の仕方も門人の個性や技量に応じた内容となっている点に特徴が認められる。

しかし、何と言っても、象山が門人に授与した免許状で注目すべき第四の特徴は、上記の大槻龍之進の場合にみられるように、「勤苦して発明する所の業といへども初よりこれを隠秘せず、此邦良法奇術を心得たるもの一人も多くあらん事、某の志願也[378]」と記されているごとく、秘伝主義を厳しく戒めて自由公開主義を推奨している点である。象山塾で修得した西洋砲術の理論や知識技術を、さらに帰藩後も創意工夫の努力を惜しまず、しかも、その研究成果を決して「隠秘」せずに、一人でも多くの者に伝授して西洋砲術の普及拡大を推進すべしとする、象山の公開普及主義の説諭がなされていたことである。この点に、従来の日本における学術技芸の秘伝主義・秘密主義を否定し、自由公開主義への転換を願う象山独自の画期的な免許制度の革新があった。

象山の提唱し実践した免許制度の自由開放制がめざした根本目的は、象山自身が「西洋砲術は、誰のための、何のためのものか」という疑念を、厳格な江川塾での秘密主義・権威主義の中で自問自答した結果であり、武士である象山自身の体験的な学問観の根本にある「国家人民の独立安寧の実現が目的」という不動の信念に根ざしたものであった。国家人民の利益や平和を最優先して新規発明の西洋砲術の知識技術を日本国内に拡大普及させること、それこそが国益に叶い人民に奉仕することである。それは、天下国家の独立安寧を担う武士として天命を賦与された特別な人間存在であると自覚した象山の、同じく武士である門人たちに対する最大の願いであり戒めでもあった。

なお、上述のような象山の西洋砲術免許状は、従来の日本の伝統的な免許状の基本形式を否定するものであり、当時としては型破りなものであった。そのような権威主義や秘匿主義を遵守してきた日本の伝統的な免許制度の旧弊を、象山は否定し打破したのである。そして象山は、新奇性に満ちた自由開放主義の免許状を、友人たちにも自慢げに披露したところ、「珍しき免許にしておかしがり申候(379)」との感想が寄せられたと、極めて御満悦であった。

入門時の「起請文」や免許受領時の「奥義誓詞」を廃止　なお、学問芸術の自由公開制を主張する象山は、西洋砲術塾ではもちろん、算学・武芸・華道・書道・画道・茶道・香道など、当時の各種の私塾では極めて一般的に権威的な秘伝主義を象徴する入門時の誓約書「起請文」や免許受領時の誓約書「奥義誓詞」の提出を必須として誓約させていた。だが、象山は、それらの誓約書を自塾の門人たちには、一切、求めなかった。免許状の受領は学びの終わりではなく始まりであり、さらなる学びの自助努力を重ねて技量の向上を図り、その成果を自分の門人たちに積極的に公開し普及させていくことを、象山は門人たちに厳しく求めたのである。

参考までに、「起請文」と「奥義誓詞」の具体的事例を紹介しておく。下記の「起請文」と「奥義誓詞」は、象山と同時代を生きた下曾根信敦の側近の門人であった土佐藩砲術師範の徳弘賀太夫（弘蔵、一八〇七―八一）が、恩師の下曾根信敦に提出したものである。徳弘は、藩主の命を受けて高島流西洋砲術師範の旗本・下曽根信敦に入門して免許皆伝となり、帰国後、土佐藩に西洋砲術を広める嚆矢となった人物である。(380)

高島秋帆門人・下曽根信敦に土佐藩門人が提出した「起請文」

起請文ノ事

一　高島流諸大砲ノ事
一　銃陣ノ事
一　御流儀ニ差加ヘ一流ヲ立申間敷事
一　御秘事一切他流ノ秘事ト替々ニ仕間敷事
一　御流法永相守実用専一修行可仕候事
一　御秘事一切親子兄弟タリ共他見他言仕間敷事

右ノ条々堅可相守候若背者日本国中大小神祇冥罰可罷蒙者也
仍起證文如件

松平土佐守内
徳弘賀太夫
益　花押

天保十三年壬寅六月十五日

下曽根金三郎　殿

高島秋帆門人の下曽根信敦に土佐藩門人が提出した「奥義誓詞」

奥　義　誓　詞

当節依執心奥義御免許ノ上ハ御流法堅相守可申候若門人為
手伝奥義細工等ニ携候節者平生人物相撰候義者勿論依存執
心皆伝仕候節ハ時々姓名御届可仕候事
右堅可相守候若於相背ハ可蒙神罰候仍誓詞如件
天保十三年壬寅七月十二日
松平土佐守内
徳弘賀太夫
益　花押

下曽根金三郎　殿

幕末動乱期を生きた象山の時代にも、多くの伝統的な学術技芸（武芸・学芸・芸能など）の学びの世界があった。そこには、伝統的な規定に基づく、「起請文」の「御秘の事一切親子兄弟タリ共他見他言仕り間敷事」「若し背く者は日本国中大小神祇《じんぎ》の冥罰を蒙るべき者也」、あるいは「奥義誓詞」の「右堅く相守べく候。若し相背ハ神罰を蒙べく候」との脅《おど》し文句の「誓約」が認められており、厳しい伝習制度・免許制度の下に秘伝主義を遵守すべき義務とする閉鎖的な教育的慣例の世界が存在したのである。象山も、幼少時における武道の修練や江川担庵の下での高島流西洋砲術の修練などで、厳格な秘伝主義の免許皆伝制度を体験している。

恩師を批判し告発することが非礼であることを充分に承知の上で、象山は、旧弊打破を叫び免許制度の改革を断行した。そのような彼の勇気ある革新的な発想と行動の原点となっていた直接的な契機は、何といっても江川塾での西洋砲術操練の権威主義・秘密主義・秘伝主義の教育に対する抵抗であった。例えば、西洋砲術は国家防衛上で不可欠な専門技能であるが故に、その全国的な拡大普及が急務の幕末外圧の時代にあって、江川は、私蔵する砲術専門書を決して門人には貸与しない秘密主義を貫き、免許状の授与に際しても権威主義や形式主義を遵守する伝統的な教育を貫いていたのである。しかし、江川塾が特別に例外であったわけではない。当時の日本の学問技芸の世界においては、至極当然の教育慣行であった。だが、徹底した正義感と潔癖症の象山にとっては、非合理な秘伝主義の免許制度は全く許しがたい旧態依然の悪弊であったのである。

象山は、従来の日本の伝統的教育の旧習を墨守する秘密主義・権威主義・形式主義という三悪の教育慣行を、洋学をはじめとする国家人民に広く寄与すべき実理有用の学術文化の普及拡大を阻害する悪弊として、厳しく批判したのである。そのために、前述のごとく象山は、門人たちに西洋砲術の免許状を授与する際には、西洋先進の学問技芸の日本社会への拡大普及を図るために、自由公開を原則とする改革の必要性を唱え、自ら実行したのである。また、免許状を受ける門人に対しても、さらなる創意工夫に精進し、その成果は惜しみなく後続する門人たちに自由公開して、師匠である自分を追い抜く優秀な門人育成の実行を願い託したのである。すなわち象山は、教育の本質は「出藍の誉れ」（『荀子』の「勧学」：師匠を乗り越える弟子の育成）の実践であることを、下記のごとく門人たちに説諭したのである。

抑某、此術を講習候事、偏に家国天下の為に微力を尽候迄にて、世間卑に臨で高を為さんと欲するもの丶比にあらず。故に自ら勤労刻苦して発明する所の業と雖も、初めよりこれを隠秘する事無し。此邦に良術秀法心得たらんもの一人も多く之れ有り候はん事、某の志願に候。門人取立之れ有るに於ては、此事尤も遺忘有るべからず候。且、西洋の諸術是を泉の山のより出るに譬へて、暫くも息むことなく、日々に月々に長進し新に発明候事、歳に少なからず候。若し此方に於て精研疎く候時は、終に彼に及び候事能はず候。大丈夫の志、固より出藍の企なくんばあるべからず。[381]

上記の引用史料の中で象山は、教育の根本目的として「出藍」という漢語を用いている。その意味は、古代中国の荀子（ＢＣ三一〇―ＢＣ二三〇）が「勧学」について説いた「青出于藍而青于藍」（青は藍より出でて藍より青し）という教育の名言であり、師匠を超える優れた弟子の育成こそが教育の根本目的であるという教育原理の比喩的な表現である。

象山は、江川塾での非合理な教育体験を否定的媒介として、いまだ幕藩体制というアンシャン・レジーム（Ancien régime）の制度や慣行が維持されていた幕末期に、蘭学や西洋砲術などの自由主義・公開主義を公然と叫び、高価な蘭書を惜しみなく門人に貸与あるいは贈与して研鑽を促し、私塾を拠点とする学問教育の拡大普及を実践したのである。特に免許制度に関しては、前述のごとく、門人の修得した学業段階に応じた個性的な形式と内容の免許状を授与して、形式よりも内容を重視し、あくまでも免許状を学びの途上にある学業段階の証明書として意味づけていたのである。

このような自由開放制の免許制度を積極的に実践することによって、象山は、免許制度の改革の先駆者となったのである。だが、これまでの象山研究で、象山が、叙上のように秘密主義・権威主義・形式主義の免許制度を批判し否定して、自由開放制の免許制度への改革を唱えて断行した先駆性を指摘した研究者は皆無であった。

西洋砲術塾における蘭学教育―原書講読できる語学力の育成　ところで、西洋砲術の教授内容は、その性質上、個人戦法ではなく隊列戦法であり、野外訓練を含む極めて実践的な隊列訓練を必須とした。したがって、象山は、室内における蘭書購読や専門講義の他に、野外での砲術操練という実地の隊列訓練を重視し、また諸藩から製造を依頼された大砲の製造・試演などにも、門人たちを学習活動の一環として積極的に参加させた。その証しは、門人帳史料とされる「訂正及門録」（『象山全集』第五巻の巻末に収録）の嘉永六年分と安政元年分が、ともに門人名簿の題名が「砲術稽古出座帳抄録」と明記されており、特定年月に実施された西洋砲術繰練への参加者名簿であることを示している。

特に、象山が学んだ江川塾では野外訓練に重点がおかれていた。だが、象山塾の場合に注目すべき特徴は、野外での実地訓練と共に室内での蘭書解読による語学力の鍛錬を重視していたことである。象山塾では、下記のように定期的な原書講読の日を定め、塾のカリキュラムの中に組み入れていたのである。

此節一四七の日、西洋書輪読《りんどく》（少人数のゼミナール形式で順番に原書を音読・和訳し門人同士が解釈・討議する門人主体の教育方法）等も始め置き、御在所表より修業願ひ罷り出居り候もの、為に、殊の外の必要のものにて、此書（『ズーフ・ハルマ』などの蘭和辞書）御座無く候ては盲者の杖を失ひ、水母の蝦に離れ候様にて、甚当惑の仕合に御座候。[382]

日本に西洋軍事科学を普及拡大させた先駆者の高島秋帆・江川坦庵・下曽根信敦ら、黒船来航以前の象山の恩師筋に当たる人々の私塾では、彼らが外国語（蘭語）とは無縁であったが故に、自力でオランダ語原書から最新の西洋科学技術を摂取できる語学力を育成する教育は全くなされていなかった。だが、蘭語の読解力を修得した象山の西洋砲術塾の場合は、オランダ語の原書講読によって直接に西洋最新の知識技術を摂取できる語学力を育成する洋学教育が重要視されていたのである。

このことは、嘉永五年（一八五二）に象山塾へ入門した加藤弘之（一八三六―一九一六、初代東京大学総長、出石藩〈現在の兵庫県豊岡〉で家老職を務めた加藤家に誕生）が、「先生の兵書砲術書に関する講義を聴き又練兵の事にも従事」

と記し、象山塾での蘭語の学習体験を回顧し、「先生が三四日の日毎に蘭書を携て来て講義を致されました[383]」と証言していることからも確認できる。

それでは、象山が、塾生に対する講義で使用したオランダ語の原書とは、一体、どのような書物であったのか。テキストとした蘭書の書名を具体的に特定することは、それを物語る具体的な象山史料がなく、極めて困難である。しかし、それは、象山自身が蘭学を修得し研究する過程で使用した西洋砲術・西洋兵学を中心とする蘭学書、例えば約八〇〇頁の蘭語の大著を三遍も通読したというデッケル著『三兵答古知機』（全三巻、"*Decker, C. van: Tatiek der drie Wapens*"）など、象山自身が読破し自信をもって内容を教授できる蘭書であったと思われる。

彼が、西洋の知識技術の獲得のために所蔵したオランダ語の原書は、判明しているだけでも西洋兵学関係書一六点、西洋砲術関係書一四点、物理化学関係書一一点、西洋医学関係書五点、蘭語修得の文法関係書五点の合計五〇点に及ぶ[384]。幕末期に洋学者個人で、取り分け軍事科学系の個人が所蔵した蘭書数としては、かなり多い冊数で、内容も広範にわたっている。

以上、考察してきたごとく、象山塾における洋学教授は、門人たちが証言するごとく、西洋砲術・西洋兵学に関する理論と実践とが一体となって編成されたカリキュラムに基づいてなされていた。しかも、象山は、西洋砲術・西洋兵学という西洋軍事科学の研究成果のみを、単にそれだけの知識技術として塾生に教授していたわけではなかった。

たしかに入門者の多くは、幕末期の対外的な危機の時代を反映して、西洋砲術・西洋兵学に関する軍事科学技術の修得を目的として入塾してくるのである。だが、そのような青少年期にありがちな近視眼的な学習の動機と態度に対して、象山は、国家百年の大計をもって洋学（西洋日新の専門諸科学）を捉え、単なる技術の学問としてではなく、新たな技術を創造する学問という観点から本格的に洋学の専門分野を学び取ることの重要性を、門人たちに執拗に説いていたのである。

すなわち、象山は、西洋砲術・西洋兵学は、あくまでも洋学の枝葉末節であることを自覚し、新たな知識技術を創出する洋学（専門分野の学問）を原書の解読から学び取ろうとする決意と学力の涵養を重視したのである。しかも、象山は、原書で得た知識技術は可能な限り「格物窮理」の精神をもって実験し実証して、その真偽や有効性を自ら確認することが重要であることも、学習上の重要な留意点として、開塾当初から門人たちに説諭していた。尊皇攘夷の意気に燃えて入門した西村茂樹は、自らの象山塾への入門動機と塾主である象山の厳しい教育方針について、次のように述懐している。

佐久間の門に入り砲術を学ぶに及ぶに象山余に謂て曰く、砲術は末なり、洋学は本なり、吾子の如き宜しく洋学に従事すべし、余の如きは三十二歳の時始めて蘭書を学べり、吾子は余の学べる時に比すれば年猶若し、必ず志を起こして洋学を勉むべしと。余、謂《おも》へらく、余、今、西洋砲術を学ぶといへども其意は攘夷護国に在り、已に其術を得れば足れり、敢て彼の書を読むを要せず、道徳政事に至りては東洋の教は西洋の上に在るべしと。故に初めは象山の言を以て然とせざりし(385)。

叙上のことを総括すると、象山の西洋砲術を中心とする私塾教育において指摘すべき第一の特徴は、門人たちに「砲術は末なり洋学は本なり」ということを徹底して訓え諭し、洋学の成果である西洋科学技術の修得に止まらず、それを創出している専門的な西洋諸科学（「西洋芸術」）の探求に向かうべきことを強調している点である。象山の洋学理解や洋学教育の基本に関わる西村茂樹の発言は、象山の「東洋道徳・西洋芸術」という思想を理解する上では、極めて重要な観点である。象山の、このような洋学観に基づく洋学教育を基本方針とする彼の私塾教育が、すでに黒船来航の前から、象山自らが門人たちに「東洋道徳・西洋芸術」を率先垂範する姿を通して展開されていたのである。

従来の象山研究では、単純に西洋砲術の知識技術を教授する専門塾と理解されていた象山の私塾が、実は枝葉末節の知識技術に終始する洋学教育を否定し、長期的なスパンで国家人民の独立安寧に貢献できる本格的な洋学の基礎教育を実践していたのである。それ故に、象山塾の実態を知れば、象山の「東洋道徳・西洋芸術」思想の「西洋芸術」の日本語訳は、「Western Techniques」や「Western Knowledge」ではなく、「Western Science」が適切であるといえる。

さらに、象山の西洋砲術教授に関わって指摘すべき第二の特徴は、彼が西洋万学の基と見抜いた「数学」とは何か、ということである。彼の洋学理解の根本的な認識では、例えば「詳証術」（オランダ語のwiskunde《ウイスキユンデ》の日本語訳では「数学」に相当する学問）を基本とする「西洋微密の実測度数」である西洋諸科学の重要性を強調している点である[386]。彼の洋学理解における「詳証術」（西洋数学）の具体的な内容は、「天文・地理・航海・測量・万物の窮理・砲兵の技・商医術・器械工作等」（「西洋芸術」）などの諸科学であり、それらは数理的な論理性を共通基盤として専門分化した西洋諸科学の全体を指示しているのである[387]。

さらに彼の私塾教育について指摘すべき第三の特徴は、「西洋の諸科学」（「西洋芸術」）を学ぶ際の学習者自身における主体性（Independence）の在り様の問題である。非西洋文化圏の日本に生まれ育ち、先験的に儒学に基づく学問文化が一般化していた伝統的な日本社会に生まれ、儒学をもって自己の生き方（人格と思想）の基盤形成をしてきた武士階層を中心とする幕末期の青少年たちが、東洋の伝統的な人間や国家の在り方に関する道徳的価値観（「東洋道徳」）に立脚して、異文化圏に発達した異質な西洋科学（「西洋芸術」）を学ぶということは、現代日本人の想像を絶する勇気と実行とが求められた。それでも若い彼らは、果敢に進取究明の洋学の学習に挑んだのである。単に「彼を知り己を知る」という「孫子の兵法」に説かれた戦略的な動機や意味づけの次元に止まっていては、学習者自身の内面心理においてアイデンティティ・クライシス（identity crisis、自分が日本人であることの自己同一性を喪失する精神的危機の状況）を惹起する危険性が十分に予想された。

それ故に、そこでは、当然のことながら「西洋諸科学」（「西洋芸術」）を学ぶことの理論的な正統性や体系性に裏付けられた学習行為の主体性（「東洋道徳」）が、洋学を学ぶ日本人の学習者の個々人に不可避的に求められたわけである。そうであって初めて、学習者は西洋諸科学（「西洋芸術」）を学ぶ自分自身の精神的な不安や葛藤を超克して、新時代の招来に立ち向かう自信と勇気に満ちた主体性を形成し、異質な洋学に立ち向かう可能性が開けたのである。

このような幕末期における洋学の学習者に予想されるアイデンティティ・クライシスの問題は、まさに私塾を開設した象山自身が対峙し超克した問題でもあった。実は、儒学者と言っても、朱子学の「格物窮理」を躬行実践する合理主義者と自他ともに任じる象山自身においては、異質な西洋の学問文化を学ぶことの矛盾や不安を超克する合理的な根拠として、地球という全体世界の中に西洋と東洋とを位置づけ、「東洋道徳・西洋芸術」という朱子学の「真理」（「格物窮理」）を共通概念とする洋学の理解と受容に関する理論、すなわち儒学的洋学受容の理論が形成されていたのである。それ故に象山は、異質な洋学を無理なく理解でき、東西両洋を貫通する学問的な共通基盤（真理の探究）と、それを依り拠とする揺るぎなき主体性とが、象山の思想的な信念の次元において強固に形成されていたということである。

また、西洋の知識技術を実験・実証を経て認知し受容するという象山の経験科学的な洋学理解が、時代の波に翻弄されて時代の表層の狭隘な学問世界に生きている青少年たちに対する基本的な教育指針として示されたとき、彼らは有意な歴史的存在としての自己形成の方途と己の果たすべき社会貢献の在り方とに覚醒し、天与の学問として本格的に洋学の探求に立ち向かうことが可能となったのである。そのときに、彼らは、安心して象山の「東洋道徳・西洋芸術」思想に出会い、強烈なインパクトのある教育を受けることになったのである。事実、吉田松陰・小林虎三郎・西村茂樹・加藤弘之・津田真道らの象山門人たちは、「東洋道徳・西洋芸術」という思想を形成するに至った象山の西洋理解と洋学学習の実際的な経験を基にした、象山塾における洋学教育の影響を受けて、心機一転、西洋世界に挑み洋学の学習に励んだのである。

西洋諸国が覇権主義をもって日本に迫りくる幕末期に、「東洋道徳」なくして「西洋芸術」はなかった。その意味で、伝統的な儒学（朱子学）を基盤とした「東洋道徳・西洋芸術」という象山の思想は、洋学を学ぶ日本人が主体性（「東洋道徳」）をもって踏ん張り、異質な洋学（「西洋芸術」）を学んでいける思想として、幕末期の青少年たちに広く受け入れられた斬新な思想であった。

さらに、象山の洋学教育の第四の特徴として指摘すべきことは、彼が私塾を開設した当初から塾生たちに対して、「東洋道徳・西洋芸術」を教育指針として「皆西洋の学専ら修め中度と申すもの共に候へども、聖賢を知らず候時は大本立ち申さず候[388]」という洋儒兼学を必須の教育方針としていたことである。そこには、「漢土聖賢の道徳仁義の教を以て是が経とし、西洋芸術諸科の学を以て是が緯とし、只顧皇国の御威稜《ごいりょう》（御威光）を盛に致し度[389]」と考える象山自身の目指した思想世界、すなわち「東洋道徳」（中国）と「西洋芸術」（欧米）とを両翼（経緯）として、危機に瀕した皇国日本の独立と人民の平和を図るべき学問の根本目的を実現できる新たな学問探究の在り方を、幕末期の青少年たちの探究心を鼓舞する思想「東洋道徳・西洋芸術」が、象山塾における教育実践を支える教育精神でもあったといえるであろう。

五　蟄居中における洋学研究と教育活動

1　蟄居中における門人教育と洋学研究

膨大な自筆作品の整理分析による思想の深化　愛弟子・吉田松陰の海外密航事件に連座して、地元信州松代での蟄居謹慎の処分を受けた象山は、それまでの行動的な学びの日々から一転して、自ら「聚遠楼」と名づけた松代藩家老・望月主水の別邸が住居となり、ここから一歩たりとも外に出ることは許されなかった。だが、過ぎてみれば、この九年間に及ぶ長い蟄居生活は、象山にとって自己の思想と学問を整理するには十分な時間であった。この間に、象山は、さらなる蘭学原書の解読による洋学知識の獲得、膨大な既存の文章詩賦を「象山文稿」「象山詩稿」に分類して整理、日記類の整理（『沓野日記』『浦賀日記』『横浜陣中日記』）、江戸伝馬町の牢獄で執筆した『省諐録』の推敲、『喪礼私説』『砲卦』『砲学図編』『迅発撃銃図説』『女訓』などの著作の推敲、幕府・松代藩への上書の吟味、それに天保四年（一八三三）から元治元年（一八六四）の三十二年間に執筆した優に一二〇〇通を超える長文の往復書簡の整理、等々、実に多忙な日々を送った。まさに、この蟄居謹慎の「聚遠楼時代」こそは、激動する幕末期の政治展開の渦中から一歩身を引き、冷静に幕末期の政治や学問の在り方を見直し、日本の将来を展望して、思索する精神的な自由の時間を持つことができた。蟄居生活は、実に有意義な期間であったといえる。

すでに紹介したが、歴史小説家として多くの名作を書き遺した信州出身の井出孫六（一九三一―二〇二〇）は、地元の歴史的偉人である佐久間象山の大部な歴史小説『杏花爛漫 小説佐久間象山』を執筆した。同書は、『象山全集』全五巻をはじめ象山に関する専門の著書や論文を精読し、それに他の象山に関する歴史小説や評伝など、膨大な関係資料を調査分析して、たしかな歴史史料を基に忠実に象山の生涯を活写している。同書は、単なる歴史小説ではなく、研究者の専門書を凌駕する質的レベルの高い佐久間象山に関する評伝あるいは研究書とみてもよい秀作である。

同書の中で、井出は、象山の九年に及ぶ蟄居時代（「聚遠楼」）の意義についても、次のように積極的に理解し評価している。

安政元年（一八五四）から文久二年（一八六二）までの九年の蟄居は、政治家としての象山に決定的なものを失わせたが、思想家としてひと回りもふた回りも大きくなる機会を与えた。もし、九年の蟄居を余儀なくされなかったならば、あるいは彼は時代の風圧におしつぶされていたかもしれない。蟄居は、その激しい風圧からの遮

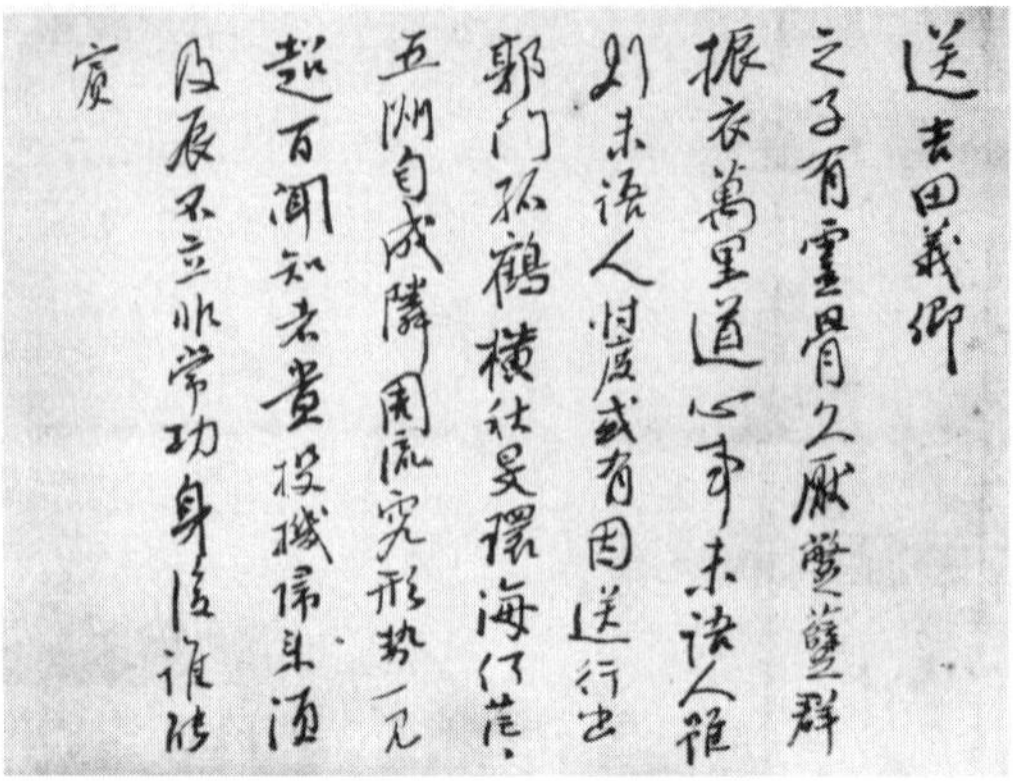

図20　「送吉田義卿」の檄文（『佐久間象山先生遺墨集』より）

蔽壕でさえあった。[390]

実に言いえて妙の共感できる象山の蟄居時代の捉え方である。以下においては、象山が「聚遠楼」に蟄居の時代の主要な活動を取り上げて分析し、それぞれの業績を象山思想「東洋道徳・西洋芸術」の深化拡大や具体的な活動展開という観点から考察することとする。

門人教育の継続と多数の新規入門者の存在　象山が江戸木挽町に開いた西洋砲術教授を中心とする私塾は、一応、形の上では安政元年四月に起きた門人吉田松陰の海外密航事件に連座した象山の捕縛事件をもって幕を閉じたことになっている。だが、象山私塾は存在したのである。信州松代に蟄居の身となった象山は、江戸に残した多くの門人たちに対する西洋砲術・洋学・儒学などの教育に関して、塾の中でも優秀な門人数名をあげて、彼らを師範代として教えを受けるように、下記のように門人たちに指示している。

> 西洋真伝の砲術熱心にて私へ入門も御座候事に候へば、其手筋の稽古成され度候はゞ、本藩にては賢之助（蟻川）、中津藩には島津文三郎、佐倉藩には斎藤弥一左衛門等、いづれにても西洋の法則相心得居候。[391]

実際には、吉田松陰・小林虎三郎とともに「象門の三傑」と言われた蟻川賢之助が塾頭として代講し、象山の私塾教育を継続したのである。だが、彼は「象山有罪禁錮セラル、尋テ蘭学及砲銃調練法ヲ武州江戸信州松代に教授セリ[392]」とあるごとく、象山なき後は江戸と信州の両方の象山塾の教育を代行したのである。

蟻川は、寺子屋教育の幼少期から象山に師事して『小学』その他の基礎を学び、その後は儒学・洋学・西洋砲術を順次、修得した子飼いの優秀な門人であった。後に蟻川は、幕府の洋銃隊取調掛や講武所砲術教授並に抜擢されるが、小林虎三郎や北沢正誠と同様に象山の信頼は極めて厚く、まさに象山の「東洋道徳・西洋芸術」という学問世界の全体を修得した生涯不変の象山門人であった(393)。

象山が再度の江戸遊学に出た後、信州松代に残してきた門人の教育を委託した高野車之助（莠叟《ゆうそう》、一八一八―一九〇七）から、門人の指導に関する問い合わせが、たびたび、江戸の象山の下に届く。特に多かった一人が、実は蟻川少年の教育についてであった。次の書簡は、天保十年三月、いまだ八歳の少年であった蟻川の教育についての指導を、門人である寺子屋師匠の高野からの問い合わせに対する象山の返答である。

蟻川小学卒業の由、当人の才発関心の至に候得共、畢竟御教導御精力の致す所と一段に存候。四書に進べきや小学の反を懸候やの義、何れ小学の反を懸候方尤の事に御座候(394)。

儒学の学問の基礎形成のテキストとして、象山は、非常に『小学』を重視する。八歳を迎えた蟻川は、寺子屋レベルの教育を経て、かなり難解な『小学』までを卒業する。そこで、蟻川の教育を預かる高野は、恩師の象山に、次に漢学の本格的なテキストとして「四書」（「大学」「論語」「中庸」「孟子」）に移るべきか否かを問うたのである。すると象山は、「喫緊の事に候得共、敬身篇に至りては殊に簡要に候」と、再度、『小学』の教育のリピートを薦め、それを「譜《ママ》記御座候様に致度候」と答えている。学問の基礎である『小学』を徹底して重視すること、そして他にも重要な教材は暗記できるまで反復して学習すること、これが象山の教育方針の基本であった。

『省諐録』でも、「凡そ書を読むには、すべからく熟誦すべし」と説いている。それは「余《わ》れこの中（獄中）に来るや、書巻を携ふることを得ず(395)」と、自らの獄中体験（『省諐録』の執筆に参考文献がなく苦労したこと）を通して、書物は暗誦できてこそ有益だと説いているのである。

さらに、象山は、往復書簡その他の方法で、塾主不在の江戸にいる塾生たちを激励して奮起させ、これまで以上に

「学校」（象山は塾を「学校」と称し記載）に出席して学業に精励するようにと諭した。その一例として、松代蟄居中の安政二年十二月に門人に発した、次のような象山の「門弟子に示す」という激励文がある。

時勢の好みに随ひて、己の守るべき所を失ひ、志す所を変ずるは、士気なき輩の事也。有志の士に於ては、世の用ひは如何なるべしとも、国家の御為にかくなでは叶はぬ筋と思ふことは、其志を変ぜず、己の身に学習する所も是を以て国家の洪恩に報じ奉るべしと思ひよる所は、一筋に心を入れて、果して衆人の上に出で、非常の際に臨んで非常の功をたつることを求むべきなり。某（象山）かく屛居候て世と隔り候ひながらも諸君の真伝正法に志深く怠らず出精の事、承知候得ば心をよろこばしめ（中略）相互に其気を励し、学校定日にもけく是迄より多勢出席一段と出精之れ有り、有志の本来を世に顕し給ふべし。士気なき輩とその帰を同うし給ふべからず。(396)

上記の文章は、黒船が嘉永七年（一八五四）三月に再来航して「日米和親条約」が締結された年の翌年、信州松代に蟄居中の象山から江戸の塾生に対して発せられた激励文である。国内では尊皇と佐幕、攘夷と開国の両派が対立抗争して騒然たる様相を呈していた。そのような非常時に際して、象山は、門人たちに時勢に迎合して政治的なイデオロギー運動や武力抗争などに走ることを厳に戒め、ひたすらに将来の日本の在り方を遠望して、今は「西洋真伝砲術」（象山流西洋砲術）の修練に励むべきことを訓戒している。非常の際に非常の功を立てることとことができ、国家の洪恩に報いることのできる自己実現のための主体的な学びの重要性を説諭しているのである。

この「門弟子に示す」という文章は、ほとんどが武士階層に属する塾生に対するもので、象山が父一学より継承した武士道精神を説いた内容である。すなわち、時代の流れに迎合せず、自分を国家が必要とする自分になるためには、今は実利有用な学問技芸（西洋砲術その他）の修得に精励恪勤することが最も重要である、と諭しているのである。この一文は、門人に対する激励文であった。が、その実は、状況を冷静に把握して時代の先行きを読み取り、蟄居の身にあってもなお、日々、学問探究に生きようとする自分自身を奮起させようとする象山の真骨頂を示す檄文でもあった。それは、天下一等の儒学者である象山の教育理論の根本をなす、自己啓発を核心とする主体的な学びである「問学」の思想（「墳せずんば啓せず、悱せずんば発せず」[397]の教えであった。

象山は、門人たちに対して軽挙妄動を戒め、着実に最新の学問技芸を学び取り、非常のときに非常の功をなし遂げられる自己に、自己が自己を形成する主体的な学び―問学の実践による自己教育を説いたのである。このような教育精神は、象山自身が幼少期に受けた父一学の教育精神（「墳原卜伝流剣刀術免許皆伝」の「諭示」）に示された武士道精神に他ならなかった。蟄居中も蘭学原書の解読に励む洋学者の象山ではあったが、やはり多くの門人を教育する象山自身の拠って立つ自己存在の本質は武士であり、彼の門人に対する教育精神の根本も武士道精神であった。

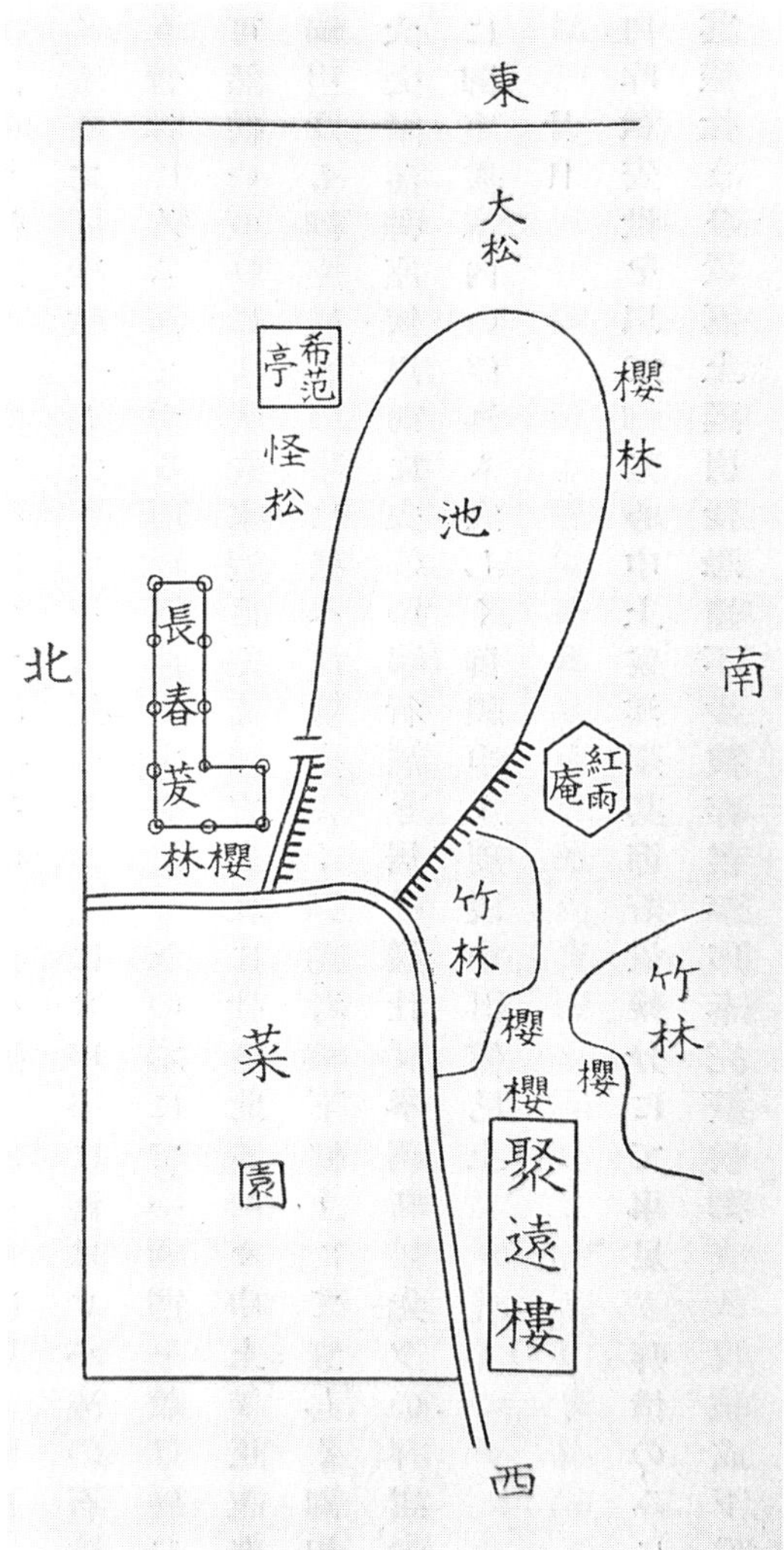

図21　象山蟄居「聚遠楼」（『象山全集』第４巻より）

象山の蟄居先は、前述のごとく松代藩の家老で象山の理解者でもあった望月主水（貫恕、家老職で松代藩最高の禄高一二〇〇石の大身）の地元松代における下屋敷であった。七〇〇坪を超える広大な庭園の中に象山が生活する二階建ての幾部屋もある大邸宅があり、そこから川中島が遠望できる絶景の豪華な屋敷であった。これを象山は大変に気に入り、「聚遠楼」と名づけたのである。(398) この屋敷に、江戸などの遠方から門人たちが来訪し、また地元の藩内各地から新規の入門者が押し寄せたのである。

やむなく象山は、恩師を慕い求める熱心な人々に入門を許し教育することを「閉居中責《せめ》ての御奉公」「陰の御奉公」と思いなして、(399) 彼らの求めに応じた教育を実施したのである。蟄居中に訪問する門人に対する教育状況を、象山は次のように記している。

砲術門人共内々参り候て教授を受け候と申事、はじめは依田源之丞、金井新六等親類にて朝暮立入、小弟所持の道具など見候より大小砲術幷に測量等習ひ度と申出候（中略）教授の事再三断り候（中略）閉居中責《せめ》ての御奉公と存じ候て教へ始め候所、旧門人の内にも志御座候もの其事伝聞候て内々罷越し候。其内には小弟の教授候所を執心候て新入を乞ひ候ものも之れ有り候（中略）内々教授致し遣し候。此の拙宅へ見え候もの四十人計りも之れ有るべく候。(400)

蟄居して約一年後の安政二年（一八五五）八月には、旧門人の他に新規の入門者も含めると、四〇人もの門人が信州内外から聚遠楼に象山を訪ね教授を受けていたという。(401) この聚遠楼に蟄居の時代に入門した門人は多数を数える。だが、不思議なことに、彼らの名は象山門人帳と言われる「訂正及門録」には一切、記載されてはいない。「訂正及門録」は、原則として嘉永二年から安政元年正月までの期間の入門者の記載ということの故である。

また、松代藩内に在住の門人に対しては、「御奮発候て尋常の人の成し能ぬ業を御身に備へられ候様成られるべく候」と奮起を促し、人間の潜在的能力（「尋常の人の成し能ぬ業」）を具現化するためには、今は時代が求める蘭語を修得して有用の学問に一意専心するようにと発憤を促し、「ウエイランド文法書にても御書写、夫に続てハルマにても御写し候はゞ宜かるべく相考候。兎に角時節柄有用の学を成され候様祈る所に御座候[402]」と、蘭語修得の重要性に鑑み、その具体的な学習手順まで教えて激励している。

罪科を問われて蟄居の身となった象山は、罪人の身で幕府や松代藩から監視されており、門人指導は厳禁であった。だが、象山は、恩師を慕い求めて教えを請いに来訪する門人たちの熱意に応えて指導に当たった。象山の学問と人格を敬仰する門人たちの熱意、それに応えようとする象山の教育愛の深さ、それは非常の時代の幕末期における私塾の師弟間の教育的な絆が如何に強く深いものであったかを具に物語っている。

近代日本に必要な「真学問」の探究―外国語と西洋数学の修得　蟄居の身となった象山は、義弟で門人筆頭の勝海舟宛の書簡に、「閑時を空しく致し申すまじくと存候てウヰスキユンデ（詳証術―西洋数学）に取りかゝり申候。砲学軍術いづれも此詳証術に根基候はでは叶はぬと存ぜられ候[403]」と記し、今の日本の学問に最も欠けている西洋数学の学習に取り組んでいる日々の学究生活を記している。象山は、西洋列強の科学技術の著しい発展の秘密が「西洋数学」にあることを見抜いていたのである。それは、早くも黒船来航の前の嘉永年間のことであった。以来、「ウヰスキユンデ」が、象山の脳裏に焼き付き、蟄居中における最優先の勉学課題となっていたのである。

上記のような象山の近況報告に対して、勝海舟は「ウヰスキユンデ御電覧の趣御示教一々的当、後学に相成候義、深く感佩《かんぱい》（深謝）仕候[404]」と同感の意を表し、洋学に関する情報提供に謝意を表している。と同時に、「是迄航海の書は読申さず、今更当惑の仕合に御座候。何ぞ御心附の義も御座候はゞ御教示偏に願い奉り候[405]」と、航海に関する書籍の紹介を依頼している。このように、象山は、蟄居の間、書簡の往復で門人との教授学習の通信教育の活動を続けていたのである。

一体、外患により国家人民の独立安寧が危機に瀕した幕末期の日本、そこに求められる真の学問（「真学問」）とは何か。それが象山の一貫した問いであった。最早、西洋列強の高度に発達した学術技芸（「西洋芸術」）を無視しては、新時代の日本の学問を築きあげることは不可能である。そのような状況下で、今、日本に求められる学問を、象山は、いち早く「東洋道徳」を基盤とする「西洋芸術」と捉え、西洋日新の専門化した学術技芸の受容と普及を説いたのである。しかしながら、当時の伝統的な儒学を中心とする学術世界の現状をみると、なおも多くの儒学者たちは新時代が求める学問の何たるかをまったく理解することができず、洋学や「格物窮理」を排し、旧態依然として「居敬窮理」の道徳学に拘泥していたのである。そのような悪しき学問状況を、象山は次のように批判している。

儒者輩真学問を知らず、天下の形勢を審かにせず、万国の情状をも察せず、外国の人をば押並て夷人などと称し、外国所有の諸学科諸芸術を此邦に興し、夫を以て国力を強くし候事を知らず（後略）(406)。

象山は、京都で斬殺される二年前の文久二年（一八六二）に、これからの日本に必要な当今の経済有用の学は、「和漢の学の上に西洋の諸学科に通じ五大洲を総括し候大識量を具し候にあらざれば真の有用の学とは申し難く候(407)」と述べ、東西両洋の学問を総括した世界的規模での新知識を備えた「真学問」（真に有用な学問）であると説いている。すなわち、今こそ、「東洋道徳」を基盤として「西洋芸術」を積極的に受容し、世界的な規模での日本の「真の有用の学」を構築することが求められている、と象山は門人たちに諭している。

しかし、何と言っても、象山が今後の日本の発展に最も不可欠な学問と考えたのは、「西洋芸術」の全体を貫通する基礎学である「西洋数学」であった。それ故に、象山が、蟄居して早々に取り組んだ学びの学問は「ウキスキユンデ」（詳証術）であった。

幼少期から日本の算学を学び、合理的な数学の世界に非常な感心を抱いていた象山は、やがて洋学を修得して洋式の大小銃砲や弾丸の製造・湾岸測量・弾道計算・望遠鏡・地震予知器・電氣治療器（エレキテル）の製作・殖産興業に関する鉱物や動植物の研究、等々を試み、各種の設計図の作図と実験、殖産興業の新規産業を開発するための領内の実地調査と報告書の作成など、西洋新知識を活用した様々な活動を積み重ねてきた。その結果、象山は、「西洋芸術」の学術世界に共通の基礎となっている学問が「ウキスキユンデ」であることを体験的に理解するのである。

西洋砲術・西洋兵学などの軍事科学に関する西洋諸科学に注目した象山が、西洋列強の科学技術の著しい発展の秘密が「西洋数学」にあることを見抜いたのは、アヘン戦争の後のことで、黒船が来航する前の嘉永年間の初めの頃であった。以来、象山は、「ウキスキユンデ」が、今後の日本の「東洋道徳・西洋芸術」思想を具現化した「真学問」の基礎学として導入されるべきこと希求して、蟄居中の優先的な研究課題としたのである。

次に象山が、今後の日本に必要な学問として挙げたのは、外国語であった。開国して文明開化を推進し世界の中の日本となったとき、異国語の語学能力が不可欠に求められる。その普及拡大のために必要な事業の第一が、辞書の編纂・刊行であった。外国語の語学力なくして外国語の研究書を読解することはできない。この信念は、象山が晩学にして蘭語学を学んだ折りに、蘭日辞書の必要性を痛感した体験に基づくものである。それ故に象山は、蘭日辞書『増訂和蘭語彙』の編纂・刊行を企図したが、幕府の許可を得られずに挫折した。西洋科学文明の受容に不可欠な欧米外国語の辞書の刊行に拘った象山は、さらに盟友の村上英俊にフランス語の学習を進め、彼を日本のフランス語学の先駆者に仕立てあげた。村上本人も予期せぬ快挙であった。フランス語関係の辞書その他の著作物をつぎつぎと刊行した村上の活躍は、象山のはたせぬ夢の実現であった。象山は、国民レベルでの外国語の普及と外国文明の摂取を、日本近代化の最も重要な基礎的条件と考えていたのである。

蘭書の解読研究を進めて洋学理解を拡大深化　象山は、蟄居中の信州にまで押し寄せる門人たちに対して、可能な限りの教育活動を実施していた。だが、松代蟄居中における象山の主要な活動は、もはや西洋砲術・西洋兵学などの西洋軍事科学に関する知識技術を教授することではなかった。「某閑居以来旧学を精研近日に至り頗る力を得候事ども、之れ有り、独自悦び存じ候[408]」と、蟄居に至るまでに修めてきた学問を省みて検証し、そして静に蘭書研究の思索を通して納得できるまで洋学の本質の理解を極め、もって東西両洋の学問文化の統合を図り、日本近代化の指針としての「東洋道徳・西洋芸術」思想を理論的に精緻化し具体化すること、それこそが、蟄居中の彼がなすべき研究課題の中心であった。ただ困ったことは、「西洋書持候人も之れ無く候故誠に不自由にて、別して物の名など討索候に差困り候[409]」と、学都の江戸から信州に移ってからは必要な書物が入手困難で不便あることを嘆いている。だが、九年間に及ぶ長い信州松代での蟄居中、象山は海舟その他の門人を介して必要な蘭書や最新の蘭学情報の入手に努め、生来の好奇心と探求心には聊かの衰えも感じさせなかった。

それ故に、象山の蟄居中における日課の大部分は、「飽迄東西の書を読み、書中の賢人君子英雄豪傑を友とし候[410]」「日々に例の異書を読み、天地の際を究め、古今の変を観、万物の理を玩ひ候[411]」というように、「格物窮理」の理論通りに運ばない不得手な人間関係の俗事から解放されて、蘭学原書の解読に明け暮れ、正統な朱子学者として「理」の探究に専心する充実した研究生活を送っていた。

特にオランダ原書の読解を精力的に進めることによって、彼自身における西洋の学問に対する理解の検証を進め、さらに東西両洋の学術技芸を統合する共通概念である「理」の再検討を進め、「東洋道徳・西洋芸術」思想の理論的な正統性や妥当性の検証と強化に努めていったのである。

2　東西両洋の学術技芸の比較考察

西洋医学を臨床研究し東洋医学と比較考察　ところで、象山の蟄居生活の中で、意外と思われる活動がある。それは、象山が医学関係の原書の解読を進め、病人の治療や投薬などの豊富な医療の臨床体験を重ねて、西洋医学と東洋医学との比較考察を試みていたことである。「医学は当時の蘭学者の大部分が本職としたところであるが、彼（象山）の場合は余技[412]」であった、といわれる。漢学の修得過程で漢方医学を学んだ象山は、洋学を修得した弘化嘉永年間からは西洋医学にも強い関心を抱き、医学関係の洋書研究にも取り組んだ。と同時に、彼は、親交ある西洋医学の大家たち（伊東玄朴・杉田成卿・坪井信道・緒方洪庵ら）との交流から西洋医学の知識技術を吸収し、親族や友人知人、そして門人などの病人に対する診察・診断・治療・投薬という医療行為を実践し、自らを西洋医学者と自任するほどであった。

一体、医学者としての象山が、幕末期の西洋医学界で、どれほどの知名度と信頼性があったのか。それを示す具体的な事実を紹介する。オランダ語の医学書『ターヘル・アナトミア（*Anatomische Tabellen*, 1722）』を『解体新書』と題して翻訳した杉田玄白の孫で、幕末洋学界の大家であった杉田成卿が、ドイツの内科医でベルリン大学教授のフーヘランド（一七六二―一八三六）の内科医学書（Ch. W. Hufeland: *Enchchiridion medicum*, 1838）を、嘉永二年（一八四九）、『済正三方』（全三巻）と題して翻訳し刊行する。が、その際に杉田は、何と同書の序文を執筆できる西洋医学に精通した洋学者は、坪井信道（一七九五―一八四八、幕府奥医師）の没後の江戸には見当たらず、結局は、嘉永元年の冬、象山が、杉田本人から序文執筆の依頼を受けたのである。

すでに象山は、天保十一年（一八四〇）の春には、弱冠三十歳にして『江戸現存名家一覧』の「儒家」の蘭に、恩師の佐藤一斎と並んで名家として氏名が掲載されていた。その後、アヘン戦争を機に蘭学に没頭した象山は、西洋砲術や西洋兵学の軍事科学系の洋学者として有名であっただけではなく、西洋医学（蘭方医学）にも通じて治療も施す洋学者としても知られていたのである。この事実を指摘した象山研究者は、これまで皆無であった。

西洋医学に通じた著名な洋学者としての象山が、杉田の蘭医学書の翻訳書の序文を、杉田本人から依頼された経緯を、親交ある幕府重臣の川路聖謨（一八〇一―六八、普請奉行・勘定奉行などを歴任）に、次のように述べている。ときは嘉永二年五月、象山三十九歳で、黒船来航前夜のことであった。迫り来る外圧に対する日本の国家防衛を急ぐべく、西洋砲術・西洋兵学に私塾教育の重点を移動しようとしていた矢先のことであった。

杉田成卿が済正三方客冬中成書の砌、坪井信道物故の後、都下にも序など頼み候はんと存じ候人之れ無く候に付頼み候とて、仮令四言四句の題字にても此三方のみに之れ無く追々此ヒュヘランド名人の医書翻訳致し候。其初に置れ候様に認め呉候様申遣し候に付、其意に任せ拙筆仕遣し候（中略）此成卿、此節にては江府西洋家第一人と存ぜられ候。小生僻境に引入候以来は、医者に巧者のもの之れ無く皆平々の漢方医にて、何分老母並に自身の上にも心細く候に付、兼て人身窮理は稍心得罷在候故、洋方に據《より》候て、医事をも心懸候。(413)

上記の引用文に続いて、象山は、「人をも救い候義に付、少し手間をば刻し候へども、薬など施し遣候義に御座候経験の二三しるし候て、成卿へも見せ遣り候」(414)と、これまでの自分の病人治療の臨床経験の記録の一端（カルテ）を杉田成卿にもみせていた。

また、具体的な医療行為の事例を挙げれば、象山が在府中に松代藩の敬愛する友人・竹村金吾（一八〇五―九二、馬奉行・郡奉行を歴任、象山理解者）の奥方が病死したことの原因を、象山は詳細に分析し(415)、担当の漢方医の誤診を四ヶ条にわたって詳細に指摘している。その上で、自分ならば適切な「済救の術」を施すことができたとして、「経行不順（生理不順）」の診断とその治療法である「刺絡療法（自律神経免疫療法）」の施術法など、西洋医学の具体的な診断と治療法を述べている(416)。

叙上のように、象山は、蘭学学習の当初から西洋医学書も解読して西洋医学の知識技術を修得し、それを機会あるごとに多くの患者に臨床治験し、理論的にも臨床的にも西洋医学が東洋医学を圧倒的に凌駕する高度の医学であることを確認していた。その結果、安政五年三月の時点で、一一〇〇人にも及ぶ西洋医学の臨床経験を重ねてきたという。そのような西洋医学の豊富な治療経験から、象山は、高度に進化した西洋医学を日本は進んで摂取すべきであると、友人の漢詩人である梁川星厳に次のように語っている。

往年分手の後ますます洋書を治め候に就き、医書をも稍々講究候所、其言甚だ確にして隻句も空論に渉り候事之れ無く、漢土の医法の埒もなきものとは実に天地懸隔を致し、是にてこそ造化の功を補ひ候とも申すべきと存候の義にて、爾来自ら試験候て人の患苦を救ひ候も千百人に及び、毎々奇効を得候事之れ有り候。(417)

これまで、象山と言えば、西洋砲術・西洋兵学など軍事科学の専門家として天下に令名を馳せ、軍事科学系の洋学者と理解されてきた。だが、象山は、弘化年間（一八四四―四八）に蘭学の学習を始めた当初から西洋医学書も解読して西洋医学の知識技術を修得し、「人の患苦を救ひ候も千百人に及」ぶと、自らの治療経験を記している。事実、『象山全集』の中には、長年にわたって象山が東西両洋の医学に専門家として関わった軌跡を物語る史料が数多く存在する。その中で特筆すべきは、当時の西洋医学の大家から西洋医学を理解できる洋学者と認知され、西洋医学の翻訳書の序文執筆を依頼された事例を紹介しておく。

①蘭学の大家である杉田成卿（蕃書調所教授）が、ドイツのベルリン大学教授のフーヘランドの内科医学書を『済正三方』と題して嘉永二年に翻訳・刊行する際に、同書の序文の執筆を、象山が、杉田本人から直接、依頼されたこと。(418)

②西洋医学の大家である林洞海（一八一三―九五、幕府奥医師）が、オランダ人医師ファン・デル・ワーテル（Van de Water）の著書である蘭医学書の薬性論を翻訳した『窊篤児《ワーテル》薬性論』（一八五六年初版）の増訂版を出版するに際して、その序文を象山に依頼した。これを快諾した象山は、林の求めに応じて全漢文の「薬論序」を執筆したこと。(419)

③その他にも内科治療、コレラ対処法、眼科治療、種痘法、等々に関する象山の医療行為の実際を具体的に記録した史料が、『象山全集』には数多く存在すること。(420)

現在はみられなくなったが、近世から昭和の戦後まで、研究者が著書を出版する際には、高名な研究者に「序文」の執筆を依頼する慣例があった。誰の序文が掲載されているかで、著書の学問的な価値が推定されるのである。そのために、序文を依頼された高名な学者は、内容を吟味して質保証の著書であることを意味する推薦の序文を書くのである。幕末期の象山もまた、早くも二十代から高名な儒学者や洋学者、医学者、漢詩人などの著書や翻訳書の序文執筆を数多く依頼される存在であった。そのことは、儒学者、洋学者、西洋医、漢詩人として一流の学者と認定されていた証しである。

朱子学派の儒学者として大成した象山は、幅広い洋学研究を進める中で、取り分け西洋医学に関する知識技術を積極的に修得して、家族や知人・友人・門人など身近な関係者の病気を診察し治療する医療行為を数多く経験している。この事実は、従来の象山研究者にはまったく知られていない。だが、象山は、当時、漢方医学の理解を踏まえた西洋医学の専門家として、医学界では自他ともに広く認知された存在であった。このことは、象山の説く「東洋道徳・西洋芸術」思想の中には、医学を「仁術」と捉える東洋医学の伝統的な抜苦与薬の「仁」の精神を継承し、「西洋芸術」に含まれる高度に発達した西洋医学を、日本に積極的に導入すべしとする東西両洋の医学の比較論が説かれていたのである。(421)

蘭語の西洋砲術号令の日本語訳を劣悪と批判　西洋砲術が急速に拡大普及する大きな転換点となったのは、高島秋帆（一七九八—一八六六）が、幕府の命を受け、天保十二年五月、武蔵国徳丸原（現在の東京都板橋区高島平）で、老中首座の水野忠邦ら幕閣や大名・旗本たちが居並ぶ前で、日本最初の本格的な洋式砲術繰練（洋式砲術と洋式銃陣）の公開演習を実施したことである。この繰練の成功により、西洋砲術の優秀性が幕府諸侯に認められたのである。その結果、幕府は、高島に対して直臣の旗本二名（最初は下曽根信敦のみ一名、後に江川坦庵が追加され二名）に西洋砲術の秘伝を伝授するよう命じたのである。以後、黒船来航の前夜から、高島流西洋砲術が旗本の江川と下曽根の二つの高島門人ルートを通して全国に普及していくことになる。

だが、徳丸原での繰練に立ち会っていた幕府鉄砲方の役人（旗本の井上左太夫）から問題点が指摘される。(422)その一つが、異国語であるオランダ語の号令で集団繰練の指揮がなされたことである。実は、これには重大な根拠があったのである。銃陣号令など西洋砲術や西洋兵学を学ぶ日本人は、オランダ語をそのまま使用すべき旨の厳命を、長崎出島のオランダ人教官から受けていたのである。(423)

蘭人、日本詞ヲツカフ事、御禁法ナリ。西洋流ヲ修業ナスモノニハ必西洋詞ヲツタフヘシ、其故ハ、後世、原書渡リ、追々翻訳モ成ル時ニ至リ、辞ヲ解セザレハ用ヲナサス。(424)

これに対して幕府鉄砲御用人の井上左太夫は、高島一門が武州徳丸原で実施した西洋砲術繰練で、号令が日本語ではなくオランダ語であったことを問題として、次のような批判書を幕府に上書するのである。

蘭語にて進退指揮仕り候は、心得違いの義と存じ奉り候。既に同人、流儀を高島流と唱え、蘭語を用い候事一通りならざる義と存じ奉り候間、堅く御差留め仰せ渡され候方、然るべきやと存じ奉り候。(425)

この井上の批判を受けて議論が沸騰し、急遽、幕府諸藩はオランダ語号令の日本語への翻訳を進めることになる。だが、標準となる日本訳を幕府が示すことができなかったので、関係諸藩や西洋砲術家たちが個々に翻訳していたのである。それ故に、当然のことながら、日本語訳の号令に差異が生じ、様々な号令の訳語が生まれて拡散したのである。(426)

象山は、下曾根の推薦で、高島一門の徳丸原での西洋砲術繰練を江川塾門人として見学するはずであった。だが、江川と下曾根との対立的な人間関係上の問題で、結局は現場に出向いて西洋砲術繰練を見学することはできなかった。(427)しかし、象山は、幕府の講武所がモデルとなるべき定式の日本語訳の号令を示さなかったが故に、全国諸藩で勝手に翻訳された蘭語号令の日本語訳が生み出され、それが余りにも劣悪であることを厳しく指摘した。それが、次に示す象山史料である。

本邦は猶未だ西洋の如く諸学科開け申さず候故、上下とも偏執の心深く負惜みの念強く、之に依て開け申すべき学術も早く開け申さず、天下の御為甚しき御損と存じ奉り候。当春、蟻川生（賢之助）立帰の節面会承り候処、講武所などの定式も慥《たし》かに立ち申さず、其号令の詞など悪劣なるをば某方のに改り候も之れ有り、蟻川などの致し候所多く人も見倣ひ候。(428)

幼少時から象山の教育を受けて成人し、象山塾で吉田松陰・小林虎三郎とともに「象門の三傑」と呼ばれた蟻川賢之助（一八三一―九一、松代藩士、幕府洋銃取調掛、幕府講武所砲銃教授）は、数多い象山塾門人の中でも際だった秀才で、儒学・洋学（蘭語・蘭学）・西洋砲術・西洋兵学・西洋医学、等々、恩師象山の学問のすべてを修得して継承し、象山の西洋砲術塾の塾頭となり後継者となった門人である。その蟻川が、日本語訳した蘭語号令は大変よくできており、他から模倣されるほどの出来映えあったと、恩師の象山は褒めているのである。

東洋の易学理論で西洋銃砲の仕組みを解明した『砲卦』　ところで、嘉永元年（一八四八）より西洋砲術の教授活動を始めた象山が、同時に藩命で洋式大砲を鋳造する。象山は、その際にオランダ人の設計図を手本に自らが推算工夫した図面を何枚も書き残している。そして嘉永四年十月には洋式大砲の設計図を集成した著書『砲学図編』を脱稿、(429)同六年二月に公刊して好評を得る。同書は、日本に受容された膨大な「西洋砲学」を集大成したもので、同書に収録された膨大な「西洋砲学」の図面も、それぞれの銃砲の全体を構成する大量の部品の一つひとつを精緻に作図した非常に繊細で大部な作品であった。

さらに蟄居中の安政五年十月にも西洋元込銃の設計図を編纂した『迅発銃図説』を脱稿している。(430)

しかし、象山自身が、最も自信をもって論述した砲術関係の研究業績は、何と言っても『砲卦』である。(431)同書は、洋式大砲の鋳造や用具の技術、構造や作用、等々を、蘭学を知らない日本人でも儒学の易学を理解していればわかるとして、得意の東洋の易学理論で解釈した著書である。

大砲の鋳造も、その使用の用具も、今日益々精密となった。（中略）これを易理に求めると、その象と理とが睽《けい》の卦に正に具わっている。睽の卦の象を観て、その理をよく考えてみると、この大砲なる武器の構造と作用のみならず、砲術の方法も、よく示唆され、砲術学習者に大きく役立つことは、恰も掌中のものを観るが如く明かである。[432]

同書は、象山にとって『砲学図編』（一八五一年十月）と『迅発銃図説』（一八五八年十月）の著作の中間に位置する嘉永五年十月に脱稿した作品である。東西の学問に精通した象山自信の作であった。だが、西洋砲術のカラクリを東洋の易学理論で解明した象山の同書は、またもや幕府当局から板行許可が下りず公刊するには至らなかった。それ故に象山は、門人たちの手を借りて同書を書写し、佐藤一斎や鎌原桐山などの恩師をはじめ、関係各位に献呈し、理解と感想を仰いだのである。

だが、同書は、易学の記号（図象：陽の爻《こう》と陰の爻）を含んだ全文が漢文であり、相当な易学の知識と漢文の読解力を兼備していなければ読むこと能わず、理解不可能な書物であった。それ故に、恩師である佐藤一斎や鎌原桐山など一部の知識人を除いて、同書を解読して理解できる読者はほとんどおらず、広く評価されることはなかった。

なお、象山は、本書もまた優秀な門人たちに稿本の書写を依頼したことが、門人加藤弘之宛の書簡に「過日御頼候砲卦草稿、何分引足申さず候に付、此間の如き謝儀にて今三通御頼み下され度存じ奉り候[433]」と記されてあることからも明らかとなる。

たしかに、『砲卦』は、精密な数字の計算と正確な作図、それに易学の難解な図象の解読をするには、洋儒兼学で砲学に関する高度な理論と技法に関する知識が求められる前代未聞の著書であった。東西両洋の数学や物理など複雑な理論の解読との組合せによる洋式大砲の秘密の解明には、非常な忍耐力を要する思考能力が必要とされた。儒学だけ、あるいは洋学だでは、同書を理解することはできない。洋需兼学で、特に易学と数学に精通していることが、同書の理解には求められたのである。

ところで、象山が、同書を執筆する契機となった出来事は、江戸木挽町の塾舎で講義中に門人から、「抑も砲を易に擬するに何の卦を之に当るのか」[434]との質問を受けたことであった。そして決定的だったのは、その後、冬の夜に来客と爐を囲んで団欒しているときに、象山が大砲の象は易理で言うと「睽《けい》」（兌下離上、「火沢睽《かたくけい》」）で、周易六十四卦の第三十八番目の卦で、その意味するところは、「睽は火動きて上《のぼ》り、沢動きて下《くだ》る」「上に火あり下に沢あるは睽なり」「睽はうき違うの意、そむきあう卦象」という象である。異なる二つが背き違うとの意味、まさに破裂する瞬発力で発弾する洋式大砲の構造と機能に合致すると解釈し[435]、象山は、炉の灰の上に「睽」と書き、その意味を説明した。すると客人は、まったく優れた解釈だと賞賛し、さらに著書にまとめて刊行することを要請した。これに象山も欣然として頷き、嘉永五年十月、ついに『砲卦』一篇を著すに至ったのである[436]。

この西洋大砲の原理を東洋の易学理論で説明した『砲卦』は、二、三歳の幼少時から易学の理論と技法を体得してきた象山が、「少小にして易理を窮め、中年にして砲火を研し、融会して砲卦を著す[437]」と述べるがごとく、長年の易学研究の成果を、やっと四十二歳にして結実させた渾身の作品であった。

この象山自慢の力作である『砲卦』は、難解であるが故にか、明治以降の数多の象山関係の研究者に取り上げられることはなく、昭和の戦前に増訂版の『象山全集』が刊行される直前の昭和五年（一九三〇）に至って、信州の郷土史家である宮下忠道の論文「佐久間象山の易に就て」が『砲卦』を取り上げて詳細に分析し、「『東洋道徳』」と『西洋芸術』との二つを打つて一丸となしたもの」と評している[438]。また、宮下論文に続いて学習院大学教授の飯島忠夫の論文「佐久間象山の易学」も発表された。同氏は、「易は儒教経典の中の最も高尚深遠なるもの」との易学理解から、象山の『砲卦』を分析し、「砲卦一篇は実に東洋の道徳と西洋の芸術とを結合し統一したもの」と積極的に結論づけている[439]。しかし両者とも、全漢文の『砲卦』の全文を解読して考察されたものではない。

だが、昭和の戦後になると『砲卦』に対する評価は一変する。象山の『砲卦』に対して、源了圓が「砲術の理論を易の理論で説明するというステレオタイプの奇妙な態度[440]」と指摘するように否定的な見解が一般的となり、『砲卦』の全文を読まずして一笑に付すという見解が象山研究者に定着したのである。

儒教を基礎とする学術文化が定着していた幕末期に、易学を根底とする朱子学者の象山が、西洋科学の結晶である西洋砲筒の構造と機能を易学の理論から解明しようとしたのは、勇気ある挑戦であった。黒船来航の当時において、日本人が、西洋科学を西洋人と同じ科学的精神で西洋科学の理論そのままを理解することなど、とても不可能なことであった。まさにない物ねだりである。西洋先進諸国の軍事侵攻の恐怖に対して、日本は西洋の科学技術を摂取して普及拡大させ、急ぎ国防体制の強化を図らなければならなかった。そのような緊急事態の下で、象山は、日本人の西洋科学技術の理解を可能にする理論の具体的実践として、最も得意とする易学理論によって西洋科学の仕組みを解明しようと試みたのである。その成果が『砲卦』であった。幕末期の緊迫した時代状況を無視して、昭和戦後の欧米化した日本人の視座から幕末期の象山の著書『砲卦』を論じるには、歴史理解の時代性の認識のギャップがありすぎて、とても不可能なことである。

なお、象山の『砲卦』は、当初は西洋砲術塾のテキストを意図して書かれた洋儒兼学の著書である。しかも、同書は、前述の通り、全文が難解な易学の理論「卦」や記号（爻《こう》）の入った漢文の著書なのである。それ故に、誰でもが簡単に読める内容ではなかった。そこで象山は、同書を日本文に読み下した『砲卦国字解』という漢字仮名交じりの文体に翻訳した著書を作成し、「拙著砲卦文字の無き門人の為に国訳の義相願い候[441]」と、これを書写させて関係方面や門人たちに配付した。その経緯が次のように記されている。

「砲卦国字解の御稿本二三子へも相示し候所、一日も御早く御脱稿下され候様一同相願候。則返璧仕候。続て御浄写に御取掛下され候様御多務の御中願い奉候[442]。」

「砲卦和解彌御認足し成し下され候に就ては、先達て門生へ示し候。拝借仕り候御草稿完璧仕候様仰下され、早速依田源へ申遣候処、是より転伝塩野氏迄参り居候。[443]」

象山にとって易学は、幼少期に父親から学んだ学問の原点であり、彼の思想形成の中核をなす理論であった。彼が、中国の儒者・邵康節を敬仰したのも、その思想が数学と易学を基本とする儒学理解であったが故である。近世実学思想史研究者の源了圓は、『佐久間象山』の中で、「易は東アジアの儒教文明の中核になるもで、これが否定されたら儒教文明の敗北になる」と考える象山にとって、「易は自己の血肉であり、これをぬきにしては自己の存在理由はなかった[444]」と分析している。また同じく幕末思想史研究者の松本健一は、下記のように象山における易学の意味を解釈している。

易学はもともと、象山にとって世界（外界）の合理性への探究心によって手に入れたものだった。（中略）かれがその世界（外界）の合理性への探究心によって、より西洋の文明への信頼をふかめていったと考えれば、易学と西洋文明（数学）とは表面的には矛盾するものでありながら、その象山の内面においては二ではなかった。東洋道徳と西洋芸術が矛盾しつつ、象山の精神においては統合されているのである。[445]

源や松本の解釈は、実に言いえて妙なる象山理解である。しかし、両者は指摘していないが、象山の『砲卦』の執筆動機とその歴史的意義を考える場合、象山が同書を著したのが、黒船来航の前年であったという時代性を看過してはならない。同書を執筆した当時の日本の危機的な時代状況を前提に、国防の近代化の要である西洋砲術の全国的な普及の緊要性を痛感していた象山は、海国日本を防衛する救世主として同書を執筆したのである。

いまだ西洋軍事科学が日本に普及していなかった幕末期の当初から、象山は、強大な軍事力を前面に押し立てて日本に接近する欧米列強諸国の脅威に対して、旧式の銃砲で立ち向かおうとする日本の稚拙な防衛力の脆弱性を憂慮していたのである。そこで象山は、西洋近代科学の成果である強力な武器―西洋銃砲の秘密（仕組み）を、精通した東洋の易学理論をもって解き明かした著書を著したのである。それが『砲卦』であった。

なお、象山が、嘉永五年に『砲卦』を著してから百七十余年が過ぎた令和の今日までに、全漢文の同書を解読して読み下しの現代語に訳した研究者が、唯一人いた。前野喜代治（元弘前大学教授）である。その成果は、同氏の『佐久間象山再考』（銀河書房、一九七二年）に収められている。[446] 晩年を象山研究に費やした前野は、難解な易学理論を根気強く解読して、全漢文の同書を現代語訳して考察したのである。そのような研究の結果、前野は、同書の歴史的な意義を次のごとく評している。

要するに、象山が幼少時から学びかつ研究した易理を、術学的と思われるまでに、最大限に駆使したもの、象山の易学研究の結晶といってよいと思う。まこと、その造詣の深さ、その活用の巧妙さに対し驚倒するの外はない。易理から当時の最新兵器たる大砲を解することまた妙、教唆されるところ少なしとしない。[447]

3　日本近代化の具体的な構想

ピョートル大帝のロシア近代化を理想とした日本近代化の構想　一介の陪臣に過ぎない象山は、山階宮（一八一六―九八、皇族・国事御用掛）・中川宮（一八二四―九一、皇族・国事御用掛）らの皇族方、そして第十四代将軍の徳川家茂（一八四六―六六）や第十五代将軍となる一橋慶喜（一八三七―一九一三）をはじめとする徳川幕府の高官たち、また自らの主君である松代藩第八代藩主の真田幸貫や有力諸藩の藩主ら、幕末期日本の政治や学問・芸術などの諸分野における高位高官たちと親交を結び、恐れずに自説を開陳した。国家の将来を憂うるがためであった。

だが、思索し行動する実学者の象山が最も尊敬した歴史上の人物は、日本では新井白石、中国では邵康節であった。しかし、世界的視野から日本という後進国家の近代化を考えたとき、象山が最も尊敬してやまなかった偉人は、フランスのナポレオン皇帝（Napoléon Bonaparte, 1769–1821）であり、ロシア帝国のピョートル大帝（Пётр I Алексеевич, 1682–1725）であった。

特に象山は、自己の描く日本近代化の政策面で共感できたのは、ロマノフ朝ロシア帝国のピョートル大帝であった。専制君主として君臨したピョートル大帝は、スウェーデン王国やポーランド王国に圧迫される東ヨーロッパの弱小後進国であったロシアを、英仏の西ヨーロッパ列強諸国を手本として、産業・軍事・税制・政治・学問・教育などの各分野で、近代化＝西洋化政策を断行して殖産興業・富国強兵を達成し、英仏に比肩しうる西洋最強の軍事大国にまで押し上げたのである(448)。

早くも天保十三年（一八四二）七月の書簡で、象山は、世界の名君として「ロシアの主ペートル」の名をあげており(449)、さらにペリー来航後も「総て露西亜のペートルの規模の如く」と、ピョートル大帝が推進したロシアの近代化政策＝欧化政策を模して日本も富国強兵・殖産興業の近代化を推進すべしとして、蟄居中の安政五年（一八五八）正月、親友・梁川星巌宛の書簡の中で次のような改革を提案している。

総て露西亜のペートルの規模の如く、広く人を撰で外国へ出し、其長ずる所の諸術を学ばせ方には、其形勢事情を探索し、又多く外国の名士を招引し、襟胸を披《ひらい》て御優待之れ有り、本邦になき所の芸術の師として盛に諸学科を興し、城制を変じ遊民を禁じ刑罰を省き器械学を盛にし工作場を開き大艦を多くし航海商法を復し（中略）御国力の実に英仏彌利堅にも過ぎ為され候様、年月を期して行届き為され候様の御処置に相成候様、仕度ものと存じ奉り候(450)。

短期間で近代化に成功したロシア帝国は、ピョートル大帝の下で急速に勢力の拡大を図り、やがてはスウェーデンからバルト海域に到る広大な地域を支配する強力無比の帝制国家となった。それは、帝国の全勢力を皇帝に一元化し絶大な権力を保持した専制君主ピョートル大帝の功績であり、それ故に彼は「近代ロシアの父」「玉座の革命家」と呼ばれ、世界に冠たる偉人と称せられたのである(451)。

叙上のようなロシア帝国におけるピョートル大帝の偉大な足跡は、幕末期には極東アジアの日本にまで轟き及んでいた。江戸時代の日本には、前野良沢訳『露西亜大統略記』（一七九三年）、山村昌永訳『露西亜国志世紀』（一八〇五年）など、蘭書からの翻訳書を通してピョートル大帝の情報が広く伝わっていた。それ故に、江戸時代、特に幕末期の知識人たちの間では、東方の弱小国家を強大無比の一大帝国に勢力を拡大させたピョートル大帝については、よく知られていたのである。その一人が、佐久間象山であった。門人である松陰の海外密航事件に連座して信州松代に蟄居中であった象山は、幕末も最末期に入った安政四年（一八五七）七月、友人宛の書簡でピョートル大帝の賢明な近代化政策が奏功して殖産興業・富国強兵を達成し、弱小後進国のロシアを欧州屈指の大国に築きあげた偉大な業績を、下記のように紹介している。

往年露西亜のペートル帝は、小成に安んぜず、礼を厚くして諸国有名の教師を招来し、近来、トルコにても其蹤《あと》を追て海陸の兵制遂に一変し、欧羅巴諸州と戦ひ候ても敗を取らざる様相成り候。（中略）当今、外国の形勢総て形の如くに候所、何故に吾御廟堂には右様の第一等の御処置之れ無く、因循苟且《いんじゅんこうしょ》（旧慣旧習を改革改善せずに現状保守）の御事のみ御座候哉、浩歎の至りに御座候。（中略）人を海外に出し外国の政教兵備等親しく御探索御座無く候より、直に彼との御比較御座無く候故、自然と苟且の御風誼も振い為させられず、守禦の御大計も其善を尽なされずと存じ奉り候。人を外国へ出し候て其長を学ばせ師を外国より招いて其芸を世に広められ候は、某獄中腹稿（『省諐録』）の擬上書にも認め候通り（後略）[452]。

ピョートル大帝の功績として挙げられている近代化政策のほとんどは、すでに象山が二十代半ばから藩政改革や国政改革の重要な改革課題として建策してきたものばかりであった。それ故に象山は、偉大なピョートル大帝のロシア近代化に、自分自身の日本近代化の夢を重ね合わせ、意を強くしたのかもしれない。

だが、両者には相違点があった。それは、ピョートル大帝の近代化政策が、いわゆる「形而下」の「西洋芸術」に関するものばかりで、それを支える「形而上」の「東洋道徳」に相当する倫理道徳の面にはまったく触れられていないことである。換言すると、近代化を担うロシアの国家・国民の精神的な基盤＝主体性の依拠する倫理道徳的な思想基盤の欠如である。たしかに、ロシアは、欧米列強諸国と同様に、東方正教（東方正教会）を国教（ロシア正教会）とする同じキリスト教国家（「西洋道徳」）である。それ故、ことさらにロシアの近代化（「西洋芸術」）を担う国家・国民の主体性に関する倫理道徳（「西洋道徳」）に触れる必要性はなかったのかも知れない。

さすれば、キリスト教国家であるロシアを含めた欧米諸国の先進的な近代化は、日本を含めた東アジアの儒教文化圏の国々における「東洋道徳・西洋芸術」とは異なるものとなるはずである。すなわちロシアを含めた、欧米諸国の近代化＝「西洋道徳・西洋芸術」では、東アジア諸国の後進的な近代化＝西洋化（「東洋道徳・西洋芸術」）におけるように「道徳」と「芸術」とが、「東洋」と「西洋」との狭間で異質なものの「ねじれの関係」で結ばれていることの問題、例えば「東洋」と「西洋」における「理」の一元性と二元性の問題、「西洋芸術」（西洋近代科学）の全的基礎である西洋数学と東洋数学との相違の問題、西洋医学と東洋医学の異同の問題、等々である。

はたしてピョートル大帝によるロシアの近代化は、キリスト教を基盤とする「西洋道徳・西洋芸術」であったのか、それとも「西洋道徳」を抜きにした「西洋芸術」一辺倒であったのか。もしも、「西洋道徳」が機能していなければ、軍事大国化したロシア帝国は、いかなる悪逆非道な侵略戦争もためらう必要はなかった。「道徳」なき「芸術」の探究は実に恐ろしいものである。

叙上のような思想史的な視座からみる東西両洋における比較近代化の問題は、従来の近代化研究にはみられなかったもので、今後の研究課題である。

海外留学制度・御雇外国人制度の提唱―松陰の海外密航事件の意義　象山は、嘉永七年（一八五四）一月の黒船再来航のとき、門人の吉田松陰を米艦に乗せてアメリカに派遣し、直に西洋事情の調査と西洋科学の修得を期待し慫慂した。だが、計画は失敗した。その結果、松陰と恩師の象山は、幕府に捕縛され処罰を受けることになる。しかし、象山は、「法と理と、不幸にして兼ぬるを得ざれば、則ち法を棄て理に従うものなり[453]」との確固たる価値観を確立していた。しかし、門人吉田松陰の海外渡航の試みは、国禁に触れる犯罪として裁かれた。たしかに、海外渡航は、いまだ鎖国の国禁からみれば「不法」ではある。だが、恩師の象山は、松陰の試みは、新時代の国家の進展に利する知識や情報の進取究明をもたらす、実に勇気ある行動であり、決して不合理な判断や行動ではなく、理に叶い称賛に値する行動であると厳しく論弁し、獄中で次のように記している。

全世界をも月余にして一周候（中略）世界万国の形勢応日とは全く別物に相成（中略）鎖国の御趣意は貫かれるべき時勢に之れ無く相成候ては（中略）鎖国の御趣意を貫かるべき時勢に之れ無く、其上、彼のよくする所我も亦これをよくするに非ざれば、彼と抗拒《こうきょ》（抵抗して拒絶）候事遂に成しがたかるべく（中略）時勢御省み人を選み彼に遣わされ候の御趣向相立候様仕度存じ奉り候[454]。

蒸気船で地球上を自由に航行できるワールドワイドな幕末期の世界状況下では、二百数十年も前の寛永十六年（一六三九）に制定された鎖国を規定する法律自体が、もはや時代に逆行する極めて理不尽な法律である。そう、象山は、事件の正統性を一貫して主張し、次のように松陰を「忠義直烈の士」として称賛し、幕府の尋問には聊かも屈することはなかった。

吉田生と申もの、当年廿五歳の少年には候へ共、元来長州藩兵家の子にて漢書をも達者に読下し、胆力も之れ有り文才も候て、よく難苦に堪え候事は生得の得手にて、海防の事には頗る思ひをなやまし、萩藩兵制の事にも深く心を入れ存寄りの次第書立て其筋へ申出候義も度々之れ有り、小弟門下にも多く之れ無き忠直義烈の士（忠義に厚く勇敢な武士）に御座候[455]。

象山は、幕吏の取調中、如何なる罪状認否に関しても、一切、妥協することなく、逐一、冷静に駁論し、最後まで海外密航の正統性と有効性を諄々と説き示し、同時に「理」に反する鎖国制度が時代に逆行する不合理な法律であることを堂々と開陳したのである。特に象山が幕府攻撃の主柱としたのは、ジョン万次郎（John Manjirō, 1827–98）の事例であった。象山は、漂流から十一年目の嘉永五年（一八五二）に帰国した土佐の漁師の子であるジョン万次郎の例を挙げ、外国漂流民は終身押込めの罪という規定であるにも関わらず、その罪科を不問に伏して、帰朝後は出身地の土佐藩で士分取り立てとなり、藩校の教授に任命される。さらに嘉永六年六月に黒船が来航すると、幕府は英語の語学力はもちろん、豊富なアメリカ知識を身に付けた万次郎を、幕府の直参旗本に取り立てたのである。

そのような漁師の万次郎とは比較にならない知識と教養、そして熱烈な愛国心を抱く忠臣の松陰を海外に留学させることが、如何に幕府、いな日本という国家にとって有益であるか。このことを、象山は力説し、幕府役人を説得する。松陰のような優秀な青年を海外に留学させる国家的な意義を、象山は、第十五代将軍徳川慶喜の実父である徳川斉昭（一八〇〇—六〇）などの幕閣に、「国禁をゆるべられ吉田生如きのものを彼地方へ遣され候様にと水府老明公（徳川斉昭）らの御議論仰せ出され候様仕り候」(456)と訴え、松陰の罪科の軽減を請願した。

しかし、師弟ともに国禁を犯した罪は許されず、同年九月、極刑の死罪は免れたが国許蟄居を命じられた。象山は信州松代で蟄居となり、松陰は長州野山獄に幽囚されたのである。

象山は、地元信州松代での蟄居処分を受けてからも、日本近代化（文明開化）のためには留学制度が是非とも必要であること、また欧米先進諸国から各専門分野の御雇外国人教師を招聘する制度も不可欠であること、等々を、日本近代化を担う人材供給面での緊急施策として、その実行を幕府に迫るべく、義弟で門人である旗本の勝海舟などを介して幕府に訴え続けたのである。

そして、優秀な人材の留学制度は、松陰の密航事件のわずか六年後、文久二年（一八六二）九月、幕府が下記の優秀な幕臣と職工を選抜してオランダに派遣したことで、初めて実現するのである。

内田恒次郎（正雄、軍艦操練所）・榎本釜次郎（同）・沢太郎左衛門（同）・赤松大三郎（同）・田口俊平（同）、西周

（蕃書調所教授並手伝）・津田真道（同、蕃書調所、象山門人）、伊東方成（長崎養生所医学生）・林研海（同）それに鋳物師・船大工等の職工など七名。特に幕府の洋学所（旧蕃書調所）から選抜された西周と津田真道（象山門人）は、オランダのライデン大学で法学・哲学・経済学・国際法など文系の学問（形而上学）を、日本人として初めて学んだ。以後、これを皮切りに、明治維新以後、海外留学は文明開化の目玉となる文教政策となり、多くの優秀な日本人が留学生として欧米先進諸国に渡ったのである。(457)

留学制度とともに、象山が、ペリー来航前の天保年間から実現を叫んだのは、外国人の学者や専門技術者を招聘する御雇外国人制度であった。明治の新政府は、欧米先進諸国の優れた研究者・技術者を招聘し、日本の近代化（殖産興業・富国強兵）の推進に当たらせようとした。御雇外国人の選抜は、幕末期に招聘した幕府諸藩の御雇外国人の活動実績を踏まえて決定され、政治・法制・軍事・外交・金融・財政・産業・交通・建築・土木・開拓・科学・教育・美術・音楽、等々、日本近代化の推進に必要な広範な分野に、大量の御雇外国人が招聘され配置されたのである。(458)

広範な学術技芸の分野に三〇〇〇人前後の御雇外国人教師が招聘された。特に日本人に著名の代表的な御雇外国人教師をあげれば、次の人々である。ヘボン式ローマ字の創始者として知られるアメリカ長老派教会の医療伝道宣教師のヘボン（James Curtis Hepburn, 1815–1911）(459)、『ベルツの日記』（原題は「黎明期日本における一ドイツ人医師の生活」）で有名なドイツ人医学者のベルツ（Erwin von Bälz, 1849–1913）(460)、日本で法学者・神学者・宣教師として活躍し明治日本の法律編纂に貢献したフルベッキ（Guido Herman Fridolin Verbeck, 1830–98）(461)。日本名「小泉八雲」で知られるラフカディオ・ハーン（Patrick Lafcadio Hearn、帰化した日本名は小泉八雲、一八五〇―一九〇四）(462)、日本の美術を評価して海外に紹介したフェノロサ（Ernest Francisco Fenollosa, 1853–1908）(463)、司法省雇となり不平等条約の撤廃に功績のあったボアソナード（Gustave Émile Boissonade de Fontarabie, 1825–1910）(464)、同じく近代日本の法律分野で貢献したブスケ（Albert Charles Du Bousquet, 1837–82）(465)。東京帝国大学で初めて教育学を講義し日本にドイツ教育学をもたらしたハウスクネヒト（Emil Paul Karl Heinrich Hausknecht, 1853–1927）[466]、アメリカ合衆国の音楽教育者で日本の西洋音楽を指導したメーソン（Luther Whiting Mason, 1818–96）[467]、明治時代の日本に西洋式の技術教育を導入したダイアー（Henry Dyer, 1848–1918）[468]、ドイツ人地質学者で東京大学創立当初の地質学教授で「ナウマンゾウ」の研究で有名なナウマン（Heinrich Edmund Naumann, 1854–1927）[469]、大森貝塚を発掘したアメリカ人動物学者のモース（モールス、Edward Sylvester Morse, 1838–1925）[470]。

上記のような日本人に馴染みの御雇外国人教師は、ほんの一部である。幕末期から明治期の日本近代化過程で欧米先進各国から優秀な学術文化の専門家が御雇外国人教師として日本に招聘され、彼らの献身的な貢献によって、日本の学術文化の近代化が急速に推進されたのである。

象山が、黒船来航のはるか前から提唱し続けてきた、御雇外国人招聘制度のはたした国家的な貢献は実に大きかった。優秀な学生の留学制度と御雇外国人の招聘制度の実現。この制度はセットで実施された。すなわち、日本人留学生が欧米での学びを終えて帰国すると、彼らは御雇外国人に取って代わり、留学生の増加と御雇外国人の減少という相関関係の歴史的な現象が、明治の末期まで続いたのである。

かくして、象山の長年にわたる日本近代化の念願は実現した。だが、象山は、維新前夜の元治元年（一八六四）七月、京都で攘夷派による〝洋学者象山への天誅〟により斬殺されてしまう。明治維新の四年前のことで、日本近代化の曙光が見え始めた矢先のことであった。

象山は、松陰の海外密航事件に連座して獄に繋がれたとき、獄中で自省の書として『省諐録』の草稿を執筆する。その附録に、得意の万葉仮名で和歌「感情百首」を詠んでいる。その和歌に先立つ冒頭の序文に、学者・象山ではなくして、武士である象山が罪科を得て獄に繋がれたときの偽らざる心境を、次のように吐露している。

士の、国に獲《え》られざるは、猶ほ男女の相得られざるがごとし。故に、屈宋（屈原・宋玉の二人は中国戦国時代の楚の詩人）以来、騒人詩客、皆詞を託せり。予れ皇国の為に辺防を策すること十数年にして、翅《ただ》に其の効を施すことを得ざるのみならず、遂に是に由りて罪を獲て理（裁判所）に下れり。拳々の忠も閔察《びんさつ》せらる、を得ず。(471)

門人吉田松陰の海外密航は、確かに幕府の法では違法の行為であった。確かに悪法も法ではある。だが、欧米の黒船が押し寄せる幕末期の新たな時代状況の中で、優秀な青年を海外の文明国に派遣し、日本近代化に必要な知恵や知識を学び取らせることは、近代国家の建設にとっては緊要の課題であった。そのような恩師象山の日本近代化構想を受けて松陰が実行した海外密航という決死の行動は、当時にあっては、時代を先取りした超法規的な行動であった。

だが、維新後、松陰は、明治維新政府から叙位・叙勲を受けて名誉回復し、国家的英雄として賞賛され、神として祀られた。国家の将来を展望して着想した海外留学の先駆的な行動を、象山は、「士の国に獲られざる」(472)と述べ、獄中で「国風百篇、聊か情懐を寄す」(473)として詠んだ万葉仮名の和歌百編を記している。

その第一首は、武士である象山は、国家が必要とするならば、一身を投げ打って、如何様にも「君恩」「国恩」に報いる覚悟であるとの、強い憂国の真情を吐露した秀歌である。

許己呂美爾　伊佐也余婆波牟　夜末比胡乃　古多弊多耳世婆　故恵破怨志麻慈

こころみに　いざやよばはむ　やまびこの　こたへだにせば　こゑはをしまじ

幕命を天命と拝し武士道精神を発揮して決死の上洛

安政六年（一八五九）には愛弟子の吉田松陰（長州藩）や橋本左内（福井藩）ら、優れた門人たちが処刑された。大老井伊直弼（一八一五―六〇）による「安政の大獄」（尊皇攘夷派への弾圧事件）であった。その後の万延元年（一八六〇）には、井伊直弼の殺害事件（桜田門外の変）が起こり、同二年には象山が主張した公武合体の具体化としての和宮降嫁が実現し、幕政改革が行われた。これによって井伊派は一掃され、隠居謹慎処分を受けていた一橋慶喜（一八三七―一九一三、水戸藩第九代藩主徳川斉昭の七男で御三家の一橋家を相続）が復権して将軍補佐役に、松平慶永（春嶽、一八二八―九〇、福井藩主で第十二代将軍徳川家慶の従弟）が政事総裁に就任すると、安政の大獄の政治犯たちに恩赦が発せられた。象山の蟄居赦免の要請も、土佐藩や長州藩などの藩主から幕府に出され、幕府も恩赦の方針であった。しかし、肝心の松代藩当局は、象山排斥派が実権を握っており、象山の蟄居放免の運動を起こさなかった。というよりも反対された。その結果、象山だけは恩赦の対象外となったのである。

この不公平な措置に疑問を抱いた象山は、開国の突破口となった松陰の海外密航事件で、「皇国の御為に就て天下億兆の人に先ち天下の御大計」を図って罪を得た自分を恩赦すべきであるとして、有志に「赦免促進運動」を求める書を認めている。その冒頭には次のように記されている。

先日中より昌平学問所並に御医師衆の塾等にて沙汰致候は、佐久間修理御咎の筋、公辺には既に相済候へども、真田家にて忌み候もの之れ有り、其為に只今に閑居候よし。此御時節柄有まじき事と申沙汰し候趣、門弟共の内より伝聞内々申出候ものも之れ有り候所、右様の義あるべき事とも存じ候はず、途方もなき妄説の趣及挨拶候義に御座候。（中略）感応院様（第八代藩主の真田幸貫）御役中（老中海防掛時代）より皇国の御為に就て天下億兆の人に先ち天下の御大計を申上げ暫くの間は不覚悟の人々訾咲《ししよう》（謗る）も致し候へども、二十余年の今日に至り候へば天下の形勢ことごとく某（象山）の申候通りに相成候。早く某の建策御取用ひ御座候はゞ天下今此形勢に至り申まじくと有志のもの嘆惜候義に御座候。(474)

象山の蟄居赦免を幕府に陳情したのは、吉田松陰や坂本龍馬など多くの藩士が門人であった長州藩（第十三代藩主毛利敬親）と土佐藩（第十六代藩主山内豊範）であった。しかも両藩は、赦免後には象山を自藩に招聘すべく、赦免半年前の文久二年（一八六二）三月、長州藩からは山県半蔵（一八二九—一九〇一、吉田松陰門人）・久坂玄瑞（一八四〇—六四、吉田松陰門人で義弟）・福原乙之進（一八三七—六四、過激な攘夷論者）が、同じく土佐藩からは中岡慎太郎（一八三八—六七、武力討幕の土佐勤皇党志士）・衣斐小平（象山書院の門人）・原四郎（生没年不詳）の各三名が、相ついで信州松代を訪ね、藩主からの招聘の内意を象山に伝えていた。

この赦免陳情の直後の文久二年十二月になって、象山は、九年間に及ぶ長い蟄居生活から解放され晴れて自由の身となったのである。そして、翌年の七月には、「私儀も近日御用の義御座候に付、天朝より召され候はんとの御沙汰別帋の通、此程重役に従ひ共に相達し候」[475]と、京都御所よりお召しの御沙汰を受ける。象山を京の朝廷へ招聘したいという話である。推薦者は、象山の江戸木挽町時代の西洋砲術塾の門人であった真木和泉（一八一三―六四、神官、久留米藩士、尊皇攘夷派の領袖株）であった[476]。だが、この話は、同年八月十八日の「京都の政変」で、真木も「七卿の都落ち」に随行して長州に逃れたため沙汰やみとなった。

すると、その翌年の元治元年三月、今度は、象山を国禁犯罪の連帯責任者として処罰した幕府当局から、「海陸御備向掛手附御雇」（御雇中扶持二〇人、御手当金一五両、着任後四〇人扶持に加増）という徴命を受ける。天下一等の儒学者・洋学者である象山を迎えるには、余りにも微官小禄の待遇であった。自尊心の強い象山は、その処遇に不快感を表し、憤然として辞退しようとする。しかし彼は、国家存亡のときに、これを天命と捉え、生来の武士道精神を発揮して国家人民の独立安寧を図るべく、幕命を受けることになる。

だが、待遇問題とは別に、象山の心境は複雑であった。当然、過激な攘夷派が跋扈跳梁する京の都に行けば、象山は、間違いなく洋学派の標的として攘夷派の餌食になる。もしも、象山が、賢明な学者であるならば、決して京都行きはなかったであろう。だが、彼は学者である前に武士であった。多くの友人知人や門人たちの反対を押し切って（松代藩門人二七名の藩庁宛「門弟連署の象山引留陳情書」[477]）、象山は、「国恩」に報じるべく武士道精神を発揮し、決死の覚悟で幕府の要請を「天命」と拝して受け入れ、蟄居赦免から二年後の元治元年三月に上洛し、幕府と朝廷との対立抗争で内乱状態にある政治の世界に身を挺することになる。

象山は、京に到着するや否や、連日、宮家（山階宮・中川宮）や徳川家（第十四代将軍徳川家茂や将軍後見職の一橋慶喜）など、国政の枢要に関わる高位高官たちを頻繁に訪問して、幕府と朝廷とが分裂して対立関係にある内乱状態を収めようと奔走する。すなわち、公家（天皇方）と武家（将軍方）の公武合体をもって国家の統一を図り、国民一丸となって欧米先進諸国の侵攻に立ち向かう国内政治体制の構築をして開国進取を実現すべしと説諭し、西洋鞍の馬上にまたがって京の街を闊歩するのであった。

まだ幕藩体制が安定していた黒船来航以前であれば、大名の一家臣である象山は、宮家や将軍家からみれば臣下の臣下、すなわち陪臣であり、直接のお目見えなど絶対に叶うはずはなかった。だが、宮家や将軍家が、幕末期の非常時であるが故に、象山を特別に直臣の扱いで謁見を許したことは、「四十以後は乃ち五世界に繋ること有るを知る」（『省諐録』）と自らの存在を自覚し、天下国家のために身命を賭して武士道を生きてきた象山の、不屈の自尊心を十分に満たすものであったことはまちがいない。

京都で攘夷派に急襲され無念の横死—佐久間家は断絶の悲劇　上洛後の象山は、「日本の御為を三十年近く深く心配致し候ものは国中に私程のものは之れ無く、此事は人も皆申居候(478)」と自画自賛し、頗る意気軒昂であった。これは大仰な表現をする象山特有の自然な表現である。だが、他人からみれば、その傲慢不遜や自信過剰な言動が批判されるところではある。しかし、象山本人は、極めて真面目で、常に少年のごとき自信と歓喜をもって偽らざる本心を素直に表現したまでのことである。国家救済という天下の大任を担う自分に対して、「先ずは手向ひ候者ものもあるまじくとは存じ申候」と、象山は、天寵を受けて天命を果たそうとする自分に手向かう者はいないと天の加護を信じ、自信に満ちていた。だが、その実、自分が攘夷派の標的となっている危険な状況を、義弟の勝海舟からの京都の調査報告で十分に承知していた。それ故に象山は、門人の坂本龍馬と同様、海舟が用意してくれた玉込めの短筒を、常時、腰に携帯し、それを就寝時には枕元に置くほどの用心をしていたのである。

浪人共、私の論と合ひ申さず候故、目がけ候と申事、夫故、随分よく用心、馬にて出候せつも勝（海舟）に調へもらひし候六挺がらみの短筒を腰に致し、常に玉も込置候次第、昼すき之れ有り候へばふせり、夜分はその玉を込め候短筒を枕もとに置候て用心を専一に致し候。(479)

だが、そのような用心も空しかった。門人たちの心配が的中するのである。京に到着してわずか四ヶ月後の元治元年（一八六四）七月十一日、「京着後一度も日本ぐらは用ひ申さず」「西洋馬具にて京地のりあるき候(480)」と、目立った洋風馬具の姿で京の街を闊歩する馬上の象山は、〝蕃夷の西洋学を鼓舞する国賊〟として攘夷論者の格好の標的となり、白昼、京の街中で凶刃に倒れたのである。天命を観取し日本という国家と人民に忠誠と報恩を尽くさんとして、動乱の幕末期に武士道精神を貫いて生きた佐久間象山、五十四年の生涯の凄惨な最期であった。

象山の決死の京都行きもまた、門人松陰の海外密航と同じく、日本人であることの武士道精神を喚起された、「やむにやまれぬ心」（心の内奥から突き上げる衝動――天命の自覚）から発する当然の行動であった。彼は、斬殺される数ヶ月前、「東洋道徳・西洋芸術」の思想に基づき、東西両様の所長を統一し、独立国家としての日本の基礎である「国本」を固め「国是」を定立することの重要性を、勝海舟に「天下の陋見を破て専ら彼れの所長を学び、其所長を集めて国本を牢くし候。国是の定まり候様に至らず候ては成り申まじくと存じ候(481)」と、簡潔明瞭に説いていた。

なお、象山は、元治元年の三月七日まで上洛の準備をし、同月十七日に松代を出発、そして同月二十九日に京都に到着する。以後、象山が誰と会い何を話したか、同年七月十一日に攘夷派に刺殺されるまでの京都における象山の日々の具体的な行動内容が、象山の「公務日誌(482)」に記録されいる。この象山史料には、上洛の三ヶ月後に刺殺される象山が、公家や武家の最高位の貴人たちの拝謁を得て、勝海舟に示した前述のような日本近代化の具体策を開陳して回る激務の日々を送っていたことが記録されている。

象山は、元治元年七月十一日の「夕七ッ半（今の十七時、午後五時）」過頃、旅館木屋町迄参られ候処、左右より侍体のもの不意に討て掛り候」と奇襲を受け刺殺された。松代藩医の検視の結果、額・左手・脇腹・右手・右親指・右

図22　佐久間象山の墓（象山墓所，京都市右京区花園の臨済宗妙心寺大法院）

腕など一三ヶ所を切られ、刺殺されたのである。[483]享年五十四、戒名は「清光院仁啓守心居士」。

象山惨死の翌日、元治元年七月十二日、象山が最も案じていた佐久間家の存続に関して、象山名で当時の藩政執行者である二人の家老（矢沢但馬・真田志摩）に、下記のような「恪二郎家督相続嘆願書」が提出された。

私儀今年五十四歳罷成候。御厚恩を以て公辺御用も仰付られ、其上旧禄に成下され、御復難有り仕合に存じ奉り候。（中略）妾腹の恪二郎儀、当年十七歳罷成候。嫡子に仕り、私唯今迄拝領御知行百石御情を以て右の者へ下置れ家督仰付下され置き候様願ひ奉り候。[484]

象山必死の働きによって祖父の代からの家禄五両五人扶持（約一四石）を旧禄の一〇〇石に復してもらった。象山は、これを死後も妾腹の一子、恪二郎（一八四八―七七）に引き継がせ、佐久間家の存続を願う嘆願書を提出したのである。だが、藩当局の出した返答は極めて冷酷であった。嘆願書の二日後、「佐久間修理此度切害致し候。始末重々思召しに応ぜず候付、御知行並屋敷地共之を召上[485]」と、知行と家屋敷は召し上げられ、恪二郎は蟄居、すなわち佐久間家は断絶いう冷酷な処分を受けたのである。正妻のお順に子ができなかったが故に、象山は、死ぬ直前まで友人知人に妾の依頼状を出して嗣子の誕生を切願し、赤子であってもよいから遺して、何としても佐久間家の存続をと願っていたのである。その執念たるや尋常ではなかった。

天下国家の独立安寧も、「東洋道徳・西洋芸術」思想の実現も、天下一等の学者であった象山には大事であった。だが、それら以上に、象山が最も大事と思ったことは、父祖伝来の佐久間家という由緒ある武家の家系を死後も存続させることであった。たしかに、象山は、朱子学者である自己の学問思想を貫き、「東洋道徳・西洋芸術」思想を説いて激動の幕末期に日本近代化の実現に奮闘努力した。だが、象山は、学者である前に武士であった。父祖伝来の武士道の人生を生きた象山にとって、武家である佐久間家の断絶ほど無念なことはなかったであろう。

おわりに――「東洋道徳・西洋芸術」思想の過去と現在

1　本章における象山思想の理解に関するファインディングス

以上、内憂外患に揺れる幕末動乱期の日本を生きた佐久間象山の、日本近代化の指標となる「東洋道徳・西洋芸術」という思想の形成過程とその具体的な展開過程を、単なる断片的な象山関係史料の外在的な分析という手法ではなく、象山その人の目線から象山自身の生き方や考え方の自己表現として捉え、象山が遺した膨大な史料（『象山全集』全五巻）と関係史料を内在的に読み解きながら考察してきた。「東洋道徳・西洋芸術」という幕末期の日本において近代化を推進する象山思想の成立過程や展開過程の具体的な経緯とその内実や特徴を、すなわち「東洋道徳・西洋芸術」という象山の思想世界がいかなるものであったかを、丹念に分析し明らかにしてきたのである。

叙上のような研究課題に挑んだ本章では、従来の象山研究では触れられていない、重要と思われる新たな知見――

研究成果（ファインディングス）が、大小合わせると数十項目を数える。多くは本文中に記したが、以下に本章が明らかにした代表的なファインディングス一六項目を紹介する。

①父親の文武両道の教育が象山の思想基盤を形成　象山の父親は、松代藩の下級武士であった。だが、「格物窮理」の朱子学を信奉して文武両道に優れ、歴代藩主の側近（側右筆）に仕える忠臣であった。その父親が、象山に授与した武術免許状に付されていた訓戒（「諭示」）には、師匠である父親の学問や思想が見事に表現されており、それが象山の思想形成に与えた影響の大きさを、新史料の解読・分析を通して考察した。

その結果、父親が信奉する朱子学が、算学と易学を両輪とし「格物窮理」を中核とする独自の朱子学理解であり、それを幼少時から象山は継承し自らの学問としたのである。それ故に、象山が、算学と易学を基本として「格物窮理」を躬行実践する学問として独自の朱子学理解を形成しえたことは、父親であり師匠である父親の家庭における初期教育の影響が極めて大きかったことの証左である。成人後に展開された象山の思想と行動の底流には、幼少期の父親伝授の文武両道による武士道教育が基底となり、「格物窮理」の朱子学が学問探究の基礎となっていた。父親の初期教育が、象山の「東洋道徳・西洋芸術」思想の形成に与えた影響の重要性を本章では論証した。

②算学と易学の相即的関係性を算学免許状の分析から解明　象山の算学師匠である町田正記が、最上流和算の開祖である会田安明から受領した免許状には、何と易学の基礎が必須の学習内容として記されていた。「太極」「両義（陰陽）」「四象」「八卦」。管見の限りでは、算学の学習に易学が必須で、両者は相互不可分の相即的な関係にあることを示す史料に接したことはない。このことは、従来の算学や易学、そして朱子学に関する先行研究には示されていない歴史的事実である。本章における新史料の分析によって、算学が易学を取り込み、易学が算学を不可欠とする両者の相互不可分の関係性が証明された。

③中国語の師匠が自作文稿の序文を入門当初の象山に依頼　象山は、二十歳のとき、「華音」（中国語）を修得

すべく、中国語に通じた信州上田の活文禅師に師事する。だが、入門を前にして、儒学も修得して儒仏両道に精通していた活文禅師（鳳山）が、何と象山に自作文稿の序文執筆を依頼する。象山は、これに応えて漢文の序文「鳳山禅師文稿序」を書き上げた。

この事実は、藩内で学問修業中であった若き象山が、後に本家本元の中国人も認める流麗秀逸な漢詩文を創作できる漢詩人として人並み外れた漢学能力の基礎学力を、この時点で、すでに形成していたということを意味する。この事実は、いずれの先行研究においても未見のことである。

④佐藤一斎が入門直後の象山に『言志後録』の推敲を依頼　象山の最初の江戸遊学は、天保四年（一八三三）十一月、二十三歳のときであった。象山は、江戸に到着後、直ちに天下の大儒である佐藤一斎の門に入る。そのとき一斎は六十二歳、名著『言志四録』の第一冊目の『言志録』を公刊し、次の二冊目の『言志後録』の草稿を書き上げたばかりであった。

その一斎が、何と入門したばかりの象山に、『言志後録』の推敲を依頼したのである。このことは、一斎が、入門時の象山の漢学力を試したとも解せるが、象山の方は、天下の大儒である恩師一斎の著書であることを慮り、天下に相応の評価を受けるべき著書とすべきと考え、精読・吟味して大幅に加筆削除を加えた詳細な報告書を一斎に提出した。象山の漢学力の確かさと物怖じしない胆力は、学者としての象山の大成を期待させる出来事であった。この事実とその意味を、従来の象山研究書にみることはできない。

なお、この後、象山は、黒船が来航する嘉永六年（一八五三）五月、一斎から詩文集『愛日楼文詩』の「続編」に収録する作品選定を依頼される。最初の『愛日楼文詩』は文政十二年（一八二九）に刊行されていた。はたして、その「続編」に、どのような作品を収録すべきか、一斎は、その選定を、象山に依頼したのである。

この時は、まさに黒船来航の前夜で、江戸木挽町の私塾には入門者が殺到し、象山は、多忙を極めた。公務の方も、松代藩の軍議役として横浜警備に余念がなく、秋には老中阿部正弘宛に外艦来航に対する緊急対応策「急務十条」を提出するなど、人生で最も多忙な時期であった。だが、象山は、学恩に報いるべく恩師一斎の依頼に難なく応えたのである。

⑤漢詩人の梁川星巌からも漢詩集の序文執筆の依頼　象山は、再度の江戸遊学中に、幕末期を代表する著名な漢詩人である梁川星巌と親交を結ぶ。象山は、その梁川から、天保十二年閏正月、清朝中国の知人に恵送するという漢詩集の序文執筆を依頼される。象山は、これに応えて「星巌詩集序」を執筆する。このときは、象山が、神田阿玉ヶ池に漢学塾「象山書院」を開設して江戸の漢学界に登場した頃で、三十一歳の象山の名が天下に轟く前夜であった。

梁川の依頼に応えて執筆した漢文の序文「星巌詩集序」は、活文禅師の「鳳山禅師文稿序」と同様に、先行研究にはまったく見当たらない重要な新知見である。

⑥江戸に私塾を開き、『江戸現存名家一覧』に象山の名前が掲載　象山は、天保十年二月、再度の江戸遊学で江戸に到着した直後、神田阿玉ヶ池に朱子学の私塾を開き、儒学者としての独立を宣言をする。この私塾は、当初の象山の予想に反して、昌平黌や有名私塾の学徒が、開塾早々から相ついで入門する。

翌年の天保十一年の春、象山三十歳。この年、江戸の学術技芸の著名人を紹介する『江戸現存名家一覧』という冊子が刊行される。何と、そこに象山の名前が掲載されていたのである。

この事実を、従来の研究書では、実際に『江戸現存名家一覧』の実物をみずに、宮本仲著『佐久間象山』などの孫引きをして、書名の「現存」を欠いた『江戸名家一覧』と記し、そこに象山の氏名が記載されていたという事実のみを記してきた。だが、その冊子の実物史料をみると、象山に関する様々な重大事実が判明するのである。

第一は、冊子の書名が、『江戸名家一覧』ではなく、「現存」の入った『江戸現存名家一覧』であること。第二は、象山と同頁の同列に恩師の佐藤一斎の氏名が列記されていること、第三は、同冊子には安積艮斎・斎藤拙堂・木下梅庵・斎藤南冥・菊池秋甫、等々、当時の名だたる儒学者の名が、象山と一緒に記されていたこと、等々が判明する。いまだ而立の象山が、天下の大儒である恩師一斎と肩を並べて紹介されるほどに儒学者として評価されていたことを意味する。

実は、それらの他にも極めて重要なファインディングスがあるのである。「象山」という号の読み方に関しては、昭和戦前から今日まで、「ぞうざん（呉音）」か「しょうざん（漢音）」かという論争が繰り広げられてきた。[486]だが、その問題に決着を付けるほどに有力な事実が、『江戸現存名家一覧』における象山の氏名の記載の仕方に認められるのである。何と同冊子には「佐久間商山」と記されていたのである。「象山」ではなく「商山」、これは明らかに誤記である。「商山」は「しょうざん」としか読みようがない。明治になって近代学校教育がはじまり、国語の漢字音訓の読み方の整理・統一がなされるまでは、古代以来、音読みの発音が同じであれば、それに様々な漢字を充当して記すことが自由な文字社会であった。

それ故に、『江戸現存名家一覧』で、「象山」を「商人」と書き、「しょうざん」と読ませる表記となっているのは、近世社会では何ら問題はなかった。この事実は、当時の江戸で、象山が、「ぞうざん」ではなく「しょうざん」と呼ばれていたという事実を物語っている。さすれば、『江戸現存名家一覧』は、「象山」という号を「しょうざん」と読むことが正解であることの証しとなる重大な新史料となる。

⑦象山が女子教訓書『女訓』を執筆した事実とその内容　従来の象山研究書で、象山が女子教訓書である『女訓』を執筆した事実に触れるものは皆無であった。女子教訓書は、特に近世女子教育に関する教育史研究の世界で、数多の作品がリストアップされ詳細に研究されてきた。だが、象山の『女訓』は、そのリストに含まれず、存在自体が看過されてきたのである。

早くから、象山研究上の盲点である『女訓』の存在に注視してきた著者は、本章において同書の原文を近世の女子教訓書を代表する『女大学』との比較を通じて分析し、同書の象山思想の理解上における意味や近世女子教育上における意義を考察した。

なお、同書の原文は、『象山全集』第二巻に収録されているが、それに先んじて明治二十七年（一八九四）には、門人父子により、著書として公刊されていた。このような『女訓』に関する事実に論及した先行研究もまた皆無であった。

⑧国民皆学の小学教育を幕府に建言した象山の教育立国主義　象山は、寺子屋の教科書である「往来物」を自ら執筆し、領内の寺子屋師匠に贈与するなど、若くして領内の寺子屋師匠たちと親交を結び、武家の子弟の場合と同様に、身分や地域の差異を超えて、庶民子弟に基礎教育が必要であることを認識し、領内の寺子屋教育の振興に尽力した。

庶民教育に深い理解を持つ象山は、松代藩主の真田幸貫がアヘン戦争当時に幕府老中に就任した際、顧問に抜擢された象山は、幕府の取るべき具体的な対応策「海防八策」を上書する。そこで注目すべきは第六条である。そこには、身分や性別を超えた国民皆学の小学校教育の必要性が明記され、国民の国家意識の自覚と海防意識の喚起、すなわち国民の資質の向上が国力の基礎として訴えられていたのである。

象山の思想的核心の一つは教育立国主義であった。国民皆学を説く斬新な彼の教育主張は、早くも天保十三年という黒船来航の十数年も前に示されていた。象山研究者は、必ず「海防八策」は取り上げ、そこに記された洋式火器の製造や戦艦の建造などの提言の先駆性を評価するだけで、地味な象山の国民教育に関する先駆的事実に論及した先行研究は皆無であった。

⑨洋式大砲の製造及び西洋砲術教授の開始時期の問題　従来の象山研究では、象山が西洋砲術教授を開始した

時期を、松代藩の深川下屋敷に西洋砲術教授の看板を掲げた嘉永三年としている。その史料的な根拠は、宮本仲や大平喜間多の古典的な伝記に求められてきた。それは、原史料に依拠しない孫引きである。

そうした従来の定説は、明らかに誤りである。嘉永元年二月の山寺源大夫宛書簡には、「二五八の日に演武子弟参り候。（中略）近日原書の真形を以てホウヰツスルモルチールを鋳立申候。大分よく出来候。弾をも引続き為造候てカノンと一同に打試申度候[487]」と記されており、象山は、嘉永元年に藩命で洋式大砲数門を鋳造し、門人たちとともに松代領内で試演したという事実が判明する。よって、象山が洋式大砲を鋳造し西洋砲術教授の門人たちとともに試演した時期は、従来の定説よりも三年早い嘉永元年であったことを論証した。

⑩誤謬に満ちた象山門人帳史料「訂正及門録」の根本問題　従来の先行研究は、象山門人の年度別入門状況や具体的門人名の特定に関して、『象山全集』第五巻に所収の「訂正及門録」にまったく矛盾を抱くことなく依拠してきた。だが、象山の西洋砲術その他の私塾の門人帳は、一切、存在しないのである。これまで象山門人帳とされてきた「訂正及門録」は、象山没後の明治期に、門人たちが、象山門人に関する断片的な史料を蒐集・整理し、さらに門人たちの手持ち史料や記憶に残る門人をも加えて作成された作為的な二次史料なのである。

不思議なことに「訂正及門録」は、入門の対象時期が嘉永二年（一八四九）から安政元年（一八五六）正月までの五年間に限定されている。しかも、それらは各年の特定月に実施された西洋砲術稽古出座帳の史料が使用されている。それ故に、「訂正及門録」は、入門者の一部を対象とした極めて限定的な期間の門人のみが記載されている断片的史料なのである。さらに問題なのは、「訂正及門録」には三〇名を超える同一門人の氏名が重複（二重、三重）で記載されていることである。また、門人の氏名の誤記や入門時期、帰属する藩名（藩主名）などに数多くの誤謬が散見されることである。

このような象山門人の研究における重大な問題を、著者は三十数年の歳月をかけて記載門人の全員を調査分析し、その研究成果を多数の論文にまとめてきた。その結果、「訂正及門録」は、多くの誤謬に満ちた二次史料であり、それを無条件に利用した先行研究は、まったく信頼に値しないものであることを論証した。

⑪秘伝主義を否定し自由公開制の免許制度に改革　象山は、師匠や学友、あるいは友人や知人を問わず、研究に不可欠な書籍や各種史料の貸与や知識技術の伝授を広く求め、秘密主義や秘伝主義を廃して自由公開制を実行した。何故に、象山は、学術技芸に関する研究教育の自由公開制を主張したのか。その契機は、象山が西洋砲術の修得で入門した江川坦庵の教育方針にあった。江川は、高島流西洋砲術の教授に関して、重要な知識技術の拡散を防ぐべく徹底した秘密主義を貫き、私蔵する関係図書を門人に貸与することを禁じ、授与した西洋砲術免許の文面も徹底した秘伝主義を貫いたのである。

江川の旧態依然とした教育方針に難儀した象山は、西洋砲術の全国的な拡大普及が国家急務である幕末期の時代状況を踏まえて、門人たちに惜しみなく所蔵書物の貸与や贈与をし、また西洋砲術教授や西洋砲術免許の授与に際しても、秘密主義の典型である入門時の「起請文」や免許受領時の「奥義誓詞」などの誓約書を廃止したのである。

そして、免許状も、門人の修学状況に応じた個性的な内容や形式のものであった。象山は、免許取得は他人から学ぶ基礎教育（他者教育）の修了で、本格的な研鑽（自己教育）の始まりであると考え、刻苦勉励して新知識を積み重ね、それを自分の門人に惜しみなく伝授することを誓約させている。教育の本質は「出藍の誉れ」（『荀子』）にあることを説いたのである。とりわけ、象山が提唱し実践した免許状の改革は、学問・教育の自由公開制を原則として、新たな知識技術の全国的な普及拡大を第一とするもので、旧慣遵守の学問や教育の世界における秘密主義・秘伝主義の閉鎖性の「三悪」を打破するものであった。

⑫東西両洋の医学研究を積み医学大家の序文を執筆　儒学者の象山は、漢学修得の過程で東洋医学を学び、さらに洋学修得の過程で西洋医学を研鑽した。東西両洋の医学知識を修得した象山は、豊富な医学知識をもって多数の

臨床経験を積み、安政五年三月、四十八歳の時点で、「自ら試験候て人の患苦を救ひ候も千百人」(488)と、膨大な患者数を挙げている。このことは、従来の象山研究ではまったく知られていないが、象山は、幕末期日本の西洋医学界の大家たちが公認する医学者でもあったのである。(489)

そのことを物語る根拠の第一は、象山が、親交のある蘭学大家の杉田成卿（一八一七―五九、杉田玄白の孫）から、翻訳したドイツ内科医の西洋医学書の序文執筆を依頼され、漢文の序文を執筆していること、(490)また、幕府奥医師の林洞海（一八一三―九五）からも、オランダ人薬学者の西洋医学書の増補版の序文執筆を依頼され、全漢文の序文「薬論序」を執筆したこと、(491)などである。

西洋医学界の大家たちから序文を依頼されるということは、西洋医学に関する翻訳書の内容を理解でき、それを的確に評価できる知識と経験がなければ、西洋医学の翻訳書の序文に値しない。これらの難題に応えたことは、儒学者である象山が、西洋医学に精通した洋儒兼学の医学者でもあったことを示す根拠である。だが、このような西洋医学に関する象山の実力と貢献に関して、従来の先行研究ではまったく触れられてはいない。

⑬蟄居中も門人指導を継続し新規入門者も多数　象山は、安政元年四月、松陰の海外密航事件に連座して幕府より信州松代での蟄居処分を受ける。このとき、象山が江戸木挽町に開いていた私塾は、西洋砲術・西洋兵学の修得を求めて幕臣や全国諸藩の藩士たちが競って入門し、異常な程の活況を呈していた。だが、象山が信州に蟄居すると、塾主不在となり、私塾は閉ざされたと、これまでのすべての先行研究では記されてきた。

だが、その見解は誤りである。江戸の象山塾の教育活動は、象山の指示で、塾頭の蟻川賢之助や熟練した門人たちが師範代となって指導に当たったのである。塾主である象山は、江戸の私塾を案じて門人に激励文を送り、初心を貫徹して学習に励み、国家有用の人材に成長すべきことを説諭していた。

他にも、象山は、往復書簡をもって数多の江戸の門人たちを指導する通信教育を実施していた。また、象山が、

「砲術門人共内々参り候て教授を受け候」(492)と記すごとく、門人の中には信州松代に象山を訪ねて対面指導を受ける者もいたのである。

さらに重大なことは、蟄居中に地元信州の出身者を中心とする新規入門者が多数いたことである。この事実は、先行研究ではまったく看過されてきた。象山捕縛後の新規入門者は、安政元年正月を最後とする「訂正及門録」には記載されてはいないのである。

このように、蟄居後の象山は、様々な方法で門人に対する教育活動を継続しており、新規入門者も存在した。非常の時代である幕末期に、象山私塾の師弟間における教育的な絆は強く深いものであった。このような事実もた先行研究ではまったく触れられていない。

⑭外国語と西洋数学を両輪とする「真学問」の構築　幕藩体制下の日本は、黒船来航を契機に、西洋先進諸国との和親条約や修好通商条約の締結が相つぎ、隷属的な開国をやむなくされた。日本が真の独立国家となるために必要な学問とは、一体、如何なる学問なのか。この難問を、象山は探究した。それは、東西両洋の学問を修めた象山が、嘉永安政年間から提唱し実践してきた外国語と数学を両輪とする新たな学問―「真学問」の構築であった。象山は、幼少期から日本の数学を学び、その基礎から西洋の数学（ウヰスキユンデ：詳証術）の重要性を把捉し、それが西洋近代科学の全的基礎となっている最も重要な学問であることを理解していた。それ故に象山は、西洋数学を積極的に受容して日本の学問大系を一新しなければ日本の将来はないと主張したのである。

また、西洋数学と並んで、象山が体験的に捉えた重要な学問は、外国語を修得して西洋日新の優れた学術技芸に関する原書を翻訳して理解できる語学力であった。そのために、象山は、外国語の習得に不可欠な外国語辞典の必要性を痛感し、蘭和辞典の編纂・刊行を試みた。が、幕府の出版許可が得られずに頓挫してしまう。しかし、象山は、外国語の重要性の主張を断念せず、同じ松代藩の盟友である村上英俊に、フランス語原書の西洋兵学書を翻訳させるべく、フランス語の習得を慫慂した。意を決した村上は、蘭仏辞典を手がかりにフランス語を習得し、各種のフランス語関係の辞書を編纂した。さらに明治以降は、私塾教育によってフランス語を習得した国家有為の人材を、多数、輩出したのである。

まさに村上は、杉田玄白の『蘭学事始』の悪戦苦闘に劣らぬ奮闘努力をもって、日本にフランス語学を開拓して普及させ、「日本フランス学の祖」と称せられるに至った。だが、象山なくしてフランス語学の開拓者・村上の誕生はなかった。この点も、従来の先行研究ではまったく触れられてはいない。

⑮東洋の易学理論で西洋銃砲の仕組みを解明した『砲卦』　東西両洋の学問に精通した象山は、海防の要である西洋砲術の普及拡大を願い、蘭学を知らない日本人でも理解できるようにと、西洋砲術の仕組みを東洋儒学の易学理論で説明した『砲卦』という独創的な著書を、嘉永五年（一八五二）十月に書き上げた。紛う方なく同書は象山自慢の傑作であった。この著書は、全漢文で易学の理論と記号（卦の象形、六十四卦の図象）を用いた難解なもので、洋儒兼学で易学に精通していなければ理解できなかった。

洋式大砲の仕組みを、いかに理解して説明することができるか。黒船来航前夜の日本人が、西洋文明の強力な武器である洋式大砲のメカニズムを、それを生み出した西洋の科学者と同様に、西洋人の精神と学問をもって理解することができたであろうか。否である。西洋の学術文化を修得していない幕末期の日本人には、到底、無理な話であった。ならば、どうするか。国家の危機的な時代状況の中で、東洋文化圏の日本人で東洋儒学の易学理論をもって西洋近代の科学技術を解明しようと、難題に挑戦する日本人が出現する。それが象山であり、その成果が『砲卦』であった。あくまでも西洋文明を受容する日本側の主体性を担保して（「東洋道徳」）、西洋近代科学を理解し受容すること（「西洋芸術」）。それが日本人である象山が儒学の易学理論をもって西洋文明の理解と受容を図ろうとした基本的な発想であった。

同書を、近代科学文明を構築した西洋側の論理からみるか、それとも東洋文明の日本側からみるか。視座の相違によって象山の『砲卦』の見え方はまったく違ってくる。昭和戦後の象山研究者のほとんどが、西洋側の学問を絶対化して日本側の『砲卦』を矛盾に満ちた問題の書として捉え、象山の易学理論からの西洋近代科学への挑戦を嘲笑し批判してきた。

だが、長い歴史的スパンからみれば、西洋の近代科学は決して絶対でも永遠でもありえない。視座を逆転して、紀元前に成立した『易経』をはじめとする東洋の経験科学の視座から、西洋近代の科学文明を分析したならば、『砲卦』はもちろん、その背後にある「東洋道徳・西洋芸術」という象山の思想は、一体、どのようにみえてくるのか。このような問題提起をする研究者はいない。だが、今後の研究課題として一考に値する重要な問題である。

⑯海外留学制度・御雇外国人制度の提唱―松陰の海外密航事件の歴史的意義　嘉永七年一月、吉田松陰が海外密航を企てて失敗し、幕府に捕縛されたとき、恩師の象山も連座して幕府に囚われの身となった。象山は、松陰が欧米先進国の知識技術を修得して帰朝することを期待して海外密航を慫慂したのである。

象山が、日米和親条約や日米修好通商条約の締結に際して、米国が求める下田開港を非として横浜開港を提唱し、その実現を期して門人たちを動員した。その一例が、当時、主君が幕府老中であった長岡藩門人の三島億二郎（一八二五―九二）や小林虎三郎（一八二八―七七）の場合である。彼らは、恩師象山が唱える横浜開港への条約変更を、主君に求めたのである。だが、両者はともに書生の分際で天下の御政道に意見をしたとの科で処罰された。

この二人の同門先輩の蹉跌に学んだのが松陰である。もはや意を決して海外密航の挙に出るしかなかった。松陰の海外密航事件の前から、象山は、優秀な青年が海外に留学して、高度に進歩した西洋文明を修得して帰国し、日本の近代化に貢献する留学制度の必要性を、海外の優秀な学者や技術者を招聘する御雇外国人教師の制度とともに、幕府その他の要路に説いてきた。

松陰の密航事件は無駄ではなかった。この事件を契機に、象山の日本近代化の推進に向けた海外留学制度や御雇外国人教師の招聘は具体的に動き出す。従来の先行研究の多くは、この事実を看過してきた。だが、この問題は、象山の「東洋道徳・西洋芸術」という思想の理解と評価に関わる重要な観点である。

2　日本近代化の思想としての「東洋道徳・西洋芸術」思想

象山は、「学問は必ず積累を以てす。一朝一夕の能くするところにあらず(493)」と、獄中で学問研鑽の地道な本質を冷静に回顧している。蟄居生活中も、象山の研究人生は止まることなく、「東洋道徳」（儒学―朱子学）を基礎として、西洋砲術や西洋医学などの「西洋芸術」の理論研究に励んだ。象山の研究領域は広く、西洋医学書の解読と東西両洋の医学の比較研究などにも精力を注いでいた。そのような日々の弛まぬ学問の研鑽を通して、象山は、西洋の精緻な学問に対する積極的な理解と信頼の深まりを実感し、「方今の世は和漢の学識のみにては何分不行届、是非とも五大洲を総括(494)」した、国家・人民に実利有用な学問の構築を志向したのである。

象山は、嘉永七年四月、幕吏に捕縛された。が、この時点において、すでに彼の「東洋道徳・西洋芸術」という思想は、ほぼ完成の域に達していた。漢詩人でもある象山の思想は、「東洋道徳・西洋芸術」という絶妙な表現に結実する。だが、その言辞が、象山史料に最初に出てくるは、安政元年、長岡藩の門人小林虎三郎の父親宛の書簡においてである。そこには、虎三郎の優れた人格と学力を誉め讃え、東西両洋の学術技芸を修得して「東洋道徳・西洋芸術」思想の立派な継承者に大成することを期待する象山の心境が、次のように綴られている。

才気不凡、其上第一に志行篤実にて当今多く得べからざる御人物と他日に望み候処浅からずと存じ候。学幷東西術文武を兼ね候事、僕の志し候処に之れ在り候へば、其衣鉢多分斯人（虎三郎）に落ち申すべきと存じ候事に御座候(495)。

実は、上記の書簡史料は年月不詳である。だが、その内容から判断して、同じ安政元年四月に、象山が門人吉田松陰の海外密航事件に連座して捕縛される直前もので、しかも同年三月に虎三郎が恩師象山の横浜開港説を長岡藩主に進言して処罰される直前の史料と推察される。したがって、この書簡が書かれたのは、安政元年三月以前ということになる。この段階における象山の「東洋道徳・西洋芸術」という思想の完成度を、「東洋道徳」と「西洋芸術」を連結したフレーズを用いて、東西両洋の所長を総合した新たな日本の在るべき学問思想の表現、として示したものと理解することができる。そして、「東洋道徳・西洋芸術」という思想が、象山本人の自覚の下で完成形を迎えるのは、同年四月に松陰密航事件で捕縛されたとき、獄中で四十四年の半生を省みて、自省録である『省諐録』を執筆したときと考えられる。同書の第二十一条で、象山は、孟子の有名な三楽説に準えて五楽説を記し、その第五に「東洋道徳西洋芸術」が次のように記されている。

東洋道徳西洋芸術。精粗不遺。表裏兼該。因以澤民物。報国恩。五楽也。

（東洋の道徳と西洋の芸術と、精粗遺《のこ》さず、表裏兼ね該《か》ね、因りて以て民物を沢し、国恩に報するは、五の楽なり）[496]

ところで、象山の蟄居生活は、嘉永七年九月から文久二年十二月までの約九年間に及んだ。それは、攘夷派に刺殺され五十四年の一期を閉じた象山の人生においては、四十四歳から五十二歳に至る重要な期間であり、思索の最も成熟する壮年期に相当する。誠に残念なことであった。だが、考えてみれば、静に深く長く思索する耐久作業である思想の理論化という知的な営みは、世俗の雑事と隔絶した自由な時間と空間とが不可欠である。その意味では、まさに長い蟄居生活は、象山にとって、「東洋道徳・西洋芸術」思想の理論化を図るには最適な環境であったといえる。

しかしながら、象山においては、開国進取の文明開化を説く日本近代化の思想「東洋道徳・西洋芸術」の実質的な基本型は、黒船来航前の嘉永年間の当初に成立しており、その思想は嘉永四年に江戸木挽町に開設した私塾における軍事科学系の洋学教育の基本指針となっていた。松陰の海外密航事件で捕縛される嘉永七年四月のときには、入門者が全国から殺到して象山塾は繁栄の絶頂期にあった。その時点で、象山は、私塾教育の指針となった「東洋道徳・西洋芸術」思想の基本的な構造を、次のように表現している。

　彼（西洋）の横文字を自由に読み覚え候て、天地万物の窮理よりして火術兵法等に渉り、只今にては漢土聖賢の道徳仁義の教を以て是が経とし、西洋芸術諸科の学を以て是が緯とし、只顧は皇国の御稜威《みいつ》を盛致し度と申す存念のよしに御座候(497)。

上記の表現にみられる「東洋道徳・西洋芸術」という思想は、「漢土聖賢の道徳仁義の教」「西洋芸術諸科の学」「皇国の御稜威」の三要素で構成されている。試みに、それら三要素を構造化して図解すれば、三辺からなる三角形となる。だが、そこで最も肝心なのは、底辺の「皇国の御稜威」（皇国日本の独立・発展）であり、それを担保し発展させるために必要な両翼が「東洋道徳（漢土聖賢の道徳仁義の教）」と「西洋芸術（西洋芸術諸科の学）」という東西両洋の外来文化であった。しかも、「東洋道徳」と「西洋芸術」とは、東洋の朱子学の「格物窮理」という理論からみれば、ともに連続する普遍的な一元性の「理（真理）」で連続している（三角形の頂点から真下の底辺に繋がる点線が「理」を表現）。「格物窮理」の「理」が東西両洋の学問を連結する結節点となっているのである。

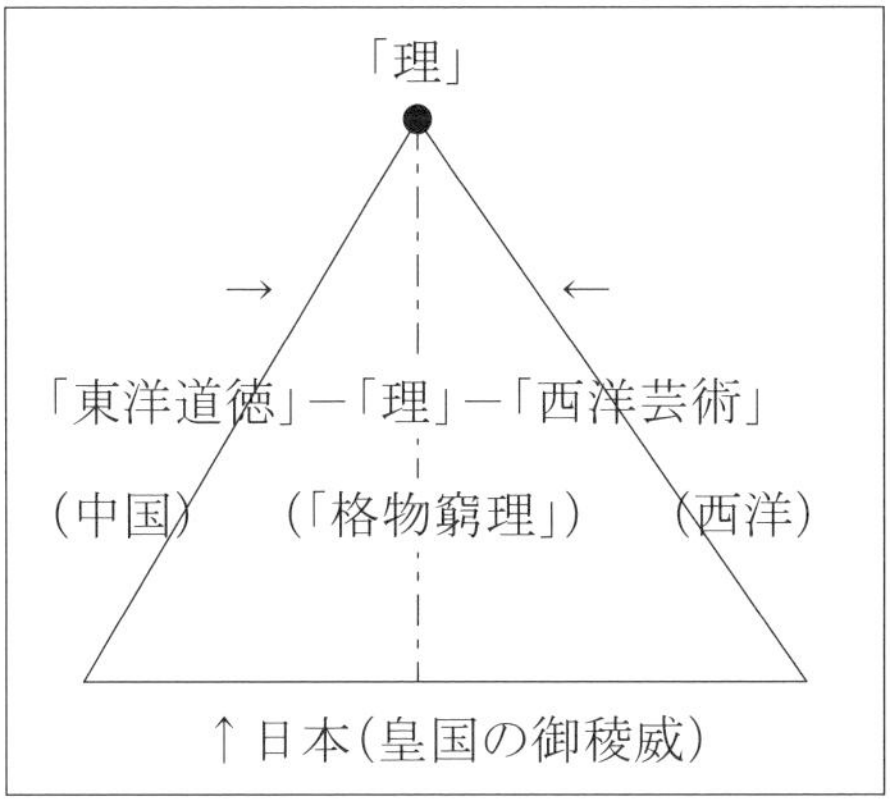

図23　「東洋道徳・西洋芸術」思想の基本構造図

3　「東洋道徳・西洋芸術」思想の歴史的な意義と今後の研究課題

はたして、西洋先進諸国の強大な軍事科学の奥には、いかなる学問

（「西洋芸術」―「形而下学」―西洋近代科学）が存在するのか。それは、自らが探求してきた東洋の学問（「東洋道徳」―「形而上学」―朱子学）と、どのような関係にあるのか。象山の知的好奇心は実に旺盛であった。はたして両者は、矛盾し対立する関係にあるのか、それとも両者を統合できる結節点があるのか。これらの問題は、象山が、「東洋道徳・西洋芸術」という思想を形成する際に、超えなければならない思索と判断の極点であった。

しかしながら、象山の朱子学理解からすれば、対立的関係にある両者の矛盾を止揚し統一する学問的な原理の発見は容易であった。儒学―朱子学の重要教典である『易経』の説く「対峙関係」の理論である。その理論は、絶望の中に希望が内在し、いかなる悪しき状況をも打開することが可能であると説く。それ故に、『易経』の理論からみれば、幕末期の危機的な時代状況や西洋の学問との対立関係も、そこに認められる矛盾や対立の関係を調和的に止揚し、より高次の統一的な関係性をもって把捉すれば、打開の可能な希望への方向性を探究することができる。そのように、『易経』の理論をもって問題を認識し思考する象山の思想と行動が、「宇宙の間は一理のみ。天之を得て天となり、地之を得て地となる（『朱子語類』）[498]と説かれているように、「格物窮理」を躬行実践して「理」を探究する朱子学者象山の思想と行動の基盤をなす根本原理であった。彼は、『易経』の説く天地万物を貫通する「理」の一元的な普遍性が、東西両洋の学問を貫通する原理であるとの確信をもって、当時の日本では全く異質で別物と思われていた東西両洋の学問を統一しようと企図したのである。

象山の「東洋道徳・西洋芸術」という思想は、あくまでも朱子学者である象山の「格物窮理」を方法的原理とする朱子学理解の延長上において成立する思想であった。数ある儒学の教典の中でも、数理的思考を中核として、危機的な関係や状況を超克する『易経』の「対峙関係」という独自の弁証法的な理論をもって、朱子学の「格物窮理」の概念をグローバルに拡大し敷衍化した思想、それが象山に「東洋道徳・西洋芸術」という思想を形成せしめる思想的な契機であった。

「西洋芸術」は、朱子学の「格物窮理」をもってすれば日本人にも理解できる。しかしながら、東洋の日本人である象山が形成した「東洋道徳・西洋芸術」という思想は、西洋を西洋として、西洋科学を西洋科学として、西洋人と同じ精神や論理をもって形成した西洋の思想ではなかった。植民地の獲得争奪に開け暮れる西洋人は、「東洋道徳」が「西洋道徳」とは異なることを理解することはできず、否、理解しようとはせずに、軍事力を背景とする「反道徳」な「西洋道徳」でもって東洋の弱小国を圧倒し、植民地化あるいは属国化して、不平等条約を締結させた。

だが、日本は、国家の独立と人民の安寧を死守すべく、和親条約や修好通商条約で欧米先進諸国と必死に対峙し、幸いにして植民地化は免れた。しかし、国家主権に関わる治外法権や関税自主権の問題をはじめ、開港問題や貿易問題などで不平等な条約の締結を強いられたのである。そのような欧米諸国との厳しい外交状況の中で、日本の主権を遵守し、招来すべき日本の理想像の構築とその実現のための近代化政策を提示したのが、象山の「東洋道徳・西洋芸術」思想であった。「東洋道徳・西洋芸術」という思想は、東洋の儒教文化圏の中で後進国ながらも「東洋道徳」の平和世界を生きている日本人の、日本人による日本人のための日本の思想であった。

たしかに、そのような象山思想を、形而上学的にも近代科学思想に裏打ちされた崇高な西洋哲学の視座からみれば、東西世界における「理」の論理的な矛盾と捉えるに相違なく、近代日本の学界において「東洋道徳・西洋芸術」を「東西折衷の思想」「接ぎ木思想」と酷評されることになる。致し方のないことである。思想をどのような視点からどのようにみるかで、思想の見え方は変わり、その意味も意義も異なってくる。象山の「東洋道徳・西洋芸術」思想は、幕末動乱の過酷な現実の中から生まれ出た現実の思想であったのである。

東西両洋の思想世界で、同じ「真理」とはいっても、「物理」と「心理」を峻別す二元論の西洋哲学の論理から、東洋の「太極」や「天理」の説く一元論（正確には「太極」から生じる「陰」「陽」の二面性を説く「一極二元論」の「理」）の儒教思想を批判した西周（一八二九—九七）などは[499]、本来は日本人である自己自身の儒教的な精神世界に、理路整然とした西洋の学問思想を取り込み、西洋人と同じ精神と論理をもって日本近代化に関わろうとした西洋学派の日本の文化人であった。

明治以降、とりわけ昭和戦後の欧米化日本においては、西洋の学問の真理観や価値観を理解し、その思想に立脚する彼ら日本人の西洋思想の視座からする儒教批判には、正鵠を射た論理的な妥当性が認められる。このことは当然である。物事をみる尺度（準則）が異なるからである。それは、西洋から東洋をみる場合と、東洋から西洋をみる場合との視座の相違に由来する。十九世紀後半の幕末当時に殖産興業・富国強兵を達成した西洋先進諸国の学術文化と、いまだ旧態依然とした東洋の儒教文化圏にあった日本や中国などの学術文化とを比較した場合、特に形而下における程度の格差は、まさに天地のごとき懸隔が認められた。

だが、東西文明の優劣は、百年単位の長期的な歴史的スパンの尺度でみれば、まさにドイツの文化哲学者シュペングラー（Oswald Arnold Gottfried Spengler, 1880–1936）の文明論「西洋の没落」（「生成→成長→成熟→老衰→消滅という文明論」[500]）、あるいはイギリスの歴史哲学者トインビー（Arnold Toynbee, 1889–1975）の「文明形態論的没落史観」（西洋は唯一の文明でもなければ、数ある文明の中の最高でもない）[501]」などの理論が指摘するように、すでに二十世紀には東西間の文明格差は縮小し、さらに二十一世紀の現代では格差なき状況、否、東西逆転の兆候さえもが認められる。西洋の学問思想を支える真理観や価値観は、決して永遠でも絶対でもありえないからである。

人間も思想も、地理的・風土的・民族的・文化的などの諸条件の下で、時間と空間とが織りなす歴史的空間としての「時代」の中で形成され展開する。それ故に、思想の「時代性」を無視して真の思想理解はありえない。象山が生きた幕末期は、日本に侵攻する欧米列強諸国をいかに把捉し対応するかが喫緊の国家課題であり、何としても日本の国家と人民の独立安寧を死守することが絶対的な課題であった。このような眼前の緊急課題に直面した時代に、日本という国家人民の危機的状況を打開し救済する原理と方途とを指示する実利有用の実学思想として、象山の「東洋道徳・西洋芸術」思想は成立し展開されたのである。

東洋人である日本人が、西洋人の学術文明を理解し受容するには、砂上の楼閣とならない強固な主体性が、受容主体である日本人の側に求められた。「東洋道徳」なくして「西洋芸術」はない、これが象山思想の根幹である。はたして日本人は、明治の近代以来、追い求めてきた「西洋道徳・西洋芸術」という理想世界を実現し、身も心も西洋人になりえたのであろうか。

歴史的な今も幕末期と同様に、内外共に厳しい現実にさらされている。世界は、今なお人種や宗教などの差異によって区切られた国境という人為的な国家の枠組を超えることはできず、今なお国境の変更や領土の拡大をめぐって国家間の紛争が絶えない。「力が正義」の論理がまかり通る地球は、幕末期と同様、依然として弱肉強食のナショナリズムに支配されているのである。

そのような今こそ、まさに異文化受容の主体である日本人の主体形成の有り様が、改めて問われなければならない。東洋思想の真髄を説く『易経』の「一極二元」とは、物事には「陰」と「陽」の二面（西洋の絶対的二元性に対して東洋は相対的二元性）があり、その両面が統合される「二元」（「太極」「天理」）の理論によって東西両洋の半円を一円の全体に統合した「東洋道徳・西洋芸術」という象山思想の真意と、それが欧米の異文化と対峙した幕末期日本の思想史上における存在意義とが、現代日本の思想課題として検証されなければならない。

註

（1）古在由重「和魂論ノート」（『和魂論ノート』岩波書店、一九八四年）に所収（初出は、岩波講座『哲学』第一八巻、一九六九年に所収の同論文）。

（2）古在由重著『和魂論ノート』、三八頁。

（3）丸山真男『忠誠と反逆』（筑摩書房、一九九二年）に所収の「幕末における視座の変革—佐久間象山の場合—」。同論文の初出は、信濃教育会編『信濃教育』の一九六四年十二月号と翌年二月号に掲載された講演筆記論文「日本思想史における佐久間象山」である。同論文は、その後、加筆訂正され「幕末における視座の変革―佐久間象山の場合―」として雑誌『展望』の一九六五年五月号に掲載された。さらに同論文は、同氏の著書『忠誠と反逆』（筑摩書房、一九九二年）に収録された。

（4）丸山真男『忠誠と反逆』、一五二頁。

（5）植手通有の同論文の初出は、日本思想大系第五五巻『渡辺崋山　高野長英　佐久間象山　横井小楠　橋本左内』（岩波書店、一九七一年）の解説論文である。後に単著『日本近代思想の研究』（岩波書店、一九八四年）に収録された。

（6）植手通有論文（日本思想大系第五五巻『渡辺崋山　高野長英　佐久間象山　横井小楠　橋本左内』）、六五三頁。

（7）本山幸彦『近世儒学の思想挑戦』（思文閣出版、二〇〇六年）に所収。

（8）本山幸彦『近世儒学の思想挑戦』、二二八頁。

（9）本山幸彦『近世儒学の思想挑戦』、二八三頁。

（10）佐藤昌介『洋学史の研究』中央公論社、一九七七年。

（11）坂本保富「『妾』に嗣子誕生を切願した象山の女性観」（『平成国際大学論集』第二七号、二〇二三年二月）を参照。象山の妾問題を、時代性を無視して事実に反した記述で批判した佐藤の研究者にあるまじき下劣な論述を、象山史料の丹念な分析を通して論駁した論文。

（12）佐藤昌介は、『洋学史の研究』（中央公論、一九八〇年）の第三章「佐久間象山と蘭学」で丸山真男や植手通有の象山研究を批判（同書一九一―二四七頁）。

（13）川尻信夫『幕末ヨーロッパ学術受容の一断面』（東海大学出版会、一九八二）。同書は、立教大学授与の博士学位論文）の第七章「佐久間象山の詳証術」で、植手通有など従来の先行研究を批判し、象山の和算理解の程度や洋学（蘭学）、西洋数学「詳証術」などの理解の仕方と程度を曲解し否定する見解を露骨な表現で示した（同書一九一―二四七頁）。

（14）前掲、坂本保富「『妾』に嗣子誕生を切願した象山の女性観」（『平成国際大学論集』第二七号、二〇二三年二月）を参照。

（15）佐久間象山著『省諐録』の構成は、本体である「省諐録」と「附録上　省諐賦」「附録下　獄中歌」の三部構成である。本章では主に本体の部分を使用。『省諐録』の原漢文は、『象山全集』第一巻に所収。以下の本章における『省諐録』の引用の読み下し文のすべては、飯島忠夫訳『省諐録』（岩波文庫、一九四四年）による。

なお、信濃教育会は『象山全集』を二度刊行している。最初が上下二巻本（一九一三年）で、第二回目が全五巻本（一九三四―三五年）である。後者は前者に所収の象山史料を徹底的に校訂し、さらに膨大な象山史料を追加した増補改訂版である。全五巻という膨大な象山史料を収録した同書は、象山に関する原史料を集大成した「象山全集」の決定版とみてもよい象山研究の原典史料集である。それ故に、書名に「増訂」の二文字を冠して「増訂『象山全集』」と改題しているが、一般的には「増訂版」と呼ばれている。以下の本章では、すべての引用が「増訂版」の『象山全集』であるが故に、単に『象山全集』第□巻」と略記する。

(16) 岩波文庫版『省諐録』、四九頁。

(17) 岩波文庫版『省諐録』、一七頁。

(18) 従来の研究者の多くは、現物史料をみずに、昭和戦前の宮本仲『佐久間象山』や岩波書店「日本思想大系」第五五巻『渡辺崋山 高野長英 佐久間象山 横井小楠橋本左内』などに依拠して象山研究をまとめている。その格好の具体例が『江戸名家一覧』と記載されてきた象山関係史料である。後述するように同冊子の正式名称は『江戸現存名家一覧』である。同冊子をみれば、象山の氏名が、恩師の佐藤一斎と同頁に列記されてることなど、象山に関する何点ものファインデングスが判明するのである。

(19) 以下の佐久間家家譜に関する記述は、『象山全集』第一巻所収「佐久間氏略系」(同書一—六頁)、および宮本仲『佐久間象山』(一〇—一一頁)などを参照した。

(20) 宮本仲『佐久間象山』一二—一三頁、『象山全集』第一巻「象山浄稿」所収の「神渓佐久間府君年譜」二一六—二一七頁を参照。

(21) 『象山全集』第三巻、天保八年(一八三七)十二月二日付「藩老宛書簡」、四八頁。

(22) 前掲、宮本仲『佐久間象山』一〇—一三頁。

なお、佐久間家の収入がある石高の計算であるが、一両＝一石で、一人扶持は、玄米で一人の一日の食糧を五合(〇・五升)として計算する。一年分の扶持は〇・五×三六〇＝一八〇升＝一石八斗＝一・八石。五人扶持だと、一・八×五＝九石。一両は米で一石。すると五両(五石)五人扶持(九石)は禄高に換算する一四石(五両＋九石)に相当する。したがって、御切米金五両・玄米五人扶持とは、一四石に相当する。

佐久間家は五両五人扶持であったが、しかし、一学は、文政六年(一八二三)七月、象山十三歳のとき、勤務良好で藩への功績が大であるとして褒賞され、玄米三人扶持を永年増加される(『象山全集』第一巻「佐久間象山先生年譜」、同書六頁)。これによって、佐久間家は五両八人扶持(一・八石×八人＝一四・四石、一四・四石＋五石＝一九・四石≒二〇石)石で、約二〇石となる。

(23)(24) 前掲、『象山全集』第三巻、藩老宛書簡、四九頁。小野武雄編『江戸物価事典』、展望社、二〇〇九年、「武家事項」を参照。

(25) 父親の一学に関しては、宮本仲の増訂版『佐久間象山』(岩波書店、一九三二年)所収「佐久間氏略譜」、同書一一—二〇頁を参照。
(26) 宮本仲『佐久間象山』、一五頁。
(27) 前掲、『象山全集』第一巻「佐久間象山先生年譜」、同書六頁。
(28) 象山思想の分析視座として武士道精神に着目した本格的な研究としては、前掲の植手通有「佐久間象山における儒学・武士精神・洋学」(一九七一年)がある。
(29) 父親の「一学」に関する史料は、『更級郡埴科郡人名辞書』(一九三九年、二〇〇頁)、『松代町史』下巻(五六九―五六〇頁)、宮本仲著『佐久間象山』(岩波書店、初版は一九三二年の刊行だが、本章ではすべて一九四二年の増訂版『象山全集』第一巻所収の「佐久間象山先生年譜」を使用、同書一四―一五頁)などを参照。
(30) 「側右筆兼表右筆組頭」は、藩主の側に仕えて文書・記録を執筆・作成する重要な役職。『国史大辞典』第一四巻(吉川弘文館、一九九七年)二八四頁を参照。
(31) 岩波文庫版『福翁自伝』、四九頁。
(32) 林子平『父兄訓』(一八五六年)(『林子平全集』第二巻、生活社、一九四一年)、六二八頁。
(33) 『象山全集』第三巻所収「藩老矢澤監物宛書簡」、四九頁)
(34) 「須田滄山宛書翰」、宮本仲『佐久間象山』、三八頁。
(35) 「余之先君淡水先生周易を好み。毎夕之を読む。必一両卦を畢りて後に就寝す。故に予二三歳時、既に能く耳に熟し、六四卦名を誦す。」(『象山全集』第一巻「象山浄稿」所収『砲卦』の「序」)。
(36) 岩波文庫版『易経』の「易の組織」(二七―三二頁)および「筮竹の大略」(六三―七〇頁)を参照。
(37) 「先君教大数之法。自萬萬曰億。至萬萬正曰載而止。余謂数不可尽于此。因問。萬萬於載。謂之何。先君奇而笑之。是余四、五歳時事」(『象山全集』第一巻「象山文稿」所収の「雑」。
(38) 「啓也生六歳而学聖人之道」(「須田滄山宛書翰」、前掲、宮本仲『佐久間象山』三八頁)。
(39) 前掲、本山幸彦は、『近世儒者の思想挑戦』(思文閣出版、二〇〇六年)で、「易の理は一貫して象山の人生における絶対的な指針」(同書、二一〇頁)と捉えている。
(40) 「三ヶ年の謹慎」の詳細に関しては、前掲、宮本仲『佐久間象山』、三四―三八頁を参照。
(41) 前掲、岩波文庫版『易経』の「解説」(一二―一三頁)を参照。

(42) 松代藩士で和算家の町田源左衛門正記に関しては、国立史料館編『真田藩家中明細書』（東京大学出版会、一九八六年）二八七頁、『更級郡埴科郡人名辞書』（信濃教育会更級教育部会・信濃教育会埴科教育部会、一九三九年、四二二—四二三頁）、『長野県歴史人物大事典』（郷土出版社、一九八九年、六四九頁）を参照。

(43) 註（22）を参照。御切米五斗×四〇俵（五斗×四〇）＝二〇〇斗＝二〇石、御役料壱人は、〇・五升（一日分食米）×三五四日（旧暦の太陰暦）＝一七七升＝一七・七斗＝一・七七石＝約二石に換算。よって御切米五斗入四〇俵・御役料壱人は、二〇石＋二石＝約二二石。

(44) 最上流和算の創始者である会田左衛門安明についての詳細は、小倉金之助『日本の数学』（岩波新書、一九六五年）七九—八二頁、平山諦『和算の歴史』（至文堂、一九六六年）九三—一〇〇頁を参照。

(45) 前掲、『更級郡埴科郡人名辞書』、四二二頁を参照

(46) 長野県教育史刊行会編『長野県教育史』（信濃毎日新聞社、一九七三年）第八巻「史料編二」、一三八頁。

(47) 和算の師匠である宮本市兵衛正武の詳細に関しては、前掲『更級郡埴科郡人名辞書』、四二二—四二三頁、および『長野県教育史』第八巻「史料編二」、一三八頁を参照。

(48) 『更級郡埴科郡人名辞書』、四六八—四六九頁および四七〇頁を参照。また、象山が、幼少期に父親や藩内諸師に師事して学んだ学習内容に関しては、前掲の宮本仲著『佐久間象山』、三八—四五頁を参照。

(49) 前掲、『長野県教育史』第八巻「史料編二」、一三八頁。

(50) 幕末期の信州には多くの算学私塾が存在したが、その詳細は前掲、『長野県教育史』第八巻（一三三—一六四頁）に記載。

(51) 象山の算学師匠である町田源左衛門正記は、江戸の最上算左衛門に師事して最上流算学のすべてを伝授された算学者であった（『長野県教育史』第八巻「史料編二」、一三八頁）。

(52) 『長野県教育史』第八巻「史料編二」、一九頁）。さらに、象山の算学師匠であった宮本正之も「数学」と称していた（「北信地方数学者輩出（後略）」、同上、『長野県教育史』第八巻「史料編二」所収の宮本仲謙並書「宮本正之碑文」、九九頁）。

(53) 町田源左衛門正記が門人の寺島数右衛門に授与した算学免許皆伝は『長野県教育史』第八巻「史料編二」、一九頁に記載。

(54) 「宮本正之」に関して「数学」という用語が使用されている史料は、『長野県教育史』第八巻「史料編二」所収の宮本仲謙並書「宮本正之碑文」、同書九九頁。

(55) 象山が、天保八年（一八三七）五月に藩庁に上程した「藩政改革上書」の「学政改革案」の中で、教授科目として「医学」と列

記して「算学」という名称を使用している史料は、天保八年五月の「学制政意見書並に藩老に呈する附書」（『象山全集』第二巻「上書」一二頁）である。

(56) 象山が、「ウキスキュンデ（wiskunde、詳証術）」という蘭語を使用した最初の事例は、『象山全集』でみる限りは、安政元年（一八五四）二月二十九付の友人宛書簡である。そこには次のように記されている。「小弟多年西洋の書を兼ね学び、天地万物の実際を窮め、詳証術分析術等の大略をも心得、大砲小砲諸器械の製作使用をも講究し、攻戦守禦の陣法に渉り候て、東西の所長を兼て取り、一家の言を成し候はんと謀り候」（『象山全集』第四巻、「川田八之助宛書簡」二三〇頁）。

次が、同じく安政元年に吉田松陰の海外密航事件に連座して捕縛され、獄中で執筆した『省諐録』に「証証術は万学の基本なり」と記したことである（岩波文庫版『省諐録』第三五条、三一頁）。

(57)(58) 勝海舟の安政三年五月六日付の「佐久間象山宛書簡」（前掲、『象山全集』第四巻四六九頁）。

(59) 原文は「易有太極 是生兩儀 兩儀生四象 四象生八卦」（岩庫版『易経』下巻二四一頁）。以下の易学に関する枢要な概念の説明は、断りのない限り、岩庫版『易経』（上下二巻）を中心として、高田淳『易のはなし』（岩波新書、一九八八年）、竹内照夫『四書五経』（東洋文庫、一九六五年）、前野喜代治『佐久間象山再考』（同書に所収の「補説　易の基礎知識」〈銀河書房、一九七七年、一七七―一八七頁〉）、本田済『易』（上下二巻、朝日新聞社、一九七八年）を参照。

(60) 岩波文庫版『易経』（上巻一一―一四頁）の易の思想に関する説明を参照。

(61) 飯島忠夫論文「佐久間象山先生の易学」は信濃教育会編『信濃教育』第五四三号（一九三二年一月）に掲載。

(62) 昭和戦前における象山思想と易学との関連につての研究には、飯島忠夫の他に宮下忠道（長野師範附属小学校訓導）の論文「佐久間象山の易学に就いて」（『信濃教育』第五三六号、一九三一年六月）がある。

(63) 前掲、岩波文庫版『易経』上巻一一―一四頁を参照。

(64) 岩波文庫版『易経』下巻二四二―二四三頁を参照。

(65) 象山が中国古典の『春秋占筮書』の誤謬を校訂したのが『春秋占筮書補正』という書物である。なお、補正に到る経緯を詳細に記した文章が『春秋占筮書』（『象山全集』第一巻「象山浄稿　序」、七六―七八頁）に記されている。

(66) 前掲、『松代町史』（下巻）五九八―六〇〇頁、及び『更級郡埴科郡人名辞書』二七八頁。

(67) 『更級郡埴科郡人名事典』、二七八頁。

(68) 鎌原桐山に関しては、前掲の『松代町史』（下巻、五九八―六〇〇頁）、および『更級郡埴科郡人名辞書』（一一一―一一二頁）、

高瀬代次郎『佐藤一斎と其門人』（南陽堂本店、一九二二年、六四七―六五一頁）、笠井助治『近世藩校に於ける学統学派の研究』（上）（吉川弘文館、一九六九年、三七五頁）等々を参照。

(69) 幕府の昌平坂学問所の儒官となる佐藤一斎は、長年にわたる親交の故をもて、象山の恩師である鎌原桐山の碑文「桐山鎌原翁遺跡碑」を撰した。『幕末に人材を育てた「松代三山」』（松代地区住民自治協議会、二〇一六年）には、その碑文の写真と解読文が収録されている。

(70) 鎌原桐山の私塾「朝陽館」の概要と教授内容の詳細は、前掲『長野県教育史』一三九頁に記載。松代城下には藩士たちの開く各種の私塾が数多く開設されていた。が、桐山の漢学塾は、「四書五経」から始まり「国語」「漢書」「古文」「東詩選」「十八史略」「文章軌範」「皇国史観」などに進み、広範かつ難解なレベルに至る高度な漢学教育を行なっていた。

(71) 象山が執筆した桐山塾の「輪講会則五則」は、前掲の宮本仲『佐久間象山』四二頁に記載。

(72) 象山は、天保元年（一八三〇）に数え二十歳を迎え、桐山門下に入って五年の歳月が過ぎた。この時点において、漢詩文「二十歳文稿」の創作を含めた象山の漢学力は相当に高い漢詩文のレベルに達していた。「二十歳文稿」は、『象山全集』第一巻所収「文稿」の最後部に収録（同書一三〇―一四七頁）。

(73)(74) 近習役の任命の辞令「御近習役被仰付之、詰中若殿様之方御用専可相勤候」とあり、また解任の辞令は「御近習役御免被仰付之」（『象山全集』第一巻「年譜」一一頁に記載）。

(75) 活文禅師に関しては、前掲の『松代町史』（下巻、五七一―五七二頁）、『長野県歴史人物第事典』（一八八頁）を参照。象山は、この活文禅師から華音（中国語）と琴操を学んだ。そのことを、「余嘗就公於厳門。学華音。受琴操。而其見愛遇太懇也。雖無諸友之言。固所楽道。」と記している（『象山全集』第一巻「象山浄稿」六八頁、および『長野県教育史』第八巻「史料編二」一九〇頁）。

(76) 「陳晴山」および「孟涣九」という中国人に関しては、国際日本文化研究センター刊行『日本研究』第六二巻所収の研究ノート「来舶清人研究ノート」（二〇二一年三月）および前掲『松代町史』（下巻、五七一頁）を参照。

(77) 活文禅師の寺子屋「多聞庵」については、『長野県教育史』第八巻「史料編」の「私塾寺子屋取調べ」（明治十七年、一九〇頁）を参照。

(78) 高井鴻山に関しては、前掲の『更級郡埴科郡人名辞書』（三七五頁）および『長野県歴史人物第事典』（一八八頁）を参照。また、象山門人の小松右輔（小松彰）の履歴に関しては、『長野県歴史人物大事典』（四〇七頁）その他を参照。

（79）『象山全集』第一巻「年譜」、一〇頁。

（80）象山の琴学に関する研究には、韓淑婷「佐久間象山の琴学に関する一考察」（九州中国学会『中国学会会報』第五九号、二〇二一年）があり、同論文を参照した。

（81）『象山全集』第一巻「文稿」、一三八頁。

（82）『象山全集』第一巻「文稿」、一三一―一四七頁。

（83）「琴曲」を幼少時より楽しみとしてきた象山は、活文禅師から中国語とともに本格的な中国伝来の「琴操」（琴の演奏技術とその歴史や理論）を学んだ。

（84）「古へ、支那ニテ、士以上ノモノノ学修スベキ六ツノ技芸。即チ、礼、楽、射、御、書、数ノ六種ノ芸ノ称。」（大槻文彦『新訂大言海』、冨山房、一九五六年を参照）。

（85）『象山全集』第三巻、天保五年十月二十八日付「立田楽水宛書簡」、三一―三二頁。

（86）「往来門下三年。学習三十余曲哉。将辞帰郷。乃授以秘譜。」（『象山全集』第一巻象山浄稿」所収の「三岳二木先生碑」、同書二〇四頁）。

（87）「啓（象山）郷に在る日、琴説を孝訂し、書十篇を著し、名づけて琴録と曰ふ」（『象山全集』第一巻「象山浄稿」所収「三岳仁木先生碑」、二〇四―二〇六頁）。

（88）北沢伊勢子の履歴については、『更級郡埴科郡人名辞書』、一一三―一一四頁を参照）。彼女は、象山の最側近の門人であった北沢正誠の実母で、筝曲の演奏家であり創作者であった。

（89）佐藤一斎と鎌原桐山の師弟関係を超えた深い親交については、高瀬代次郎『佐藤一斎と其の門人』（南陽堂本店、一九二二年）を参照。

（90）『言志四録』の現代語訳の代表的な作品としては、川上正光訳『言志四録』（講談社学術文庫、全四冊、一九七九―八一）、山田準・五弓安二郎訳注『言志四録』（岩波文庫版、一九三五年）がある。

（91）『西郷南洲遺訓』の最初の印行は明治二十三年（一八九〇）である。だが、その後も幾度か刊行されてきた。現代では昭和十四年（一九三九）に刊行の岩波文庫版が広く一般に普及し、今なお現代人の人生観に大きな影響を与え続けている。

（92）（93）前掲、高瀬代次郎『佐藤一斎と其の門人』を参照。

（94）象山が入門当初から一斎と学問的論争を展開したことについては、同上の高瀬代次郎『佐藤一斎と其の門人』（二二〇―二二八頁）、前掲の宮本仲『佐久間象山』（同書五三―五八頁）などを参照。

(95) 『洗心洞箚記』の現代語訳としては、山田準訳『洗心洞箚記』（岩波文庫、一九四〇年）、吉田公平『洗心洞箚記』（上下二冊、タチバナ教養文庫、一九九八年）がある。なお、大塩平八郎の学問思想に関する文献は多数あるが、近年の研究成果を示すものとしては森田康夫『大塩平八郎と陽明学』（和泉書院、日本史研究叢刊19、二〇〇八年）がある。

(96) 大坂在住の大塩は、江戸の佐藤一斎とは一度も相見えたことはなかった。が、書簡をもって交流していた。大塩にとって天下の大儒である一斎は最も敬仰する学者であったとみえ、『洗心洞箚記』もいち早く江戸の一斎に送り書評を求めたのである。なお、大塩が、朱子学を正学とする幕府儒官の一斎を同じ陽明学の実践者と理解していた証拠史料として、前掲の吉田公平著『洗心洞箚記』（下巻）所収の「佐藤一斎宛書簡」（現代語訳、同書三六一―三六九頁）がある。

(97) 『俗簡焚餘』（巻上）、栗原剛『佐藤一斎―克己の思想63』、二頁。

(98) 象山は、「大塩の乱」が勃発した二ヶ月後、天保八年（一八三七）四月、佐藤一斎塾での同門で親交のある大坂淀藩の儒者・本多伯琳宛に書簡を送り、大塩の乱を陽明学の弊害として厳しく批判している（『象山全集』第一巻「浄稿書」、八五頁）。

(99) 前掲、宮本仲『佐久間象山』、六五頁。

(100) 宮本仲『佐久間象山』の「学政意見の上書」（同書六四―六六頁）を参照。

(101) 象山の上書「学政意見竝に藩老に呈する附書」は『象山全集』（第二巻五―一七頁）に収録。

(102) 島田虔二『朱子学と陽明学』岩波新書、一九六七年、六五頁。

(103) 『言志録』第二三四条「孔門の学は専ら躬行するに在り」（山田準訳『言志四録』、岩波文庫、六九頁）。

(104) 前掲、宮本仲『佐久間象山』の「一斎塾に於ける先生」（同書五七頁）。

(105) 『象山全集』第一巻所収「題一斎先生遺墨」、同書四七頁。

(106) 『象山全集』第三巻、天保五年五月二十日付「佐藤一斎に贈る」、九頁。

(107) 『象山全集』第三巻、天保五年五月二十日付「佐藤一斎に贈る」、九頁。象山の報告書は、A5判の活版印刷で二一頁の長文。

(108) 『象山全集』第三巻、天保五年五月二十日付「佐藤一斎に贈る」、一〇頁。

(109) 源了圓『佐久間象山』（吉川弘文館、二〇二二年）、五三―五四頁。

(110) 中村安宏「『愛日楼文詩』の考察」（二松学舎大学陽明学研究所刊『陽明学』第三号（一九九一年）、および植木久行「小川原湖民族博物館旧蔵、幕末・明治漢詩文集5種解説」（弘前大学人文社会科学部『地域未来創生センタージャーナル』第七号、二〇二二一年二月）を参照。
(111)『象山全集』第四巻、嘉永六年五月十八日付「山寺源大夫宛書簡」、一四〇頁。
(112) 前掲、『松代町史』下巻、五六八頁。
(113)「(天保十年六月) 本月一日お玉ヶ池へ外宅仕候」(『象山全集』第三巻、天保十年（一八三九）六月付「片岡此面宛書簡」、八二頁。
(114)(115)『象山全集』第三巻所収の天保十年九月十九日付「綿貫新兵衛宛書簡」、九〇頁。
(116)『象山全集』(全五巻) の内の三巻 (第三、四、五巻) に収録された千二百九十余通の象山書簡は、象山が二十三歳で最初の江戸遊学に出る天保四年から、京都で刺殺される元治元年（一八六四）七月までの三十余年の書簡である。象山の書簡は、自身の人と思想を表現した長文であることに特徴がある。これを年間に換算すると約四六〇通で、毎日、一通以上の書簡を書いていたことになる。だが、『象山全集』に収録された書簡は全体ではなく、他にも存在したことは確かであり、書簡を通して情報交換し試行錯誤していた象山の書簡執筆は、象山の全人的な心情と知性を表現して余りある驚異的な活動であった。
(117) 前掲、降旗浩樹「佐久間象山の顕彰活動について―佐久間家法要帳の分析を中心に―」(松代文化施設管理事務所発行『松代』第二十五号、二〇一一年)。
(118) 先に紹介したが、読むに堪えないほどに罵詈雑言を浴びせ、研究者とは思えない異常な表現と執拗な批判をもって象山を激しく人格攻撃した代表的な研究者の事例は、佐藤昌介『洋学史の研究』や川尻信夫『幕末におけるヨーロッパ学術受容の一断面―内田五観と高野長英・佐久間象山―』などである。
(119)「旧子弟百余人送予於西郊」(『象山全集』第一巻「年譜」、二一頁)。当時の門人で、象山を見送った側近の門人である北沢正誠が、後に象山の漢詩文体の作品『東遊紀行』を校正した。そこには、たしかに「旧子弟百余人送予於西郊」と記されている（『象山全集』第二巻所収『東遊紀行』、九頁)。
(120)『象山全集』第三巻、天保十年六月付「片岡此面宛書簡」、八二頁。
(121)『象山全集』十二月六日付「八田嘉右衛門宛書簡」、一〇三頁。
(122)(123)『象山全集』第三巻、天保十二年、日付不詳、「高野車之助宛書と推定」、二〇〇―二〇一頁。
(124)『象山全集』第三巻、天保十二年十二月閏正月五日付「八田嘉右衛門宛書簡」、一七八頁。
(125) 梁川星巌宛の象山書簡が『象山全集』(全五巻) に下記の三通が収められている。それら象山書簡のすべてに星巌の返書がセットで付されている。両者の書簡交換は、親交の深さを物語っている。象山の書簡は、どれもが非常に長文の書簡であるが、星巌の返書もまた長文である。象山の星巌宛の書簡内容は、黒船来航当時の象山の思想と行動を知る上で、極めて重要な内容が記されている。

①安政五年正月二十六日付書簡（『象山全集』第四巻、六八九―六九七頁）

黒船来航のときの日本の脆弱な政治体制と人材不足による条約交渉の不利益を心配する内容。

②安政五年三月五日付書簡（『象山全集』第五巻、三―五頁）

洋学研究の進捗状況、とりわけ医学について、西洋医学の正確さは中国医学などのまったく及びえない高レベルで、西洋医学を学んだ象山は、これまでに西洋医学で一一〇〇人の患者に治験を施し、大いに効果を上げてきたとの報告。

③安政五年三月六日付書簡（『象山全集』第五巻、八―一九頁）

象山は、本書簡において、「方今の世界は和漢の学のみにては何分行届かず、是非とも五大洲を総括し候大経済に之れなく候ては叶ひ難く候」と、東西両洋の学問を一つに統括したワールドワイドな新学問を構築すべしとして「東洋道徳・西洋芸術」思想を主張している。

(126) 幕府派遣のイギリス留学生は、取締役の中村正直（幕府儒官、三十五歳）と川路太郎（幕府歩兵頭並、二十三歳）を除く、次の幕臣一二名の留学生である。①外山捨八（正一、十九歳）、②林徳次郎（董、十七歳）、③福沢英之助（福沢諭吉の義弟、二十歳）、④杉徳三郎（十七歳）、⑤億川一郎（岸本一郎、十九歳）、⑥安井真八郎（二十歳）、⑦岩佐源二（二十二歳）、⑧市川盛三郎（十五歳）、⑨箕作奎吾（十五歳）、⑩成瀬錠五郎（十八歳）、⑪伊東昌之助（岡保義、二十歳）⑫箕作大六（菊池大麓）。渡辺實『近代日本海外留学生』上巻（講談社、一九七七年）、一七六―一八一頁を参照）の一四名で、二十歳前後の優秀な学徒たちであった。

(127) 『象山詩鈔』（上下二巻）は、『省訾録』（一八七一年）に続いて門人たちによって刊行された象山の二冊目の著書（漢詩文集）。刊行に当たった門人の代表は、義弟でもある勝海舟であったが、実質的に象山の漢詩文を蒐集して編集したのは、北沢正誠（一八四〇―一九〇一）であった。

北沢は、「文久元年二十二歳で、同郷の碩学佐久間象山の塾に入って、元治元年七月象山が京都において暗殺されるまで、極めて短い年月であったが、その薫陶を受けて青年期の彼の人間形成、学問の育成に、象山の感化影響を受けることが強烈多大なものがあった」と、岩生成一（一九〇〇―八八、東京大学名誉教授）が記すごとく（岩生精一論文「忘れられた歴史・地理学者北沢正誠」、『日本学士院紀要』第四十二巻第一号に所収、一九八六年）、象山の学問思想の全体を学び取り、「東洋道徳・西洋芸術」思想を継承し実践した誠実な門人であった。北沢の履歴や業績については、前掲の『更級郡埴科郡人名辞書』、宮本仲『佐久間象山』、『蘭学者伝記資料』（青史社、一九三〇年）の「北沢の略歴」、大植四郎編『明治過去帳』（東京美術、一九七一年）などを参照。また、校訂を手がけた「小林虎炳文」とは、越後長岡藩の美談「米百俵」の主人公・小林虎三郎（一八二八―七七）のことである。彼は、松陰と共に「象門二虎」と言われ、洋儒兼学の優秀な象山門人である。詳細は、坂本保富『米百俵の主人公　小林虎三郎―日本近代化と佐久間象山門人の軌跡―』『米百俵の歴史学』（共に学文社より刊行）を参照されたい。同じく「子安峻士徳校」（大津藩）とは、明治三年に横浜毎日新聞の創刊に関わり、また横浜で日本最初の活版印刷所「日就社」を創立し、さらに同六年には日本最初の英和辞典『附音挿図英和字彙』（柴田昌吉と共編）を出版、その翌年には読売新聞を発刊して同十一年から同二十二年まで同社の社長を務めた人物である（『大垣市史 通史編』「近現代」、大垣市編纂刊行、二〇一三年三月、竹内繁『読売新聞の創始者　子安峻』〈日本生産性本部刊行、一九九二年〉を参照）。

(128)『象山全集』第五巻、元治元年四月三日付「姉宛書簡」、六五八頁。

(129)高瀬代次郎編『佐藤一斎と其門人』（大衆書房、一九二二）、七五五頁。

(130)降旗浩樹「佐久間象山の顕彰活動について」（松代文化施設等管理事務所発行『松代』第二五号、二〇一一年を参照。

(131)『象山全集』第三巻、天保十一年春の「鎌原桐山宛書簡」、一三四頁。

(132)宮本仲『佐久間象山』岩波書店、一九三四年、八六―九一頁。

(133)前掲、松本健一『評伝　佐久間象山』の「上巻」では『江戸名家一覧表』と記され、「現存」の二文字がなく、最後に「表」の一文字が付加された記述となっている（同書一三二―一三五頁）。

(134)『象山全集』第三巻、天保十一年春の「鎌原桐山宛書簡」、一三四頁。

(135)森銑三が昭和十六年に発表した論文「ザウ山ショウ山か」は、『伝記』（八ノ三、一九四一）に所収。

(136)『象山全集』第三巻所収の天保十一年春「鎌原桐山宛書翰」、一三四頁。

(137)「過日九日四書訓点相正し御蔵版上木御用被仰付られ、右御用中定府被仰付られ有難く仕合に奉存じ奉り候」（『象山全集』第三巻、天保十二年六月四日付「宮本慎助宛書簡」、一九二頁。

(138)「藩特に象山を優遇し江戸滞在名義を与へたるなり」（「右相勤候中定府被仰付之」）、『象山全集』第一巻「年譜」、一五頁。

(139)『象山全集』第三巻所収の天保十二年六月七日付「八田喜助宛書簡」、一九四―一九五頁。

(140)

(141)『象山全集』第三巻、天保十二年秋の宛名不明の書簡、二〇〇―二〇一頁。

(142)『象山全集』第三巻、天保十一年七月二十七日付「綿貫新兵衛宛書簡」、一四五―一四六頁。
(143)『大学』は、朱子学の大成者である朱熹が『礼記』の一部を抜き出して、『大学』『中庸』として独立させた経典である。これによって『論語』『孟子』と並べて朱子学の基本経典である「四書」が成立したのである（岩波文庫版、金谷治訳注『大学・中庸』、一六―一七頁）。
(144)岩波文庫版、金谷治訳注『大学・中庸』、一七頁。
(145)前掲、岩波文庫版『易経』下巻「道徳に和順して義を理《おさ》め、理を窮め性を尽くして以て命に至る」、二八七頁。
(146)象山門人の高野車之助は、松代藩士で、佐久間象山・山寺常山等に師事して経義詩文・古今百家の書を渉猟、「訂正及門録」に記載はないが西洋砲術をも修得した博聞強記の象山門人である。藩では郡中横目附、武具奉行、維新時は藩督学などの要職を勤めた（『松代町史』下巻、七〇―六七一頁などを参照）。
(147)『象山全集』第三巻、天保十年三月付、門人「高野車之助宛書簡」、七二頁。
(148)『象山全集』第三巻、天保十一年二月十日付、門人「高野車之助宛書簡」、一二一頁。なお、北沢正誠については、前掲、『更級郡埴科郡人名辞典』信濃教育会更級教育部会・埴科教育部会、一九三九年、一一七頁。さらに、岩生成一「忘れられた歴史・地理学者北沢正誠」（『日本学士院紀要』第四二巻第一号、一九八七年）、その他を参照。
(149)(150)土田健次郎『江戸の朱子学』筑摩書房、二〇一四年、七二―七三頁。
(151)『象山全集』第三巻、天保十一年七月二十七日付「綿貫新兵衛宛書簡」、一四五―一四六頁。
(152)瀧遼一編、縮刷版『東洋歴史大辞典』中巻（臨川書店、一九九二年）、三三五頁を参照。
(153)『象山全集』第一巻「文稿」所収の「象山書院学約」、一一四頁。
(154)「邵康節先生文集序」の原漢文は『象山全集』第一巻所収「象山浄稿」、六〇―六二頁。
(155)前掲、島田虔次『朱子学と陽明学』、一五七頁。
(156)楠本正継『宋明時代儒学思想の研究』（広池学園事業部、一九六二年）、三四―三七頁を参照。
(157)前掲、島田虔次『朱子学と陽明学』、七四―七五頁。
(158)島田虔次『朱子学と陽明学』、七一頁。
(159)(160)『象山全集』第一巻「象山浄稿」所収「邵康節先生文集序」、六〇―六一頁。
(161)『象山全集』第三巻、天保十一年七月二十七日「三省宛書簡」、一四八頁。

(162)「邵康節先生文集序」の原漢文は『象山全集』第一巻所収「象山浄稿」、六〇―六二頁。
(163)前掲、島田虔次『朱子学と陽明学』、一五七頁。
(164)『象山全集』第一巻所収「象山浄稿」の長文の漢文である「与本多伯琳書」（「象山浄稿」、八三―九〇頁）および「答加藤士成書」（同、九二―九九頁）において、象山は陽明学を徹底的に論破し、朱子学（程朱之学）の正統性を主張している。
(165)『象山全集』第二巻所収「上書」、天保八年五月二十七日付の上書「学政意見書並びに藩老に呈する附書」、八頁。
(166)『象山全集』第四巻、安政三年十月六日付「勝海舟宛書簡」、五二五頁。
(167)『象山全集』第五巻、文久二年（一八六二）九月付の幕府宛上書「時事を痛論したる幕府へ上書稿」、一八一頁。
(168)『象山全集』第五巻、文久二年九月付の幕府宛上書「時事を痛論したる幕府へ上書稿」、一八一―一八二頁。
(169)象山は、蟄居中に佐藤一斎の私塾時代を回顧して次のように述べている。「（佐藤一斎）先生王学（王陽明の陽明学）を主張し窮理を好まず。余は則ち専ら程朱の規（朱子学）を承当し、以て天地万物の理を窮め、斯学の起手となる。」（『象山全集』第一巻「文稿」、安政六年作と推定の「題一斎先生遺墨」、四七頁）。
(170)藩老への上書「学政意見書並びに藩老に呈する附書」（『象山全集』第二巻所収、五―一七頁）。
(171)「学政意見書並びに藩老に呈する附書」（『象山全集』第二巻「上書」、八頁。
(172)(173)「学政意見書並びに藩老に呈する附書」（『象山全集』第二巻「上書」、七頁）。
(174)「学政意見書並びに藩老に呈する附書」の後段の「学政策」は『象山全集』第二巻、九頁―一三頁。また「学堂規則」は同第二巻、一三―一七頁に収録。
(175)岩波文庫『大学・中庸』八七―八九頁を参照。
(176)前掲、「学政意見書並びに藩老に呈する附書」（『象山全集』第二巻「上書」、六頁）。
(177)長野県埴科郡松代町立松代小学校編『松代学校沿革史』第二篇（一九六五年）を参照。
(178)前掲、「学政意見書並びに藩老に呈する附書」（『象山全集』第二巻「上書」、八頁）。
(179)「学政意見書並びに藩老に呈する附書」（『象山全集』第二巻「上書」、九頁）。
(180)「学政意見書並びに藩老に呈する附書」（『象山全集』第二巻「上書」、八頁）。
(181)「学政意見書並びに藩老に呈する附書」（『象山全集』第二巻「上書」、一一八頁）。
(182)父一学が自己の実践的な文武両道の教育思想を表現した「諭示」（『墳原卜伝流剣刀術印可巻』の「剣刀術免許状」に付加）の内

容紹介とその考察は、本書の「補論（Ｉ）」において詳細に論述し考察した。
(183) 前掲、阿部吉雄『日本朱子学と朝鮮』（東京大学出版会、一九六五年）五三九頁を参照。そこには朱子学のもつ「純粋性尊重の理想主義」という思想的特性の意味が説明されている。
(184) 阿部吉雄『日本朱子学と朝鮮』の五二八―五三四頁を参照。なお、同氏は、朱子学で重要なキーワードとなる「窮理」という概念についての理解とその実践的展開の仕方の相違を比較分析し、その学問的系譜を「理気二元論」に基づく「主気派」と「主理派」とに大別して特徴的に把握している。両者の詳細な相違と特徴については同書を参照されたい。
(185) 象山の漢詩「東遊紀行」は『象山全集』第二巻「詩鈔」（上）、九―一二頁。
(186) 『史記』伯夷伝」に「蒼蠅驥尾に付して千里を致す」とあり、「駿馬は一日に千里をかける」という意味。
(187) 『詩経』の「小雅・鶴鳴篇」には、「鶴鳴于九皐　声聞于天（鶴は深い谷底で鳴いても鳴き声は天に届く。賢人は身を隠しても名声は広く世間に知れ渡るとある。
(188) 『象山全集』第二巻「詩鈔」（上）の「東遊紀行」、九頁。
(189) 『象山全集』第四巻「補遺」（八―九頁）に所収の安政二年二月付「内門弟に示す」。
(190) 『象山全集』第一巻「文稿」所収の「象山書院学約」、一一四―一一六頁。
(191) 『象山全集』第一巻「象山浄稿」所収の「邵康節先生文集序」、六〇―六二頁。
(192) 『象山全集』第一巻「文稿」所収の「象山書院学約」、一一四―一一六頁。
(193) 『象山全集』第一巻「文稿」所収の「象山書院学約」、一一四頁。
(194) 『中庸』の第一五章に記された文章（前掲の岩波文庫版『大学・中庸』、二二二頁）。
(195) 筆者の問学論についての詳細な理論は、坂本保富『人間存在と教育』（振学出版、二〇〇五年）第二章第二節「教育とは何か―教育の意味と構造」（同書二七―四二頁）と第三章「学ぶとは何か―自己による自己自身の形成」（四三―六六頁）、特に第三章「問学論とは―自己教育を本質とする人間の形成」（四七―五八頁）を参照されたい。併せて拙稿「学習社会における学校教育の革新―自己教育と他者教育の思想的連関―」（平成国際大学教職支援センター紀要『教職研究』創刊号、二〇一六年二月）も参照されたい。
(196) 『象山全集』第一巻「文稿」所収の「象山書院学約」、一一五頁。
(197) 『象山全集』第一巻「文稿」所収の「象山書院学約」、一一六頁。

(198) 本書の第三章第三節「『東洋道徳・西洋芸術』思想の理論と特性」において『東洋道徳・西洋芸術』思想と東西両洋の数学をめぐる問題）を詳細に論じている。
(199) 『象山全集』第四巻、安政元年二月十九日付「川田八之助宛書簡」、二三〇頁。
(200) 前掲、岩波文庫版『省諐録』、三一頁。
(201) 『象山全集』第四巻、安政三年三月二十二日付『勝麟太郎宛書簡」、四五六頁。
(202) 『象山全集』第四巻、安政三年四月付「村上誠之丞宛書簡」に勝海舟の返書が付記されている（同書四六九頁）。
(203) 『象山全集』第二巻「補遺」所収「目安書」、同書二八頁。
(204) 天保十一年十二月九日付の「竹村金吾宛書簡」に、象山の『女訓』について「奉入御覧女訓の御礼御丁嚀に仰を蒙り結句痛入候」（『象山全集』第三巻、一六八―一六九頁）との記載がある。
(205) 石川松太郎編『女大学』平凡社東洋文庫、石川松太郎「解説」（三〇〇頁）を参照。
(206) 石川松太郎編『女大学』の石川松太郎「解説」（三〇一頁）を参照。
(207) 石川松太郎編『女大学』の石川松太郎「解説」（三〇七―三一四頁）を参照。なお、石川松太郎は、同書の中で『女大学』と「女子を教ゆる法」の両書の内容を逐条的に比較考察し、両書の違いを明らかにしている。
(208) 『象山全集』第二巻所収「女訓」。「三従」「四教」の引用は『象山全集』第二巻所収の『女訓』による。
(209) 福井重雅『漢代儒教の史的研究』、汲古書院、二〇〇五年、一四四頁。
(210) 『女訓』の第七条に女性の算学修得の必要性が説かれている（『象山全集』第二巻所収の『女訓』）。
(211) 坂本保富「『妾』に嗣子誕生を切願した象山の女性観」（『平成国際大学大学論集』第二七号、二〇二三年二月を参照）。
(212) 黒川真道編『日本教育文庫　女訓篇』（日本教育センター、一九七七年）のみは、象山の『女訓』（七二九―七三九頁）、そして象山門人の吉田松陰の『女訓』（七四〇―七四五頁）の全文を収録している。
(213) 天野晴子『現代日本女子教育文献集解説』（日本図書センター、二〇〇五年）。
(214) 吉田庫三編『松陰先生女訓』、民友社、一九〇九年、A5判八八頁。
(215) 所功『吉田松陰の女子訓』（致知出版社、二〇一五年）。
(216) 『阿蘭陀風説書』は、長崎出島のオランダ商館長が作成し、日本の通詞が日本語訳した海外情報書（日蘭学会編『洋学史事典』一三九頁）。また、『別段風説書』は、バタヴィア植民地政庁が特別にアヘン戦争関係情報を幕府への報告目的で一八四〇年から提

供開始した情報誌（日蘭学会編『洋学史事典』六四二頁）。
(217)『象山全集』第三巻、天保十三年十月九日付「加藤氷谷宛書翰」、二一五―二一六頁。
(218)『象山全集』第三巻、天保十三年十月九日付「加藤氷谷宛書翰」、二一七頁。
(219)『象山全集』第三巻、天保十三年十月九日付「加藤氷谷宛書翰」、二一六頁。なお、江川側の史料から象山の入門と免許皆伝に至る経緯については、仲田正之著『韮山代官江川氏の研究』（吉川弘文館、一九九八年）の「佐久間象山の入門と教授開始」（同書四六四―四七四頁）で確認できる。
(220)『象山全集』第三巻、弘化二年正月十七日付「高田幾太宛書翰」、二九一―二九二頁。
(221)下曾根信敦の高島流西洋砲術教授とその拡大普及を担った土佐藩門人たちの実態―いわゆる「江川ルート」に対する「下曾根ルート」に関してはまったく実態解明がなされずにきた。そこで筆者は、下曾根側近の門人であった土佐藩砲術師範（徳弘孝蔵父子）が遺した膨大な幕末洋学関係史料（下曾根関係史料とその拡大普及を物語る土佐藩関係史料）を解読分析し、「下曾根ルート」の解明と土佐藩への西洋砲術普及の実態を解明した。その研究成果が、坂本保富『幕末洋学教育史研究』（高知市民図書館刊行、二〇〇四年。高知県出版文化賞・高知市学術出版賞を受賞）にまとめ刊行した。
(222)『象山全集』第三巻、嘉永三年（一八五〇）七月十日付「母親宛書簡」、五七七頁。
(223)『象山全集』第二巻所収「上書」、「感応公に上りて天下当今の要務を陳ず」（天保十三年十一月）、二五頁。
(224)『象山全集』第二巻所収「上書」、「感応公に上りて天下当今の要務を陳ず」（天保十三年十一月）、二七頁。
(225)『象山全集』第二巻所収「上書」、「感応公に上りて天下当今の要務を陳ず」（天保十三年十一月）、二八―二九頁。
(226)『象山全集』第二巻所収「上書」、「感応公に上りて天下当今の要務を陳ず」（天保十三年十一月）、三一―三三頁。
(227)『象山全集』第二巻所収「上書」、「感応公に上りて天下当今の要務を陳ず」（天保十三年十一月）、三五頁。
(228)前掲、岩波文庫版『省諐録』、四九頁。
(229)『象山全集』第四巻、安政四年七月二十二日付「三村晴山宛書簡」、五七七頁。
(230)『象山全集』第四巻、安政四年七月二十二日付「三村晴山宛書簡」、五七七―五七八頁。
(231)『象山全集』第二巻）「補遺」所収「嘉永六年の急務十条」、三頁。出典不詳の宮本仲（『佐久間象山』、一八二―一八三頁）と全集とでは、「急務十条」の記述の内容や表現にかなりの相違が認められる。
(232)坂本保富「武州徳丸原操練に参加した高島秋帆門人」（信州大学坂本保富研究室『研究報告書』第五号、二〇〇六年三月）を参照。

(233)「小生義此度主人より旧禄百石に申付られ候」（天保十四年十二月二十八日付「江川太郎左衛門宛書簡」、『象山全集』第三巻、二四九頁）。

(234)「興利祛《きょ》弊目安書」（弘化元年十一月）の正式名称は「藩老に差出せる興利祛弊目安書」（副題が「沓野御林検分往来存付候見込」（『象山全集』第三巻、二六四―二七〇頁）。

(235) 前掲、『省諐録』第二七条（岩波新書版、二〇頁）。

(236) 前掲、日蘭学会編『洋学史事典』、三四九頁。

(237)『象山全集』第三巻、弘化元年三月付「竹村金吾宛書簡」、二五一頁。

(238)『象山全集』第三巻、弘化元年（一八四四）七月七日付「山寺源太夫宛書簡」、二五六頁。

(239) 膨大な分量の同書の翻訳は、文化八年（一八一一）から天保十一年までの約三十年という長期間にわたって行われた。前掲、日蘭学会編『洋学史事典』三四九―三四五頁を参照。

(240)『象山全集』第三巻、弘化二年五月付「藤岡甚右衛門宛書簡」、三二九―三三〇頁。

(241) 福沢諭吉著『福翁自伝』、岩波文庫版、一九七八年、八一―八二頁。

(242) 日本弘道会編『西村茂樹全集』（全三巻、思文閣）第三巻、「洋学の最初の有様」、三一九頁。

(243)(244)『象山全集』第三巻、弘化元年七月七日付「山寺源太夫宛書簡」、二五九頁。

(245) 池田哲郎「佐久間象山と蘭学」（『福島大学学芸学部論集』一〇―一に所収「社会科学」（一九五九年三月）。なお、カステイレ及び象山の関わった蘭書の詳細な調査・分析を、科学者の立場からなされた研究に、東徹著『佐久間象山と科学技術』（思文閣出版、二〇〇二年）があり、同書に「カステイレの化学書と殖産開発」（一〇〇―一四六頁）という詳細な論考がある。

(246)『象山全集』第三巻、弘化元年七月七日付「山寺源太夫宛書簡」、三〇五頁。

(247)『象山全集』第三巻、弘化二年六月二十七日付「山寺源太夫宛書簡」、三四〇頁。

(248) 大平喜間多『佐久間象山逸話集』、一〇一頁。

(249)『象山全集』第三巻、弘化元年三月「竹村金吾宛書簡」、二五一頁。

(250)『象山全集』第三巻、弘化元年六月「藤岡甚右衛門宛書簡」、二五五頁。

(251)『象山全集』第三巻、弘化二年六月付「八田嘉右衛門宛書簡」、三四三頁。

(252) 井出孫六『杏花爛漫 小説佐久間象山』朝日新聞社、上下二巻、一九八三年。下巻一四一―一四二頁。
(253) 前掲、池田哲郎「佐久間象山と蘭学―象山蘭書志―」(『福島大学学芸学部論集』第十号、一九五九年)。
(254) 『象山全集』第五巻、文久二年十二月二十八日付「村上誠之丞宛書簡」、四一六頁。
(255) 前掲、宮本仲『佐久間象山』、五一八―五四八頁。
(256) 蘭学資料研究会『研究報告』第二八号、一九五八年四月佐藤堅司の西洋戦術書であるデッケル著『三兵答古知幾』につき論述がある。なお、その詳細に関しては、日蘭学会編『洋学史事典』、雄松堂出版、一九八四年、三〇五頁を参照。
(257) 『象山全集』第五巻、安静三年七月十日付「勝海舟宛書簡」、四九七頁。
(258) 前掲、佐藤堅司、蘭学資料研究会『研究報告』第二八号、一九五八年四月)
(259) 前掲、池田哲朗「佐久間象山と蘭学―象山蘭書志―」(『福島大学学芸学部論集』第十号、一九五九年)および池田哲朗「象山蘭語彙―佐久間象山の使用したオランダ語―」蘭学資料研究会『研究報告』第五四号、一九五九年十一月)。
(260) 池田哲朗「佐久間象山と蘭学―象山蘭書志―」。
(261)(262) 前掲、池田哲朗「象山蘭語彙―佐久間象山の使用したオランダ語―」。
(263) 前掲、佐藤昌介『洋学史の研究』、一九九頁。
(264) 佐藤昌介『洋学史の研究』、二〇四頁。
(265) 佐藤昌介『洋学史の研究』、二〇七頁。
(266) 佐藤昌介『洋学史の研究』、二四六頁。
(267) 前掲、井出孫六『杏花爛漫 小説佐久間象山』下巻、一四五―一四六頁。
(268) 前掲、源了圓『佐久間象山』、一五八―一五九頁。
(269) 前掲、池田哲郎「佐久間象山と蘭学」(『福島大学学芸学部論集』)を参照。
(270)(271) 『象山全集』第三巻、嘉永三年四月二十七日付「三村晴山宛書翰」、五六五頁。
(272) 増澤淑『佐久間象山 科学の先駆者』(日本書房、一九四二年)など、昭和の戦前から象山を「日本近代科学の先駆者」との観点から論究した著書・論文は多数ある。
(273) 『象山全集』第三巻、弘化三年正月九日「飯島楠左衛門宛書簡」、三五六頁。
(274) 『象山全集』第三巻、弘化元年六月二十日付「宮下兵馬宛書簡」、二五五頁。

(275) 『象山全集』第四巻、安政元年四月、門人で「米百俵」の主人公である小林虎三郎の父親宛の書翰、二四二頁。
(276) 『象山全集』第三巻、弘化四年十月二十二日付「川路聖謨宛書簡」、四〇八—四〇九頁。
(277) 坂本保富『米百俵の主人公　小林虎三郎—日本近代化と佐久間象山門人の軌跡—』学文社、二〇一一年を参照。
(278) 『象山全集』第四巻、書翰「小林又兵衛に贈る」、二四二—二四三頁。
(279) 石黒忠悳『懐旧九十年』岩波文庫版、九七頁。
(280) (281) 石黒忠悳『懐旧九十年』岩波文庫版、一〇九頁。
(282) 石黒忠悳『懐旧九十年』岩波文庫版、一一五頁。
(283) 石黒忠悳『懐旧九十年』岩波文庫版、一一三頁。
(284) 『象山全集』第三巻、弘化二年五月二十八日付「藤岡甚右衛門宛書簡」、三二八—三二九頁。
(285) 『象山全集』第三巻、弘化二年五月二十八日付「藤岡甚右衛門宛書簡」、三二九—三三〇頁。
(286) 『象山全集』第三巻、弘化二年五月二十八日付「藤岡甚右衛門宛書簡」、三三一頁。
(287) 前掲、佐久間象山『省諐録』第四七条、岩波文庫版、三六—三七頁。
(288) 『ハルマ和解』(全一三巻、収録語数六万四〇三五語)は、稲村三伯(一七五九—一八一一、蘭学者)によって寛政八年(一七九六)に完成された「蘭和辞典」である(前掲、日蘭学会編『洋学史事典』、五八一頁および六二頁を参照。
(289) 蘭和辞書『ズーフ・ハルマ』(『道訳ハルマ』『長崎ハルマ』)は、長崎出島に滞在していたオランダ商館長ヘンドリック・ヅーフ(Hendrik Doeff, 1777-1835)の編著で、天保四年に脱稿し、清書して幕府に献上された(前掲、日蘭学会編『洋学史事典』、四六一頁)。
(290) 前掲、福沢諭吉『福翁自伝』岩波文庫版、八五頁。
(291) 前掲、『西村茂樹全集』第三巻、三二〇頁。
(292) 『象山全集』第三巻、嘉永二年十二月十五日付「宛先不明書翰草稿」、五四二頁。
(293) 「国税庁　NETWORK租税史料」(二〇一九年三月刊行)に収められた鈴木直樹論文「信州松代藩の藩士の知行帳」を参照。
(294) 『象山全集』第三巻、嘉永二年七月の借金証書の原文「藩老恩田頼母宛証書」、五二六頁。
(295) 嘉永二年五月七日付の藩主宛上書「感応公に上りて和蘭語彙出板資金貸与を乞ふ」(『象山全集』第二巻「上書」、六八—七二頁)。また、老中阿部正弘宛の上書「和蘭語彙板行を乞ふため阿部侯へ上申書」は嘉永三年三月二十一日付(『象山全集』第二巻「上書」、七三—七六頁)。

(296)『象山全集』第三巻、嘉永二年四月二日付「望月主水宛書簡」、五五五頁。以後、再三、幕府に出版許可願を提出するが叶わず、象山の夢は挫折する。

(297)日本語対応で西洋の複数言語と対照できる翻訳辞書『皇国同文鑑』を編集し刊行しようとした象山の意図と経緯については、宮本仲『佐久間象山』(一四〇頁)を参照。なお、象山は、同書の序文「皇国同文鑑序」を書き同書刊行の重要性を論述している(『象山全集』第一巻所収「象山浄稿」、一八五〇年、五四二頁)。

(298)宮本仲著『佐久間象山』所収「三村晴山宛尺牘」、一四一頁。

(299)村上英俊に関する伝記研究書の端緒は、彼のフランス語学の私塾門人であった土屋政朝(『仏国教育制度』『仏蘭西学制』等の著書を遺したフランス学者)の著書『村上英俊先生之傳』(仏学会刊、一八九一年)である。その後、高橋邦太郎他編『ふらんす語事始—仏学始祖村上英俊の人と思想』(校倉書房、一九七五年)、田中貞夫著『幕末明治初期フランス学の研究』(国書刊行会、二〇一四年)、富田仁著『フランス語事始—村上英俊とその時代』(日本放送出版協会、一九八三年)、田中貞夫著『幕末明治初期フランス学の研究』(国書刊行会、二〇一四年)等々、村上に関する様々な研究書が刊行された。しかし何と言っても、村上の伝記と業績に関する最も精緻で本格的な研究書は、瀧田貞治著『仏学始祖　村上英俊』(全三巻、厳松堂書店、一九三四年)であり、今日なお同書を超える研究成果はないといってもよい。
　なお、村上の略歴と翻訳作品などについては、前掲『洋学史事典』六九六頁、竹内博編『日本洋学人名事典』(柏書房、一九九四年)三六四—三六五頁を参照。

(300)蘭学者の村上英俊がフランス語を修得し、フランス語の原書を翻訳するに至った契機は、同じ信州松代藩の盟友であった象山との邂逅と親交とにあった。「日本フランス学の開祖」と評される村上のフランス語と関わる経緯については、富田仁「村上英俊について」(『五方通語』解説)の「付録」)、前掲の田中貞夫著『幕末明治初期フランス学の研究』の第二章第二節「佐久間象山との出会い」(六九—八六頁)に詳細に論述されている。

(301)田中貞夫著『幕末明治初期フランス学の研究』、七八頁を参照。また、ベルセリウス(Jöns Jacob Berzelius, 1779-1848)の略歴や同氏の『化学書』を村上が注文するに至った経緯などに関しては、同じく田中貞夫『幕末明治初期フランス学の研究』の第二章第二節「佐久間象山との出会い」(六九—八六頁)を参照。

(302)板垣英治「村上義茂訳著「舎密明原」とその原典、ベルゼリウス著仏訳『化学提要』(*J. J. Berzelius, Traité de Chimie Minérale, Végétale et Animale. Bruxe leis, 1838*)(『金沢大学『日本海域研究』第四〇号、二〇〇九年)を参照。

(303)『幕末明治初期フランス学の研究』の著者でフランス学研究の権威である田中貞夫は、村上がベルセリウス著のフランス語版『化学書』が全三巻で左右二段組、本文二〇四〇頁もの大著であることなど、数々の関係史料の分析を通して疑問点を挙げ、同書を村上が読破したか否かを詳細に検討し疑問視している（田中の同書七二―八一頁）。
(304) 村上英俊『五方通語』の「解説」の「付録」二頁。
(305) 村上英俊よりの嘉永七年（一八五四）の「山寺常山宛書簡」（富田仁『フランス語事始』〈日本放送出版協会・NHKブックス四四一、一九八三年〉、七五頁）。
(306)『象山全集』第三巻、弘化二年五月二十八日付、「藤岡甚右衛門宛書簡」、三二九―三三〇頁。
(307)「知彼知己者、百戦不殆」は『孫子』「謀攻篇」、岩波文庫版、四九―五〇頁。
(308)(309)『象山全集』第三巻、嘉永三年四月付「三村晴山宛書簡」、五六五頁。
(310) 前掲、『省諐録』第四一条、岩波文庫版、三三頁。
(311) 前掲、小池嘉明『武士と開国』の第五部「開国への階梯―象山「上書」（天保十三年）考―」。同氏は、象山の藩主や幕府への「上書」を、国家防衛の経済的観点という「利」的視座から分析した独創的な論考であり、有益な知見を得たと解釈している。
(312)『象山全集』第三巻、弘化元年七月二十八日付「塚田源吾宛書簡」、二六一頁。
(313)『象山全集』第三巻、弘化元年七月二十八日付「塚田源吾宛書簡」、二六二頁。
(314) 同上、『象山全集』第三巻、弘化元年11月付「藩老に差し出せる興利祛弊《しやへい》目安書」、二六四―二七〇頁。
(315) 蘭漢交換教授の詳細は『象山全集』第三巻、弘化元年六月二十一日付「藤岡甚右衛門宛書簡」、二五六頁を参照。
(316)『象山全集』第三巻、弘化二年三月二十五日付「山寺源大夫宛書簡」、三〇五頁。
(317)『象山全集』第三巻、弘化二年六月二十七日付「山寺源大夫宛書簡」、三四〇頁。
(318)『象山全集』第三巻、弘化二年六月二十七日付「山寺源大夫宛書簡」、三四一頁。
(319)『象山全集』第三巻、弘化二年六月二十七日付「山寺源大夫宛書簡」、三四一頁。
(320) 前掲、大平喜間多『佐久間象山』、八五頁。
(321) 前掲、源了圓（『佐久間象山』、一一五頁。
(322) 前掲、奈良本辰也『佐久間象山』、八五頁。
(323) 前掲、宮本仲『佐久間象山』一六二―一六三頁。

(324)(325)『象山全集』第一巻所収の「佐久間象山先生年譜」、四〇頁。
(326)『象山全集』第三巻所収、嘉永元年二月付「山寺源大夫宛書簡」、四二六頁。
(327)北沢正誠・蟻川賢之助・北山安世・高野車之助などは、「象山書院」の門人であるが、彼らは、象山が江戸に「象山書院」を設立する前の、象山が松代藩の「御城月次講釈助」に就任した時代からの門人であることが、同時代の多くの書簡等から判明する。
(328)「松代藩から御手当金百三十金戴き候」(嘉永四年六月二十二日付「八田嘉助宛書簡」、『象山全集』第四巻、一五頁)。
(329)『象山全集』第三巻、嘉永三年九月十一日付「川路聖謨宛書簡」、五九八頁。
(330)『象山全集』第四巻、嘉永五年「松代藩留守居役津田転より庄内侯への返書」、一二頁。
(331)井上哲次郎の論文「象山門人に就いて」は『東洋学芸雑誌』第三一巻三九八号(一九一四年十一月)に所収。
(332)『象山全集』第三巻、嘉永三年七月二十六日付「母親宛書簡」、五八五頁。
(333)寺子屋師匠の中村孝右衛門に関する以下の引用史料は、坂本保富作成「中村家資料目録」および「中村家資料」(一九九二年八月、孝右衛門直系の中村嘉延氏宅にて中村家資料を撮影)。
(334)『象山全集』第二巻『沓野日記』、三九頁。
(335)『象山全集』第二巻『沓野日記』、四〇頁。
(336)(337)「手習いにつき中村孝右衛門へ佐久間象山書簡」(年不祥)」、『長野県教育史』第八巻「史料編二」、七九頁。
(338)前掲、坂本保富作成「中村家資料目録」「中村家資料」(一九九二年八月)。
(339)象山作詞の子守歌「「秋のはじめのおどりのうた」の全文は、『象山全集』には収録されてはおらず、林政文『佐久間象山』開進堂、明治二十四年、二五六―二五七頁に収載。
(340)『象山全集』第二巻「上書」「感応公に上りて天下当今の要務を陳ず」」、三五頁。
(341)G・B・サムソン著、金井圓他訳『西欧世界と日本』(筑摩叢書、上巻、三一四頁)原典:「The Western World and Japan: A Study in the Interaction of European and Asiatic Cultures G. B. Sansom. New York、ランダムハウス社、一九四九年。
(342)象山の学校教育構想、特に男女平等の義務教育構想は、明治維新時の越後長岡藩における美談「米百俵」(明治三年)の主人公である長岡藩門人の小林虎三郎による郷土復興で実現された。小林虎三郎および「「米百俵」」についての詳細は、坂本保富『米百俵の主人公　小林虎三郎―日本近代化と佐久間象山門人の軌跡―』(学文社、二〇一一年)、同『米百俵の歴史学』(学文社、二〇〇六年)を参照。

(343) その代表的な研究は佐藤昌介『洋学史論考』(思文閣出版、一九九三年)の「第三篇　幕末における洋学の軍事科学化にかんする研究」の「序章」、二九九頁。梅原徹『近世私塾の研究』(思文閣出版、一九八三年)第三章第四節「軍事科学としての蘭学」、二七六―二七八頁。それらの論考は、『象山全集』第五巻所収「訂正及門録」を、肝心の「訂正」を除外して象山の西洋砲術塾の門人帳「及門録」として捉え、門人の藩別入門者の分析をしている。

それらの研究は、史料に付された「訂正」の二文字は、同史料が象山生存中の私塾の門人帳ではなく、明治になって門人たちが編集し内容を訂正して作成した二次史料(作為史料)であることをまったく意識せず、看過している。

(344) 半世紀以上にわたり、象山研究に取り組んできた著者は、特にこの三十数年間はもっぱら『象山全集』第五巻に所収の「訂正及門録」が、象山没後の明治期に門人たちによって作成された二次史料(作為史料)であることを、他の「及門録」との比較校合を通じて様々な誤謬の析出を通して論証し、その訂正に努めてきた。

象山門人帳「及門録」に関する主要な拙稿一覧を次に示す。

①「象山研究史上の問題点(上)―特に門人帳「及門録」の理解と使用に関する問題をめぐって―」(信濃教育会『信濃教育』第一二二九号、一九八九年四月)。

②「象山研究史上の問題点(下)―特に門人帳「及門録」の理解と使用に関する問題をめぐって―」(信濃教育会編『信濃教育』第一二三〇号、一九八九年五月)。

③「門人帳資料『訂正及門録』の析出による象山塾門人の析出―「東洋道徳・西洋芸術」思想の展開―」(日本歴史学会編『日本歴史』第五〇六号、一九九〇年七月)。

④「京都大学附属図書館所蔵「及門録」の内容とその問題点」(信州大学全学教育機構『坂本保富教授定年退職記念論文集』、二〇一三年三月)。

⑤信濃教育博物館所蔵「及門録」の内容と史料的意義」(信州大学全学教育機構『坂本保富教授定年退職記念論文集』、二〇一三年三月)。

⑥「青木歳幸氏の京都大学附属図書館所蔵「及門録」の解読・紹介とその誤謬―」(平成国際大学『平成国際大学論集』第一九巻、二〇一四年十二月)。

⑦「国立歴史民俗博物館公開「佐久間象山門人帳データ「及門録」の誤謬」(平成国際大学『平成法政研究』第一九巻第一号、二〇一四年十月)。

⑧「最新訂正版『象山門人帳史料』の提示と門人の全国分布（平成国際大学法制学会編『平成法制研究』第十九巻第二号、二〇一五年三月）。

⑨「佐久間象山の門人確定に関する先行研究の検討（Ⅰ）―井上哲次郎・宮本仲による「及門録」の紹介―」（平成国際大学『平成大学論集』第二三号、二〇一八年三月）。

⑩「佐久間象山の門人確定に関する先行研究の検討（Ⅱ）―増訂版『象山全集』所収の象山門人帳「訂正及門録」の分析―」（平成国際大学『平成国際大学論集』第二四号、二〇二〇年三月。

⑪「最新訂正版『象山門人帳史料』の提示と門人の全国分布（平成国際大学法制学会編『平成法制研究』第一九巻第二号、二〇一五年三月）を参照。

(345) 全集に収録史料の上欄に、「玉地時代か。平山生通称平八（北沢正誠氏の覚え書きによる。以下単に北と略記するもの皆然り」という記載がある。これは、『象山全集』の編纂過程で問題のある内容に関する北沢の判断と注釈を仰いで記したことを物語っている。その事例として『象山全集』第一巻所収「浄稿」の「増永山生（永山生に贈る）」（同書、五一頁）をあげておく。

(346) 前掲、丸山真男『忠誠と反逆』、一四一頁。

(347) 丸山真男『忠誠と反逆』、一五二頁。

(348) 前掲、島田虔二『朱子学と陽明学』、一〇一―一〇二頁。

(349) 前掲、『省諐録』第四十二条に「これ有るも補ふところなく、これなきも損するところは、これ無用の学なり」と、現実問題に有効に対応しえない観念的な机上の学問を、象山は「無用の学」と厳しく批判した。

(350) 『象山全集』第四巻、嘉永六年五月付「山寺源大夫宛書簡」、一三九頁。

(351) 前掲、岩波書店「日本思想体系」の『渡辺崋山　高野長英　佐久間象山　横井小楠橋本左内』所収の植手通有論文「佐久間象山における儒学・武士道精神・洋学」、同書六六〇―六六一頁。

(352) 『象山全集』第三巻、嘉永二年五月二十八日付「中俣一平宛書簡」、五一八―五二〇頁。

(353) 『象山全集』第五巻所収「訂正及門録」、七六一頁。

(354) 『象山全集』第三巻、「生萱村大砲試演点放人員次第書」、六二二―六二五頁。

(355) 前掲、坂本保富『幕末洋学教育史研究』を参照。

(356) 文部省編『日本教育史資料』（臨川書店の復刻版、一九六九年）の第二巻「旧福井藩学校」四〇頁。

(357)『松本順自伝・長与専斎自伝』（平凡社「東洋文庫」、一九八〇年）、一一一頁。
(358)『福沢諭吉全集』（慶應義塾編、岩波書店発行、一九六〇年）第一〇巻所収「梅里杉田成卿先生の祭典に付演説」、二五二頁。
(359)幕末期の土佐藩では、領土・沿岸の防衛体制は、身分や地位などを超えて、領土は領民全体で守るものとの考えから、領民全体を国防要員に組み込んだ全藩防衛体制の組織化が図られていた。この実態に関しては、前掲の坂本保富『幕末洋学教育史研究』の「第三章幕末期土佐藩への西洋砲術の普及過程」、特にその「第一節　幕末期土佐藩の防衛体制」（一一六―一三〇頁）を参照。
(360)『象山全集』第三巻、嘉永三年七月十六日付「母宛書翰」、五八一頁。
(361)『象山全集』第四巻、嘉永四年六月二十二日付「八田嘉助宛書翰」、一五頁。
(362)前掲の『長野県歴史人物大事典』六八七頁、『松代町史』下巻五八七―五八九頁。
(363)前掲、吉田亮『狩野芳崖・高橋由一』（ミネルヴァ書房、二〇〇六年）を参照。
(364)『象山全集』第四巻、嘉永四年六月二十二日付「八田嘉助宛書翰」、一五頁。
(365)『象山全集』第三巻、嘉永三年九月付幕臣「川路聖謨宛書簡」、五九八頁。
(366)前掲、石黒忠悳『懐旧九十年』岩波文庫版、一〇六頁。
(367)『象山全集』第四巻、嘉永五年「松代藩留守居津田轉より庄内侯への返簡」、一一一頁。
(368)『象山全集』第三巻、嘉永三年七月二十六日付「母親宛書簡」、五八五頁。
(369)井上哲次郎「佐久間象山及門録に就いて」（『東洋学芸雑誌』第三一巻第三九八号、一九一四年十一月）。
(370)『象山全集』第四巻、「小林又兵衛宛書簡」（年月日不詳）、二四二頁。
(371)『吉田松陰全集』（大和書房、一九七三年）第七巻、「叔父玉木文之進宛書簡」、一〇三頁。
(372)『象山全集』第三巻、嘉永三年七月二十六日付「母宛書翰」、五八四―五八五頁。
(373)『象山全集』には、象山が門人に与えた計五例の「西洋砲術免許状」が収録されており、それらによって象山の実施した西洋砲術教授の内容を窺い知ることができる。その一例として九州中津藩の門人・島津文三郎に授与した免許状（嘉永六年四月十五日付免許状「島津文三郎に与ふ」、『象山全集』第四巻、一二九―一三〇頁）がある。
(374)前掲、池田哲郎「佐久間象山と蘭学」（『福島大学学芸学部論集』一〇巻一号、「社会科学」、一九五九年三月）、『洋学史事典』三〇五頁を参照。
(375)同上、池田哲郎「佐久間象山と蘭学」（『福島大学学芸学部論集』一〇巻一号「社科学」、一九五九年）を参照。

(376) 『象山全集』第四巻、嘉永四年十一月付「大槻龍之進宛」の「西洋真伝砲術免許状」(稿)、四一―四四頁。
(377) 『象山全集』第三巻、弘化二年六月二十七日付「八田喜右衛門宛書簡」、三四三頁。
(378) 『象山全集』第四巻、嘉永四年十一月付「大槻龍之進宛」の「西洋真伝砲術免許状」(稿)、四四頁。
(379) 『象山全集』第三巻、嘉永三年九月二十一日付「山寺源大夫宛書簡」、六〇六頁。
(380) 前掲、坂本保富『幕末洋学教育史研究』の「第三章　幕末期土佐藩への西洋砲術の普及過程」、一四三―一四四頁を参照。
(381) 『象山全集』第四巻、嘉永六年四月十五日付「島津文三郎宛免許状」、一三〇頁。
(382) 『象山全集』第四巻、嘉永五年正月十九日付「松代藩門人中俣一平宛書翰」、五四頁。
(383) 信濃教育会編『信濃教育』の「象山先生五十年祭記念号」に加藤弘之が寄稿した「象山先生につきて」(一九一三年)。
(384) 前掲、池田哲郎「佐久間象山と蘭学」(『福島大学学芸学部論集』一〇―一、一九五九年)において、同氏は象山が関係した蘭学書を『象山全集』(全五巻)の中から抽出して集計し合計五〇点を確認している。
(385) 日本弘道会『泊翁西村茂樹伝』(上下二巻、一九三三年)の上巻、二九―三〇頁。
(386) 『象山全集』第二巻、象山の非常に長文かつ重要な内容の上書「時事を痛論したる幕府への上書稿」(文久二年九月、全文は一六三―一九四頁の極めて長文)の中の一八一頁。
(387) 前掲、岩波文庫版『省諐録』第三五条、同書三二頁。
(388) 『象山全集』第三巻、嘉永三年十月二十一日付「竹村金吾宛書翰」、六〇七頁。
(389) 『象山全集』第四巻、嘉永五年「松代藩留守居津田轉より庄内侯への返翰」、一一一頁。
(390) 井出孫六『杏花爛漫　小説佐久間象山』(上下二巻、朝日新聞社、一九八三年)の下巻、一四九―一五〇頁。
(391) 『象山全集』第四巻所収、安政二年二月二十七日付「依田又兵衛宛書簡」、三一六頁。
(392) 『長野県教育史』第八巻「史料篇二」、「嘉永安政中銃隊調練法ヲ江戸ニ教授」、一四八頁。
(393) 蟻川は、文久三年(一八六三)には松代藩の御鉄砲奉行と御武具奉行を兼帯、西洋銃隊取調懸、翌年には幕府の講武所砲術教授並出役を拝命。元治元年の松代藩京都警衛のときには「物頭」として出張するなど、幕府や松代藩の命を受けて西洋砲術家として活躍する。だが、蟻川が重責を担って多忙になると、象山塾の教育を継続することが困難となり閉塾することになる(同上、『長野県教育史第八巻史料篇二』、一四八頁)。だが、蟻川は、その後、郷里松代に開いた自身の洋学私塾「自彊堂」は、「嘉永年間ヨリ明治年間マテ十六年間」にわたって経営し、象山の学問と教育の精神を継承し教授した(同上、一四八頁)。

(394) 『象山全集』第三巻、天保十年三月付「高野車之助宛書簡」、七二頁。
(395) 前掲、岩波文庫版『省〓録』第十四条、二二頁。
(396) 『象山全集』第二巻「補遺」の象山史料「門弟子に示す」、八頁。
(397) 「不憤不啓、不悱不発」は『論語』「述而」第七の文。
(398) 『象山全集』第四巻、四三五頁。なお、同頁には象山が蟄居した家老の広大な別邸（聚遠楼）の敷地と建物の図面がある。
(399) 『象山全集』第四巻、安政二年八月二十日付「高田幾太宛書簡」、三六五頁。
(400) 『象山全集』第四巻、安政二年八月二十日付「高田幾太宛書簡」、三六三―三六四頁。
(401) 『象山全集』第四巻、安政二年八月二十日付「高田幾太宛書簡」、三六四頁。
(402) 『象山全集』第四巻、安政二年十二月十九日付「山田兵衛宛書簡」、四〇六頁。
(403) 『象山全集』第四巻、安政二年八月、「勝麟太郎宛書簡」、三五九頁。
(404) (405) 『象山全集』第四巻、安政二年八月、「勝麟太郎宛書簡」、三六一頁。
(406) 『象山全集』第四巻、安政三年十月六日付「勝林太郎宛書簡」、五二五頁。
(407) 『象山全集』第五巻、文久二年付「松田豊前宛書簡」、四一九頁。
(408) 『象山全集』第四巻、安政二年五月十五日付「村上誠之丞宛書簡」、三四一頁。
(409) 『象山全集』第四巻、安政二年五月十五日付「村上誠之丞宛書簡」、三四二頁。
(410) 『象山全集』第五巻、万延元年（一八六〇）十月十七日付書翰（宛先不明書翰）、二四七頁。
(411) 『象山全集』第四巻、安政二年三月付「浦上四九三郎宛書簡」、三二〇頁。なお、この書簡の宛先の「浦上四九三郎」とは、象山が江戸木挽町に開いた私塾の地主（旗本）である。
(412) 前掲、池田哲郎「佐久間象山と蘭学」（『福島大学学芸学部論集』第一〇巻一号、一九五九年三月）。
(413) (414) 『象山全集』第三巻、嘉永二年五月十三日付「川路聖謨宛書簡」、五一五頁。
(415) 友人・竹村金吾は松代藩の町奉行・郡奉行・寺社奉行等の要職を歴任、馭術家として天下に名声を得た人物（『更級郡埴科郡教育人名辞典』二八三頁、『松代町史』下巻の六三三頁を参照）。
(416) 『象山全集』第四巻、安政四年六月十二日付「山寺源大夫宛書翰」、同書五六七―五六八頁。
(417) 『象山全集』第五巻、安政五年三月五日、「梁川星巌宛書簡」、同書三頁。

(418)『象山全集』第三巻、嘉永二年五月十三日付「川路聖謨宛書簡」、五一五頁。
(419)『象山全集』第一巻「象山浄稿」「所収」の全漢文「薬論序」、七〇—七一頁。『洋学史事典』五七七頁を参照。
(420)宮本仲『佐久間象山』所収「先生の医術」、五二〇頁。
(421)宮本仲『佐久間象山』所収「先生の医術」、五一八—五四七頁を参照。
(422)前掲、坂本保富『幕末洋学教育史研究』の第五章「幕末期におけるオランダ語号令の受容と日本語化問題」の（二）「高島の武州徳丸ヶ原での西洋砲術繰練と幕府鉄砲方井上左太夫の批判」、同書四三三—四三六頁を参照。
(423)坂本保富『幕末洋学教育史研究』第五章「幕末期におけるオランダ語号令の受容と日本語化問題」の（一）「オランダ語による銃陣号令教授をオランダ人から厳命された高島秋帆」、四三一—四三三頁を参照。
(424)岩崎鐵志紹介「八木剛助筆録『田原日記』」（実学資料研究会編『実学史研究Ⅱ』の「史料篇」、二三一頁）。
(425)前掲、坂本保富『幕末洋学教育史研究』の第五章「幕末期におけるオランダ語号令の受容と日本語化問題」の（二）「高島の武州徳丸ヶ原での西洋砲術繰練と幕府鉄砲方井上左太夫の批判」、同書四三五—四三六頁を参照。なお、井上の蘭語使用に関する批判の原史料は、『陸軍歴史』巻一（『勝海舟全集』筑摩書房、第十五巻）、三二頁にも収められている。
(426)坂本保富『幕末洋学史研究』第四章三六五—三六九頁、第五章四三一—五〇五頁を参照。
(427)当時の象山は江川の門人であったが、同時に下曽根の指導も受け昵懇の間柄にあった。徳丸原の西洋砲術繰練の見学の話は下曽根からの勧誘であった。だが、そうすると、江川門人である故に師匠の江川に申し訳が立たなくなるので、結局、江川門人として他の門人たちと見学することになった（『象山全集』第三巻、三二一—三二三頁を参照）。
(428)『象山全集』第四巻所収、安政四年七月二十二日付「三村晴山宛書簡」、五八五頁。
(429)西洋砲学をまとめた膨大な「砲学図編」は、詳細な目次「彈」「鏡版」「薬嚢」「火菅」「用器」と多数の精密な製作図が収録されている（『象山全集』第二巻四三頁）。
(430)『象山全集』第二巻に『迅発銃図説』の「敍」と全文（「迅発銃図説目録」「迅発銃図説」「跋」と各種西洋銃の設計図）が収録されている（一—三〇頁）。『洋学史事典』三五九—三六〇頁も参照。
(431)『砲卦』の全文（「敍」「砲卦」「砲卦後記」）は、『象山全集』第一巻に所収。
(432)前野喜代治『佐久間象山再考』、一四〇頁。前野による全漢文『砲卦』の現代語訳より転用。
(433)『象山全集』第四巻、嘉永五年十一月二十八日付「加藤弘之宛書簡」、一〇六頁。

(434) 原漢文「抑擬砲於易何卦当之」は『象山全集』第一巻所収『砲卦』の第二「序」、一頁。
(435) 前掲、岩波文庫版『易経』、五一―五一頁を参照。
(436) 原漢文「時冬夜寒烈。余与客憑一炉。予乃為画炉灰。以指示其象意。客称善不。已更筆之書。予亦欣然頷之。遂演為礮卦一篇。」は『象山全集』第一巻所収『礮卦』の第二「序」、二頁。
(437) 原漢文「少小窮易理。中年研礮火。融会著礮卦」は『象山全集』第二巻所収「象山先生詩鈔」、三六頁。
(438) 宮下忠道論文「佐久間象山の易に就て」は、信濃教育会編『信濃教育』第五三五号（昭和六年六月）に所収。
(439) 飯島忠夫論文「佐久間象山の易学」は、同上の『信濃教育』第五四三号（昭和七年一月）に所収。
(440) 源了圓『徳川合理思想の系譜』中公叢書、一九七二年、三五八頁。
(441) 『象山全集』第四巻、安政四年十月二十七日付「山寺源大夫宛書簡」、一二二頁。
(442) 『象山全集』第四巻、嘉永六年十月二十二日付「山寺源大夫宛書簡」、六〇五頁。
(443) 『象山全集』第四巻、安政四年十月二十七日付「村上誠之丞宛書簡」、六一三頁。
(444) 源了圓『佐久間象山』ＰＨＰ研究所、一九九〇年、一二一頁。
(445) 松本健一『評伝　佐久間象山』上巻、中公叢書、二〇〇〇年、一一八頁。
(446) 前野喜代治『佐久間象山再考』銀河書房、一九七二年。
(447) 前野喜代治『佐久間象山再考』、一三一頁。
(448) 土肥恒之『ピョートル大帝―西欧に憑かれたツァーリ―』（山川出版社、二〇一三年）および工藤庸子訳、アンリ・トロワイア『大帝ピョートル』（中央公論社、一九八一年）その他を参照。
(449) 『象山全集』第三巻、天保十三年七月五日付「渋谷脩宛書簡」、二〇八頁。
(450) 『象山全集』第四巻、安政五年正月廿六日付「梁川星巌宛書簡」六九四頁。
(451) 前掲、土肥恒之『ピョートル大帝―西欧に憑かれたツァーリ―』及び工藤庸子訳、アンリ・トロワイア『大帝ピョートル』その外を参照。
(452) 象山全集』第四巻、安政四年七月廿二日付「三村晴山宛書簡」、五八六―五八七頁。
(453) 『象山全集』第一巻所収「文稿　雑」、「玉地の象山書院時代」、一二七頁。
(454) 『象山全集』第四巻、日付不詳「獄中より某宛書簡」、二五〇―二五三頁。

(455)『象山全集』第四巻、安政元年四月廿七日付「獄中より山寺源大夫三村晴山宛書簡」、二五五頁。
(456)『象山全集』第四巻、安政元年四月廿七日付、「獄中より山寺源大夫三村晴山宛書簡」、二六二頁。
(457)渡辺實『近代日本留学史』上下二巻、講談社、一九七七年その他。
(458)御雇外国人に関する文献には、『ザ・ヤトイ—お雇い外国人の総合的研究—』(思文閣出版、一九八七年)、アーダス・バークス編、梅渓昇監訳『近代化の推進者たち—留学生・お雇い外国人』(思文閣出版、一九九〇年)、梅溪昇他『お雇い外国人』(全一七巻、鹿島研究所出版会、一九六八—七六)などがあり、これらを参照。
(459)ヘボンは、幕末期に訪日し、横浜で医療活動に従事。また、聖書の日本語訳や初の和英辞典『和英語林集成』を編纂(前掲『洋学史事典』六四三頁)。
(460)ドイツ人医学者のベルツは、東京医学校(現在の東京大学医学部)の教師に招かれ、内科学・病理学・精神病学を教え、特に日本の脚気・ハンセン病・ツツガムシ病など風土病研究の先駆者(前掲『洋学史事典』六四五頁)。
(461)フルベッキは、オランダ出身でアメリカ合衆国のキリスト教オランダ改革派宣教師、東京大学の前身である大学南校の頭取、政府顧問となり岩倉使節団の派遣やドイツ医学の採用などを進言、また旧約聖書の「詩編」を翻訳紹介(前掲『洋学史事典』六三二—六三三頁)。
(462)「小泉八雲(一八五〇—一九〇四)」で知られるラフカディオ・ハーン(Patrick Lafcadio Hearn)は、ギリシャ生まれの小説家・日本研究家。平川祐弘編『小泉八雲　回想と研究』(講談社学術文庫、一九九二年)、太田雄三『ラフカディオ・ハーン—虚像と実像』(岩波新書、一九九四年)、工藤美代子『神々の国　ラフカディオ・ハーンの生涯〈日本編〉』(集英社、二〇〇三年)、等々を参照。
(463)フェノロサは、アメリカ合衆国の東洋美術史家、哲学者で、明治時代に来日、日本の美術を評価し海外に紹介、東京美術学校(現在の東京芸術大学)の設立に尽力(前掲『洋学史事典』六一二—六一三頁)。
(464)ボアソナードは、フランス人の法学者、教育者。日本の太政官法制局御用掛、元老院御用掛などの要職を歴任。日本の国内法の整備に多大な貢献をし、「日本近代法の父」と呼ばれる。(大久保泰甫『ボワソナアド—日本近代法の父』岩波新書、一九七七)。
(465)ブスケは、フランスの軍人で、元老院の国憲按起草の資料など法律や軍事に関するフランス資料を翻訳、条約改正交渉に助言・建議し近代日本の法律分野で貢献(梅渓昇著『お雇い外国人〈11〉政治・法制』(鹿島出版会、一九七一年)。
(466)ハウスクネヒトは、ドイツの教育者で、東京帝国大学で初めて教育学を講義し日本にドイツ教育学をもたらした(寺崎昌男、竹中暉雄、榑松かほる著『御雇教師ハウスクネヒトの研究』東京大学出版会、一九九一年）。

(467) メーソンは、アメリカ合衆国の音楽教育者で日本の西洋音楽を指導（中村理平『洋楽導入者の軌跡―日本近代洋楽史序説』刀水書房、一九九三年）。

(468) ダイアーは、スコットランド出身の技術者及び技術教育者で、明治時代の日本に西洋式の技術教育を導入（三好信浩『ダイアーの日本』福村出版、一九八九年。北政巳『御雇外国人ヘンリー・ダイアー』文生書院、二〇〇七年）。

(469) ナウマンは、ドイツ人地質学者で東京大学創立当初の地質学教授で「ナウマンゾウ」の研究で有名（前掲『洋学史事典』五一二頁）。

(470) モースは、東京大学の初代動物学教授で大森貝塚を発掘したアメリカ人動物学者（前掲『洋学史事典』七〇三頁）。

(471)(472)(473)（『省諐録』「附録」の「感情百首」の冒頭序文、七六頁。

(474) 『象山全集』第五巻、文久二年十二月十一日付「有志者に赦免促進運動を起さんことを求むる書」、四〇八―四〇九頁。

(475) 『象山全集』第五巻、文久三年八月二十日付「勝麟太郎宛書簡」、四六一頁。

(476) 前掲、宮本仲『佐久間象山』、三八三頁。

(477) 象山の上洛を引き止めようとする門人たちの藩庁宛「門弟連署の象山引留陳情書は、『象山全集』第五巻、文久三年正月十四日、八〇四頁。

(478)(479) 『象山全集』第五巻、元治元年六月廿七日付、「姉宛書簡」、七一八頁。

(480) 『象山全集』第五巻、元治元年六月十八日付「夫人宛書簡」、七〇七頁。

(481) 『象山全集』第五巻、元治元年六月二十九日付「勝海舟宛書簡」、七二〇頁。

(482) 『象山全集』第五巻の巻末附録に所収。

(483) 「元治元年七月十一日松代藩医山田見龍の疵改書」（『象山全集』第五巻「象山先生史料雑纂」、八一一―八一二頁）。

(484) 「格二郎家督相続嘆願書」は『象山全集』第五巻「象山先生史料雑纂」、八一六頁。

(485) 『象山全集』第五巻所収「象山先生史料雑纂」、八二一頁。なお、象山斬殺に際しての佐久間家に対する松代藩の処分は過酷を極め、「佐久間修理代々頂戴の御書付類且つ御書下御紋服其外拝借の御書物夫々返上有るべく候」（同上、『象山全集』第五巻所収「象山先生史料雑纂」八二一頁）との命が下り、家屋敷はもちろん、代々、藩から給わった書籍、書類、紋服、甲冑などの一切を返上させられたのである。

(486) 高橋宏「佐久間象山　雅号呼称の決め手」(『信州大学教養部紀要』第二八号、一九九五年)。この高橋論文は、「ぞうざん」か「しょうざん」かという佐久間象山の雅号呼称の論争を、明治以来の象山関係文献の多くを蒐集・分析した最も詳細な論考である。時代により「ぞうざん」が主流のときと、逆に「しょうざん」が主流のときとの入れ替わりがみられたが、昭和六十一年以降は、「しょうざん」の使用がが圧倒的に多いことを立証している。だが、今なお呼称をめぐる論争はたえない。

(487) 『象山全集』第三巻、嘉永元年二月十四日付「山寺源大夫宛書簡」、四二六頁。

(488) 『象山全集』第五巻所収の「訂正及門録」が象山没後の明治期に門人たちによって作成された二次史料(作為資料)であることを論証した筆者の研究成果については註(344)西洋砲術の教授活動による国際的視野の人材育成の「誤謬に満ちた象山門人帳史料『訂正及門録』の拙稿一覧を参照。

(489) 『象山全集』第五巻、安政五年三月五日付「梁川星巌宛書翰」、同書三頁。

(490) 象山の医学研究と診療実践の事実は、『象山全集』の数多の書簡に記載されているが、その史料を詳細に検討してまとめた論考が宮本仲『佐久間象山』の「先生の医術」(同書五一八―五四七頁)である。

(491) 象山執筆の序文「藥論序」は『象山全集』第一巻「象山浄稿」の「序」(七〇―七一頁)に収録。

(492) 『象山全集』第四巻、安政二年八月二十日付「高田幾太宛書簡」、三六二頁。

(493) 岩波文庫版『省諐録』第二十七条、二八頁。

(494) 『象山全集』第五巻、安政五年三月六日付「梁川星巌宛書翰」、九頁。

(495) 『象山全集』第四巻、「小林又兵衛宛書簡」、二四二頁。

(496) 『省諐録』第二一条、岩波文庫版、二五頁。

(497) 『象山全集』第四巻、嘉永五年、「松代藩留守居津田転より庄内侯への返簡」、一一一頁。

(498) 『朱子語類』(山田準訳『洗心洞箚記』下巻)、二七五頁。

(499) 西周『百一新論』、筑摩書房『明治啓蒙思想集』、二三頁。前掲、小池嘉明論文「佐久間象山の物理と倫理」を参照。

(500) 村松正俊訳『西洋の没落―世界史の形態学の素描〈第一巻〉形態と現実と』五月書房、新装版、二〇一五年を参照。

(501) 玉井友希夫「歴史家の宗教観(1)―アーノルド・J・トインビー」(『横浜国立大学人文紀要』第十九巻、一九七三年三月)より引用。

第三章　「東洋道徳・西洋芸術」思想の構造と特質
――佐久間象山の東西学術を統合した思想世界――

はじめに

1　先行研究における「東洋道徳・西洋芸術」思想の理解と誤解

幕末期の国事多難な激動の時代に、武士を本分とする朱子学者・佐久間象山（一八一一―六四）の思想は、政治史的にみれば、幕府や藩で構成される幕藩体制を否定するものではなく、それらの組織や運営の在り方を変革して、儒教の説く「脩身斉家治国平天下（『大学』）」という平和社会の実現に献身する武士道精神を根本とするものであった。象山における国家人民への「尽忠報国」という思想を否定しては、後述する丸山真男や松本三之介が象山を近代政治の開眼者と捉える合理的な理解の仕方に反して、象山思想「東洋道徳・西洋芸術」の意味する本質がみえなくなり、誤解や曲解を招くことになる。象山と武士道、象山と国家政体との結びつきは、象山思想の政治的根幹をなす思想であり否定することはできない。

明治日本の文明開化の象徴的な存在であった啓蒙思想家の福沢諭吉（一八三五―一九〇一）でさえもが、『学問のすゝめ』のなかで、国家防衛のための富国強兵の実現が幕末維新期の日本近代化過程で最も緊要な国家の政治課題であったという政治的見解を、次のように述べている。

人誰か苛政を好みて良政を悪くむ者あらん、誰か本国の富強を祈らざる者あらん、誰か外国の侮りを甘んずる者あらん、これすなわち人たる者の常の情なり。今の世に生まれ報国の心あらん者は、必ずしも身を苦しめ思いを焦がすほどの心配あるにあらず。(1)

上記のような明治の開明的な思想家であった福沢の富国強兵論は、一見すると意外に思われるかもしれない。だが、時代の現実を見据えた教養ある同時代人からみれば、富国強兵・尽忠報国は、身分を超えて国民全体の躬行実践すべき至極当然の国家思想であった。

欧米列強からの外圧への対応に苦慮する幕末期に、象山が提唱し実践した「東洋道徳・西洋芸術」という思想は、西洋先進文化に対する日本人の積極的な対応姿勢を指示する先駆的な思想として、当時の日本人、取り分け多情多感な青少年たちの主体形成、思想形成に決定的な影響を与えた。黒船来航の嘉永六年（一八五三）には、いまだ十六歳の少年に過ぎなかった大隈重信（一八三八―一九二二）は、当時、象山の思想的な感化力がいかに大きかったかを晩年に回顧し、次のように述べている。

当時、藤田東湖と佐久間象山とは、殆んど天下一般に承認せられた有識者なりし。二人の所説は固より同一ならざりしと雖も、これを尊信する青年書生の身に取りては、其の一言一句みな暗夜の光明の如くなりし。（中略）元来、少壮時の脳は感じ易くして又移り易し。今や時勢は断えず彼等の心を刺衝して、脳裏常に感情の激波を漲らすに際し、藤田、佐久間が喝破したる豪放にして壮快なる言は、実に渇者の美酒、飢者の膏粱（美味な食物・・筆者註、以下同様）として接受せられたり。(2)

象山の思想と行動の発光源となったのは、格物窮理を最も重視する独自の朱子学理解と蘭学原書の実験的な検証を媒介として形成された「東洋道徳・西洋芸術」という思想であった。この象山の思想をめぐっては、従来の先行研究では、政治思想や軍事思想、あるいは洋学思想や科学思想などの思想史的な分析視座から様々な研究がなされてきた。特に、幕末思想史研究や日本近代化研究においては、象山の「東洋道徳・西洋芸術」という思想の存在を無視して語ることはできなかった。

しかし、それらの先行研究には、象山思想の理解と評価をめぐって積極的か消極的か、肯定的か否定的かの顕著な相違がみられた。だが、多くの象山研究の場合、「東洋道徳」と「西洋芸術」それぞれの意味の理解と両者を結合する連関の仕方の問題に関するほとんどの考察は、字義通り「折衷」あるいは「接木」という表面的なステレオタイプの理解であった。

だが、そのような研究状況のなかで、驚くべき問題点がいくつか認められた。その最もたることは、象山の思想と行動を「東洋道徳・西洋芸術」思想の具体的な展開として真正面から捉えて、その思想の形成展開の過程を本格的に考察して象山思想の内在的な理解をするという研究が極めて少ない、という事実である。まれに独立の章や節を立てて質量共に充実した論考もみられたが、ほとんどの場合は数行か数頁で触れる程度の研究状況であった。

以上のような従来の研究状況に反して、本章における「東洋道徳・西洋芸術」の研究は、従来の研究視座を逆転させて、多様な展開をみせた象山思想の発光源として「東洋道徳・西洋芸術」思想を捉え、その形成と展開の過程の分析を通して象山思想の構造と特徴を形成史的に理解するという立場をとるのである。そのような本章における象山思想の研究の方法と理解の仕方の特徴を鮮明にするために、以下のような昭和戦後の先行研究で象山思想「東洋道徳・西洋芸術」を取り上げて考察している代表的な論考のいくつかを紹介する。

日蘭交渉史研究の板沢武雄の場合　叙上のような象山の「東洋道徳・西洋芸術」思想に関する貧弱な研究状況のなかで、昭和戦後の早くに「東洋道徳・西洋芸術」思想に着眼し、その思想的な意味と歴史的な役割を考察した研究がいくつかなされていた。その第一は、日蘭交渉史研究の大家である板沢武雄（一八九五―一九六二、元東京帝国大学教授）の昭和三十四年（一九五九）に刊行された『日蘭文化交渉史の研究』である。[3]板沢は、昭和の戦前から日蘭交渉史の研究に従事し、そのなかで幕末期に儒学者で蘭学を研究した佐久間象山の「東洋道徳・西洋芸術」という思想に注目した。彼は、「象山の蘭学は独自の見識をもって開発せられたところに特色がある」[4]と理解し、その思想形成の要因として、象山が幼少期から算学と易学を学んだことに着目した。彼は、この点を「象山の学風を観る上に看過することができぬ事情」[5]と捉えたのである。そして、「東洋道徳・西洋芸術」思想を理解する際に、「五大洲の所長を集め、本邦をして永く世界独立の国とならしむ」[6]という象山の決意は、「我が蘭学者に共通に内在していた国民意識」[7]であり、「この意識この自覚あるによってのみ学問が価値づけられ、生命づけられる」[8]と分析したのである。そして、「朱子学と蘭学とは相容れないものではない」[9]と考える象山の「東洋道徳・西洋芸術」思想の「具体的な所産」を、「易の理論をもって大砲の理論をなす西洋の物理学を解明」した著書『砲卦』（筆者註：原文は『礮卦』、以下は新字『砲卦』で統一）にみるのである。[10]肯定的に『砲卦』を取り上げて易学を正当に評価する板沢の象山思想の理解は、偏見なき希少な卓見といえる。

実は、昭和戦後の研究者のほとんどは、象山思想の形成要因である修学歴や時代性を無視して、明治以降の西洋近代思想の判断基準や研究視座から幕末期の象山思想を消極的あるいは否定的に評価する研究がほとんどであった。その際に決まって指摘する否定的な事例が、象山が東洋の易学理論をもって西洋科学の結晶である「大砲」のメカニズムを理解した研究成果の砲術書『砲卦』なのである。この問題に関して、板沢は、思想の形成史的な観点から、象山の「東洋道徳・西洋芸術」思想を的確に捉え、象山の特異な朱子学理解や易学理論から西洋科学を捉えた事実を冷静に分析し評価しているのである。

いまだ鎖国下にあって西洋科学の精神や本質を充分に知ることのできなかった幕末期の時代的な制約の下で、儒学者である自分自身が最も精通した東洋の易学の理論から、未知なる西洋砲術の秘密（カラクリ）を説明できると考えた象山の斬新な着想と思想態度は、決して無理からぬ対応であった。未知なる異文化受容に関して、受容する側は、自らの最も精通した思想や理論から異文化を分析し理解するのは当然のことである。受容する日本側の異文化理解に挑む際の限定された条件の下で、幕末期という時代性を無視した、ないものねだりの批判は、逆に時代とともにある思想の理解の曲解として批判されなければならない。

板沢は、蘭学研究の視座から朱子学者象山の蘭学理解の仕方を分析し、象山において両者が矛盾なく統合されたものとして「東洋道徳・西洋芸術」という思想が形成されたことを理解し位置づけている。東洋の側から西洋を理解しようとした板沢の「東洋道徳・西洋芸術」思想の理解は、象山思想の真意を解した極めて正鵠を得た見解である。特に「東洋道徳・西洋芸術」思想の成立を可能にした象山の算学と易学の修得歴を捉えたことは慧眼であり、また東西両洋の学術を連結した結晶として象山の自信作である砲術書『砲卦』を例示したことは、実に蘭学研究の碩学にして初めて成せる技である。

哲学者の古在由重の場合　次に注目すべきは、昭和の戦前から「和魂論」の研究に取り組んできた哲学者の古在由重（一九〇一―一九〇、元名古屋大学教授）の『和魂論ノート』に展開された洋学理解の仕方である。[11] 彼は、「ヨーロッパの近代科学および近代技術は近代兵学を通してわが国にとりいれられなければならなかった」[12] と指摘し、歴史的な事実を歴史的な時代状況に即して把握して事実認識し、幕末期日本における洋学の思想史的な意味づけをしたのである。昭和戦後の欧化日本における民主主義思想の視座から、過去の戦前や幕末期の歴史を捉えて断罪するような時代風潮のなかにあって、古在の勇気ある歴史分析の基本的な視座は、次の論述に具体化されている。

近代ヨーヨッパ的な観点だけからみれば、近代日本の思想史はややもすればただマイナスの側面からのみ評価されきたような傾きをもつ。しかし思想史をふくめて歴史は一般にジグザグにすすむものである。しかもプラスとマイナスとは複雑にからみあっている場合もすくなくない。日本の伝統といわれるときに、この伝統そのもののうちにも進歩的なものと保守的なものとがたたかいあったり、まじりあったりしていることは、事実である。過去の戦争時代には、この日本の思想史的伝統のなかの保守的、反動的なものだけが強調され、あるいはこの伝統自体がねじまげられてきたことはあきらかである。[13]

上記の古在の哲学的な歴史観は、歴史の本質を透視した実に卓見である。彼は、昭和戦後の早くに、このような歴史理解の視座から幕末期という時代を把捉し、そこに展開された幕末期洋学の軍事科学化という歴史的現実を冷静に解析し、それが日本近代化への潮流であったことを丹念に読み解いている。それ故に古在は、「一般に幕末の志士といわれる先駆者たちにとっての共通の特徴」であった「和魂洋才」や「東洋道徳・西洋芸術」を論じる昭和戦後の研究者たちの理解の仕方に対しては、次のように強い疑義の念を表明している。

洋才は近代的だったにしても、和魂あるいは「東洋の道徳」は前近代的だった、と。しかし、当時の歴史的条件のもとで、「洋魂洋才」ならば矛盾は始末されたとみられるだろうか。[14]

幕末期に欧米列強の強大な軍事力を背景とした植民地獲得の脅威を眼前にみて、風前の灯火と化した弱小海国の日本。その日本の国家としての独立と人民の安寧の危機を、いかにして回避することができるか。この幕末期最大の国家課題に直面した日本人が、祖国の防衛と人民の安寧のために西洋砲術・西洋兵学という西洋近代科学を技術的側面から受容したことは当然の推移であり、また実理有用の学として洋学を捉えていた人々が国家の要請に応えようとしたことも当然の責務であった。このような幕末期洋学の受容を、権力への奉仕や迎合、あるいは権力側の取り込み政策と捉えることは、木をみて森をみない歪んだ洋学理解であるとみてよいであろう。

叙上のような歴史的視座から幕末期洋学を同時代の目線で捉えた古在は、幕末期の国家人民の防衛という民族的契機が、軍事科学の領域を主とする洋学の全国的な拡大普及を招来したと分析し、後述する洋学史研究者の佐藤昌介（一九一八―九七、東北大学名誉教授）など体制側との権力の政治的な対立の構図で洋学を捉える幕末期洋学の理解の仕方に対しては、次のように論駁したのである。

高野長英、鈴木春山、佐久間象山らがそれぞれオランダの兵書を翻訳し、または兵器製作にさえあずかったのも、この民族的危機に面してのことだった。この際、それが体制維持か民族独立かのいずれの立場からなされたとしても、この国防ということそのことが、各藩の枠をこえて全国的な規模にまでひろがらざるをえない必然性をその内部にひそめていたことは、いうまでもない。そしてまたこのおなじことが島国日本の視角から世界をのぞきみるにとどまらずに、「世界のなかの日本」という視野のひろがりと民族的な自覚とをつよくもたらしたことも、容易に察せられるだろう。(15)

上記のような古在の幕末期洋学の歴史的な理解は、同時代における洋学普及の実態に即した極めて妥当なものである。そして古在は、そのような幕末期における洋学の拡大普及を担った人物として高野長英（一八〇四―五〇）・鈴木春山（一八〇一―四六）・佐久間象山の三名を例示している。この人選と各人の果たした歴史的役割についての理解もまた、適切妥当なものである。

洋学史研究の佐藤昌介の場合　同じ幕末期洋学の把捉の仕方やそれを担った歴史的人物の理解や評価の仕方も、佐藤昌介と板沢や古在とではまったく異なる、というより正反対である。特に象山に関しては、佐藤の場合は著書『洋学史の研究』のなかで「佐久間象山と蘭学」という独立した章を設けて詳細な論考をまとめている。(16)だが、そこに示された象山理解は、象山の全体像や彼が生きた時代性をまったく無視したもので、昭和戦後の高見からの批判や偏見を超えた侮蔑か断罪としか読み取れない内容である。

権力との対立的構図で幕末期洋学を捉え洋学史研究に功績を残したとされる佐藤は、「東洋道徳・西洋芸術」思想を問題とするときも、象山が西洋砲術の理論を東洋の易学理論で解釈した著書『砲卦』を取り上げ、その矛盾を徹底的に糾弾するのである。すなわち、朱子学における最重要の経典である『易経』の理論をもって西洋科学を理解しようとした象山の非科学性を指摘して、「東洋道徳・西洋芸術」という象山思想を矛盾に満ちた思想として批判するのである。佐藤の、そのような現代西洋の視座からなる分析の手法は、象山の人と思想に対する否定的な見方をする研究者の常套手段であり、その典型的な事例が佐藤の場合なのである。

佐藤は、「象山が西洋砲術を易理（易学）によって説明しようとして、蘭学者の失笑をかった話は有名[17]」で、これこそが「『東洋道徳・西洋芸術』的思想の限界を余すところなく伝えている[18]」と分析し、「読めもしない蘭書を字書さえあれば読めると偽って記した[19]」と事実を曲解し、「かれの蘭学は、西洋のそれとは異なり、幕末維新の激動期に狂い咲いた徒花にすぎない[20]」「象山の内部に巣食う前近代的な道学的欺瞞性[21]」と結論づけ、象山思想である「『東洋道徳・西洋芸術』とは、このような「確信ないしは錯覚に基づく学問観[22]」であると厳しく断罪したのである。

叙上のような佐藤の象山に関する分析と評価は、例えば象山の蘭書の読解能力の有無に関してもまったくの事実誤認である。象山の蘭語能力を解明すべく、象山使用の蘭語原書や蘭語語彙を徹底分析した蘭学史研究者の池田哲郎（一九〇二―八五、元福島大学教授）は、「尠くとも象山は当時オランダ一流の兵書を渉猟しており、その実学（砲術）応用に或る程度成功したとみなければならない[23]」と結論づけている。象山に否定的な池田でさえもが、象山の蘭語の読解能力を事実として認めざるをえなかったのである。

だが、佐藤の象山理解は恣意的で、数多の象山研究の蓄積のなかでも極めて異常なものである。彼は、生理的次元で象山を嫌悪し、そこから象山の学問や思想を批判したのである。たとえ学問の自由が保障されたとはいえ、昭和戦後の歴史学界で、幕末期の内外共に激動の時代を生きた象山に関する従来の先覚者や先駆者という解釈や評価を悉く覆し、徹底的に象山の「東洋道徳・西洋芸術」思想を、否、人格までも否定する研究者が、昭和戦後の歴史学界に存在したことは驚きである。

明治維新史研究の坂田吉雄の場合　明治維新史研究に功績を残した坂田吉雄（一九〇六―二〇〇〇、京都大学名誉教授）は、『明治維新史の問題点』のなかに「東洋道徳・西洋芸術の理想を求めて―佐久間象山―」という一章を設け、多くの紙幅（A５判四二頁）を費やし、象山の「東洋道徳・西洋芸術」思想を形成史的な分析手法で詳細に考察している(24)。

そのなかで、坂田は、象山の「東洋道徳・西洋芸術」思想の具体的な実践としての西洋砲術塾の歴史的な意義について、次のように述べている。

門人たちは、東西の学を兼備した一代の人傑として象山に自己の理想像を発見。単に砲術だけでなく、「東洋道徳・西洋芸術」という指導理念まで与えられ、それによって多難な時代を乗りきる勇気を与えられた(25)。

象山の「東洋道徳・西洋芸術」思想は、門人たちはもちろん、幕末期における日本人の西洋科学技術に対する対応姿勢として広く一般化された。その象山の「東洋道徳・西洋芸術」という思想の歴史的な意味を、坂田は、黒船来航に象徴される幕末期の国家的危機という時代状況から読み解き、次のように述べている。

幕末という激動の時期に、外圧の危機を克服するため、朱子学の道徳によって自己の主体性を確立するとともに、「格物窮理」という朱子学の理論、もしくはそれを修正した理論によって、可能な限り西洋の窮理と世界情勢を認識し、軍事技術をはじめとする西洋の技術学を摂取し、日本の国力を増強すること、これが象山の課題であった(26)。

坂田は、あくまでも思想成立の時代性と思想の時代的役割という視座から象山の「東洋道徳・西洋芸術」思想を捉え、その本質的な意味を幼少期からの修学内容の丹念な分析を通して形成史的に理解しようとする。そして、象山批判の常套手段とされてきた問題、すなわち象山が朱子学の易学理論を基礎として「東洋道徳・西洋芸術」思想を形成したという問題に対して、坂田は、「象山と易の理は重要」で「象山の世界観の根底をなす易の理」は「一貫して象山の人生における絶対的な指針」であったとして、次のように論駁している。

象山の易の理は、象山の思想の根底にあって、「天人合一」という世界観を形成し、道理・物理を超えた絶対の立場から、それぞれを位置づけるものであった[27]。

叙上のような、坂田の象山思想における易学の重要性を捉えた象山理解は、象山史料を偏見なく誠実に読み解き、象山自身の内面を的確に把握した結果を物語るもので、象山の「東洋道徳・西洋芸術」思想の本質的な理解を示す貴重な研究成果である。

政治思想史研究の松浦玲の場合 次に日本近代政治思想史の研究で、鋭敏な知的感覚をもって独自の理論を展開した松浦玲（一九三一―）は、『明治維新私論』のなかで「佐久間象山」という独立した一節を設け[28]、象山の「東洋道徳・西洋芸術」に結実する人と思想を論じている。松浦は、象山は「兵学や兵学を支える自然科学についてはヨーロッパの学問の優秀さを完全に承認しながら、政治や道徳の面では、ヨーロッパ諸国のいかがわしさをきちんと見抜いて[29]」いたと分析する。実に妥当な象山理解といえる。このようなリアルな象山分析の視座から、松浦は、「象山の有名なスローガン」である「東洋道徳・西洋芸術」思想を、次のように分析する。

西洋の芸術というのは、いまの言葉ではむしろ技術、自然科学的な技術である。象山は兵学だけでなく、殖産興業的な生産技術も洋学によって獲得し、実験もやってみて、ヨーロッパの科学がすぐれていることを確信した。東洋の道徳の方は、ちょっとむつかしい。（中略）インドを植民地にし、中国で阿片戦争を起こし、日本にも武力で威嚇を加える、そういうヨーロッパ強国の政治は、道徳的に正しくない。儒学が説く理想政治の方が正しい。これが「東洋の道徳」である[30]。

松浦は、象山の「東洋道徳・西洋芸術」思想を、それが成立する幕末期の時代状況から分析し簡潔平易に論述している。彼の理解の仕方は、極めて妥当である。特に「東洋道徳」の捉え方は、実に本質を突いた正論である。しかし、残念なことは、「東洋道徳」と「西洋芸術」の理解がなおも表面的であり、また両者の相関性に関する本質的な論及がなされていないことである。「東洋道徳」の本質は日本および日本人の主体形成に関わる道徳的な本質を意味し、「西洋芸術」の方は単なる西洋の科学技術に止まらず、その背後にある西洋近代の精緻な学問を意味するものなのである。

政治思想史研究の丸山真男の場合　昭和戦後の政治思想史研究に多大な影響を与えた丸山真男（一九一四―九六、東京大学名誉教授）は、象山と同じ旧松代藩士族の家系に生まれた故にか、[31]象山を敬愛し、政治思想史研究の対象にも据えて、斬新な政治思想史の視座から象山思想を考察している。実は、丸山は、昭和三十九年（一九六四）十二月に、信州松代で催された佐久間象山没後百年記念の講演「日本思想史における佐久間象山」に推敲を重ね、その決定版を晩年の著書『忠誠と反逆』に収めたのである。それが、同書の第二章に相当する長文の論考「幕末における視座の変革―佐久間象山の場合―」である。[32]

そのなかで丸山は、「あまりに有名になった『東洋道徳・西洋芸術』の一般的解釈―象山の思想が伝統的『精神』とヨーロッパ『技術』との折衷的結合という明治の有力な思想的パターンを打ち出したという通説―は若干の修正を要する」[33]として次のように述べている。

　象山は朱子学における「格物窮理」という考え方を、彼の時代の状況の中で考えうるかぎり最大級に読みかえて、それを新しい状況のなかに生かそうとしたのです。象山においては易学の理も、「西洋詳証術」の理も、根本において同じ真理でした。[34]

象山の「東洋道徳・西洋芸術」思想は、多くの場合、明治以降の文明開化の時代における西洋学術の基準から照射され、西洋近代科学（「西洋芸術」）と似て非なる伝統的な東洋の儒教道徳（「東洋道徳」）を接ぎ木した折衷思想であるとの否定的な評価を受けてきた。特にその傾向は、昭和戦後の思想史研究を中心とする歴史研究において顕著であった。丸山は、そのような象山研究にみられる時代性を無視した思想研究の動向に対して、その非なることを一般論の形で次のように述べている。

今日われわれが過去の思想をみるという場合に、われわれはきわめて安全な地帯から、気やすく過去の思想を判断したり裁いたりすることができます。今日常識化した価値の基準、今日ではだれも当然と思っているものの考え方に安心して、よりかかった姿勢で過去の思想というものを扱う、そして思想家の時代的な限界を指摘することができます(35)。

歴史的なものの見方とは何か、その本質を丸山は説いているのである。それ故に丸山は、「百年もまえに生きた思想家を今日の時点で学ぶためには」「できるだけ、その当時の状況に、つまりその当時のことばの使い方に、その当時の価値基準に、われわれは自身を置いてみる、という想像上の操作が必要(36)」であると、歴史的視座の設定の仕方を、自重自戒の意味を込めて鋭く衝いている。

その丸山の象山理解のキーワードは「再解釈」(「読みかえ」)という理論である。その意味は、「古典の読みかえによって、儒教のカテゴリーを新しい状況のなかで再解釈というやり方(37)」であり、「新しい現実状況に照らして古いカテゴリーを歩一歩吟味し、これを再定義しながら、内発的に自分の思想を成長させて豊かにしてゆくという態度(38)」である、と説明する。

象山の学びは、「どこまでも朱子学の精神に随って、それを媒介としてヨーロッパ自然科学を勉強してゆく、まさにその過程が朱子学を含めた伝統的な漢学のワクをつきやぶってゆく過程(39)」であり、それは「観察し分析する主体に対して、東西いっさいの文化がいったん客体化されてこそ、従来、普遍的真理そのものと混同されていた諸々の伝統的概念装置を一度ひきはがして、そのなかの生かせるものと生かせないものとをふるいわけるという操作(40)」であり、その結晶が東西両洋の学術技芸を統合した「東洋道徳・西洋芸術」という思想の誕生ということになる。

儒教をベースとする「東洋道徳」は、中国を発信源とする東洋の伝統的な学問文化であり、西洋近代科学を成立させた「西洋詳証術」（「推算重力幾何詳証の術」─「西洋数学」）を内実とする「西洋芸術」は西洋近代の学問文化である。それら東西の両者は、日本からみればともに外国文化である。だが、それらを長い歴史的経過の下で日本人が対象化し客観化して吟味し、新たな意味を賦与して日本人に有益な学問文化に発展させ定着させてきた。それ故に、両者は、安易な別物の折衷や接ぎ木ではなく、東洋の朱子学の説く「格物窮理」の「理」と西洋近代科学の中核概念である「理」とが通底している、と東西両洋の学術技芸を兼学した象山は考えたのである。したがって、「東洋道徳」と「西洋芸術」とは、矛盾し対立する関係ではなく、日本の象山においては、東洋と西洋とが易学の弁証法的理論で止揚され統一された普遍的な思想世界なのである。

たしかに丸山の象山思想の理解は極めて斬新な視座であり、既存のなかに新たな発見を可能にする「読みかえ」「再解釈」という象山分析の視座は有効ではある。だが、後述するが、ただ一点、指摘しておきたい問題点がある。象山の場合、幼少期から学んだ学問は、はじめから算学や易学を基本とし格物窮理を中核概念とする朱子学であった。そのような象山の思想形成は、伝統的な既存の学問（儒学）を「読みかえ」たり「再解釈」したりするという肯定の否定を媒介とする反転の学びではなかったのである。天保四年（一八三三）、二十三歳で江戸に遊学して佐藤一斎の私塾に入門したとき、すでに象山は、幼少期以来の主体的な学びをもって独自の朱子学理解を形成していた。すなわち、算学と易学を両翼とし「格物窮理」を真理探究の中核とする数理的な思想世界を形成し独自な朱子学理解を可能にしていたのである。それは、丸山が指摘するような、古典の「読みかえ」や「再解釈」ではなく、幼少期における実践を重視する武士道を基本とする学びの当初から、古典（儒学経典）の「革新的」あるいは「創造的」な理解─象山独自の問題意識と学習視座からなる主体的な学び─の結果であった、という事実である。

時代の現実的な課題に有益な学問の躬行実践を信条として、「東洋道徳・西洋芸術」という思想を形成した象山は、東洋の儒教経典も西洋科学の蘭書も、はたして当面する時代の問題解決に有効であるか否かという実理有用の実践的な観点から、その真偽を実験・実証するという科学的精神を発揮して吟味し、そこに「実理」に貫かれた「実学」〈真学問〉の存在を確認したのである。

恩師の佐藤一斎（一七七二―一八五九）を凌ぐほどに広く深く朱子学を学び、徹底して「格物窮理」を躬行実践した象山の儒学（「東洋道徳」）の理解は、実に博学深遠で、革新性に満ちた独自の学風であった。そのような格物窮理を内実とする躬行実践の朱子学理解をもって、象山は、優れた西洋近代科学（「西洋芸術」）の秘密（「詳証術〈西洋数学〉は万学の基本」：『省諐録』）であることを探究し吟味したのである。

「東洋道徳」に関する該博な知識と鋭敏な思索力を修得した朱子学者の象山は、西洋砲術・西洋兵学・西洋医学・西洋薬学など「西洋芸術」の奥に内在する真理探究の学問をも捉えたのである。その結果、朱子学の説く格物窮理の「理」は、西洋近代科学の「理」に通底、否、連続するが故に包摂できる学問世界である、との確信に至るのである。その結果において、東西両洋の学術技芸に精通した象山のワールドワイドな思想世界、「東洋道徳・西洋芸術」が誕生したのである。まさに、「東洋道徳と西洋芸術と精粗遺さず、表裏兼ね該ね、因りて以て民物に沢し国恩に報ずる」(41)という象山の「東洋道徳・西洋芸術」思想は、象山の幼少期からの武士道精神を基盤とする儒学―格物窮理を中核概念とする朱子学理解の主体的な学びの収斂するところであった。

政治思想史研究の松本三之介の場合　洋学史研究に功績を残した高橋碩一（一九一三―八五）は、象山の「東洋道徳・西洋芸術」思想の近代思想としての限界として、「東洋道徳・西洋芸術」の「東洋道徳」には「『御国体』『御政体』を含んでいた。それは、象山がなお朱子学的政治観からいまだ解放されていなかったことを示している」(42)と指摘している。

だが、そのような象山の理解は誤りである。丸山真男の政治思想史研究を継承した松本三之介（一九二〇―、東京大学名誉教授）は、『天皇制国家と政治思想』のなかで、(43)「政治的思想の開花―佐久間象山―」と題する一項を設け、

「攘夷運動の『新知識』として多くの畏敬を集めた人物」「尊攘思想の系列のなかにあって危機の意識を最初にリアルな政治の次元で受けとめ醸酵させた思想家」[44]という政治思想史研究の視座から、象山思想を論じている。特に象山の「東洋道徳・西洋芸術」思想に関して、松本は、次のように分析し理解している。

道徳性に代る有用性の主張に導かれつつ、朱子学への拘泥から解放されていった。新しい時勢に即応して新しい有効な国防策の確立、すなわち西洋の近代科学（例えば彼のいわゆる「詳証術」）を基礎とする「西洋芸術」の研究と摂取とが、天下の重きに任ずる者の当然の課題でなければならぬ。これが、象山の新たな決意であった。「東洋の道徳、西洋の芸術、精粗遺さず、表裏兼該し、因って以て民物に沢し、国恩に報ゆる（「省諐録」安政元年〈一八五四〉）」という彼の学問観の礎石は、ここに据えられたのである。[45]

象山は、幕末当時において、なおも幕府の正学であった朱子学を国家政治を意味づける正統な道徳思想と捉えていた旧態依然の学術界の体勢に反して、実験・実証の科学である「格物窮理」を強調する新たな朱子学理解の立場から、優れた西洋の学術技芸を理解し、これを積極的に摂取すべきことを政治的課題として幕府や朝廷に説いた、と松本は分析する。それ故に、松本が、象山思想を「道徳性に代る有用性」という斬新な観点で捉え、「新しい有効な国防策」を躬行実践したとして、「有用性」や「有効性」という実学的な政治思想の視座から象山思想を理解しているのである。その上で、松本は、象山は「旧き経学（朱子学）に新しい生命を蘇らせ、『東洋道徳』と『西洋芸術』との連携を可能ならしめようとした」[46]と発想の斬新性を指摘し、そこから象山思想を分析している。

以上のような丸山真男の象山研究を継承する松本の象山理解は妥当ではある。だが、象山の朱子学理解の有り様や西洋科学技術との相関性の本質に関わる問題が、残念ながら具体的に論述されてはいない。やはり、松本の場合も、松浦玲の場合と同様、惜しむらくは「東洋道徳」と「西洋芸術」それぞれの本質的な意味と両者の相関性に関わる本質的な問題とに真正面から向き合ってはいないのである。

政治思想史研究の植手通有の場合　丸山真男とその門下の松本三之助の研究姿勢を継承する幕末政治思想史の研究者である植手通有（一九三一―二〇一一、成蹊大学名誉教授）は、象山の「東洋道徳・西洋芸術」という思想は、従来の理解の仕方の定番である単なる東西両洋の学問を「接木」した折衷主義とみる見方を排して、「朱子学の格物窮理の観念を媒介として近代西洋の自然科学を理解し摂取」しようとした思想であるとの積極的な理解を示した。その見方は、「朱子学の格物窮理を近代科学の実験的・実証的方法に向かって解釈しなおしていく(47)」という、丸山や松本の示した「再解釈」の視座を継承するものである。

その上で、植手は象山の西洋近代科学を理解し受容しようとした朱子学の格物窮理の精神は、「武士精神に由来する実践的能動性が、格物窮理の主知主義と結びつくことによって、その実験的精神を支えていた(48)」として、武士道精神を思想形成の基盤として朱子学の格物窮理を理解していると、象山の思想構造の斬新な解釈の仕方を提示したのである。すなわち、武士道精神という新たな切り口から象山の「東洋道徳・西洋芸術」思想を分析すると、その思想は、象山の朱子学理解が「儒教の再解釈」であることが明らかになるという意味である。そのような「東洋道徳・西洋芸術」思想の理解の仕方を、丸山や松本から継承した植手は、次のように説明している。

しばしば彼の「東洋道徳・西洋芸術」という言葉は、東洋精神を基礎とし、その上に西洋の科学技術を接木しようとしたものであると解釈されてきた。たしかに、彼が「東洋道徳・西洋芸術」とのべた際、彼は「道徳」が「本」で、「技芸」が「末」であるとする伝統的な学問観を暗黙の前提としていたかもしれない。しかし、彼の態度には、「詳証術は万学の基本なり」（『省諐録』）という言葉が示すように、「道徳学」ではなくて「自然科学」を学問の基本とするような態度がすでにはっきりと存在していたといって間違いない(49)。

たしかに植手が指摘したように、象山は、伝統的な「道徳学」を基本とする朱子学理解の枠組みを超えて、東洋の自然科学的な格物窮理の精神を基本とする真理探求の学問として朱子学を捉え、そこから西洋の「詳証術」（数学）

を基本とする近代科学と同質の学問と理解し、その結果、「東洋道徳」と「西洋芸術」とを貫通する格物窮理の「理」をもって両者を統合したのである。

だが、象山が、西洋近代の自然科学を日本が摂取する際には、無条件に「西洋芸術」を受容するのではなく（「西洋道徳・西洋芸術」の否定）、受容する日本側の主体性―受容主体のアイデンティー（「東洋道徳」）を重視し、それ故に武士道の実践的合理性を基本に朱子学の説く倫理道徳を「本」とする「東洋道徳・西洋芸術」の思想を形成したのである。

明治思想史研究の本山幸彦の場合　明治思想史研究の本山幸彦（一九二四―二〇二一、京都大学名誉教授）は、「東洋道徳・西洋芸術」という思想における「東洋道徳への象山の思い」とは、「西洋芸術」の受容に際して、その前提となる「何物にも動じない日本人の主体性確立の要求」であると分析する。(50)そのような象山思想は、「西洋窮理の理＝自然科学の法則も実理として、真に普遍性をもち、朱子学の物理＝実理と同じように聖学を資ける学問にほかならないという信念」に支えられたもので、「西洋窮理の把握した実理こそ、象山にとって世界に通用する普遍性をもつ朱子学の物理そのものであった」(51)と、「西洋芸術」を受容する側の日本人の側の視座から象山の「東洋道徳・西洋芸術」思想を、本山は理解するのである。

本山の象山思想の理解は、本質を突いた象山の「東洋道徳・西洋芸術」思想の把捉である。西洋近代科学を受容する日本人にとって真に大切なことは何か。それは、あくまでも日本人であることの主体性を担保する儒教道徳（「脩身斎家治国平天下」の実現を求める「東洋道徳」）が担保されて西洋近代科学（「西洋芸術」）を受容する、ということである。単なる東西文明の接合論や本末論ではなく、日本人が日本人であることの主体性を担保することが、西洋近代科学を受容する日本側の最も重要な前提条件なのである。象山の「東洋道徳・西洋芸術」という思想は、東西両様の「理」の普遍性という点では世界に通用する普遍性を志向していたかも知れない。しかし、象山が「東洋道徳・西洋芸術」思想に込めた真意は、世界を席巻する普遍的な思想としてではなく、あくまでも日本人の、そして東洋人の主体性を担保する思想としての実理的有効性にあったのである。そのような意味の込められた「東洋道徳」を抜きにして、象山の「東洋道徳・西洋芸術」思想の真意を理解することはできない。

近世実学思想史研究の源了圓の場合 近世実学思想史研究に多大な業績を残した源了圓（一九二〇―二〇二〇、東北大学名誉教授）[52]は、幕末動乱の時代における象山の「東洋道徳・西洋芸術」思想の歴史的な役割や影響を論じ、次のように記している。

彼は実に青年たちを暗夜に導く星であった。国防の問題が急なとき、青年たちは西洋砲術を学ぶことの必要を感じ、彼のもとを訪れた。そのとき彼らは、そこではたんに砲術だけではなく、「東洋道徳・西洋芸術」という指導理念まで与えられた。それによって多難な時代を乗りきる勇気を与えられた。気力に富む武士たちを洋学の世界へ引き入れ、新しい世界観に転ぜしめる機縁をつくった象山の功績は大きい。それまで医者や天文学者、本草学者の一部が洋学をやっていたにすぎなかった時期に、象山は、武士たちに洋学の世界を解放し、開拓する役割を果たしたのである。[53]

象山史料に精通した源の象山理解は希望に満ちたものである。「東洋道徳・西洋芸術」という象山思想を、私塾その他の西洋砲術（「西洋芸術」）の教授活動における「指導理念」と捉え、象山が展開した教育活動が、同時代の武士階層の青少年に多大な思想的な影響を与えたことを指摘している。教育は思想の伝播普及の活動であるという観点から、象山思想の歴史的な意義を論じた象山理解である。極めて穏当な象山理解である。

だが、源の象山理解の基礎となっている象山の朱子学理解の在り方に関しては聊か問題がある。源は象山における朱子学の機能に注目し、象山思想を支える朱子学が「崩壊過程」にあったとして、次のように述べている。

彼の思想において最も注目すべきことは、その中で果たしている朱子学の機能である。彼はその意識の上では最後まで朱子学者であった。しかし、彼の自信に溢れた自我の強い性格がすでに居敬静寂を旨とする朱子学的温良恭敬の士と異なっているように、彼の思想の構造もまた朱子学の崩壊過程の一つの型を示しているということができる(54)。

中国南宋の時代に朱熹（一一三〇—一二〇〇）が体系化した儒教の新しい学問体系である朱子学では、聖人（「性即理」の「理」の体現）に至る方法的原理として「居敬窮理」（「道理」を探究する内的修養法—「道徳性」の探究）と「格物窮理」（「物理」を求める「問学」の実践—「道問学」）とが、朱子学の成立時において説かれていたのである(55)。だが、中国や日本の伝統的な儒学史上では、儒学は為政者の政治的統治との関わりで捉えられ、それ故に実際には「道理」を探究する「道徳学」（内的修養法）として「居敬窮理」が強調されてきた。それに反して象山は、「居敬窮理」とは対照的な「格物窮理」（「物理」を探究する外的修養法）を重視する朱子学理解を徹底して躬行実践したのである。そして、天下の朱子学者をもって任じる象山は、「格物窮理」という「理」の探究の対象を西洋科学（「西洋芸術」）にまで拡大し、同じ「理」で東西両洋の学術技芸が結ばれた一円的な世界として、「東洋道徳・西洋芸術」というワールドワイドな思想世界を形成したのである。したがって、朱子学の格物窮理をひたすらに躬行実践した象山の思想構造を、「朱子学の崩壊過程」と捉える源了圓の理解の仕方は誤りと言わざるをえない。象山は、幕末期の危機的時代の要請に応えるために朱子学の説く格物窮理の新たな可能性—朱子学理解の革新と創造—を通して、「東洋道徳・西洋芸術」という日本近代化の思想を形成し実践したのである。

2　本章の研究課題と研究方法

伝記や評伝、あるいは様々な専門分野からの象山研究は、明治以来、数多くなされてきた。しかしながら、叙上のごとく、象山思想「東洋道徳・西洋芸術」に関しては、その考察対象としての取り扱いの量的な少なさと質的な貧弱さが目立つ。また、同じ象山思想「東洋道徳・西洋芸術」の理解の仕方に関しても、問題関心や分析視座の相違によって多様な解釈が示されてきた。理解の仕方を左右するのは、論者が象山史料をどこまで読み込み理解しているか、すなわち基本史料に依拠した思想理解の浅深の差異である。同じ象山史料を読んでも、読み手である研究者自身の人間的あるいは学問的な力量に比例して象山理解の浅深広狭が決まってくる。また、極端な場合は、独自の思想的スタンスをもつ論者が、所与の問題関心を前提として、必要な象山史料の断片を引き抜いて自前の解釈を正当化する、という誤解と偏見に偏した先行研究も散見される。象山史料の根本である膨大な『象山全集』（A５判で全五巻、各巻七〇〇頁超）を精読・吟味して、象山の人と思想の全体像を正確に素描することが象山研究の第一要件であり、その上で各自の専門とする研究課題に関する考察を試みることが象山研究の必要条件といえるであろう。

象山に代表される幕末期の西洋科学技術文化に対する日本人の対応パターンとしての「東洋道徳・西洋芸術」という思想は、幕末当時においては東西両洋の学問文化の関係性を積極的に統合した表現として、実に魅力的なものであった。それ故に、その思想は、同時代の青少年たちの思想形成や人生観に多大な影響を及ぼしたのである。

西洋先進諸国の殖産興業・富国強兵を成し遂げ植民地獲得に凌ぎを削る強大な経済力と軍事力との脅威に、風前の灯火となった弱小海国・日本は、いかにして西洋列強に立ち向かうべきなのか。ことは風雲急を告げる事態であった。攘夷か開国かをめぐって、日本の政治や学問の世界が百花繚乱の緊急時に、東西両洋の学問を兼修して両者を建設的に統合し、開国和親・進取究明の文明開化を提唱して、その実現に躬行実践したのが佐久間象山であった。彼は、伝統的な朱子学の説く格物窮理の原理を独自の視点から革新的・創造的に解釈して、東西両洋の学問文化を連続する一つの全体として捉え、「東洋道徳・西洋芸術」という思想に結実させ、そこから日本近代化に先駆する様々な開化政策を提唱したのである。

幕末期における日本近代化の思想として、「東洋道徳・西洋芸術」思想を、どのように解釈し評価するかは、研究者の専門性や問題関心の相違、あるいは研究者自身の問題関心の有り様や分析視座の相違などによって異なってくる。象山没後百六十年近くの歳月が経過した。明治以来、様々な象山分析の研究成果が、著書や論文の形で、数多く示されてきた。だが、不思議なことに、冒頭で指摘した通り、象山研究において、「東洋道徳・西洋芸術」思想の解明を研究課題として真正面から取り組み、その思想の本質を形成と展開の過程の内在的理解という観点から、象山思想の分析を本格的に試みた論考はほとんど皆無であった。前述した各氏の先行研究のごとく、各自の専門分野の研究との関連で象山の「東洋道徳・西洋芸術」思想に触れた論考は数多く存在する。しかし、管見の限りでは、まとまりのある論文や著書の形で刊行された「東洋道徳・西洋芸術」思想に関する充実した研究成果はみあたらない。

以下の本章においては、幕末期の内外ともに動乱の渦中にあって、象山は、「東洋道徳・西洋芸術」という表現に、どのような時代的な意味や役割を企図したのか。これまで、当たり前のように理解されてきたが、一体、「東洋道徳」とは何か、「西洋芸術」とは何か、そして「東洋道徳・西洋芸術」という思想とは何か。それらの深遠な思想的な言辞の意味する真意を、象山史料の原典を誠実に読み解いて、本質的な次元から問い求めなければならない。

それ故に本章では、「東洋道徳・西洋芸術」思想に込められた象山の真意を、単に自己自身の問題関心から象山史料の断片を抜き取り、研究者としての自己の思想性から外在的に分析し理解するのではなく、あくまでも象山が生きた幕末期という同時代を共に生きているという同じ目線でもって、象山の「東洋道徳・西洋芸術」思想を形成する様々な要因の分析を通して、象山の「東洋道徳・西洋芸術」という思想世界の全体像―幕末日本における日本近代化の思想としての構造と特質を、象山史料を忠実に読み解きながら内在的に理解することを研究課題としている。はたして象山が書き残した膨大な文字史料の裏側に、どのような象山の思いや意図―思想的カオスの世界が秘められていたのか。象山史料を媒介とした象山との対話、それが象山思想「東洋道徳・西洋芸術」の真意を求めようとする本章の基本的な研究姿勢である。

一　朱子学の説く「理」の意味とその普遍性

1　東西両洋の学問に通暁した朱子学者象山の西洋理解

象山は、黒船が来航した翌年の嘉永七年（一八五四）四月、愛弟子・吉田松陰の海外密航事件に連座して幕府に捕縛される。松陰の海外密航を教唆したとの罪状で、江戸伝馬町の牢屋敷に投獄された。実は、象山は、この国禁事件が発生する一ヶ月前の嘉永七年三月、松陰に劣らぬ愛弟子で「象門の二虎」と称された長岡藩の小林虎三郎（越後長岡藩、美談「米百俵」の主人公）の父親・小林又兵衛（一七九九―一八五九、新潟町奉行）に宛てた書簡で次のように述べている。

此節と成り候所にては、漢土の学のみにては空疎の議を免れず、又西洋の学ばかりにては道徳義理の講究之れ無く候故に（中略）是を合併候にあらざれば完全の事とは致し難く候。(56)

この文章が、遺された象山史料のなかで「東洋道徳・西洋芸術」という思想世界を表現する実質的な言辞と確認できる最初の史料である。上記の象山史料は、黒船来航の当時、すでに東西両洋の学術技芸を統合した「東洋道徳・西洋芸術」という思想が、象山において自覚的に形成されていたことを物語っている。一見するとまったく異質な別世界にみえる東西両洋の学術技芸の世界、すなわち「漢土の学」（「東洋道徳」）と「西洋の学」（「西洋芸術」）とが、「合併」されて「完全」になること、すなわち東西両洋の学術技芸が、朱子学の説く「格物窮理」という普遍的一元性の「理」を共通項として結合された学問となるべきことを、象山は主張しているのである。それによって、当時の日本社会では異質な半円的別世界として対立的に捉えられていた東西両洋の学術技芸が、象山によって球的な全円的思想として統合され一元化された思想世界になったのである。

叙上のような東西両洋の思想構造と相互連関を、著名な漢詩人でもあった象山は、次のように七言絶句の漢詩で表現し、その意味をも自ら具体的に説明している。

東洋道徳西洋芸　　東洋の道徳　西洋の芸
匡廓相依完圏模　　匡廓《きょうかく》（四角い部分）相依りて圏模《けんぼ》（丸い全体）を完す
大地周囲一万里　　大地は周囲一万里
還須虧得半隅無　　還りて須く半隅を虧《か》（欠）くを得る無し

末句の意は、道徳芸術相済ひ候事、譬へば亜細亜も欧羅巴も合わせて地球を成し候ごとくにて一隅を缺《か》（欠）き候ては円形を成し申さず候。そのごとく道徳芸術一を缺き候ては完全の者にあらずとの考に御座候。(57)

開国和親・進取究明による日本の文明開化を内実とする積極的な儒学的洋学受容の理論として具体化された象山の「東洋道徳・西洋芸術」という思想。それが、象山において実際に成立し表明されたのは、ペリー来航に前後する嘉永年間のことであった。象山は、嘉永元年には西洋砲術の教授活動を開始するが、(58)その時点で、すでに「東洋道徳・西洋芸術」という思想の基本形が、西洋砲術の教授を媒介として象山には成立していたということである。その思想は、その後の軍事科学系洋学私塾の教育実践や蘭書購読・蘭日辞典の編纂などの精力的な躬行実践を経て、松陰事件に連座して捕縛される嘉永七年四月の頃までには、多くの友人知人や門人たちに知られる象山の思想的信念にまで練り上げられていたのである。

なお、次の象山史料は、松陰密航事件に連座して捕縛された後、信州松代で蟄居中の安政四年（一八五七）の春に執筆された一文（「題孔子画像〈孔子画賛〉」、原漢文）である。そこには、象山が、蟄居生活中にも洋学の研鑽に励み、

図24　「孔子画賛」（真田宝物館所蔵）

思想の成熟が深まった安政四年、四十七歳のときに、東西両洋の学問を研鑽してきた結果、「東洋道徳」と「西洋芸術」との思想的な統一世界に到達しえたことを、具体的な人間の食事（主食と副食の関係）に譬えて次のように説き示している（孔子像の頭上に記された原漢文）。

人謂《おも》へらく、泰西の学盛んなれば、孔子の教は必ず衰へんと。予謂《おも》へらく、泰西の学行はるれば、孔子の教はますますその資を得んと。泰西の学は芸術なり、孔子の教は道徳なり。道徳は譬えば則ち食なり、芸術は譬えば則ち菜肉なり。菜肉は以て食気を助くべし。孰《いず》れか菜肉を以てその味を損ふべしといふか。[59]

日本人の東西両洋の学問の相違に関する理解の仕方の伝統的な定式となっていたのは、新井白石（一六五七―一七二五）の『西洋紀聞』（一七一五年頃に完成）に記された、「彼方の学のごときは、たゞ其形と器とに精しき事を。所謂、形而下なるもののみを知りて、形而上なるものはいまだあづかり聞かず」[60]という名言である。それは、白石が、イタリア人宣教師ジョバンニ・シドッチ（Giovanni Battista Sidotti, 1668–1714）を審問した内容をまとめた著書に記されている。そもそも、「形而上」「形而下」と言う白石が用いた東西文明を分別する表現の仕方は、古代中国の『易経』に説かれた「形而下者、謂之器、形而上者、謂之道（形而下なる者これを器と謂い、形而上なる者これを道と謂う）」(61)が出典である。それは物事を認識する基本的な枠組を定型化したもので、これを白石が援用して、「形而下学」に優れた西洋の学問（「西洋芸術」）と、「形而上学」に優れた東洋の学問（「東洋道徳」）とを対比して、両者の相違点と相関性を表したものである。この東西文明の把握の仕方が、白石以来、日本の学術界で定式化し、白石を敬仰してやまなかった象山に継承されたものとみられる。

象山は、西洋の「形而下」と東洋の「形而上」との相違と連関を、人間存在に不可欠な食事を構成する「主食」（東洋道徳）と「副食―菜肉」（西洋芸術）とに譬えて平易に説き示している。畢竟、食事においては主食と副食の両者が偏りなく相互補完的な関係で調和的に一体化されて摂取されてこそ、心身の健康が維持され、生きる力を育むことができる。そう、象山は説明したのである。この種の難解な思想の問題を、簡明な比喩を用いて表現し説明する象山の巧みな言語能力をもって、日本を含めた東アジアの「東洋道徳」の側から、迫り来る西洋近代の科学技術文明の「西洋芸術」を捉え、それら東西両洋の学術技芸の本質と両者の相関性を把捉した結果の表現、それが「東洋道徳・西洋芸術」という実に要を得た思想的言辞であった。

なお、象山の儒学理解の仕方を規定する思想基盤の形成に大きな影響を与えたのは恩師の佐藤一斎（一七七二―一八五九）である。佐藤は、晩年の著書である『言志四録』の最後冊『言志耋《てつ》録』（八十―八十二歳、一八五一―五三年の期間に執筆）において、学問における「形而上」と「形而下」の概念の相違と用法を、象山の「東洋道徳・西洋芸術」という思想表現にまったく通底する理解の仕方をもって、しかも象山とほぼ同時期の嘉永六年に、次のように説いている。

西洋の窮理は、形而下の数理なり。周易の窮理は、形而上の道理なり。道理は、譬えば則ち根株なり。数理は譬えば則ち枝葉なり。能く其の根株を得れば、則ち枝葉は之に従う。窮理者は宜しく易理よりして入べきなり。[62]

天地万物に内在する「理」を極めることを学問の目的と考える一斎は、「西洋窮理」（西洋科学）を「形而下の数理」（数理的物質世界、physical science）と理解し、東洋の儒学の教典である『易経』が説く「周易窮理」を「形而上の道理」（道徳的精神世界、metaphysical science）と捉えている。そして、それら両者の相関性を、東洋の学問は「道理譬則根株」で、西洋の学問は「数理譬則枝葉」であると把捉し、「枝葉」は「根株」から生じるが故に、「窮理」における「枝葉」の探求は、東洋の「易理」から入るべきである、と説いているのである。このような一斎の窮理の思想は、『言志四録』の編纂に関わった象山に継承されたものと思われる。だが、このような一斎と象山の師弟間における東西の「窮理」に関する理解の共通性に関しては、先行研究ではまったく触れられてはいない。

一斎と象山の師弟間における、東西両洋の学問の理解と両者の位置づけの仕方は、まったく合致する。一斎の学問の本質は陽明学であり、象山が正学と信奉する学問は陽明学と対峙する朱子学である。両者の学問的な立場は、同じ儒学であっても、一見すると対立的な関係にあるとみなされがちである。だが、朱子学であろうと陽明学であろうと、同じ儒学──宋学の重要経典である『易経』の思想を基本としてみれば大同小異である。東洋の儒教思想の側からみた西洋の学問（東洋からの洋学のみえ方）は、儒学の多様な学統学派の間において決定的な差違は認められない、ということである。

東洋の儒学者である一斎と象山との師弟間には、奇しくも西洋学術の認識をめぐる思想的な類似性が認められる。だが、それは決して偶然の一致ではなかった。同じく儒教という東洋の学問（「東洋道徳」）の探究に生涯をかけた両者にとっては、幕末期という激動の時代状況下で異文化と遭遇したとき、自分自身の思想形成に血肉化された伝統的な学問を、眼前の現実に対応して主体的かつ創造的に読み説いてみると、『易経』の「陰極まりて陽となす（極陰生陽）」がごとくに、守旧的であった伝統的な学問が革新的な学問に変容する可能性が生まれる（伝統的な学問の中に革新的な学問が潜在する)、という儒学の新たな理解の仕方が成立することを物語っている。

畢竟するに、思想や学問の意味や役割のみえ方は、学ぶ者自身の問題意識や時代が求める解決課題の要求によって、いか様にも変わりうるものだ、ということである。伝統的なステレオタイプの思想の枠組のなかに生々しい現実問題をはめ込むのではなく、眼前の現実問題に対して思想はいかに立ち向かうべきか—思想理解の革新性や創造性—を問うべきなのである。伝統的と思われた思想や学問から、いかにして斬新な考え方や理解の仕方を引き出せるか、が重要なのである。伝統のなかに革新をみるとは、まさに「温故知新」の本質である。『易経』では「無限無窮の変化錯綜の現象のなかにおいて、なお変化しないところの一定の法則を見出すことができる(63)」と説き、しかも「変易と不易との両義は、矛盾するようであってしかも互いに矛盾しない意義を持つ(64)」と説くのである。正に学問や思想は、常に生きている人間や時代と共にあるものだ、ということである。

たしかに、西洋諸国は、画期的な産業革命を成し遂げて、近代科学を駆使した効率性や利便性に富む高度に発達した物質文明(形而下学)の社会を実現した。だが、象山は、英国に代表される高度に文明化された西洋列強の、アヘン戦争に象徴されるような悪逆非道な侵略主義の蛮行を、道徳なき「英夷」(未開で野蛮な英国)と蔑視したのである(65)。

すなわち、象山は、英国が強力な軍事力をもって清朝中国に対して残虐極まりない攻撃を加えたアヘン戦争の経緯の事実分析を通して、とても西洋人が道徳心に富む人間性豊かな民族とは理解できず、到底、人間存在の倫理道徳的な観点から容認することはできなかった。それ故に象山は、人間存在の意味や価値に関わる道徳の理解や実践において、東洋の儒教社会は西洋社会に決して劣るものではなく、否、優越するものだ、と考えたのである。アヘン戦争の顚末に西洋人の残虐性が読み取れ、西洋社会の手段を選ばない植民地獲得競争の所業は、まさに「道徳なき悪魔の所業」としか、象山には表現しようがなかったのである。十九世紀中葉の「力は正義」という覇権主義(hegemonism)の徹底した論理で、世界各地で植民地獲得に鎬を削る西洋列強諸国の本質を、象山は、アヘン戦争の事実分析を通して透視し喝破したのである。

かかる先見的な象山の西洋現実の認識は、実際の西洋情報の分析や洋学研究の所産であり、決して独りよがりの偏見や誤解によるものではなかった。たとえルソー（J. J. Rousseau, 1712-78）やカント（I. Kant, 1724-1804）などの説く、深遠な人間道徳に関する思想や哲学が西洋社会に誕生していたとしても、現実的には、イギリスもフランスも、そしてアメリカもドイツも、欧米先進諸は、なべて覇権主義の国家であり、十九世紀の「力は正義」という侵略主義・植民地主義をもって世界の弱小国家を恫喝し蹂躙し搾取していたのである。この象山が捉えた歴史的事実を、何人も否定することはできない。

欧米先進諸国は、二十一世紀の現在のような人間の自由平等や人権尊重の民主主義を標榜する国々ではなかった。それら列強諸国は、いかなる論理を駆使しても、自らの過去の侵略主義や覇権主義の暴挙を正統化することはできない。現代を過去化することも、過去を現代化することも、ともに歴史の流れに逆行する詭弁であるからである。この厳粛な歴史的事実こそは、十九世紀中葉の歴史的な今を生きた象山の「東洋道徳・西洋芸術」という思想を理解する際の、極めて重要な視点となる世界認識である。思想の時代性を捨象して、現在を基準に過去を評価したり断罪することは、正しい歴史理解とはいえない。歴史は逆流できないからである。それ故に、前述のごとく丸山真男が「今日常識化した価値の基準、今日ではだれも当然と思っているものの考え方に安心して、よりかかった姿勢で過去の思想というものを扱う、そして思想家の時代的な限界を指摘すること」を誤った歴史理解と指摘したごとく、現在の研究者は、幕末期という激動の時代を生きた象山と同時代人の現実的な目線や感覚で、幕末期の歴史的事実を把捉し理解すべきなのである。

朱子学の「格物窮理」という真理探究の合理的な精神をもって物事を認識し判断する科学者の目を持つ象山は、当時の頑迷固陋な尊皇攘夷論者たちと同様に、アヘン戦争に象徴される西洋諸国の悪逆非道な所業を、道徳的な側面

（「東洋道徳」）で捉えた。だが彼は、西洋の高度に発達した学術技芸（「西洋芸術」）までも全否定する偏狭な態度は決して取らなかった。彼の認識と判断とは冷静であり、極めて適切妥当であった。日本や中国など東洋諸国の足下にも及びえない強力な軍事科学とそれを創出した近代科学は、西洋諸国の近代化―富国強兵・殖産興業―を推進する精緻で高度な学問的基礎であり、それが西洋諸国を強力な軍事大国とならしめている秘密（カラクリ）であることを、否が応でも象山は認めざるをえなかったのである。

黒船が来航する前の弘化嘉永年間（一八四四―五四）、「実理」の探究を求めて「格物窮理」を躬行実践する徹底した朱子学者の象山は、晩学にして蘭語の文法からはじめて洋学を学び、西洋科学の基礎的知識を積極的に吸収していった。だが、象山は、決して今日的な意味での専門的な西洋科学者ではなかった。彼は、朱子学の「格物窮理」の精神を実践して、その上で西洋科学の知識技芸（「西洋芸術」）を追体験的に実験して検証し、西洋科学の本質に通底する科学的精神に目覚めるのである。それ故に彼は、当時の欧米列強に対する感情的な攘夷論や蔑視論には与せず、あくまでも格物窮理の科学的精神をもって幕末期の非常事態を冷静に分析し、国家存亡の緊要な政治課題や国防問題に応えようと奔走したのである。

2　「理」をめぐる東洋の一元論と西洋の二元論の問題

日本においてはもちろんのこと、儒学の本家本元である中国の歴史上においても、象山のような特異な朱子学理解の仕方をする儒学者は異例であった。象山は、「性即理」（「性」―「本然の性」）の「天理」に至る方法的概念である「格物窮理」（万物に内在する理の探究）を、学問探究の目的的概念と把捉して躬行実践した人物であるといわれる(66)。

それでは、一体、「格物窮理」を基本原理とする問題解決型の実利有用な実践的学問として朱子学を捉え、それを現実問題の解決に向かって躬行実践した象山の創造性や独自性とは、一体、どのような思想形成の過程を経て形成されたものであるのか。その問いは、彼の「東洋道徳・西洋芸術」というグローバルな思想の形成基盤がいかなるものであったのか、その具体的な形成要因を探究することに他ならない。

従来の象山に関する先行研究では、朱子学者の象山が、いかにして「東洋道徳・西洋芸術」という儒学的洋学受容論（朱子学における普遍的一元性の「理」という概念を共通項とする洋学受容の理論）を形成するに至ったのか、が問題とされた。その場合は、①象山の西洋認識（洋学認識）の在り方を分析して朱子学理解の特質を指摘し、そこに幕末期日本の儒学自体が西洋近代思想の受容に向かって変容し接近する過程にあったことを指摘するか、あるいは②朱子学の基本概念である「理」の東西両洋における普遍的一元性という観点から東西学術の融合を図ろうとした仕方を指摘し、「異質な物の接ぎ木」「和洋折衷主義」などと問題視する研究がほとんどであった。②のような象山思想の分析は、明治以降の西周をはじめとする西洋学者たちによるもので、西洋学術社会における二元論（「物理」と「心理」）を学問分別の絶対的な判断基準とする西洋的な視座から東洋の一元論の批判や否定となっていたのである。

先行研究における象山思想の理解の仕方の誤謬は多く、その代表的な事例をあげるとすれば、日本近代化と象山思想の関係の研究状況を踏まえた、M・B・ジャンセン（Marius Berthus Jansen, 1922-2000）の場合をあげることができる。幕末期の日本人が朱子学における「理」を普遍的一元性の概念と考え、そこから西洋学術を受容しようとしたことの問題性を、M・B・ジャンセンは、象山の場合を事例に分析して、次のように結論づけている。(67)

徳川時代における科学の発展の主流が、（中略）普遍的なそして部分的に直観可能な自然の理 reason としての「理」の否定を要求しなかったことは注目に値する。否定されるよりもむしろ「理」の概念は再解釈され、朱子哲学の中で実験的科学を奨励するものと見なされる側面が新たに重視されるようになった。(68)

叙上のようなM・B・ジャンセンの象山理解には誤りが多い。西洋科学を受容可能とする朱子学の「理」の概念の理解をめぐって、M・B・ジャンセンは、「理」の概念の「再解釈」と言う表現を多用する。ならば、再解釈の前提となっていた最初の「理」の解釈とはどのようなものであったのか。「再解釈」の「再」の意味がまったく不明である。

著者は、朱子学において西洋科学を受容可能とする理論は、「理」の「再解釈」ではなく、「理」の概念の「革新的解釈」あるいは「創造的解釈」とみるのが適切であると考える。すなわち象山は、従来の伝統的な儒学―朱子学における解釈とは異なる「理」の解釈の新たな発見と適応をなしたということであり、それは「理」の解釈の「革新」あるいは「創造」と表現することができるものである。

また、「朱子哲学のなかで実験的科学を奨励するものとみなされる側面が新たに重視されるようになった[69]」という見解は、いまだ幕末社会においては一般性がなく、象山をはじめとする極めて少数の人々においてのみ言えることであった。幕末期と言えども、朱子学の世界の主流は、依然として「居敬窮理」に基づく「理」の伝統的な道徳的解釈であり、象山のような「格物窮理」に基づく科学的解釈（「実験的科学を奨励」）をするような「理」の概念の「解釈の革新」あるいは「解釈の創造」は、朱子学の世界においては全く認められてはいなかった。

ところで「格物窮理」の語源（出典）は明らかではないのである。『大学』の一節「致知在格物者、言欲致吾之知、在即物而窮其理也」（「知を致すは物に格るに在りとは、吾れの知を致さんと欲すれば、物に即きて其の理を窮むるに在るを言う也」）の「格物致知（物に格て知に至る）」「即物而窮其理（物に即きて其の理を窮む）」（『大学』の「伝　第五章補伝」）[70]が、『易経』「説卦伝」の一節「窮理尽性以至於命」（「理を窮め性を尽くし以て命に至る」）の「窮理」と結びついて「格物窮理」という独自の表現が生まれて定着し、朱子学における「事物の理を探究する行為」を意味する中核概念になったと考えられる。

幕末期の日本で朱子学における一元的な「理」の概念をもって西洋科学を理解し取り込もうとする理論を展開した数少ない事例とされるのが、「東洋道徳・西洋芸術」思想を提唱した佐久間象山であった。だが、先行研究では、象山の朱子学理解における「理」の把捉は、西洋近代科学における「物理」と「心理」という「理」の二元性を判別しえない矛盾した理論であり、「実学概念の混乱の上に折衷的な学習理念として構築」された「洋儒折衷の思想」などと批判され否定されてきた。(71)

奇しくも、この「理」をめぐる東西両洋における理解の相違が、昭和戦後の日本近代化研究の発火点となったアジア学会（Association for Asian Studies）の近代日本研究会議（The Conferense on Modern Japan：箱根会議）の第一回会議においても大きな問題となったのである。(72)

そのときの論議を、ハーバード大学教授のアルバート・クレイグ（一九二七―二〇二一）が要領よくまとめている。彼は、洋行帰りで最新の西洋学術事情を知る西周（一八二九―九七）の所説を引用して、次のように要約している。

西による「心理」と「物理」の区別は、西洋哲学から借用されたもので、朱子学的伝統の中から出てきたものではなかった。西は、それについて、「爰ガ漢土本邦ナドデハ古来カラ差別ノナイコトデゴザル」と書いている。しかし、西がこの区分を用いたのは、佐久間象山の時代以来、徳川時代の朱子学の伝統内で感じられてきた相違を明確にするためであった。そしてその相違は倫理よりもむしろ科学に価値を置いたところから生じたに相違ないのであった。(73)

上記のクレイグ教授の東西両洋における「理」の相違に関する問題の理解は、妥当性がある。同教授が指摘するように、西周は単なる洋学者ではなく、旧幕臣で儒学にもかなり造詣が深く、父親の曾孫で作家である森鴎外（一八六二―一九二二）は、「蟹文字（洋学）の学のみかは漢学倭学にも深かりし」と西周の東西古今にわたる幅広い学識を評価している。(74)幕末期に朱子学を中心とする儒学を学んだ西周は、相当の儒学的教養をもってオランダに洋行し、その儒学的教養を基にしてライデン大学で法学や経済学、それにカント哲学など、西洋最新の学術文化を学んできたのである。それ故に、島根県立大学准教授の播本崇史氏は、西は、「伝統的な知の体系を基礎として、新しい西洋学術を理解しようとする思惟」を基に、日本と西洋における「理」の相違の事実の指摘をした、と述べている。[75]

西は「法ヤ教ト云ウモノハ、皆此真理上ノモノデゴザルカラ、人ノ性情ヲ本トシテ説キ、物理ノ事ニハスコシモ関係ハゴザラヌ」と言い、「物理ト心理ヲ混同シテハナラヌ」と述べている。だが、西は、「心理」と「物理」の「混同」は避けるべきではあるが、両者は決して無関係ではなく、「物理ヲ参考致サナケレバナラヌト申スハ、人間モ天地間ノ一物デゴザレバ、物理を参考致サナクテハナラヌ」と注釈して、「人間モ天地間ノ一物」であるとみる東洋の「天理」（究極の理）を説く儒教思想を基にした真理観・人間観を説いているのである。[76]

畢竟するに、播本崇史論文が指摘するように、[77]西は東西における「理」の相違を強調することに力点を置いたのではなく、むしろ、逆だったということである。播本氏は、東洋（日本）の朱子学における「理」と西洋学術における「理」には類似点があるのではないかとの問題意識をもって、「理」をめぐる問題の見直しをしようとされているのである。

同氏の「伝統的な知の体系を基礎として、新しい西洋学術を理解しようとする思惟」に立脚して、西の東西両洋における「理」の理解の仕方を読み解こうとする研究は、東西両洋における「理」の概念の相違の理解や両者の連関の位置づけの仕方に関する従来の西洋一辺倒の諸説の問題性を炙り出し、新たな「理」の理解の知見を生み出す可能性を示唆する極めて有意義な研究の視座である。[78]

たしかに、象山が東西両洋の学術を統合する中核概念とした格物窮理の「理」という概念は、朱子学における「万物即一」という「理」の普遍的一元性を意味するものである。仏教や儒教など東洋思想の全般においては、「理」を普遍的一元性の概念として捉える点が共通する特徴である。したがって、東洋における「理」の概念は、西洋学術が全く別物として判別する「物理」（自然法則）と「道理」（「心理」、倫理規範）とが未分離の状態、否、両者を弁別するが共に相即的な関係にある概念であり、それがそのまま東洋思想、特に儒教の朱子学における中核概念である「格物窮理」の「理」が、洋の東西を超えた普遍的な「理」の概念であると説かれる所以である。

それ故、幕末期の朱子学者である象山は、「理」および「格物窮理」という東洋（日本）における普遍的一元性を説く朱子学の視座から、厳密な二元論で成り立つ西洋の学術文化を「格物窮理」の対象内に取り込み、もって東西両洋の学術技芸を一円的に統合した学術世界として「東洋道徳・西洋芸術」という思想に結実させたのである。そのことが、下記の黒船来航の翌年にあたる嘉永七年二月の象山史料に表明されている。

西洋の窮理の科などもやはり程朱（程頤・朱熹）の意に符合し候へば、実に程朱二先生の格致の説は、之を東海西海北海に於て皆準ずるの主説と存候義に御座候。程朱の意に従ひ候へば、西洋の学術迄も皆吾学中の一旦にて本より外のものにては御座無く候。(79)

実は、儒学の経典に精通していた象山は、朱子学者として「性即理」の実現方法としての「居敬窮理」（「心理」―人間の道徳性を探究する内面的方法）と「格物窮理」（「物理」―事物に内在する真理を探究する客観的方法）の二つがあること、そして両者の意味と相関性とを正確に把握していたのである。そのような朱子学理解の上で、彼は、西洋の学問世界にも「心理」と「物理」の二種の「理」があることを理解していたのである。それ故に象山は、当時の日本の多くの学者が西洋に関してはまったく無知で、「理」といえば主観的な「道徳性」の「居敬窮理」の「理」とのみ理解して、西洋の「物理」に相当する東洋の「格物窮理」の「理」の重要性を軽視あるいは無視している誤りを指摘し批判したのである。と同時に彼は、優れた西洋の「物理」に関する学問（「西洋芸術」）を摂取して、「道理」（「東洋道徳」）に偏重する日本の儒学の在り方を是正すべきであると説いたのである。

以上のような日本における「理」の理解のされ方の問題状況を踏まえて、象山は、早くも黒船来航前の嘉永年間の初期に、自塾「象山書院」の儒学門人に対して、「物理」の学問探究がいかに重要であるかを次のように説いている。

泰西の学は俗に「物理」に長ず。取りて以て資と為さば、あに益なからんや。今の世の学者は、口に格知

（「格物致知」の略、「格物窮理」と同意）の説を誦ふけれども、ややもすれば自ら泰西の物理の学を外にす。是れ学びて其の方を得ざるなり。宜なるかな。其の知の蔽《へい》にして、その識の陋《ろう》なることや。(80)

ところで、東西世界のまったく異質な理論や思想を一つに統合するには、両者が重なり合う共通部分をもって連結できる核となる概念がなければならない。両者に共通する重なり部分がなければ、「異質な物の接ぎ木」「和洋折衷主義」と酷評されても致し方がない。だが、象山の「東洋道徳・西洋芸術」という思想には、東西両洋の学問を連結し統合する確かな概念があったのである。それは、朱子学の中核概念である「格物窮理」の「理」である。

前述のごとく、儒教や仏教などの東洋思想における「理」とは、人間を含めた天地万物を貫通する普遍的な法則性を意味するが、とりわけ儒学のなかでも朱子学の世界では、学問探究の究極的な目標は「理」の探究を通して「聖人」（「性即理」の理想的人間）の実現とされる。それ故、万物に内在する「理」を探究する「格物窮理」は、朱子学においては「居敬窮理」とともに目的実現のための極めて重要な方法的原理であったのである。

だが、象山の場合は、「理」の解釈が他の儒者たちとは違っていたのである。彼は、「米百俵」の美談で有名な越後長岡藩の門人・小林虎三郎（一八二七—七七）に対して、

　宇宙間に実理二なし。斯の理のある所、天地も異なること能はず。（中略）近来西洋の発明する所の数多の学術は、要するにみな実理にして、まさにもつて吾が聖学を資くるに足る。(81)

と説き、西洋の様々な科学技術の発明は、要するに「理」の探究を学術研究の基本としたが故の成果であるとして、その西洋の「理」の探究を基本とする西洋日進の学術文化を日本に受容することは可能であり、それは東洋の優れた儒教道徳の国である日本の発展に寄与することになる、と説いたのである。

東西両洋の学術世界を根本から分断する「理」の普遍的同一性の是非をめぐる問題に関しては、西洋列強の勢力東漸に揺れる幕末期日本の危機的な時代状況の渦中において、一体、日本はいかなる既存の学術技芸をもって西欧列強

の侵攻を阻止することができるのか。たしかに、当時の西洋列強の学術文化と比較すれば、特に「物理」（形而下学）―科学技術面での日本の決定的な後進性は否めないところであった。されども、軍事科学を優先する未知なる西洋列強の学術文化の脅威に対して、何としても、その正体を見抜いて適切有効な対応策を講じなければならなかった。そのためには、当時の日本における既存の学術文化の知識や智慧を活用して、西洋と日本の彼我の異同を比較分析しなければならなかった。そこにおいて、日本の伝統的な儒学思想には、未知なる西洋学術文化の正体を見抜いて対応策を講じる武器として有効活用できる概念や理論が内在していたのである。まさに、それこそが、象山が提起した朱子学の「格物窮理」の理論とその躬行実践の対象である「理」という普遍的な概念だったのである。

象山は、易学や朱子学における根本概念である「理」の普遍的一元性の理論を基本として、異質で未知な西洋学術文化の理解に迫り、蘭書に記された西洋の優れた学術文化が生み出した知識技術の真偽を確認するための追体験―蘭学原書で得た西洋知識の真偽を検証すべく、実際に製作・製造・実験・分析などを実施し、その結果を検証・確認・評価するという科学的手順を踏む作業―を試みたのである。その結果、象山は、「格物窮理」における「理」の普遍的一元性を説く日本の朱子学が、西洋先進諸国の学術文化の理解に適用可能な普遍的思想である、との確信に至るのである。すなわち、象山は、未知で異質な西洋の学問文化を、東洋の朱子学の説く「理」をもって東西両洋の学術技芸を統一する共通概念とし、西洋の科学技術文化を取り込むという、朱子学の創造的理解によって格物窮理の普遍的な「理」の概念を拡大解釈し、洋学（西洋学術文化）を包摂して積極果敢に摂取し、日本の近代化に資すべきことを主張したのである。

日本の風土に土着化して伝統的思想となっていた儒教―朱子学を、日本人の主体形成を担保する道徳思想の基礎として措定し、その上で朱子学の説く「格物窮理」の「理」を共通概念として西洋日進の近代科学を受容すべしとする思想、それが象山の説く「東洋道徳・西洋芸術」という儒学的な西洋受容の思想であった。

3　朱子学の本質である「性即理」に至る二つの「窮理」

象山が、生涯にわたり実践躬行した学問は、一貫して「格物窮理」を本質とする朱子学であった。それは、はたして「偶然の必然」（偶然のなかに必然をみること）なのか、象山が、三歳から十五歳の成人に至る思想基盤の形成期の幼少期に、父親や藩内諸師の教育を通じて初めて学んだ学問が、儒教の学統学派のなかで最も客観的な東洋の合理主義思想と称される朱子学であったのである。しかも、それは「格物窮理」を中核概念とする朱子学であった。以来、象山少年は、朱子学の大成者となって天下国家の学政改革や社会改革を担いうる天下一等の学者をめざして刻苦勉励、ひたすら学問研鑽に明け暮れた。かくして、象山の思想基盤として格物窮理を中核概念とする朱子学の基礎が形成され、それが象山の学究的人生を一貫する学問の基礎となったのである。

それ故、成人後も、いかなる事態に遭遇しようとも、象山には、学問的な変節は微塵もなく、生涯に亘って朱子学の絶対的な信奉者であり実践者であった。彼が躬行実践した朱子学は、「性即理」を根本原理とする学問である。すなわち、人間の「心」を「性」（天賦の純粋な善性）と「情」（心の動きとして表れる感情―人欲）とに弁じ、さらに「性」を「本然の性」（天理）と「気質の性」（人欲）とに分ける。だが、それら両者は対立的ではあるが相即的な関係にある思想なのである。[82]それ故に、学問することの究極的な目的は、「人欲」を克服して「天理」を実現すること、すなわち「性即理」を実現して「聖人」の境涯に到達することなのである。それが朱子学であった。

朱子学の根本概念である「性即理」とは何か。中国思想史研究の碩学であるで島田虔次は、儒学の基本概念の相関性を定式化したを中国北宋の儒学者・張横渠（張載、一〇二〇―七七）の言を用いて、概念相互の相関図にして、次のように説明している。

性は内面的にいうと仁・義・礼・智・信の五常にほかならないが、この性は未発であり静であり、体である。

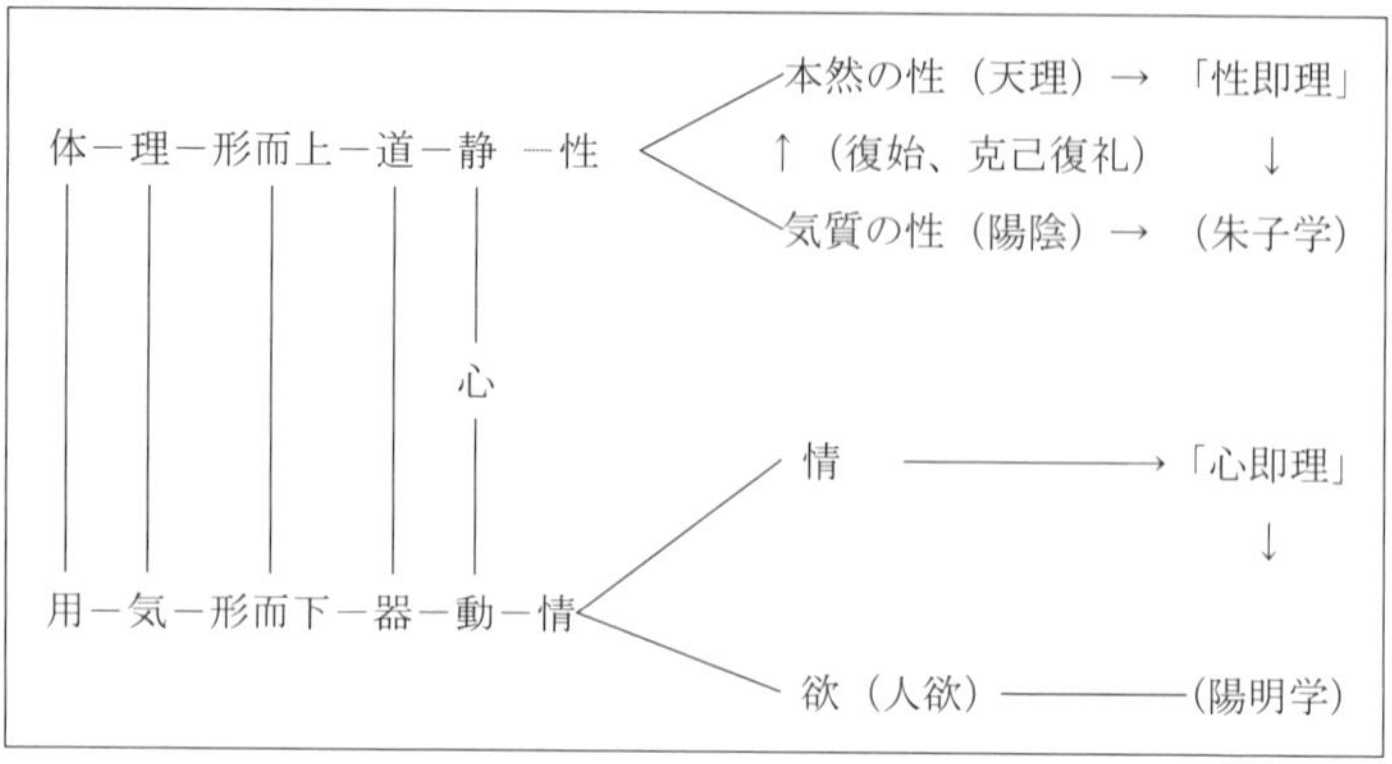

図25　「体」「用」を中心とした朱子学の基本概念の関係図（島田虔次『朱子学と陽明学』〈岩波新書，1967年，93頁〉を基に著者作成）

（中略）喜怒哀楽（すなわち情）がいまだ発動せる以前の、絶対に「静」なる、中正をえた本質態、をいうのである。これが用として已発となり、動となると、情があらわれる[83]。

「性即理」を実現するためには、「気質の性」（人欲）を克服して「本然の性」（天理）に復すること（「復初」）、すなわち「克己復礼」（「己ニ克チテ礼ニ復スルコト」（『論語』「顔淵第十二」「顔淵問仁」の「子曰、克己復礼為仁」が原典[84]）が重要となるのである。実は、その目的を体現する方法論として、①「居敬窮理」―主観的方法（黙想・座禅・読書・写経などの座学による道徳性の錬磨―心身の修練を通して「本然の性」である「天理」を体得する方法―道理を探究する道徳学）、②「格物窮理」―客観的方法（知的な学問探究による「理」の実験的探求、『大学』や『中庸』の「格物致知」と同じ意味、物理の探究―物理学）の二つがある。

また、「格物窮理」の具体的な実践方途としては、「居敬窮理」に似た儒学古典の読書・研究・注釈・著述などの知的活動による修練、さらには科挙・社倉法・勧農文その他の吟味や政策論の策定、等々の創造的な実践知の修練による道徳性の修養という道もある、と説かれている[85]。

だが、朱子学において「本然の性」（天理）を体現して「聖人」となるための方法的原理の第一は、何といっても「居敬窮理」、すなわち経典の読書や注釈など座学による知的修練を通して道徳性を涵養するという主観的方法である。

そして第二が「格物窮理」、すなわち物そのものに即して、その物に内在する「理」を探究する実験知の学問探究の実践という客観的方法なのである。このことが、「心即理」（「情即理」）を説く陽明学が「主観的唯心論」と評されるのに反して、「性即理」を説く朱子学が「客観的唯心論」と言われる所以なのである。(86)

なお付言すれば、「居敬窮理」（一般的には「居敬」と略称される）とは、仏教の黙想や座禅に類似する座学による道徳的修養であり、この「居敬窮理」の重要性を強調すれば朱子学は倫理道徳の思想となり、「格物窮理」という天地万物の「理」の探究を強調すれば理数哲学の学問（自然科学研究）となるのである。

日本の江戸時代の幕府諸藩は、朱子学が正学としての理論的正統性を担保すべく、朱子学を倫理道徳の思想として徳治主義（文治主義）の政治支配に活用しようとした。本家本元の中国においても同様で、儒学者のほとんどが、朱子学の第一原理である「居敬」を重視して、人民統治のための倫理道徳の学問思想として朱子学を捉えていたのである。それ故に朱子学は、日中ともに権力者の文民統治の学問と評されてきたのである。

しかし、日本の佐久間象山の場合は違っていた。彼は、第二の方法的原理である「格物窮理」を第一の「居敬」よりも徹底して重視し、まさに「格物窮理」の専門学として朱子学を把捉したのである。このように幼少時からの算学や易学を思索の中核とする数理的客観性を特質とする「格物窮理」の学問として朱子学を捉える象山の儒学理解―朱子学理解は、中国や日本における儒学史上においても極めて独自性の強い特異な事例とみられるのである。(87)

象山が強調する「格物窮理」の「理」の本来の意味は、人間に内在する「理」（人間の理、内なる理―道徳知）であると同時に、万物に外在する「理」（自然の理、外なる理―知識知）でもあるのである。それ故に、「理」とは人間と自然との内外の両世界に存在する万物を等しく貫通する普遍的な「真理」（「オノオノ然ル所以ノ故ト、其ノ当ニ然ルベキノ則」―「当然の則」）を意味するのである。(88)

このことを、象山は、「格物の天地造化に於けるは却つて易く、人情世故に於けるは却つて難し」と言い、西洋近代科学において「理」が「物理」と「心理」とに峻別されているごとく、「格物窮理」の「理」の探究の対象を「天地造化（自然界）」と「人情世故（人間界）」との二面性において朱子学を理解していたのである。[89]このように「格物窮理」には「天地自然に関する理」と「人間に関する理」の二種類があると考える象山の「理」の理解の仕方は、ある意味では「理」を「心理」と「物理」に弁別する西洋近代科学の真理観に通底する思想とみることができる。

だが、朱子学の本質的な理論においては、あくまでも「人間の理」と「自然の理」とは連続しているが故に、「外的な理」（外的自然の理）を窮めることは「内的な理」（人間の内的自然の理）を窮めることであるとする。[90]したがって、両者は別物ではあるが、両者を等しく貫く万物の「理」は普遍的一元性を特質とするものなのである。それ故に両者は、本質的には同じ「理」によって連続している。この点が、西洋の「人間界の理（心理）」と「自然界の理（物理）」とを全く別物として峻別する徹底した二元論の真理観とは異なるところなのである。

叙上のような朱子学における「理」の概念の理解に基づいて、象山は、「人間の理」ではなく「自然の理」の探求を重視して、朱子学を「格物窮理」の学問と捉え、ひたすらに躬行実践したのである。すなわち彼は、「格物窮理」を人間の外なる天地万物の「理」を探究する学問と解釈する特異な朱子学者であった、ということである。しかも彼は、「格物窮理」の探究対象を、西洋日進の科学技術（「西洋芸術」）にまで拡大解釈し、洋学の研究を朱子学の格物窮理の対象内に収めてしまったのである。

このような象山の儒学―朱子学の理解の仕方は、日本においてはもちろん、本場中国の儒学史上においても、「朱子学を駆って自然科学研究、技術学研究におもむかせたという、わが佐久間象山のごとき例は、はなはだ少ない」[91]と言わしめるのである。象山は、学問探究において「学の要は格物窮理に在り」[92]と、幼少期より朱子学の「格物窮理」に対する絶対的な学問的信念を形成し実践躬行して生きた、日本でも極めて特異な朱子学者であった。

象山の「格物窮理」の拡大解釈による洋学研究の包摂に認められる特異な朱子学理解の仕方は、日本の朱子学史上においても画期的な出来事であった。それは、日本近代化の研究史上で丸山真男や植手通有などが繰り返し指摘してきた、象山の儒学理解の「再解釈」などと呼ばれる現象ではなく[93]、あくまでも聖人の説いた儒学の原典の精神を現実問題の解決という実践的視座から解釈する斬新な朱子学理解の仕方、すなわち朱子学理解の「革新」あるいは「創造」と呼ぶに値する思想史上の現象であったといえる。

さらに、もう一歩踏み込んで解釈するならば、伝統的で保守主義の儒教―幕府の正学（御用学）である朱子学のなかに、西洋近代科学を受容できる思想的な可能性が潜在していた、とみることもできるのである。そのように朱子学の秘める可能性を引き出した知的好奇心に満ち溢れた人物、それが万事を「格物窮理」の躬行実践の対象と捉えた佐久間象山であった。

従来の解釈とは異なった新たな朱子学の創造的な解釈を通して「格物窮理」を躬行実践する象山は、幕末期日本の儒学界では異質で別物とみなされてきた西洋近代科学（「西洋芸術」）を、東洋の普遍的一元性の「理」を共通概念として両者を一円統合し、東西両洋の「道徳」と「芸術」の半円が一つに合わさった全円的な学術技芸の全的世界を形成したのである。その思想が、「東洋道徳・西洋芸術」という幕末期以降における日本近代化（西洋化）の基本指針となるグローバルな思想であった。

叙上のような「格物窮理」の精神から西洋近代科学を理解し受容すべしと主張した象山の特異な朱子学理解を、早くに指摘したのが歴史学者の高橋碩一であった。彼は、洋学を迎えるべき思想的な準備は朱子学に内在したとして、次のごとく実に妥当な見解を示している。

朱子学のもつ「窮理」の精神は（中略）手工業や農学を背景とする自然研究の精神と一致し、徳川時代を通じて儒学各派の中で最も持久的に影響をもったものであるから、この窮理の精神が、なんらかの形で西洋近代科学の実証主義的傾向を迎えるに当たって素地を提供したということが考えられる[94]。

4　易学の東洋的弁証法の理論による東西学術の統合

儒教の基本経典である「五経」の筆頭に挙げられる『易経』。そこに説かれた「易学」の理論なくしては、象山の「東洋道徳・西洋芸術」という思想は成立しえなかった。象山の学問と行動を支える最大の思想的基盤、それは易学であった。それ故、易学的な視座と知識なくして象山思想の理解はありえない。幕末期の日本においては、外国を排除せよという攘夷思想が聲高に叫ばれ、西洋文化と東洋文化の関係を対立的に捉える西洋夷狄観・西洋攘夷論が大勢を占めていた。このように欧米排除の攘夷論が昂揚する異常な時代状況の渦中にあって、冷静沈着、頭脳明晰な象山は、東西両洋の学問を貫通する「理」（真理）の普遍的な一元性をもって、「東洋道徳」と「西洋芸術」とを統合する「東洋道徳・西洋芸術」思想を形成し、そこから時代に抗って高度に発達した西洋文明の受容と普及が不可欠であることを積極果敢に説いたのである。

それでは、一体、象山において、東西両洋の学術文化を統合する「理」の普遍性とは、いかなる思想的根拠に基づくものであったのか。それは、やはり『易経』の思想であった。『易経』の説く易学思想なくして象山の思想と行動は理解しえず、「東洋道徳・西洋芸術」思想の成立もありえなかった。それほどまでに、象山の思想は易学と深く強く結びついていたのである。

中国儒教の経典である『易経』は、「四書五経」のなかにあって「東洋哲学の蘊奥を啓く書」[95]と言われるごとく、極めて難解な哲学書である。「四書」のなかで、『論語』は人生論、『大学』は学問論、『中庸』は道徳論、『孟子』は政治論の書物と概ね判別することができる。他方、『易経』は、朱子学の経典としての「五経」（『詩経』『書経』『礼経』『易経』『春秋経』）のなかで首位を占める最重要の教典であり、朱子学理論の中核をなすものである。その理論は、「大宇宙と小宇宙を一貫する『道』を明らかにする」「宇宙論的哲学」なのである[96]。

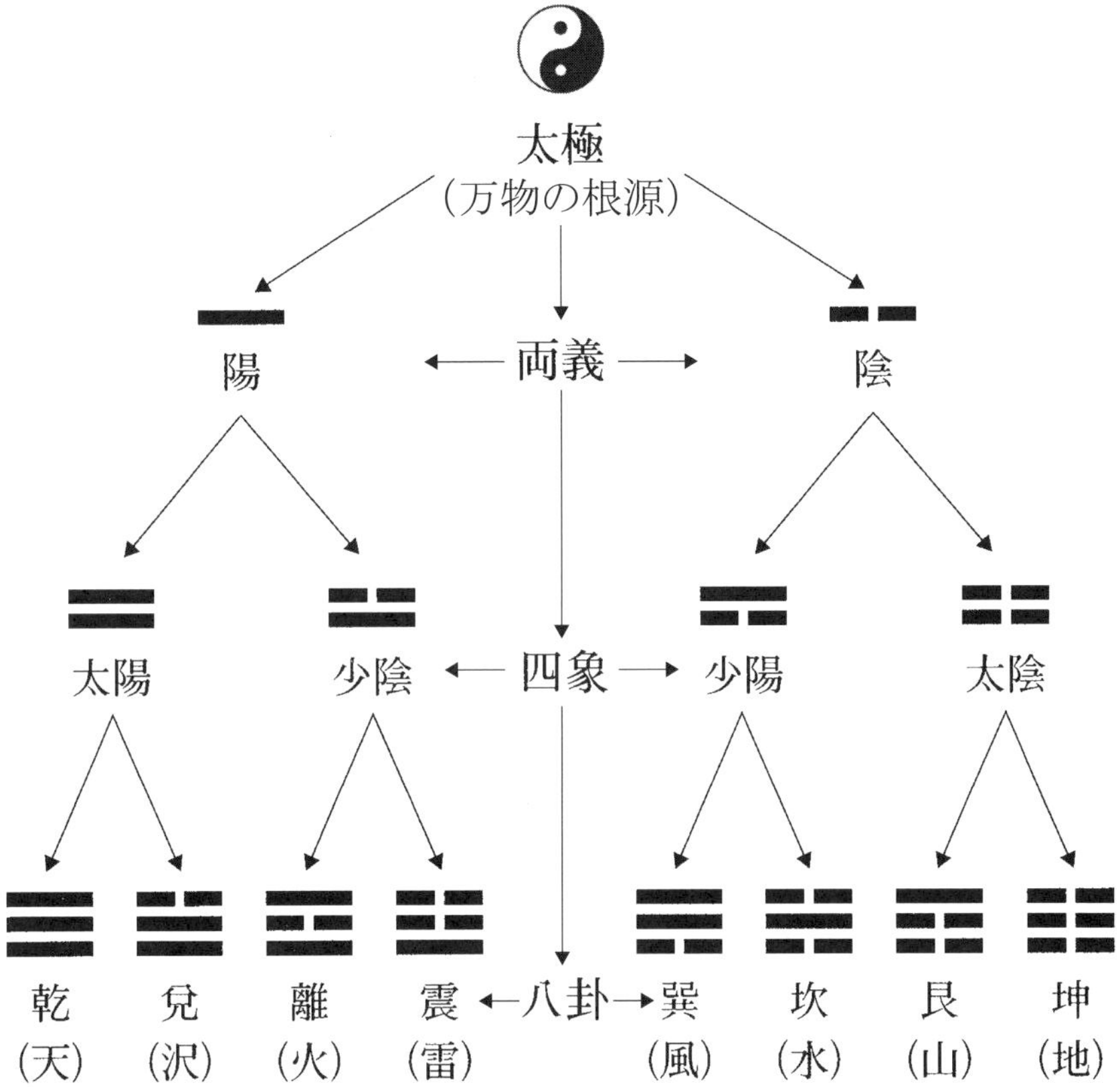

図26　『易経』の説く「易理」の基本構造（岩波文庫版『易経』上巻「解説」により著者作成。「太極図」の白色が「陽」，黒色が「陰」を表現）

畢竟するに、『易経』に説かれた易学の理論は、過去・現在・未来にわたる人事百般の出来事を、宇宙の諸現象との相関関係で把捉し解釈する深遠宏大な理論なのである。そのなかでも特に注目すべきは、「陰陽」の「二元」の根本的な関係性を説いた、東洋の弁証法とも称すべき「対待関係」の理論である。

易学の究極の観念である「太極」から生じる「陰」と「陽」とは、対立的な関係にある。だが、それは西洋哲学の二元論のように完全に分離された対立関係ではなく、「無限無窮の変化錯綜の現象の中において、なお変化しないところの一定の法則」[97]を見いだす思想なのである。「陰」と「陽」の両者は、「互いに引き合う関係、相手があることによって自己があるという関係、互いに対立しながらも相手の存在に依存し合う関係」[98]という「対待関係」の世界にあることを説いた思想なのである。

存在するものはすべて「矛盾の中に統一があり、複雑の間に調和がある」[99]という「易学」の「対待関係」の理論を基にして、東西両洋の学術技芸の所長を捉え、両者を調和的に統一する関係性を探究すると、「東洋道徳」と「西洋芸術」という相対立する関係にあるとみられていた東西両洋の学術文化が、止揚され統一され、より高次の思想として「東洋道徳・西洋芸術」という思想が成立することになる。このような易学理論を思想的契機として形成された「東洋道徳・西洋芸術」思想の基本構造を、象山は、次のように食事に準えて具体的に説明している。

人謂へらく、泰西の学盛んなれば、孔子の教は必ず衰へんと。泰西の学行はるれば、孔子の教はますますその資を得んと。それ泰西の学は芸術なり。孔子の教は道徳なり。道徳は譬へばすなわち食なり。芸術は譬へばすなわち菜肉なり。菜肉はもつて食気を助くべし。孰れか菜肉をもつてその味を損ふべしといふか。[100]

孔子の教えである「東洋道徳」を「食」(主食)に、「西洋芸術」を「菜肉」に譬え、それら両者が相まって補完し健康を維持するための健全な食事となる。そのように説いているのである。まったく異質な別物とみられていた東西両洋の学術文化が、実は相互補完の密接不可分な関係性にあり、それ故に半円である両者は一円に統合され、それぞれの良さは倍増する、ということである。

このような東西両洋の学術文化の調和的・発展的な統合の理論は、いまだ黒船来航前の幕末期日本にあっては、実に革新的かつ創造的な理論であった。この易学理論を発想して「東洋道徳・西洋芸術」という思想を形成したのは、易学理論に精通し、朱子学を基盤とする洋儒兼学の学者であった象山である。彼の創造的な発想の源泉は、幼児期以来、常に学び続けた『易経』にあった。とりわけ、彼が説く「東洋道徳・西洋芸術」という思想を着想する具体的な発光源は、『易経』の説く東洋の弁証法的理論である「対待関係」の理論にあったとみることができるのである。

『易経』に象徴される東洋の弁証法は、相対立する「A」と「B」の二元論で成立するが、ドイツの哲学者ヘーゲル（一七七〇―一八三一）に代表される西洋の弁証法（dialectic）は「A」のみが否定を媒介として発展を連続する単一存在の一元論である。すなわち、全ての矛盾ある存在は、より矛盾なき存在に向かって絶えず上昇的に昇華「正」（A^1：Thesis）→「反」（A^2：Antithes）→「合」（A^3：Synthesis）へ向かうという、否定を媒介として上昇する存在に止揚（aufheben）される。すなわち矛盾を含んだ「A」は「A^1」→「A^2」→「A^3」→「A^4」→「A^5」→（後略）と、永遠に上昇的変化を繰り返しながら発展し続ける存在と考えられる思想なのである。それに対して、『易経』の「対待関係」の理論は「A」と「B」というまったく異質あるいは対立する二つの相対的な事物が存在し、両者はより高次の第三の「C」に止揚し統一されるとする東洋的弁証法の思想と理解してよいであろう。

このような思想性を有する易学に精通した象山の「東洋道徳・西洋芸術」という思想を理解するには、易学の視座からの分析が不可欠となる。そのためには、成人になる前の幼少期における象山の学習歴に注目すべきである。彼は、幼少時より「算学」と「易学」を兼修した。すなわち彼は、「算学」の修得を通して数理的世界を学ぶと同時に、その数理哲学の応用理論で構成されている気宇壮大な「易学」の思想を修得したのである。

神童と言われた象山は、朱子学を信奉する父親が易学に精通していて、毎晩、難解な『易経』を読み、「筮竹」を試みるのを側で視聴して育った。それ故に象山は、早くも二、三歳の幼児のときには、易学の難解な専門用語である「六十四卦」の「卦」（基本図象）の名称である「卦辞《かじ》」のすべてを暗誦できたという。[101] さらに彼は、やや長じて五歳頃からは、父親から中国漢宋時代の易学書の教授を受けて難解な易学理論の基礎をも学ぶのである。[102]

その後の象山は、深遠微妙な易学の世界に踏み込んで行き、十五歳で成人してからは、さらに藩内の諸師に就いて本格的に易学理論を学んだ。それ故に、易学こそは、朱子学者を以て任じる象山の学問思想の中核を占めるに至ったのである。下記の『易経』「繋辞下伝」に説かれた易学の本質に明かなごとく、象山の思想と行動が全面的に依處する易学の理論は、象山の物事の理解や説明、判断や行動などの理論的な根拠となり、特に難問に直面した場合には問題解決を志向する彼の推察・判断・対処・予測の論拠となったものである。

「岩波文庫版『易経』下巻の原漢文の読み下し文」

易は往を彰らかにして来を察し、顕を微にして幽を闡《ひら》き、開きて名に当て、物を弁え言を正しくし、辞を断ずれば備わる。(103)

「岩波文庫版『易経』下巻の意訳」

そもそも易とは、過去の事象を闡明し、未来の事態を推察し、顕著な事象の中に微妙な原理をさぐり、幽玄な道理は逆にこれを明らかに提示し、卦中に含まれる意義を推し開いてその名称に引きあて、事物のありようを弁別し、これを説明づけることばを正確にし、その説明の辞にもとづいて吉凶の判断をくだして足らぬところのないようにするものなのである。(104)

易学は一般には占術の理論として知られ、非科学的で難解な思想と思われがちである。だが、易学の理論は、実は数学的な論理を中核として構成される数理哲学の壮大にして緻密な思想世界なのである。何事に対しても朱子学の「格物窮理」を躬行実践する徹底した合理主義者であった象山の、数理的な思考性や弁証法的な問題理解などに認められる合理主義の思想基盤は、幼少期における易学と算学の兼修・融合を通して形成された数理的思想性の強い特異な朱子学理解の賜物であったといえるであろう。

叙上のように象山は、幼少期から算学とともに易学の教育を受け、「格物窮理」を基本とする独自の朱子学理解の思想世界を形成する。さらに、朱子学を基盤として西洋の巧妙精緻な学術技芸の文化に遭遇して洋学を学び、その結果、東西両洋の学術技芸を兼学した象山は、「東洋道徳」（儒教の人間道徳――「道理」――形而上学）と「西洋芸術」（西洋近代科学――「物理」――形而下学）という東西両洋の学術技芸を統合した一円融合の遠大な思想を形成するに至るのである。その「東洋道徳・西洋芸術」という思想は、数学修得による数理的思考と易学修得による弁証法的思考を融合させて形成されたもので、幕末期における日本近代化の指標となる思想であった。

さらに、易学に精通していた象山が、難問に遭遇し問題解決の方途を探る際に最も頼りとしたのは、常に『易経』の易学理論であり、彼が幼少時から日常的に実践してきた「卜筮《ぼくぜい》」（筮竹《ぜいちく》を用いて占うこと）であった。現在を、過去・現在・未来という時間的推移の中で捉え、現在に直面した問題の過去を分析し、現在の希望的な将来像を描き、もって現在が直面する問題に対応し打開する希望の思想、それが易学であった。そのような易学の理論と実践とに精通した象山は、常に自信と希望に満ち、どのような失敗や挫折も恐れることなく、幕末期の様々難問に積極果敢に挑んでいった。そのような易学理論を振り回す象山を理解しえない人たちは、「自信過剰」「傲岸不遜」などと批判したのである。

近世思想史の研究者である源了圓は、「象山にとって易は自己の血肉であり、これをぬきにしては自己の存在はなかった」[105]と述べ、易学を基本とする象山思想の本質を正当に理解した数少ない昭和戦後の研究者であった。象山の思想と行動の源泉として、希望と勇気の哲学である易学があったことは確かである。

易学理論をもって西洋銃砲の仕組みを理解　象山の易学による洋学理解の最も具体的な成果は、易学理論をもって西洋銃砲（大砲）の物理的な仕組みを説明した『砲卦』（原文は「礮卦」だが、以後、現代漢字を使用して「砲卦」と記載）という著書の執筆であった。象山自信の作品である。黒船来航前の嘉永五年（一八五二）十月に脱稿した同書は、易学の「卦」を構成する基本記号である「爻《こう》」（陽爻（⚊）と陰爻（⚋）の二種類）の組合せを用いて、全文が漢文で書かれている。

象山が同書を執筆するに至った動機は、偶然であった。親しい知人に、易学の理論をもって洋学の象徴である西洋銃砲の構造や機能を説明して欲しいとの要望を受ける。そこで象山は、日本人の西洋砲術の理解を促し、その普及拡大を図ることを目的として、同書を執筆したのである。象山は、同書を広く日本社会に普及させるべく、同書の板行許可を、「大槻平次勧めに任せ昌平へ板行の改に差出し候[106]」と、親友で儒学者の大槻磐渓（一八〇一—七八、仙台藩侍講）を介して許認可権を握る幕府の昌平坂学問所文学局に願い出る。だが、結果は、先の蘭日辞典（『増訂和蘭語彙』）の場合と同様に板行は不許可となる[107]。

同書は、儒学（易学）と洋学の両方に相当程度、通暁し、漢文の読解力がなければ読み解けない著書である。したがって、当時の儒学者や洋学者には読解不能で理解されず、親交のあった蘭学大家の杉田成卿（一八一七—五九）でさえもが「象山翁の易説には困却せり[108]」との、後日談を遺している。東洋の易学と西洋の科学はまったく別物と考える当時の学者には、到底、理解されなかった。象山自身が、「砲卦申者拙著仕候、勿論、前人未発の事[109]」と述べるがごとく、東西両洋の学問、特に東洋の易学に精通していなければ、「前人未発」の著書である『砲卦』を解読することは不可能なことであった。しかし、「易の事に至り候て一斎先生の外相談申すべき人も御座なく候」「先生の外、易象に通じ候御仁御座無く候[110]」と、反発しながらも信頼する恩師の佐藤一斎だけは、易学に精通した儒学の大家であるが故に、愛弟子象山の苦心の作品『砲卦』を読んで理解し、賞賛してくれたのである。そのことは、孤立無援の象山にとっては学問的な救いであり喜びであった。

易の事に至り候ては一斎先生の外相談申すべき人も御座無く候。一斎先生へは近日供覧候所、大に賞誉致し下され、御地又先生の外易象に通じ候御仁御座無く候[111]。

なお、印刷技術が未発達な江戸時代には、幕末期になっても原書の書写が重要な印刷法であり、また書写する学徒の有意義な学習活動として盛んに励行されていた。福沢諭吉や勝海舟らの若い学徒にとって、福沢諭吉が「写本のことがまた書生の生活の種になった[112]」と回顧するごとく、書写で受け取る謝金は大きな収入源でもあった。象山も、信頼できる門人に依頼して自著を書写していた。この『砲卦』の場合は、「過日御頼申候砲卦草稿何分引足《ひきたり》申さず候に付、此間の如き謝儀にて今三通御頼下され度存じ奉り候(113)」と、親子ほども年齢差のある優秀な門人の加藤弘之（一八三六―一九一六、出石藩出身、旧東京大学初代綜理）に、何部もの書写を委託していたのである。

ところで、中国人の学者にみせても恥ずかしくないほどに優れた漢学力を誇る象山は、書簡や日記などの一部を除き、ほとんどの著作物を漢文（白文）で書いている。『砲卦』もまた例外ではなく、易学の「爻《こう》」と呼ばれる専門記号を用いながら、すべて漢文で書かれた実に難解な専門書である。

それ故、実際には、象山存命中の幕末期に『砲卦』の全文を解読し理解できた学者は、前述のごとく佐藤一斎を除き極めて稀であった。ましてや、文明開化の明治以降になってからは、現代に至るまで、歴史や思想史の学者たちは、東洋の易学と西洋の科学は別物と初めから切り捨て、同書の全文を解読して研究した人はいなかったのである。

そのような象山研究の状況を憂いて、唯一人、同書の全文解読に挑み、時間をかけて内容を考察した研究者が、昭和戦後の五十年代に出現した。弘前大学・国士舘大学の教授を歴任された前野喜代治（一八九九―不詳）である。温厚篤実で東洋哲学に精通した前野教授は、難解な漢文の『砲卦』の解読に挑まれ、易学と西洋砲術の理論を比較校合して書かれた難解な同書の現代語訳を試み、その内容を分析をされたのである(114)。

ところで、『砲卦』を脱稿した当時、江戸木挽町の象山塾は、「火術門人兵学門人員数の事、是は取合せ三百人も御座候(115)」と言うほどの大盛況であった。西洋砲術塾の全盛期に、象山は、『砲卦』を私塾の教材として使用するつもりで執筆したのである。だが、漢学・洋学・易学の三位一体の学力を要する『砲卦』を読める門人は希であった。そこで、象山は、「拙著砲卦文字之なき門人の為に国訳の義相願い候(116)」と、同書の平易な日本語訳を試みようとしたのである。

なお、象山は、『砲卦』の前年の二月に、易学を用いずに西洋砲術の理論を図解した『砲学図編』（「図百三十八枚、堅《たて》一尺、横一尺四寸余りの帖」「一部代価一円三方〈一両三分〉」）という詳細な西洋砲術の折本（一四六頁）を脱稿し、同六年二月に刊行している。(117) こちらは好評を得て版を重ねた。これで自信を得た象山は、この『砲学図編』に続いて、東洋の易理から西洋砲術の理論を解明した前人未踏の理論書として『砲卦』を著すのである。象山が、相ついで砲術書を執筆する目的は、何としても幕末期の日本に西洋砲術が普及拡大することを希求したからであった。

ところで、前述のごとく『易経』は、有名な哲学用語の「形而上」「形而下」という言葉の出典である。「形而上」(metaphysica) は哲学・倫理、「形而下」(physica) は経済・労働の範疇にあるものを意味する概念である。この「形而上」「形而下」という言葉の語源が『易経』にあり、これを日本で本格的に用いたのが江戸時代を代表する碩学の新井白石であった。象山が最も敬仰する日本の学者の一人である白石は、イタリア人宣教師シドッチを尋問した結果を、著書『西洋紀聞』にまとめた。その中で、白石は、西洋と東洋の学問の相違を『易経』の「形而上」「形而下」という概念を用いて弁別し、次のように説明している。

其教法を説くに至ては、一言の道にちかき所もあらず、智愚たちまちに地を易へて、二人の言を聞くに似たり。こゝに知りぬ、彼方の学のごときは、たゞ其形と器とに精しき事を、所謂、形而下なるものゝみを知りて、形而上なるものは、いまだあづかり聞かず。(118)

白石は、東西両洋の学問的な相違と特徴とを、易学理論から見抜いたのである。その絶妙な知見は、その後の日本における東西両洋の学問文化を比較し認識する基本定式となり、象山もまた、基本的には白石の西洋認識を継承して東西両洋の学問を把捉したのである。だが、白石と象山との相違は、白石が別物とみた「東洋道徳」と「西洋芸術」の両者を、象山は統一して「東洋道徳・西洋芸術」という独自の思想に結実させたことである。

象山は、幕末期の矛盾と対立に満ちた日本の内憂外患の現実を、いかに認識し超克すべきかという難解な国家課題に対峙する際にも、問題の本質を『易経』に内在する弁証法的な思想をもって読み取り、幕末期日本の変革、すなわち招来すべき新生日本の近代化を推進する思想として、「東洋道徳・西洋芸術」という思想を形成し実践したのである。象山における「東洋道徳・西洋芸術」思想の成立にあずかって、易学の思想的な影響は絶大であった。易学なくして「東洋道徳・西洋芸術」思想の誕生はなかった。象山の生きた幕末期から百六十年近くが過ぎた現在では、ごく限られた専門の研究者にしか『易経』の原文を解読し、西洋思想との比較でその思想を論じることはできないであろう。しかしながら、時代が過ぎても『易経』は東洋思想の宝典であり、象山の「東洋道徳・西洋芸術」思想の理解には不可欠な経典なのである。

二 「格物窮理」を根本原理とする特異な朱子学理解

1 「理」を最優先する象山の合理的な価値観――「理＞法＞情」

象山思想において特に注目すべき点は、象山が、物事の分別や関係を判断する場合の価値観（ordering of values）の問題である。儒学も、元来は中国からの外来思想である。だが、それは、長い歳月を経て日本社会に根付いて日本化し、独自の発展を遂げるに至った。象山は、その儒学、とりわけ朱子学における真理探究の理論である「致知格物（知を致すは物に格《いた》るに在り）」「格物窮理（物に格りて理を窮む）」という学問探求の基本精神を具現化した実験的精神をことさらに重視し、物事の優先順位を冷静に判断する価値基準（standard of value）を確立して、自らの思想と行動の判断基準としていた。彼は、そのような自己自身の思想と行動の判断基準とした価値観を、次のごとく平易に述べている。

天地の間のことは、理・法・情の三字に外ならず。しかれども、情と法と不幸にして兼ぬるを得ざれば、情を棄てて法に従ふものなり。法と理と不幸にして兼ぬるを得ざれば、法を棄てて理に従ふものなり[119]。

象山にとって、「理」「法」「情」の三種に弁別できる価値のすべてが一致し調和する社会が、学問探究の目指すべき理想社会であった。しかし、現実社会においては、「情」と「法」とは必ずしも一致せず、矛盾や対立する場合が多い。そのときには、どのように対処すればよいのか。象山は、「情」を捨てて「法」に従うべしと説くのである。どのような悪法でも法治国家における法は遵守すべきだからである。それでは「法」と「理」とが一致しない場合はどうすればよいのか。その場合は、現実的な秩序体制の維持を前提とする世俗的な「法」を捨て、普遍性・永遠性に貫かれた「理」に従うべしと説くのである。「理」とは朱子学の「格物窮理」がめざす万物の「理」の究極である「天」の「理」―「天理」のことである。「天理」こそが人事万般の判断の基準となる至高の価値である、ということなのである。

「天の寵を荷ふことかくの如くして天下の為に計らざれば、則ちその天に負くこと豈にまた大ならずや[120]」。「理」を最重要する象山の価値観の基底には、「天寵」（天の寵愛）を受けて誕生した人間は、「天命」に従って成すべきことを成し遂げ、「天下」に有益な存在として生きるべきであるという「天人合一」の人間観があった。そのような「天」と対峙して生きる人間の存在意義―自己の存在意義を覚知した象山は、譬え他人から傲岸不遜と批判され嘲笑されようとも、いかなる他者の評価や権力に対しても屈せず、これに抗い、幕末期という永遠の中の有限の今を、「天」の「理」に応じて「天」に恥じなく、「天」の「命」（天命）に従って主体的に判断し行動して生きる価値観を、自己を支える思想の内に形成し実践したのである。

蘭語を初めとする外国語の辞書や翻訳書の出版活動（言語の相違の壁を超えた積極的な西洋文明の受容と普及）、政治改革の根本に人材育成の学政改革を措定した教育立国主義の実践（藩校教育の改革や私塾教育の実践に献身）、東西両洋を球的存在と捉えて人と物のグローバルな交流の不可欠性の主張（開国和親・進取究明による留学生の海外派遣や御雇外国人教師の招聘)、等々は、儒学の究極的な概念である「天」の普遍性・永遠性に裏付けられた「理」を最優先する価値観を形成した象山の、「東洋道徳・西洋芸術」というグローバルな思想から「天下」に発信された極めて具体的な達成課題であった。

さすれば、象山の思想と行動の核心にある「理∨法∨情」という人間存在に関わる価値観が、愛弟子・吉田松陰の不法な海外密航事件を惹起し、師弟ともに獄囚となる事件も極めて必然的な行動であった。松陰は、たとえ国禁を犯してでも海外に雄飛し最新の学問文化を修得すべしと説く師説を奉じて、ペリー来航時に無謀と思えるアメリカ密航を企てた。この勇敢な行動の成功率は極めて少なく、失敗すれば国禁を犯した重罪者として処罰されることなど、象山師弟は百も承知であった。たしかに時代が非常の時代であっても、悪法も「法」である。だが、それは「理」に叶わなければ遵守するに値しない。永遠性・普遍性の根源である「理」の価値は、時代的・国家的な政治的一過性に過ぎない現実的な「法」の価値を超えた至高至善の価値の準則である。そのように考える象山にとって、「法」を捨てて「理」に従うのが「天」の「理」に叶う「道（道理）」であり、それ故に国禁を犯しても若者を外国に雄飛させ、最新の学問を学ばせなければ日本の将来はない。そのために、勇気ある非常な覚悟の行動（天命の実践）が、松陰のような有為な青年には求められたのである。

松陰は、死罪に値すると覚悟した海外密航の失敗体験を、長州藩の野山獄で『幽囚録』（一八五四年）という論文にまとめ、信州松代に蟄居中の恩師象山に送った。(121) 弟子の海外密航事件に連座して処罰を受けた象山は、松陰を恨むどころか、彼の勇気ある行動を讃え、送られてきた松陰の『幽囚録』を精読して詳細に添削指導し、自らが江戸伝馬町の獄中で綴った『省諐録』に通じる同書の出来映えを高く評価し、心から賞賛したのである。

象山は、アヘン戦争以来、国家の辺海防備を研究し幕府に建策してきたが、報われるどころか皮肉にも国家の大罪により裁かれる身となった。自らの行動を省みた象山は、獄中で湧き出ずる複雑な心境を百首もの和歌に詠み、それを万葉仮名で記した（『省諐録』）。その冒頭の一首が、有名な次の和歌である。[122]

こころみに　いざやよばはむ　やまびこの　こたへだにせば　こゑはをしまず
（許己呂美爾　伊佐也余婆波牟　夜末比胡乃　古多弊多耳世姿　故恵破怨志麻慈）

弟子の松陰もまた、恩師象山と江戸の獄での別れに際し、「航海は今日の要務、一日も緩うすべからざるものなり。汝盍《なん》ぞ力めて之れが書を著し、本謀の然る所以を明らかにせざる」[123]との命を恩師象山より受け、長州の野山獄で海外密航事件の経緯を冷静に分析した『幽囚録』を執筆したのである。松陰は、その中で次のような和歌を詠み、「蓋し武士の道は此に在り。願はくは私愛の為めに大義に惑はるることなくんば幸甚なり」[124]と、非常の時代に非常の道を生きる武士道の精神を表現している。

かくすれば　かくなるものと　知りながら　やむにやまれぬ　大和魂[125]

松陰は、自らの大胆な不法行動をやむにやまれぬ抑え難い「武士の道」（武士道）—当為（Sollen、必然的行為）と表現している。[126]幕末期といえども、同時代の人々からみれば、松陰の海外密航は無謀な行動とみえたであろう。だが、松陰や恩師の象山からみれば、非常時における非常な行動は正常であり、誠に「天」の「理」に叶った「やむにやまれぬ」「当然の行動」であった。そこに後悔の念は微塵もなく、「理」に叶った自尊と自賛の思いで満たされていたのである。

上述のような象山の「理」を最高価値とする徹底した合理主義の価値観は、幕末期日本の非常時にあっては、救国済民（経国済民・経世済民）の実現を担う実学を、ひたすらに躬行実践して生きた象山の、「東洋道徳・西洋芸術」という思想と、そこから日本近代化に具現化される行動を理解する上では、極めて重要な観点である。このような象山思想の核心をなす人間存在の生死に関わる価値観は、幕末期の日本近代化過程における思想的な有効性を示す人間の存在意義—「天」の「理」に叶った人間存在の有意性を表現して、なお余りある思想であった。

2　「居敬窮理」の朱子学を「格物窮理」の数理的な学問と理解

ところで、象山が幼少期より算学（数学、和算）を学んだことは、数理的な思考力や判断力を養い、実験・実証を重視する「理」を探究し実践する合理的精神の形成要因となったことは否めない。第一に指摘しなければならないことは、算学が、儒学、特に朱子学の最も重要な経典である『易経』（易学）を理解する上では、必須の学力であったということである。『易経』を基本とする易学は、数理哲学を駆使した実に難解な理論であったからである。朱子学者としての象山にとって、数学を学び数学的思考を可能としたことの重要性を、象山研究に貢献した思想史家の松本健一は、次のように理解し表現している。

象山は朱子学者として世に立った。しかし、象山を象山ならしめたのは、数学、数学的思考である。かれの合理主義的な精神は、この、数学への関心によって生まれていたといっていい。(127)

本来、朱子学では「聖人」（朱子学がめざす究極の理想的人間像）を実現する方法的原理の第一が、「居敬窮理」（敬に居て理を窮めること―経典の読解や注釈など居敬による心の涵養―集中して畏敬の念を維持する方法的原理―「理」の道徳的探究―座学）であった。それは主観的方法の内的原理である。(128)そして第二の方法的原理が、「格物窮理」（物に格りて理を窮めること―分析的・理論的な方法原理―「理」の物理的探究―実学）であり、それは客観的方法の外的原理であった。だが、中国の朱子学における「格物窮理」の実践は「居敬窮理」と重なり合い、読書、すなわち「儒教の経典を読み、研究する」(129)という内的原理の意味に理解されていた。なぜならば、「万物の理はすでに聖人によって誤りなく把握され、経典に記載(130)」されているが故に、人間の「心」の「理」を探究する「格物窮理」もまた儒学教典の読書や研究という「道学―道徳学」の意味に解釈されていたからである。(131)それ故に中国では、朱子学が道徳主義を尊重する「読書人の哲学」となったのである。(132)

日本における朱子学の理解でも、「居敬窮理」とともに「格物窮理」が車の両輪のごとくに朱子学の重要な概念であること自体は理解されていた。そして、両者の関係は、「人間の理」（道徳知）」と「自然の理」（知識知）とが本質的には未分離で一体化されている関係、と考えられていた。しかしながら、そのような両者の関係を分離して、「人間の外なる天地万物の理の探究」を目的とする「格物窮理」を、自然科学における「理」の探究に集中させ、朱子学全体を自然科学を中心とする万物の「理」を探究する学問―「格物窮理」の学問と理解して実践する特異な朱子学者が出現する。それが日本の佐久間象山であった。

象山は、朱子学における学問研究の第一の方法的概念である「居敬窮理」よりも、第二の「格物窮理」を学問探究における最も重要な概念として把え躬行実践したのである。しかしながら、中国古典に精通した博学多識な象山は、「窮理」には「天地自然に関する理」（物理探究）と「人間に関する理」（人間探究）との二種類の「理」があることを十分に理解しており、それ故に西洋哲学における「心理」と「物理」の弁別に通底するがごとき真理観が存在することを示し、その上で自らはもっぱら自然科学の数理的世界における「理」、すなわち「物理」の探究を重視する特異な朱子学者であることを自任していたのである。

そのような象山の朱子学理解の特異性は、儒学の本家本元である中国における朱子学者に比しても異例とされた。象山は、万物の生成過程や宇宙変遷の周期を数理計算の技法をもって算出し説明するなど、非常に数学を重視した数理哲学の儒学を説いて朱子学の成立に影響を与えた「邵康節」（一〇一一―七七、中国北宋時代の儒学者）という学者に強い共感を抱き、彼の数学を用いた難解な数理哲学で構成された自然科学の哲学に近い朱子学の思想を、最も尊崇し実践したのである。(133)

象山自身は、「朱熹」が尊敬した「邵康節」を、最も魅力のある儒学者として敬仰した。だが、その「邵康節」は、中国や日本の儒学界ではまったく注目されない人物であった。それ故に象山は、歴史的な大事件であるアヘン戦争をまったく知らない天保十一年の九月、三十歳にして「邵康節」の論考を蒐集して『邵康節文集』を編纂し、彼の存在を広く世に知らしめたのである。

象山は、「邵康節文集序」に「格物窮理」の先覚者である「邵康節」を、心底、尊敬して称賛し、学問の要である「格物窮理」の重要性を「邵康節先生」に学ばなければならないと門人たちに諭し、次のように記している。

学を為すの要は格物窮理に在り。而して方今の人士は、皆、格窮（格物窮理）の訓を誦ふるを知る。正学の旨は大いに世に明らかなるがごとし。（中略）また学者の誦・坐譚して其の実を務めざるの過ならんや。今の人は、試みにこれを物理と言へば、すなはち曰く、「吾方、人倫日用を窮むるにこれ暇あらず。しかるに何ぞ物の理を窮むる暇あらんや」と。（中略）余嘗て謂へらく、物理を究めんと欲するものは、必ずまさに邵子より入るべしと。(134)

上記の史料によって、江戸に私塾を開く正統な朱子学者である象山は、すでに「格物窮理」の対象には、「物理」と「人倫日用」の二種類の「理」の探究方法があることを十分に認識していたことが理解できる。その上で象山は、中国や日本の儒学史上、軽視されてきた「物理」の探究―「格物窮理」こそが学問の根本精神であることを力説したのである。象山は、「格物窮理」の探究を根本原理とした朱子学理解の革新を訴え、徹底して合理主義の朱子学を躬行実践する特異な朱子学者であったのである。

ところで、幕末期日本の学問世界を東洋と西洋との比較で論じる場合、前述のごとく、「理」をめぐる問題が主要課題の一つであった。基本的には「理の一元論」に立脚する東洋思想（儒教・仏教・道教その他）と「理の二元論」を普遍的真理とする西洋思想（キリスト教を根源とする西洋の学問文化）との相違が論じられてきた。だが、西洋の学問世界における二元論の概念規定を絶対的な判断基準として東洋世界のそれを判断するならば、当然、そこには相違―矛盾が認められるであろう。明治以来、日本の学術世界では、西洋近代の「理の二元論」が絶対的な真理で、東洋の儒教を中心とする「理の一元論」は誤りであるとされてきた。はたして、西洋近代における「二元論」の理論が、永遠かつ絶対の真理でありうるのか。視座を逆転して、東洋の「一元論」を基準に西洋の「二元論」の学問芸術をみたならば、一体、西洋はどのようにみえてくるのであろうか。逆もまた真なり、である。

西洋思想における真理観や価値観などの絶対的な正統性が崩壊して相対化されつつある二十一世紀の現在、従来のような西洋思想の規定する「近代」や「真理」などの基本的概念の見直しが必要となるのではないか。例えば西洋医学と東洋医学、和算（中国起源で日本で発展した数学）と洋算（西洋数学）、西洋音楽と東洋音楽、西洋絵画と東洋絵画、西洋建築と東洋建築、洋食と和食、洋服と和服、等々、様々な専門分野における東西両洋の学術技芸の総合的な比較研究が必要となるのではないか。

明治以来、特に昭和戦後の研究者を含めた知識人の多くが、「西洋道徳」の倫理観や価値観を基準として「東洋道徳」の後進性や劣等性を説き、あたかも日本人が「西洋道徳・西洋芸術」を体現することが日本の国際化の正道であるかのごとき主張を展開してきた。儒教の開祖である孔子（BC五五二、または五五一―BC四七九年）は、キリストよりも約五百年も前の人で、両者はともに今から二千年以上も前の人である。百年あるいは五百年、否、千年あるいは二千年という歴史的スパンで考えた場合、はたして東洋の一元論を説く儒教や仏教が誤りで、西洋のキリスト教神学に根ざす二元論の世界が、時空を越えて永遠に正しい絶対的な真理として世界を席巻すると断言することができるであろうか。もし、そうであるならば、その場合の根拠となるものは何かを、厳正に検証する必要性があるのではないか。

三 「東洋道徳・西洋芸術」思想と東西両洋の数学の比較

1 西洋数学者・川尻信夫の象山批判と和算否定の問題

現代の西洋数学を専門とする川尻信夫（一九二四―二〇一三、東海大学名誉教授）は、博士学位論文の著書『幕末におけるヨーロッパ学術受容の一断面』[135]の中で、「佐久間象山の詳証術」と題する一章を設け、西洋数学の観点から象山の数学理解を厳しく批判し否定している。まず、川尻は、象山が生きた幕末日本における数学（和算）を、数学が数学であるための「論理性」「体系性」を欠いた日本の「和算」は、「ヨーロッパ数学とは全く異質」で、「ヨーロッパ的基準から言えば数学と言えるかどうかすら問題」であり、単なる「計算術」でしかない、と断定する。それ故に、和算の存在価値は「徴税法や測量術を通して政治に奉仕する道具・手段の一つ[136]」に過ぎないと評したのである。無謀な論理である。

その上で川尻は、象山の数学理解の問題を取り上げ、象山は「和算をある程度は知っていた[137]」が「和算の蘊奥を極めた人[138]」ではなく、「彼は算術計算しかできなかった[139]」と断定し、象山には「数学の知識はほとんどなかった[140]」と結論づけたのである。それ故に、川尻は、象山が「詳証術（西洋数学）は万学の基本」と捉えて、西洋近代科学の学術的基盤を「西洋数学」にあると理解した点を問題とし、象山思想を日本における西洋近代科学の受容の先駆性と捉えてきた思想史研究者の丸山真男・植手通有・源了圓などの象山理解を否定し、「象山の数学的・科学的知識についてのこれまでの評価は、拡大された虚像[141]」であると厳しく批判したのである。

象山を生理的に嫌悪する極端な象山批判者である洋学史研究者の佐藤昌介、その佐藤の象山理解を継承する川尻の象山理解は、あまりにも私情に満ちた曲論である。象山が、『省〓録』その他で「詳証術は万学の基本也」と、オランダ語の「ウヰスキュンデ」(wiskunde)を「数学」と解釈して表現したことを、彼らは批判するのである。だが、「ウヰスキュンデ」を「詳証術」という日本語で理解したことは、幕末期にあっては実に適正な日本語の訳語による西洋数学の理解であり、西洋科学の本質を捉えた理解であると評することができる。

なお、前述の松本健一は、象山の数学能力の養成は父親の一学の影響が強いとして、次のように数学を必須とする父親の藩の公共事業である堤防工事に携わった姿を具に見聞していたことの重要性を指摘している。

象山が算盤からはじめて、より高度の数学(方程式や円周率、あるいは容積計算までふくめた和算)へと関心をふかめていったのは、かれが十五歳のとき父一学が千曲川の堤防工事にたずさわったことと関係があるのかもしれない。堤防の工事には、地理の測定、洪水時の水量の計算、必要とする土砂や人夫の推定、そして経費の計算まで、数学が不可欠となるからである。(142)

現代の西洋数学者である川尻は、その西洋数学を判断基準として日本の江戸時代に発達した伝統的な和算を捉え、それを西洋数学とはまったく異質なものとして否定する。そこから、さらに象山の「詳証術は万学の基本也」という様々な洋学研究から帰納的に獲得した西洋数学の理解の仕方の先駆性を評価する植手通有や源了圓などの見解を厳しく批判するのである。(143)これまでの先行研究における象山の「詳証術は万学の基本也」という西洋数学の理解と表現の仕方が、川尻によって、「象山の数学的・科学的知識についてのこれまでの評価は、拡大された虚像」(144)と一蹴され、象山の人格や人間性までもが、「はったりに近かった象山の詳証術が、形を変えて現代にもなお生き残っている」(145)「象山は詳証学に対する傾倒を、このような語呂合わせ—自分だけで喜んでいた」(146)、等々という極端な表現で徹底的に罵倒されているのである。

叙上のような川尻の象山理解は、もはや学術的な批判の域を超えてた生理的次元での象山拒否と受け取れる。そのような批判は、西洋数学者である川尻が、和算や象山の和算修得の実際についての理解不足から、一方的に西洋数学の論理を絶対基準として象山批判を展開しているが故の、まさに天に唾する偏見と言わざるをえない。

2　西洋数学「ウキスキュンデ」（詳証術）との遭遇

現実問題の解決に向けた実践的な対応を最も重視する象山の学問態度は、東洋の伝統的な朱子学の重要な構成要素である易学や数学の持つ数理的な論理性に依拠した、極めて合理的かつ実証的な思想特性を具現化するものである。明治の近代に至って本格的に西洋科学が導入される前の幕末期に、象山が「易こそは誠に神明不測の経典」と絶対的な信頼を置いた易学は、現実問題の認識や解決の方途を予測し発想する智慧の源泉であり、東洋の思想世界における独特の弁証法的な思惟様式の思想である。すなわち易学は、前述のごとく、その中枢観念である陰陽二元の「対待関係」の理論に基づいて、現実に矛盾や対立の関係にある二つ物事を、調和的な関係において発展的に統一するという形で現実問題を解決に導く。それは、東洋の弁証法と呼ぶべき独特の理論なのである。

それを具体的にみると、陰陽思想である易学の基本的な理論である「対待関係」とは、相対立する「陰」と「陽」とは西洋思想における二元的な対立関係ではなく、「互いに引き合う関係、相手があることによって自己があるという関係[147]」というように、「対立しながら相手の存在に依存し合う関係[148]」を言うのである。なぜならば、宇宙の根源である「太極」から生じる「陰陽」は、「一即二、二即一」という無限の変化を生じて生成・発展する相対的な関係にある世界なのである。しかも、その関係は、物事の見方や考え方に関しては論理的抽象的な思惟ではなく、現実的実践的な思考法であり、対立する両者の平等性を担保しつつ調和的な統一を図るという相対主義に立脚する理論なのである[149]。

詮ずるところ、異文化受容の問題を考える際に重要なことは、受容する側の主体性への着目と尊重が最も重視されなければならない、ということである。日本人が、未知で異質な西洋科学文明に遭遇し、それを理解し受容しようとする場合、一体、どのように対応すればよいのか。日本人は西洋人にはなれない。長い歴史的時間をかけて自分たちの主体性を形成してきた儒学思想を、自ら放棄して無心になることが西洋受容の前提条件であるとするならば、それはまったくの無理難題である。日本の風土に根ざして土着化した儒教を、自己の思想形成・人格形成の基礎としてきた日本人は、物事の認識や判断、行動における当為の思想として血肉化された儒教を基準として、西洋を対象化して客観視し対応策を講じる他はなかったのである。その場合、はたして、どのように視座の転換を図って伝統的な儒教思想を新たに解釈すれば、西洋近代の科学技術文明を無理なく理解し受容することができるのか。圧倒的な軍事力を全面に押し出して迫り来る欧米列強諸国の異文化に遭遇したとき、それに対応すべく、時宜をえた新たな視座を創造できるような、従来の伝統的な儒教理解の在り方の革新が求められたのである。

それ故に、象山思想における数学（和算）の理解と使用に関しても、西洋数学（洋算）を絶対的な判断基準として、一方的に和算の存在価値を否定する川尻の論述には、根本的な矛盾や誤謬、さらには偏見や憎悪さえもが認められる。昭和戦後の西洋数学者である川尻は、自身の専門とする西洋数学の概念や理論を判断基準として、幕末期、和算は学問に値しない単なる「計算術」に過ぎず、「和算は自然科学とは全く無縁[150]」、「ヨーロッパ数学とは全く異質のもの[151]」と断定し、象山などの和算を西洋数学の論理から厳しく断罪し排除している。

歳三十四にて異質な文化風土に発達した洋学（西洋科学）と遭遇し、それを蘭語文法の基礎から修得した象山は、蘭学原書を解読する中で西洋の科学技術文明の驚異的な進歩の謎を読み解く鍵となる重要な概念と出会った。それが、「ウヰスキュンデ」（wiskunde）というオランダ語であった。当時の日本語訳では「数学」を意味する「詳証術」と訳される用語であった。この用語を、象山が使用した最初の事例は、『象山全集』で見る限り、下記のような安政元年（一八五四）二月の書簡であり、同年の四月に松陰の海外密航事件に連座して捕縛される直前のことであった。

小弟多年西洋の書を兼ね学び、天地万物の実際を窮め、詳証術分析術等の大略をも心得、大砲小銃諸器械の製作使用をも講究し、攻戦守禦の陣法戦術に渉り候て東西の所長を兼取り、一家の言を成し候はんと謀り候。(152)

上記の象山史料には、象山が洋儒兼学で「詳証術分析術等の大略をも心得」て、実際に「大砲小銃諸器械の製作使用をも講究し、攻戦守禦の陣法戦術」などの経験を重ねてきたことが記されている。詳細で膨大な枚数の大砲の設計図を書くにしても数学の学力なくしては不可能であった。この事実からしても、象山の数学力を否定する川尻の象山理解が曲解であることは明らかである。

さらに、同じ安政元年の四月には、松陰の海外密航事件に連座して縛縛され、江戸小伝馬町の獄中で執筆した『省諐録』の第三五条で、「ウヰスキュンデ」という西洋数学の用語に対して「詳証術」という日本語の訳語を当てて、次のように説明している。

詳証術は万学の基なり。泰西にて此の術を発明し、兵略も亦大に進み、夐然《けいぜん》として（はるかに）往時と別なり。謂はゆる下学して上達するなり。孫子の兵法に度量数称勝といへるもまたその術なり。（中略）今真に武備を修飾せんと欲すせば先づこの学科を興すにあらずんば不可なり。(153)

この象山史料の冒頭の一文を捉えて、川尻は、「象山には、数学がすべての自然科学の基礎であるといえるだけの数学や物理学の知識はなかった」「彼自身の地道な研究に基いた信念ではなく、単なる受け売りにすぎない(154)」と、辛辣に否定するのである。だが、象山が弘化嘉永年間（一八四四―五四）に製作・製造した西洋器機は、ガラスや望遠鏡、大砲や銃砲をはじめ実に多種多様な作品であり、その豊かな西洋科学に関する実験的な理解から、「詳証術は万学の基なり」との経験知が獲得されたものであった。

なお、門人の勝海舟は、安政二年七月から幕府の長崎海軍伝習所で、オランダ軍人の教師から西洋諸科学（蘭航海術・砲術・測量学・医学・舎密学〈化学〉・造船学・数学・機関学など）の教育を受けていた。その海舟に宛てた書簡で、象山は、『省諐録』を執筆した経緯とそこに「ウヰスキュンデ」(詳証術)のことを記し、そのオランダ語の意味が、海軍操練所で西洋諸科学の基礎となっている「数学」のことではないかと問うたのである。

航海術悉数学のみ、ウヰスキュンデ開け申さず候ては叶ひ申さず候との事、御尤に存じ奉り候。(中略)一昨年、獄中にて腹稿脱繋後、浄録候一巻、元来省諐の余に成り候もの故に、省諐録と名づけ候。其内にもウヰスキュンデに係り候一条之れ有り候。仰下され候所に符合候(155)。

この恩師象山の質問に対して、実際にオランダ人教師から西洋式航海術を伝習中の勝海舟は、日本の算学(和算)と西洋の算学(洋算)とは決して別物ではなく、それ故に伝習所でも和算のできる者は洋算を基礎とする諸学科の理解が早いと述べるなど、「詳証術」が「数学」を意味し、その重要性の認識は、恩師象山と全く同じである旨を、下記のような返書で書き送った。

何分蘭書読候者少く候間、誤伝多く、これには困り申候。学科の内にても数学は、天文方の者両人スチュールキュント丈けの處は会得仕候。元来、彼の算と申者も之を極める處、我との差別格別に違ひ候ものにも之れ無き事故、算学出来候者は会得早く参り申候義に御座候。小子輩算無きの者は算より入候事にて甚困難に御座候。此節大方は覚申候。何分困難致し候程面白く之れ無き事に御座候。詳証術の御説有難く一々御尤の至極と存じ奉り候(156)。

さらに安政五年前後の史料と思われる象山史料「目安書」においても、象山は、外国への留学生派遣(「外国へ学生を遣さるべき事」)、外国貿易(「出交易の事」)の実施、蝦夷開発(「蝦夷開き方の事」)、洋書売買の自由化(「西洋書漢籍同様売買自在に御座あり度事」)、等々とともに、外国から諸学の教師を招聘すべきことを提唱し、特に「詳証術」の教師を多く招き、日本国中に「詳証術」の普及を図るべきことを、「西洋より諸学の師召呼ばれ就中詳証術盛に行はれ候様御座ありたき事(157)」、と述べている。

また、象山は、幕府への提言（「目安書」）の一項に、「天下の御武備は天下の武備にして徳川家御一家の武備に御座無なく候[158]」と記し、徳川幕府のためではなくして、日本という国家の将来のためになすべき近代化の政策を箇条書きで提案している。その中でも、「西洋より諸学の師召呼ばれ、就中、詳証術、盛に行はれ候様御座ありたき事[159]」との一項を設け、「詳証術」（西洋数学）の受容と普及の重要性を強調している。まさに「詳証術」と並んで「目安書」に書かれた開港貿易、留学生派遣、洋書売買の自由化、西洋厚生利用諸工作の全国普及、蝦夷地開発など全二〇条に及ぶ幕府への建策は[160]、日本近代化のために実施すべき開国進取・文明開化の先駆的な政策提言だったのである。

象山は、黒船来航前後の嘉永安政年間、蘭書の解読に没頭していた中で、「wiskunde（ウヰスキュンデ）という蘭語と出会い、それが日本の数学（和算）と同類の高度に発達した西洋の数学（洋算）の意味であると理解したのである。

この「詳証術」という「ウヰスキュンデ」の日本語訳である専門用語を、象山は、日本の「数学」の意味と解釈する。このことは、松陰密航事件に連座して地元松代で蟄居生活中の安政三年三月の勝海舟宛書簡で、「航海術数学のみウヰスキュンデ開け申さず候ては叶ひ申さず候との事尤に存じ奉り候[161]」と記していることからも明かである。だが、勝海舟宛書簡では、「詳証術」という訳語を介さずに、直接、「ウヰスキュンデ」＝「数学」と表現している。このことは、象山においては「ウヰスキュンデ」＝「詳証術」＝「数学」と理解されていたことの証しである。

当時、長崎海軍伝習所で理数系の教科（「航海術・運用術・砲術・測量術・西洋医学・舎密学（化学）・数学・造船学・測量学・機関学など）を中心とする西洋航海術を学んでいた海舟は、「算法の事帰する所我と彼との差別之れ無き事」とみて、西洋数学（洋算）を日本の伝統的な数学（和算）と同類の学問と理解し、「和算」の延長上において「洋算」は理解されるべきとの見解を象山に返信する。このような東西両洋の数学に関する海舟の見解は、象山が初めに示した「和算」と「洋算」との関係性の理解の仕方に全面的に同意するものであった。

3　五観の「詳証学」と象山の「詳証術」――和算と洋算をめぐる問題

ところで、オランダ語の「ウヰスキュンデ」（wiskunde）を、初めて「詳証術」という日本語に翻訳した人物は、一体、誰であったのか、まったく不明である。幼少期より和算の修得に励んだ象山の数学能力を、前述のごとく西洋数学者の川尻は、西洋近代の数学を判断基準として極めて否定的に評価し蔑視する一方で、象山と親交のあった内田五観《いつみ》（弥太郎一八〇五―八二、関流和算家、東京学士会院初代会員）という和算家に対しては高く評価し、象山が使用している「詳証術」という言葉は、本来、「幕末期最大の和算家の一人であった内田五観が使った言葉」(162)であると断じている。

なお、五観の場合は「詳証学」の表現で一貫しており、象山のごとく「詳証術」という表現は用いていなかった。なぜ、五観は、「詳証術」ではなく「詳証学」と呼んだのか。その裏付けとなる史料的根拠を、川尻はまったく示していない。五観は「詳証学」と表現して、象山が使用する「詳証術」とは一度も表記していない。一体、五観と象山の「ウヰスキュンデ」の日本語訳をめぐる「詳証術」と「詳証学」の相違は何故なのか。

たしかに、「ウヰスキュンデ」を、象山が「詳証術」という日本語に訳したとは思えない。それでは、象山は、どのような経緯で蘭語の「ウヰスキュンデ」の日本語訳が「詳証術」という用語であることを知りえたのか。さらに、それが「詳証術は万学の基本」の学問である「西洋数学」の意味であることを理解できたのであろうか。

関流和算家であった内田五観と佐久間象山とは、アヘン戦争が勃発する一八四〇年代前後の弘化年間という早い時期から親交があった。すなわち、象山は、三十六歳にして蘭語を習得し蘭語原書の解読による洋学研究に没頭していた弘化三年正月九日付の書簡に、知友の「暦算家」として「内田彌太郎」（彌太郎は通称、五観は号）が登場する(163)。

この書簡の内容は、象山が「地球図」と「天球図」を求めて、知人で蘭学大家の鈴木春山（一七八九―一八五一、三河国田原藩）や儒学者で蘭学大家の遠藤勝助（一七八九―一八五一、紀州藩）などの各方面を訪ね求めるが入手できず、最後は「暦算家内田彌太郎」の家に行き着くのである。(164)

内田彌太郎（五観）は、関流和算の大家であるが、高野長英に師事して蘭学・兵学をも学んだ人物である。その後の彼は、江戸に算学の家塾「瑪得瑪弟加《まてまてか》」（Mathematica、詳証館）を開き、多数の数学門人を育成した。彼の名は、一般には、富士山や江戸湾の測量をした功績で有名である。著書には『古今算鑑』『観斎先生雑話』『新星発秘』などがある。その彼は、明治維新には、何と東京学士会院（現在の日本学士院）の初代会員に、福沢諭吉・西周・西村茂樹・加藤弘之・中村正直らとともに選挙されている。(165)

象山は、「内田彌太郎」すなわち「五観」の家で、探し求めた念願の西洋製の「天球」と「地球」を初めて手にしてみることができた（「暦算家内田彌太郎の手にやはり紅毛製にて台に乗り居り候天球と地球と揃い候品御座候」(166)）。これまで平面の地球図でしかみてこなかった地球を、円形の立体としてみることができ、西洋と東洋の位置や領域の関係をも確認することができたのである。象山は、その地球儀を五観に譲り受けたいと懇願する。だが、五観は拒否し、地球儀と天球儀のセットで一五両もあれば入手できる、と断ったのである。(167)

幕府が、貞享元年（一六八四）に天文方（暦の編纂局）を設置して以来、和算を駆使した日本の天文学は、江戸時代に大きな発展を遂げ、幕末期には西洋製や日本製の球体模型の「天球儀」や「地球儀」などを製作していた。オランダ語を修得して蘭語原書を読解でき、幅広い西洋知識を獲得した象山は、宇宙に強い関心を抱いてプラハ大学教授ゾンメル（J. G. Sommer）の著書『宇宙記』（*Tafereel von het Heel-al, of bevattelijke en underhoudende Bschouwing van het uitspansel en van den aardbol. Geboreders Dierderichs, Amssterdam, 1834*）の原書を、五〇両もの大金で藩費購入して愛読し、「宋氏の宇宙記を読む」(168)という漢詩も詠んでいる。

それ故に、「東洋道徳・西洋芸術」という地球規模での統一的な思想を描く象山は、日本全土を俯瞰できる「地球儀」と天空に地球が浮かぶ「天球儀」を是非とも入手したかったのである。しかし、残念ながら象山は、この後、黒船来航事件や松陰密航事件に遭遇し、入手した形跡はみられない。

上記のような経緯で、象山は内田五観とは昵懇の間柄にあったが故に、川尻は「象山は五観から詳証学の話を聞いた[169]」「詳証術は五観から象山に伝えられたもの[170]」「象山の詳証術が五観の詳証学である[171]」等々と、裏付け史料の提示がまったくなく、推測だけで象山が五観から「詳証学」という専門用語を教授されたと断定しているのである。

さらに川尻は、象山が使用した蘭語の「wiskunde」の日本語訳である「詳証術」という言葉を、「象山と五観の間に往来があったこと[172]」「五観の蔵書そのものを象山が貰ったか、象山が五観から借りて象山自身又は象山が頼んだ誰かが写した[173]」等々の間接的な類推の状況証拠をあげて、「詳証学という言葉は五観系統以外には使われていないし、象山における「詳証術」の初出は五観の外部公表より九年後であり（中略）五観から来たということ以外に考えられない[174]」と推論している。

なお、叙上のごとく五観が象山に「詳証学」を教授したとの川尻の指摘に関する史料は、膨大な『象山全集』（全五巻）においてはまったく確認できない。川尻の発言は数学者には似あわず、出所不明の史料に依拠したまったくの推論としか考えられない。

そもそも、「詳証学」という西洋数学を意味する言葉は、中国明代末期に西洋天文学を編訳した『崇禎暦書』（全一三五巻、一六二九―三五年）という暦法書が出典とされ[175]、象山の「詳証術」という数学用語も、この西洋暦算書を漢訳した『崇禎暦書』に由来すると川尻は指摘する[176]。だが、川尻が、膨大な分量の『崇禎暦書』に照合して史料確認の作業をした形跡はまったくなく、信じがたいことである。象山は、蘭語の「ウヰスキュンデ（wiskunde）」を「西洋数学」と言う意味で「証証術」という日本語の訳語を使用し、この「証証術」が西洋近代科学の全般の基礎学（「万学の基本」：『省諐録』）であるとして、それを日本に導入し普及させるべきことが急務であることを主張したのである。

象山が、「詳証術」という用語を使用した最初は、前述のごとく、『象山全集』で見る限り嘉永七年二月の書簡においてであった[177]。さらに、同年四月には、象山は、門人吉田松陰の海外密航事件に連座して幕府に捕縛されたが、獄中で『省諐録』と言う自省録を草し、そこで改めて「詳証術」（wiskunde、数学）の意味と重要性を詳細に説き記しているのである。

たしかに、象山は、西洋数学を意味するオランダ語の「ウヰスキュンデ」の日本語の訳語とその意味を、親交ある五観から教授された可能性を全否定することはできない。しかし、五観が「ウヰスキュンデ」の日本語訳として表記しているのはすべて「詳証学」なのである。それに反して、象山の方は「詳証学」という五観の表現を一度も用いず、すべて「詳証術」で一貫している。五観もまた、象山の「詳証術」を使用せず、すべて「詳証学」で通している。「詳証学」と「詳証術」、「学」と「術」、この両者の表現の出所と相違はどこからきているのか。はたして、どちらが「ウヰスキュンデ」の日本語訳として適切であるのか。

川尻は、①「詳証学」は「和算家五観の創始した概念[178]」と記しているが、史料的根拠はまったく示されてはいない。さらに川尻は、②「詳証学は、それまでに存在していた用語をつけ替えたものではなく、日本においてはまったく新しく概念規定され、定義されたもの[179]」と主張するのである。

同氏は、①「和算家五観の創始した概念[180]」と言いながら、さらに③「詳証学は、佐藤（前掲の洋学史研究者の佐藤昌介）の見解を引用して『ヨーロッパ学術』そのものではなく、旧学問の上に移植されたヨーロッパ学術』の一つの典型であるのかも知れない[181]」と述べている。そしてさらに、④「それまでに存在していたものの名前をつけ変えたのではなく、日本においてはまったく新しく概念規定され、定義されたもの[182]」と説明している。川尻の「詳証学」に関する①②③④の記述は、すべて資料的な根拠がなく、相互に矛盾する叙述であると言わざるをえない。

和算研究の碩学であった三上義夫（一八七五―一九五〇、東京帝国大学文科大学哲学科出身の数学史研究の大家）は、内田五観は、西洋数学を「詳証学」と表現して私塾「マテマチカ塾」を開いて多くの門人を教育したが、彼の蘭学の学力や知識は未知数で、とても蘭語の「マテマチカ」を「詳証学」と翻訳できるはずがないと疑問視し、明治以降の近代数学の展開上における内田に対する低調な評価を、下記のように述べている。

内田五観は詳証学ということをいったり、マテマチカ塾という名称を使用しても、実際蘭学の知識がどのくらいあったかは疑問である。この人でさへも蘭学を読んだのではなくして図などを見て考えただけだろうという話しもある。詳証学と称した書物が果たして作られたかも知られておらぬ。(183)

また、昭和の戦後に日本科学史学会会長や日本数学史学会会長を歴任した日本数学界の重鎮であった小倉金之助（一八八五―一九六二）も、名著『数学教育史』の中で、五観について下記のように、三上義夫と同様の見解を示している。

内田五観の如きは、多少蘭書を読んだらしく、その家塾を瑪得瑪弟加（マチマテカ）と称した程で、よほど西洋の数学を伝へもしたるものかと考へられようけど、その実、左まで蘭学の力があった様でもなく、此人の如きも蘭学は、図を見て其の研究の題目にはしたろうが、読んだものではあるまいと云ふことである。(184)

ところで、蘭語である「ウヰスキュンデ」（wiskunde）を日本語の「詳証術」（「詳証学」）と訳すことの根拠を、オランダ語とドイツ語の類似性に鑑みて、言語学的な語源の視座から「詳証学」「詳証術」の日本語訳の在り方を検証してみると、以下のように考えることができる。

もともと日本で蘭語といわれるオランダ語は、ドイツ語の派生言語であり、同じ西ゲルマン語派に属する両者は言語としては極めて類似性が強い。そこでドイツ語とオランダ語の類似性という観点から「ウヰスキュンデ」の意味を考えてみてみると、ドイツ語に「wis」はないが「gewiss、ゲヴィス」があり、その意味は「wis」と同じく「確実な、確かな」である。また、オランダ語「kunde」に相当するドイツ語には男性名詞の「Kunde」があり、それは

「知識、科学、～学」という意味である。これによって両者を結合すると「ウヰスキュンデ」は、やはり「詳証学」あるいは「詳証術」を意味する「数学」となるのである。

なお、象山評伝の大著『佐久間象山』（上下二巻）を遺した思想史研究者の松本健一は、[185]象山の『省諐録』の第三五条に出てくる「詳証学」の意味について、次のように英語との言語学的な比較分析を試み、象山の蘭学の語学力を高く評価している。

「詳証学」とあるのは、オランダ語の wiskunde（ウィスキュンデ）すなわち数学のことである。しかし、wis が英語の know（知る）を意味し、wisdom（知識）や wit（理知）の語源でもあることを考えると、wiskunde は本来、認識の術といった意味にちかいだろう。とすれば、それを「詳証学」と訳した幕末の蘭学者、ひいては象山の語学力はなかなかのものだった、といえる。[186]

上記の松本の「詳証学」の分析はおおむね妥当である。だが、そこには二つの誤りがある。第一は、オランダ語の wiskunde（ウィスキュンデ）を英語の語源から類推していること。オランダ語は同じゲルマン民族のドイツ語との関係が強く、ドイツ語の北方地方における方言と言ってもよいほどに言語的な相関性が強い。それ故に筆者は、ドイツ語との比較分析で wiskunde の意味を考察したわけである。

第二の誤りは、オランダ語の wiskunde を「詳証学」と日本語訳（あるいは漢訳）した蘭学者はまったく不明である。たしかに象山は蘭語を読解できたし、取り分け西洋砲術など数学に関わる自然科学系の蘭語には造詣が深い。だが、象山の可能性は極めて少ない。もし、そうであれば、象山は嬉しさの余りに関係各方面にオランダ語の wiskunde を「詳証術」と日本語に訳したのは自分であると公言して憚らなかったであろう。だが、象山は、「詳証術」の翻訳者についてはまったく触れてはおらず、至極当然の日本語の訳語として用いているのである。

本質的には、「詳証学」と「詳証術」の意味するところは大同小異で、基本的な相違はない。だが、五観が「詳証学」という名称で通しているのに反して、象山は「詳証術」で一貫している。一体、「学」と「術」との相違はどこにあるのか。西洋の学問文化が摂取される前の幕末期までの日本の学術世界では、「学」の使用は極めて少なく、「術」を用いる事例がほとんどであり、「術」の付く熟語（二字熟語・三字熟語・四字熟語など）が非常に多い。

欧米学術文化が流入する明治以降は、翻訳語を含めて「学」の文字が多く使用されるようになった。例えば「算術」は「数学」、「砲術」は「砲学」、「医術」は「医学」など、「術」から「学」への転換が進んだ。なお、「柔術」が「柔道」、「剣術」が「剣道」、「弓術」が「弓道」へと、「術」から「道」への転換もみられ、単に「技術」の世界の「術」に止まっていた学術技芸が、「術」を裏付ける理論を得て「学」となったように、道徳的な修練を究極の目的とする「〇〇道」と呼ばれるようになったものと考えられる。

上述のように、江戸時代には蘭語の翻訳語が多い。だが欧米学術文化の受容が拡大する幕末期においても、多様な外来語（蘭語・英語・仏語・独語、他）の日本語訳としては、「学」よりも「術」の方がはるかに多く使用されていた。例えば、「術」を用いる二字熟語の一部をあげても次のように数多くあるのである。

学術　医術　算術　芸術　剣術　槍術　柔術　弓術　技術　奇術　幻術　針術
呪術　砲術　縫術　験術　射術　施術　治術　邪術　手術　心術　神術　仁術
占術　戦術　相術　体術　道術　忍術　馬術　秘術　美術　武術　兵術　法術
棒術　魔術　妖術　暦術　話術　方術　鍼術　詮術　智術　四術　巫術　詭術
下術　外術　灸術　左術　四術　詐術　杖術　施術　武術　仙術　話術　馬術

結局、「術」の到達する極地は、単なる技術的な熟練の域を超えた「道」（悟り、真髄・理想的人間像の実現）という宗教的あるいは道徳的な世界の意味に至ることである。それに反して、「学」は日本が西洋の学術技芸と本格的な交渉が始まり、その影響を受ける幕末維新期以降に認知さられる呼称であり、一定の理論に基づいて体系化・組織化された科学的な知識や研究の総称という意味で、西洋流の専門的な学問に関する概念の日本語表記に用いられたとみてよい。そのような伝統的な文化状況の中で、蘭学を修得して蘭語に習熟していた象山は、「学」と「術」との相違を理解して、オランダ語の「wiskunde」を「ウヰスキュンデ」と表記して「学」ではなく「術」を用い、「詳証術」という日本語訳を使用したものと推察できる。

江戸時代、とりわけ洋学（蘭学）の普及拡大に伴うオランダ語の日本語訳が急増した幕末期において、なおも「学」よりも「術」の方が圧倒的に使用例が多いという言語文化の状況下で、象山は一貫して「詳証術」を用いた。だが、川尻は、「象山の詳証術が五観の詳証学である」[187]と断言する。象山の人格否定や学説批判の異常性をみると、川尻は、研究者、それも数学の研究者としては、象山顔負けの傲岸不遜な自信家であるとみてよい。

再度、問うが、五観は一度も「詳証術」という表現を用いてはおらず、川尻の見解はまったく史料的根拠のない推論に過ぎない。それでは、なぜ、象山は、五観の「詳証学」と異なる「詳証術」を、「ウヰスキュンデ」(wiskunde)の日本語訳として用いたのであろうか。

象山は、蘭学原書の解読による洋学研究の中で、「ウヰスキュンデ」という西洋数学を意味する蘭語と出会った。そのときに、数字を用いて論理を展開する日本の「算学」から西洋数学を同類の学問と類推して理解し、「確かに証明する術」すなわち「詳証術」という日本語に翻訳できると理解していた。そして、象山は、「詳証術」という学問が、西洋諸国では科学技術の全体を支える基礎学となっている事実を、西洋砲術・西洋兵学の教授をはじめとする、小銃・大砲の設計製作・火薬の製造・弾道計算・医学・薬学、等々の実験的な洋学研究から体験的に理解し、その結果、「詳証術は万学の基本也」（『省諐録』）と表現したものと思われる。それは、象山の西洋科学に関する様々な製作実験を通して得た体験的理解を経て到達した、「西洋芸術」を支える現実的な西洋数学としての「詳証術」という理解の仕方であったとみられる。と同時に、「東洋道徳・西洋芸術」思想を提唱実践する象山にとって、「詳証術」が西洋数学を基礎とする西洋諸国の諸々の学問、すなわち西洋の自然科学の万般を総称する「西洋芸術」の内容と特徴を簡潔に表現する適切妥当な用語である、と理解されたものと考えられる。

4 日本数学史学会その他の和算に関する見解

江戸時代までの日本の数学（和算）の評価に関しては、昭和戦前の日本数学界を代表する藤原松三郎（一八八一―一九四六、東北帝国大学理科大学教授）は、西洋数学に関する多大な研究業績を背景として和算研究に取り組み、その研究成果を膨大な日本学士院編『明治前日本数学史』（全五巻）にまとめた。[188] さらに藤原は、単独で『日本数学史要』（宝文館、一九五二年。勉誠出版より二〇〇七年に復刊）も刊行している。[189] 同書において和算の定義が、「和算とは明治維新前、我が邦で独自に発達した数学のこと」として、和算を知らない戦後日本の西洋数学者は東アジア数学三千年の学的蓄積を無視し、固有の文化伝統を踏まえず、目・綱（ないしパラダイム）を異にする西欧数学に接ぎ木して、唐突に明治前の数学を論じていることが多い。現在日本の研究状況を総括すれば、日本の数学史家の視角はあまりにも西洋のそれに隷属している。[190] このように、藤原は、西洋数学に偏した「現代の悪しき科学史観」に毒された西洋数学者に対して厳しく論駁しているのである。

その上で、「日本の伝統数学は基本的にはヨーロッパの知的伝統とは関係がない」が、和算を「数学」として認知し、「現在の数学と和算とは内容的な連絡が薄いにしても、思想的には切れて居る筈がない」と、現代の西洋数学と和算との間には数理的思想性という共通性が底流していると関係づけている。[191] 東西両洋の数学を極めた数学者の本質を突いた鋭敏な視座からの見識であるといえる。

ここに至り、再度、象山の和算修得の程度と蘭語の「ウヰスキュンデ（wiskunde）」を、「詳証術」と称し西洋数学と理解していた数学の理解度に関しても、川尻の字面の表面的な象山批判を問題としなければならない。象山は、幼少時より父親や藩内の和算家（日本和算界の大家である会田安明の高弟である町田正記やその後継者である宮本正武ら）に師事して朱子学の理解に必須な算学教育を受け、相当程度、和算の技術と理論に精通していたことは間違いない。川尻は、象山の数学（和算）は「計算技術」に過ぎないと言うが、象山は計算技術としての和算の奥にある数理的思考の理論と幽玄な思想的世界を認識し感得していたに相違ない。

それ故に象山は、早くも二十代半ばにして松代藩の藩学改革を構想するに際して、藩学教育に算学（和算）の導入を立案し[192]、また自著の女子教訓書『女訓』においても女性の家庭経営上で算学の基礎教育が不可欠であることを説くなど、洋学と出会う前から一貫して算学教育の必要性を強調していたのである[193]。

象山にとって、算学は極めて重要な学問であると認識されていた。その論拠は、彼が生涯にわたって躬行実践した「格物窮理」という学問が、算学を重視する朱子学であったという事実である。朱子学の理論には、易学と数学とが不可欠な構成要素となっており、「格物窮理」の理解と実践には数理的な分析力や思考力が不可欠なのである。そのためにか、象山は、中国や日本の儒学界ではほとんど注目されていなかった中国北宋時代の「邵康節」という数理哲学を重視する儒学者を殊更に敬仰して、中国にもなかった『邵康節先生文集』を天保十一年（一八四〇）、三十歳にして日本で初めて編纂している。邵康節の数学重視の理論（「数」を通して「理」を窮めるという理論―万物の生成過程や宇宙の変遷周期などを数学を用いて算出）は、「物に格りて理を窮める」という「格物窮理」を説く朱子学の成立に大きな影響を与えたのである[194]。

様々な場面において、象山は、朱子学の「格物窮理」に関連する数学（和算）の重要性を認識し、その実利有用な技術（算術）の面ばかりではなく、その計算技術の奥に広がる数理的な思想世界（客観的な分析力・思索力・判断力・実践力、適応力、等々）の重要性を体験的に認識していたことは確かである。

また西洋数学についても、象山は、蘭学原書で得た様々な知識を基にして、自ら大砲小銃の設計・製造、弾丸・火薬・地震予知機・電気治療機・ガラス・望遠鏡の製作、医学関係の治療薬を含めた薬品調合、等々を、実際に設計・製造・実験している。そうした科学的な実験と検証の過程で、彼は、当然、西洋では何事にも数学が使用されているという厳粛な事実に気づき、それを「万学の基本」と理解し表現していたことは間違いない。

特に数学が不可欠に使用されていることを彼が痛感したのは、彼が自ら設計し製作・製造した洋式大砲をはじめとする様々な西洋器機の設計図を作成する過程においてである。具体的には、西洋の大砲や鉄砲の精密な設計図をまとめた著書である『砲学図編』（嘉永四年二月脱稿：大砲の弾丸・信管・装薬・装袋などの部品の設計図など）や『迅発銃図説』（安政五年十月脱稿：西洋銃に独自の工夫を加えた元込銃の部品ごとの精緻な設計図）を彼は自ら作図しているが、それらは、緻密な数値計算を基に作成された精密な図面であった(195)。

すなわち、象山が作成した西洋銃砲など様々な西洋器機の設計図に記載されている数字は、彼が蘭学原書の西洋数学を参考にして、わが国古来の算学（和算）を基に算出した日本独自の尺貫法が用いられている。象山が駆使した尺貫法の数式で表現された客観的な数値である日本数学（和算）の世界は、西洋数学とは数の論理と数式の技術や表現には相違が認められるが、物事を数字で把捉し表現する数理的な論理の世界であることに変わりはなく、両者は決して「無縁な別物」とはいえない。そこに認められる「数」を通して「物」を把握し表現するという数理的な思考や表現は、東西世界における数学の共通性として認識することができるであろう。

実は、筆者は、今から半世紀以上も前の大学院時代に、数学の著名な教授の演習を二年続けて履修し、そこで和算の文章問題を洋算で解くという貴重な学習体験をした。たしかに、求めるべき問題の解を西洋数学を用いて未知数のX、Y、Zを使えば簡単に解ける問題ではある。だが、未知数を設定しない和算では問題が複雑化して、解くのに大変苦労した。しかし、解けないことはなかった。和算にも独自の論理的な体系性が求められたのである。その貴重な体験を通して、洋算（西洋数学）と和算には数理的な思考や論理の世界での共通項が通底していることを体験的に理解したのである。

明治の近代に入って日本に西洋型の学校教育制度が成立し、教科目も西洋化され、「和算」は廃止され「洋算」で統一された(196)。この教育西洋化の措置によって伝統的な「和算」は消滅の運命を辿ることになった。学校教育において算数の教科が洋算に変更された。まさにその時に、「和算と洋算との優劣如何」という問題が、西洋数学の専門家たちの間で論議されたのである。検討の結果、下記の四ヶ条の理由をあげて洋算の方が和算よりもはるかに優ているという見解をまとめたのである(197)。

①和算は、系統的な点で、はるかに洋算に劣ること。

②問題を解くにも洋算の方が便利であること。

③和算の結果は、洋算のただ一部分に過ぎないこと。

④自然科学や産業技術への応用では、和算は初めから問題にならないこと。

しかしながら、日本の和算そのものが否定されたわけではなかった。西洋の数学という範疇からみても、和算はれっきとした数学の一種であり、その一部であることが確認されたのである。このことは重大なことであった。たしかに、西洋数学を基準とする比較では勝負にならないほどに劣ることが立証された。だが、東洋世界の中でみれば、日本の和算は本家中国の数学以上に発達し、ことに「幕末の円理は、西洋における十八世紀前半の微積分と、ある意味ではくらべることが出来る(198)」と評価されたのである。

さらに、小倉金之助は、和算と洋算とを比較研究した結果、「和算家が持っていた、あの鋭い緒感的見透しや、あの逞しい帰納の力。そういった長所は、今後も、ますます、活かすべきものだ(199)」と述べている。西洋数学を絶対的基準として日本の数学（和算）を蔑視し否定するのではなく、長い歴史の蓄積を持つ和算の技術と理論を理解して、両者の長短の相違、あるいは共通する特性などを公正に判断する必要がある。

四　「天人合一」の武士道精神の具現化――国家への忠誠と奉公

1　「天」と直結した絶対自己の存在認識と「天命」の実行

象山は、愛弟子・吉田松陰の海外密航事件に連座して、安政七年四月、幕府に捕縛されて地元信州での蟄居を命じられた。その翌年の安政二年、象山は、江戸の私塾に残した門人たちに対して、次のような訓示をする。

時勢の好みに随ひて己の守るべき所を失ひ、志す所を変ずるは士気なき輩の事也。有志の士に於ては世の用ひは如何なるべしとも、国家の御為にかくならでは叶はぬ筋と思ふことは、其志を変ぜず己の身に学習する所も、是を以て国家の洪恩に報じ奉るべしと思ひよる所は、一筋に心を入れて果して衆人の上に出て、非常の際に臨んで非常の功をたつることを求むべきなり。（中略）

此度はからざる事出来り（松陰密航事件により信州松代に蟄居謹慎の処罰）、有志の士数輩しばらく祟りを受け候と雖も、諸君夫に因て志を奪はるべからず。相互に其気を励し学校（私塾）定日にもけく是迄よりも多勢出席一段と出精之れ有り有志の本来を世に顕ふ給ふべし。士気なき輩とその帰を同じうし給ふべからず。(200)

上記の文章は、象山が自らの生き方を基にして、志を抱いて国家の洪恩に報じる武士道精神の涵養と実践を門人たちに説き諭したものである。江戸木挽町の象山塾には西洋砲術・西洋兵学を学ぶ武士が全国五十余藩から多数入門していた。が、その象山塾には、儒学や蘭学を学ぶ門人もいたのである。彼ら門人たちに、武士道精神を喚起する象山は、基本的には朱子学者である前に、祖国防衛に不惜身命の武士であった。たしかに彼は、「格物窮理」を躬行実践する当代一流の朱子学者であり、さらに蘭学をも修得して銃砲をはじめとする西洋科学文明の利器を製造・実験する科学の先駆者であった。だが、彼の存在の本質は、幼少時より文武両道の誇り高い父親から薫陶を受けた武士道にあり、その強固な精神的基盤の上に朱子学や洋学が修得されたのである。それ故に象山の朱子学や洋学は、武士道精神に支えられた国家や藩社会の改革、あるいは国家防衛に資する実理有用の実践の学問、実学の躬行実践であったのである。

黒船来航による国家の非常事態に際して、象山は、門人たちに単なる西洋砲術の技術や西洋兵学の知識よりも、「国家の御為にかくならでは叶はぬ筋と思ふこと」「是を以て国家の洪恩に報じ奉るべし」と、門人たち各自が、武士として国家の非常時に何をなすべきかを主体的に考え、確たる志をもって事に臨む武士本来の生き方―武士道を生き抜くことの大切さを強調している。

たしかに象山は、朱子学の説く「格物窮理」の科学的精神を何事にも徹底して躬行実践する実理探究型の人間であった。非常に鋭敏な知的分析力や緻密な論理構成力に富んだ合理主義者であり、実験・実証を重んじる科学的な思惟能力を備えた人間でもあった。しかしながら、彼は、そうした理数的な性格や能力とは対照的に、言語表現の豊かな漢詩人でもあり、事あるごとに漢詩を創作し、また万葉仮名で和歌を詠ずる優れた文学的能力を有する文化人でもあった。さらに、書道や箏曲に関しても実技と理論を兼備した優れた芸術家でもあった。学者であり文化人であり芸術家であるなど、博学多才な象山は、豊かな人間的感性と文学的な表現能力の持ち主であった。とりわけ、卓越した漢学力を有する彼の漢詩文の創作能力は抜群であった。それ故に、恩師で幕末期日本の漢学界を代表する漢学者の佐藤一斎から、代表作『言志四録』の推敲や漢詩文集編纂の作品選定などを依頼されるほどに、象山の漢詩文の理解や表現の能力は認められており、本家の中国漢学界でも通用する非常に高い評価を受けていたのである。

実は、象山と一斎の間には漢学をめぐって注目すべき出来事があった。佐藤一斎の漢詩文類の作品には『愛日楼詩文類』(「愛日楼詩」「愛日楼文」)があった。黒船来航の当時、米寿を超えた最晩年の一斎は、その続編を刊行すべく、そこに収録する作品の選定を、何と弟子の象山に依頼したのである。黒船来航で東奔西走する象山は、激務の中で恩師の依頼を引き受けたのである。すでに洋儒兼学の学者として天下に名声を轟かせていた象山は、後世に遺る恩師の作品であるが故に、一斎の数多い作品の中から収録すべき作品を厳しく選定した。その労苦は、象山の一斎に対する学恩であった。一斎は、そのように手厳しい象山を叱るどころか、それによって自分の作品の出来映えが向上したことを悦んだのである。その経緯を、象山は次のように記している。

　一斎先生の人選に預り候て先達て中《ママ》、愛日楼文詩続編の選定を仕候が、彼先生など近来稀の文人にて候所、議すべき所少なからず、大分愚意申候事御座候。先生にも大に益を得候とて悦ばれ候。[201]

また、前後するが、初めての江戸遊学で佐藤一斎に入門したばかりの象山に、一斉は代表作である「言志四録」の二冊目である『言志後録』の原稿の浄書を命じた。象山は、偉大な恩師の原稿の一頁ごとに「格物窮理」など朱子学の理論に照合して詳細に校訂の書き込みを入れた。そして最終的に象山は、数々の疑問点を修正した極めて長文の報告書「一斎先生言志後録に付存念申述候案」[202]を執筆し提出している。この時、何と象山は二十四歳であった。すでにこの時点で、象山は、若輩ながら高度に洗練された漢学能力を有して、師匠の一斎に対抗できる確たる学問的信念をもった朱子学の学徒に成長していたのである。

朱子学を正学と奉じる象山は、幕府の昌平坂学問所では正学である朱子学を講じ、私塾では異学の陽明学を説く「陽朱陰王」と当時の漢学界で揶揄されていた天下一等の碩学である恩師の佐藤一斎に対して、二十三歳で入門するやいなや論戦を挑み、朱子学の正統性を主張して陽明学を批判し、漢詩文の指導は受けるが陽明学の学問的な影響は受けないと言い切るほどに、清廉潔白で正義感の強い一途な朱子学徒であった。

だが、その象山は、円熟した文学能力を有する円満な人格者の一斎を、父親のごとくに心から尊敬していたのである。しかし、自らが正学と信じる学問観に関しては、師匠と言えども最期まで妥協を許さず、厳しい論戦を挑んだのである。後年、なおも象山は、王学（王陽明の陽明学）を信じ、象山の格物窮理を中核とする朱子学を認めない一斎と学問的に対峙したことを、次のように記している。

余少時一斎先生に師事す。（中略）先生王学（陽明学）を主張し、窮理（格物窮理）を好まず。余は則ち専ら程朱（程頤・朱熹）の規（朱子学の格物窮理）を承当し、以て天地万物の理を窮め、斯学の起手と為る。(203)

自身が刻苦勉励して獲得した学問に対しては、象山は、相手が誰であろうとも決して自説を曲げなかった。はたしてそのような象山の学問的な態度は、狷介不羈《けんかいふき》な性格と批判されるべきなのか、それとも幼少期以来の勉学一筋の該博な学識に裏付けられた強烈な自信の証しと評すべきなのか。象山研究者の圧倒的多数は、象山を狷介不羈で自信過剰な性格と批判する。しかし、包容力が豊かで教育愛に満ちた寛容な人格者の一斎は、四十歳も年の差のある象山青年の傲慢不遜な態度に対して、世間知らずの生意気な少年を見守るがごとくに、終生、父親のごとき深い愛情をもって象山の成長と活躍を見守った仁愛の人である。

それにしても、論争に敗れた人たちは、象山の強引な論理展開や戦闘的な論法に反感を抱き、絶交や破門に至った友人や門人も少なからずいたのである。(204)たしかに、正義感が強く戦闘的な象山の厳しい言動は、他者を傷つけ、批判や中傷を惹起する性格に起因しており、それが禍して誤解や反感を招き、最後は惨殺という非業の死を招くことになった。徹底して「格物窮理」を躬行実践する真理探究型の合理的な学問的世界を生きた象山は、他者と妥協し協調する相対的な人間関係の世俗世界には生きられなかったのである。実は象山の強固な信念に基づく自己認識と自己主張の根本には、自己自身を万物の根源である「天」の寵愛（「天寵」—宇宙の根源である天と直結し、その寵愛を受ける）特別な人間であると、(205)自己の存在を絶対視していたのである。

「天」の思想は、儒教では、「人は天の小宇宙」で「天と人間世界との間には密接な相関関係があるとする考え方」、すなわち「天人合一」（「天人合応」）の思想として展開された。思想史学者の本山幸彦は、象山思想を分析して、その中核にある易に注目し、「象山の易は、象山の思想の根底にあって、『天人合一』という世界観を形成し、道理・物理を超えた絶対の立場から、それぞれを位置づけるものであった」と述べている。象山が最も精通した易学思想の観点から、象山の思想の本質を見抜いた卓見である。(206)

幕末期という非常の時代にあって、非常の生き方を貫く象山は、自分を「天寵」を受けた特別な人間と信じて疑わず、その「天」から特別な使命（「天命」）を受けて、現実の人間社会に「脩身斉家治国平天下」（『大学』）の実現を期して学問を躬行実践する身と、自己の存在を覚知していたのである。そのような、自己を常に「天」と共に生きて存在する「天人合一」の存在であるとする絶対的な信念と強烈な自尊心とが、象山の強固な自我を形成していたのである。そのために、「天」と向き合う絶対的な自己と対峙して生きる象山の、誤魔化しの効かない自己自身に対する誠実で真面目な対応と言動は、妥協や打算の渦巻く俗世間の相対的な価値の中に生きる人々からみれば、極めて異常な人間であり、ときとして「自己顕示欲」「傲慢不遜」「誇大妄想」「大言壮語癖」「潔癖症」などと揶揄され批判され、不快な悪口雑言を浴びせられもした。それは、象山存命中にも見受けられたが、象山没後、特に昭和戦後の民主主義社会に転換した歴史学界において、象山を生理的に嫌悪し、学術書の中で下品な悪口雑言を浴びせる研究者も存在したのである。(207)

だが、「天」とともに生きる絶対的な存在と自己を認識する象山は、「外より至る者は、豈に憂戚するに足らんや」(208)と、他人からの批判や中傷は意に介さず、己の信じる道をひたすらに突き進んだのである。その生き方は、まさに「天人合一」の人生観であり、幕末動乱の時代に何事かを成さんとする人間に共通する独立自尊の人生観であった。

象山の人生には幾度も挫折と失敗の経験があった。だが、彼には、後悔の念はまったくみられず、失敗を乗り越えて、次なる希望に向かって奮起した。そのような象山のポジティブマインドな生き方の秘密は、一体、どこにあるのか。彼は、十五歳の成人に至るまでの日々に、「吾年十有五、象山の麓で易を読み、玄夜、辞象を玩ひ、或る時、晨旭に至る（夜通し筮竹《ぜいちく》で卦を立て吉凶を占い朝を迎えた）(209)」というほど「占筮《せんぜい》」に心酔した生活を送っていた。それ故に象山は、深遠な予測の学である易学の理論から現実の難問を捉えて理解し、常に先行きの動向を見据えて分析して、明日を見据えて今日を生きる自信と勇気に溢れ、何者をも恐れず、積極果敢な決断と実行を最期まで貫いて生きたのである。まさに「少小にして易理を窮め(210)」た象山は、幕末期という非常の時代を、「天命を知ってこれに安んじ楽しみ「宇宙精神を体して自彊不息の努力と修養を努める」易学の思想を生きる信条として、幕末動乱の非常の時代に波瀾万丈の非常の人生を生き抜いたのである(211)。

叙上のように「天」とともに生きる象山の人と思想の理解を裏付ける象山自身の証言として挙げられるのが、門人・吉田松陰の海外密航事件に連座して捕縛された安政元年、四十四歳のときに、江戸伝馬町の獄中で執筆した『省諐録』に記された次の文章である。

「行ふところの道は以て自ら安んずべし。得るところの事は以て自ら楽むべし。罪の有無は我に在るのみ。外より至る者は豈に憂戚《ゆうせき》するに足らんや(212)」。

「たとひ予《わ》れ今日死するとも、天下後世まさに公論あるべし。予れまた何をか悔い何をか恨《うら》まん(213)」。

「誇る者は汝が誇るに任せん。嗤《わら》ふ者は汝が嗤ふに任せん。天公は本と我を知れり。他人の知ることを覔《もと》めじ(214)」。

黒船来航の翌年の嘉永七年（一八五四）四月、愛弟子の海外密航事件に連座して、象山も捕縛される。だが、彼は罪人となったことを全く後悔せず、黒船問題に揺れる幕末期の非常時に、超法規的な非常の行動を実行した門人吉田松陰の勇気ある行動とその正当性を、世俗的な「法」を超えた普遍的な「理」の価値判断から誉め讃えたのである(215)。

それ故に、象山は、幕府の北町奉行で米国使節応接掛の井戸覚弘《さとひろ》（生年不詳―一八五八）の取り調べに対しても、「天意」に基づく永遠不変の「理」に叶わない海外密航の犯罪法規の時代遅れを、鋭く駁論して徹底抗戦したのである(216)。

いかなる権力や暴力にも屈しない象山の果敢な思想と行動は、象山が幼少時から修得して最も精通した易学に依拠するものであった。易学の思想は、森羅万象は絶えず変化するが（変易）、その中には一定の不変な法則（天理）が存在して変わらず（不易）、それら「変易」と「不易」の両者が相まって、万物は常に循環し流転し発展する、という思想である。そして、「不易」の究極の根源こそが「天理」なのである。すなわち「天」という「太極」が生じる「理」（万物の究極的な根源）から生じる「理気二元論」の「理」―法則性なのである。

象山には「天」に恥じず「天理」に叶った行動は「正義」であるという絶対的な信念があった。それ故に彼は、現実社会の何者にも服従せず、いかなる既存の慣習や価値にも拘束されず、ひたすらに時代が求める問題解決に有効な学問を躬行実践して、「天」の「命」である国家人民の独立安寧（「脩身斉家治国平天下」）の平和社会の実現に応えようとしたのである。

しかも彼は、洋学の格物窮理を実践して獲得した西洋の学術文化や知識技術、そしてそれを担う人間存在の在り方を、後に続く門人や同時代の青少年たちに率先垂範して示し、「天」と共に生きて、有限な自己の存在の無限化を図ろうとしたのである。その具体化として、彼は、日本の新時代を切り開く日本近代化（西洋化）に貢献する「東洋道徳・西洋芸術」という思想を形成し、私塾を開いてその思想を継承し実践する有意な人材を多数、育成した。象山の思想と行動に共感し、心底、影響を受けた幕末期の青少年たちは、直接に薫陶を受けた門人で判明するだけでも全国五十余藩の藩士五〇〇名近くを数える。(217) だが、象山思想は門人以外にも広く伝播し、幕末期日本の青少年たちの国防心・愛国心、先進文化の進取究明の探究心などを喚起してやまなかった。

門人ではないが、黒船来航の時には、長州藩の山県有朋（一八三八―一九二二）と同年の十六歳の少年であった佐賀藩の大隈重信は、藩校弘道館で学問修行中であった。だが、旧態依然とした講道館の教育は不本意で、真に時代が求める「学制、兵制、国防等の術策」や「外国事情を知るの法」などの学問を躬行実践したく思い、自身の存在意義と日本の将来を案じて模索していたのである。そのような当時の青少年たちを鼓舞して希望と勇気を喚起したのが、象山であり、水戸藩の藤田東湖（一八〇六―五五）であった。大隈は、当時を回顧して「藤田、佐久間の喝破したる豪放にして壮快なる言は、実に渇者の美酒、飢者の膏粱として接受せられたり」[218]と述べている。

2　象山の西洋認識の基盤を形成する武士道精神

象山が提唱し実践した「東洋道徳・西洋芸術」という幕末期の思想は、鎖国攘夷の高揚する激動の時流に抗って、日本近代化の指針である開国和親・進取究明という文明開化を推進する開かれた思想であった。その思想は、何と旧来の伝統的な儒学―朱子学の説く「格物窮理」という真理探究の方法的理論から発生したもので、洋学受容の理論として機能したものである。そのような日本近代化を準備し推進する実学思想の形成を可能にしたのは、ひとえに象山自身の儒学理解の在り方の独自性に他ならなかった。象山の思想的な特性は、彼の幼少期に父親による文武両道の教育によって武士道と朱子学の「格物窮理」の精神を形成し、さらに父親や藩内諸師による易学・算学を基礎学とする数理的な学問として朱子学を理解したこと、すなわち「格物窮理」を躬行実践する実学思想を基盤とする思想形成に与った所産であったといえる。

補論（Ⅰ）において、象山に対する父親の文武両道の教育の具体的な内実を、父親が遺した象山関係史料「墳原卜伝流剣刀術免許皆伝」の分析、とりわけ「免許皆伝」の最後に付された父親自身の思想を論説した「諭示」を取り上げ、彼の朱子学を背景とする文武両道の教育理論に支えられた武士道精神（「天人合一」の思想）が具体的に表現された内容の詳細な分析と検討を試みた[219]。そこで著者は、「諭示」に描かれた父一学の武士道精神の教育が、幼少期における象山の思想基盤を形成し、「東洋道徳・西洋芸術」という思想の形成要因となっていたことを明らかにしたのである。すなわち、象山の思想と行動の本質が、父一学の象山に対する易学と数学を中核とする朱子学の基本精神（「格物窮理」の探究と実践）と武士道の精神（「天人合一」の立志意識、死生観、報国済民の使命観）の基礎教育に淵源することを明らかにしたのである。

象山は、幼少期の六歳から十六歳の十年以上にわたり、父親から教授された文武両道の教育によって学問精神や武士道精神を基礎とする思想基盤を形成した。だが、一学の文武両道の教育の思想的な背景には、数ある儒学の学統学派の中でも「格物窮理」を最も重視する合理主義・実証主義の思想である朱子学が厳然と存在し、「諭示」には朱子学の「格物窮理」の精神が脈打っていたのである。その朱子学が、象山が出会った最初の学問であり、それは終生変わることはなかった。儒学者や洋学者、西洋砲術家や西洋兵学者、科学者や医学者などである前に、格物窮理を躬行実践する朱子学者・象山がいたのである。やがて象山は、朱子学の格物窮理の理論から東西両洋の学術技芸を統合した「東洋道徳・西洋芸術」思想を形成するに至ったのである。

十五歳で成人した後の象山は、朱子学の再興を通して頽廃した幕藩体制の改革（学政改革による風俗矯正・文武両道の人材育成）を担う天下の旗手たらんとの大志を抱き、朱子学者としての大成を期して、ひたすらに刻苦勉励した。そのときの象山で注目すべきことは、すでに少年期より発揮されていた象山の常人ならざる人格特性である。それは、いかなる艱難辛苦の現実に遭遇しても決して逃避せず、最後まで希望を捨てずに問題解決に挑む堅忍不抜の精神と非凡な努力とである。取り分け、目的達成に向けた象山の意志力たるや尋常ではなかった。その集中力・持続力・忍耐力が三位一体となった不撓不屈のベクトルは、想像を絶する非常な実行力を生み出した。強靭な意志と努力を発揮して、象山は、幼少時より易学・算学・朱子学、そして武士道などを修得して、天下一等の学者となり、そこからさらに異質な洋学を修得して西洋近代科学の何たるかを理解し、遂には日本近代化の指標となる「東洋道徳・西洋芸術」というワールドワイドな思想を形成した。武士であることに強固な自信・自責・自尊の念を抱き、万物の根源たる「天」と直結した「天人合一」の武士道精神を、自身の存在基盤として確信し、ひたすらに大志の実現を企図して「格物窮理」を実践躬行する朱子学の学徒であった。

象山という人間は、机上の空理空論を否定し、常に眼前の現実問題を分析し、それを克服する具体的な対応策を提示する問題解決型の実践的な学者であった。「東洋道徳・西洋芸術」という日本近代化の思想を形成し展開した彼は、幕末期の国難に際しても、人事を尽くして「天命」に応えようと決死の覚悟をもって上洛し、強靭な意志力と精緻な表現力とをもって宮家や将軍家に日本近代化の政策を言上し、己の「天命」をはたし「天寿」を全うせんとした。だが、「天人合一」の武士道を生きる象山は、問答無用の凶刃に倒れた。「天理」の下で合理の世界を生き抜いてきた象山の、最も不条理な最期であった。その姿もまた、「天命」と倶にあった象山の武士道を生きる覚悟のなせる業であった。

3　門人に対する武士道精神の教育——吉田松陰『幽囚録』の誕生

武士であることに依拠する確固たる自信と自責、そして自尊の念を抱き、武士道精神を基本とする実践的な朱子学者であった象山。彼は、激動する時代の中で、常に「格物窮理」の精神をもって冷静沈着に問題を捉えて分析し、招来すべき日本の実現という国家的な視座から数々の開化政策を幕府や藩主に上書した。同時にまた、象山は、自塾の門人たちに対しても、西洋砲術や西洋兵学、さらには儒学や易学などの学術技芸の知識技能の伝授に止まらず、西洋日新の科学技術の修得の重要性を説いたのである。だが、象山の教育の究極は、人間存在の根本問題である武士本来の生き方と死に方を率先垂範することであった。

海外密航事件の科で師弟ともに地元での蟄居処分を受けたとき、師である象山は、すでに獄中で『省諐録』という自省録の草稿を書き上げていた。その象山が、江戸伝馬町の獄舎で弟子の松陰との惜別に臨み、最後の教えを諭した。そのときの恩師象山の教えを、長州野山獄に囚われの身となった松陰は、前述の『幽囚録』という一書にまとめたわけである。

松陰は、身命を賭して恩師の説く海外留学（「万国形勢情実を察観」[220]）を実行すべく、鎖国下でも国禁とされる密航を犯そうとした。その松陰が、象山から学んだものは、海外に渡航し、「東洋道徳・西洋芸術」の世界が発する様々な西洋先進諸国の知識技術を見聞し修得すること、百聞は一見に如かずであった。だが、自らの生死に関わる国禁まで犯して海外密航を企図した松陰が、胸に刻んだ恩師の教えは、非常の時代に武士として何をなすべきか、という武士の生き方と死に方の根本であった。その一端を松陰は、『幽囚録』に次のように記している。

余、平象山に師事し、深く其の持論に服し、事ごとに決を取る。象山も亦善視し、常に励まして曰く、士は過ちなきを貴しとせず、過を改むるを貴しと為す。善く過を改むるは固より貴しとなすも、善く過を償ふを尤も貴しと為す。国家多事の際、能く為し難きの事を為し、能く立て難きの功を立つるは、過を償うの大なるものなりと。[221]

易学と格物窮理に精通し、現状分析と将来予測に優れた朱子学者の象山。彼は、常に眼前の現実を凝視して問題の本質を析出し、それを克服する具体的な対応策を提示し、自ら率先して躬行実践する学者であった。「東洋道徳・西洋芸術」という日本近代化の思想を形成し展開した彼は、幕末期日本の国家緊要な問題の解決に人事を尽くし、もって「天命」に応えんとした。非常の時代に己の「天命」を果たし「天寿」を全うせんとしたのである。

だが、「天寵」を受けた絶対的存在であるはずの象山は、親族一門の慰留をすべて押し切り、決死の覚悟で争乱の都に上るのである。上洛後は、翌日から皇族や将軍たちを訪問して公武合体・開国和親の開化政策を開陳して回る。だが、上洛して三ヶ月後、山階邸から帰宅する途上、道半ばにして攘夷派の凶刃に斃れた。その四年後に明治の夜明けが到来するのである。象山は、開国和親・進取究明の日本近代化に向けて、「東洋道徳・西洋芸術」思想の展開を弟子たちに託したが、それを見届けることはできなかった。

おわりに――「東洋道徳・西洋芸術」思想の構造と特徴

1　「東洋道徳」と「西洋芸術」を両翼とする三層構造の日本の思想

一体、強力な大砲を装備した巨大な軍艦を建造して、世界の海を制覇する西洋列強諸国の強大な軍事科学の奥には、それを可能にする、いかなる学問（「西洋芸術」―西洋近代科学）が存在するのか。また、その西洋の学問は、自らが探求してきた東洋の学問（「東洋道徳」―「格物窮理」を中核とする朱子学）と、一体、どのような関係にあるのか。知的好奇心の旺盛な象山が最も腐心したところであった。

はたして東西両洋は、矛盾し対立する関係にあるのか、異質な両者を統合できる結節点はあるのか。これらの問題は、象山が、「東洋道徳・西洋芸術」という思想を形成する際に、超えなければならない思索と判断の極み、極点であった。だが、象山の思索の基本的なスタンスは、いかなる異質な物事をも全否定せず、兵学者でもある自身の知見を活かして、「彼れを知り己れを知れば、百戦して殆《あやう》からず。彼れを知らずして己れを知れば一勝一負す[222]」という孫子の教えに依拠し、不変な朱子学の格物窮理の「理」をもって統合し、異質な西洋の学術技芸を積極的に受容し我が物にすべしとしたのである。

これまでみてきた象山の朱子学理解の独自性からすれば、彼が精通した易学理論によって対立的関係にある東西両者の矛盾点を止揚し統一する学問的な原理を発見するのは容易であった。儒学の中でも難解極まる経典である『易経』の説く理論の根本は、絶望の中に希望が内在すると説くところにある。『易経』は希望の哲学書であった。その本質は「陰極まれば陽、陽極まれば陰」である。それ故に、朱子学が重要視する『易経』の理論からみれば、幕末期の危機的な時代状況や西洋の学問との対立関係も、まずは現実を現実として受け入れ、そこに認められる矛盾や対立の関係を調和的に止揚し、より高次における統一的な関係性をもって把捉すれば、いかなる危機的状況をも打開することができる。この論理を超えた強固な信念が、象山にとっては、まさに絶望を希望に転換する暗夜の灯火であった。

そのように問題を認識し思考する象山の精神と態度、そして思想と行動とが、朱子学理解において、『易経』を最も重視する象山の思想的スタンスの基本であった。彼は、『易経』の説く天地万物を貫通する「理」（「天理」）の一元的な普遍性が、東西両洋の学問に等しく内在するとの確信をもって、まったく異質な別物と思われていた東西両洋の半円的な「理」の学問を、一元的に融合して全円的な統一世界に構築せんと企図したのである。

それ故に、象山の「東洋道徳・西洋芸術」という思想は、あくまでも朱子学者である象山の「格物窮理」を最も重要な方法原理、否、目的原理とみる特異な朱子学理解の延長上において成立する思想であった。象山は、数ある儒学の経典の中でも、数理的思考を中核として、危機的な関係や状況を回避あるいは超克する『易経』の弁証法的な理論を重視して、旧套墨守を排して革新的な朱子学理解をグローバルに拡大し、西洋世界をも矛盾なく取り込んで敷衍化した思想、それが「東洋道徳・西洋芸術」思想の成立を決定づける思想的な契機となったのである。

近世実学思想の研究者である源了圓は、象山を「朱子学を物理優先の学に読みかえた経験的合理主義者[223]」と評したが、朱子学の「格物窮理」（物理の探究）の基礎の上に洋学を把捉して位置づけるという象山の洋学理解の基本精神は、早くも弘化元年（一八四四）、彼が洋学（蘭学）の本格的な研究に立ち向かう当初から一貫した思想であった。このことを、弘化四年十月、象山自ら次のように述べている。

朱子の意は程子（程頤）の説に従はれ、凡天下のものに即て其の理を窮めて知識の量を尽すと申すを、夫にては外馳の弊、之れ有り候間、吾心は即ち理にて天下の万物悉く我に備はり候へば、吾心の理をだに窮め候へば、夫にて事済と申事に成候。是其異同の所に之れ有り候。西洋の窮理の科なども、やはり程朱の意に符合し候へば、実に程朱二先生の格致の説は、之を東海西海に於て皆準ずるの至説と存候義に御座候。程朱の意に従ひ候へば西洋の学術迄も皆吾学中の一端にて、本より外のものにては御座無く（後略）[224]。

東洋の日本人である象山の「東洋道徳・西洋芸術」という思想は、西洋を西洋として、西洋科学を西洋科学として、西洋人と同じ精神や論理をもって理解し統一する純粋な西洋の思想ではありえなかった。当然のことながら、「東洋道徳」の世界に生きる東洋人の象山は、「不仁不慈無礼無義」の「西洋道徳」の西洋人にはなりえなかった。その意味で、象山思想を西洋哲学の側の視点からみれば、論理的な整合性に欠けた幕末日本の折衷思想と評されても致し方のない一面もある。

同じ「真理」でも、「物理」と「心理」を峻別する西洋哲学の論理から東洋の儒教思想を批判した西周などの場合は[225]、日本人である自己の儒教的な精神世界に西洋の学問を本格的に取り組み、西洋人と同じ精神的な立場で日本近代化に関わろうとした。彼は、明治以降の西洋体験を経た正統な西洋学派の文明人たちの先駆者であったのである。たしかに、彼ら西洋学派の西洋学術を基準とする儒教批判には、正鵠を射た論理的な妥当性が認められる。

だが、先に論及したごとく、哲学者の古在由重は、象山の「東洋道徳・西洋芸術」思想を評価する際には、「過去の思想を評価する時、なにがこんにちの見地から不足しているかをみとどけると同時に、それよりもむしろその思想がそれ以前の思想にくらべて、なにをつけくわえたかをみきわめなければならない[226]」と述べた。歴史的な思想を理解する際の基本である。さらに続けて古在は、「われわれはわれわれの現代を絶対化するのでなく、この現代そのものを相対化してみなければならない[227]」とも述べている。時が過ぎてもなお生彩を放つ歴史理解の名言である。

人間も思想も、地理的・風土的・民族的・歴史的・文化的などの現実的な諸条件の下で、時間と空間とで織りなす歴史的空間としての「時代」の中で、生成し展開する。幕末期の日本に侵攻する得体の知れない横暴な欧米列強諸国を、一体、どのように理解して位置づければ、日本の国家人民の独立安寧を担保することができるのか。だが、そのために、覇権主義をもって北東アジアに侵攻する欧米列強諸国を全否定するのではなく、圧倒的な軍事力を生み出している彼らの「西洋芸術」（西洋近代科学）の秘密を、日本人であることのアイデンティティ（identity）を担保する主体性（「東洋道徳」）をもって、積極的に理解し摂取することが最も賢明な対応であった。そこに象山の提唱し実践した「東洋道徳・西洋芸術」思想が日本の近代化の指標となるべき歴史的な意義があったのである。

前述の源了圓は、「実践知」としての「実学」の概念を次のように規定し、象山の「東洋道徳・西洋芸術」思想を理解する際の基本的な視座を示している。

実学は純粋な知的要求、つまりアリストテレスのことばを使えば「理論知」に根ざす学問ではなく、行為の遂行ということをめざす「実践知」に根ざす学問である。（中略）実学というものは何の脈絡もない雑多な概念の集合ではなく、ある状況のもつ困難な問題を解決することのできる内容をもち、少なくとも当事者にとっては真実であり、そして自己のみならず社会にとっても有用であるという共通の性格をもつ実践知であるということができる。(228)

上記のような実学概念の規定に照らして、象山の「東洋道徳・西洋芸術」思想をみれば、まさしく外圧に挑もうとする幕末動乱期の実学思想であった。その思想は、象山が、黒船来航という形で眼前に迫った国難に直面したときに、危機を打開し救済する原理と方途を指示する実利有用の実学思想として展開された思想である。しかも、その思想は、幕末期のみに有効な思想ではなく、動乱の幕末期に進行していた日本近代化を推進する思想でもあり、明治期以降の本格的な日本近代化の指標ともなりうる思想であったのである。それ故に、古在由重が、象山の「東洋道徳・西洋芸術」思想を、「明治維新を思想的に準備した人々のほぼ共通するスローガン(229)」と捉えたのは、「東洋道徳・西洋芸術」思想の歴史的な存在意義を的確に理解したものといえる。

同様に象山思想の根底に易学が存在するという基本的な観点から、幕末期という時代性に即して象山の「東洋道徳・西洋芸術」思想を正統に理解したのが、下記のような象山理解を示した石毛忠（一九三八―、防衛大学校名誉教授）である。

天人合一思想に立脚する易道は「西洋芸術」の及ばない人事と宇宙自然の相関を明らかにし、占筮を通して将来を予知せしめ、変化に対応する道を教えてくるものである。それ故、激動の時代に形成された象山の知的世界において、易道が朱子学と深く結びつき、「東洋道徳」と「西洋芸術」を基礎づけていたのである。(230)

今から百六十年近くの歳月が過ぎた幕末期の思想を、歴史が展開する時系列の方向から同時代人の目線で捉え、幕末期の国家存続の危機に遭遇した歴史的現実をリアルに把捉するという同時代史的な視座から、象山の「東洋道徳・西洋芸術」思想の幕末期以降の日本における思想史的な存在意義や時代的役割を、今、改めて吟味しなければならないときである。

2　幕末期における「東洋道徳・西洋芸術」思想の意味と役割

詮ずるところ「東洋」と「西洋」、「道徳」と「芸術」という四つのアイテムの組み合わせは、①「東洋道徳・東洋芸術」、②「東洋道徳・西洋芸術」、③「西洋道徳・西洋芸術」、④「西洋道徳・東洋芸術」という四組できる。はたして、幕末期日本における国家の危機的な時代状況の下で、内憂外患の危機を克服して国家人民の独立安寧を図り、主体的に西洋の学術文化を受容し、日本の近代化を平和裏に推進するために有効な思想としては、一体、いずれの選択肢が最も妥当性があり現実的なものであったのか。

比較文化研究の平川祐弘（一九三一―、東京大学名誉教授）は、「東洋道徳・西洋芸術」に替わる学術的な思想表現として「和魂洋才」を用い、西洋文明に対する日本人の対応洋式を分析した。だが、象山思想の「東洋道徳・西洋芸術」と「和魂漢才」から転化した「和魂洋才」とは、本質的に似て非なる構造と意味をもつ思想表現である。

同氏は、西洋文明に対して日本ないし日本人の取り得る進路の可能性として、「和魂洋才」「和魂和才」「洋魂洋才」の三パターンをあげ、「洋魂洋才」は理論的には可能であるが非現実的として除外した。その上で、幕末期以来、日本近代化の思想とされてきた思想が「和魂洋才」であるとして、その歴史的かつ現代的な位相について次のように述べている。

「洋魂洋才」や「和魂洋才」は、近代化の人間的基礎などとして、過去にも説かれ、現在でも問題とされることのある、日本乃至日本人の進路の公式だが、今日の日本人は、自分たちが西洋人ではない以上、「洋魂洋才」という指針はたとえ主張したくとも主張しにくいが、さりとて「和魂洋才」を主張するにしては「和魂」についての自覚がなく、一種のとまどいを覚えているのが現状である。(231)

世界の中の日本の今をみつめ、明日の在るべき日本の姿を考えようとするとき、ＡＩ（artificial intelligence：人口知能）やＩＴ（Information Technology：情報通信技術）が支配する高度に科学技術（「西洋芸術」）が発達した高度情報化社会の日本の「今」を判断基準とする視座からではなく、幕末動乱の時代を生きた象山と同時代人の歴史的な視座から、「東洋道徳・西洋芸術」という象山思想の歴史的な意味と役割を、追体験的な象山理解の手法による歴史認識をもって、主体的に検証しなければならない。時の流れとともに去り行く現在の今を基準として過去をみるならば、いかようにも解釈し評価することができる。それ故に、現代人が、自らが生きて存在する今を判断基準として、いかに過去を判断し評価するかは自由である。だが、自由を行使するには、歴史的事実に対して謙虚に向き合い、また自己の言説には責任を持たなければならない。

佐久間象山という一人の人間の軌跡を時系列でみれば、彼は幕末期という非常な時代の非常な課題に遭遇し、それを打開するのために、当時の日本における伝統的な儒学思想の新たな解読の可能性に挑んだ変革者であった。また、幕末期という空間的な歴史の断面からみれば、象山は、前近代的な東洋世界に存在する日本という狭小な国家的視座から脱却して、全円的な近代世界に位置する日本というグローバルな視座から、幕末期の難局打開に立ち向かおうとした勇気ある挑戦者でもあった。

さらに、時間の流れでみれば、象山は、「東洋道徳・西洋芸術」という思想の下でのスタテックな近世的世界観から脱却してダイナミックな近代的世界観への転換を可能とするワールドワイドな視座をもった変革者であり、その歴史的な流れを受け継ぐ数多の後継者を輩出した教育的な功績もまた非常に大きい。

それ故に、象山の「東洋道徳・西洋芸術」という日本近代化の思想は、単なる東洋と西洋の学術技芸の所長を「併合」や「接ぎ木」をした折衷思想などという単純なものではなく、象山史料の字面の解釈に拘泥した枝葉末節レベルでの理解や評価を超えたものである。あの激動の幕末期に、「東洋道徳・西洋芸術」に取って代われる別の思想がありえたのか。象山は、幼少期に父親から受けた文武両道の教育によって、「天人合一」の精神を基本とする武士道精神を血肉化し、宇宙の根源であり絶対者である「天」の「理」に準じて生きる倫理道徳的な心情を基盤とする、日本人の伝統的な生き方を継承する思想を形成したのである。

象山は、儒教道徳（格物窮理を基本とする朱子学）という東洋の伝統的な思想を基礎として、異質な西洋の学術文化を主体的に受容し、外来文化である西洋（欧米）と東洋（中国）の学術文化を両翼とした日本近代化の実現を担う日本人の主体形成の思想として、「東洋道徳・西洋芸術」という思想を形成した。幕末期の内外ともにカオス的な時代状況の下で形成された「東洋道徳・西洋芸術」という思想は、東西両洋の学術技芸の真髄を理解して摂取するに際して、日本人による日本人のための新生日本の構築を可能にする日本人の主体性はあくまでも日本人自身にあり、それは日本の伝統的な学術文化に基づく日本人の伝統的な生き方に主体形成の基礎をおく、という思想であった。西洋（欧米先進諸国）・東洋（東洋の儒教文化を形成した中国）・日本（東洋の儒教文化を積極的に摂取し、それを日本の風土や歴史に定着させて日本化させた日本の思想）という三極からなり、それらの思想形成の要因が、三角錐の三層構造をもって組み上げられた思想が「東洋道徳・西洋芸術」である、と理解することができる。それ故に、その思想は、構造的にも東洋の思想であり、何よりも日本の思想である、という思想構造上の特徴をもつものである。

それら東洋・西洋・日本の三極が有機的に結合した新生日本の学問文化を形成する要因には、第一に西洋諸国の「西洋芸術」、すなわち自然科学を内実とする洋学（西洋科学）がある。それは古代以来、東洋では「形而下学」（易経）として把捉され、特に儒教―朱子学における重要概念である「格物窮理」の「理」が、西洋の学問の真理探究の「理」と通底する普遍的な概念と理解されてきた。また、第二には、国家の在り方や人間の生き方を説き示す古代以来の「東洋道徳」は、西洋の倫理道徳（人間に関する「心理」）に対応するものである。だが、不幸にも英国をはじめとする西洋列強諸国は、強烈な軍事力を背景に経済的権益を求めて東アジアに侵攻し、アヘン戦争に象徴されるような、人間としての道徳倫理に逆行する悪逆非道の振る舞いを展開した。その歴史的な事実は、日本をはじめ東洋諸国の人々に、西洋には「西洋道徳」が存在しないという冷酷悲惨な現実を見せつけ、日本を含めた東洋人の西洋認識の基本を形成したのである。

叙上のような「西洋」と「東洋」における「芸術」と「道徳」とを一円統合し、新生日本の羅針盤―国是となるべき思想として、幕末動乱の時代を乗り切り、日本人による日本人ための独立安寧の国家を形成することが、「東洋道徳・西洋芸術」思想の形成者である象山の切なる願いであった。

叙上のような「東洋」と「西洋」を両翼とする新たな「日本」の思想は、三極が絡み合う「東洋道徳・西洋芸術」という思想の構造である。それを可視化すれば、次のように三角三層に図式化することができるであろう。

図27は、「東洋道徳・西洋芸術」思想が、（B）東洋・（C）西洋・（A）日本という三つの思想形成要因が相互に連携して三角三層を形成し、「理」で統一された一つの全体世界に融合された構造の思想世界あることを表現している。「東洋道徳・西洋芸術」という思想は、象山が、「東洋」（中国を中心とする東洋の儒教文化圏の伝統的な国家や人間の在

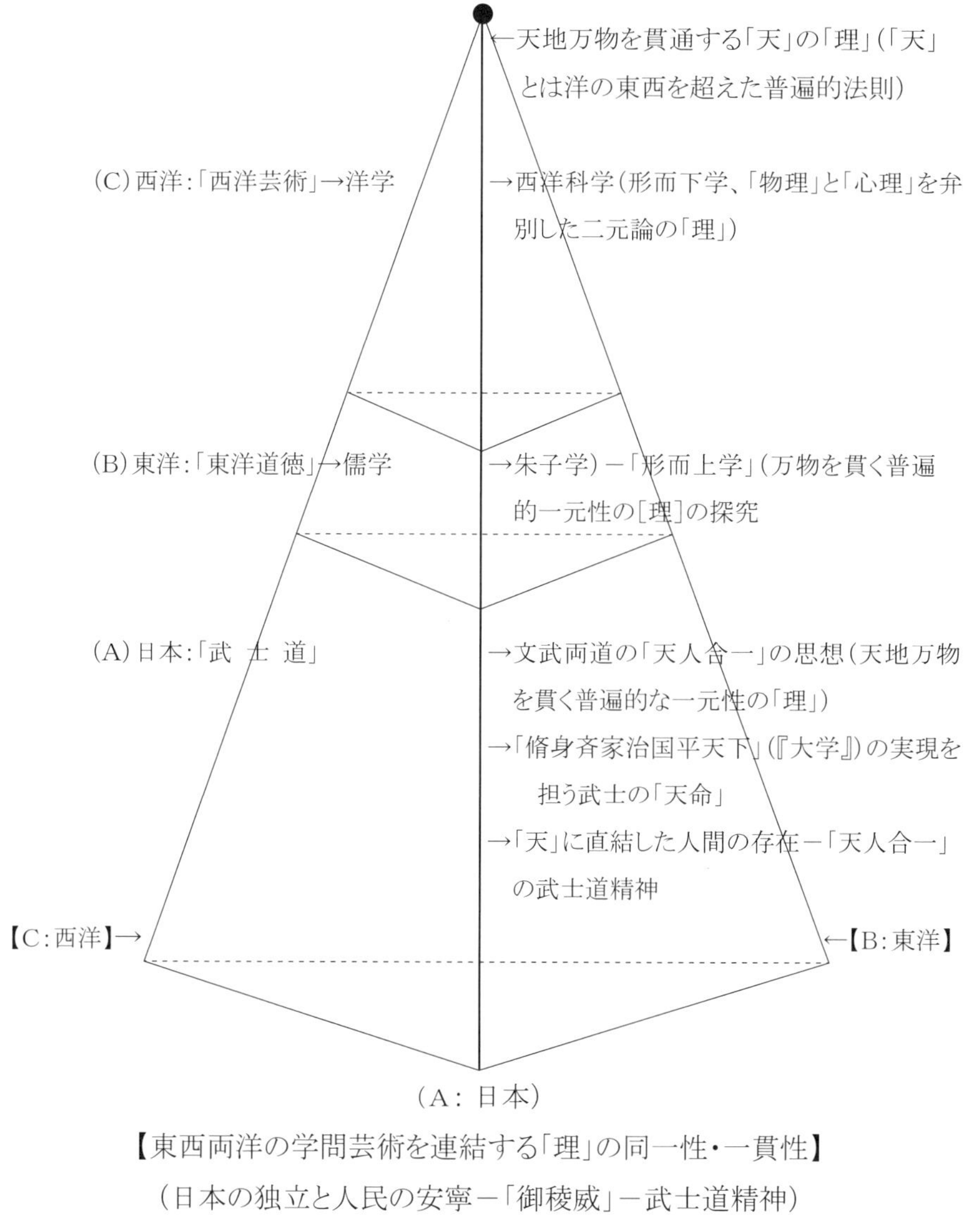

図27　「東洋道徳・西洋芸術」思想の形成要因と関係構造の特徴（著者作成）

り方―「東洋道徳」）の「道徳」と、西洋（欧米先進諸国に発達し高度化した精緻な科学技術文明―「西洋芸術」）という二つの異なる外来の要素を、単に「接ぎ木」や「接合」したものではなく、それら両翼を朱子学の格物窮理の一元的な「理」をもって結合した、日本人の主体性を形成し、招来すべき新たな日本の近代国家像を構想する三極三層の日本の思想の全体像（「皇国の大学問」）を描出したものである。

なお、付言しておくべきことは、象山が武道の達人であり有能な兵学者であったことに関わる彼の人間性の問題である。象山は、いかに我が身が危険で過酷な窮地に立たされても、意気消沈したり悲憤慷慨することは決してなく、冷静沈着、しかも武術の達人でありながら一度たりとも武士の象徴である伝家の宝刀を抜くことはなかった。また、兵学者である彼は、いかなる戦争をも肯定せず、ひたすらに「孫子」の「百戦百勝は善の善なるものにあらず。戦わずして人の兵を屈するは善の善なるものなり(232)」との信念を堅持して、欧米先進諸国が植民地獲得に凌ぎを削る覇権主義の時代にあって、鎖国日本の開国和親・進取究明・文明開化を説き、不戦による平和社会の実現を切願し行動したのである。

象山は、剣をペンに持ち替えて、国家存亡の危機にさらされた幕末期日本の国難打開に挑み、国家人民の治国安寧の実現に貢献できる「真学問」（「東洋道徳・西洋芸術」）の構築をもって、「天命」である国家人民に対する「尽忠報国」という武士である自身に課せられた天与の責務（「天命」）を全うせんとした。幕末期をともに生きる同時代人の感覚をもって、象山の人と思想の軌跡を真摯に追体験するとき、やはり象山の生き方の本質は、格物窮理の偉大な朱子学である前に、それを支える「天人合一」の武士道であった、といえるであろう。

註

（1）福沢諭吉『学問のすゝめ』「初編」（岩波文庫版、一九四二年）、一八頁。

（2）『大隈伯昔日譚』（冨山房、一八九五年）、三〇―三一頁。

（3）板沢武雄『日蘭文化交渉史の研究』（吉川弘文館、一九五九年）。同書は、板沢が、昭和二十九年（一九五四）に法政大学から文学博士の学位を授与された論文である。
（4）（5）板沢武雄『日蘭文化交渉史の研究』、六三頁。
（6）（7）（8）板沢武雄『日蘭文化交渉史の研究』、七二頁。
（9）（10）板沢武雄『日蘭文化交渉史の研究』、三〇五頁。
（11）古在由重『和魂論ノート』（岩波書店、一九八四年）の冒頭の「そえがき」。同書は、はじめ岩波講座『哲学』第十八巻（一九七二年）に収録された論文を中心にまとめられた著書である。
（12）古在由重『和魂論ノート』、九五頁。
（13）古在由重『和魂論ノート』の「まえがき」。
（14）古在由重『和魂論ノート』、八三―八四頁。
（15）古在由重『和魂論ノート』、六九頁。
（16）佐藤昌介『洋学史の研究』中央公論社、一九八〇年。
（17）（18）佐藤昌介『洋学史の研究』、一七六頁。
（19）佐藤昌介『洋学史の研究』、二一〇四頁。
（20）（21）佐藤昌介『洋学史の研究』、二四六頁。
（22）佐藤昌介『洋学史の研究』、二三六頁。
（23）池田哲郎「佐久間象山と蘭学―象山蘭書志―」、『福島大学学芸学部『論集』、一九五九年三月。
（24）坂田吉雄『明治維新史の問題点』未來社、一九六二年。
（25）坂田吉雄『明治維新史の問題点』、六〇頁。
（26）坂田吉雄『明治維新史の問題点』、二一二頁。
（27）坂田吉雄『明治維新史の問題点』、一四八頁。
（28）松浦玲『明治維新私論』現代評論社、一九七九年。
（29）松浦玲『明治維新私論』、八九頁。
（30）松浦玲『明治維新私論』、九〇頁。

(31) 丸山真男は、父親のジャーナリストであった丸山幹治（侃堂、一八八〇―一九五五）が信州出身（信州埴科郡清野村、現在の長野市）で、祖父の丸山清蔵が象山と同じ松代藩の藩士であった（『長野県歴史人物大事典』郷土出版、一九八九年、六六八頁）。
(32) 丸山真男『忠誠と反逆』筑摩書房、一九九二年、一一三―一五六頁。
(33) 丸山真男『忠誠と反逆』、一三三頁。
(34) 丸山真男『忠誠と反逆』、一三四頁。
(35) 丸山真男『忠誠と反逆』、一一四頁。
(36) 丸山真男『忠誠と反逆』、一一四―一一五頁。
(37) 丸山真男『忠誠と反逆』、一五二頁。
(38) 丸山真男『忠誠と反逆』、一四一頁。
(39) 丸山真男『忠誠と反逆』、一三五頁。
(40) 丸山真男『忠誠と反逆』、一四二頁。
(41) 佐久間象山『省諐録』。全漢文の原文は、増訂版『象山全集』（全五巻、以下、単に『象山全集』第〇巻と記載）の第一巻に所収。本章では、その解読版である飯島忠夫訳注『省諐録』、岩波文庫、一九四四）を使用。以下、岩波文庫版『省諐録』と略記。
(42) 高橋磌一『洋学思想史論』新日本出版社、一九七二年、二一一頁。
(43) 松本三之介『天皇制国家と政治思想』未来社、一九六九年。
(44)(45) 松本三之介『天皇制国家と政治思想』、八四―八五頁。
(46) 松本三之介『天皇制国家と政治思想』、九三頁。
(47) 植手通有「佐久間象山における儒学・武士精神・洋学」、岩波書店、日本思想大系五五、『渡辺崋山　高野長英　佐久間象山　横井小楠　橋本左内』の「解説」、一九七一年、六六六頁。
(48) 植手通有「佐久間象山における儒学・武士精神・洋学」、六七三頁。
(49) 植手通有「佐久間象山における儒学・武士精神・洋学」、六六六―六六七頁。
(50) 本山幸彦『近世儒者の思想挑戦』思文閣出版、二〇〇六年、二三三頁。
(51) 本山幸彦『近世儒者の思想挑戦』、二三五頁。
(52) 日本実学史研究をリードした源了圓には、『徳川合理思想の系譜』（中公叢書、一九七二年）、『実学思想の系譜』（講談社学術文庫、一九八六年）、『徳川思想小史』（中公新書、一九七三年。中公文庫、二〇二一年）、『近世初期実学思想の研究』（双文社出版、一九八〇年）などの作品がある。

(53)(54) 源了圓『徳川合理思想の系譜』、三二三頁。

(55) 島田虔次『朱子学と陽明学』岩波新書、一九六七年、一〇一頁。

(56)『象山全集』第四巻、嘉永七年（一八五四）三月と推定される「小林又兵衛宛書簡」、二四二頁。

(57)『象山全集』第四巻、「小林又兵衛宛書簡」、一四二—二四三頁。

(58) 象山の西洋砲術教授は、一般には「訂正及門録」（『象山全集』第五巻に収録）の記録開始時とされる嘉永二年あるいは松代藩下屋敷に砲術教授の看板を掲げた嘉永三年から始まるとされてきた。だが、それらは誤解である。事実は、嘉永元年以前からである。詳細は、坂本保富論文①「佐久間象山の門人確定に関する先行研究の検討（Ⅰ）—井上哲次郎・宮本仲による「及門録」の紹介—」（平成国際大学『平成国際大学論集』第二三号、二〇一八年三月）、②「佐久間象山の門人確定に関する先行研究の検討（Ⅱ）—増訂版『象山全集』所収の象山門人帳「訂正及門録」の分析—」（平成国際大学『平成国際大学論集』第二四号、二〇二〇年三月を参照。

(59)『象山全集』第一巻に所収「象山文稿」、安政四年春「孔子夫の画像に題す」（原漢文）、同書七七—七八頁。同様に、「東洋道徳・西洋芸術」の思想的意味を説明している史料には、安政四年の山寺源大夫宛書翰（同上『象山全集』第四巻六三二頁）がある。

(60) 岩波書店、日本思想大系三五『新井白石』、一九頁。

(61) 岩波文庫版『易経』下巻、二四六—二四八頁。

(62) 佐藤一斎『言志耋《てつ》録』は岩波文庫『言志四録』に所収、同書二七五—二七六頁、『言志耋録』（八十—八十二歳、一八五一—一八五三年に執筆）の第二三四条（岩波文庫版『言志四録』、二七五頁）。

佐藤一斎著『言志四録』とは、①『言志録』（全二四六条、四十二—五十三歳、一八一三—二四年に執筆）、②『言志後録』（全二五五条、五十七—六十七歳、一八二八—三八年に執筆）、③『言志晩録』（全二九二条、六十七—七十八歳、一八三八—四九年に執筆）、④『言志耋録』（八十—八十二歳、一八五一—五三年に執筆）からなる。

すべて漢文で書かれた『言志四録』は、全四冊からなり、全一一三三条という大著である。一斎が後半生の四十年間をかけて、推敲に推敲を重ねて書き上げた畢生の著書であり、その文体と内容からして「日本の『論語』」と呼ぶに相応しい名著である。

(63)(64) 岩波文庫版『易経』の高田真治「解説」、一二頁。

（65）『象山全集』第三巻所収、天保十三年（一八四二）十一月三十日付「山寺源大夫宛書簡」、二三二頁。
（66）島田虔次『朱子学と陽明学』岩波文庫、一〇五頁。
（67）前掲、M・B・ジャンセン編『日本における近代化の問題』、一五六―一六二頁。
（68）（69）同上、M・Bジャンセン編『日本における近代化の問題』、一五九―一六〇頁。
（70）『大学・中庸』岩波文庫版、一〇四頁。
（71）江藤恭二「幕末の客観状勢と近代教育への模索」（仲新編『日本教育史』第一章「近代教育制度の萌芽と史的背景」所収）、同書三一頁。
（72）アメリカ・アジア学会（Association for Asian Studies）の特別プロジェクト会議である「近代日本研究会議」（The Conference on Modern Japan）の「予備会議」が、昭和三十五年に日本の箱根で開催された。この会議における代表的な研究成果をまとめた最初の報告書が、M・B・ジャンセン編、細谷千博編訳『日本における近代化の問題』（岩波書店、一九六八年。Edited by Marius B. Jansen, "CHINGING JAPANESE ATTITUDES TOWARD MODERNIZATION", Princeton University Press, Princeton, 1965）であった。
（73）M・B・ジャンセン編『日本における近代化の問題』、一六七頁。
（74）「西周伝」（『西周全集』第一巻、宗高書房、一九六〇年、六一〇頁。
（75）播本崇史「西周の儒教批判―『百一新論』巻之上再考―」（『国際哲学研究』第七巻、二〇一八年三月。
（76）前掲、『西周全集』第一巻、『百一新論』巻之下、二八八頁。
（77）前掲、播本崇史「西周の儒教批判」―『百一新論』巻之上再考―（『国際哲学研究』第七巻、二〇一八年三月。
（78）播本崇史「西周の儒教批判―『百一新論』巻之上再考―」。
（79）前掲、『象山全集』第三巻、弘化四年（一八四七）十月二十二日付「川路聖謨宛書簡」、四〇八頁。
（80）『象山全集』第二巻「象山浄稿」所収の「贈永山生」（原漢文）、嘉永年間初期の私塾「象山書院」時代と推定、同書五一―五二頁。
（81）『象山全集』第一巻「象山浄稿」所収の「増小林炳文」（原漢文）、五一頁。
（82）（83）前掲、島田虔次『朱子学と陽明学』、九二頁。
（84）前掲、岩波文庫版『論語』、一五六頁。

(85) 前掲、島田虔次『朱子学と陽明学』、七九頁。
(86) 島田虔次『朱子学と陽明学』、六五頁。
(87) 島田虔次『朱子学と陽明学』、一〇五頁。
(88) 島田虔次『朱子学と陽明学』、八七頁。
(89) 前掲、佐久間象山『省諐録』岩波文庫版、一二〇頁。
(90) 前掲、島田虔次『朱子学と陽明学』、一〇四頁。
(91) 島田虔次『朱子学と陽明学』、一〇六頁。
(92) 前掲、『象山全集』第一巻「象山浄稿」所収「邵康節先生文集序」、六〇頁。
(93) 例えば「再解釈」「読みかえ」という表現の象山理解の新しい視座を提示した丸山真男は、「象山の思考方法の特色」は「当時の認識用具の再検討」ということを意味し、「古典の読みかえによって儒教のカテゴリーを新しい状況のなかで再解釈してゆくというやり方（前掲、丸山真男『忠誠と反逆』、一五二頁）」と捉えている。そのような象山の儒教の「再解釈」「読みかえ」という思考性の本質を、丸山は、「古の聖人が今の世に生まれたならばどう考えるか、あるいは十七世紀の状況のなかでとられた鎖国政策を、十九世紀の世界と日本の状況の中で翻訳すればどうなるか―いつもこういうように考えを進めていた。そこに象山の思考において着実性と弾力性とが結びついていた秘密がある」と説明している（同上、丸山眞男『忠誠と反逆』、一五三頁）。
　叙上のような丸山の「再解釈」「読みかえ」の理論は、孔孟の教えの原点に戻って現実世界の問題を理解する古学派（山鹿素行の「聖学（古学）」、伊藤仁斎の「古義学」、荻生徂徠の「古文辞学」）の理解と同じであり、殊更に新しい象山理解とは言い難い。そこで筆者は、幼少期から格物窮理の朱子学を学んだ象山の朱子学理解の仕方は、学びの当初から現実問題への実践的対応を重視する武士道精神の教育を受けて形成されたものである、と考える。そのような象山の斬新な朱子学理解は、当時の伝統的な儒学界の儒教理解からみれば、「革新的」あるいは「創造的」と呼ぶに値する独自の朱子学理解とみるべきである。
(94) 前掲、高橋磌一『洋学思想史論』、四九頁。
(95) 前掲、岩波文庫版『易経』上「解説」、一一頁。
(96) 朝日新聞社『易』上巻、一九七八年、本田済「解題」、八頁。
(97) 前掲、岩波文庫版『易経』上「解説」、一二―一三頁。
(98) 岩波文庫版『易経』上「解説」、一二頁。

(99) 前野喜代治『佐久間象山再考』銀河書房、一九七七年、一九一―一九二頁。
(100) 前掲、『象山全集』第一巻「文稿」所収「題孔夫子画像」、七七―七八頁。
(101) 『易経』「繋辞上伝」に説かれた「太極→両儀→四象→八卦→十六卦→三十二卦→六十四卦」というように、易理の中核概念である「両儀（陰陽）」が二倍法の規則性をもって生成発展し六十四の「卦」に至る。それら個々の図象に名称「卦辞《かじ》」が付されていて「六十四」の「卦」ができている。「卦辞」の基本的な意味は古代より記されているが、当面する問題の解決に向かって、さらにどのように読み解くかは、易者自身の力量である。
(102) 前掲、『象山全集』第一巻所収『礟卦』の「叙（原漢文）」―「予の先君子淡水先生周易を好み、毎夕之を読み、必一両卦畢り、而して後就寝。故予二三歳時。能く耳に熟し、六十四卦名を誦す。稍長じて漢宋諸家易説を受ける」。
(103) 前掲、岩波文庫版『易経』「繋辞下伝」下、二七二頁。
(104) 同上、岩波文庫版『易経』「繋辞下伝」下、二七三頁。
(105) 源了圓『佐久間象山』、吉川弘文館、二〇二二年、一二三頁。
(106) 前掲、『象山全集』第四巻、嘉永五年十一月二十六日付「羽倉外記宛書簡」、九四頁。
(107) 前掲、『象山全集』第四巻、嘉永六年二月「大槻盤渓宛書簡」、一一四―一一七頁。
(108) 神田孝平『先師梅里先生を祭るの文』、一八八五年（源了圓『佐久間象山』吉川弘文館、二〇二二年、一二〇頁）。
(109) 前掲、『象山全集』第四巻、嘉永五年十一月二十七日付「恩田頼母宛書簡、九九頁。
(110)(111) 前掲、『象山全集』第四巻、嘉永五年十一月七日付「竹内八十五郎宛書簡」、九二頁。
(112) 前述、岩波文庫『福翁自伝』、八五頁。
(113) 前掲、『象山全集』第四巻、嘉永五年十一月二十八日付「加藤弘之宛書簡」。
(114) 前野喜代治著『佐久間象山再考』銀河書房、一九七七年。
(115) 前掲、『象山全集』第四巻、嘉永五年、「松代藩留守居津田転より庄内侯への返簡」、一一一頁。
(116) 「拙著砲卦文字之れ無き門人の為めに国訳の義相願ひ候」（同上、『象山全集』第四巻、嘉永六年二月十七日付「山寺源大夫宛書簡」、一二二頁）。
(117) 『象山全集』第四巻、嘉永六年二月十七日付「山寺源大夫宛書簡」、一二二頁、一〇八頁。
(118) 前掲、新井白石『西洋紀聞』岩波書店、日本思想大系三五所収、一九頁。

(119) 前掲、『象山全集』第一巻「象山先生文稿」、一二七頁。江戸の神田阿玉ヶ池に朱子学の私塾を開いた三十代前半（天保年間後期）の作品と推定。
(120) 前掲、岩波文庫版『省僣録』第三条、一八頁。
(121) 『幽囚録』は山口県教育委員会編纂『吉田松陰全集』（大和書房、一九七三年）第二巻に所収。
(122) 前掲、岩波文庫版『省僣録』。七七頁。万葉仮名の原文は同書一二三頁。
(123) 前掲、『吉田松陰全集』第二巻所収『幽囚録』の「跋」、七〇頁。
(124)(125) 『吉田松陰全集』第二巻所収『幽囚録』の「獄中より家兄伯教に上る書」、八六頁。
(126) 松陰は、「大和魂」の和歌に続いて、「蓋し武士の道は此に在り。願はくは私愛の為めに大義に惑はるることなくんば幸甚なり」と「武士の道」（武士道）を説いている（同上、『吉田松陰全集』第二巻所収『幽囚録』、八六頁）。
(127) 前掲、松本健一『佐久間象山』上巻、一一五頁。
(128)(129)(130)(131)(132) 前掲、島田虔次『朱子学と陽明学』、一〇一—一〇五頁。
(133) 島田虔次『朱子学と陽明学』、七一—七二頁。
(134) 前掲、『象山全集』第一巻所収「浄稿」「邵康節文集序」、六〇—六一頁。
(135) 川尻信夫『幕末におけるヨーロッパ学術受容の一断面』（東海大学出版会、一九八二年）は、立教大学から博士の学位を受領した研究論文をまとめた著書である。
(136) 川尻信夫『幕末におけるヨーロッパ学術受容の一断面』、二三頁。
(137) 川尻信夫『幕末におけるヨーロッパ学術受容の一断面』、三〇五頁。
(138) 川尻信夫『幕末におけるヨーロッパ学術受容の一断面』、三一一頁。
(139) 川尻信夫『幕末におけるヨーロッパ学術受容の一断面』、三一二頁。
(140)(141) 川尻信夫『幕末におけるヨーロッパ学術受容の一断面』、三一五頁。
(142) 前掲、松本健一『佐久間象山』上巻、一一六頁。
(143) 植手通有や源了圓における象山の「詳証術」の解釈の仕方を、川尻は厳しく批判している（川尻信夫『幕末におけるヨーロッパ学術受容の一断面』、二八一—二八三頁）。
(144) 川尻著『幕末におけるヨーロッパ学術受容の一断面』、三一五頁。

(145) 川尻著『幕末におけるヨーロッパ学術受容の一断面』、三三二頁。
(146) 川尻著『幕末におけるヨーロッパ学術受容の一断面』、三〇六頁。
(147) 前掲、前野喜代治『佐久間象山再考』、一九一―一九八二頁。
(148)(149) 前野喜代治『佐久間象山再考』、一九一頁。
(150) 前掲、川尻著『幕末におけるヨーロッパ学術受容の一断面』、二九頁。
(151) 川尻著『幕末におけるヨーロッパ学術受容の一断面』、三〇頁。
(152) 前掲、『象山全集』第四巻、安政元年（一八五四）二月十九日付「川田八之助宛書簡」、二三〇頁。
(153) 前掲、岩波文庫版『省諐録』、三一頁。
(154) 前掲、川尻信夫『幕末におけるヨーロッパ学術受容の一断面』、三〇八頁。
(155) 前掲、『象山全集』第四巻、安政元年三月二十二日付「勝麟太郎宛書簡」、四五六頁。
(156) 『象山全集』第四巻、安政三年五月六日付書簡「勝麟太郎より象山先生に贈る」、四六九頁。
(157)(158)(159) 『象山全集』第二巻「補遺」所収「目安書」、同書二八頁。
(160) 『象山全集』第二巻「補遺」所収「目安書」、同書二七―二九頁。
(161) 『象山全集』第四巻、安政三年三月二十二日付「勝海舟宛書簡」、四五六頁。
(162) 前掲、川尻信夫『幕末におけるヨーロッパ学術受容の一断面』、三一頁。
(163) 前掲、『象山全集』第三巻、弘化三年正月九日付「飯島楠左衛門宛書簡」、三五六頁。
(164) 象山が、交友の蘭学大家である鈴木春山、遠藤勝助、内田彌太郎の家を訪問した目的や経緯については、『象山全集』第三巻所収の弘化三年正月九日付「飯島楠左衛門宛書簡」（三五五―三五六頁）に記載。
(165) 前掲、日蘭学会編『洋学史事典』その他を参照。
(166)(167) 前掲、『象山全集』第三巻、弘化三年正月九日付「飯島楠左衛門宛書簡」、三五六頁。
(168) 「読宋氏宇宙記」、一八五二年。童女婦、『象山先生』第二巻「詩稿」所収「読宋氏宇宙記」、四五頁。
(169) 前掲、川尻信夫『幕末におけるヨーロッパ学術受容の一断面』、三〇五頁。
(170) 川尻信夫『幕末におけるヨーロッパ学術受容の一断面』、二八四頁。
(171) 川尻信夫『幕末におけるヨーロッパ学術受容の一断面』、三〇五頁。

(172) 川尻信夫『幕末におけるヨーロッパ学術受容の一断面』、三〇三頁。
(173) 川尻信夫『幕末におけるヨーロッパ学術受容の一断面』、三〇三―三〇四頁。
(174) 川尻信夫『幕末におけるヨーロッパ学術受容の一断面』、三〇五―三〇六頁。
(175) 『崇禎暦書《すうていれきしょ》』とは、中国明朝の高官徐光啓（一五六二―一六三三）と彼の継承者の李天経（一五六五―一六三一）が、天文学に精通するイエズス会宣教師の協力を得て、西洋天文学と西洋数学に依拠した膨大な西洋暦書を漢訳し編纂した西洋暦算書の集大成。四年の歳月をかけた国家事業であった同書は、全一三五巻という膨大な分量の暦法書。同書は江戸中期の日本にも伝えられ、暦書の改訂や編纂に影響を与えた（日蘭学会編『洋学史事典』（雄松堂出版、一九八五年）、平凡社『世界大百科事典』第二版その他を参照）。
(176) 前掲、川尻信夫『幕末におけるヨーロッパ学術受容の一断面』、四四頁。
(177) 前掲、『象山全集』第四巻、安政元年二月十九日付「川田八之助宛書簡」、二三〇頁。
(178) 前掲、川尻信夫『幕末におけるヨーロッパ学術受容の一断面』、二七三頁。
(179) 川尻信夫『幕末におけるヨーロッパ学術受容の一断面』、二七四頁。
(180) 前掲、川尻信夫『幕末におけるヨーロッパ学術受容の一断面』、二七三頁。
(181)(182) 川尻信夫『幕末におけるヨーロッパ学術受容の一断面』、二七四頁。
(183) 三上義夫『文化史上より見たる日本の数学』（創元社、一九四七年）、四六頁。
(184) 小倉金之助『数学教育史』、初版は一九三二年、改訂版は一九七三年、本書では改訂版を使用、同書二〇二頁。
(185) 松本健一『佐久間象山』上下二巻、中央公論、二〇〇〇年。
(186) 松本健一『佐久間象山』上、一一四頁。
(187) 前掲、川尻信夫『幕末におけるヨーロッパ学術受容の一断面』、三〇五頁。
(188) 日本学士院編『明治前日本数学史』全五巻、岩波書店、一九五四―六〇年に刊行。
(189) 藤原松三郎『日本数学史要』（勉誠出版、一九五二年）。『日本数学史要』と『明治前日本数学史』の出版経緯と内容紹介については、『日本数学史要』における川原秀城「解説」（三―五頁）を参照。
(190) 藤原松三郎『日本数学史要』、九頁を参照。
(191) 藤原松三郎『日本数学史要』、川原秀城「解説」、九―一〇頁を参照。

(192) 二十七歳の象山が、天保八年五月に立案した松代藩の学政改革案「学政策」の中には、「算学医学等も此法に従ひ相場割は幾月方程は幾日天元術は幾月内径は幾月寒感論金匱《きんき》要略（『傷寒論』の姉妹編といわれる漢方医学書」と、早くも「算学」の重要性が論述されていた（『象山全集』第二巻「上書」、一一頁）。

(193) 象山三十歳のときの女子教訓書『女訓』は『象山全集』第二巻に所収、一―一四頁。

(194) 前掲、島田虔次『朱子学と陽明学』、七一―七六頁。

(195) 例えば『象山全集』第二巻所収の「砲学図編」（一―四三頁）、「迅発銃図説」（五―三〇頁）などの設計図は、製作品の性格上、いずれもが詳細な寸法の数値が記入された非常に複雑で緻密な製作図面である。これが大砲や軍艦などの製作図となると、求められる数理的に精緻な作成図面は極めて難解かつ膨大な分量となる。

(196) 明治五年（一八七二）頒布の西洋モデルの近代学校教育制度に関する日本最初の法律である「学制」は、全一〇九章の構成で、「大中小学区ノ事」「学校ノ事」「教員ノ事」「生徒及試業ノ事」「海外留学生規則ノ事」「学費ノ事」など、学校教育の全般に関する六項目を詳細に規定している。文部省編『学制百年史』（本編と史料編、一九七二年）その他を参照。

(197)(198) 小倉金之助『日本の数学』岩波新書、一九七二年版、一四七―一五二頁。

(199) 小倉金之助『日本の数学』、一六一頁。

(200) 前掲、『象山全集』第二巻「補遺」、八―九頁。

(201) 『象山全集』第四巻、嘉永六年五月十日付「八田慎蔵宛書簡」、一四〇頁。

(202) 『象山全集』三巻、天保五年（一八三四）五月二十二日付「佐藤一斎に贈る」、九―一二九頁。

(203) 『象山全集』第一巻「題跋類」、四七頁。

(204) 例えば天保四年の一斎塾入門時における先輩門人の林鶴梁（一八〇六―七八）との徹夜の論争が有名である（前掲、宮本仲『佐久間象山』、五三―五四頁に詳細な論争内容の記述）。また、象山の西洋砲術塾で意見が合わず破門された門人には松代藩の長谷川昭道（一八一五―九七）や金児忠兵衛（生没不詳）などがいた。

(205) 「天」の本来の語源は「仏教であるが梵語で巧妙の意味（『字源』）」、その概念は広く東洋思想の全体に大きな影響を与えて浸透した。

(206) 前掲、本山幸彦『近世儒者の思想挑戦』、二四八頁。

(207) 前掲、佐藤昌介『洋学史の研究』や『洋学史論考』（思文閣出版、一九九三年）その外の洋学史関係の著書、川尻信夫『幕末におけるヨーロッパ学術受容の一断面』など。
(208) 前掲、岩波文庫版『省誾録』第一条、一七頁。
(209) 前掲、『象山全集』第二巻「象山先生詩鈔」(上)所収「読宋氏風論喜而作」、二〇頁。
(210) 前掲、岩波文庫版『省誾録』付録「砲卦」、七〇頁。
(211) 引用は前掲の『易経』岩波文庫版「下巻」「解説」、五一頁、四九頁。なお、象山の生き方の基本がいかに「易経」の思想に基づくものであったかということが、『易経』下巻の金谷治の解説文「宇宙と人生」(四七―五四頁)の叙述からも理解できる。
(212) 前掲、岩波文庫版『省誾録』第一条、一七一頁。
(213) 岩波文庫版『省誾録』第一条、一九頁。
(214) 岩波文庫版『省誾録』第一条、七三頁。
(215) 象山は、独自の主体的な朱子学理解から形成した自らの価値観、すなわち「理∨法∨「情」という「理」を最優先する価値基準に則って物事の価値や優先順位を決定し遵守した(『象山全集』第一巻所収「文稿」の「雑」、一二七頁)。
(216) 門人吉田松陰の海外密航事件で捕縛された裁判で、象山は無罪の主張とその論理を展開した。その詳細な経緯は、前述の松本健一『佐久間象山』下巻の「象山は卑怯だったか」(六八―七二頁)を参照。
(217) 全国の五〇藩を超える象山門人の藩別入門者については、坂本保富「最新版『象山門人帳史料』の提示」平成国際大学『平成法政研究』(第一九巻二号、二〇一五年)を参照。
(218) 『大隈昔日譚』冨山房、一八九五年、三〇―三一頁。
(219) 坂本保富「象山の思想形成における父親の武士道教育の意義―幕末期における『東洋道徳・西洋芸術』思想成立への主体形成―」(平成国際大学『平成法政研究』第二二巻第一号、二〇一七年十一月)。
(220) 山口県教育会篇『吉田松陰全集』大和書房、一九七三年、第二巻所収『幽囚録』、七〇頁。
(221) 『吉田松陰全集』第二巻所収『幽囚録』、四六頁。
(222) 前掲、岩波文庫版『孫子』、四一頁。
(223) 前掲、源了圓『佐久間象山』吉川弘文館、一七二頁。
(224) 前掲、『象山全集』第三巻、弘化四年十月二十二日付「川路聖謨宛書簡」、四〇八―四〇九頁。
(225) 西周『百一新論』(『明治啓蒙思想集』、筑摩書房、一二三頁)。小池嘉明論文「幕末における「理」の変容―佐久間象山の場合―」

（日本倫理学会『倫理学年報』第二六集、一九七七年）などを参照。

(226)(227) 前掲、古在由重『「和魂論ノート」』、二六九頁。

(228) 源了圓「開明思想としての実学」（源了圓・末中哲夫編『日中実学史研究』所収、思文閣出版、一九九一年、四—五頁）。

(229) 前掲、古在由重『「和魂論ノート」』、二七三頁。

(230) 相良亨・松本三之助・源了圓編『江戸の思想家たち』所収の石毛忠「佐久間象山」、三〇一頁。

(231) 前掲、平川祐弘『和魂洋才の系譜』河出書房新社、一九七一年。一〇頁。

象山の「東洋道徳・西洋芸術」思想は、「東洋（中国）」と「西洋（欧米諸国）」を両翼として受容する日本の主体性（独立安寧）を担保する三角三層の構造である。だが、「和魂洋才」の方は「日本」と「西洋」とが直接的に対峙する直線的関係の構造である。漢学者であった象山は、中国誕生の外来思想である儒教を媒介として冷静に西洋と向き合い、両者を止揚して日本の主体性を担保する「東洋道徳・西洋芸術」という日本の思想を形成した。

(232) 前掲、金谷治訳注『孫子』の「謀攻篇」（岩波文庫版）、三五頁）。

補論（Ⅰ）　墳原卜伝流免許皆伝「諭示」の全文とその思想的特徴
——象山の思想基盤の形成要因としての父親の文武両道の教育——

はじめに——象山思想「東洋道徳・西洋芸術」の基盤形成の分析視座

天皇家に連なる武門の出自が象山の思想基盤の源泉　国難打開に応える救国愛民の思想を躬行実践し、墨守成規を打破する革新的な生き方を貫いた佐久間象山（一八一一—六四）。彼は、既存の学問思想や知識情報のパラダイムを遵守してオーソドックスに現実問題を捉える常識派の人間ではなかった。幕末期という非常の時代を生きる彼は、国家や藩社会が当面する現実問題を解決に導くために実利的有効性という現実的視座から、既存の学問思想や知識技術を独自に解釈して活用する革新的あるいは創造的な思想と行動を展開した人間である。

そのような既存の常識や慣例に囚われない象山の思想と行動の背景には、対立あるいは矛盾する二元的な存在関係にある難問を、朱子学の説く普遍的一元性の「理」をもって止揚し統合する易学思想に依拠した東洋的弁証法による問題解決の理論があった。朱子学の復興による理想社会の実現を担う改革者をもって自らを任じる象山は、幼少期から最後の最期まで、最も精通し血肉化した易学思想を中核理論とする「格物窮理」の実践躬行を説く合理主義・実証主義の朱子学を自己の探究すべき正統な学問として信奉し、それを「真学問」（実理有用の学問）と称して、その飽くなき躬行実践の一期を生き抜いたのである。

たしかに、そのような象山の生き方の根底には、易学や朱子学という古代中国が生み出した東洋道徳の思想が根強く影響していた。しかし、象山は、学者である前に、天人合一・仁義忠孝・清廉潔白・実践躬行などの倫理道徳を生きる指針とし、何よりも武家に生まれた名誉を重んじる日本の武士だった。彼は、初めての江戸遊学を終えて松代に帰藩する天保五年（一八三四）、二十四歳のときに、佐久間家に関係する諸史料を比較考証して、自らのルーツ（存在）を証明する「佐久間氏略譜」を執筆している。(1)その結果、象山は、佐久間家の元祖は、桓武天皇（七三七—八〇六）の皇子である葛原《かずらはら》親王（七九八—八五三）の孫にあたる高望皇子（平高望、推定八三九—九一一）に淵源すると理解した。それ故に象山は、天皇家に連なる名門武家の佐久間家に生まれたことを最高の栄誉と信じ、自らの存在のアイデンティティとして、旧習改革の思想と行動を果敢に実行する強烈な独立自尊の精神の源泉としていたことは間違いない。(2)

佐久間家の不運の歴史を契機に刻苦勉励　名誉ある武家の佐久間家は、不運にも家系を継承する男子に恵まれず、廃絶と再興、そして減禄という不遇な歴史を辿りながら、何とか家名だけは存続して象山に受け継がれる。が、実は、象山の父親の佐久間一学国品（一七五三—一八三二）も、同藩長谷川家から養嗣子に迎えられて佐久間家を継いだのである。象山が誕生したときも佐久間家は五両五人扶持（約一四石）という微禄の下級武士であった。微禄に甘んじる佐久間家を、象山は、何としても祖父の三左衛門国品の時代の一〇〇石に復することを切願し、天下一等の学者をめざして、幼少期より学問一筋に奮闘努力するのである。(3)

象山は、少年期に下級武家の子であることの惨めさを痛感させられる出来事に遭遇する。十三歳の多感な少年の象山が、馬術の稽古からの帰路、大身の家老職にある恩田靭負（一一五〇石、同心四〇人）の嫡男から、父親の地位を傘に着て集団暴行を受けた。勝ち気の象山は、その無礼な振る舞いを、「虎の威をかる狐」と咎めて反駁したのである。早速、家老家から苦情を受けた父親の一学は、象山に対して、学問技芸の秀でたことを鼻にかけ、立場を弁えずに尊大な言葉を吐いて相手を罵倒するのは、聖人の教えに反する匹夫の態度であると厳しく戒め、三ヶ年の自宅謹慎を申し付けたのである(4)。

この一件によって、象山は、正義が通らない身分社会の差別的な人間関係の弊害を痛感し、以後、身分を超えて天下国家の安危に繫わる学者の道をめざし、その大成を期して全身全霊を学問修得に傾注するのである。幸か不幸か、佐久間家が宿命のごとくに辿ってきた不運の歴史が、象山の学問への異常な程の発憤材料なり、学究人生の一大契機となったのである。この少年時代の無念な体験によって、象山は、後に学者として大成し、念願の祖父の代の旧禄である一〇〇石に復することができたのである。

しかも、刻苦勉励の甲斐あって、後に天下一等の著名な学者となった象山は、真田家の家臣という陪臣の身分にもかかわらず、山階宮や中川宮の皇族方、第十四代将軍徳川家茂や一橋慶喜をはじめとする徳川幕府の重臣たちなど、幕末期の日本を代表する高位高官の権力者たちに召されて、開国進取の時局に関する自説を堂々と開陳する。学問に精進して生きる学者は、例え身分は低くとも、その専門職性の故に、高位高官の権力者たちに対等の物言いができる存在であることことを、象山は身をもって示したのである。

佐久間家が家禄の低い下級武家とはいっても、象山には救いがあった。その第一は、父一学が藩主の側近に仕える右筆組頭（書記官）という名誉ある知的専門職にあったことである(5)。

第二には、一学は現実問題に有効性を発揮する実学として朱子学を信奉し実践躬行して、その基礎学を幼少の象山に教授したことである。

さらに第三には、一学は松代藩における正統派の「墳原卜伝流剣刀術」を継承する免許皆伝者で、自邸内に講武所と文学所を設けて藩士子弟に文武両道を教授する教育者であり、象山もその門人であったことである。

叙上のように父一学は、松代藩の身分格差を超えて多くの門人子弟から敬仰される師範という名誉である立場にあると同時に、彼ら門人たちが納める束脩（入学金）や謝儀（授業料）の収入で少ない家計を助け、従者や女中を雇い置くことができた。それ故に、象山には貧困の思いをさせず、藩内最高の諸師に師事させ、学問一筋に精進させる教育環境を与えることができたのである。象山は、天下国家の次元で斬新な日本近代化の開化政策を展開するが、それら万事が幼少期の一途な学問探究によって形成された思想基盤に依拠するものであった。

朱子学を源泉とする文武両道の教育を象山に伝授　実は、その父一学は、象山に文学（易学・算学・朱子学）と武道（槍剣術）を教授した最初の師匠であり、嗣子である象山に対して文武両道の基礎教育を通じて、清廉潔白・誠実勤勉・廉恥功名・報国沢民などの武士道精神を涵養した人物であった。穎敏な象山は、幼少期より父親から易学・算学・朱子学を基本とする文学と墳原卜伝流槍剣の武道の両道を貪欲に兼学し、「東洋道徳」の基礎を形成したのである。その甲斐あって、象山は、長じてアヘン戦争を契機に予想だにしなかった西洋の学問―「西洋芸術」と遭遇し、東西両洋の学術技芸を兼学兼修して統合し、ワールドワイドな日本近代化の思想「東洋道徳・西洋芸術」を形成するに至るわけである。

また、易学や算学に精通していた一学は、儒学に関しても造詣が深く、取り分け「格物窮理」を中核概念とする朱子学を信奉していた。その彼は、修得した文武の学芸を、藩より身分不相応に広い邸宅（敷地面積八七八平方メートル）を賜り、その自邸内に文学所と講武所を設け、多くの藩士子弟に文武両道の武士道を教授する学徳兼備の侍であった。

叙上のような黒船来航のはるか以前の文化文政期の平和で安定した時代環境の下で、象山は、文武両道の師匠である父親を最も敬仰して成長した。武士であることを矜持として生きる父一学の天に恥じなく生きる高邁な天人一如の武士道精神を、象山は心から尊敬して成長したのである。したがって、父一学から文武両道の教育を受けて成長した象山の生き方の基本には、日本人が人間の生き方の理想とする伝統的な思想である武士道の精神が脈々と底流し、象山が形成し実践した「東洋道徳・西洋芸術」という日本近代化の思想の形成基盤として機能していくことになる。象山の思想と行動を理解するに際して、幼少期における父親から受けた易学や算学、そして朱子学を思想基盤とする文武両道の武士道精神という視座を看過して、象山の「東洋道徳・西洋芸術」という思想を理解することはできない。

一面的な象山理解による象山思想に対する曲解と批判　たしかに、他人から見れば奇抜で異常な言動を平常とする象山の、人と思想に関する解釈と理解の仕方は、実に多様である。特に顕著なのは、昭和戦後の歴史学者、取り分け洋学史研究者に見られる象山の思想と行動の発源体である人格そのものに対する批判である。それは、学問的次元を超えて象山という人間の存在に対する生理的な嫌悪感に基づく否定的な見解であり、到底、看過することはできない。例えば幕末洋学研究者の佐藤昌介（一九一八―九七、東北大学名誉教授）や幕末数学史研究者の川尻信夫（一九二四―二〇一三、東海大学名誉教授）にみられるごとく、彼らは、博士学位論文級の学術専門書の中で、平然と読むに堪えない様々な下劣下品な感情表現の言辞をもって象山に対する批判を展開しているのである(6)。

叙上のような象山研究の問題状況に関して、象山と同郷の信州出身で実証性を重視する歴史小説家の井出孫六（一九三一―二〇二〇、直木賞・大佛次郎賞などを受賞）は、自らの徹底した象山史料研究を踏まえた本格的な歴史小説『杏花爛漫　小説佐久間象山』（上下巻、朝日新聞社、一九八三年）を執筆し、言われなき象山批判に対して論駁しているのである。

象山は、幕府の重臣で親交の深い川路聖謨（一八〇一―六八、江戸町奉行・勘定奉行など幕府の要職を歴任）から西洋砲術書の翻訳本の貸与を依頼されたとき、「小生義は原書にてこと済み候故、訳本をば取り集めも仕らず、少しく集め候分は、信州手許へも差し出し、また門人輩へ尽く遣わし申し候」と回答したという。このような象山の言動を、佐藤や川尻は傲岸不遜な態度と捉えて、象山の人格批判を展開したのである。だが、井出は、「後世の慎しみ深い洋学史家の神経を逆なでする結果(7)」を招いたと受けとめ、断片的な象山史料を都合よく引用して曲解し、一面的な字面だけで判断する象山理解は誤りであると戒めて、次のように述べている。

川路には、西洋砲術書の翻訳ものを手許に置いておらぬという象山の態度は、不遜なものと映るどころか、学問に対する象山の、自己を律するきびしい態度として、逆に川路自身、背筋にびしっと錫杖を打ち込まれたような思いにかられた。（中略）恩田頼母（松代藩家老）にせよ、川路聖謨にせよ、象山の大言壮語とみえる表現を、正確に受けとめた人びとであった。(8)

本章では、叙上の事例に見られるような、「東洋道徳・西洋芸術」という日本近代化の思想の基盤形成として、象山の人と思想に関する諸々の先行研究の仮説の真偽を、象山史料の追体験的（Nacherleben）な考察を通して検証し、象山の人間形成と思想形成、とりわけ儒学理解や西洋理解の基盤となっている「武士道精神」や「格物窮理」などを思想形成上における重要な要因として捉え、その基礎を涵養した父親の文武両道の武士道教育を中心とした幼少期における儒学理解の精神や態度の形成過程を分析する。

具体的には、六歳から十八歳で家督を相続するまで、長年にわたって彼が父親から受けた文武両道の武士道教育（易学、和算、武道を朱子学で総合した技術と理論の基礎教育）の思想的な内容と影響を、父一学から象山に伝授された新出の原史料「墳原卜伝流免許皆伝」に付加された「諭示」の全文解読とその分析を通して考察していくこととする。(9)

一　父一学の朱子学による武術の武道化——武術の道徳的理論化

父親から伝授された「墳原卜伝流槍剣術」の免許皆伝　象山の父親であり文武両道の師匠でもあった佐久間一学国善（一七五六―一八三二）は、明和三年（一七六六）、十一歳のときから藩儒で徂徠学を奉じる岡野石城（弥右衛門、一七四五―一八三〇、二〇〇石）に師事して漢学の指導を受け、本格的な文学修業をした。(10) また、同六年、十四歳のときからは藩の武術師範の八田競重達（流水、生没不詳）に師事して墳原卜伝流の武術修業を始める。だが、その六年後の安永四年（一七七五）には、八田が他界。そのために一学は、さらに武道の修練に励むべく、八田の後継者で藩の武術師範であった矢島源二左衛門（頂水、不詳—一八七五）に就いて修業を重ねた。(11)そして一学は、ついに寛政九年（一七九七）、四十二歳にして墳原卜伝流槍剣術の奥義を極め、苦節二十余年、念願の免許皆伝となったのである。

一学の武術教育の思想的な理論となっている文学、すなわち儒学の修得内容については、「諭示」が一学自身の思想表現であり、それによって武道を修練し免許皆伝を受けることの思想的な意味づけをしている。それ故に「諭示」に表現された一学の武道教育の思想的な意味を理解する上で、是非とも「諭示」の内容を分析をしておく必要がある。

ところで、一学は、最初は「享保之学」、すなわち荻生徂徠（一六六六—一七二八）が徹底した朱子学批判を経て確立した儒教古学派の「古文辞学」（徂徠学）を信奉し、その研鑽に励んでいた。(12)それは、一学が、最初に文学指導を受けた岡野石城の信奉する儒学の学派を継承したが故と思われる。だが、三十歳を過ぎ、藩の役職も「大殿様御近習」「大殿様側御納戸役」などの要職を担うようになった寛政年間になると、突然、彼は、徂徠学から朱子学に転じる。すでに幕府は松平定信（一七五九—一八二九、幕府老中、陸奥国白河藩第三代藩主、江戸幕府第八代将軍徳川吉宗の孫）の寛政の改革で、幕府の官吏養成機関である昌平坂学問所の学問に朱子学を正学と位置づけ、それ以外を異学として禁止していた（寛政異学の禁）。一学が、朱子学を正学として徂徠学から転じる契機となった理由は、幕府の学問統制に準じたわけではなく、「程朱の易を読む。忽然として醒悟し曰く。道は茲に在り。旧学を卒棄して去る」(13)と、一学自身が記している通り、幼少時から真剣に学んできた易学の位置づけの仕方の相違にあった。徂徠学では易学は軽視されているが、朱子学では原典である『易経』（『周易』）が「五経」（『易経』『書経』『詩経』『礼記』『春秋』）の中で最も重要な経典と位置づけられている事実を知って、一学は深く悔悟し、「程朱之学」すなわち朱子学こそ自らが求めてきた真の学問であると覚醒したことが決定的な転機となったのである。加えて、朱子学が「格物窮理」という「天理」に貫かれた万物に内在する「理」の躬行実践を重視する合理主義の思想であったことも重大な意味を持っていた。彼が、教育実践する「武術」の中に「理」（真理）の存在を捉え、それによって「武術」を哲学的に裏付ける思想として意味づけして理論化し、「武術」を「武道」にまで高めて思想的に体系化したいと願ってきたことが、徂徠学から朱子学へ転じる大きな要因になったといえる。

その後の一学は、易学を中心にひたすら朱子学を研鑽し、文化五年（一八〇八）、自らの武道教育を実践する文武一如の武道場を自宅の邸内に開設し、象山をはじめ多くの松代藩子弟の武術教育に精励する。彼の武道教育の理論は、朱子学の思想をもって武道の倫理道徳的な理論付けをしたもので、それは「墳原卜伝流免許皆伝」の免許状の最後に付加された「諭示」に結実し表現されている。実は、「諭示」は、すでに一学が講武場を開設する際に、門人たちの遵守すべき武道教育の根本指針として壁書したものであった。そこには、易学の理論や朱子学の「格物窮理」の理論を武道に具体化して武士道の精神を説くという、朱子学に裏付けられた武士道精神の思想世界が示されている。

象山が十七歳になった文政十年（一八二七）五月、七十一歳を迎えた一学は、「中風」（脳卒中の後遺症である半身不随、片麻痺、言語障害、手足の痺れや麻痺などの障害）を患う。これを機に一学は、象山が六歳から十七歳までの十余年に及ぶ文武両道の教育を総括するかのごとく、象山に「墳原卜伝流剣刀術免許皆伝」（「墳原卜伝流剣刀術印可之巻」と「墳原卜伝流講武警戒之巻」（「言行箴《しん》」「日省箴」「諭示」の三部構成）を伝授するのである[14]。

一学が、象山に伝授した免許皆伝許の冒頭には、次のような伝授理由が記されていた。なお、象山に免許皆伝を授与した翌年の十月、七十三歳の一学は、致仕して隠居し、家督も象山に譲るのである。

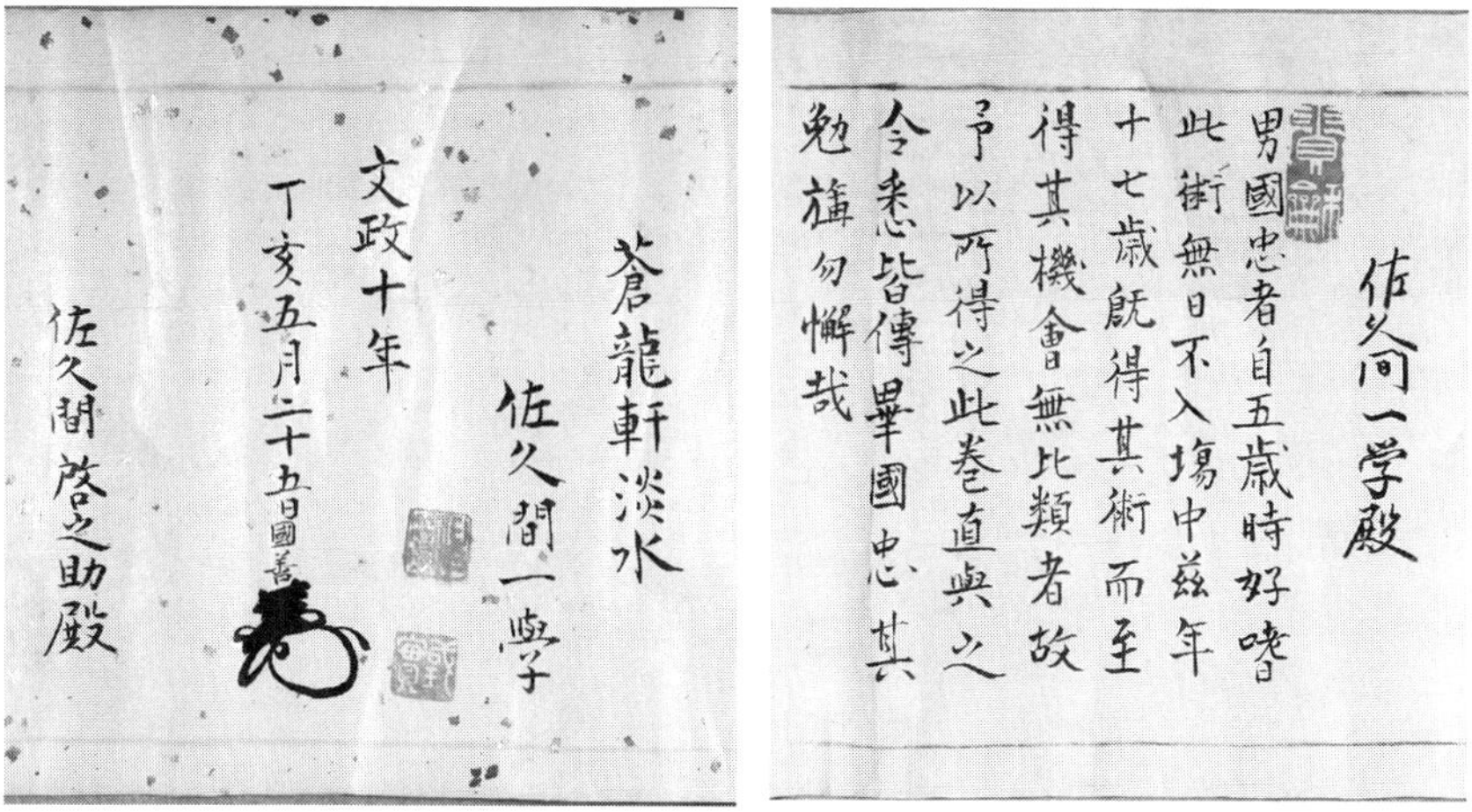

図28　佐久間一学が象山に伝授した「免許皆伝許」の冒頭（真田宝物館所蔵）

佐久間一學　殿

関防印

男國忠者自五歳時好嗜

此術無日不入場中茲年

十七歳既得其術而至

得其機会無比類者故

予以所得之此巻直與之

今悉皆傳畢國忠其

勉旃《べんせん》勿懈《おこたる》哉

蒼龍軒淡水

佐久間一學

落款印

文政十年

丁亥五月二十五日　國善　花押

佐久間啓之助　殿

上記の史料で「國忠」とは象山の実名（諱、後に「啓」「大星」と改名）であり、通称は初め「啓之助」で、これを天保九年（一八三六）十一月に「修理」と改めるまで用いた。「象山」とは、最初の江戸遊学から帰藩した天保七年から用いた号である(15)。なお、父親の方は、通称が「一学」、実名は「国善」、字は「淡水」、号は「神渓」である(16)。

ところで、日本の伝統的な武術の一派である塚原卜伝流は、常陸国鹿島（現在の茨城県鹿嶋市）の出身である塚原卜伝（一四八九―一五七一）を開祖とする。その内容は、剣術、槍術、居合、柔術など複数の武術を包含する総合武術であった。これを信州松代藩に伝えたのは、青山大学蟠竜軒成芳（一六九七―一七七一）という旧松本藩士である。

青山は、通称は大学、諱は成芳、号は蟠竜軒。旧姓は秋山で、代々、松本藩水野氏に仕えた。それ故、蒼龍軒は松本の生まれであった。その青山は、清水次郎右衛門次茂という人物に師事して墳原卜伝流剣刀術などの武術を学び、免許皆伝となった。だが、享保十年（一七二五）七月、松本藩七万石の第六代藩主水野忠恒（一七〇一―三九）が、突然の不祥事（江戸城松之廊下で刃傷沙事件）を起こし、親戚の沼津藩水野家の江戸屋敷に蟄居謹慎）を起こし改易となった。これを憂慮した叔父の水野忠穀《ただよし》（一七〇七―四二）は、松本藩水野家を信濃国佐久郡に知行七〇〇〇石の旗本として家名の存続を図ったのである(17)。

この事件を機に青山は松本を去り、同じ信州の松代に転居して松代藩に仕え、新たに道場を構える。以後、彼は、松代藩子弟に墳原卜伝流の剣刀術を教授するが、彼に対する藩内での評価は頗る高く、重臣以下歩卒に至まで松代藩の家臣たちのほとんどが門人になったといわれる。彼の約四十年間という長きにわたる松代藩での武道教授は、同藩に墳原卜伝流剣刀術を広く普及させるとともに、象山が藩政改革で文武両道の藩校設立を直訴した夢の実現に、同藩の文弱に流れて頽廃した藩風を一新し、文武兼備による学術興隆を図るという改革構想にも多大な影響を与えた。

その青山の没後における松代藩の墳原卜伝流剣刀術は、次に示す史料「墳原卜伝流系譜」に記されている通り、青山大学蟠竜軒以降、八田競重達、矢島源二左衛門重広、そして佐久間一学国善と継承され、その一学から嫡男の象山に伝授されたのである。[18]

松本藩　墳原卜伝流系譜（松本古武道協会）

第一代　塚原卜伝高幹
第二代　石井卜屋
第十二代　清水次右郎衛門次茂
第十三代　青山蟠龍軒成芳―菅鉞太郎（象山の儒学私塾「象山書院の」門人）
第十四代　八田源二左衛門重広―佐久間一学国善―佐久間啓之助国忠（象山）
第十五代　前島助之進久利

ところで、上記の「菅鉞太郎」（一八二〇―一九〇二）とは、「墳原卜伝流剣刀術」の免許皆伝では象山の先輩ではあるが、それ以前に象山が江戸遊学から松代藩の藩儒「御城月並講釈助」を命じられて帰藩し、父一学の意志を受け継いで自邸に儒学と武道の私塾を開設したときからの儒学門人であった。[19]

なお、松代藩に伝播した墳原卜伝流が、何故に「塚原」と異なる「墳原」という漢字表現なのか、その理由は判明しない。だが、明らかに松代藩の場合は他藩と異なり、唯一、「塚原」ではなく「墳原」を名乗った。松代藩に伝播した墳原卜伝流は、前述の安政二年（一八五五）に、松代藩文武学校の設置計画（象山が天保八年五月の上書「学政意見書並に藩老に呈する書」で建言）が開設されたときにも、他の様々な武術とともに武道の教授科目として「墳原卜伝流」（剣術・柔術）は継承され、さらに明治二年（一八六九）の藩学校改革のときにも武道科目として存続した。[20]

ところで、「墳原卜伝流剣刀術印可之巻」の内容は、開祖の塚原卜伝以来、代々、相伝されてきた「剣刀術印可」の定型の伝授項目が正確に記載・伝承された正統な免許状である。それに対して、後者の「墳原卜伝流講武」は、一学が文化四年十月、邸内に剣槍術を教授する講武場を開設した際に創作した独自の文章である。それは一学自らが、躬行実践する武道教育の本質や目的を明文化した教育理念を示すものであった。

その具体的な内容は、「箴《しん》二章諭示五條」、すなわちは「言行箴」「日省箴」の「箴」（箴言、いましめ）の二章と「諭示」（「跋」を含む）の三部構成となっている。そこで注目すべきは、一学自身によって、それまでは単なる武芸（技術）の次元に止まっていた「武術」を、朱子学の思想をもって理論化し人間形成の教育哲学にまで高めた「武道」（武士道を修得するすることの教育的な意味）とその具体的な教育方針とが詳細に示されていることである。特に、全五ヶ条からなる長文の「諭示」には、易学を基礎とし「格物窮理」「天人合一」の原理を説く朱子学の思想を基本理念とする、一学自身の武士道精神の本質や意味が明記されている。(21)

以上のような内容構成の「墳原卜伝流講武警戒之巻」は、表面上は単なる武術免許状であり、象山関係史料ではあるが、象山自身の史料ではないが故に、『象山全集』には未収録の史料である。それ故、一般人はもちろん研究者にも知られず、したがってこれまでの象山没後における数多の象山研究においても存在が知られず、まったく紹介されることはなかった。著者は、同史料と長野市松代の「象山記念館」で遭遇し、象山思想の理解にとっては重要な史料と判断し、初めて全文を解読して史料内容とその意味や特徴を考察した。その結果を、昭和四十年代末の東京教育大学の修士論文に収めたのである。その後、さらに検討を重ね、その研究結果を平成二十九年（二〇一七）に論文「象山の思想基盤の形成における父親の武士道教育の意義」と題して活字化し公表したのである。(22)

二　「墳原卜伝流講武警戒之巻」の「諭示」の全文解読

「墳原卜伝流講武警戒之巻」に添付の「諭示」の全文　本史料は、象山が、鎌原桐山（一七七四―一八五二、首席家老）など松代藩内の諸師から本格的な儒学（朱子学）の教育を受ける前に、五歳から十七歳で成人するまでの十数年間に、父親より朱子学を思想基盤とする文武両道の武道教育を受けたことが、一体、象山の学問思想の基盤形成にどのような影響を与えたのか、という問題を解明する上で貴重な史料である。それ故に、同史料の内容分析に入る前に、史料紹介の意味で「墳原卜伝流講武警戒之巻」の中の父一学の創作である「諭示」および「跋」の部分の全文を、写真版の原史料と対照して解読紹介しておくこととする（旧漢字は新漢字に改め、適宜、句読点を施した。なお、同史料は、象山史料館の所蔵であるが、現在は真田宝物館に寄託管理されている）。

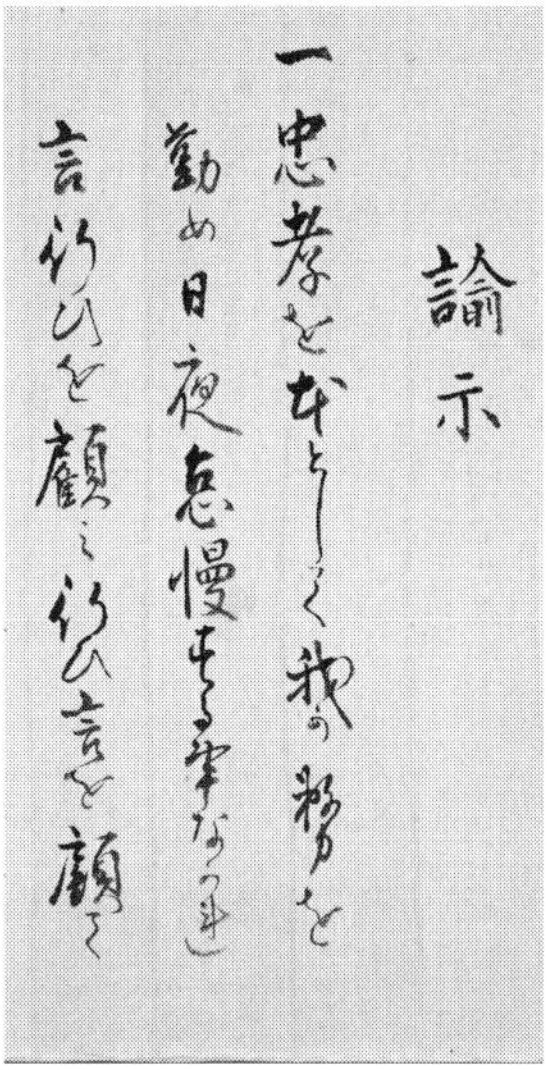

図29　「墳原卜伝流講武警戒之巻」の「諭示」と「跋」

諭　示

一、忠孝を本として我が務を
勤め日夜怠慢することなかれ。
言行ひを顧て行ひ言を顧て

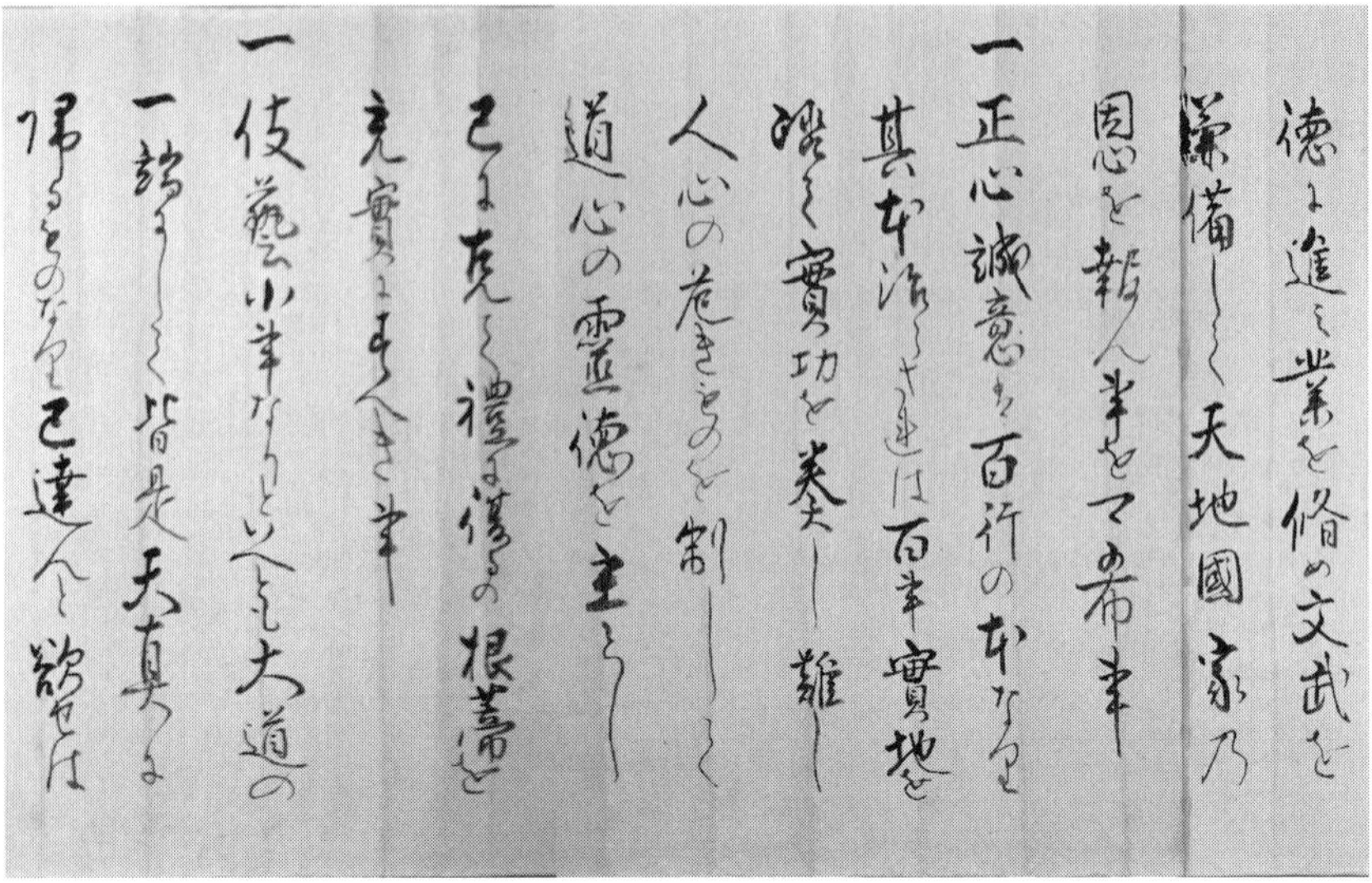

徳に進み業を脩め文武を
兼備して天地国家の
恩を報ん事を可希事。
一、正心誠意は百行の本なり。
其本治らざれは百事実地を
踏て実功を奏し難し。
人心の危うきものを制して
道心の霊徳を主とし
己に克て礼に復るの根帯を
充実にすへき事。
仗芸小事なりといへとも大道の
一端にして皆是天真に
帰るものなり。己達んと欲せは

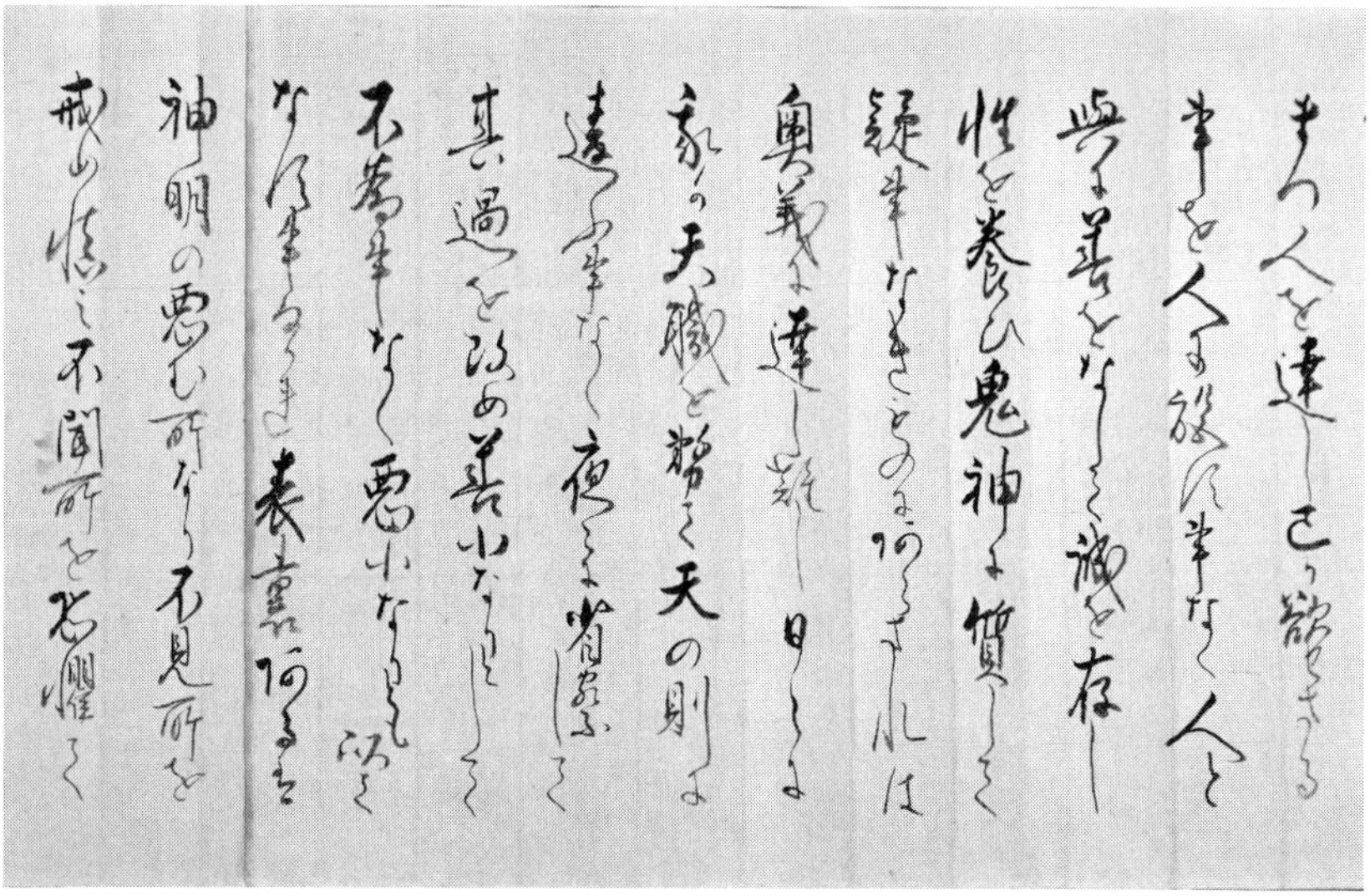

まつ人を達し、己か欲せさる
事を人に施す事なく、人と
与に善をなして誠を存し
性を養ひ鬼神に質して
疑事なきものにあらされは
奥義に達し難し。日々に
我か天職を務て天の則に
違ふことなく、夜々に省察して
其過を改め、善小なりとして
不為事なく、悪小なりとも改て
なす事なかれ。表裏あるは
神明の悪む所なり。不見所を
戒め慎み不聞所を恐懼して

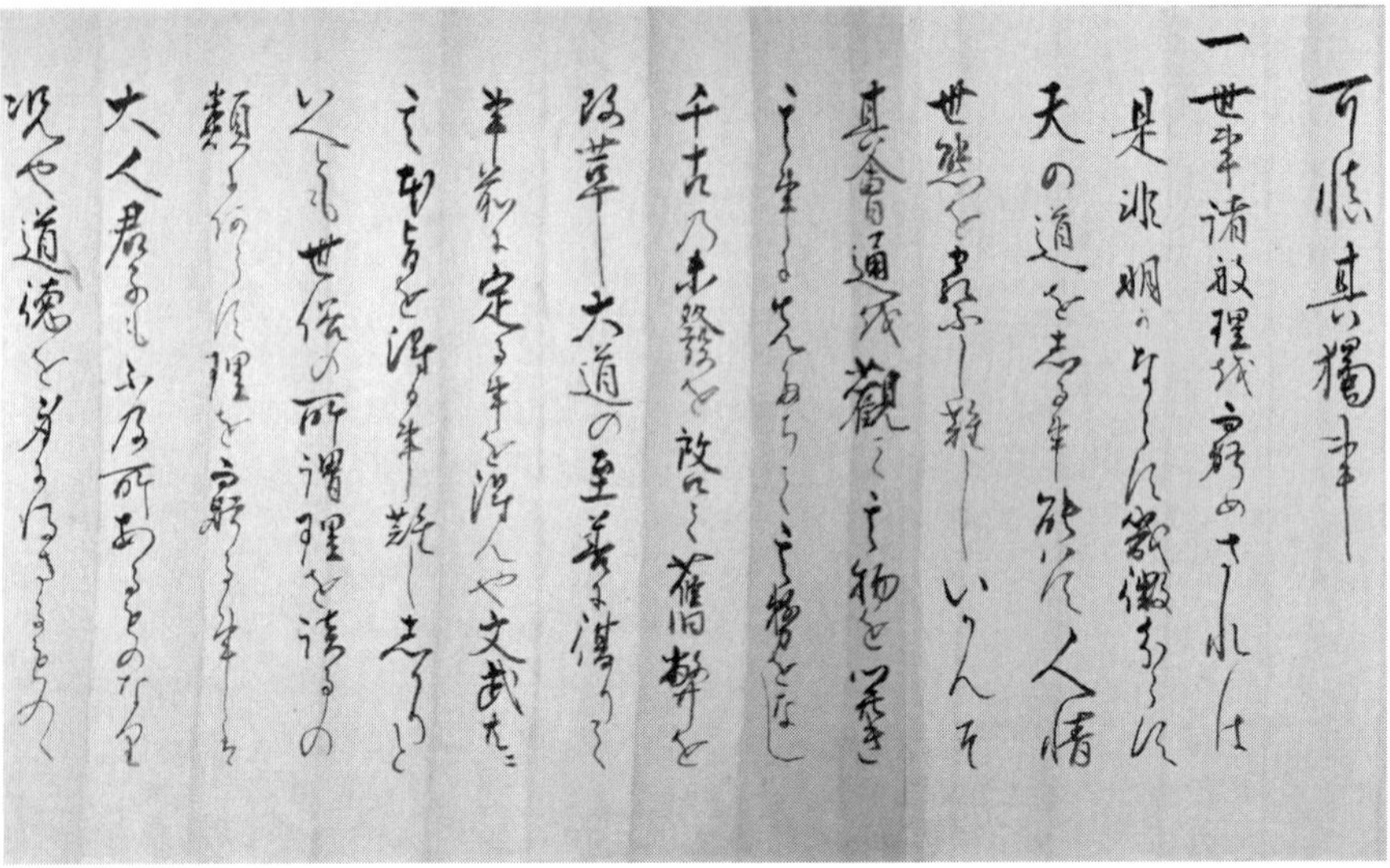

可慎其独事。
世事諸般理を窮めされは
是非明かならす、幾《（ママ）》微分らす
天の道を志る事能はす、人情
世態を察し難し。いかんそ
其会通を観て其物を開き
其事に先たちて其務をなし
千古の未発を啓て旧弊を
改革し大道の至善に復りて
事前に定る事を得んや。文武共に
其本旨を得る事難し。志《し》かりと
いへとも世俗の所謂理を談るの
類にあらす。理を窮る事は
大人君子も不及所あるものなり。
況や道徳を身に得さるものの

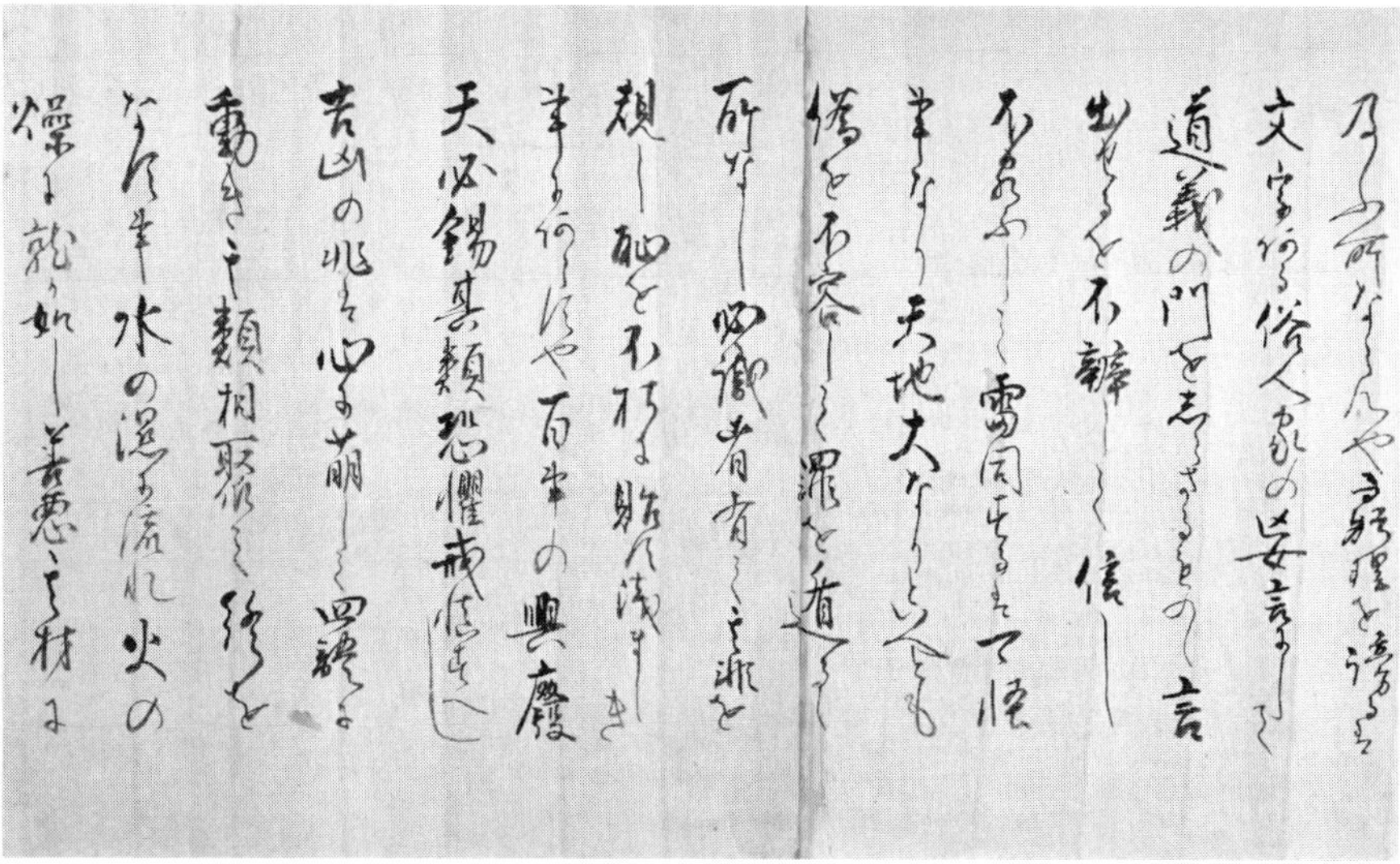

及ふ所ならんや。窮理を誇るは
文字ある俗人家の妄言にして
道義の門を志らざるものの言
出せるを不弁して信し
不察して雷同するは可慎
事なり。天地大なりといへとも
偽を不容して罪を遁る、
所なし。必識者有て其非を
規し恥を不朽に貽《のこ》す浅ましき
事にあらすや。百事の興廃
天必錫《しやく》其類恐懼戒慎すへし。
吉凶の兆は心に萠して四礼に
動き其類相聚て終を
なす事水の渦に流れ火の
燥に就か如し。善悪其材に

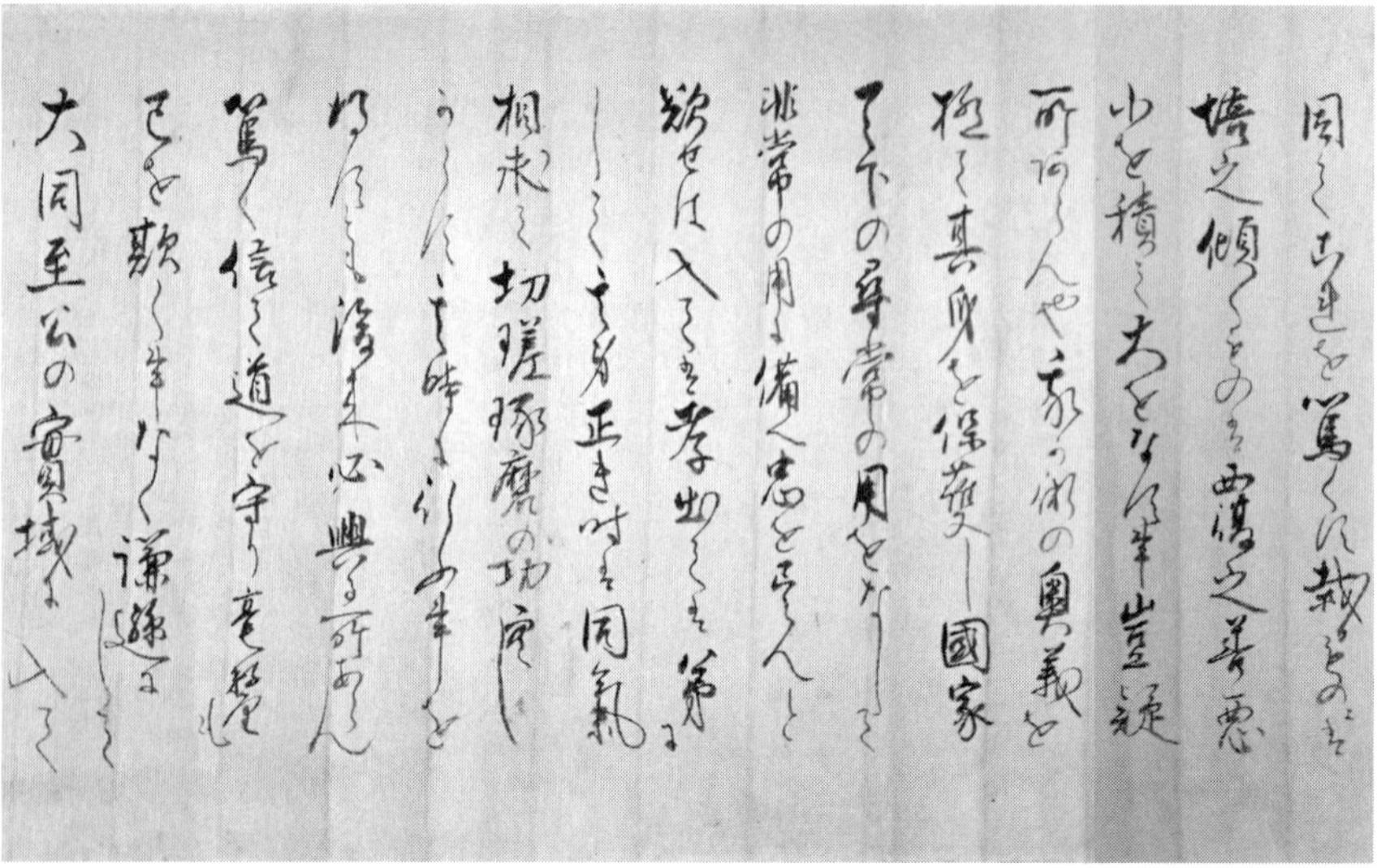

因てこれを篤くす。栽るものには
培之、傾くものは覆之。善悪
小を積て大をなす事豈疑
所あらんや。我が術の奥義を
極て其身を保護し国家
天下の尋常の用をなして
非常の用に備へ、忠を尽んと
欲せは、入りては孝出ては弟に
して、其身正き時は同気
相求て切磋琢磨の功重し
からす。其時に行ふ事を
得すとも後来必興る所あらん。
篤く信て道を守り毫釐《ごうり》も
己を欺く事なく、謙遜にして
大同至公の実域に入て

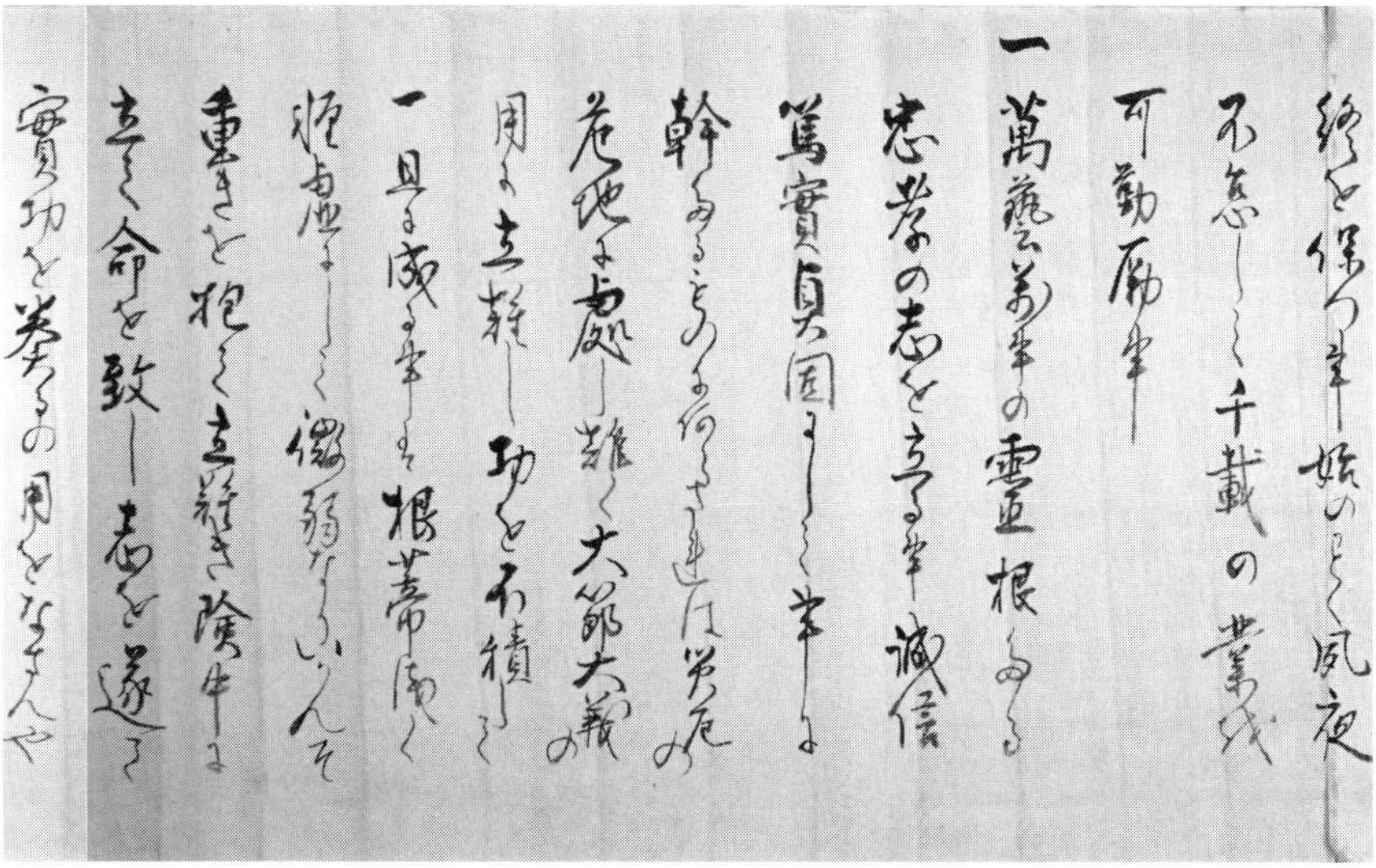

終を保つ事始のことく夙夜
不怠して千載の業を
可勤励事。
一、万芸万事の霊根たる
忠孝の志を立る事誠信
篤実貞固にして事に
幹たるものにあらされは災厄の
危地に処し難く、大節大義の
用に立難し。功を不積して
一旦に成る事は根帯浅く
軽虚にして微弱なり。いかんそ
重きを抱て立難き険中に
立て命を致し志を遂て
実功を奏るの用をなさんや。

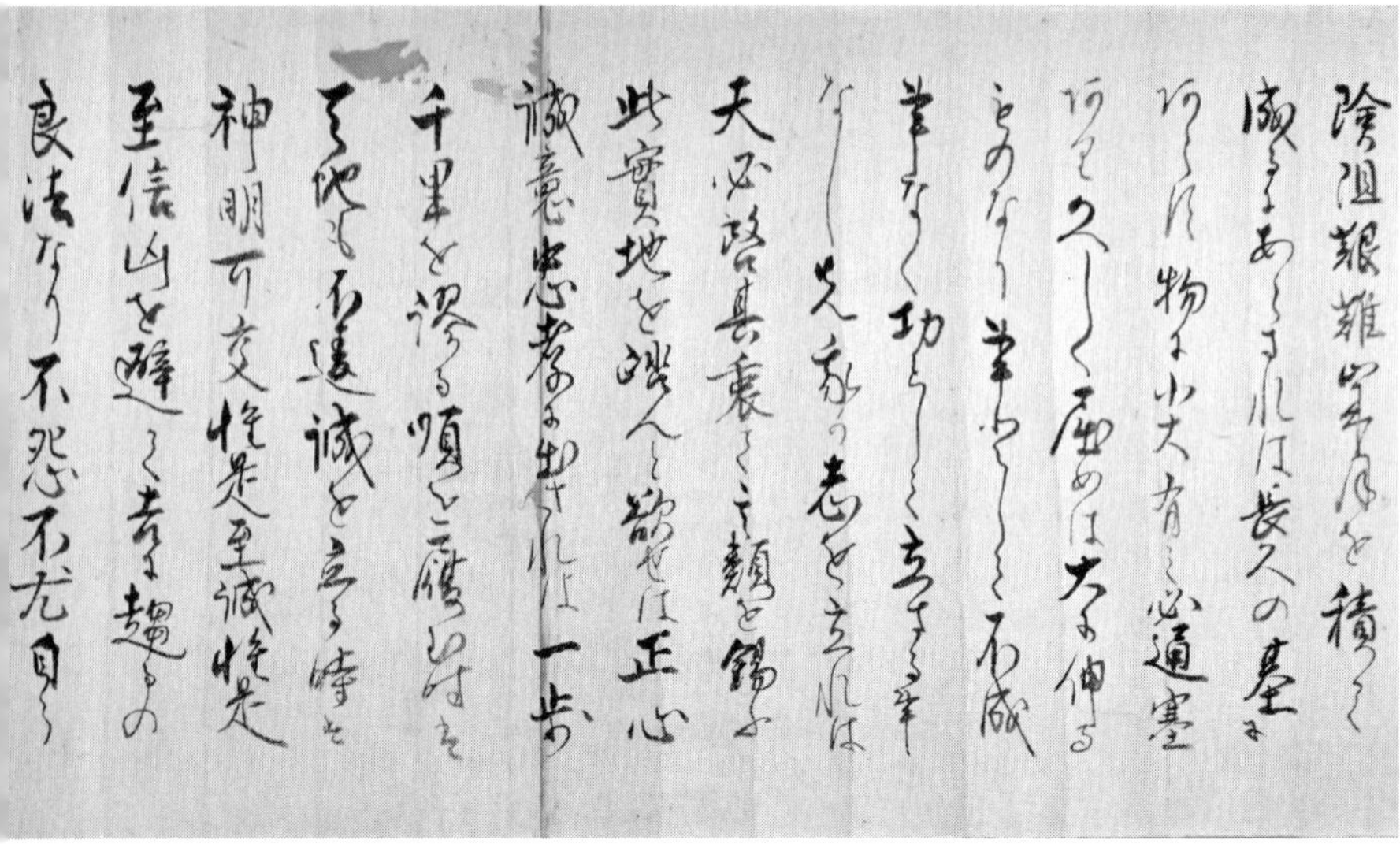

険阻艱難歳月を積て
成るにあらされは長久の基に
あらす。物に小大有て必通塞
あり。久しく屈《かが》めは大に伸る
ものなり。事として不成
事なく、功として立ざる事
なし。先我か志を立れは
天必啓其衷て其類を錫ふ。
此実地を踏んと欲せは正心
誠意忠孝に出されは一歩
千里を謬る。順を履む時は
天地も不違、誠を立る時は
神明可交惟是至誠惟是
至信、凶を避て吉に趨るの
良法なり。不怨不尤《とがめ》自ら

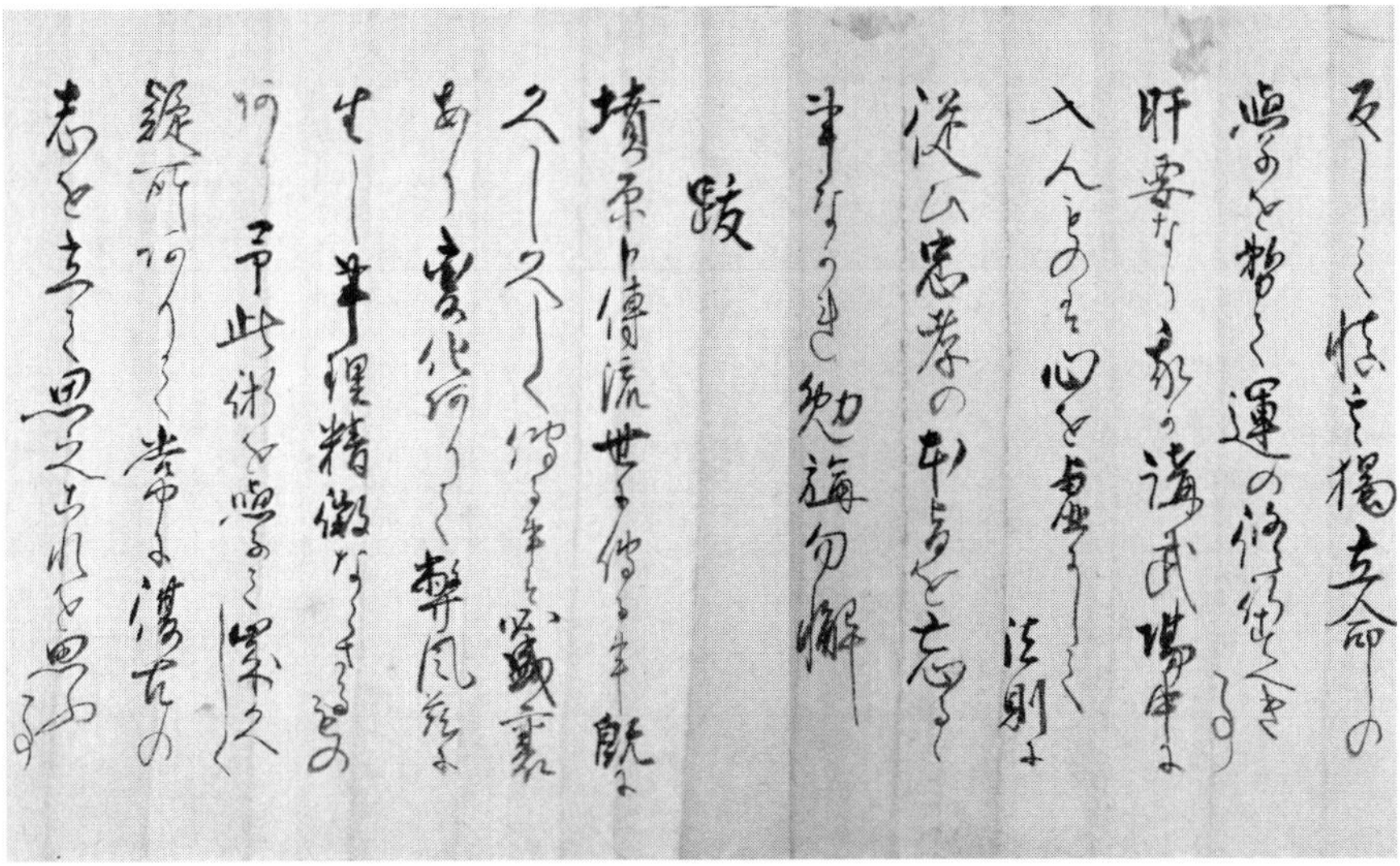

反して慎其独立命の学を努て運の修行すへき事肝要なり。我か講武場中に入んものは心を虚にして法則に従ひ忠孝の本旨を忘る、事なかれ勉旃勿懈（べんせんしておこたることなかれ）。

跋

墳原卜伝流世に伝る事既に久し。久しく伝る事は必盛衰あり変化ありて、弊風茲に生し事理精微ならさるものあり。予此術を学て以来久しく疑う所ありて常に復古の志を立て思之。これを思ふ事

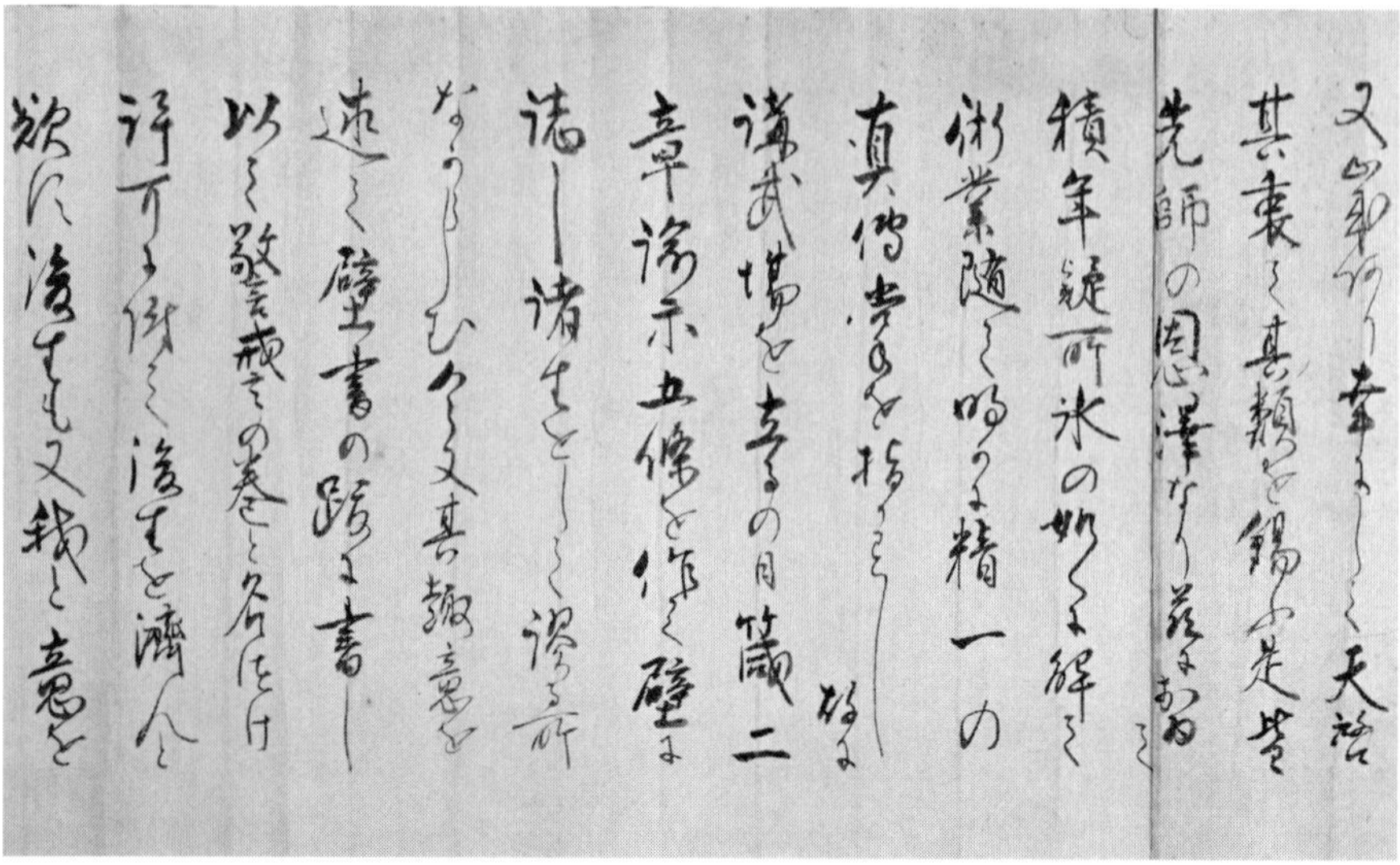

又歳あり。幸にして天啓
其衷て其類を錫ふ。是皆
先師の恩沢なり。茲におゐて
積年疑所氷の如くに解て
術業随て明かに精一の
真伝学を指かことし。故に
講武場を立るの日、箴二
章諭示五條を作て壁に
誌し、諸生をして謬る所
なからしむ。今又其趣意を
述て壁書の跋に書し
以て警戒の巻と名つけ
許可に附して後生を済んと
欲す。後生も又我と意を

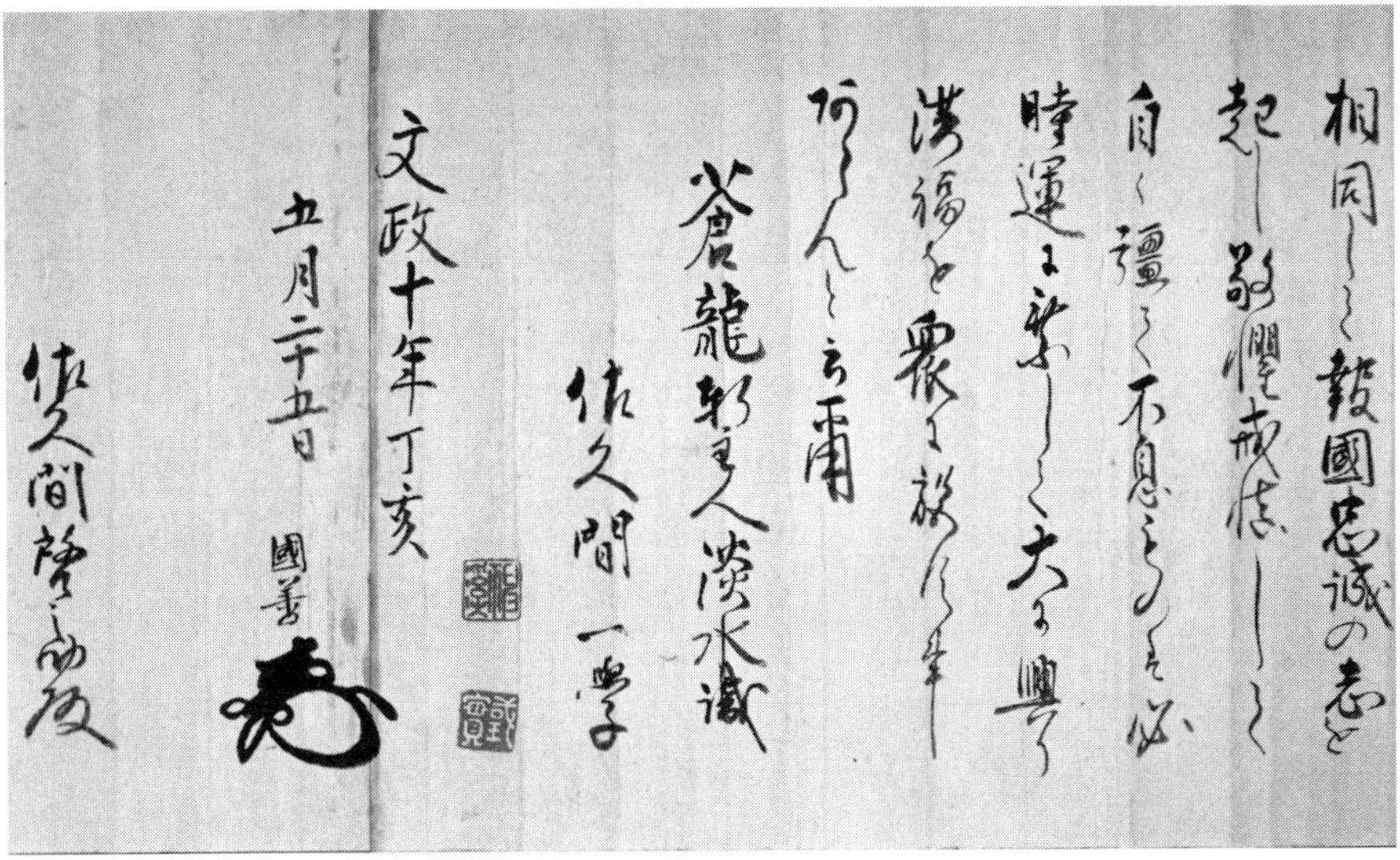

相同して報国忠誠の志を
起し敬《きょう》懼《く》戒慎《かいしん》(23)して
自ら強て不息のものは必
時運に察して大に興り
洪福を衆に施す事
あらんと云甫。

蒼龍軒主人淡水識

佐久間一学

文政十年丁亥

五月二十五日　國善　花押

佐久間啓之助　殿

三 「諭示」に表現された思想的意味の解読

「諭示」の内容とその思想的な意味 以上が、象山の父一学が創作した「諭示」および「跋」の全文である。一学は、藩主の側右筆頭を勤める能書家だけあって実に流麗な漢字仮名交じりの草書体で書かれている史料である。長文の五ヶ条からなる「諭示」に示された内容は、まさに「窮理正心修己治人之道（「理を窮め心を正し己を修めるは人を治める道」）[24]」の学問と言われる儒学、とりわけ徳川幕府が正学とした朱子学の説く人間存在の在り方に関する根本道徳を要約したものである。一学が、「諭示」に込めた思想的な含意を、門人に対する文武教育の指導的観点から分析し考察すると、おおむね以下のように解釈し理解することができる。

まず第一条においては、主君に対する「忠義」と親に対する「孝行」とを結合した「忠孝」という儒教の君臣・父子の人間関係における人倫道徳が、人間存在の最も根本的な道徳的価値として措定されている。その上で「徳に進み業を脩め」という「修身」と「天地国家」への「報恩」の精神の大切さが説かれている。そこには、文武兼修による自己形成を通して、朱子学が最も強調する「身修まりて家斉い国治まりて天下平らかなり」「修身斉家治国平天下[25]」という学問の指南書である『大学』の説く、理想社会の実現を担うべき武士の理想的人間像が描かれている。

第二条では、朱子学の重要な経典である『大学章句』（朱子による『大学』の注釈書[26]）に説かれた「身を脩むるはその心を正すに在り[27]」「君子は必ずその意を誠にす[28]」という人間道徳を表現した「正心誠意」という朱子学における根本道徳が、一切の人間行動の基本理念として定位されている。そのことは、人間の倫理的課題である「人欲」（気質の性）を克服して「道心」（本然の性、天理）に復することを意味し、朱子学の説く「復礼」（「己ニ克チテ礼ニ復《かえ》ル」）という『論語』に記された倫理道徳が重要視されているのである。

なお、そこに「復礼」とは、「人欲を滅して天理を復すること」「聖人（君子）となること」を意味する非常に神聖かつ崇高な道徳観念なのである[29]。そして「性」とは、『中庸』に説かれた「万人が平等に持つ人間として本性」[30]の具体的な内容の表現である。それは、「五常」（孔子、孟子が説いた「仁」「義」「礼」「智」「信」という儒教の普遍的な道徳観念─五つの常なる徳目）の一つである「礼」（感情を様式化した主観的で特殊な規範、『易経』の「文言伝」に説かれた「人倫ノ交際ニ心ニ敬ヒ行儀ニ則ヲ守ル道」）を修得・実践する前提となる「克己」（『論語』「顔淵十二」の「克己復礼為仁（己ニ克チテ礼ニ復スルヲ仁ト為ス）」─自分自身の内にある欲望の克服）という欲望に対する自己制御の精神（「克己心」）を意味し、その修得の重要性を『易経』『論語』『中庸』などの儒学経典を引用して強調しているのである。

また第三条では、前二条の在るべき人間の理想像、具体的には武士としての理想的な人間像の実現のために求められる道徳的な精神態度の修練（修身）に関わる基本原理を踏まえて、「武術」の修練を通じて「武道」（武士道）の奥義に到達するための実践道徳の規範が説かれている。すなわち、「武道」を目指す「武術」の本質は、「伎芸小事なりといへとも大道の一端にして、皆是天真に帰るものなり」と説き、「天真」（「天賦自然の性情」「純粋の性」：『字源』）すなわち「人間存在の自然性」に到達する道程であることを説き示している[31]。

また、『論語』に説かれた「己の達んと欲せはまつ人を達し、己の欲せさる事を人に施す事なく」[32]が、武道の「奥義」に至るために不可欠な「仁」（儒教における人間愛の根本概念）の具体的な心の在り方として説かれている。そして、他者との相対的な関係である世俗的世界を超越して、「天真」「天職」「天則」という永遠性・自然性・普遍性・純粋性の根源である「天」と真摯に向き合い、その「天」に恥じない絶対的な自己（天の理を内在する純粋至善な自己）を生きることの重要性が強調されている[33]。

特に注目すべきは、最後の部分の「可慎其独事（其の独事を慎むべき）」との一文である。それは、『大学』や『中庸』に説かれた「君子は必ずその独を慎しむ」の名言であり[34]、「誠実」（自分が自分をごまかさないこと）を貫くためには「君子は必ず内なる絶対的な自己を慎んで修めること」が求められるという意味である。それは経験的知性に基づく合理的な精神態度を修練することの重要性を説くもので、まさに朱子学における「窮理」の精神の武道における具体的な実践の在り方を示したものである。

さらに第四条においては、前条で説かれた合理的精神を受けて、朱子学の真骨頂である「格物窮理」（「物に格りて理を窮む」―人間を含めた天地万物を貫く「物理」の探究を通して、天地自然の根本道理〈天道〉である「天理」を知る」という合理的精神）を修練することの重要性が説かれている。すなわち、天地万物の「理」を窮めるという分析知の実践によって、人間は自己自身に内在する「天理」を覚知し、それによって人間社会の実態をも合理的に把捉することができ、さらには藩社会の士風衰退や現実社会の風俗退廃を改革改善するなどの革新的・創造的な実践活動を展開することが可能になる、ということを説いている。その際の「窮理」とは、単なる世俗的次元での真理探究という概念ではなく、「明明徳（明徳を明らかにする）」（『大学』）という究極的に理想の自己を実現する方法であるが故に、道徳的人格の完成を可能にする人間形成の実践的な概念なのである。したがって、「理」の探究は、「大人君子も不及」ほどに深遠かつ広大な実践範囲を有するものなのである。それ故に、徹底した「窮理」の精神の実践態度をもって武道の奥義を修得すれば、「其身を保護し国家天下の尋常の用をなして非常の用に備ふる」ことが可能となり、まさに社会的に有用な人材としての人間存在となりうるばかりか、「忠」「孝」「弟」という人間道徳の崇高な実践者ともなりうる、と述べられている。(35)

最後の第五条では、再び「忠孝」という君臣・父子の人倫道徳に立ち戻り、改めて人間存在の根本原理として説き、その実現への主体的な自覚としての「立志」の意識が重ねて強調されている。『論語』に記された「吾十有五にして学に志す」という「立志」の一文は有名である。象山の門人である橋本左内（一八三四―五九）は、十五歳のときに自己自身に対する啓発を目的とした著書『啓発録』を著し、その中に掲げた自省自戒すべき五項目（「五訓」）の第三に「立志」（志を立てよ）を記している。(36)また、同じく象山門人である吉田松陰も、十四歳の弟子の山田市之允《いちのじょう》（顕義、一八四四―九二）に宛てた漢詩の冒頭に「立志尚特異（立志は特異を尚ぶ）」と記し、「立志」の重要性を説いている。(37)

激動する幕末期に好んで使われた「立志」という『論語』に説かれた名言は、人生をいかに生き、何をなすべきかを、自己責任をもって自己自身に問い、自己決定する「覚悟」という意味である。「覚悟」なくして「立志」はない。それ故に、朱子学を奉じて武士道の人生を愚直に生きた一学は、門人たちに、「災厄の危地に処し」「大節大義の用に立（ち）」「重きを抱て立難き険中に立て命を致し」「志を立て実功を奏る」という自己の人間存在の意味に対する非常な「覚悟」の必要性を説き、そこから「忠孝」「正心誠意」という朱子学の説く人間存在の基本倫理の社会的実現に向かっての主体的な自覚の重要性を、「立志」という観点から説き示したのである。そこには、武士としての社会的責任の自覚とその実行に立ち向かうに必要な「覚悟」の在り方が、武士の社会的立場や役割認識を考慮して述べられている。そのことは、「跋」に示されているごとく、究極的には「報国忠誠の志」を自己実現することを個々の門人に求めているのである。それ故に、「立志」という主体的な自己決定による自己目的の実現に向かって生きる「覚悟」の重要性が強調されているとみてよい。

なお象山は、文政十年（一八二七）五月、十七歳の若さで師匠である父親の一学から「墳原卜伝流講武警戒之巻」を授与された。特に「諭示」の第四条は、朱子学をもって武術を理論化し武道にまで高めようとする一学自身の教育的願望が、上記の「報国忠誠」に対する「立志」（自己の人間存在に対する覚悟の意識）の強調に結実したものといえる。

実は象山も、「立志」、すなわち何のために学ぶのかという学ぶことの目的についての自覚が、教育においては窮めて重要であることを、常々、門人たちに徹底していた。次の文章は、象山が、門人・吉田松陰の海外密航事件に連座して地元松代で蟄居中の安政二年（一八五五）十月、江戸木挽町の私塾で師範代の蟻川賢之助（直方、一八三二―九一）の下で修業する門人たちの動揺を慮り、如何なる事態に遭遇しても、志ある武士として面目躍如たるべしとの激励の意を込めた「門弟子に示す」という通達文である。象山の思い描く武士道的人間の理想像が端的に表現された文章である。

時世の好みに随ひて己の守るべき所を失ひ、志す所を変ずるは、士気なき輩の事なり。有志の士は、世の用ひは如何なるべしとも、国家の御為にかくならでは叶はむ筋と思ふことは其志を変せず、己の身に学習する所も是を以て国家の洪恩に報じ奉るべしと思ひよる所は一筋に心を入れて、果して衆人の上に出て非常の際に臨んで非常の功をたつることを求むべきなり。(38)

以上、「諭示」に示された一学の武道教授に際しての指導理念を思想史的観点から分析してきた。それは、一学が武士という身分での理想的な人間形成の在り方を、儒学―朱子学の「自得体認主義」「格物窮理主義」の観点から具体的に表現したものである。(39) そのことは、「跋」に示された「諭示」の成立経過からも明らかである。まさに、一学は、武術の師範ではあったが、同時に朱子学を信奉し探究する学徒でもあった。文武両道・文武一如の世界の実現を求めた彼の「諭示」は、朱子学の理論体系をもって「芸技」である「武術」を、人間存在の上昇的変化に関わる「武道」にまで理論化しようとする思想的営為の産物であった。と同時に、あくなき文武両道の教育実践に生涯を捧げた一学自身の伝統的な武術の革新を期する思想的所産でもあったとみることができる。

四　一学の武士道教育が象山の思想形成に与えた影響

父一学「諭示」と象山「神渓佐久間府君年譜」との思想的類似性　まず、一学が描き残した「諭示」と先にみた象山執筆の父一学の年譜『神渓佐久間府君年譜』との間の相関性について、若干、言及しておく。一学自身が

『墳原卜伝流剣刀術免許皆伝』を伝授されたのは、「印可」の部の末尾に「正龍軒頂水矢島源二左衛門　寛政九年丁己三月廿四日　花押　佐久間一学殿」と記されていることから、寛政九年（一七九七）三月、四十二歳のときであることがわかる。その後、彼が自邸内に剣槍術の講武場を開設して武道教育を開始したのは、「神渓佐久間府君年譜」に「文化五年戊辰。府君五十四歳。（中略）於賜邸之南。剏建《そうけん》蒼龍之軒。大集生徒。講演武技。暁而至。暮而散。日数十百人。[40]」と記されていることから、文化五年（一八〇八）、一学が五十四歳という晩年のことであった。

講武場での稽古は、夕方から朝方にまでに及んだこと、毎日数十人から一〇〇人という多数の門人が稽古に集まってきていたこと、等々が判明する。また、一学の武道教授の教育方針をまとめた「諭示」は、講武所の開設当初に書きあげられ壁に掲げられていたことが、「跋」の「講武場を立るの日、箴二章諭示五條を作て壁に誌し、諸生をして謬る所なからしむ」という記述により確認することができる。

そして象山が、父一学より『墳原卜伝流剣刀術免許皆伝』を授与されたのが、文政十年（一八二七）、十七歳のときである。父親の場合と比べて、実に若輩での免許皆伝の受領であった。また、象山によって『神渓佐久間府君年譜』が作成されたのは、一学没後の天保五年（一八三四）十一月、すなわち象山二十四歳のときであり、それは彼が最初の江戸遊学に出て佐藤一斎に師事した翌年のことであった。

すでにみてきたように、「諭示」と『神渓佐久間府君年譜』とに記された一学と象山に関する思想的あるいは人格的な記述内容は極めて類似性が強い。そのことは、象山が『神渓佐久間府君年譜』を著す際に、「諭示」を含む『墳原卜伝流剣刀術免許皆伝』を重要な参考資料とした可能性が大であることを物語っている。つまり、象山は、一斎との出会いの後に『神渓佐久間府君年譜』を著し、改めて一学から受けた教育的影響の大なることを回顧し記述したということである。

そのことは、象山の人格形成、思想形成において、佐藤一斎の前に父一学が厳然と存在し、一斎と出会う前に象山には朱子学徒としての揺るぎない思想基盤が形成されていた、ということを意味する。すなわち、象山が、一斎と出会ってすぐに彼の陽明学的な思想傾向を批判し拒絶した背景には、「格物窮理」を学問探究の基本原理として強調する朱子学を、自己の探究すべき学問思想として定位する主体性が、入門時の象山においてはすでに形成されていた、ということである。そのような、象山の学問思想を取捨選択する主体性の形成要因には、親子関係を超えた師弟関係において、師匠である父親の一学からの強い教育的な影響を受けていたことを示すものである。

植手道有・丸山真男による象山理解の新たな視座　ところで、象山思想を理解するに際しては、『象山全集』に収められた各種史料の外在的な文字史料の分析を手がかりとする表層的で現象学的な外在的理解にも意味はある。だが、それでは、象山の思想と行動を彼自身の内面から突き動かす内在的な衝動の本質がみえてはこない。それ故に、象山が洋学などの異質な学問思想を理解し受け入れる前提となっている思想的基盤に着目し、それを形成史的な視座から追体験的に理解し把捉する内在的な理解が必要となるのである。

たしかに、象山思想の理解に際しては様々な分析の視座がありうる。だが、象山に関する膨大な研究成果が積み重ねられた先行研究において、「武士的契機」―武士道精神の存在とその影響に着目する研究は皆無であった。実は、この象山思想の理解における武士道的契機に注視した新たな分析視座は、象山思想を理解する視座の革新を意味するものといえる。

この武士道という視座から象山思想における武士道的要因を初めて分析したのが、植手道有（一九三一―二〇一一、成蹊大学名誉教授）であった。彼は、武士道精神を基盤とする象山思想の成立を、「儒教に対する一つの挑戦と受け止め」「儒教の再解釈を通じてこの挑戦に応えようとした」(41)と解釈したのである。首肯できる見解ではある。だが、そのような「儒教」に対する「挑戦」とか「再解釈」という象山理解の仕方と表現は、はたして妥当であろうか。あくまでも、「格物窮理」を中核とする朱子学の正当性を信じて疑わなかった象山は、眼前の現実問題に対応不能な机上の儒学者たちや大塩平八郎の乱（一八三七年）に代表される非合理的な陽明学者たちに対しては、厳しい批判を展開した。生涯、天下の儒学者―朱子学者を任じて生きた象山には、本体である儒教そのものの存在に対して、批判はするが否定する心は微塵もなかった。象山は、終生、格物窮理を自在に躬行実践する正統派の朱子学徒であることを矜持として生きたのである。それ故に、植手の儒学に対する「挑戦」「再解釈」という象山思想の理解と表現は、第三者による結果論的な解釈であり、象山自身の真意と彼の思想の本質を把捉してはおらず、適切妥当とは言えない。儒教理解に関して「挑戦」「再解釈」という表現の具体的な意味や内容が問題となるからである。

象山は、眼前の現実問題に適応可能な儒学―朱子学理解の創造的な革新による再生を主張し、そこに問題解決に対する思想的な有効性が内在することを信じて躬行実践したのである。実は、象山の儒学理解を、儒学への「挑戦」や「再解釈」と捉える植手の象山理解は、植手の東京大学における恩師である丸山真男（一九一四―九六、東京大学名誉教授）が最初に指摘した象山理解の視座であり、それを本格的に継承したのが植手であった[42]。丸山は、象山の思考方法の特色を、「伝統的な概念装置を吟味」して「当時の認識用具の再検討」をする手法、すなわち「古典の読みかえによって、既存のカテゴリーを新しい状況の中で再解釈してゆく」という、「読みかえ」や「再解釈」という点にあると把捉したのである[43]。

だが、象山の思想的な営為を、「儒教の再解釈」や「読みかえ」と捉えて表現する丸山の象山理解もまた、決して適切とは言えない。本家本元の中国儒学史上において、象山が尊敬してやまない数理的思想性の強い儒学者で朱子学形成の先駆者であった「邵康節（一〇一一―七七）」という人物が存在したごとく、日本の儒学界にも現実問題に実理有効な実践的対応を試みようとする際に、朱子学の説く「格物窮理」という自然科学的な合理性を重視する、従来の理解の仕方とは次元の異なる開拓的あるいは創造的な儒学理解の可能性が、儒学者である前に武士であるとの強い自意識を有する象山の武士道精神に内在していた、とみることができる。それ故に、象山における儒学理解の思想的な営為は、「儒教の再解釈」や「読みかえ」ではなく、問題解決に応じて儒学—朱子学の理解と実践の可能性を「拡大」あるいは「転換」しうる、朱子儒学の新たな視座の「開拓」と「拡大」による朱子儒学の「創造的な解釈と実践」と把捉することの方が、象山理解の本質に照らして妥当ではないかと思慮する。

なお、先にみたごとく、植手道有は、象山の思想理解における武士道精神の視座の重要性を指摘した。植手の指摘は、象山の思想と行動の本質を突いており、象山思想の実践的な展開を把捉するに当たっては、朱子学的精神と武士道的精神の両者が相まって彼の思想基盤を形成しているとする植手の象山理解には妥当性が認められる。特に植手の象山理解は、武士道精神の存在に注目して「象山の実験的精神にみられる主体的操作性は朱子学ではなくて、むしろ武士的な実践的能動性を基礎としていた」、あるいは「象山では武士精神に由来する実践的能動性が、『格物窮理』の主知主義と結びつくことによって、その実験的精神を支えていた」という見解は首肯できる。(44)

また、思想史研究者の小池喜明（一九三九—、東洋大学名誉教授）も、「象山は西洋的な『義利弁別』の立場に準拠しながら、西洋近代科学技術の摂取導入を合理化」したとみて、「利」（「利潤」や「便利」）という視座から、象山が「西洋芸術」（西洋近代科学技術）の導入や開国論などを展開したと捉え、そのような象山の思想と行動は「儒学者・洋学者等」の視座ではなく「武士の発想」であると分析している。(45) たしかに、合理性や実利性を重視する象山思想の分析に関して、「利」的な視座も有効ではある。それは象山の思想が単なる「真理」ではなく問題解決に有効な「実理」を躬行実践する実学思想であったことに起因すると考えられる。が、それ以上に、象山思想が「利」的であることは、彼が東西の実利的実践の学である兵学に精通した兵学者であったが故の、兵学的視座から発せられる思想的特性とみることができる。

だが、象山の思想全体を俯瞰して本質を把捉するには、何と言っても朱子学の「理」的な視座こそが最も妥当である、と著者は思慮する。しかしながら、朱子学の「格物窮理」という「理」の視座と共に、象山の思想と行動の拠って立つアイデンティティである「武士道」という斬新な分析視座が重要であり、その点では、小池もまた植手や丸山、そして著者の見解と共通するものである。

いずれにしても、象山の特異な儒学理解の仕方を捉える場合には、「易学」「算学」を基礎とする数理的な朱子学の思想を形成した象山が、幼少期に思想基盤の形成として受けた教育、すなわち父親から受けた「文学」（朱子学）と「武術」（武道）という「学」と「術」を兼備した文武両道の武士道教育の影響を看過することはできない。だが、その場合、特に留意すべきことは、象山の思想形成において、朱子学的契機と武士道的契機とは全く同等の並列的レベルでの影響関係にあるのではなく、最も基底に形成された武士道的契機の上に格物窮理を内実とする朱子学的契機が重層的な関係性にあって影響し、さらにその上に洋学が重なり、その結果、それら三者が合理主義の「理」によって貫通されて象山思想は形成されている、と捉えるのが妥当である。象山思想は、武士道・儒学（朱子学）・洋学が「格物窮理の「理」によって連結された三層構造で成り立つ思想と理解することができる。

おわりに――一学の武士道教育による「報国忠誠」の観念形成

武士であり朱子学者であった、象山における学問探究の根本目的は、あくまでも「平和社会」――「脩身斉家治国平天下」（『大学』）の実現にあった。その目的実現に向かって奮闘努力する武士道精神の形成に関しては、象山に対する父一学の十余年に及ぶ文武両道の教育理念であった「報国忠誠」の躬行実践を強調する「墳原朴伝流免許皆伝」に付加された「諭示」の思想的な影響を看過することはできない。象山は、愛弟子の吉田松陰（一八三〇―五九）の海外密航事件（嘉永七年〈一八五四〉）に連座して幕府に捕縛されたとき、獄中で稿を草した自省の書『省諐録』（本書の正式な出版は、象山没後の明治四年〈一八七一〉、それまでは写本で普及）の中で、人間存在の究極的な幸福（「楽」）として「東洋の道徳と西洋の芸術と、精粗（精神的なも物質的なものも）遺さず、表裏兼ね該ね、因りて以て民物を沢し、国恩に報ずる」こと、すなわち「東洋道徳・西洋芸術」の思想を、「民物を沢し、国恩に報ずる」という国家人民の富国安寧の実現に向けて躬行実践することに意義があると述べている。(46)

たしかに他人からみれば、自信過剰で自己中心、傲慢不遜で尊大な変人奇人と揶揄される象山の個性豊かな言動の裏側には、他者の勝手な批判や中傷には決して動じない目的実現に向かっての意志強固な人間性が認められる。彼の素顔の人間性が直接に表現された一二九〇通を超える膨大な書簡史料（『象山全集』第三・四・五巻に所収）を丁寧に読み解いてみるならば、国家人民の独立安寧に奉仕する学問探究の人生を愚直に生きようとした象山の真相が理解できる。と同時に、そのような象山の天と対峙して自己自身を誠実に生き、天与の使命を担い責任をはたすという強烈な使命観に満ちた人間性の純粋性や誠実性を具に看取することもできるであろう。

象山は、『省諐録』の冒頭で、「行ふ所の道は、以て自ら安んずべし。得る所の事は、以て自ら楽むべし。罪の有無は我に在るのみ。外より至る者は、豈に憂戚するに足らんや。(47)」と述べているが、これは彼の人生経験から出た武士道的な生き方の表現である。青少年の時期より、幾度、齢を重ねても、象山の思想と言動には、政治的な評価や影響に囚われて、見る側にいる他者の存在を意識した作為的演技（パフォーマンス）は、一切、認められない。彼は、あくまでも絶対的な天と対峙して、自己自身が真に表現し行動したいと思う思想と行動を素直に表現する性格であった。

そのような象山の生き方において特徴的なことは、彼の思想と行動の本質が、いかに絶望的状況の渦中にあっても、常に希望の未来を夢見る少年の心が底流にあった、ということである。象山は、己自身の栄誉栄達や私利私欲などの世俗的価値を超越して、公的な国家人民の独立安寧（「脩身斉家治国平天下」）の実現に献身しようとする武士道精神に支えられた強烈な忠誠心や使命感、すなわち「報国忠誠」の確固たる信念を堅持していた。それ故に、彼の思想と言動の純粋一途な表現が、国家の危機に瀕した幕末動乱期にあっては、大隈重信（一八三八―一九二二、佐賀藩）が

「藤田（東湖）、佐久間が喝破したる豪放にして壮快なる言は、実に渇者の美酒、飢者の膏粱として接受せらりたり」「藤田、佐久間等の言は誠に天国の福音の如くなり[48]」と晩年に回顧したごとく、幕末動乱の時代の数多の青少年を震撼させ、明治以降の近代日本で活躍する彼らの思想と行動の形成に多大な影響を与えるところとなった。

他にも、象山の思想と行動の展開の中に、父一学から受けた武士道教育の影響によるとみられる思想的特徴を指摘することができる。例えば、象山の強固な責任感・使命感と純真な普遍性・永遠性への信頼などは、万物の根源の象徴的な概念である「天」と共に生きているという易学に基づく彼自身の強烈な信念（「天人合一[49]」）、そして、そこから湧き起こる「天規」「天道」「天職」「天寵」「天命」「天寿」という「天」と「自己」との直截的で絶対的な一体感（「天人一如」）の自覚から生まれるものである。死に甲斐を求めて激動の幕末期を一途に生きようとする象山を支えていた根本精神、それは自分は天の寵愛（「天寵」）を受け、天の命令（「天命」）を担った特別な人間であるという、死をも怖れない強烈な使命感と自負心とであったといえる。

そのような象山は、他者からみれば、徹底した合理主義の理論家で、人情世事に疎い傲慢不遜な自己主張の強い人間と誤解されてきた。だが、実はそうではない。彼は、冷静沈着な「科学する心（cool head）」（科学的精神）とともに「温和な他愛の心（warm head）」（人間愛の精神）」を兼ね備えていたのである。『象山全集』に収録されている一二九三通という膨大な彼の書簡を読むと、たしかに誇張した自慢話も多々ある。だが、そこには、外見や風評とはまったく異なり、家族や友人知人、そして門人たちに対する愛情溢れる繊細な気配りが感得され、象山が、実に他者を思いやる惻隠の情の深い人間であることが実感できる。他方、幕府や藩主に宛てた多くの上書類をみると、西洋列強に関する冷静な分析や対応、あるいは開国進取による文明開化の先駆的な政策提言などは、彼が合理的な科学的精神に満ちた冷静沈着な知識人であることを痛感させるのである。

象山を、外面（他人視点）と内面（自己視点）の両面からみると、優しさと厳しさ、傲慢さと謙虚さ、温和さと冷静さ、攻撃性と抱擁性など、相反するアンビバレント（ambivalent）な人間性を兼備することが観取される。そのような象山の生涯は、常に死を意識するも恐れず、ひたすらに「天命」を拝して「天職」に取り組み、「天寿」を全うせんとして己を生き抜く壮絶な一期であった。最期は慚死という不幸な姿で終わったが、それもまた「天」とともにある孤高の人生の帰結であった。そのような象山の生き方を貫くものは、「格物窮理」の朱子学者、あるいは東西両洋の学術に精通した「東洋道徳・西洋芸術」の思想家であった。が、彼の壮絶な覚悟の人生は、紛れもなく武士道の精神であった。彼は、名誉ある武家の出自であることに強い自尊と自責の念を抱いて、激動する幕末期日本の国家的難問の解決に挑み続ける実践躬行・学問探究の生涯を生き抜いたのである。

註

（1）以下の佐久間家の家譜に関しては、増訂版『象山全集』（以下、『象山全集』と略記）の第一巻に所収の編纂委員編「佐久間氏略系」と象山作成「神渓佐久間府君年譜」および宮本仲『佐久間象山』所収の「佐久間氏略譜」などを参照。

（2）『神渓佐久間府君年譜』（『象山全集』第一巻所収「浄稿」所収、二一六頁）には、「佐久間氏之先。出於高望王。為平姓。居相模之三浦郡。」と記され、佐久間家が高望王（桓武天皇の曾孫）の末裔の平家で、相模国三浦郡に居住していたことが記されており、佐久間家が天皇家に連なる高貴な武家の血統を受け継いでいることを、象山は無上の栄誉とし自らの思想と行動を貫く独立自尊の原点としていた。

（3）佐久間家の家禄の減額は、後継の嫡子が不在の故に御家断絶となり、あるいは他家から養嗣子を迎えて御家再興を図ったときなどに起きた処分である。このようなたび重なる悲運の佐久間家に生まれた象山は、終始、御家の存続を切望し、その思いが象山の女性観や結婚観に大きな影響を与え、特に彼の妾問題の発生要因となっていたのである。

（4）大平喜間多『佐久間象山逸話集』（信濃毎日新聞社、一九三三年）、二六―三〇頁。

（5）佐久間家は、真田家に仕えた與左衛門清継の時代は二〇〇石であった。が、その後は、嗣子に恵まれず養子や婿を迎えて家系を繋いだり、あるいは嗣子なき故に御家断絶（家禄没収）の憂き目にあうなどの悲劇を繰り返した。象山の父一学も養子（同じ松代藩士の次男）であった。その父親は、妻を迎えるが、故あって離別した。その後、一学は正妻を迎えず、晩年に使用人として雇い入れた妾の子が象山であった。

象山の父親の時代には、御家断絶を経て佐久家再興をはたしてきたが、家禄は五両五人扶持（一四石）という微禄の下級武士であり、それを象山は継承するのである。だが、父親の一学は、文武に優れた教養豊かな能吏であったが故に、藩主の側近に仕える「大殿様御側御納戸役」「御側御右筆表御右筆組頭」などの名誉ある職歴であった。前掲、『神渓佐久間府君年譜』（『象山全集』第一巻所収「浄稿」所収および『佐久間家略系』（『象山全集』集第一巻所収、巻頭の一―六頁）、国立史料館編『真田家家中明細書』（東京大学出版会、一九八六年。一三七―一三八頁）を参照。

（6）幕末洋学史研究を専門とする佐藤昌介は、『洋学史の研究』（中央公論社、一九八〇年）その他の著書で、徹底して象山を批判し否定している。また、幕末数学史研究者の川尻信夫（一九二四―二〇一三）は博士学位論文（立教大学）をまとめた『幕末におけるヨーロッパ学術受容の一断面―内田五観と高野長英・佐久間象山―』（東海大学出版会、一九八二年）で、佐藤と同様に象山を生理的次元で下品な用語を用いて批判している。

（7）（8）井出孫六の歴史小説『杏花爛漫 小説佐久間象山』（下巻、朝日新聞社、一九八三年）、一四二頁。

（9）象山関係史料の「諭示」を収める「墳原卜伝流剣刀術免許皆伝」は、もともとは長野市松代の象山神社の所蔵であったが、現在は長野市松代の真田宝物館に収蔵・管理されている。なお、松代藩に伝播した「塚原流」だけは、何故か「塚原」ではなく「墳原」と記載されている。

（10）前掲、『象山全集』第一巻「佐久間象山先生年譜」、一頁。

（11）（12）『象山全集』第一巻「象山浄稿」所収「神渓佐久間府君年譜」、二一六頁。

（13）『更級郡埴科郡人名辞典』の七頁および『松代町史』下巻の「剣術家」の項（八一―八二頁）を参照。

（14）「墳原卜伝流剣刀術印可巻」の「印可」には、「伊豫守入道」から始まって「穐野《あきの》式部政明」→「山口三平重明」→「明野五左衛門忠房」→「柳澤右衛門重久」→「明野伊右衛門忠久」→「清水次郎右衛門次茂」→「青山大学成林」→「八田競重達」→「矢島二左衛門」→「佐久間一學國善」→「佐久間啓之助國忠」と、象山に至るまでの「墳原卜伝流剣刀術」の相伝を受けた門人名が記されている。

しかし、疑問点がいくつか散見される。前掲の『松代町史』下巻（八一―八二頁）では、「青山大学成林」が「青山蟠龍軒」、「八田競重達」が「八田徳寛」、「矢島源二左衛門」が「矢島重廣」と異なった氏名の記載になっている。さらに、『松代町史』では「八田徳寛」と「佐久間一学」の間に「前島久利」「前島久徴」の二名が記載されており、この点も両史料の間の相違点である。『松代町史』の場合は出典資料が明記されておらず確認できないが、本書に紹介した「墳原卜伝流剣刀術印可巻」は、象山の恩師で父親の一学が記載した一次史料からであるが故に信憑性は高い。

(15) 宮本仲や大平喜間多の伝記『佐久間象山』によれば、幼時の通称は「啓之助、これを天保九年（一八三八）に「修理」と改めた。名は、はじめは「国忠」、後に「啓」または「大星」と改めた。字は「子迪」、後に「子明」と改めた。そして「象山」という号の使用は、「二十七、八歳以後」（宮本仲『佐久間象山』、二七頁）あるいは「この年（天保七年、二十六歳）より象山の号を用う」（大平喜間多『佐久間象山』、二〇六頁）と、宮本と大平の間には相違が認められる。だが、象山という号は、藩の「御城付月次講釈助」（藩の儒者）の任命を受け、最初の江戸遊学から帰藩する天保七年（一八三六）から使用したと解するのが妥当と考える。

(16) 象山が天保五年、最初の江戸遊学中に著した「神渓佐久間府君年譜」（『象山全集』第一巻所収の「象山浄稿」「年譜」、二一六頁。

(17) 青山大学蟠竜軒成芳は松本藩主水野氏に仕える松本藩士であった。だが、享保十年（一七二五）に第六代藩主水野忠恒（一七〇一―三九）が、突然の不祥事（江戸城松之廊下で刃傷沙事件）を起こし、親戚の沼津藩水野家の江戸屋敷に蟄居謹慎となり改易となったのを機に、同じ信州の松代藩真田家の藩士となり、四十年の長きにわたり藩内に墳原卜伝流の剣刀術を伝播した。前掲の更級郡埴科郡人名辞典』（七頁）・『松代町史』（下巻、五三三頁）および福留真紀『名門水野家の復活―御曹司と婿養子が紡いだ100年―』（新潮新書、二〇一八年）を参照。

(18) 史料「松本藩　墳原卜伝流系譜」は松本古武道協会の所蔵。

(19) 菅「鉞太郎」は通称で、諱（正式名称）は「春風」。嘉永年間に私塾を開き後進を指導、維新後は新政府に召され盛岡県判事。明治三十二年（一八九九）より国幣中社生島足高神社（長野県上田市）の宮司。『更級郡埴科郡人名事典』二四〇―二四一頁、『松代町史』下巻六五三―六五四頁、『長野県教育史』第八巻「史料編二」、一六五頁『長野県教育史』第八巻「史料編二」一六五頁などを参照。

なお、菅鉞太郎は、象山が江戸阿玉ヶ池に開いた漢学塾「象山書院」の門人であるが、後年の嘉永年間（一八四八―五四）に、江戸木挽町に開いた西洋砲術塾の門人帳「訂正及門録」の「嘉永二年」の項にも「菅鉞太郎」の氏名が記されている（『象山全集』第五巻所収「及門録」の「嘉永二年」の入門者の項）。菅が漢学の門人であることは確かであるが、すでに神官の旁ら自分の私塾を開いて教育活動をしていたので、同時に西洋砲術の門人であるかどうかは疑わしい。というのは、嘉永・安政年間前後の六年間の門人名を記した「及門録」という史料は、誤謬が頗る多い問題の史料であるからである。

特に象山門人研究で問題なのは、象山門人は各々の私塾の開設時期と教授内容とで異なる事実を無視し、誤謬に満ちた「及門録」に儒学塾「象山書院」の門人もそのまま一括して西洋砲術塾の象山門人として「訂正「及門録」」に取り込んでいることである。それ故に、象山門人は多様で、次のような四種に分類することができるのである。
①松代藩の御城月並講釈助時代の講義聴講の門人と自邸の私塾「講武場」の門人
②江戸阿玉ヶ池の漢学塾「象山書院」の門人
③江戸木挽町時代の西洋砲術主体の私塾門人
④門人・吉田松陰の海外密航事件で処罰され地元信州松代に蟄居時代の門人
上記の四種類の象山門人には、①のみ、②のみ、③のみ、④のみの門人、あるいは①②の二種の門人、さらには①②③あるいは①②③④のすべての門人に分別できるのである。①②③④の門人の典型は蟻川賢之助（一八三二―九一、松代藩）である。③のみの門人が最も多く、吉田松陰（一八三〇―五九、長州藩）、坂本龍馬（一八三六―六七）、勝海舟（一八二三―九九、旗本）、加藤弘之（一八三六―一九一六、出石藩）、西村茂樹（一八二八―一九〇二、佐倉藩）など著名な門人が多い。

(20)『松代学校沿革史』（第二篇、一九六五年）、一四六頁。墳原卜伝流剣刀術は、安政二年（一八五五）に松代藩文武学校が開設されたときにも他の様々な武術とともに、八田競（青山大学蟠竜軒の門人で象山の父一学の恩師）を師範とし象山を行司とする武道の教授科目として継承され、さらに明治二年の藩学校改革のときにも原平馬を師範とし菅鉞太郎（象山門人）を名代とする武道科目として存続した。

(21)「天人合一」とは中国古代以来の哲学の重要概念で、「天と人とは『理』を媒介として繋がる関係にあると考える思想」（『広辞苑』）である。「天」の語源は仏教にあり（梵語で「巧妙」の意味：『字源』）、広く東洋思想に影響を与えた極めて重要な東洋哲学の用語である。
特に儒教では「人は天の小宇宙」で「天（自然）と人間世界との間には「理」を媒介とした相関関係にあるとする考え方」、すなわち「天人合一」の思想として理論化され展開された。串田久治、子安宣邦監修『天人相関説』、二〇〇一年、三七一頁を参照。

(22)昭和四十六年（一九七一）八月、象山記念館の管理者で地元の象山研究家であった橋本重幸氏が、同館を訪問した著者の象山研究の意図を理解され、著者に有益な史料と判断されて、非公開史料であった史料「墳原卜伝流免許皆伝」を取り出し繙いてみせて下さった。
筆者は、帰宅後、写真に収めた同史料を解読し、それを修士論文（一九七四年度の東京教育大学大学院の修士学位論文「『東洋道徳・西洋芸術』思想の近代教育史上における意義」）の中に新史料の一つとして写真と対照の解読文を付して全文を紹介し考察したのである。

その後、同史料に関する研究を重ね、平成二十九年（二〇一七）に論文「象山の思想基盤の形成における父親の武士道教育の意義―幕末期における「東洋道徳・西洋芸術」思想成立への主体形成―」（平成国際大学『平成法政研究』第二十二巻第一号所収）と題して活字化し公表した。

(23)「敬懼戒慎」とは、『中庸』の第一章の中で、君子（立派な大人）は、常に道（人として守るべき道理）を畏《おそ》れ敬《つつし》む心をもち、見えないものでも戒め慎み、聞こえないものでも畏れ慎むのであるという意味で、「恐懼」と「戒慎」が成句で使われている。

(24)『論語』「憲問篇」に「脩己以安人（己を修め以って人を安んず）」とあり、また朱子学の大成者である朱熹が『大学』の注釈書として著した著書『大学章句』の「序」には「窮理正心修己治人之道（理を窮め心を正し己を修めるは人を治める道）」とあり、「窮理」「正心」「修己」「治人」という朱子学の重要な概念が成句として表現されている。まさに一学の「諭示」は、朱子学の「窮理正心修己治人」を引用して、武術鍛錬の人間的な思想世界を説いたものとみてよい。

(25)「修身斉家治国平天下」の出典である『大学』には、その原文が「脩身而后家斉、家斉而后国治、国治后天下平」（岩波文庫版『大学・中庸』、三四頁）とあり、「身脩まりて后家斉う。家斉いて后国治まる。国治まりて后天下平らかなり」（同上、三四頁）が正確な表現である。本書では広く一般に普及した「修身斉家治国平天下」（身修まりて家斉い国治まりて天下平らかなり）」の表現を採用する。

(26)『大学章句』は朱子による『大学』の注釈書である。新儒学（宋学）の大成者である朱子は、『論語』『孟子』の「集注」（注釈書）を著し、さらに『中庸』『大学』のための「章句」（解釈書）をも著し、もって「四書」（『論語』『孟子』『中庸』『大学』）を基本とする新たな思想体系を完成させた。引用文は『大学・中庸』（岩波文庫版、一七頁）から引用した。

なお、『大学章句』には、「自己修養から始めて人民救済を目的とする政治へと段階的に発展していく儒者の実践すべき基本綱領である「三綱領」（「明明徳」「親民」「止於至善」）と「八条目」（「格物」「致知」「誠意」「正心」「修身」「斉家」「治国「平天下」（『大学・中庸』岩波文庫、一一一八頁）とが説かれている。

(27)「身を脩むるはその心を正すに在り」は『大学章句』第七章（前掲『大学・中庸』一〇九頁）に説かれた一文。

(28)(29)「君子は必ずその意を誠にす」は『大学章句』第六章の最後の一文である（『大学・中庸』、一〇八頁）。

(30)前掲、島田虔二『朱子学と陽明学』（九四―九五頁）を参照。

(31)『中庸』の第一章「天の命ずるをこれ性と謂う。性に従うこれ道と謂う。道を脩（修）むるをこれ教と謂う。」（前掲、『大学・中庸』四一―四二頁）と説かれている。

なお、「天真」の意味を、『大言海』では「天賦自然の性情」「天ヨリ附與セラレタルママニテ、少シモ人爲ヲ加ヘサルヲ、天眞ト云ヒ」と、『晋書』その他の漢書における「天真」の意味を、「天賦自然の性情」「天ヨリ附与セラレタルママニテ、少シモ人為ヲ加ヘサルヲ、天眞ト云ヒ」と説明している。

(32) 一学の表現した「己達んと欲せはまつ人を達し、己か欲せさる事を人に施す事なく」は、表現に弱冠の相違はあるが、『論語』「雍也第六」の「夫仁者己欲立而立人、己欲達而達人（夫れ仁者は己れ立たんと欲して人を立て、己れ達せんと欲して人を達す）」（岩波文庫版『論語』巻第三「雍也第六」の最後の一文）の引用であることは間違いない。この文は、儒教の全体を貫く究極的な目的概念である「仁」の具体的な説明である。一学は、武道が目指す武術の究極的な目的も「仁」という普遍的な人間愛への到達にあると諭したものといえる。

(33) 「天」の意味を、「宇宙人生を覆い支持する最高の根源的主宰者」と、『大学・中庸』の訳者である金谷治は説明する（前掲『大学中庸』一四一頁）。

なお、「天」の「理」（「天理」）を内在した純粋自然な存在である自己の意味は、前掲の『中庸』第一章に「天の命ずるをこれ性と謂う。性に率《したが》うをこれ道と謂う。道を脩（修）むるをこれ教と謂う」（『大学中庸』一四一―一四二頁）と説かれている。

(34) 「可慎其独事」は、『大学』第二章第一の「君子必慎其独也（君子は必ずその独を慎しむなり）」（『大学中庸』三九頁）と読み、その一文は「君子は必ず内なる己れ自身（意念）を慎んで修める」との「第五章補伝」の一文である（同上、『大学・中庸』、一〇四頁）。

(35) 「明明徳（明徳を明らかにする）」は、『大学』冒頭の「第一章」の文章である（『大学・中庸』、三一頁）。その意味を、朱子は「天より得たるもの」（『中庸』）「天の命ずるをこれ性という」として、「各人に具わる純粋高貴な内面の徳をさす」と解釈している（『大学』の冒頭の「第一章」。『大学・中庸』、三二頁）。

(36) 橋本左内『啓発録』は、前掲の日本思想体系『渡邉崋山　高野長英　佐久間象山　横井小楠　橋本左内』（岩波書店、一九七一年）に収録されていて．本稿における「立志」に関する史料引用は、同書五二七―五二八頁。

(37) 吉田松陰の「立志」の記述の引用史料は、山口県教育会編『吉田松陰全集』（大和書房、一九七四年）第六巻所収の安政五年六月の五言漢詩「山田生に示す」、二〇八頁。

(38) 象山が江戸木挽町の自塾の門人に示した訓戒文「門弟子に示す」。象山は、「非常」というキーワードを用いて門人たちの「士気」を鼓舞し、「非常の際に臨んで非常の功をたつる」ような人材育成の教育を実践しようとした（前掲、『象山全集』第二巻「補遺」所収「門弟子に示す」、同書八頁）。

なお、蟻川賢之助（直方、一八三一―九一）は、象山が最初に御城付月並講釈助を拝命して江戸遊学から帰藩し、御城講釈の公務の傍ら自宅に開いた私塾の門人である。天保十年二月に再度、江戸に遊学した象山は、同年六月に神田阿玉ヶ池に漢学塾「象山書院」を開く。すると、その年の九月には、松代藩時代の門人であった蟻川が象山塾で学ぶべく江戸にやってくる。象山は、その経緯を「蟻川着にて二十三日付の御手帖拝接致し候」と松代の門人に書簡を送っている（『象山全集』第三巻「書簡」所収「高野車之助宛書簡」、九三頁）。

この時、何と蟻川は数えで八歳の幼い少年で、象山塾に寄宿した。この少年は、やがて成長して儒学、洋学、医学など象山の学問と思想の全体世界を学び取り、「象門二虎」（吉田松陰・小林虎三郎）につぐ秀才として象山塾の師範代となった。

その後の彼は、文久三年（一八六三）正月には幕府の洋銃隊取調掛に取り立てられ、さらに同年十月には幕府の講武所砲術教授並に登用されるなど、学問の世界で立身出世をしていく。

なお、象山は、江戸に到着早々の蟻川の成長ぶりを確認すべく、下記のように様々な角度から学力試問をしている。教育者としての象山の厳しさと優しさの滲む文章である。

　蟻川生講読共相試候。御苦労故か春中より文義をば解し候様に御座候得共字を読候力は却て思の外上り不申、畢竟は御病人等にて何と申候とても御手の不届所も可有之と御察申候。（『象山全集』第三巻「書簡」、九五頁）

(39) 阿部吉雄（一九〇五―七八）は、その著『日本朱子学と朝鮮』（東京大学出版会、一九六五年）において、朱子学の諸々の特性を具体的に論述している。本章で著者が用いている「自得体認主義」及び「格物窮理主義」という概念は、同書（五三五―五四八頁）の理解に依存している。一学の朱子学は、徂徠学から朱子学への転向契機からも明らかなごとく、その主要教材も「易経」を主体とするものであった。

まさに「易」の思想世界における人生修行は、「天地の道に則って存するものであり、宇宙精神に合して努力精進し、その後に已に成就するところの徳を以ってこれを事業に施して経済を行う」（岩波文庫判『易経』上「高田真治解脱」四八頁）という、「天人合一」（「天人相応」）の思想に則った正統な儒学理解である。

(40) 前掲、『象山全集』第一巻「象山浄稿」所収の「神渓佐久間府君年譜」、二二一頁。

(41) 植手通有『日本近代思想の形成』（岩波書店、一八七四年）、六六八頁を参照。

(42) 植手通有『日本近代思想の形成』、六七三頁。

(43) 丸山真男「幕末における視座の変革―佐久間象山の場合―」(雑誌『展望』所収、一九六五年五月)を参照。なお、この論文は、後に丸山の著書『忠誠と反逆―転形期日本神史的位相―』(筑摩書房、一九九二年)の第二章に収録された。本文引用は、同書一五三頁。丸山は、この論文の後に本格的な象山研究の成果を示してはいないが、弟子の植手が丸山の象山研究を継承し、前述の『日本近代思想の形成』(岩波書店、一九七四年)、「佐久間象山における儒学・武士道・洋学」(『日本思想大系 五五『渡邉崋山他巻長英 佐久間象山 横井小楠 橋本左内』の解説論文、一九七一年)や前述の『日本近代思想の形成』に結実させている。

(44) 植手通有『日本近代思想の形成』、六七七頁。

(45) 小池喜明『武士と開国』(ぺりかん社、二〇〇八年)一八九―一九七頁。

(46) 前掲、『省𠍱録』、二五頁。『孟子』の「三楽説」を意識して象山が創作した象山自身の人間幸福論である「五楽説」の「第五の楽」。

(47) 『省𠍱録』岩波文庫版、一七頁。

(48) 『大隈伯昔日譚』(冨山房、一九三三年)、三一頁。

(49) 岩波文庫『易経』を翻訳した易学研究の漢学者である高田真治(一八九三―一九七五)は、易の本質を、「易は天地に準じて人生の規範を立て、宇宙の恒久にして已まず、しかも秩序あるところの精神に則って、人生の無限の努力をなさんと勤める」思想であると説いている(同書の解説、上巻四七頁)。

補論（Ⅱ）「妾」に嗣子誕生を切願した象山の女性観

——幕末期の武家社会における「妾」の存在意義——

はじめに——敢えて象山の妾問題を取り上げる研究の意図と課題

時代や国家あるいは民族や宗教などの相違により、夫婦など男女関係の在り方に関する慣習や法規には相違があり、実に様々である。日本の近世江戸時代が終焉し、明治の近代社会を迎えて、なおも「妾」（側室）の制度は、古代以来の歴史的慣例として公認されていた（天皇や大名諸侯など高貴な身分の場合は「側室」、下級武士や庶民の場合は一般に「妾」と呼ばれた。特に武家の場合は藩の戸籍上では「使用人」あるいは「召使い」の名称が使用された。以下の本章では、五両五人扶持という下級武家の佐久間象山の場合を中心事例として扱う故に、「妾」〈使用人〉で統一して使用する）。

日本で、妾に関する国家の法的規定が初めてなされたのは、明治維新直後、司法卿の江藤新平（一八三四—七四、肥前佐賀藩出身）の下で明治三年（一八七〇）に布達された「新律綱領」においてであった。そこでは、妾の存在の長い歴史的実態を追認して、妾は正妻と同等の「二等親《ママ》」（祖父母・継母・兄弟姉妹・妻妾・孫・姪など）とされ、「妻」と「妾」が同等の「二等親」と法的地位の規定がなされたのである。[1] その経緯を、明治大学教授の村上一博氏は次のように説明している。

明治三年一二月二十日（布告第九四四）内外有司に頒布された新律綱領により、（妾は、著者注、以下同様）妻と

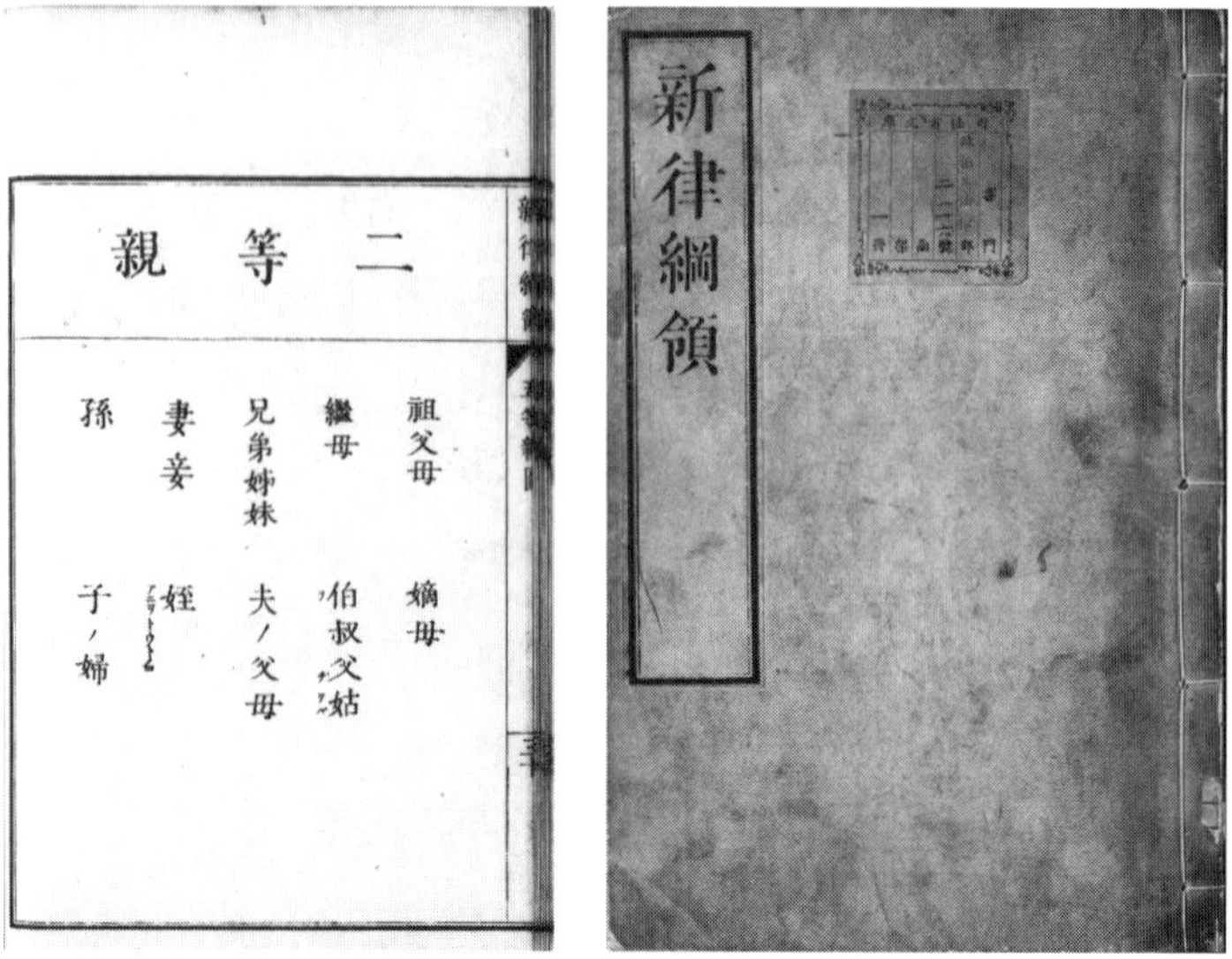

図30　明治政府頒布の最初の刑法典『新律綱領』（国立国会図書館所蔵）

ともに夫の二親等すなわち配偶者と定められたが、明治一五年一月から施行された旧刑法（明治一三年七月公布、太政官布告第三十六号布告）では、妾に関する条項はすべて削除され、これ以後、法規定上での妾は消滅した。それにもかかわらず、庶民間では、蓄妾の弊風がきわめて広汎に存在していた（後略）。(2)

叙上のように、明治の近代に入り法的規定がなされる前の幕末期には、当然、妾制度の慣習は何ら法的に問題はなく、天皇家や将軍・大名など高位高官の公家や武家の場合、「側室」は正当な地位と待遇を受ける公的な存在であった。そして下級武士や豪農・豪商など庶民レベルでも、様々な理由と形態で「妾」を持つことは至極当然の慣習として広く日本社会に認知されていた。

幕末期に開国進取・文明開化の日本近代化を唱え、女性理解にも開明的であった思想家の佐久間象山（一八一一—六四）も、武家の存続を第一と考え、「使用人」として「妾」を雇った武家の一人である。象山は、五両五人扶持（約一四石）という俸禄の低い下級武士であったが、学問で出世し藩の要職を歴任した。その彼は、妻と妾を迎える順番が逆になり、正妻を迎える前の三十代前半には、二人の妾（「使用人」）を迎え、家事を任せると同時に嗣子を含めて三男一女をもうけていた。だが、不幸にも次男以外の三人の子は、誕生後、間もなくに夭折してしまう。その後、象山は、四十二歳にして門人・勝海舟（一八二三―九九）の妹・順子（お順、一八三五―一九〇八）を初めて正妻として娶るのである。彼女は十七歳、象山とは二十五歳もの年齢差があった。象山が望んで結婚した彼女ではあったが、象山の切なる期待に反して、彼女は子宝に恵まれない女性であった。

ペリー（Matthew Calbraith Perry, 1794-1858）が日米和親条約の締結のために再来日する嘉永七年（一八五四）の四月、門人・吉田松陰がペリー提督の戦艦に乗船して米国密航を企てるという大事件が起きる。恩師の象山も、松陰に密航を扇動したとの罪で幕府に捕縛され、以後九年間、地元の信州松代で蟄居生活を強いられることになる。正妻と妾とが妻妾同居する信州での蟄居生活を送っていた象山は、安政年間（一八五四―六〇）以降、特に五十歳を過ぎた晩年になると、佐久間家の存続を何としても担保すべく、ことさらに嗣子の誕生を切願するようになり、心身健康で相応の身分や教養のある女性（妾）の斡旋方を、後世に遺る書簡をもって知人に依頼するのである。

管見の限りでは、後述する勝海舟や渋沢栄一（一八四〇―一九三一）の場合も含めて、妾の周旋を他人に依頼する文章を書き遺した人物は、象山以外に見当たらない。本来、この種の話は、後世に残るが故に、文章にはしないものである。だが、謹厳実直な武士道を生きる几帳面な学者であった象山は、嗣子の誕生を切願する書簡を書き遺し、その内の数通が増訂版『象山全集』（以後『象山全集』と記載）に収められているのである。(3) その書簡の存在によって、現代日本の民主主義に基づく一夫一婦制の視座から、時代に先駆けた偉人である象山の思想と行動の先駆性や革新性は、妾を抱えていたとの理由で思想的な前近代性で相殺されるのである。特に昭和戦後の歴史学界においては、妾を抱えて生きた象山は人格的な批判と否定を厳しく受けてきた。

動乱の幕末期といえども、人間は存在のすべてが旧慣旧習の家制度に規定されていた。家なくして人間は存在しえない。特に士農工商の最上層に位置づく支配階級の武士の場合、家制度の縛りは極めて厳しかった。有限な存在である人間は、家の存続を媒介として幾世代にもわたって生死を重ね、子々孫々、生命の継承を図ることができる。まさに家の存在こそは、有限な人間存在の全的基礎であり、有限を無限化しうる本質的な機能を有していた。だが、武家社会では、家を継承する嗣子がいなければ御家は断絶する。何故にか。収入に相当する武家の俸禄は、当主個人ではなく、家禄として嗣子の存在する家に対して賦与される生活保障制度であったからである。例え戦で当主が戦死しても、幼児であっても嗣子が存在すれば、家禄は担保され家は存続し、家族の生活は保障されたのである。

象山は、偉大な学者であり思想家であった。だが、その前に、信州松代藩の禄を食む武家の人間─武士であった。佐久間家の歴史は、戦国時代以来、織田信長・武田信玄・豊臣秀吉などの諸将に仕えた名門の武家とされるが[(4)]、嗣子なき故に、御家の断絶や減禄、そして再興を幾度も繰り返してきた悲運の家系であった。浪々の身にあった象山より三代前の曾祖父・佐久間三左衛門国品は、信州松代藩第四代藩主の真田信弘（一六七一─一七三七）に仕官して、信州に佐久間家を再興して家禄一〇〇石を賜り、「佐久間家中興の祖」となった。信州松代藩における佐久間家の始祖である。その後も、佐久間家は、嗣子なき故に絶家と再興を経て、象山の祖父に当たる佐久間彦兵衛国正の時代に、念願の御家再興が叶ったのである。しかし、家禄は減録されて五両五人扶持（石高換算で約一四石）という下級武士であった。

だが、国正も嗣子たる男子に恵まれなかった。その結果、御家断絶を免れるべく、苦肉の策として同じ松代藩士・長谷川千助善員の次男を養子に迎え、佐久間一学国善（一七五三─一八三二）とし佐久間家の家督を継がせた。この一学国善こそが佐久間象山の実父である。なお、一学から家督相続を受けた象山は、五両五人扶持を継承したが、天保十四年（一八四三）十一月、象山の顕著な活躍が認められ宿願であった曾祖父時代の一〇〇石に復禄することができた。

父母から、叙上のような佐久間家の悲運の歴史を聞かされて育った象山は、人一倍、御家の存続・発展には執着心が強く、それ故に彼は、晩年に恥を忍んで妾の周旋を知人に依頼したのである。その執念たるや凄まじく、その願いは五十四歳を迎え京都で斬殺される直前まで続いた。嗣子誕生による佐久間家の御家安泰は、非常の時代にあって非常の人生を貫いた象山の、武士道を生きる存在の根源（アイデンティティー：identity）であり、八面六臂の活躍をした彼の超人的な奮闘努力の源泉でもあった。

令和の今、象山の没後百六十年近くの歳月が過ぎた。その間、象山の妾問題の解明に挑んだ本格的な研究はまったくなかった。一部の歴史学者たちは、著書や論文の中で、全集などの基礎史料を充分に吟味もせずに、生理的次元で象山を嫌悪して、彼の好色性を指摘し、「妾」の存在を象山の封建的守旧性と指弾し、研究者とは思えない下品な表現をもって鋭く批判してきた(5)。

そのような研究状況の中にあって、本章では、悲運の佐久間家を継承して武士道を生きた天下一等の学者であり思想家であった象山が、嗣子たるべき男子の誕生を妾に切願して、必死に佐久間家の存続を図ろうとした具体的な意図と経緯を、象山に関係する基本史料の詳細な分析を基にして、しかも象山自身の目線での内在的な理解を図ることを研究課題とし、同時に象山を分析事例として近世江戸時代における妾制度の歴史的な実態や意味をも具体的に闡明することを意図している。すなわち、①象山没後の幕末維新期から昭和の戦前・戦後を通じて、象山の妾問題がどのように理解され取り上げられてきたのか―先行研究の検討、②他人に妾の周旋を依頼した象山の本心とはいかなるものであったのか―妾の存在を不可欠とする近世社会の家制度の問題、③幕末維新期における妾の現実的な在り方の実際を、象山と重なる時代を生き、象山に倍する多くの妾を自宅の内外に抱えて生きた勝海舟や渋沢栄一の場合との比較分析を通して明らかにすること―妾の在り方の多様性、等々を、象山の場合を分析の中心事例として考察することを研究課題としている。

一　象山研究における妾問題の捉え方の歴史

昭和戦前の象山研究における妾の取り上げ方　佐久間象山といえば、幕末期という時代の転換期にあって革新的な発想と行動とで、時代の先駆者・先覚者として歴史的な偉人という評価を受けてきた人物である。だが、ただ一点、高名な学者である天下の象山が、公然と妾の斡旋を友人に依頼し、事実、妾を抱えて継嗣の誕生を切望し、歴史と伝統のある武門の佐久間家の存続を図ろうとした。この点が、彼の前近代的な封建性の側面として指摘あるいは批判されてきたのである。

明治以来の象山研究の成果の特徴は、昭和戦前の伝記や評伝などの象山研究では、象山門人の生存者が数多く生存したが故にか、あるいは妾の存在が明治以後も広く一般に公認あるいは黙認されてきたが故にか、象山の妾問題に真正面から触れてはいないという事実である。例え触れても、偉人の逸話として肯定的な取りあげ方であった。その代表が、宮本仲（一八五六―一九四六）の学術的レベルでの伝記である『佐久間象山』（岩波書店、一八三二年）と、その翌年に刊行された、同じく地元信州の象山研究家であった大平喜間多（一八八九―一九五六）の『佐久間象山逸話集』（信濃新聞社、一九五八年）である。この両書は、象山研究の専門書類は一般人に対する啓蒙書として、昭和戦後の現代に至るまで、象山理解の必読書として歴史研究者その他に長く活用されてきた。

宮本の場合は、郷土の偉人と敬仰する象山（祖父の算学門人）の尊厳を損なわぬよう十分に配慮して、象山は、嗣子の誕生を祖先から託された重大課題として幼少期より脳裏に焼き付けて育ち、栄えある佐久間家の家門の維持を最優先課題と信じて成人した、との理解である。それ故に、正室に嗣子の誕生を望めない状況の中で、「妾」を迎え入れた象山の女性観を、継嗣なき場合は家禄没収という江戸時代の武家の厳しい家制度のなせる技と理解して、「当時士大夫の家にありては妾を蓄ふるといふことは普通の事で別に珍しい事ではなかった」[6]という歴史理解から、著書に「先生と其側室」という一節を設けて一一頁もの紙幅を費やし、妾に関する詳細な象山史料の紹介と分析を行なっている。[7]宮本の同書は、象山の妾問題に関する最も信頼できる詳細な論述であり、以後、象山の妾に関する研究をする人は同書に依存し、肝心の象山基本史料『象山全集』（全五巻）を繙く研究者は少なかった。

これに対して大平は、『佐久間象山逸話集』で、象山の妾問題について様々な角度から取り上げている。[8]同書は、題名のごとくに、郷土の偉人である象山の「逸話」として「妾」の問題を真正面から取りあげ、象山が「妾」に嗣子の誕生を願った問題というよりも、「英雄色を好むといふ譬に洩れず、先生もまた頗る女色を愛でられた」[9]という基本的な象山理解から、象山の「妾」に関する数々のエピソードを小説風に興味深く記述している。

昭和の戦前における、これら両者の対照的な象山の「妾」問題に関する見解は、昭和戦後の民主主義社会に日本が転換すると、宮本作品よりも、圧倒的に大平の逸話に描かれた象山の女性観の方が大きな影響を与えた。この影響で、歴史研究者でさえもが、象山といえば「妾の斡旋を知人に依頼した好色家」という否定的あるいは批判的な象山の女性観が形成され広まったのである。

なお、象山研究に生涯をかけた地元松代在住の歴史家であった大平は、『佐久間象山逸話集』の後に、象山伝記としては出色の『佐久間象山』（吉川弘文館、一九五九年）を刊行した。本書は、象山の生涯を克明に探究し偏りなく象山の生涯を描こうと心懸けた正統派の伝記で、宮本の伝記と双璧をなし、版を重ねて多くの日本人の象山理解に寄与してきた。こちらの伝記では、大平は、象山の妾の問題にはまったく触れず、海舟の妹の順子との婚姻の事実だけを簡潔に記すに留めている。

数ある象山伝記の中で特記すべきは、著名な評論家・歴史家であった山路愛山（一八六五―一九一七）の作品である。[10]同書は、いまだ『象山全集』が刊行されず、[11]象山史料が散逸していた明治の時代に、膨大な象山史料を蒐集して解読し、史料自身に象山の思想と行動を語らせるという手堅い手法で、極めて妥当な解釈と評価のなされた象山伝記である。同書は、Ａ５判で二七四頁という本格的な伝記で、漢文を読み下して全文にルビを付して読者の利便性を図り、今なお読み返してみても新鮮な魅力溢れる内容である。その山路の象山伝記には、象山の妾に関する話は一切、記載されておらず、順子との婚姻のことすらも記されてはいない。日本の幕末維新史の中で、象山がどのような歴史的な役割を担い責任を果たしたのか、象山の思想と行動の展開を基本史料に基づいて丹念に読み解く正攻法の伝記である。苦学力行して慶應義塾大学部教授となり天下一等の評論家となった山路のスケールの大きな歴史的人間の描き方は見事である。象山の思想と行動の歴史的な展開と意義を、幕末史の政治史的な観点からみれば、山路にとって、象山の妻子や妾などの私生活に関する問題は記すに値する問題ではなかったのかもしれない。

昭和戦後の象山研究における「妾」の問題理解　だが、昭和の戦後に時代が変わると、象山の捉え方や叙述の仕方も一変する。例えば昭和戦後の歴史学者である奈良本辰也（一九一三―二〇〇一）は、昭和五十年（一九七五）に『佐久間象山』という評伝を刊行している(12)。その中で彼は、正妻と妾を同居させた象山に関して取り上げている。しかし、彼は、象山における妾の存在の問題を、幕末期の時代的な特殊性を勘案して正当に理解し評価して、次のように論述している。

嘉永五年におこったいまひとつの大事件とは、勝海舟の妹順と結婚したことである。象山はこのとき四十二歳、順は十七歳であるから、年齢の差がさしてもんだいとならないこの時期でも、かなり珍しいほどのひらきようであった。

象山はこのときすでに、菊・蝶などの妾を持ち、四人の子どもを持っているが、正妻を迎えるのはこれがはじめてである。この縁談は象山の方からかなり熱心に所望したらしい。順本人を気に入ったこともあろうが、また勝海舟の妹であるということも、つねづね優生学を気にしている象山にとっては大きな魅力だった。（中略）佐久間家は不思議に子どもに恵まれなかった。とりわけ男子の育たない家系である。跡継ぎがいないと家は断絶する。象山は幼いころからそのことを脳裏に刻みつけられて大きくなった。(13)

上記の中で、「菊・蝶などの妾を持ち」と、「四人の子どもを持っている」の二ヶ所は、まったくの事実誤認である。第一は、たしかに順子と結婚する前に二人の妾がいた。だが、順子を正室に迎える時点では、菊という妾は故あって離縁して江戸の実家に戻り、実在した妾はお蝶一人であった。また、二人の妾が生んだ子どもが四人いたと記しているが、順子を迎えるときには、その内の三人（二男一女）はすでに夭折して、五歳になる男児（菊が生んだ次男で嗣子となる恪二郎）だけであった。

しかも、嘉永五年（一八五二）という年は、黒船来航の前年であり、象山の西洋砲術を中心とする江戸木挽町の私塾は盛況を極め、幕臣や全国五十余藩の藩士たち四〇〇人を越える大勢の門人がいた。そして、その内の幾人かは、塾舎兼自宅であった象山邸に住み込み門人であった。それ故に、日常生活を支える勝手向きは多忙を極め、象山が「秋中余岐なき次第にて召使い一人暇遣し候所、何廉《なにかど》不都合」(14)と弁明しているように、お菊が実家に戻った同年の秋以降は、家事その他の働き手として正室や使用人（妾）を求めることには十分な根拠が認められた。しかし、叙上の諸点を、前述の奈良本は正確に理解してはいないのである。

また、京都大学文学部の哲学科出身の源了圓（一九二〇—二〇二〇）も、同じ京都大学文学部の国史学科卒業の奈良本の象山伝記から十五年後の平成二年（一九九〇）に『佐久間象山』を出版する。(15)京都学派の流れを汲む哲学科の出身である源は、梅原猛と同級の日本思想史研究者で、幕末期を代表する実学思想家の一人として象山思想を分析した。その中で彼は、象山の正室や妾の問題にも触れ、次のように内心の素朴な疑問を正直に表現している。

・象山の個人問題に移る。この年（嘉永五年：著者注）の六月、二年前愛妾お蝶との間にできた三男淳三郎を失った。そしてこの年の十二月、四十二歳の象山は勝海の妹のまだ十七歳にしかなっていない順子と結婚した。象山がどのような心境でこの若い妻を迎えたか[16]。

・順子はこの妻妾同居の家、おまけにいなくなった妾との間にできた子どものある家に、どのような心境で二十五歳も年の違う夫の許に嫁いできたのであろうか[17]。

源の誠実な人間性を反映してか、彼は象山の思想と行動を、象山の内面の分析を踏まえて内在的に理解し、「生身の人間・佐久間象山」の全体像を描いた。それ故に、彼にとっては妾や妻子の問題も、象山理解の不可欠な事項であったのかも知れない。同書の中で彼は、象山と二十五歳もの年の差のある女性と結婚したこと、しかも相手の女性が十七歳という若さであったこと、に同情し疑問を呈している。

たしかに、源が象山伝記を執筆した平成日本における結婚観からみれば、象山夫妻の年齢差も正室の若年性も、芸能人の世界や一般人の再婚・再々婚などの場合を除いて、常識的な結婚感覚からみれば常識を超えており、いまだ十代の若き新婦に同情を寄せたくもなる。

実は、年齢差に関しては、象山自身も、婚姻の話が出た当初から世間の風評を気にかけ、古代中国における年齢差の大きな婚姻をした学者の事例をあげて、次のように弁明している。いかにも中国の歴史に精通した漢学者の象山らしいが、この点の史料を敢えて書き残した象山の心理を、源は見落としている。

但、年の程余り相違にて人の呰笑《ししょう》を引き申すべく候へども、晋の鐘繇《しょうよう》（古代三国時代の魏の書家）なども、晩年若き正室を得候例も之れ有り候へば、貧著も御座有間敷、当年十七と申事に候。御一笑成し下さるべく候[18]。

江戸時代の婚姻における女性の年齢が十代であることは、まったく一般的な常識であり当然のことで、疑問を挟む余地のない事柄である。江戸時代には、二十歳を過ぎると婚期の遅れた女性の表現として「年増《としま》」という言葉があり、武家の女性の結婚適齢期は十代半ばから遅くても二十五歳、一般女性の場合は十六歳から十七歳が結婚適齢期とみられていた[19]。源には、このような江戸幕末期の婚姻に関する歴史的実態の視座から、花嫁となる順子が若年であることや年齢差に関する歴史的な理解が求められてしかるべきであった。

その点、源や奈良本の象山理解の疑問に答えるがごとく、日本の政治思想史研究を精力的に展開した松本健一（一九四六―二〇一四）は、象山の妾問題に関しても、日本政治思想史の視座から基本となる象山史料を丹念に読み込んで大人の歴史理解を示し、次のように述べている。数ある象山の妾に関する見解のなかでは、最も妥当なものと評してよいであろう。

象山はこの阿玉ヶ池時代、お菊とお蝶という二人の愛妾を持っていた。これは女色のためではない。象山は、徳川時代の武家のつねとして、家を立てることをきわめて大事に考えていた。武家にあっては、男子が生まれなければ家名は断絶の可能性が高くなる。それに、象山は、じぶんの「非常の才」を誇りにしていたから、どうしてもその才を子孫に残したいという、異常なほどの情熱をもっていたのである。(20)

象山の「妾」問題を前近代性と批判する象山曲解　上記の奈良本辰也や源了圓における象山の妾問題に関する疑問は、あくまでも象山の思想と行動の全体的な理解の上になされたもので、まったく悪意のない誠実な象山理解である。両者の見解を踏まえて、当時の歴史的慣行に即した象山の妾問題の妥当な見解を示したのが、象山に関する基本史料を徹底して踏まえて考察する研究者の松本健一であった。

だが、彼らのように基本史料に基づく誠実な象山理解とはまったく視点を異にして、象山の儒学や洋学の学問、および両者を統合した「東洋道徳・西洋芸術」という象山思想の全体像を批判し否定するという基本的な視座から、象山の妾問題に関しても、象山の思想的な前近代性として厳しく指摘し批判する歴史学者がいた。その筆頭は、本論でも少し触れたが、近世洋学史研究を専門とする佐藤昌介（一九一八―九七、東北大学名誉教授）である。佐藤は、日本における洋学受容の問題を、反権力の史観から、幕府による渡辺崋山や高野長英などの洋学者を弾圧した事件「蛮社の獄」の再吟味や西洋砲術・西洋兵学を中心とする幕末期の洋学成立史研究に従事し、『洋学史研究序説』（岩波書店、一九六四年）・『洋学史の研究』（中央公論社、一九八〇年）・『洋学史論考』（思文閣出版、一九九三年）など、史料の分析や考察の仕方には問題なしとは言えないが、評価に値する研究書を残した研究者であった。

その彼が、上記の研究書において、幕末期の儒学者で洋学研究に活躍した佐久間象山を研究対象に取り上げるのは当然のことであった。だが、彼は、取り上げる問題意識の在り方、象山史料の分析と解釈の仕方、そして結論としての幕末洋学史上における象山の評価、等々に関して、明治以来の象山研究の成果を覆す強烈な個性の研究者であった。

特に象山に関しては、従来の先覚者や先駆者の偉人という解釈や評価を全否定し、徹底的に象山の人格批判を展開した。「砲術を易理（易学）によって説明しようとして、蘭学者の失笑をかった話は有名」[21]であり、これこそが「（象山の）『東洋道徳・西洋芸術』」的思想の限界を余すところなく伝えている」[22]というように、極めてネガティブな象山認識から、象山の学問と人格を次のように様々な下劣な言葉を用いて批判している。

「一見『開明的』と思われる思想や蘭学観も彼の蘭学研究の成果と結びつけて解釈しないかぎり、かれの大言壮語癖に足をすくわれる」[23]「読めもしない蘭書を字書さえあれば読めると、偽って記した」[24]「ぬけぬけと放言」[25]「象山の大言壮語癖が、ここまでいたれば嫌味を超えて無邪気というよりほかない」[26]「原書主義も、所詮はかれの大言壮語癖、ないし自己顕示欲の表れ」[27]「砲術家象山がついに馬脚をあらわした」[28]「厚顔で自己顕示欲のはなはだしい象山」[29]「かれの大言壮語癖は、蟄居時代においても変わりはしなかった」[30]「大袈裟なものいい」[31]「自信過剰、ないしは誇大妄想というほかない」[32]「象山の大言壮語癖、自己顕示欲、あるいは誇大妄想的な性格に注意」[33]「『東洋道徳・西洋芸術』とは、このような確信ないしは錯覚に基づく学問観」[34]「象山は儒者にありがちな口舌の徒にすぎなかった」[35]「象山の無責任きわまる大言壮語式の放言」[36]「かれの蘭学は、西洋のそれとは異なり、幕末維新の激動期に狂い咲いた徒花にすぎない」[37]「象山の内部に巣食う前近代的な、道学的欺瞞性」[38]

佐藤の著書には、上記のような象山を批判し否定する下劣な表現が数え切れない。以上のような洋学史研究者の佐藤を信奉する数学者の川尻信夫（一九二四―、東海大学名誉教授）も、佐藤の幕末史理解を継承して、丸山真男（一九一四―九六）・源了圓（一九二一―二〇二〇）・植手通有（一九三一―二〇一一）らの正統な象山研究を厳しく批判している。(39)

それ故に、佐藤を尊敬する川尻の象山批判もまた、大学の研究者とは思えない下劣な表現の数々を忠実に継承して、自らの「博士学位論文」（立教大学）の研究書で、象山の学問と人格を次のように批判しているのである。「象山一流の誇張癖」(40)「宣伝癖のあった象山」(41)「負けまいとするための牽強付会」(42)「彼の数学とは算術計算に他ならなかった」(43)「象山の自己弁護、自己宣伝のためのペダンティク牽強付会」(44)「象山は詳証学に対する傾倒を、このような巧妙な語呂合わせ―自分だけで喜んでいたのであろうか―によって表現」(45)「象山が和算をある程度は知っていたことがわかる。（中略）彼は算術計算しかできなかった」(46)「象山の数学的・科学的知識についての評価は、拡大された虚像」(47)「彼の学問全体の性格やその学問観は再検討されなければならないが、それには、当然、彼の全体としての人間像まで問題にしなければならず」(48)

上記のごとく川尻は、象山史料のすべてにおいて、象山の学問と人格を批判する極めて下劣な言葉を並び立てている。特に自らの専門である数学に関しては、象山が「詳証術は万学の基本」（『省諐録』）と、数学が西洋の自然科学全体の基礎的学問であると述べた一文を捉えて、川尻は、象山は「数学はすべての自然科学の基礎であるといえるだけの数学や物理学の知識はなかった」(49)「この文は彼自身の地道な研究に基いた信念ではなく、単なる受け売りにすぎない」(50)とまで辛辣に批判している。

叙上のような下劣な表現で象山の学問と人格を批判し否定する佐藤・川尻の両者の著書は、とても権威ある学術研究書とは言えない。

その佐藤が、『洋学史の研究』の第三章「佐久間象山と蘭学」の「むすび」で五頁も費やして象山の妾問題を取り上げ、前近代的な妾問題という観点から徹底的に象山の人格を攻撃をするのである。

象山は幕末の知識人としては、めずらしいほど、血統を重んじた。象山はこれを誇りとし、嘉永五年十二月に勝海舟の妹順子を正妻にむかえる以前から、血統を残すという名目で、妾を蓄えていた。妾の数は明らかではないが、弘化から嘉永年間にかけて、すくなくとも妾が二人いたことは事実のようである(51)。

たしかに海舟の妹順子と結婚する前、象山には二人の妾（使用人）がいたことは事実である。だが、「すくなくとも」という表現は誤解を与える。合計で二名である。が、両者は使用人としての在住期間に重なりはあるが、重ならない期間もあった。したがって、一人のときと二人のときがあったのである。順子を迎えるときには、間違いなく妾は一人であった。

実は、象山には正妻を迎える前に妾を持つに至った経緯があった。象山は、天保十年（一八三九）六月、二十九歳で江戸神田の阿玉ヶ池に漢学（朱子学）の私塾「象山書院」を開く。予想外の入門者の多さで多忙な最中、その翌年に結婚の話しがあった。しかし、これが藩当局の理解が得られず破談となってしまう。それ以降も、私塾の入門者は増え続け、下宿生も抱えることになる。

そこで象山は、多忙な家事その他を任せる「使用人」（女性）を初めて雇い入れ、やがて彼女を妾としたのである。一部の象山史料を見て、「妾を蓄えていた」「すくなくとも妾が二人いたことは事実のようである」という、佐藤の推量に基づく曲解の断定的な表現は明らかに事実誤認であり、象山の人格批判であり歴史研究の上では実に問題の表現である。

また、晩年の象山は、江戸在住の十七年間に藩費から書籍代や私塾の開設資金、蘭日辞書の編集刊行費など、多額の資金援助を受けたことへの感謝を想起し、蟄居生活が七年目に入った万延元年（一八六〇、象山五十歳）、家老の恩田頼母宛の書簡に、次のように記している。

江府に寓居候事十七年に御座候。然る所、遂に一度妓楼に遊び候事これ無く候。有用の為に戴き候お手充に候へば、私の娯楽に聊かにても費し候は勿体なしと覚悟仕候。(52)

この象山の表現は真実である。探究心が旺盛で実理有用の学問の躬行実践と人材育成の教育活動、それに各種の文筆活動に、睡眠時間を削り、昼夜、全力傾注していた壮年期の象山のこの一文に偽りはない。天人合一の思想を奉じて、自尊と自戒を基本とする厳しい武士道を生きて学問に励んでいた象山にとって、酒席で芸妓と遊興に耽る余裕などはなかった。毎夜のごとく、手まめに認めたと思われる象山の一二九〇通を超える膨大な書簡、様々な文稿や漢詩文の執筆、あるいは『砲卦』『砲学図編』『女訓』などの著書や依頼原稿など、数々の執筆活動に追われる生活であった。それ故に、膨大な『象山全集』（全五巻）の中に一度として宴会や酒席に興じたという表現はみられない。真面目で堅物の象山が、獄中で執筆した『省諐録』の中で、研究者の長期的な実践の心得を、「内には心志を定め、外には血気を運らし、昼には飲食を節し、夜には睡眠を少なくす。修養の妙訣は果たして多子（多くの条件）なし」(53)と記している。

しかし佐藤は、上記の象山書簡の一文を、次のように生理的次元で象山の人格を否定するかのような先入観を持って曲解し、象山の人格批判に転化しているのである。

いかにも道学者らしい発想に基づく釈明である。しかし江戸在住十七年間に一度も妓楼で遊んだことがないかどうかはともかくとして、一人ならいざしらず複数の蓄妾に要する費用は、果たして公私のいずれに分類されるのか。それにまた二人ないしそれ以上も畜妾している以上、ことさら妓楼で遊ぶ必要がなかった、という皮肉な見方ができないわけではない。現に象山の畜妾が、かれが強調するように、かならずしも血統維持だけを目的としたものではなかった（後略）(54)。

前述のごとく、「二人ないしそれ以上も畜妾」「妓楼で遊ぶ必要がなかった」という表現はまったく史料的根拠のない事実誤認で、象山の私的生活を取り上げた人格否定以外の何物でもない。たしかに、正妻を迎える前は、二人の妾が使用人として同居し、大勢の門下生を抱えた象山の私塾や家庭の食事その他の多忙な家事を分担していた。武家の場合は妻妾同居が原則で、あくまでも妾は使用人であり、後述する勝海舟や渋沢栄一のように、男の甲斐性として別宅を与えて囲い込んだわけではなかった。ところが、前述のごとく、二人いた妾（使用人）の内の一人が暇乞いをして実家に帰ってしまったのである。塾舎兼住居の佐久間家の多忙な家事は不自由をきたした。そこで象山は、母親の助言もあり、妾ではなく正妻を迎えるという決断をし、それによって家事全般を正妻のお順と「使用人」（妾）のお蝶の二人体制に戻したのである。

さらに象山は、文久二年（一八六二）に蟄居放免となった後、幕命を受け、決死の覚悟で上洛する。五十四歳のときである。上洛して一ヶ月後の元治元年（一八六四）四月十一日、お順やお蝶を預けてきた信州松代の姉宛の書簡に、京都在留が長くなると考えた象山は、身の回りの世話役として信州から妾のお蝶を呼び寄せたいが、物騒な京都では無理なことである故、京都で新たに使用人（妾）を探したことを報告している。(55)

そして紹介された女性が「大納言政愛（政親《まさちか》の誤字）町三条実愛の愛妾の妹」であること、背が高く品があること、琴もお茶もお花もでき、裁縫も達者であること、等々を記して、信州にいる妾のお蝶に伝えたのである。(56)

だが、この書簡もまた、佐藤にかかると、次のような象山批判の証拠資料となり、人格否定をされることになる。

手ばなしで悦に入っている。象山が道学者の仮面をむいで、素顔をみせるのは、この書簡のこの記事が、全五巻のうち、三巻を占める、膨大な書簡の中で、ほとんど唯一のものといえる。(57)

そして佐藤は、彼の代表的な学術研究書である『洋学史の研究』の第三章「佐久間象山と蘭学」（二四四―二四七頁）で、詳細に象山の妾問題を批判的に検討している。その結果、彼は、象山が妾を抱えたことは、「象山の内部に巣食う前近代的な、道学的欺瞞性(58)」であり、「かれの蘭学は、正統派のそれと異なり、幕末維新の激動期に狂い咲いた徒花にすぎない」[59]と結論づけるのである。研究次元での冷静で公平な批判のレベルを遙かに逸脱した象山の人格否定である。

たしかに歴史の史料は文脈の流れ中で妥当性をもって公正に解読され理解されなければならない。だが、史料をどのように解釈するかという解読の仕方の可能性は、ある意味では無限である。ということは、「妾」の存在が公認されていた江戸社会の時代性や家制度などの文脈において綴られるべき、「妾」の存在の時代的な妥当性を無視すれば、史料は如何様にも解釈できるということである。フランスの博物学者ビュフォン（一七〇七―八八）は、「文は人なり」と述べたが、研究者である前に一人の人間としての佐藤や川尻の人格や品性―研究者でありうることの人間的な資格や条件が問わなければならない。

それにしても、丸山真男・植手通有の師弟、あるいは源了圓や松本健一など、心ある象山研究者たちは、研究者であることの矜持をもって象山史料を誠実に読み取り、自他ともに納得できる妥当な解釈や評価を下している。これに反して、佐藤や川尻などのように、「妾」の問題をもって象山の学問・思想・行動を封建的守旧性として全否定するような研究者は、日本の昭和戦後の学術界でも極めて希である。佐藤や川尻は、象山を変人奇人として扱うが、実は、そういう彼ら自身が非人非な変人奇人と呼ばれてしかるべきではないか。

象山研究で、佐藤や川尻から批判された丸山や植手は、[60]自らの象山研究においては、一切、妾問題には触れず、象山を純粋に政治思想史研究の対象として取り扱っている。また、佐藤や川尻の批判に対しても、彼らは反論も弁解もまったくせずに、自らの崇高な研究的人生を矜持としてまっとうされた。研究者として、実に誠実で賢明な対応であった。

二　明治の近代日本における妾の問題――森有礼の「妻妾論」

森有礼が『明六雑誌』に「妾」の否定論文「妻妾論」を連載　以上、昭和の戦前・戦後における象山研究における「妾」の問題をみてきた。妾の問題は、明治以降の近代日本においても実態としては広く一般に存在した。この問題を、日本で最初に公然と表沙汰にして論じ、日本社会の後進性を問題提起する契機となったのは、森有礼（一八四八―八九）の論文「妻妾論」であった。彼は、明治維新期に薩摩藩出身の学者的官僚として二十代に日本初の学術団体「明六社」を結成して社長となり、三十代にして伊藤博文内閣の初代文部大臣に就任し、近代日本の学校教育全体の制度的基礎の確立に多大な貢献をした極めて進歩的な人物である。

欧米を模範とする彼の進歩性を形成した最初の海外渡航は、十八歳の若輩で幕末期の慶応元年（一八六五）、薩摩藩第一次英国留学生（英国に渡った一九人の薩摩藩士）に選抜され、五代友厚（一八三六―八五）や寺島宗則（松木弘安、一八三二―九三）らとともに英国に密航して留学し、英国・ロシア・アメリカの各国を具《つぶさ》に見聞してきたことである[61]。この貴重な欧米体験が、その後の森の教育近代化を中心とする日本社会の制度改革の原点となったのである。

倒幕の知らせを受けて、明治元年（一八六八）六月に急遽、帰国。翌月の七月二十五日には、二十二歳の若さで維新政府の高級官僚である外国官権判事に任じられ、さらに明治三年の秋には少弁務使（公使代理級の官僚）としてアメリカに赴任する。アメリカでの森は、アメリカを代表する各界の有識者たちに、今後の日本の教育の在り方についての意見を求め、それをまとめて明治六年にはアメリカで英書〝Education in Japan〟（『日本における教育』）を刊行した（前年にはワシントンで〝Religious Freedom in Japan〟『日本における宗教の自由』を発表していた[62]）。

抜群の英語力で、自由自在にアメリカ人と交流し、欧米先進文化の中で豊かな生活経験を体験した森は、当時の日本における最も欧米文化、とりわけキリスト教精神―「西洋道徳」に精通した進歩的な文化人であった。

明治六年七月にアメリカから帰国するやいなや、翌月の八月には啓蒙活動家の知友で年長の西村茂樹（一八二八―一九〇二、象山門人）に謀り、日本最初の欧米式の近代的啓蒙学術団体「明六社」を興す。創立当初の正式会員は一〇名で、都下の名家である加藤弘之（一八三六―一九一六、文部大丞、象山門人）・津田真道（一八二九―一九〇三、陸軍大丞、象山門人）・西周（一八二九―九七、陸軍大丞）らの官僚や学者、それに福沢諭吉（一八三五―一九〇一、慶應義塾の創設者、象山遺児の後見人）・中村真直（一八三二―九一、同人社、象山親友）・箕作秋坪（一八二六―八六、慶應義塾と双璧をなす洋学塾の三叉《さんさ》学舎を開設）らであった。会員の人選を西村に任せたが故にか、「明六社」の会員には象山の門人・知友が多く、薩摩藩出身の高級外務官僚である最年少の森が初代社長に就任した(63)。

その森は、「明六社」の設立直後の明治八年二月、二十八歳のとき、「明六社」の会員である福沢諭吉を証人として、静岡県士族（旗本）の長女である広瀬常（阿常《おつね》、十九歳）と日本で最初の契約結婚をしたのである(64)。契約内容は、「それぞれが妻、夫であること」、「破棄しない限り互いに敬い愛すること」、「共有物については双方の同意なしに貸借売買しないこと」の三ヶ条からなる。その内容は、夫婦がそれぞれに権利と義務を共有する男女同権を誓約するするもので、まさに『明六雑誌』に彼が連載した妾制度を廃して一夫一婦制を唱える近代的な婚姻観の率先垂範であった。この森の米国式の近代的な結婚は、なおも妻妾同居を慣行とする旧態依然とした明治の近代日本社会を震撼させた。

結婚後の森は、英国に四年半滞在して帰国した明治十八年十二月には、それまでの太政官制度（慶応四年）に代わって、新たに内閣制度が創設された（太政大臣、左右大臣、参議および各省卿の職制を廃し、新たに内閣総理大臣並びに宮内、外務、内務、大蔵、陸軍、海軍、司法、文部、農商務および逓信の各大臣を置く）。初代総理大臣には参議・内務卿を歴任した伊藤博文（長州藩、一八四一―一九〇九）が就任した。そして、当時、文部省御用掛であった有能な森が、第一次伊藤博文内閣の初代文部大臣に就任し、親しい先輩格の伊藤を支えることになる。

だが、その翌年の明治十九年、森夫妻は、結婚十一年目にして三児をもうけたが、何故にか双方合意の基に協議離婚をする。しかも、最初の婚姻届を役所に出した森は、離婚に際しても日本で初めての離婚届を役所に提出するのである。これまた日本社会では初めてのことで、社会の話題となった。

なお、離婚をした翌年の明治二十年、森は、岩倉具視（一八二五―八三）の五女・岩倉寛子（一八六四―一九四三、旧久留米藩主の有馬頼万《よりつむ》と離縁）と、再婚者同士で結婚する。だが、不幸にも急進的な西洋主義者として国粋主義者に狙われていた森は、明治二十二年二月十一日の早朝、大日本帝国憲法発布の記念式典に出席するため大臣官邸を出たところで、旧長州藩士の国粋主義者・西野文太郎（一八六五―八九）に暗殺される。再出発した森の結婚生活は一年半で終わってしまった。享年四十三(65)。なお、残された後妻の寛子は、先妻の生んだ二児の母となり、自らも有礼の三男を生み育て、昭和十八年（一九四三）十一月、八十歳の長寿を全うした。

『明六雑誌』に連載した「妻妾論」の革新的な婚姻論　明治の近代日本を迎えたばかりの明治三年十二月に制定された『新律綱領』（布告第九四四）では、妻と妾を同等の「二等親」と定めて旧慣を温存し、妾の存在が初めて法的に公認された。だが、この妾に関する法的条項は、明治十三年七月の「太政官第三六号布告」（明治十五年一月施行）において削除され、以後、妾に関する法的な規定の復活はなかった。しかし、妾の存在は、法的な規定を超えて、明治の近代以降になっても消えることはなく、江戸時代以来の慣例である妻妾同居あるいは別宅囲い込みの実態はなくならず、政治家・事業家・豪農・豪商など地域や身分の相違を超えて広く存在した。

そのような実態として存続する前近代的な旧習である妾の問題をめぐっての論文を、欧米経験の豊かな若き高級官僚の森有礼は、『明六雑誌』（明治七年五月刊の第八号から第一〇号、第一五号、第二〇号、そして明治八年二月の第二七号までの五回連載）に発表するのである。この森の論文の主旨は、日本の国家的発展の前提としての婚姻や夫婦関係の在り方を欧米社会と比較して問題とし、男尊女卑に基づく悪しき慣例の妾制度を廃止して、欧米キリスト教社会のような夫婦平等の一夫一婦制の婚姻制度に改革すべしとする革新的な婚姻観の主張であった。森の連載論文は、当時はまだ妾の公的な存在を認める法的規定もあり、江戸時代と変わらぬ旧態依然の実態にあった明治日本の文明開化の社会に、大きな衝撃を与え、様々な反響を呼んだ(66)。

流暢な英語力と欧米社会に多様な人脈を有する進歩的な国際人の森が公表した同論文は、欧米のキリスト教社会での豊かな生活経験をモデルとする近代社会の権利と義務からなる一夫一婦制を主張する内容であった。論文の冒頭で、彼は次のように夫婦関係の在り方を規定している。

夫婦の交は人倫の大本なり。（中略）夫は扶助を妻に要するの義務を有し、また妻を支保する権利を有するの義務を負う。しかして妻は支保を夫に要するの権利を有し、また夫を扶助する義務を負う(67)。

ところで、森が提唱して結成した学術団体「明六社」の会員は、「定員」「通信員」「名誉員」「格外員」に分けられていたが、正会員である「定員」には、日本社会を代表する各界の重鎮一〇名が並んでいた。実は、前述のごとく、「定員」の中には象山門人の勝安芳（海舟、外務大丞、海軍大輔）、加藤弘之（洋書進講担当侍講）、津田真道（外務権大丞）、西村茂樹（文部大書記官）など半数近い四名がおり、また象山と親交のあった奥平昌邁（象山を重用した旧中津藩主）、中村正直（大蔵省翻訳局長、佐藤一斎門下の後輩）、福沢諭吉（慶應義塾創立者）などがおり、明治の近代日本の各界における象山人脈の広さを実感させた(68)。

なお、象山の正室である順子の実兄の勝海舟も「明六社」の会員に選出されたが、彼には正妻の民子（一八二一―一九〇五、江戸の薪炭商兼質屋の娘で深川芸者）の他に、公的に判明するだけでも五人の妾（増田糸・小西かね・梶久・香川豊・森田米子）がおり、武家である勝海舟の家も妻妾同居が基本であった(69)。特に「梶久（お久）」は、長崎伝習所時代の妾で、海舟三十四歳、梶久は十四歳で二十歳の年の差があり、女性はいまだ少女であった。また、海舟は、旧幕臣の娘である「清水豊（とよ）」も妾にした。だが、彼女が五女に当たる「妙子」を出産の後、暇を与えて香川家に嫁がせ、「香川豊」となって人生を再出発させたのである。正妻と多くの妾を持った海舟には、認知をした子どもだけでも九人いたのである（四男五女、正妻の子が四人、妾の子が五人）。子沢山のお陰で、名門である勝家の血統は、現代にまで存続するのである。

海舟が多くの妾を持っていたことは、歴史上、ほとんど取り上げられず、まったく問題ともならない。妾問題の対応に関して、恩師で義兄の象山などは、政略に長けた政治家である海舟の足下にも及ばなかった。だが、象山は正直者の学者であるが故に、何事も文章に書き留める習性があり、知人宛の妾周旋の依頼書を書き遺してしまい、それが『象山全集』に収録されて一般に公開され、以来、現代に至るまで批判や中傷の対象とされてきたのである。

三　象山における妾の存在意義——家の存続と生き甲斐

歴史的存在である象山の妾問題に関する誤解と偏見　森有礼が論文「妻妾論」で論じた、明治日本の文明開化の時代における妾制度を廃止して、欧米モデルの一夫一婦制の近代的な婚姻制度に改革すべしという斬新な改革思想の視座からみれば、日本近代化の偉人と称せられる幕末期の佐久間象山は、たしかに小娘を正室に迎えたり、複数の妾を抱えるなど、封建的な好色一代男と評された。森の目指した男女平等を基本とする婚姻制度の改革が実現した昭和戦後の日本において、なおも象山に関する誤解と偏見とに満ちた女性問題―「妾」の問題を取りあげ、それを日本近代化の先駆者と評される象山が内包する封建的思想性として指摘する研究者が存在したのである(70)。

だが、森の改革論は、あくまでも明治の近代日本が向かうべき婚姻制度の改革課題を問題としたもので、遡って過去の家制度を基本とする江戸時代の嗣子を担保する御家存続の手立てとして、武家社会その他に存在した妾制度を批判し否定することが目的ではなかった。近代日本が目指すべき未来は創造できる。だが、いかに矛盾の多い過去であっても、それを消去することはできない。

しかし、二十一世紀の現代日本における一夫一婦制の婚姻制度を基準として、象山没後百六十年近くの歳月を経た今日に、江戸時代の妾制度を批判し否定する歴史学者がいるのである。それは、現代を基準として過去を断罪する時代錯誤の歴史観である。実際に著者が直面した体験談であるが、昭和五十一年（一九七六）の秋の学会で、いまだ二十代後半で大学院博士課程に在学中の筆者は、「日本近代化と佐久間象山—「東洋道徳・西洋芸術」の思想分析—」という論文を口頭発表した。初めての学界発表でとても緊張した。発表が終わると、突然、フロアーから質問があり、「象山には妾がいたが、それでも近代的な思想家といえるのか」、とのまったく想定外の威圧的な質問を受けた。質問をしたのは日本大学の著名な教授であった。著者は、武家を中心とする江戸社会には広く妾制度が定着している事例をあげて必死に反駁した。以来、著者の江戸社会における象山をはじめとする思想史研究で、「妾」の問題は著者の歴史観の形成の重要課題として意識され、消えることはなかった。

紛う方なく、象山が生きた江戸時代には、家制度の存続に関わる「妾制度（側室制度）」は、天皇家や将軍家を頂点とする公家や武家の上流社会をはじめ、広く日本の一般庶民の家社会にまで定着し認知された、半ば公的な慣例であった。そもそも日本の妾制度は、中国大陸や朝鮮半島に淵源をもつ古代以来の長い歴史を有する永続的な制度であり[71]、日本の江戸時代の武家社会においても古代以来の妾制度の慣習を踏襲して、家門の継承と発展を図る不可欠な慣習として、「妾（側室）」の存在が嗣子を担保するためには絶対的な必要条件であった。嗣子がいなければ御家は断絶する。人間存在の全的基盤である家の存廃に関わる厳しい現実があったのである。

だが、そのような歴史的現実がまったく無視され、昭和戦後において家制度の束縛から解放され、個人を基本とする男女平等の民主主義の女性観・結婚観の視座から、幕末期とはいえ江戸時代を生きた象山が、妾を囲っていたという断片を切り取って、彼が日本近代化にはたした歴史的貢献が批判され否定されてきたのである。

象山が生きた江戸時代の実質的な一夫多妻制あるいは妻妾同居制であったときの問題を、反近代的な否定的出来事として取りあげ、それを封建的な思想的営為として安易に断罪することは、歴史的存在となった故人とその縁戚に連なって現存する人々の人権と名誉を侵害するものであり、事実に基づく歴史理解の欠如といわざるをえない。

研究者を含めた日本人の多くには、佐久間象山といえば、吉田松陰や橋本左内、坂本龍馬や小林虎三郎、加藤弘之や津田真道ら、幕末維新期に活躍する数多の偉人たちを育んだ教育者、あるいは幕末期に開国進取を唱えて横浜開港や海外留学制度などの文明開化を提唱した先駆的な思想家、さらには洋式大砲・電気医療器・地震計の製造、養豚・馬鈴薯・温泉発掘や各種鉱山の開発など、実に多種多様な殖産興業・富国強兵の実験的努力を重ねた科学者、等々として広く知られている。

だが、多くの場合、象山の人間性は、徹底した合理主義者で尊大不遜な自信過剰の理屈屋として否定的に評価されてきた。しかも、そうした象山否定の裏側には、彼の妾問題に対する生理的な嫌悪感が潜在していたことは確かである。(72) たしかに、象山が残した妾依頼の書簡史料の一部を抜き出し、それを表面的あるいは断片的に読めば、それを証拠に否定的な象山理解の人間像を指摘することはできる。だが、もう一歩立ち入って象山史料の全体に占める妾関係の史料を読み解き、史料を書いた裏側から素顔の象山の真意を汲み取れば、事実の見え方はまったく異なってくる。実は、彼の遺した全五巻（A5判で平均七〇〇頁という大著）の『象山全集』に収録された一二九〇通を超える膨大かつ長文の書簡、幕府や藩に対する長文の意見や建策などを記した文稿、漢文を基本とする漢詩や和歌などの作品群を精読すれば、象山が、いかに家族や他人（師匠・先輩・友人・知人・門人など）に対する慈愛や配慮に満ちた礼節の人であったか、を理解することできるであろう。特に、象山が遺した母親・姉・妻・妾・友人知人の妻子・女性門人など、女性に関係する各種史料（書簡・漢詩・和歌）には、差別や蔑視の意識や感覚などの封建的女性観を感じさせる表現はまったく認められない。フェミニスト（feminist）と表現しても過言ではないほど、女性に対する慈愛に満ちた象山の人間像を観取することができるのである。

彼は、幕末期の尊皇攘夷運動が激化する中で、欧米人を「夷狄」（野蛮人）と呼んで蔑視する当時の日本人の時代風潮を、同じ人間である西洋人に対する非礼な偏見であると戒めたごとく、男尊女卑の近世社会にあっても同じ人間である女性を蔑視する言動はみられない。事実は真逆である。彼は、例え女性であっても、能力主義による正統な評価をする人間であった。徹底した合理主義者であった象山は、男性に対すると同様に、女性の潜在的な能力の開花・向上に積極的な関心を抱き、その実現のための国家的な次元での教育改革を推進しようと努力した人物だったのである。(73)

実は、そうした象山の差別なき女性観の原点には、幼少期に自らが悩み苦しんだ封建的な女性観に抗い続けた次のような革新的体験があったからである。

①　象山自身が妾（農民出身の使用人）の子であった。それ故に、藩の規定では生みの親といえども戸籍上は佐久間家の「使用人」の身分であり、女丈夫で良妻賢母の母親を、実の子である象山は、公然と「母」と呼べずに悩み苦しむ幼少期を過ごした。

その苦しい胸の内を、学業成績優秀で藩の表彰を受ける際に、初めて藩主に拝謁する機会を得た十五歳のとき、松代藩第八代藩主で名君の誉れ高い真田幸貫（松平定信の次男で第八代将軍徳川吉宗の孫。後に象山の才能を見抜き、物心両面で最大の庇護者となる）に、身分が「使用人」（妾）であるがために「母」と呼べない女性を公然と「母」と呼びたいと直訴する。象山の純粋な孝心に深く感動した藩主は、象山の母親を「御見得格《おめみえかく》」（藩主に直接拝謁できる士分）とし、戸籍も父一学の「正妻」に改めさせたのである。この藩主の英断は、当時の一般的な身分制度や婚姻制度の現実を超えた異例の優遇措置であった。(74)

②　母親に似て女丈夫の実姉（恵《けい》）は、弟の象山が「惜しむべし御前様御婦人にて学術等のことは扠て置き、当時、

差向候御国家の事など本より、御心にかけられまじき事に候へば、御相談等も出来申さず、夫が平日残念」[75]と記すほど、文武両道に通じた男勝りの賢婦人で、常に近所の婦女子を集めて道徳や裁縫を教え、藩から賞賜を受ける象山自慢の理想的な女性であった。

その姉は、十九歳で藩の侍医である北山林翁に嫁ぎ、二男一女（安世・りう・藤三郎）に恵まれる。だが、二十九歳のときに夫が他界し寡婦となった。松代藩の「当主が幼少で無役の場合には、扶持を半減」[76]という規定により、経済的に困窮した。しかし恵は、遺された子供たちの養育に努め、近隣婦女子の教育にも尽力した。それ故に象山は、寡婦となった姉を支え三人の甥や姪の教育を親身になって引き受けた。特に姪（「りう」）の結婚に際しては、当時の伝統的な女性の生き方を継承しつつも革新性を交えた女性教訓書『女訓』を執筆して祝福したのである。[77]

③　琴曲の女性門人である北沢伊勢子（一八一三―八六）は、側近の門人である北沢正誠の母である。彼女の琴曲に関する優れた潜在能力に着眼した象山は、さらなる琴曲能力を開発すべく、「当時の箏曲諸佚乱俗なればと新しき謡」の作譜を勧める。象山の期待に応えて、北沢は、いくつもの新作を作り、明治十七年（一八八四）には東海十余県を吟行して自作を披露し、象山との約束を果たした。[78]

これらの他にも、蘭方医として認められた象山は、多くの臨床経験を積み、正妻である順子の病気や親しい藩士の奥方の病気に対する献身的な治療を施した詳細な事例など、女性に関わる象山の様々な実体験が、偏見や蔑視なく窺われ、女性の能力や適性を評価し発揮させるべしとする象山の近代的な女性観を形成する要因となっていたものとみられる。

さすれば、象山に「妾」が存在したことを批判する狭隘な象山理解の根幹は、膨大な象山史料の詳細な吟味の怠慢であり、同時に幕末期という時代性に関する歴史認識の欠如した非歴史学の歴史学者、といわざるをえない。詮ずる所、歴史的な人物を評価する際の歪みや偏見は、研究者自身の全人的な人間性の欠如、あるいは歪曲の表現という根本問題に逢着する。

前述の井出孫六は、『杏花爛漫　小説佐久間象山』の中で、象山理解の根本は、象山の人間性の全体的な理解が不可欠であることを、次のように記している。

> 佐久間象山という人物は、理にかなって情の欠落した道学者とみられがちだが、書簡集におのずときざみのこされた象山の自画像は、喜怒哀楽を強いアクセントで表出できる人だったことを、物語っている。(79)

井出は、膨大な書簡史料に表出された象山の人間的な本質は、これまでの象山研究で述べられてきた非常にまじめで徹底した合理主義者、あるいは傲慢不遜な人間などという象山理解を覆し、家族やもちろん友人知人、そして門人たちに対する深い愛情を滲ませて交わる「情」の人間と把捉したのである。

以下の論攷においては、象山の「妾」に関係する『象山全集』に収められた基本史料の数々を、愛情深い象山という人間の全人的理解という視座から丹念に読み解いて、象山の歪みのない少年のような純粋な女性観の実際を闡明にする。さらにまた、象山の場合を問題分析の事例として近世日本社会における「妾」の問題の歴史的な理解や評価の在り方の妥当性をも検証していきたい。

最初の縁談の話と破談となった理由　天保十一年（一八四〇）の象山は、幼少期より学問一筋の生活に明け暮れてきたが故にか、いまだ「而立」（三十歳）にして未婚であった。前年には、再度の江戸遊学を機に、江戸神田阿玉ヶ池（現在の東京都千代田区岩本町二丁目）に漢学―朱子学の私塾「象山書院」を開設したばかりであった。すでに漢詩人としてその名を天下に知られていた親友の梁川星巌（一七八九―一八五八）と香蘭（一八〇四―七九）の夫妻が、神田阿玉ヶ池に漢詩塾「玉池《ぎょくち》吟社《ぎんしゃ》」を開いており、彼ら夫妻の勧めで、象山は同地に私塾を開くに至ったのである。

だが、同年の春には、想定外のことが起きる。何と象山の名が、『江戸現存名家一覧』という冊子に掲載されたのである。[80] 同書の「儒者」の部に記載された象山の氏名が、恩師の佐藤一斎とともに記載されており、他にも安積艮斎（一七九一—一八六一、昌平坂学問所教授）、斎藤拙堂（一七九七—一八六五、津藩儒学者）、塩谷宕陰《とういん》（一八〇九—六七、幕府儒官）、藤田東湖（一八〇六—五五、水戸藩儒学者）ら、当時の日本の儒学界を代表する錚々たる学者の氏名が記載されていた。誠に晴れがましいことで、学者としての大願成就に欣喜した象山は、早速、郷里の信州松代の恩師である鎌原桐山らに、この喜びを伝えた。さらに翌年の九月には念願であった、学者として最も敬仰する中国宋代の儒学者『邵康節先生文集』を編纂することができた。

さらに、めでたいことが重なる。初めて象山に婚儀の話があったのである。その話は、象山の幼少時の恩師（算学・易学・天文学）である竹内錫命（一七八〇—一八七一）と松代藩侍医で親友の立田玄迪（梅斎、一七九九—一八七〇）の両人の斡旋で、相手は松代藩医で象山の親友でもある渋谷秀軒（一七九一—一八七一）の長女であった（「先頃中子孝錫命両氏の勧めにて、渋谷氏の長女を聘し候つもりに内談は既に調ひ申候」[81]）。この婚儀の話を、象山の母親は大変に喜んでくれた（「婚儀の儀も申上候所、御懸詞を蒙り多謝奉候」[82]）。だが、その後の同十一年十二月九日付の松代藩の親友宛の返書には、この婚儀に対して藩庁から異議が唱えられ、年内に婚儀を済ませて新妻を佐久間家へ迎えるという当初の予定は難しくなり、来春になるのではないかと、内心の心配を次のように記している。

家母平安のよし仰下され有難安心仕候。婚儀の儀も申上候所、御懸詞を蒙り多謝奉候。内談は早く調ひしかども、又々政府（藩庁、筆者注、以下同様）の異議にて一体当年中に引取度心構に御座候ひしが、兎ても来春に相成候半に存奉候（巳上復月十八日の御答[83]）。

象山の婚儀に対して松代藩庁から異議が入り、婚礼を内定通り天保十一年十一月には挙行したく、日程の調整に難儀している、というのである。なぜ、藩庁は象山の結婚に異議を唱えたのか。考えうる反対の理由は、ただ一つ。象山が前年の天保十年二月から、再度、藩費留学生として江戸に学問修業に出ている学徒であること、しかも江戸に到着した直後の同年六月には、勝手に神田阿玉ヶ池に私塾「象山書院」を開設し、遊学期限の二年で松代藩に戻る気配がまったくない様子であること。藩庁からすれば、江戸遊学の期限が切れる翌十二年三月には、遊学満期で松代に帰藩し、藩の公務に就くものと解釈していた。

だが、象山は、結婚してからも江戸に留まり、学都の江戸を舞台として存分に学術世界で活躍したいとの強い願望を抱いていた。しかし、禄を食む家臣である以上は、藩命に従い、信州松代に帰藩して藩の公務に就かなければならない。この狭間で懊悩する象山が救いを求めたのは、婚姻の正式な仲介役を依頼した象山の庇護者である松代藩上席家老の実力者・矢澤監物（一七九六―一八四二）であった。象山は、藩の重鎮である矢澤に藩当局を説得してもらい、結婚しても学都の江戸に居住できるようにと依頼したのである。

だが、不運にも、仲介役を務めてくれるはずの矢澤が、年明け直後の天保十二年正月十日、江戸で急死してしまうのである。これによって、縁談について藩当局の反対が再燃し、「配偶の義も御深切に仰蒙候が、是も矢公（矢澤監物）物故の故に大にもつれ、迷惑仕候[84]」と、象山自らが記す通り、結局は破談となってしまうのである。

だが、象山は、破談になったことよりも、慈父のような存在で、物心両面で庇護してくれてきた矢澤の死を心から悼み、「矢澤大夫意外の凶変にて大洋中にて船の舵を折候心地にて困り候[85]」と深く嘆き悲しむ。結婚は矢澤亡き後に破談となってしまったが、象山は、なおも江戸に残って学究活動を展開し、藩を超えた天下国家の問題に取り組んでいくことを決意するのである。

後ろ盾の矢澤亡き後、象山の非凡な才能と果敢な行動力を高く評価し、物心両面で象山を庇護していくのは、名君と称された松代藩第八代藩主の真田幸貫であった。象山は、遊学期限が切れるや否や、天保十二年五月には「四書訓点」（儒学の主要教典「大学」「中庸」「論語」「孟子」の従来の訓点注釈の再検討）という藩命を受け、さらに同年九月には江戸藩邸学問所（江戸在住の藩士子弟の教育研究機関）の頭取に任じられる。しかも、同年六月には藩主が老中に就任し、翌年秋に老中海防掛となるや、象山はその顧問役となり、「三十にして天下に繋わること有るを知る」[86]との心境で天下国家のため、江戸に留まり活躍することになる。

江戸に残って藩務を担い西洋砲術の教授活動を展開　学者として何としても江戸残留を切望したいと苦慮する象山に対して、前述のごとく、最大の庇護者である藩主真田幸貫による救済措置が相ついで講じられる。藩当局は、翌年の天保十二年五月には、「四書音訓正上木」、すなわち儒学教典である「四書」に新たな訓点を付した注釈書の作成という江戸での藩務を、象山に課したのである。藩命で「四書音訓正上木」を課された象山は、抜群の漢学力を発揮して難なくこの任務を短期間でなし遂げる。

また、翌十三年には老中となった藩主の真田幸貫から、アヘン戦争（一八四〇―四二）の経緯を含めた西洋事情の調査を命じられる。そのために象山は、この年の九月には、西洋列強の強大な軍事力を象徴する西洋砲術を体得するために、高島流西洋砲術師範の旗本・江川太郎左衛門（旗本、一八〇一―五五）に入門する。と同時に、同じ高島門下の西洋砲術師範の下曾根金三郎（旗本、一八〇六―七四）から高島流西洋砲術伝書を借り受けて書写し、同じ高島門人の西洋砲術師範である村上貞平（範致《のりむね》、田原藩、一八〇八―七二）とも親交を結ぶなど、理論と実践の両面から西洋砲術に象徴される西洋軍事科学の知識技術を吸収する。その結果を、象山は、長文の上書にまとめて老中である藩主に上書する。

なお、詳細は後述するが、叙上のように多忙を極める天保十三年に、いまだ正室なき三十二歳の象山は、最初の妾（使用人）を迎えることになるのである。

ところが、翌十四年十月には、郡中横目役（藩領内監察役）という藩の公職を拝命する。早速、松代に帰り、西洋知識を活かして財政窮乏の藩の殖産興業を図ろうと、象山は、殖産興業の目的で藩内各村の現地調査を実施し、詳細な調査報告書の作成に奔走する。

しかし、何と言っても、象山の学問や思想、否、生き方までをも根本から変革する重大な責務は、前述のアヘン戦争の経緯を中心とする西洋事情の調査であった。藩主の真田幸貫が幕府老中に就任し、さらには海国日本の沿岸防禦を担う海防掛を担当することになったことである。幸貫は、鬼才の象山を江戸に呼び戻して顧問役に任じ、隣国で勃発したアヘン戦争の経緯を含めた西洋列強諸国の動向を調査し分析させる任務に当たらせたのである。象山は、高島流西洋砲術師範の江川に入門すると同時に蘭書の翻訳書や当時の著名な江戸の蘭学者を通じて、覇権主義をもって東アジアに勢力東漸する西洋列強の情報を収集分析し、その結果を藩主宛の調査報告書「感応公に上りて天下当今の要務を陳ず(87)」にまとめ上書するのである。

叙上のような象山の八面六臂の活躍に対して、藩主は、その多大な功績を認め、天保十四年十一月、悲願であった五両五人扶持（石高換算で約一四石）という少禄から曾祖父・佐久間三左衛門国品の時代まで給わっていた佐久間家の家禄一〇〇石に復する功賞を与えたのである。

もっとも前述のごとく、佐藤昌介が「一人ならいざしらず複数の蓄妾に要する費用は、果たして公私のいずれに分類されるのか(88)」と、妾を抱える象山の経済面での問題を皮肉を込めて指摘している。だが、象山のような武家の場合、藩の戸籍に記される妾の正式名称は「使用人」である。その年間の給金は五両（「年分の給金五両」）であった(89)。武家の場合、妾はあくまでも「使用人」であり妻妾同居が原則で家事を分担する家族の一員であったのである。後述する渋沢栄一のように財力のある豪農・豪商などの場合は、外に別宅を構えて生活の自由を保障するのが通例であった。

それに象山の場合は、すでに天保十年には神田阿玉ヶ池に私塾を開いて収入（入学金に相当する「束脩」と授業料に当たる「謝儀」）があり、嘉永年間以降の西洋砲術を中心とする私塾の時代には、入門者が殺到し、私塾からの収入は莫大な金額であった。象山は、天保十年に開設した儒学の私塾「象山書院」の門人がいたが、嘉永元年には時代を反映して西洋砲術の門人も相ついで入門してきた。正式に西洋砲術教授の看板を掲げて教授活動を本格化するのは、嘉永三年、松代藩下屋敷の深川藩邸においてであった。同年だけでも木村軍太郎（佐倉藩）、武田斐三郎（大洲藩）、山本覚馬（会津藩）、勝麟太郎（旗本）、岩文之進（市川一学、兵学者）、八木数馬（上田藩）ら、幕末明治期の各界で活躍する入門者が一二三名も押しかけたのである（前年には三一名、翌年には五八の入門者）[90]。

個人で入門する以外に、福沢諭吉の属する中津藩（藩主は奥平大膳大夫）のように、藩主自ら象山に家臣全員の教育を依頼し、一藩挙げて象山の西洋真伝流砲術に転換するという事例も出てくる。そのような西洋砲術教授の盛況ぶりを、象山は、「百石ばかりの士にて大名の重き頼を受け候[91]」と得意げに表現している。藩主依頼の藩邸への出張教授の場合、月額の謝礼は高額であった。

したがって象山の私塾からの収入は、一〇〇石の家禄収入をはるかに超える莫大な金子が入り、経済的にはまったく問題がないことを、嘉永三年七月、信州で暮らす母親宛の書簡で次のように記している。

只今の勢にては砲術門人二三百人に相成候は遠からずと存じ申候。二三百人の門人御座候へば二季の謝儀ばかりにても百金（百両）にあまり申べく候へば、くらし方は夫のみにてもつき申べく、況や儒生並に西洋学の門人も之れ有り候事に候へば、其表にて医方など内職の様致し候よりははるかに姿もよろしく、第一に天下の益に相成候事に付、何分左様仕度存奉候[92]。

西洋砲術の門人だけの謝儀（盆暮年二回の授業料）でも一〇〇両を超える収入があり、その他に儒学や洋学の門人からの謝儀も入る。特に中津藩などのように、藩邸に出講して藩士全体に集団教練をする場合の謝金は多額であった。象山は、蘭方医学を学んで数々の臨床経験を積み、「日本近代医学の祖」といわれる緒方洪庵（一八一〇—六三、幕府奥医師兼西洋医学所頭取）や伊東玄朴（一八〇一—七一、幕府奥医師）など、当時の蘭方医学の大家たちと交流のある医者でもあった。象山は、西洋知識を活かして、治療費を求めずに知人や門人の治療や投薬をしていたが、頻繁に日本近海を往来する外国船が増加する嘉永年間以降、象山に時代が求めるものは医学ではなく、西洋砲術などの新たな人材教育であった。それは、天下国家の国益に繋がる有益な活動で、収入面でも医者の内職などをする必要はないと、郷里の母親に自慢の書簡を送っている。

叙上により、前述した佐藤昌介の「一人ならいざしらず複数の蓄妾に要する費用は、果たして公私のいずれに分類されるのか」と、妾（使用人）の費用の出所が藩公費の私用であるかのような推測による下劣な指摘が、学術論文に書かれている。だが、前述のごとく、当時の象山の経済状況（収入状況）を精査すれば理解できることで、関係史料の調査をせずして推測し批判するのは、研究者として礼を失する怠慢な姿勢である。

破談後の江戸滞在中に使用人（妾）を雇用　松代藩医で親交のあった渋谷秀軒の長女との縁談が破談となった後の象山が、門人勝海舟の実妹である順子を正室に迎えるのは、嘉永五年十二月のことである。最初の縁談が破談となってから十年余りも後のことであった。

その間の象山は、上述のごとく、松代藩江戸藩邸の学問所頭取、また藩主の真田幸貫が老中海防掛に就任するや、その顧問役となってアヘン戦争の経緯を含めた西洋事情の情報分析と日本の対外的な海防政策「海防八策」の策定、郡中横目役として松代藩の財政再建の殖産興業を図るための領内各村の各種資源の発掘調査、藩命による洋式野戦砲の鋳造と試演、嘉永元年からの西洋砲術教授の開始、特に同三年七月からは松代藩下屋敷である江戸深川藩邸で西洋砲術の公開教授を本格的に開始、そして翌年の嘉永四年五月には塾舎を江戸木挽町五丁目（現在の中央区銀座六丁目）に移し、幕臣や全国五十余藩の藩士に西洋砲術等を教授、等々、嘉永五年十二月に順子と婚姻するときまでは非常な多忙を極めた。

また、私的面では儒学の深化や洋学の修得を図って私塾を開き多様な学習目的の門人を抱えたこと、さらに『増訂和蘭語彙』『邵康節先生文集』などの編纂と刊行（一八四九年）、洋式大砲の製造に必要な構造や各種部品を原図のフィートやポンドの単位を日本の度量衡で換算し図解した『砲学図編』の著述・刊行（一八五一年）、そして極めつけは洋式大砲の原理と機能を得意の東洋易理で解釈した自信作の『礮卦《ほうけ》』（一八五二年）を執筆したこと、等々、東西両洋の学問を躬行実践する格物窮理の実学者として、象山は人生の中で最も多忙を極め、天下一等の洋儒兼学の学者として有名を馳せ、まさに時代を代表する学者として面目躍如たる活躍をする時期であった。

格物窮理の学問を現実問題の解決に向けてひたすらに躬行実践する実学者の象山は、「佐久間はいつ眠るか判らぬ(93)」といわれるほどに、昼夜の別なく研究と実践に一意専心の生活を送り、後に「四十以後は、乃ち五世界に繋ること有るを知る(94)」と回顧している。四十代の象山は、儒学を基礎に洋学を探究して、東洋と西洋の半円を統合した全円の世界的視野から日本を捉え、祖国日本の独立安寧の実現という国家の大目的に向かって八面六臂の活動を展開する。

このように実理有用な学問（実学）の理論と実践を多面的に展開する象山の精力的な学究活動を裏で支えたのは、弘化年間（一八四四—四八）に私塾や自宅の勝手向きを委ねてきた使用人（妾）の存在であった。栄誉ある武門の系譜に連なる佐久間家の存続と発展の重要性を、幼少時から語り継がれて脳裏に印刻されて育った象山にとって、三十歳を過ぎてからの最も重要な私的課題は、立派な嗣子を残し、家名を存続させることであった。

その結果、象山は、最初の縁談が破談となった後の弘化年間に、「使用人」として素性の立派な二人の女性（お蝶とお菊）を相ついで雇い入れ、江戸の塾舎に連なる自邸に住まわせた。やがて、象山は、この二人の使用人が女性として成長すると、妾として嗣子の誕生を託した。それに応えて彼女たちは、四名（三男一女）の子どもを産むのである。

上記のごとく、象山は、三十代後半から四十代前半の、当時としては壮年期に、三男一女に恵まれる。男子の誕生が待たれたが、最初に生まれたのは、弘化二年五月、お蝶の産んだ女児であった。しかし、この女児の誕生で初めて父親となった象山は、大変に喜び、菖蒲月の五月に生まれたので「菖蒲《あや》」と名づけて心から愛した。江戸に私塾を構えて蘭学に没頭していて、地元松代に戻らぬ象山に批判的な藩当局を意識してか、象山は、庇護者である藩老宛に

「賤妾義去月二十日に分娩、女子出生仕候。母子共甚健かにて肥立天幸の事に御座候」[95]と、女児誕生の喜びの書簡を送り、なおも江戸に留まる旨を報告する。

その後、象山は、三男一女に恵まれる。だが、不幸にして、その内の二男一女は相ついで夭折し、次男の恪二郎だけが残って成人する。しかも、その恪二郎は、象山からみれば、武門の当主としては資質や人格に欠ける男子で、内心、心許なく穏やかではなかった。

四　門人勝海舟の妹順子との結婚

海舟の妹順子を正室に迎える頃の多忙な象山　象山は、嘉永元年（一八四八）から西洋砲術（西洋兵学を含む西洋軍事科学、以下同様）の教授活動を始める。同三年には、江戸深川（現在の江東区永代一丁目）の松代藩下屋敷に西洋砲術の看板かけると、身分や藩を問わず入門者が急増する。そこで象山は、藩から資金援助を受けて同四年五月には、江戸木挽町（現在の中央区銀座六丁目）に私塾兼私邸（地主は旗本の浦上四九三郎）を構え、老母など一家全員を信州から呼び寄せる。

此度外宅御手充百参拾金戴き候て、木挽町五丁目御絵師の狩野殿向へ家を求め引き移り候。畳の数八十枚ばかりにて蔵も二ツ之れ有り、大小銃習はせ候空地も少々之れ有り、都合も宜しく偏に上の御特恩有り難く仕合わせに存し奉り候。[96]

象山の私塾の向い隣には、後に象山門人となり日本画壇の大家となる狩野芳崖（一八二八―一八八八）が学ぶ木挽町狩野家の画塾があった。象山と芳崖との出会いは、同画塾の出身で、当時、画塾生に指導助言をする同塾の顧問を務めていた江戸在住の松代藩御用絵師の三村晴山（一七九九―一八五八）の仲介であった。[97]三村は、象山との親交が深く、この三村の紹介で象山は芳崖と出会うのである[98]。

木挽町に西洋砲術を中心とする軍事科学系の洋学私塾を開設した当時の象山は、四十代の半ばで、蘭学原書を解読して最新の西洋知識を獲得できる希少な軍事科学系の洋学者として、全国にその名が轟いていた。彼の私塾には、旗本・御家人の幕臣やその家臣、五〇を超える全国諸藩の家臣たちが相ついで入門していた。象山が、旗本で門人の勝海舟の実妹である順子を正室に迎える嘉永五年の前後における私塾は、各藩の江戸藩邸からの通塾生で賑わい、寄宿の入門者も幾人か存在した。まさに、黒船来航前夜の象山塾は、異常なほどに入門者が殺到し、封建制度の根幹である「藩」（幕藩体制身分）の壁を越えて、塾生たちが互いに学術交流や情報交換をし合う、活気に溢れた最盛期の状態にあった。

順子を正室に迎える嘉永五年は、黒船来航の前年であった。この年には、加藤土代士（弘之、出石藩）・河井継之助（長岡藩）・小林虎三郎（長岡藩）・三島億二郎（長岡藩）、大槻礼助（仙台藩）・内山隆佐（大野藩）など二十数名が入門し、前年の嘉永四年には西村平太郎（茂樹、佐倉藩）・吉田大次郎（松陰、長州藩）・大島万兵衛（貞薫《さだか》、一八〇六—八八、幕臣家臣）など五十数名が入門していた。さらに、黒船が来航する嘉永六年には伴鉄太郎（旗本）・坂本龍馬（土佐藩）など一五〇名近くが一挙に入門して、象山塾は四〇〇名を超える多数の門人を擁する全国屈指の私塾に成長していたのである[99]。

したがって、象山の多忙さは異常を極めた。だが、それを支える奥向きの方もまた、住み込み門人もおり、食事その他の日常生活の準備に、火の車の忙しさであった。当時、木挽町に構えた象山の私塾兼住居で勝手を切り盛りしていたのは、使用人身分の妾であるお蝶とお菊であった。使用人として佐久間家に雇われたのは、お菊が天保十三年（一八四二）で十六歳のとき、その彼女より二年遅れでお蝶が弘化元年（一八四四）に十三歳で奉公した。したがって、雇われたのはお菊が二年早い先輩で、年齢もお菊の方が五歳ほど年長であった。

お蝶は二男一女（長女の菖蒲、長男の恭太郎と三男の淳三郎）を産み、お菊も次男の恪二郎を出産した。だが、順子を正室に迎える嘉永五年十二月のときには、お蝶の生んだ二男一女はすべて夭折し、お菊の生んだ五歳になる恪二郎だけが残っていた。佐久間家の家名存続を何よりも願う象山にとって、嗣子が頼りない次男の恪二郎一人になってしまったことはまったく心許ない状況で、象山は佐久間家の将来を思うとき非常な不安を隠しきれなかった。加えて、異常な盛況をみせる私塾の切り盛りにも女手を欠き、まさに象山塾の勝手向きも人手不足で多忙を極めていたのである。

お蝶が三男の惇三郎を生んだ翌月の嘉永三年の十二月、象山は、江戸から信州松代に住むお蝶とお菊に宛てて、次のような書簡を送る。そこには、いつもながら両人に対する象山の優しい心遣いが滲んでいた。

十一月十二日づけのきくの文、今日、届き申候。いづ方にてとゞこほり候や、ふしんに存候。先々、恪（次男の恪二郎）も惇（三男の惇三郎）も手前共両人（お蝶とお菊）も彌たっしゃとの事、何よりに存候。申越し候品品、帰りの節しつねんなく持参申すべく候。此間申遣し候通つれ候もの多ぜいに候間、其心得にて用意専一に候。手前ども、ひさしぶりにて逢候事に候間、かみなどゆひ居り申すべく候（後略）[100]

二人とも、江戸の商家に生まれ育った教養のある女性で、リテラシー能力も優れていた。が、象山は、漢字の少ない仮名交じりの優しい文体で、子どもや二人の女性（妾）の安否を気遣い、帰省の折には頼まれた江戸の土産の品々を忘れずに買い求めて帰参するとの優しい気配りを示し、また大勢の門人を連れて帰省することになるので受け入れ準備を万端なく準備しておくこと、久しぶりに会うので髪結いなどにも行き綺麗にして出迎えてほしいこと、などの願いの書簡であった。

海舟の入門後に順子を象山が見初めて求婚　ところで、正室となる順子の実兄である海舟が、初めて象山を訪問して面談するのは弘化元年、二十二歳のときとされる。[101] 海舟が蘭学を学ぶ大分、前のことである。天保十年には、

表３　象山の実子一覧

出　産　年　月	象山年齢	妾(母)	子の性別・名前	誕生後の状況
①弘化２年(1845)５月	35歳	お蝶	長女　菖　蒲	弘化２年(1845)11月夭折
②弘化３年(1846)７月	37歳	お蝶	長男　恭太郎	弘化３年(1846)９月夭折
③嘉永元年(1848)11月	38歳	お菊	次男　恪二郎	明治10年(1877)２月，勤務先の松山にて中毒死
④嘉永３年(1850)11月	42歳	お蝶	三男　惇三郎	嘉永５年(1852)夭折

当時、二十九歳の象山は、すでに神田阿玉ヶ池に念願の朱子学の私塾を開いていた。だが、その後、突然にアヘン戦争の情報が舞い込む。古代以来、日本の政治的文化的な宗主国であったアジアの大国である清朝中国が、英国のわずか数艘の軍艦に大敗を喫し、屈辱的な内容の不平等条約を結ばされたのである。

象山は、このできごとを契機に一念発起し、蘭学を本格的に学び始める。文法書を終えてからは、オランダ百科全書『ショメール』（"*Chomel, Noel*"：『日用百科辞典』*Dictionnaire Oeconomique*）に記載されたガラス、電気治療器、地震計など様々な西洋の品々をつぎつぎと製造して実験し、蘭書に記載された西洋科学の精密性・優秀性を確認しようと奮闘努力していた時期であった。

実際に海舟が象山塾に入門するのは、それから六年後の嘉永三年七月のことであった(102)。そのときの象山は、神田阿玉ヶ池の朱子学の私塾を、儒学、洋学、そして需要の高まる西洋砲術・西洋兵学を教授する総合的な私塾に拡大刷新し、松代藩下屋敷に西洋砲術教授の看板を掲げて教授活動を始めた年で、塾舎を木挽町に独立移転する前年のことであった。

海舟の入門を象山が記した最初の史料は、嘉永三年七月二十六日付の「母親宛書簡」である。そこには、「先年中野代官つとめられ候小谷《ママ》彦四郎殿の孫麟太郎と申人なども入門致候(103)」と、幕臣旗本の入門を殊の外、喜ぶ記載がなされていた。さらに翌日の松代藩門人宛の書簡にも、海舟の入門を、「旗下の士にも追々迂拙《うせつ》の唱へ候所信じ候て入門候もの之れ有候。小谷燕斎翁の孫なども入門の頼い之れ有候(104)」と、全国諸藩の藩士ばかりか、直参旗本までもが入門する天下一等の有名私塾に発展した喜びを伝えている。

多くの門人の中でも取り分け優秀な海舟は、象山、自慢の門人であった（「麟太郎と申人一昨年以来洋銃の門下に御座候処、漢学も可也に間に合候程にて剣術などもよく遣ひ諸侯方の内にも門人御座候[105]」）と、海舟は、象山塾に入門するときには、すでに漢学・洋学・蘭学に通じ、剣術も島田流の免許皆伝で、蘭学の方も私塾を開いて門人を抱えるほどの学力であった。その海舟の妹である順子と象山との出会いが、はたして海舟の紹介によるものであったのかどうか、その具体的な経緯は明らかではない。

肝心の順子を正室に迎える話しが象山史料に登場するのは、海舟が象山塾に入門して二年後、嘉永五年十一月十五日付の松代藩の知人宛書簡であった（「勝麟太郎殿妹妻にもらひ申度、内約束取極め申し候[106]」）。次が同月二十七日の松代藩の友人宛書簡[107]と、同じ日付で出された象山の理解者である松代藩家老の恩田頼母宛の書簡である[108]。これら三通の書簡の内で最も詳細な記述は、象山の庇護者である家老の恩田頼母宛の書簡で、そこには次のように正室を迎える話が記されていた。

> 小生義も当秋中召使一人仔細之れ有り暇遣し候処、其以来無人にて家事不都合に付、此度は母も勧め候に付、正室の相応なるを求め候処、門人ども丶色々世話仕候も之れ有候処、意に愜《かな》ひ候者之れ無く候ひしに、近日に至り風と一人之れ有り、早速取極め候義に御座候[109]。

ところが、黒船来航の前年、すなわち嘉永五年の秋に、二人いた「使用人」（妾）の一人（お菊）が故あって暇乞いをして実家に戻ってしまった。その結果、多くの門人を抱える象山の家庭は、家事万端、女手不足で非常に不都合な状況に陥ったのである。そこで象山は、母親の勧めもあり、使用人（妾）ではなく、意を決して正室を迎えることとした。そのとき、運良く正妻に求めたい女性（海舟の妹・順子）との出会いがあり、話は進み、婚儀の段取りを取り決めることになった、ということである。

松代藩の「藩日記」にも、「十一月二十三日」の日付で「其方儀、勝麟太郎様御妹縁組仕度旨、願の通仰付らる[110]」

との記録がある。江戸で主君の側近として活躍する象山の今度の婚儀願は、相手が旗本の令嬢であり、藩庁にとってもまったく問題なく、願いの通り直ちに受理された。

実は、順序が逆になるが、順子との婚姻が決まる直前の嘉永五年二月、妾のお菊は、先に引用の象山史料に記されているように、故あって恪二郎を残して佐久間家を出て、江戸の実家に戻ってしまったのである。

そこで象山は、母親の勧めもあり正室を迎えることにしたのである。象山の婚儀に関しては、門人たちも色々と紹介してくれるが、なかなか、意にかなう女性はいなかった。そのとき、運良く正妻とすべき理想の女性との出会いがあった。海舟の妹の順子である。思いをつのらせた象山は、早速、婚儀の段取りを進めることになった。

順子本人を見初めたのはもちろんであるが、それ以上に、順子が正室にふさわしい旗本・勝海舟の妹であることに惹かれたのである。立派な子どもを産める氏と育ち（家柄や身分、教養や嗜み）のよさを重視する象山の理想的女性像の条件を、順子は満たしていたのである。大名と同格の直参旗本である勝家における順子の生育状況を、象山は、藩での理解者である家老の恩田頼母に、次のように報告している。

御直参に勝麟太郎と申人之れ有り其妹に御座候。この勝は小谷燕斎翁《ママ》の甥にて荊婦《けいふ》（妻の謙遜語、愚妻）に相成候も其姪にて御座候。（中略）当時小普請（無役の旗本御家人）には候へども一と料見御座候人にて、小生門人中指を屈し候内の人に御座候。其母と申人も頗る気概のある女性にて手跡（筆跡）など男まさり達者なる事に御座候。[111]

順子の母親は、娘を正室に迎えたいと熱心に求婚する象山が、息子である海舟の恩師で高名な学者であることなど、海舟を通して象山という人物を理解していた。また、「五歳に成り候小児に年致し候召使なども之れ有り候」[112]と、五歳の小児（次男の恪二郎）と使用人（妾のお蝶）がいることなど、象山の家庭状況をもすべて理解した上で、「少女をもらひ候はゞ遣し候はんと申事と存候」[113]と、象山は、順子の母親が婚姻を認めてくれたことを記している。順子を見初めた象山は、婚儀の段取りを「早速に取極め[114]」、「引取り候は来月十五日と相約し申候[115]」と報告している。

十七歳の花嫁との年齢差が二十五歳の結婚

なお、先に紹介した源了圓『佐久間象山』では、象山と順子との年齢差が二十五歳と、親子ほどの開きがあることを不思議に思い、問題としてことさらに指摘している。だが、この程度の男女の年齢差は当時の結婚の慣習ではまったく問題のないことであった。しかしながら、このことを、さすがの象山自身も気にしており、世間の風評を案じていた。それ故に漢学者で博識な象山は、中国の古事「鐘繇《しょうよう》」（一五一―二三〇、晋の書家で政治家、晩年に二十九歳も若い正室を迎えた逸話）を取り上げて、夫婦間に大きな年齢差がある結婚は、別段、驚くことではないと弁明している。

さらに、もう一つのハードルがあった。象山が四十二歳で、正室となる女性が十七歳と若いことである。このことに関しても、象山は、中国の古事を紹介して弁明している。しかし、この点に関しては、象山は、ことさらに弁解しようとせず、どうぞ御一笑くださいと、恥じらうように突き放し、次のように述べている。

> 年の程余り相違にて人の呰笑《ししょう》（嘲笑、そしり笑い）を引き申べく候へども、晋の鐘繇なども晩年若き正室を得候例も之れ有り候へば貧著も御座有間敷、当年十七と申事に候。御一笑成し下さるべく候[116]。

合理主義者で堅物の学者と思われている象山は、何事にかぎらず生真面目で大人になれず、自己の思想と行動には正統性のあることを主張し、反論や弁解、あるいは自慢の弁を展開する。このたびの結婚に関しても、相手方との年齢差や若年性に関して、中国古事まで引用して弁解している。好きだから結婚したい、結婚は学問ではない故、それだけで、後付けの理論は必要ないはずである。

ところが学者である象山は、さらに自らの結婚観を披瀝するのである。男女の結婚で大切なことは、男女の年齢差や女性の若年性ではなく、日常生活での「性行」（人間性と普段の行い）が大切であり、これが悪ければどうしようもない。その「性行」とは、「了見（料見）ある家庭」で育てられるもので、年が若いということは全く問題ではない。

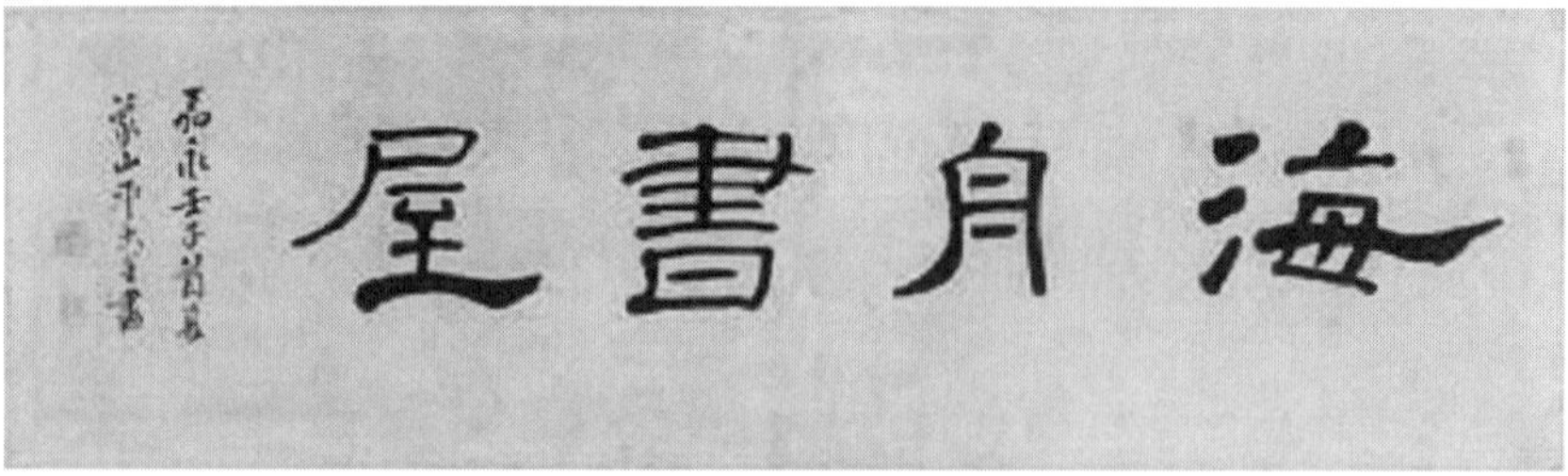

図31 「海舟書屋」の扁額（個人蔵，真田宝物館提供）

そう述べるのである。

旗本の家庭で立派な母親や兄の下で育った順子を見初めた象山は、年齢差の問題などを超越した男の一途な恋心を恥じらう故にか、予想される世間の風評に対して、次のように得意の防衛理論を展開している。

　六ヶしく候へば一も二も之れ無く（中略）少し料見ある母兄に育てられ候者に候はゞ一向の俗婦にも之れ有るまじく、左候へばけく年のわかきも面白かるべくと存じ候。[117]

象山の一途な思いが叶って、海舟の妹の順子を正室に迎える手続きは、嘉永五年の「十一月二十三日に願の通仰付られ難有仕合奉候」[118]と、藩当局では何の問題もなく受理された。正室として順子を佐久間家に迎える婚儀の日程も、「引取り候は来月十五日と相約し申候」[119]と決められた。年若い順子を見初めた象山は、順子本人の魅力も去ることながら、直参旗本である勝海舟とその母親のいる武家の家庭で養育された、気丈で賢明な女性であることに非常な満足感を抱いていた。

なお、順子との婚儀が執り行われた嘉永五年十二月、象山は、すでに蘭学塾「氷解塾」を開いて蘭学研究に励んでいた勝麟太郎に、開国日本の防衛が如何に重要であるかを説き、「海舟書屋」という扁額を記念に贈り[120]、開国日本の海軍研究に精励すべきことを推奨した。[121]「海舟勝麟太郎」（明治以降は「安芳」）、すなわち「勝海舟」の誕生である。

正室を迎える前に妾と子供が存在　幼くして神童と評され将来の大成を嘱望さ

れた象山は、父親や藩内諸師に就いて文武両道の基礎を修め、早くから天下一等の朱子学者をめざして刻苦勉励の幼少期を過ごした。念願叶って藩費で江戸に遊学中の天保五年、いまだ正妻も妾も持たずに、学問一筋の青年学徒であった。そのとき、象山は、佐久間家に関する諸史料を考証して佐久間家先祖の系譜を闡明する「佐久間氏略譜」を執筆する。その過程で、象山は、嗣子なき故に御家の断絶と再興を繰り返し、祖父の代から五両五人扶持（約一四石）という下級武家に没落した佐久間家の悲運の歴史を思い知り、屈辱と無念の思いに駆られたことはいうまでもない。

以来、文武の才に恵まれた象山は、身分を超えて活躍でき評価される学問の道を志し、ひたすら勉学に励んで天下一等の学者をめざし、佐久間家の存続と発展を願い求めた。それ故に、婚姻関係でも象山は、自分の優秀な才能を受け継ぐ嗣子の誕生を、ことさらに切望したのである。

その象山に最初の結婚の話があったのは、再度の江戸遊学で神田阿玉ヶ池に漢学塾「象山書院」を開設した翌年の天保十一年、三十歳のときであった。親交ある藩医の渋谷竹栖（修軒）の長女との縁組みが内定したのである。だが、この縁談は、婚姻の許可を巡って藩当局と対立する。問題の解決を願って婚姻の仲介役を依頼したのは、象山の庇護者で家老の矢澤監物（松代藩筆頭家老）であった。しかし、その直後に、頼みとする矢澤が急死して、藩当局の許可が得られず破談となってしまう。

これ以後の象山は、後に「三十にして天下に繋わること在るを知る」（『省諐録』）と述べたごとく、藩主や家老などの厚い庇護を受けて、公私にわたる多忙な研究活動を精力的に展開し、さらには新たに洋学をも修得して西洋砲術・西洋兵学などを教授する軍事科学系の洋学私塾を開設するなど、人生で最も多忙を極める絶頂期であった。

そして、最初の縁談から十数年が過ぎた嘉永五年十二月、象山は、二十五歳も年下の女性である門人勝海舟の妹（順子、お順、当時十七歳）を正室に迎えることになる。このとき象山四十二歳、初婚、当時としては非常に晩婚であった。

だが、そのとき、象山には「お菊」「お蝶」という二人の「使用人」（妾）がいた。年上のお菊の方は、故あって江戸の実家に戻り、実際に同居していた「使用人」（妾）はお蝶一人であった。彼女たちは三男一女を産んだが、不幸にもお菊が産んだ次男の恪二郎のみが生き残り、あとの三人は相ついで夭折してしまった。象山は、幼いわが子との死別に際して悲嘆にくれ、特に長男の恭太郎が夭折したときには、次のような惜別の和歌を残している。この世に生まれて間もなく、春の「沫雪（あわゆき）」のごとくに、解けて消えた愛おしいわが子を思う、一人の父親である象山の切なくも悲しい心情が読み取れる名歌である。

つもりしと　見しはきのふの　夢にして　たちまち消ゆる　はるの沫雪《あわゆき》(122)

表4　象山の妻妾一覧

正　妻	お　順（順子）		・旗本で門人の勝麟太郎の実妹「順子」と嘉永五年（一八五二）十二月に婚姻（順子十七歳、象山四十二歳、年齢差二十五歳）。 ・実子はなかったが、妾腹お菊の生んだ恪二郎を、お菊の離縁後は我が子のごとくに最期まで愛育し、佐久間家の維持に、実兄である海舟の支援を受けて尽力した。 ・象山の死後、勝家に戻り、名を「瑞枝《みずえ》」と改め、明治四十一年（一九〇八）に病没、享年七十三。法名は「慈海院殿妙香日順大姉」。
「妾」（使用人）	お　蝶（蝶子）	履　歴	・江戸芝西久保鰹節《かつおぶし》の問屋田中安兵衛の娘、天保二年（一八三一）の生まれ。象山より二十歳年下。 ・象山が神田阿玉ヶ池に私塾を開いていた弘化元年（一八四四）、十三歳で「小間使い」として奉公。
		人　柄	・容姿端麗で、三味線も達者で文章能力にも優れる。気質は温順にして誠実な性格、正室のお順とともに、妾のお菊の生んだ次男で嗣子となった恪二郎を養育して佐久間家を守り、象山の最期まで「妾」として内助の功を尽くした。象山没後も、恪二郎を実子のごとく慈しんで育てた。
		出　産	・弘化二年五月、長女の菖蒲《あや》を、江戸の神田阿玉ヶ池の私塾寓居にて出生。同年十一月に夭折。

		最期	・弘化三年七月、長男の恭太郎を信州松代の御使者屋の寓居にて出生。だが、病気に罹り同年九月に夭折。 ・嘉永三年十一月、三男の淳三郎が信州松代の御使者屋の寓居にて誕生。だが、嘉永五年六月に病死。 ・象山没後も佐久間家の再興に尽力、お菊の生んだ恪二郎の母親代わりとなり、その恪二郎が他界した後の明治三十七年五月、晩年を過ごした東京市芝区浜松町で病死、享年七十三。
「妾」(使用人)	お菊(菊子)	経歴	・天保十三年五月、江戸浅草蔵前の札差の和泉屋近藤九兵衛の長女(十六歳)を迎える。この時、象山は三十二歳であった。
		人柄	・容姿端麗で「蔵前小町」と呼ばれた。裁縫や針仕事など婦人としての嗜み(「糸竹の道」)を修得し、三味線や和歌・茶道にも精通した教養ある女性。
		出産	・嘉永元年十一月、信州の佐久間家で次男の恪二郎を出産。
		離縁再婚	・嘉永五年九月、故あって離縁して佐久間家を辞し江戸の実家に帰る。後に旗本で幕府御殿医の高木常庵(二五〇石)の後妻となって一男一女を儲け、何不自由ない生活を送る(佐久間家に残した実子の恪二郎は、正妻の順子と妾の蝶子がわが子のよう慈しんで養育し、象山他界の後も最期まで面倒をみた)。
		最期	・明治四十年十月十七日に天寿を全うす。享年八十。
		佐久間家に残した次男の恪二郎	・佐久間家に残した実子の恪二郎は嗣子として成長するが、象山亡き後は、慶応義塾を卒業して明治六年司法省に出仕し、愛媛県判事となる。 ・明治十年二月、判事として任地先の伊予松山にて食中毒で急死、享年二十九。正妻の静枝に男児(継述)がいたが病死、また、妾に女児(小松)がいたといわれるが真偽のほどはわからない(123)。
		御家断絶	・元治元年(一八六四)七月、象山刺殺と同時に松代藩は家名・家禄・家屋敷を没収、佐久間家は断絶。
		御家再興	・明治二年二月、特別の恩典をもって恪二郎が給人に取立られ佐久間家の家名再興なる。 ・明治十年二月、嗣子の恪二郎が他界し佐久間家は家名廃絶。
京都「妾」(使用人)	おます	経歴	・正親町《おおぎまち》三條様(権大納言)の側室の妹。京都上洛後の妾(「性もよろしく琴なども出来申候」「せいの高き女にてひんのよろしき方」「ぬひはりも何なり間を合せ申すべく」「名家の血筋の残り候(124)」)。
		趣味	・琴、京うた、三味線が得意で「ひんのよきものに候(125)」。
		奉公履歴	・象山が京都上洛後、刺殺に至るまでの極めて短期間の妾。
京都	おゆき	経歴	・京都の公家唐橋家の身内(水島家門)の娘で「名家の血脈の残り候(126)」。

「妾」（使用人）		趣味 奉公予定	・琴・京歌・三味線が得意[127]。 ・京都上洛後における妾の予定者であった。が、象山の突然の死で、実際に妾となり同居した形跡は認められない。

※　京都での象山の横死は元治元年（一八六四）七月十一日、享年五十四。法号は「清光院仁啓守心居士」（『象山全集』全五巻所収の関係史料、宮本仲『佐久間象山』、大平喜間多『佐久間象山逸話集』その他を参考に著者が作成）。

後に蟄居放免となり幕府の命を受けて上洛した折り、信州松代の姉の下に預けてきた妾のお蝶に対して、新たに京都で妾を持つことを後ろめたく思う象山は、「手前の事、わすれ候の外に致し候と申心さらさらになく候へばこそ、これくらいのくはしき事も、つゝまず申遣す事に候[128]」と、長文の手紙を書き、弁解し気遣っている。後述するが、このお蝶宛の書簡は、象山が斬殺される一ヶ月前に書かれたものであった。

松陰密航事件で捕縛直前の佐久間家　象山が、安政元年（一八五四）四月六日、門人吉田松陰の海外密航事件に連座して、幕府の江戸北町奉行所に召喚され奉行の井戸対馬守（生年不詳―一八五八）から尋問を受け、そのまま獄舎に収監される。奉行所には、取調に必要な身上調書が松代藩の御側御用人の津田転《うたた》から提出された[129]。その調書には、四十四歳のときの象山が、安政元年、江戸木挽町で西洋砲術を主体とする私塾を開設していた当時の、佐久間家七名の家族構成が次のように記されていた。

同人母八十歳、同人妻十九歳、同人悴妾腹恪二郎七歳、召使女一人二十五歳、下女一人三十三歳、下男一人五十四歳[130]。

そこで「召使女一人二十五歳」とは愛妾「お蝶」のことである。このとき、すでに「お菊」は江戸の実家に戻って不在であり、また「下女一人三十三歳」とは、妾ではなく、もっぱら家事を担う「下女」を指すものと思われる。

私塾兼住居であった当時の佐久間家（私塾と住居は別棟）には、上記の家族の他に、私塾に住み込み門人の山田兵衛（一八三一―九七、幼時より松代藩門人の山田定則で、維新後は飯田中学校教員。次男が三井圓二郎で、増訂『象山全集』全五巻の編纂者）、蟻川賢之助（直方、一八三一―九一、松代藩士で吉田松陰・小林虎三郎につぐ象門の高弟、松代藩鉄砲奉行、幕府講武所砲銃教授並）、北山安世（生年不詳―一八七〇、象山の実姉・恵の長男）、北山藤三郎（象山の実姉・恵の次男）、加州浪人上田捨蔵、十八歳の少年の子安鐵五郎（峻、一八三六―七〇、大垣藩、後に横浜弁天町に活版印刷所・日就社を設立。明治七年（一八七四）には日就社より『読売新聞』を創刊。象山晩年の側近の門人）などが下宿していた（実は大垣藩士の住み込み門人は四名いたが、象山の逮捕とともに子安以外の三名は帰藩した）[131]。

愛妾お菊が離別して江戸の実家に戻った真相

なお、象山にとって二人目の妾は、「蔵前小町」と評判の美人「お菊」である。天保十三年五月に十六歳で象山宅に「使用人」として雇用された。それから六年後の嘉永元年十一月、二十二歳になったお菊は、次男の恪二郎を出産する。だが、その子が五歳になる嘉永五年二月、彼女は、わが子を残して江戸の実家に戻ってしまい、後に旗本で幕府御殿医の高木常庵（二五〇石）の後妻に収まるのである。

一体、何故にわが子を残して象山と離別し実家に戻ったのか。その理由を説明している象山の伝記や評伝は全くなく、不詳とされてきた謎の一つである。だが、丹念に『象山全集』に収められた書簡史料を読み込むと、この問題を解く鍵が判明する。

彼女は、すでに出産前から佐久間家になじめず、実家に戻りたいという強い意向を示していた。象山と不仲であったわけではない。その本当の理由を、次の象山史料で知ることができる。

御煩はし申度事御座候。其義は、昨冬出産候めしつかひの事に御座候が、従来気質に尖なる所之れ有り候故、子を生じ候はゞ面白きものも出来候はんと申より、午年帰藩の砌も再び召抱へ、此地（信州松代）へも召具し候事に御座候。然る所此もの、継父と申すもの至て性合よろしからぬものにて、頻に金を貧りたがり、昨年も暇もらひ度とて此方へ参り候所、妊娠の廉を以て断り候所、当年は是非ともとて申候故、先昨年は兎も角もと申、少しの手充いたし返し候。[132]

お菊は、江戸浅草の蔵前札差の和泉屋近藤九兵衛の長女ということであったが、この書簡が出される前には、「継父」の存在は、象山史料にはまったく記されてはいない。だが、実は母の前夫で養父に当たると思われる人物が存在し、妾になった主人の象山宅のお菊の所に金子を無心にきていたということである。この話は、象山自身が上記のように記している故、信憑性がある。養父が訪ねてきてお金を無心されることは、お菊にとっては非常に迷惑なことであり、主人の象山に顔向けできないことでもあった。それ故に彼女は、幼子の恪二郎を残して象山のもとを去り、実家に戻る覚悟をし実行した、ということである。

実は、この問題に対して象山は非常に心を悩ませ、何とかして愛するお菊を自分の許に留め置きたいとの強い気持ちを抱いていた。その思いを、象山は、次のように仲介役を頼んだ義弟の雨宮左京（松代藩医）に述べている。

既に已に望み候所の子を得候事に付、当人をば帰し候ても之れ無しと申ものに候所、第一当人出産の後、小児を見、又追々大きく成り候て日々あいらしく成候を見候ては、何分帰り度之れ無く、是非とも其事、自身（象山）よりも申すべく候へども拙者よりも貴兄（象山の義弟である雨宮左京に説得役を依頼）を御頼申候。（中略）拙者に相従ひ少しく道理をも弁へまた其上に小児も出来候へば始終此方に身をかため申度志と存られ候。[133]

お菊も、妊娠して男児を出産し、わが子が成長して愛らしさを増していけば、その子を残して実家に帰ろうとは思わないであろう。象山は、そう考えた。しかしお菊は、我が子とともに佐久間家に止まりたいが、迷惑がかかるので象山への思いを振り切り、わが子を残して実家に戻ってしまったのである。

暇乞いをした愛妾お菊との別離に際して、象山は、愛別離苦の悲しい胸の内を、「めしつかひし女の　きさらぎのはじめに　いとまをこひければやるとて」と題して、

かりがねの　おなじこゝろに　さくらばな　さくをもまたで　いなむとやする

　春ごとに　かりも別れぞ　をしまる、　あきさへたてば　きぬるものから

という心中を吐露した惜別の和歌を数首詠み、嘆き悲しんだのである。(134) そこには、傲慢不遜・自信過剰で徹底した合理主義者と批判される、天下の大学者である象山の勇姿はみられない。唯々、愛する女性との別れを悲しむ純情一途な男心を正直に表現した和歌である。このような、一人の男としての心情を吐露する歌を詠むことも、決して象山自身にとっては特別な作為ではなく、偽りのない自然な自己表現をする象山の実像の一面を物語っている。

生涯を象山一筋に尽くした妾のお蝶　なお、もう一人の妾であるお蝶であるが、お菊とは対照的な女性であった。十三歳で小間使いとして象山の家に仕えた少女時代から七十三歳で他界するまでの六十年もの長い間、彼女は生涯を象山とお菊が生んだ嫡男恪二郎の養育に献身的に尽くして生きた健気な女性であった。

　再度の江戸遊学を許された象山は、天保十年年六月、二十九歳で江戸神田の阿玉ヶ池に最初の私塾を開いた。以来、『邵康節先生文集』の編纂（一八四〇年）、藩命である『四書』の訓点作業（一八四一年）、老中海防掛に就任した藩主真田幸貫の顧問役としての西洋事情の調査分析と日本の対応策（海防八策）の上書執筆（一八四二年）、藩の殖産興業を担う郡中横目役としての現地調査の職務遂行（一八四二年）、蘭語修得と蘭学原書の解読研究（一八四二年）、等々、象山の公私にわたる激務の生活は、女手がなく、住み込み門人も同居しており、多忙を極める生活状況にあったことは想像に難くない。

　私塾を開いてから四年が過ぎた弘化元年、ついに象山は一人の少女を「小間使い」として雇い入れる。江戸の芝西久保で鰹節問屋を営む商家の娘で、名は「蝶」（お蝶）、まだ十三歳の幼い少女であった。以来、彼女が、多くの門人を抱える象山の勝手向きを一身に担った。やがて彼女は、妾となって象山の子どもを三人、出産する。最初が、弘化二年五月に十六歳で出産した長女の菖蒲《あやめ》である。だが、この子は同年の十一月に夭折する。その翌年の弘化三年七月、今度は念願の嗣子・恭太郎を産む。だが、この長男もまた同年九月に夭折してしまう。さらに、嘉永三年十一月には、

三男の淳三郎を出産する。不幸は重なり、この子も二年後の嘉永五年六月に病死してしまう。黒船来航の前年ことで、象山が、国事に奔走し多忙を極めた時期であった。

それにしても、わが子三人のすべてを亡くしたお蝶の悲しみは察するに余りある。子煩悩の象山もまた深い悲しみに陥り、幼くして他界したそれぞれの子どもたちを弔う鎮魂の記念碑や和歌を残している。(135)

五　嗣子の誕生を切願する上洛後の象山

佐久間家存続への執念と嫡子誕生の切願　結婚して幾年が過ぎても正室のお順が子を産めない以上、相応の妾を求めて嗣子の誕生を願い、佐久間家の存続を確かなものにしたい。象山の強い願望であった。その思いは、特に彼が蟄居中の安政四年（一八五七）以降の書簡に表現されてくる。彼は、五十二歳で蟄居放免となり、五十四歳で決死の覚悟をもって上洛したのは、元治元年（一八六四）三月の最晩年のことであった。そして、同年七月に尊皇夷派の刺客に斬殺される直前の、わずか四ヶ月余りの短期間の在京中にも、何としても子を産める若い妾を求め、赤子でもよいから遺して憂いなく最期を飾りたい。この象山の強く切ない願望は、知人へ妾の斡旋を依頼する書状となって後世に残ったのである。

一体、何故に、清廉潔白で高潔な武士道を生きる象山は、自尊心も羞恥心を捨ててまで、他人に妾の斡旋を依頼したのか。膨大な象山史料を編纂した『象山全集』（全五巻）の大半を約一三〇〇通の書簡が占める。その中で、最初に妾の斡旋を正式に依頼する書簡は、蟄居中の安政四年五月、象山四十七歳の蟄居時代のもので、地元松代の信頼できる知人宛である。そこには次のように記されている。

下女相応のもの之れ無く候や。母とも左様申、只今、妻年若く候へども子の無きは生まれつき、又召使（妾のお蝶）も当年にて八年出生も之れ無く候へば是も出生は覚束なき事、何分恪二郎一人にては事足らぬ限りにて（中略）せめては男子にて両三人も欲しく候。依て此度下女を召抱へ候も妾に成り候ものに致し度候。[136]

上記の文章で明かなことは、象山が「下女」（使用人、妾）を求める理由が具体的に理解できることである。①正妻の順子が生まれつき子どもを産めない女性であること、②現在、同居中の「召使」（妾のお蝶）は嘉永三年（一八五〇）十一月に三男の淳三郎を産んでから八年が過ぎても妊娠の気配がないこと、③佐久間家にいる男子は恪二郎一人で心許なく、万一の場合に備えて男子三人はほしいこと、以上の三点であった。

この年は、米国総領事ハリスと日米修好通商条約を締結する前年で、外国との条約締結に勅許の有無をめぐって政治が混迷する激動の時代の渦中であった。蟄居中の象山は、公武合体や彦根遷都などの政治活動、条約締結や横浜開港などの外交問題、留学生派遣や外国人御雇教師の招聘などの文明開化の所説を、知人名義で幕府などに建言し、幕末期の政治動向に深く関わっていた。その象山が、いつ自分の身に何が起きるかわからず、恪二郎一人では佐久間家の存続はとても覚束ない。赤子でもよいから、せめて男子三人は欲しい。そのためには、何としても新しい下女を妾として召し抱えたい。これが決死の覚悟で幕末の政治活動に関わっていた晩年の象山の偽らざる本心であった。

妾を依頼した信州松代の梅田屋主人宛の書簡は、年老いた実母と佐久間家の将来を相談して決めたものである。この書簡は他のものとは違い、末尾に「梅田屋殿　内覧」とだけ記され、差出人である象山の名前は記されていなかった。「内覧」と記されているごとく、内々で読み、たとえ他人にみられても差出人がわからないようにとの気配りがなされた内密の私信ということである。この書簡は、象山四十七歳のときのもので、これを初めとして、以後、妾を依頼する書簡が、元治元年七月に京都で斬殺される直前まで、数通、書き遺されている。

次に紹介する書簡は、安政六年四月、四十九歳の象山が、蟄居中に妻の順子の承諾を得て、知人に「使用人」（妾）の紹介を依頼した書簡の一節である。内容的には、正室である順子の承諾を得たものであること以外は、前述の安政四年の書簡と何ら変わらない。だが、佐久間家を継承する男児の出生を切望する象山の、危機感の漂う焦りの真情が滲み出ている内容ではある。

相応の妾になるべきもの索し居候事、その家内にも承知にて（中略）是迄子女四人出生候へしかども恪二郎一人残り候のみ、只今の召使（お蝶）の腹は三人とも当歳又は三歳にて皆驚風様（急性脳膜炎）の病にてなくなり、其以来十年余も出生も之れ無く候へばもはや出生之れ無きに極まり候。(137)

江戸時代の諺に「足らず余らず子三人」「三人子持ちは笑うて暮らす」とあるが、象山は、恪二郎の他に一両人の男児を残し、佐久間家の安泰を確かなものにして死にたいと、蟄居赦免後、上洛して京都で斬殺される直前まで願い続けていた。佐久間家を継承した象山の一途な思いは、願望の域を超えた執念であり、晩年の象山の最大の達成課題であった。

次の書簡は、万延元年（一八六〇）九月二十五日付で、象山五十歳のときのものと推定できる。内容は、前掲の書簡と変わらないが、血統がよく怜悧で顔色の良い健康美人を望むと、妾となるべき女性の条件を具体的に記している点に特徴が認められる。

子供をば多く持ち申度、兼々望にて候所、男女四人迄之れ有り候ひしかども三人なく成候て、只今は恪二郎一人に相成、誠に心細く候。依て相応のものを得候て、責ては男女に限らず今両三人ほしく存候。右故に召使も血統をば撰み申度、又子供之れ有り候ても不才にては困り申候。子は多分其母に似候もの故に怜悧の女子に致し申度、顔色人に勝れ候程のものは多く其才も人に越え候ものに付、見悪くからぬをと望み候。(138)

天下に令名轟く高名な学者に大成した象山が、いかほど自分の優秀な血統を受け継ぐ子どもを残し、佐久間家の安泰を図ろうとしていたか。その切実な思いを、象山は、死の瞬間まで抱き続けていたのである。そのことが、次の文章でよくわかる。それは、元治元年七月三日、すなわち斬殺される八日前に、信州松代で待つ正妻のお順と妾のお蝶の両者に連名で宛てた、五十四歳で最期を迎える象山の率直な心情を切々と訴えた最後の書簡の一節である。

かねて手前も知り候通り、今一両人の子供をのぞみ居候所、わかき内ならば一年両年何とも思ひ申さず候へども、年致し候所にては一年も半年も誠にをしく、いかう年のよらぬ前に生れ候ものならば生れ候様致し度、土地も替り人も違ひ候はゞ、久しく出生の之れ無く候もまたあるまじきにも之れ無しと存じ、かつは此みだれかゝり候世には自分のいかゞ成るべきかもはかられず、其時にはたとひ当歳の小児之れ有り候ても其跡は夫だけ広くのこり候わけに候。(139)

象山は、自分が死ぬときに、例え男児が当歳（一歳未満）であっても、武家社会では佐久間家の家督は担保される、と考えていた。明治以降の近代社会においては、俸給は個人に支払われるが、前近代の武家社会では、例え零歳児でも嗣子がいて家が存続すれば、その家に対して俸給（家禄）は支払われるのである。戦場に出て勇敢に戦死しても、家名は担保され家族の生活は保障されるのである。家の存続を媒介とした封建的な生活保障制度である。それ故に象山は、佐久間家を残すためには、何としても恪二郎だけでは心許なく、さらに一両人の男児が欲しかったのである。

京における象山の横死と佐久間家の断絶　蟄居赦免の後、幕命を受けて元治元年三月に上洛した象山は、連日のように二条関白（一八一六―七二）・山階宮（晃親王、一八一六―九八）・中川宮（朝彦親王、一八二四―九一）らの公家や一橋慶喜・将軍家茂などに拝謁して、尊皇開国を前提とした公武合体や彦根遷都の政治活動・外交活動・文明開化政策など、円熟した「東洋道徳・西洋芸術」思想を具現化する所説を建言して回る多忙な日々を、騒乱の京都で送っていた。象山は、護身の意味を込めて自慢の西洋鞍の白馬に跨がり、西洋鞭を持って、京都市中を往来していたのである。

そのような象山は、幕末期の政治動向に深く関わる「洋学かぶれ」とみなされ、攘夷派の格好の標的とされていた。象山も身の危険を察知していたのである。災厄に遭う半月ほど前の元治元年六月二十七日、象山は、信州の姉宛に浪士に狙われ身辺に危険が迫り来る状況と、それに対応すべく常に短筒を腰に差して防衛している状況を、次のように書き送っている。

浪人共私の論と合ひ申さず候故、目がけ候と申す事、夫れ故、随分よく用心、馬にて出候せつも、勝（海舟）に調へもらひ候六挺がらみの短筒を腰に致し常に玉も込置候次第、昼すき之れ有り候へはふせり、夜分はその玉を込め候短筒を枕もとに置候て用心を専一に致し候。(140)

そのような身の危険な状況下で、象山は、いつ我が身に何が起きるかわからず、恪二郎一人では佐久間家の存続はとても覚束ない。赤子でもよいから、せめて男子三人は欲しい。そのためには何としても新しい使用人を妾として召し抱えたい。これが死を覚悟して国政に奔走する最晩年の象山の偽らざる本心であった。

だが、象山の悪い予感は的中する。前述の元治元年七月三日付のお蝶宛書簡を書いた八日後の七月十一日、山階宮邸から三条木屋町の自邸に帰る途上、まだ夏の日差しが強い夕刻、尊皇攘夷派の刺客たちに急襲される。何と全身に一三ヶ所の疵を受け、無惨にも斬殺されたのである。「此者元来西洋学を唱ひ、交易開港の説を主張し、枢機の方え立ち入り、御国是を誤候罪、捨置き難く候」（「榜書」）との大罪で天誅を加えた、との理由であった。時代を先駆する者は守旧の輩に断罪される、歴史の常である。

象山の死を悼んだ勝海舟は、象山著『省諐録』（一八七一年）の刊行に際して、冒頭の序文に時代を達観した象山の死を悼み、次のような名文を記した。

花の、春に先だつ者は、残霜の傷ふ所となり、説の、時に先だつ者は、旧弊の厄する所となる。然りと雖も、先だつ者あらずんば、後るる者、何を以てか警起せんや。嗚嗚、説の衆に魁くる者は危に遭ふを免れず。今世の人若し此書を以て平々にして奇なしと為さんか。余が新姻なる象山佐久間翁は、先づ開化日新の説を唱へて、数年前に於て終に厄に遭へり。(141)

だが、象山の横死（非業の死）を知った松代藩は、当時、藩筆頭家老の真田桜山（貫道、一八二〇―一九〇一）を中心とする象山排斥派が実権を握っており、悼むどころか、惨い仕打ちで象山を処分した。象山は、馬上、背後から刀で切られ、自ら抜刀して立ち向かわなかったのは武士にあるまじき醜態（「白昼道路ニ斃ルハ士道ヲ失フニ坐スル」[142]）との罪状で、何と惨死の翌日、一〇〇石の知行と家屋敷のすべてを召し上げ、継嗣の恪二郎を蟄居処分とした。これによって、象山が生涯をかけて守ろうとした佐久間家は断絶する。象山横死の二日後、同年七月の十三日に象山の亡骸《なきがら》は、松代藩祖真田信之（一五六六―一六五八）の菩提寺である京都花園妙心寺内大法院に葬られた。享年五十四、法号は清光院仁啓守心居士であった[143]。

象山亡き後の嗣子恪二郎の紆余曲折　象山が横死したとき、妾腹の嗣子である恪二郎は十七歳であった。象山遭難の翌日の朝、親族が象山名義で藩庁に、「恪二郎家督相続嘆願書」（「妾腹の恪二郎儀、当年十七歳罷成候。嫡子仕、私唯今迄拝領仕候知行百石、御情を以て右者へ下し置かれ家督仰付下され置き候様願奉候」[144]）を提出する。だが、象山排斥派が実権を握る藩庁は、何と当日の夕刻には嘆願を却下するのである。

象山亡き後、佐久間家の再興を担った嗣子の恪二郎は、嗣子として佐久間家の再興を果たせず、義理の叔父である海舟や象山門人たちの支援を受け、義母のお順や育ての親のお蝶の愛情に包まれて、何とか明治の新時代に生き残った。そして、幕府が崩壊し天皇親政の新時代を迎えた明治二年（一八六九）二月、維新政府は、特例をもって恪二郎を給人として取立て、佐久間家の再興を許すのである。

その後の恪二郎は、門人の山本覚馬（一八二八―九二、会津藩）から父親の仇討ちを進言され新撰組隊長の近藤勇（一八三四―六八）を紹介される。父親の仇討ちを決した恪二郎は、新撰組に入り剣術の修練に励む[145]。だが、同じく象山門人で「米百俵」の主人公である小林虎三郎（一八二八―七七、長岡藩）と伯父の勝海舟に敵討ちの非を説かれて翻意し、学問の道に進むこととなる[146]。

図32　象山の家族写真「上：象山，右下：順子，左下：恪二郎」（真田宝物館所蔵）

なお、佐久間家の断絶の後に、輪をかけるような不幸な事件が起きた。象山の理想的な女性像で、女子教訓書『女訓』のモデルでもあった実姉のお恵が、頭脳明晰で象山が将来の大成を期待した北山家長男の安世に切害されたのである。享年六十三。気丈な良妻賢婦の不幸な最期であった。象山、お恵、安世、そして恪二郎と、佐久間家一族には思いもよらぬ不幸が相つぐ。だが、救いは、象山が『女訓』を書き与えた愛おしい姪（りう）が、松代藩士に嫁して安穏な人生を送ったことである。

その後の恪二郎であるが、新撰組を脱走した彼は、明治四年に二十四歳で福沢諭吉の慶應義塾に入学する。なぜか証人は、福沢の最側近で中津藩士の小幡篤次郎（一八四二―一九〇五、慶應義塾の塾長）であった。福沢の中津藩は、幕末の第八代藩主の奥平大膳大夫昌服《まさもと》が象山を高く評価し、一藩挙げて象山門人となり、西洋砲術・西洋兵学を学ばせたのである。この中津藩と象山との深い因縁を、福沢や側近の小幡は知らぬはずはなかった。中津藩の近代化に貢献した象山に対する感謝の意を込めて、福沢は象山の嗣子である恪二郎を引き取り、判事にまで育て上げたものと思われる。恪二郎は、明治六年には、慶應義塾を卒業して司法省に出仕し、愛媛県松山裁判所の判事に任官する(147)。

だが、恪二郎は、慶應義塾の学生時代から放蕩三昧、複雑な女性関係を辿った。偉大な親をもつ子は不幸である。恪二郎は、象山の後継者にふさわしい才能に恵まれたわけではなく、慶應義塾への進学や司法省への仕官なども、福沢の格別な引き立てや、叔父の勝海舟、そして象山門人たちの物心両面にわたる支援があってのことであった。象山の没後、恪二郎は何一つ自力で成しとげたことはなかった。

特に司法省への任官に関しては、当時、同省の高官となっていた象山側近の門人で信州出身の渡辺驥《すすむ》（一八三六―九六、司法大亟兼大検事、後に大審院検事長）の推挙によるものであった。渡辺は、酒乱で女性問題を起こす恪二郎の行く末を案じ(148)、当時、愛媛県令であった知友の岩村高俊（一八四五―一九〇六、土佐藩出身）に監視役を依頼し、東京から遠く離れた松山裁判所の判事に任官させたといわれる(149)。

実は、その恪二郎と松山で親交のあった人物がいる。同じ信州松代出身の小松謙次郎（一八六三―一九三二、父は信州松代藩士の横田数馬、長兄は大審院長の横田秀雄。次男の謙次郎は同藩の小松家の養子となり東京帝国大学法科卒、逓信次官、貴族院議員、鉄道大臣などを歴任）の親しい知人で、東京赤坂在住の草間時福《ときよし》（一八五三―一九三二、旧制松山中学校初代校長)[150]という人物であった。その人は、恪二郎の翌年に慶應義塾を卒業したばかりで松山英学校に招聘され、明治八年には松山藩校が県立の松山英学所に移管された折りには、その初代所長（校長）となった。だが、その翌年三月、同氏は、政府の忌避に触れる筆禍事件を起こし裁判となる。何と、そのときの裁判官が佐久間恪二郎であった。裁判の結果は、予想よりも軽い禁錮二ヶ月罰金五十円という恩情ある判決を受ける。この裁判を契機に恪二郎と親交を結んだ草間は、象山の継嗣である恪二郎を「恪氏は逌《さすが》に象山先生の息子だけあつて議論の筋もよく、立派な裁判官であつた[151]」と回顧している。

しかし、恪二郎は酒を飲むと我を忘れて暴力沙汰を起こす性格であった。その恪二郎は、明治十年二月二十六日、任地松山の料理屋「涼風亭」で「鰻を食ひ、その中毒で死んで了つた[152]」といわれる。享年二十九、余りにも若い死であった。これをもって、象山が恥じも外聞もかまわずに拘り続け、嗣子の誕生を最期まで妾に求めた心配事が的中し、象山の最も恐れた佐久間家の断絶となった。恪二郎の死によって佐久間家は、以後、再興することはなかった。

六　象山死後のお順とお蝶の行く末

象山刺殺に遭遇した正妻お順の悲しみ　正妻のお順も若くして象山に嫁ぎ、彼女なりに誠心誠意、象山に尽くした。結婚年齢の若さや親子ほども開きのある年の差は、さすがに結婚に大様《おおよう》な江戸の社会においても異例であったのかも知れない。だが、お順は、他人の風聞などまったく意に介さなかった。また、自分が子を生むこともできず、妻妾同居の武家の慣行を容認して、妾とともに多数の門人を抱え、天下国家のために奔走する夫の象山を支えた気丈で賢明な女性であった。

そのお順は、象山が蟄居赦免となって上洛する前年の文久三年（一八六三）十月、九年ぶりに江戸の老母の病気見舞いのためのに、信州で象山と生活をともにしていた聚遠楼（藩家老望月主水の下屋敷）を離れ、江戸の勝家に里帰りをした。象山は、これが、お順との永遠の別れになるとは夢にも思わなかった。象山は、斬殺される約一ヶ月前の元治元年六月十八日、お順が無事に江戸へ到着したことを喜ぶ書簡を送っていた。

その書簡の直後、お順の下に、象山刺殺という突然の訃報が届く。悲嘆に暮れたお順は、自害して象山に殉ぜんとした。そのとき、お順は、いまだ二十九歳であった。そのお順に、殉死を思い止まらせ、象山の冥福を祈って生きる道を勧めた人物がいた。それは、海舟と親交の深い幕府大目付の大久保越中守（一翁、一八一八—八八）であった。彼は、お順宛てに次のような書簡を寄せたのである。

佐久間先生の御変、内々只今金之助より承り驚き入り候。其に付き御覚悟の趣、一応は御尤に存じ候うて、落涙いたし候。さりながら小子存じ込には、今よりは別して御一身ご養生なされ、今晩の御覚悟の御心露も御失念之れ無く、長く一御工夫《ごくふう》これあり候よう存じ候。（中略）呉々、先生お連れに相成り候御妾等御共いたし候とも、それらには聊か御拘りこれなく、他見には仏道に御入りとばかりお見せおき、何とか御心永に御工夫これ有りてこそ、御兄様、佐久間先生とも御恥しくこれなき御事これ有るべくと存じ候。必ず必ず御気短は御無用、一度は一向の御婦人と世に申され候方、かえつて御都合と存じ候。よくよくお考え下さるべく候。草々頓首

七月十八日　越中守

佐久間先生御家内様(153)

上記の大久保のお順宛て書簡は、元治元年の七月十八日付となっており、象山が斬殺された同月七月十一日からわずか一週間ばかり後のものであった。実に素早い対応であり、海舟の盟友である大久保の、お順の身を案じる優しさが滲み出ている。

その後、お順は自決を止まり、名を「瑞枝《みずえ》」と改め、妾のお蝶とともに象山を慰霊し、佐久間家の継嗣である恪二

郎の成長を支えながら、実家の勝家でひっそりと暮らし、明治四十一年十一月三日、病死した。享年七十三。主体性の強い気丈な女の一生であった。

妾お蝶の象山への一途な献身とその最期　天下に名だたる偉大な学者に出世して、天下国家の安危に関わる八面六臂の活躍をする象山に、生涯を捧げた女性は、お順ばかりではなかった。お順との婚姻よりも前に佐久間家の使用人（妾）となり、象山の子を生んでいた、お蝶という女性である。彼女は、象山にとっては最初の女性（妾）であり、最期まで象山一筋に献身する従順で健気な女性であった。お蝶は、他人から変人奇人と揶揄される気難しい象山の素顔をよく理解し、十代の初めから古稀を過ぎる最期まで、象山とその嫡男（後輩の妾お菊の子、恪二郎）の世話をし、両人の死後は慰霊の人生をひっそりと送った。男女の別なく、心底、愛する人がいれば、人は何事にも耐えて生きられる。この妾であるお蝶の耐えて生きる献身的な人生を思うとき、はたしてお蝶のように日陰で生きる妾の一生が幸か不幸か、一概には判別しがたく、言い知れぬ哀愁の情に満たされる。

著名な歴史小説家である諸田玲子氏は、正妻のお順を主人公にした『お順　勝海舟の妹と五人の男』（毎日新聞社、上下二巻、二〇一〇年）という関係史料を丹念に読み込んだ力作を書かれた。その中に、研究書と歴史小説の垣根を越えて読み味わうべき一文がある。それは、妾として生きたお蝶という女性の生涯を淡々と描いた次の文章である。

蝶は、順が嫁ぐ前から象山に仕えていた。三人の子を産み、三人とも失ってなお、生《な》さぬ仲の恪次郎《ママ》を育てた。正妻の順にも従順に使えた。粛々と己が宿命をうけいれてきたのは、生来の性格もあろうが、象山への一途な愛によるものだろう。(154)

象山が刺殺される直前に最も多くの書簡を交わした相手は、お蝶であった。象山は、上洛してお蝶と別れた翌月に、信州の姉の家に預けてきたお蝶に宛てて書簡を認める。その冒頭には、いつも「度々の文悦び存候」(155)と認められていた。お順が、上洛後の象山に、頻繁に手紙を書き送っていたことのわかる一文である。さらに、象山遭難の一週間前の元治元年七月三日のお蝶宛の象山最後の書簡の書き出しは、「十日十一日十四日十八日の文ども追々届き悦び見申候[156]」であった。お蝶は、象山のことを瞬時も忘れずに案じて、頻繁に手紙を書く。お蝶には手紙を書くことしか、象山への愛の表現はできなかったのである。象山を想い、筆を走らせているその一瞬が、お蝶にとっては象山との愛の語らいのときであった。象山もまた、愛するお蝶からの手紙を心待ちにして読み、「此のせつのけしき奥や手前をよびよせ候様のことに至らず[157]」と、命を狙われている物騒な京都にお順やお蝶を呼び寄せることができない状況を詫びるのである。

だが、女手なく不自由な身である故に、長引く京都滞在中だけの使用人（妾）を雇うことの許しを請うなど、「此表にて一時さしおき候ものに候へば江戸表は参り候にもまた其地へ参り候にも宿本へ返し候[158]」と、象山は、お蝶には、いかに忙しくとも必ず返事を書き送った。

お蝶に宛てた象山の書簡は、いつも長文で、正妻のお順にはいえない本音が綴られていた。京都で妾を持つことの理解と承認を最初に求めたのもお蝶であった。象山との年の差が二十歳と大きいが、十三歳のときに小間使いとして象山に仕え、やがて妾となって最も長く象山と生活をともにし、三人の子まで成してくれた女性、そして別の妾のお菊が産んだ恪二郎を母親代わりに育て上げ、象山と恪二郎の最期を見届けた女性。象山にとって、お蝶は、単なる妾ではなく、母のような姉のような甘えられる存在で、心底、寵愛する女性であった[159]。

そのお蝶は、象山が惨殺されたとき、愛する対象を失い、正妻のお順とともに殉死する覚悟であった。だが、残された、わが子同然で十七歳の恪二郎の先行きを思うとき、何としても生きなければならなかった。以後、彼女は、象山の夢であった恪二郎を立派に育て上げ、佐久間家の再興を図ることをひたすらに願った。だが、その恪二郎も明治十年二月に不慮の事故で他界する。享年二十九。この恪二郎の死も、親代わりのお蝶とっては辛く悲しい出来事であった。

その後のお蝶は、お順の住む勝家を離れて象山の門人や知人の援助を受け、象山と恪二郎の霊を弔いながら、東京の片隅で一人で生き抜き、明治三十七年五月、東京市芝区浜松町で病死する。享年七十三。お蝶は、妾であるが故に、愛する象山の正妻として表に出ることは許されなかった。だが、男女の形はいかにあれども、お蝶は、愛する象山を支えて生きる日陰の妾であった。が、その生き方も幸せな女の一生であったのかも知れない。

素顔の象山は、徹底して「理」を躬行実践する合理主義の学者、悪くいえば理屈屋という表向きの顔とはまったく逆で、家族や他人との普段の人間関係では、喜怒哀楽の心情を素直に表現する情愛の細やかな「情」の人であった。特に象山にとっては、両親や正妻はもちろん、妾や子どもたち、恩師や知人友人、そして多くの門人たちとの愛別離苦の感情は格別に深く、数多くの別れに臨み、哀悼の情を詠んだ漢詩や和歌などを数多く残している。

英国の経済学者ケインズ（John Maynard Keynes, 1883–1946）が、恩師マーシャル（Alfred Marshall, 1842–1924、英国経済学者）の人物評に記した名句を借りていえば、象山の表裏を兼ねた全人的な人間像は、「冷静な頭脳と人情豊かな心」（Cool Head, but Warm Heart）と表現することが適切である(160)。

そのような素顔の人間・象山であったればこそ、多くの門人や知友、そして誰よりも正妻のお順と妾のお蝶が、象山の没後も変わらぬ思慕と敬愛の情をもって象山を想起し、霊前に冥福を祈って生きたことも当然と理解できる。

おわりに——幕末期の武家社会と妾の役割

門人勝海舟と恩師象山における妾問題の異同　たしかに偏狭な歴史理解の故に、妾の問題で象山思想の近代性を批判し否定する研究者が存在することは事実である。だが、幕末動乱の時代を生きた象山は、アヘン戦争当時の天保期という早い時期に、藩校設立による藩学教育の改革、女子の小学教育の義務化と女子教育における算学学習の重要性の提起、そして黒船来航の前に蘭語を修得して西洋近代科学の様々な実験的検証による積極的な西洋文化の受容を主張、蘭日辞典の編纂刊行による西洋知識の普及拡大の躬行実践、西洋砲術・西洋兵学の西洋軍事科学を中心とする私塾教育の実践と数多の人材育成、さらに黒船来航後は開国和親と横浜開港、留学制度や御雇外国人教師の招聘、等々、世界の中の日本というワールドワイドな観点から「東洋道徳・西洋芸術」思想を各方面に展開した。まさしく象山は、日本近代化の羅針盤となりうる「東洋道徳・西洋芸術」という思想を実践躬行した日本近代化の先駆者であった。

その象山を支えていた精神的支柱（アイデンティティ）は、栄えある武家に生まれ育った武士道の精神であった。彼は、自らが継承した佐久間家を、何としても次の代に継承させるべく、子を産めない本妻の他に、妾に嗣子の誕生を願い続けた。だが、象山は、晩年に上洛して、尊皇開国を基本とする政治改革を展開する最中、攘夷派に襲撃されて横死する。拘り続けた嗣子誕生の願いは叶わず、佐久間家は御家断絶となったのである。

幕末期といえども近世社会の延長上にある家制度の社会であった。有限な存在である人間は、家が存続して初めて、その存在が担保される。すなわち、人間は、家を媒介として、有限な存在を無限化することのできる唯一の動物なのである。人間にとって、生と死を繰り返して永遠と繋がる場が家であり、それ故に家は永遠であり絶対的な存在なのである。人は有限、家は無限。それ故に、婚姻によって家を継承する嗣子の誕生が切望されるゆえんなのである。正妻が子どもを産めない場合を想定して、妾（側室、使用人、女中、下女など、様々な呼称）を迎えることは、幕末期といえど江戸時代においては、法的にも社会的にも否定されることではなかった。上は天皇家をはじめとする公家や将軍家を筆頭とする武家社会においてはもちろん、一般庶民の社会にも広く普及し定着していた慣習―家制度を存続させる智慧―であった。

ここまで、象山の妾の実態を追求してきた。だが、実は、門人で義弟の幕臣旗本・勝海舟にも象山をはるかに凌ぐほどの妾がいた。彼女たちは、それぞれに海舟の子を生んだのである。明治維新の際に、江戸城の無血開城という大業をなし遂げた偉大な武人であり政治家である海舟の場合、妾の存在はあまり問題とはされない。無役の貧乏旗本の子であった海舟は、剣術・儒学・蘭学などを修業中の二十三歳のときに、江戸神田の商家の娘（お民）を嫁に迎える。三歳年上の姉さん女房で、大胆不敵で豪放磊落な政治家の海舟を支え、彼の妾たちの生んだ子どもたちも実子同然に育て上げた、気丈な良妻賢母であった。海舟が抱えた妾は、史料に裏付けされて公表されているだけでも五名もいたのである。[161] 増田糸（お糸）、小西かね（お兼）、梶玖磨（お久）、清水とよ（おとよ）、森田米子（お米）。彼女たち妾は、すべて正妻お民の認めるところであった。特に海舟の身の回りをするお糸と、台所の責任者で料理上手なお兼の二人は、妻妾同居であり、共に海舟の子どもを産んだ女性である。また、海舟が海軍伝習所に学んでいた長崎時代に妾となったのが、当時、十五歳のお久で、彼女は三男の梅太郎を産んだ。さらに第四が、海舟の晩年に妾となった自邸（赤坂氷川）の近所の旧幕臣の娘おとよであった。彼女も海舟の娘（妙子）を産むが、それは明治十八年（一八八五）三月、海舟が六十三歳という晩年のことであった。そして第五番目の妾が、海舟の別荘（木下川梅屋敷）の管理人をしていたお米という女性であった。

膨大な『勝海舟全集』（全二三巻）を編集した勝海舟研究の第一者である倫理学者の勝部真長（一九一六―二〇〇五、お茶の水女子大学名誉教授）は、単独でも『勝海舟』（上下二巻）という大著を著し、その下巻に「海舟をめぐる女性たち」という一節を設けている。そこには、勝部が、勝海舟研究で得た「男は、なにか命をかけた仕事に取り組む緊張感にあふれたとき、新しい女に手を出すことがある」[162]との名言が記されている。言い得て妙である。また、海舟の盟友である西郷隆盛は、象山と海舟の師弟を比較して、「学問と見識においては、佐久間抜群のことに御座候へども、現事に候ふては、この勝先生とひどく惚れ申し候」[163]と述べ、現実的な政治家としての海舟の能力を高く評価した。妾の問題に関しても、根拠のある正統な理論をもって理路整然と弁明する学者の象山は、余りにも几帳面で生真面目すぎた。だが、門人の海舟は豪放磊落な政治家であった。学者と政治家、この両者の生き方の相違が、妾の持ち方や関わり方の相違を生んだといえるのかも知れない。現実社会には非合理や不合理なことが沢山あり、また弁解する必要のないことも多々ある。歴史上における、その最たる事柄が男女の問題、すなわち妾の問題であった。

近代日本を生きた渋沢栄一の妾問題の現代的意味　ところで、象山や海舟と重なり合う幕末維新の時代を生き、令和三年（二〇二一）のNHK大河ドラマの主人公であった渋沢栄一（一八四〇―一九三一）。彼は、生涯に約五〇〇もの企業の創立・経営に関わり「資本主義の父」と称される近代日本の殖産興業の偉大な恩人である。その功績は国家の認めるところであり、この度の令和の紙幣改革に際して、最高額の紙幣である壱万円紙幣の肖像に用いられた。まさに渋沢は、日本の歴史を代表する偉人である。

だが、その反面、彼は、非常な好色家（好色漢）としても有名である。妻妾同居の渋沢家で、正妻の子として四男に生まれた秀雄（一八九二―一九八九）は、東京帝国大学法科大学仏法科卒業の秀才である。その彼が、栄一の没後、『父　渋沢栄一』[164]という伝記を書き残している。同書には、親子でなければ知ることのできないこと、また恐れ多くて書くことのできないことなどを交えて、素顔の栄一の生涯が淡々と描かれている。驚いたのは、同書の本文の各所に栄一の女性問題、すなわち妾の問題が散見されることである。いくつか事例をあげれば次のような記述である。

①（論語と算盤の実践者）の「父は、花柳界で遊びもしたし、妾宅も持っている。だから父は新聞や雑誌から青年子女の品行問題など質問されると、自分にそれを語る資格はないと遠慮していたほどである」[165]。

②大佛次郎さんに父の伝記小説『激流』の執筆を依頼したとき、その冒頭に「渋沢栄一って、妾があるんだってな（後略）」といった。すると他の一人が「渋沢さんて、人格者なんだろう?妾なんか持つかしら（後略）」[166]。

③父の明治四十二年の日記に、夜の宴会へ招かれたあとなどに、「帰途一友人ヲ問ヒ、十一時半ニ寄宿ス」と書いてある。思わず失笑したことがある。「父の一友人は、二号さんなのである」[167]

秀雄は、父親の妾問題には実に寛容であった。というよりも、江戸時代に生まれて昭和の戦前まで生きた栄一の時代感覚からすれば、妾を持ち妻妾同居の家族であること、あるいは妾に別宅を用意し生活費を与えて通うこと、などに罪悪感や羞恥心を感じる日本人は極めて少なく、妾の存在は世俗的社会における資産家や成功者の象徴的な事柄と黙認されていた。そのような江戸時代を現代に引き継ぐ近代日本社会の男女関係の旧慣を、秀雄は、次のように記している。

古い時代の人間の倫理感覚が、性の問題には放縦なくらいにゆるやかで、明治の大臣など、権妻《ごんさい》（正妻でない妻、妾）を持つのが公然のこととして許されて、それが現在の社会的遺伝となって残っている。(168)

渋沢栄一が、正妻の公認で妾をもち妻妾同居の日常生活を送り、外にも多くの妾を抱えて別宅を与えて通ったこと。それら数々の渋沢に関わる妾の問題は、近代日本における偉大な社会的成功者に認められる特権的な事例である。彼は、武蔵国榛沢郡血洗島村（現・埼玉県深谷市血洗島）という僻村の農民出身でありながら、徳川御三卿の一橋慶喜（一八三七―一九一三）に召し抱えられて士分となり、幕末期の多難な国事に関わり財政面での異才を放った。維新後は、近代日本の財政的基礎の形成をめざして奔走した。が、官に合わず公職を辞し、自由な民間世界で銀行や各種企業の創立・経営に辣腕をふるった。

また、商法講習所（現、一橋大学）・大倉商業学校（現、東京経済大学）の設立に関わり、同志社大学や早稲田大学の設立や拡充にも尽力した。さらには女子の高等教育の必要性を唱えて東京女学館や日本女子大学の創立にも財政的支援をしたのである。

まさに渋沢は、実業家・教育家・民間外交家・福祉医療家、等々、八面六臂の活躍で、近代日本の国家創業時における殖産興業の財政的基盤の形成に多大な貢献をなし、近代日本の発展に偉大な功績を残した歴史的偉人である。

その「日本資本主義の父」と称される国家的な偉人の渋沢が、実は正妻亡き後に再婚するが、最初の正妻の時代から、妻妾同居あるいは別宅を構え、多数の妾を抱えて晩年まで子どもを儲け、多数の子どもを残したことは公然の秘密である。それら妾の子どもを含めて、多くの子どもたちが渋沢が創業に関わった企業その他の後継者となり発展を支えたのである。さすれば、渋沢が多くの妾を囲い沢山の子どもを残したことは、結果的には日本の発展に人的面で偉大な貢献をなしたともいえる。それ故にか、渋沢の妾問題を批判する日本人はほとんどなく、管見の限りでは、その種の論文や著書はみあたらない。

ところで、その渋沢の場合は、御家存続のための嗣子の誕生を一途に切願した悲愴な象山の場合とは、妾を囲う動機や意味がまったく異なっていた。まず、象山の場合は決して別宅を構えず妻妾同居であった。その形式は武家社会の常で、妾は藩籍上の公称は「使用人」であり、同居して嗣子を産み家事その他を分担したのである。だが、勝海舟や渋沢栄一の場合は異なっていた。自宅とは別に別宅を与えて生活費を給したのである。その場合の妾は、特に子どもを産む責任はなく、男女の関係で結ばれていたのである。もしも子どもが生まれた場合は認知して本宅に引き取り、正妻が育てるか、それとも妾が別宅で認知を受けた子どもを養育するか、妾とその子をめぐる在り方は様々であった。

渋沢は、男女間における性の本質において妾の存在意義を体認し、そのことに罪悪感や羞恥心を感じることはほとんどなかった。だが、朱子学者として天に恥じなく武士道を生き抜く象山の場合は、妾を娶ることの女性観に羞恥心を感じるが故に、それを正統化する理論を立てるなど、愚直であるが故に気苦労が絶えなかった。しかし、世俗世界の修羅の政道を生きた海舟の場合は、妾の問題でも豪放磊落でまったく気にせず、そして渋沢の場合は実業界の商人道を生き抜き殖産興業に貢献した。海舟も渋沢も妾の問題に関しては、実に賢明であった。象山・海舟・渋沢、時代を共有した彼ら三人の妾との関係性は、三者三様、実に対照的であった。

象山生誕後、二百年以上が過ぎた。象山が刺殺されてからでも百六十年近くの歳月が流れた。今、世界の婚姻制度は、象山の生きた幕末期とは様変わりし、同性婚を含めて多種多様な形態が存在する。アフリカ諸国やイスラム社会に多い一夫多妻制、ヒマラヤ山麓に見られる一妻多夫制、日本をはじめとする東アジア社会にみられる旧態依然とした妾の存在の実態、さらに近年では欧米社会に準じて日本でも夫婦別姓や同性婚の問題も現実的な社会問題となって政治を揺がしている。

しかしながら、現代日本における婚姻の原則は、民法第七三二条の「重婚禁止の規定」に基づき、婚姻は一夫一婦制であり、古代以来、長きにわたって存続した妾制度の慣習は法的に否定され、森有礼が描いた人権と自由が平等に保障される男女平等の夫婦社会となった。だが、現代日本の民主主義思想の視座から、まったく人間存在の法的システムの異なる幕末期の厳しい家制度の時代を生きた、象山にみられるような妾制度を、批判し否定することは、存在した歴史的な事実や慣習を否定し冒涜する誤った時代錯誤の歴史理解である。

過去を否定して現代は存在しえない。現代もまた過去に連なる相対的な時間の流れの一瞬であり、絶対ではありえず、まちがいなく過去となるのである。そのような相対的な現代を基準として過去を捉えることは、「過去の現代化」である。いかに時代が変転しても、事実を事実として捉えることを第一義とする歴史理解の本質を、歴史学に関わる人間は否定することはできない。

註

（1）国立国会図書館デジタルコレクション版『新律綱領』（上巻、三二頁）に「二等親図」が記されており、「妻妾」すなわち「妻」と「妾」は「二等親」で同等と規定された。なお、「等親」は「親等」と別の概念であり、家族の階級序列を示す制度である。また、「妾」に関する規定は、明治十三年〈一八八〇〉七月の太政官第三六号布告（明治十五年一月施行）で消去された。

（2）村上一博論文「明治後期における妾と裁判」（明治大学『法律論叢』第七五巻第二・三合併号、二〇〇二年、八四頁）。

（3）本章で用いた最大の基本史料は、象山研究の原典史料である増訂版『象山全集』（全五巻、信濃毎日新聞社、一九三四―三五年）である。以後、出典の注記に際しては、単に『象山全集』第○巻、○○頁と略記する。

（4）象山の家系に関する史料は、象山自身が編集した『神渓佐久間府君年譜』『佐久間氏略譜』（『象山全集』第一巻「象山浄稿」所収）を中心に、宮本仲『佐久間象山』（岩波書店、増訂版、一九四〇年）に収載の「佐久間氏略譜」、大平喜間多『佐久間象山』（吉川弘文館、一九五九年）の「家系及び血統」の項、等々を参照して論述した。

（5）後述するように、幕末洋学史研究者の佐藤昌介（一九一八—九七、東北大学名誉教授）は、『洋学史の研究』（中央公論、一九八〇年）その他の研究専門書で、象山の妾問題を指摘し厳しく批判している。また、同氏に傾倒する数学者の川尻信夫（東海大学名誉教授）も、立教大学で取得した数学の博士学位論文を補訂した著書『幕末におけるヨーロッパ学術受容の一断面—内田五観と高野長英・佐久間象山—』（東海大学出版会、一九八二年）において、佐藤と同じ視座か生理的次元での嫌悪感をもって象山の妾問題を指摘している。

（6）宮本仲『佐久間象山』、六三〇頁。

（7）宮本仲『佐久間象山』、六三〇—六四〇頁。

（8）大平喜間多『佐久間象山逸話集』、信濃毎日新聞社、一九四八年。

（9）大平喜間多『佐久間象山逸話集』の「妾を周旋して呉れ」、三〇三頁。

（10）山路愛山『佐久間象山』東亜堂出版、明治四十四年。Ａ５判二七四頁。

（11）象山全集は二度刊行されった。最初の全集は信濃教育会編纂の上下二巻本で、東京の尚文館から大正二年（一九一三）に出版された。両巻とも一一〇〇頁を超える膨大な分量の豪華本であった。
だが、その二巻本の全集には未収録の象山関係史料が大幅に増補改訂され、同じく信濃教育会の編纂で、今度は信濃毎日新聞社から全五巻本（各巻七〇〇頁前後）とし再刊された。それが、「象山全集」の決定版である増訂版『象山全集』（昭和九〈一九三四〉—十年）であった。昭和戦前に増訂版が刊行されて以降は、象山研究者のほとんどが増訂版『象山全集』（全五巻）を使用するようになった。

（12）奈良本辰也・左方郁子『佐久間象山』清水書院、一九七五年、九〇—九四頁。

（13）奈良本辰也・左方郁子『佐久間象山』、九〇—九一頁。

（14）『象山全集』第四巻、嘉永五年十一月二十七日付「竹村金吾宛書簡」、九五頁。

（15）源了圓『佐久間象山』（ＰＨＰ研究所、一九九〇年）。なお、同書は二〇二二年七月、吉川弘文館より「読みなおす日本史」の一冊として復刊された。

（16）吉川弘文館版『佐久間象山』、一二八頁。

(17) 吉川弘文館版『佐久間象山』、一二九頁。
(18) 『象山全集』第四巻、嘉永五年十一月二十七日付「恩田頼母宛書簡」、九八頁。
(19) 江戸時代の後期には晩婚化が進み、「十八、十九世紀における平均初婚年齢は、男性二五―二八歳、女性一八～二四歳」となり、それ以前より「男性で二歳、女性で三歳程度」上昇したといわれる（渡辺尚志『百姓たちの江戸時代』（筑摩書房、二〇〇九年、九頁）。
(20) 松本健一『評伝　佐久間象山』（上巻、中央公論新社）、一八五頁。
(21)(22)(23) 前掲、佐藤昌介『洋学史の研究』、一七六頁。
(24) 佐藤昌介『洋学史の研究』、一九九頁。
(25) 佐藤昌介『洋学史の研究』、二〇四頁。
(26)(27) 佐藤昌介『洋学史の研究』、二〇五頁。
(28) 佐藤昌介『洋学史の研究』、二〇七頁。
(29)(30) 佐藤昌介『洋学史の研究』、二一三頁。
(31)(32)(33) 佐藤昌介『洋学史の研究』、二一九頁。
(34) 佐藤昌介『洋学史の研究』、二三一頁。
(35) 佐藤昌介『洋学史の研究』、二三六頁。
(36) 佐藤昌介『洋学史の研究』、二四三頁。
(37) 佐藤昌介『洋学史の研究』、二四三頁。
(38) 佐藤昌介『洋学史の研究』、二四六頁。
(39) 例えば源了圓に対しては、「源氏の場合は詳証術イコール数学」と理解し、「象山の数学研究は日本の近代化過程そのものに影響を与えたとまで評価」（同上、川尻『幕末におけるヨーロッパ学術受容の一断面』、二八二頁）していると批判している。また、植手通有の象山理解に関しても、川尻は、「証詳術（数学）は万学の基本なり」（佐久間象山『省諐録』）という表現を、「象山の学問全体を評価する一つの根拠」にしていると批判し、「内容やプロセスの追求を抜きにして彼の片言だけを取り上げ、逆にこの言葉の現代的解釈を根拠として彼の学問に対する態度を論じても、何の説得力も持たない」（同上、川尻『幕末におけるヨーロッパ学術受容の一断面』、二八二―二八三頁）と天に唾する批判をしている。

(40) 川尻信夫『幕末におけるヨーロッパ学術受容の一断面』、二八三頁。
(41) 川尻信夫『幕末におけるヨーロッパ学術受容の一断面』、二八六頁。
(42) 川尻信夫『幕末におけるヨーロッパ学術受容の一断面』、二九四頁。
(43) 川尻信夫『幕末におけるヨーロッパ学術受容の一断面』、二九六頁。
(44) 川尻信夫『幕末におけるヨーロッパ学術受容の一断面』、二九七頁。
(45) 川尻信夫『幕末におけるヨーロッパ学術受容の一断面』、三〇六頁。
(46) 川尻信夫『幕末におけるヨーロッパ学術受容の一断面』、三一一―三一二頁。
(47) 川尻信夫『幕末におけるヨーロッパ学術受容の一断面』、三一五頁。
(48) 川尻信夫『幕末におけるヨーロッパ学術受容の一断面』、三一七頁。
(49)(50) 川尻信夫『幕末におけるヨーロッパ学術受容の一断面』、三〇八頁。
(51) 前掲、佐藤昌介『洋学史の研究』、二四四頁。
(52) 前掲、『象山全集』第五巻、万延元年四月二十七日付「恩田頼母宛書簡」、二一五頁。
(53) 前掲、岩波文庫版『省〓録』、一二三頁。
(54) 前掲、佐藤昌介『洋学史の研究』、二四五頁。
(55) 前掲、『象山全集』第五巻、元治元年四月十一日付「姉宛書簡」、六六九頁。
(56) 『象山全集』第五巻、元治元年六月十八日付「お蝶宛書簡」、七一一―七一二頁。
(57)(58)(59) 前掲、佐藤昌介『洋学史の研究』、二四六頁。
(60) 川尻が批判した丸山真男の象山研究論文「幕末における視座の変革―佐久間象山の場合―」は、当初は昭和三十九年(一九六四)十月、長野県の信濃教育会主催の象山没後百年記念の講演原稿(テープ起こし原稿を推敲)であった。数学重視の数理的視座や武士道的視座など、従来にない象山分析の新しい視座を提示し、好評をえた。同原稿を、丸山は、翌年五月に雑誌『展望』(同年五月号)に転載し、さらに著書『忠誠と反逆―転換期日本の精神史位相―』(筑摩書房、一九九二年二月)に収め、多くの研究者の注目を浴びた。
また、川尻に批判の対象とされた丸山門下の植手通有には、『日本近代思想の形成』(岩波書店、一九七四年)の第六章「佐久間象山における儒学・武士精神・洋学」という象山研究の力作がある。その後、同論考は、岩波書店「日本思想大系 五五」の『渡邉崋山・高野長英・佐久間象山・横井小楠・橋本左内』（岩波書店、一九九六年）に、長文の「解説」論文（六五一―六八五頁）として収録された。植手は、恩師丸山の研究手法を継承し発展させた斬新な象山研究者で、幕末政治史研究の進展に貢献した。丸山・植手の両氏はともに、象山が、蘭語「wiskunde」（ウイスキュンデ）を「詳証術」という日本語訳で「数学」と表現し、西洋近代科学を支える諸学問の基礎学と捉えている象山の合理主義・実験主義の思想的特徴を近代性として評価している。だが、数学者である川尻は、象山の学んだ数学は、とても「学」とは呼べない「計算の技術」で、西洋数学の「wiskunde」（ウイスキュンデ）とは比較にはならないと否定し、丸山や植手が、象山の西洋数学の理解の仕方を近代思想として評価する観点を厳しく批判し否定している。

(61)　森有礼をはじめとする幕末薩摩藩の英国留学生については、犬塚孝明「薩摩藩英国留学生」（中公新書、一九七四年）を参照。なお、森有礼に関する基礎史料には、大久保利謙編『森有礼全集』（全三巻、宣文堂書店、一九七二年）があり、以下の本稿における森に関する事項に関しては、同全集の史料を参照した。

(62)　森の略歴に関しては犬塚孝明『森有礼』を参照した。なお、大久保利謙編『森有礼全集』第一巻は英文関係史料で、その中に『Education in Japan』（『日本における教育』）や『Religious Freedom in Japan』（『日本における宗教の自由』）の原文その他の英文著書や英文レターなど、森の多数の英文原典が収められている。

(63)　「明六社」に関しては、前掲の犬塚孝明『森有礼』、一六〇―一六三頁を参照。合わせて岩波文庫版『明六雑誌』下巻の「解説」も参照した。

(64)　森の最初の結婚関係の史料は、『森有礼全集』第二巻所収の補遺七「結婚関係資料集」にまとめられ、そこには「婚姻契約書」をはじめ関係資料が収められている。驚くべきことに、森の結婚は明治八年一月であった。当時の森は二十八歳にして外務大丞という若き高級官僚であり、社会的にも「明六社」の創立者で初代社長という地位にあり有名人であった。しかも森は、結婚に際しては、関係者に日本における契約結婚第一号の招待状を送り、当日は証人として福沢諭吉が陪席し、国民的関心を呼び、多数の新聞に報道された。

(65)　森の遭難事件に関する基本資料は、『森有礼全集』第二巻に「伝記資料2（遭難関係記録）補遺」として収められている。なお、哲学者でフランス文学者の森有正（一九一一―七六）は、寛子と再婚した翌年に生まれた三男の森明（一八八八―一九二五、日本基督伝道教会牧師）の子で、有礼の孫に当たる。

(66)　前掲、岩波文庫版『明六雑誌』（上）、二七六頁。森有礼論文「妻妾論」は、『明六雑誌』の明治七年五月刊の第八号から第一〇号、第一五号、第二〇号、そして明治八年二月刊の第二七号までの計五回にわたって連載され、大きな反響を呼んだ。
(67) 岩波文庫版『明六雑誌』(上)、二七六頁。
(68) 「明六社」の会員(社員)などの諸規定と最初の会員は、『森有礼全集』第二巻所収「明六社制規集」(明治七―同八年)に記載されている。
(69) 石井孝『勝海舟』(吉川弘文館、一九七四年)所収「勝家系図、二五七頁その他を参照。
(70) 註(4)にあげた佐藤昌介や川尻信夫の場合が典型的な事例である。
(71) お茶の水女子大学『ジェンダー研究』第二〇号(二〇一七年)所収の佐々木満実論文「秦代・漢漢初における〈婚姻〉について」を参照。
(72) 前記の註(5)および(51)を参照。
(73) 象山は、老中海防掛となった藩主真田幸貫の顧問となり、アヘン戦争を含めた西洋事情の調査分析を命じられる。その結果、象山は、「道徳」なき覇権主義の西欧列強に対する日本防衛の具体的な対応策を建言した。それが有名な「海防八策」である。その第六条には、「辺鄙の浦々里々に至り候迄、学校を興し教化を盛に仕」とあり、男女皆学の教育立国主義による国家防衛策を提唱している(『象山全集』第二巻所収の上書「感応公に上りて天下当今の要務を陳ず」、三五頁)。
この象山の教育論は、天保十三年(一八四二)、象山三十二歳のときのもので、いまだ洋学修得に向かう前の朱子学者・象山の作品であった。象山は、この上書の二年前の天保十一年には、女子教訓書『女訓』を著し(『象山全集』第二巻に全文所収)、近世武家社会の封建的な女子教育論を基本としながらも、家政学上における女性の数学学習の必要性を強調するなど革新的な内容を含むものであった。
(74) (75) (76) 前掲、宮本仲『佐久間象山』、二二頁。
(77) 象山の『女訓』は、明治二十七年に信州松代の象山門人である青木直隆校注、同子息青木貫之進編輯で、東京の長島文昌堂から刊行された。A5判一四頁。
(78) 『更級郡埴科郡人名辞典』(信濃新聞社、一九三九年)、一一三―一一四頁。
(79) 井出孫六『杏花爛漫 小説佐久間象山』、下巻、一六六頁。
(80) 従来の象山研究書では例外なく『江戸名家一覧』と記されてきた。だが、正確な史料名は『江戸現存名家一覧』である。宮本仲『佐久間象山』が最初に同史料名を「現存」を欠落した『江戸名家一覧』と記載したのを、以後の象山研究者たちは、現物を確認せずに孫引きしたのである。

筆者は、同資料の現物を写真版で確認した。『江戸現存名家一覧』は、星槎ラボラトリー眞山青果文庫の所蔵である。同書の九枚目右頁の藤田万樹以下の下段五人目に「佐久間啇山」と記載されている。また同列右側には恩師の佐藤一斎が並び記載されている。

なお、「啇山」と誤記されているが、当時、「象山」を「しょうざん」と発音されていたことを物語るもので、象山の呼称をめぐる論争（「ぞうざん」か「しょうざん」か）の「しょうざん説」の重要な史料ともなる。

(81)（82）『象山全集』第三巻、天保十一年十一月二十日付「山寺源大夫宛書簡」、一六七頁。

(83)『象山全集』第三巻、天保十一年十二月九日付「竹村金吾宛書簡」、一六九頁。

(84)『象山全集』第三巻、天保十二年正月十九日付「山寺源大夫宛書簡」、一八三頁。

(85)『象山全集』第三巻、天保十二年二月七日付「八田喜助宛書簡」、一八四頁。

(86)前掲、岩波文庫版『省諐録』第五七条、四九頁。

(87)幕府老中である藩主宛の上書「感応公に上りて天下当今の要務を陳ず」（天保十一年十一月九日付は、『象山全集』第二巻に所収の長文の「上書」、二五—五三頁。

(88)前掲、佐藤昌介『洋学史の研究』、二四五頁。

(89)『象山全集』第三巻、嘉永二年〈一八四九〉三月六日付「雨宮右京宛書簡」、四八九頁。

(90)従来の象山研究のすべてにおいて、象山門人と言えば増訂版『象山全集』第五巻所収の「訂正及門録」をまったく疑わずに象山門人録と思い込み、そこに記された人名を無条件に象山門人として取り上げてきた。だが、その「訂正及門録」は、象山没後に門人たちが象山関係史料を収集し、あるいはともに学んだ編纂者たちが往時の記憶を想起して作成した作為的な「二次史料」であり、象山門人帳の原史料ではないのである。

それ故に、「訂正及門録」には、同一人物が複数回、記載されており、「重記」「三重記」という誤謬だけでも三〇名を超えるほど数多く記載されている。さらに、門人名の誤記や帰属する藩名や藩主名、身分などの誤謬も非常に多く確認することができる。

それ故に本章で使用する象山門人に関するデータは、『象山全集』所収の「訂正及門録」を参考とはするが、著者が現存する五種類の「及門録」を比較校合して作成した拙稿「最新訂正版『象山門人帳史料』の提示と門人の全国分布」（平成国際大学法制学会編『平成法制研究』第一九巻第二号、二〇一五年三月）に所収の新規「及門録」を主体として用いる。

(91)(92) 『象山全集』第三巻、嘉永三年七月二十六日付「母親宛書簡」、五八五頁。
(93) 前掲、大平喜間多『佐久間象山』、九九頁。
(94) 前掲、岩波文庫版『省諐録』第五七条、同書四九頁。
(95) 前掲、『象山全集』第三巻、弘化二年六月六日付「恩田頼母宛書簡」、三三八頁。
(96) 前掲、『象山全集』第四巻、嘉永四年六月二十二日付「八田喜助宛書簡」、一五頁。
(97) 象山と芳崖の師弟関係については、古田亮『狩野芳崖・高橋由一』（ミネルヴァ書房、二〇〇六年、三〇―三一頁）、「没後一〇〇年記念　特別展覧会」『狩野芳崖―近代日本画の先駆者―』（京都国立博物館編、京都新聞社発行、一九八九年二月）の木本信昭「概説」一九四―一九七頁）を参照。
(98) 古田亮『狩野芳崖・高橋由一』、二八―二九頁。
(99) 坂本保富論文、特に「最新訂正版『象山門人帳史料』の提示と門人の全国分布」（平成国際大学法制学会編『平成法制研究』第一九巻第二号、二〇一五年三月）を参照。
(100) 前掲、『象山全集』第三巻、嘉永三年十二月八日付「お蝶お菊宛書簡」、六一二頁。
(101) 石井孝『勝海舟』吉川弘文館の「略年譜」、二六〇頁。海舟の最初の象山入門が弘化元年（一八四四）という石井孝説にはまったく史料的根拠がなく信憑性に欠ける。
(102) 江戸木挽町時代の象山私塾門人帳といわれる象山史料「訂正及門録」が、『象山全集』第五巻に収録されている。この史料は、先に註（90）で詳述したごとく、象山死後の明治期に門人たちによって作成された「二次史料」であり、誤謬が極めて多く、信憑性に欠ける史料である。
だが、勝海舟の入門が嘉永三年であることは、『訂正及門録』以外の全集所収の書簡史料などによって確認できる故、間違いはない。詳細は前掲の拙稿「佐久間象山の門人確定に関する先行研究の検討（Ⅱ）―増訂版『象山全集』所収の象山門人帳「訂正及門録」の分析―」（平成国際大学『平成大学論集』第一四号、二〇一〇年三月）、前掲の坂本保富論文⑩「最新訂正版『象山門人帳史料』の提示と門人の全国分布平成国際大学法制学会編『平成法制研究』第一九巻第二号、二〇一五年三月）。『象山全集』第五巻所収「訂正「及門録」」の嘉永三年の項（七六二―七六三頁）などを参照。
(103) 前掲、『象山全集』第三巻所収、嘉永三年七月二十六日付「母親宛書簡」、五八四頁。
(104) 『象山全集』第三巻所収、嘉永三年七月二十七日付「白井平左衛門宛書簡」、五八九頁。

(105)『象山全集』第四巻、嘉永五年十一月二十七日「恩田頼母宛書簡」、九八頁。
(106)『象山全集』第四巻、嘉永五年十一月十五日付「長谷川甚大夫宛書簡」、九三頁。
(107)『象山全集』第四巻、嘉永五年十一月二十七日付「竹村金吾宛書簡」、九五頁。
(108)『象山全集』第四巻、嘉永五年十一月二十七日付「恩田頼母宛書簡」、九七—九九頁。なお、象山の庇護者である家老の恩田頼母（一七九七—一八六二）は、通称、本名は貫實、松代藩財政再建の功労者であった恩田木工（一七一七—六二）の直系末裔、一二〇〇石の家老（『松代町史』下巻、五九七—五九八頁）。
(109)『象山全集』第四巻、嘉永五年十一月二十七日付「恩田頼母宛書簡」、九七頁。
(110)前掲、『象山全集』第二巻、「佐久間象山先生年譜」、五一頁。
(111)前掲、『象山全集』第四巻、嘉永五年十一月二十七日付「恩田頼母宛書簡」、九七—九八頁。
(112)(113)(114)(115)(116)(117)『象山全集』第四巻、嘉永五年十一月二十七日付「恩田頼母宛書簡」、九八頁。
(118)(119)『象山全集』第四巻、嘉永五年十一月二十七日付「恩田頼母宛書簡」、九八—九九頁。
(120)勝海舟『氷川清話』には、「おれが海舟という号をつけたのは、佐久間象山の書いた『海舟書屋』という額がよくできていたら、それで思いついたのだ」と記されているが、海国日本の国防の要は「海防」にあると考える象山は、海舟に海軍の設置を託して、この扁額を贈ったのである（勝部身長『勝海舟』上巻、ＰＨＰ研究所、一九九二年、三九四頁）。
(121)勝部真長『勝海舟』の「海舟年譜」、五二六頁。
(122)前掲、宮本仲『佐久間象山』、六三四頁。
(123)佐久間家が再興に至らなかった理由として、嫡子である格二郎の象山没後における血縁者の有無の真偽をめぐる複雑怪奇な経緯が、前掲の大平喜間多『逸集』（三五八—三八〇頁）に詳述されている。関係史料の分析を踏まえた大平の論評には、「逸話」を超えた史実の信憑性が認められる。
(124)『象山全集』第五巻、元治元年六月十八日付「妾お蝶宛書簡」で象山斬殺の一ヶ月前、七一三頁。
(125)前掲、宮本仲『佐久間象山』、六三八頁。
(126)前掲、『象山全集』第五巻、元治元年六月十八日付「妾お蝶宛書簡」で象山斬殺の一ヶ月前、七一三—七一四頁。
(127)(128)『象山全集』第五巻、七一四頁。
(129)井出孫六著『杏花爛漫 小説佐久間象山』（朝日新聞社、一九八三年、下巻一三頁を参照。同書は「小説」と銘打ってはいるが、徹底した象山関係史料の調査に基づく事実関係の正確さが担保された歴史学者の歴史研究書を凌ぐ出来映えの見事な象山評伝である。

(130)(131) 井出孫六『杏花爛漫 小説佐久間象山』、下巻、一三頁。同上、井出孫六『杏花爛漫 小説佐久間象山』、下巻、一三頁。

(132)(133) 象山全集』第三巻、嘉永二年三月八日付「雨宮左京宛書簡」、四八八頁。

(134)(135) 前掲、宮本仲『佐久間象山』、六三四頁。

(136) 前掲、『象山全集』第四巻、安政四年五月二十七日と推定される松代藩商人「梅田屋宛書簡」、五六五頁。

(137) 前掲、宮本仲『佐久間象山』、六三〇―六三一頁。

(138) 前掲、『象山全集』第五巻所収、万延元年九月二十五日付と推定「宮崎新介宛書簡」、二四三―二四四頁。

(139) 『象山全集』第五巻、元治元年七月三日付「お蝶宛書簡」、七二五頁。

(140) 『象山全集』第五巻、元治元年六月二十七日付「姉宛書簡」、七一八頁

(141) 前掲、岩波文庫版『省諐録』の勝海舟「序」、一五頁。

(142) 「白昼道路ニ斃ルハ士道ヲ失フニ坐スル」(前掲、宮本仲『佐久間象山』、八四五頁)。

(143) 『象山全集』第一巻「年譜」、九七頁。

(144) 『象山全集』第五巻「象山先生史料雑纂」、八一六頁。

(145) 前掲、『佐久間象山先生逸話集』、三二七―三三二頁。

(146) 『佐久間象山先生逸話集』、三三三―三三四頁。

(147) 象山の死後、格二郎は、会津藩門人の山本覚馬に預けられ、父親の仇討ちをしたいという恪二郎の意志を汲んで新撰組局長の近藤勇(一八三四―六八)に預けられた。だが、その後、海舟に江戸へ呼び戻され、明治四年六月、福沢諭吉の慶應義塾に入学させる(宮本仲『佐久間象山』、八四五頁。丸山信編『福澤諭吉門人』、紀伊國屋書店、一九九五年、五二頁)。

(148) 「飲酒家で然も乱に及ぶ質の人であったから、泥酔して失策をなすことが敢て珍しくなかった」(前掲、大平喜間多『佐久間象山逸話集』、三五〇頁)。

(149) 大平喜間多『佐久間象山逸話集』、三五〇―三五二頁を参照。

(150) 前掲、丸山信編『福澤諭吉門下』、の七七頁に、「草間時福」が慶応義塾門人として明治七年に入門。その後の草間は、明治八年に愛媛県立松山英学校教員、明治十一年に松山北中学校長との履歴の記載がある。また、『人事興信録』第八版、昭和三年(一九

二八）七月にも草間に関する同様の記載がある。

(151)(152) 前掲、大平喜間多『佐久間象山逸話集』、三五六頁。

(153) 前掲、宮本仲『佐久間象山』）、六二八—六二九頁。

(154) 諸田玲子『お順　勝海舟の妹と五人の男』（毎日新聞社）下巻、二〇一〇年、一〇五頁。

(155)『象山全集』第五巻、六九八頁。

(156) 前掲、『象山全集』第五巻、七二二頁。

(157)(158)『象山全集』第五巻、七一二頁。

(159) 前掲、『佐久間象山逸話集』の「貞操を守つた妾のお蝶」、三一五—三二二頁を参照。

(160) ケインズ著、熊谷尚夫・大野忠男訳『人物評伝』岩波現代叢書、一九五九年。「冷静な頭脳と温かい心」（*"Cool Head, but Warm Heart."*）

(161) 勝海舟研究の第一人者である勝部真長の『勝海舟』（ＰＨＰ研究所、一九九二年）。以下の海舟の妾に関する裏付け資料は、同書の「海舟をめぐる女性たち」、四三四—四四〇頁を参照。

(162) 勝部真長『勝海舟』下巻、四三九頁。

(163) 勝部真長『勝海舟』下巻、五六頁。

(164) 渋沢秀雄『父　渋沢栄一』（実業之日本社、一九五九年）。本章では二〇一九年の新版を利用した。

(165) 渋沢秀雄『父　渋沢栄一』、三四六—三四七頁。

(166) 渋沢秀雄『父　渋沢栄一』、三五二頁。

(167) 渋沢秀雄『父　渋沢栄一』、三五三頁。

(168) 渋沢秀雄『父　渋沢栄一』、三五二頁。

補論（Ⅲ）象山の横浜開港の論理と行動
――「東洋道徳・西洋芸術」思想の展開――

はじめに

幕末動乱の時代を生きた時代の先駆者として、歴史的な評価を受けてきた佐久間象山（一八一一―六四）。実は、彼は、横浜開港の恩人でもあり、横浜市内の野毛山公園内に、市民の報恩感謝の思いを刻んだ彼の記念碑が建っている。開港当時の横浜は、人口六〇〇人の半農半漁の寒村であったが、令和六年（二〇二四）現在、人口三七〇万人を超える日本第一の国際海洋都市に発展した。ペリー来航による日米和親条約の締結に際して、当時、象山は、誰もが思い浮かばない横浜の開港を真っ先に提唱し、その実現に奔走したのである。

横浜開港に象徴される開国進取の思想家であった彼は、鎖国から開国へという日本歴史上の大きな時代の転換に深く関わり、勝海舟（一八二三―九九）・吉田松陰（一八三〇―五九）・小林虎三郎（一八二八―七七）、さらには西村茂樹（一八二八―一九〇二）・加藤弘之（一八三六―一九一六）・津田真道（一八二九―一九〇三）ら、数多の門人たちを総動員して開国進取の実現に奔走し、大きな歴史的役割を担った先駆的な人物である。

鎖国から開国に至るまでの二百年を超える歳月の流れは、実に長かった。が、異国の船や人の出入りを禁止する鎖国体制の構築にも三十年近くの長い時間を要した。それは、徳川家康（一五四二―一六一六）の亡き後、徳川幕府の

図33　佐久間象山記念碑（明治23年〈1890〉9月建立，横浜市西区野毛山公園）

第二代将軍秀忠（一五七九—一六三二）の時代に始まり、それを完結させる決定的な契機となった事件が、第三代将軍家光（一六〇四—五一）の治世の寛永年間（一六二四—四四）、幕府のキリシタン弾圧に対する未曾有の反乱、島原・天草の乱が勃発したことである。その内乱は、寛永十四年十月に起こり、翌年の二月には鎮圧された。が、この反乱は、幕府に大きな衝撃を与え、「鎖国」という日本の外交政策の徹底に至らしめた。

実は、この内乱以前の秀忠の治世から、幕府は、鎖国体制を進めるべく、キリスト教の布教禁止と貿易統制に着手していた。早くも慶長十七年（一六一二）には、キリスト教の禁止と貿易統制を目的に、宣教師を追放する鎖国政策を始めていた。以来、鎖国政策を徐々に積み重ねていき、ついに寛永十年には奉書船（将軍発給の朱印状と老中連署の貿易許可書を有する船舶）以外の渡航禁止と海外居留五年以上の日本人の帰国禁止（第一次鎖国令）、翌年には前年発令の鎖国令の徹底と長崎出島の建設開始（第二次鎖国令）、さらにその翌年の寛永十二年には中国・オランダ・朝鮮などの外国船入港を長崎に限定し、日本人の東南アジア方面への渡航禁止および日本人の帰国禁止とした（第三次鎖国令）。そして、寛永十三年には、貿易に関係のないポルトガル人とその家族をマカオへ追放し、残りのポルトガル人を長崎出島に移した（第四次鎖国令）。そして鎖国政策の仕上げとなった五度目の鎖国令が、島原の乱の後の寛永十六年に発令されたポルトガル船の入港禁止の措置（第五次鎖国令）であった。

以来、嘉永六年（一八五三）のペリー米国艦隊の浦賀来航を受けて、翌年に日米和親条約を締結するまで、実に二百年以上の長きにわたって日本は鎖国体制を遵守し、戦争なき平和社会を保ったのである。その後の日本の歴史展開からみれば、鎖国政策にはメリットとデメリットの両面がある。戦争なき平和社会を長期にわたり担保したことは評価されて然るべき点である。

ところが、米国大統領の国書を携えて来日したペリー提督（Matthew Calbraith Perry, 1794–1858）は、日米和親条約を締結して日本に開国を求め、寄港地の開港と居留地の提供を求めた。攘夷派が大勢を占める幕府当局は、当初、条約の締結に反対した。しかし、強大な軍事力を背景に英米や独露の東アジア諸国への武力侵攻を眼前にして畏怖し、米国の要求を拒否することはできず、やむなく鎖国から開国に転じ、交易の窓口となる港の開港と居留地の提供に応じることに政策転換するのである。

実は、ペリー艦隊が浦賀に来航する十年以上も前のアヘン戦争当時から、海国日本の脆弱な国防体制に強い危機感を抱き、海国防衛の近代化（西洋化）を幕府に建言していたのが、佐久間象山であった。当時の彼は、すでに三十代半ばにして天下に著名な儒学者であった。が、兵学者でもある彼は、「彼を知りて己を知れば、百戦して殆うからず」(1)を信条とし、偏見なく西洋の実態を知るべく、アヘン戦争を機に蘭語学の学習を文法の初歩から初め、不眠不休の末に蘭語原書の読解力を修得する。以後、彼は、海国防衛（海防）のための軍事科学（西洋砲術・西洋兵学）の研究を中心に、西洋近代科学の全般に関する最新の知識技術を獲得していく。そして、東洋の伝統的な儒教各派の中にあって、「格物窮理」（物に格りて理を窮む）を基本原理とする真理探究の朱子学を、最も合理主義の学問と理解して、東西両洋の学問世界における真理探究の共通性という観点で捉え、開国進取による積極的な洋学受容を説く、日本近代化の思想「東洋道徳・西洋芸術（西洋科学）」を形成し各方面に具現化していったのである。(2)

以下の本章は、叙上のような思想の下に海国進取を躬行実践する佐久間象山が、嘉永六年六月のペリー来航から翌年三月の日米和親条約を経て、安政五年（一八五八）六月の日米修好通商条約の締結に至る、日本の鎖国から開国への歴史的な転換期に、はたして、どのような思想と行動を展開したのか。そして、何故に彼は、攘夷運動が昂揚する幕末動乱の物騒な時代状況の下で、ペリー来航以前からの持論である開国論を主張したのか。特に日米和親条約の締結に際しては、幕府の下田開港に反対して横浜開港を強力に主張し、その実現に奔走したのは何故なのか。そのような開国和親・横浜開港による海国日本の防衛と交易の実現に、決死の覚悟で臨んだ象山の思想と行動の内実とその歴史的意義を、象山史料その他の詳細な分析を通して闡明することが本章の研究課題である。

一　ペリー来航による鎖国から開国への歴史的な転換

ペリー米国艦隊の来航と日米和親条約の締結　二百年を超える平和な鎖国日本の江戸時代。その日本に開国を迫り、「力は正義」という弱肉強食の論理が横行する新世界に日本を参入させたのは、米国東インド艦隊司令官のペリー率いる黒船四艘の浦賀来航であった。覇権主義（hegemonism）が支配する当時の道徳なき世界状況の中で、海国日本の平和防衛線であった鎖国という防禦壁は、いとも簡単に外側からこじ開けられた。だが、ペリー米国艦隊の日本への来航は、決して偶然でも突然でもなかった。すでに前年の嘉永五年（一八五二）八月には、オランダ政府や琉球王国から欧米異国船の日本航行の情報が寄せられて、幕府諸大名の予知する出来事であったのである(3)。

米国にとって、西海岸のカリフォルニアから太平洋を渡って中国に往来する通商貿易の航路を開拓するには、薪水や食糧を供給する寄港地が不可欠であった。東アジア貿易の新規拡大を願う貿易商人や南氷洋を漁場とする捕鯨業者などが、寄港に最適の候補地として早くから刮目していたのが海国日本であった。嘉永三年七月、第十三代大統領に就任したミラード・フィルモア（Millard Fillmore, 1800–1874）は、その翌年、日本にアメリカ東印度艦隊司令長官を全権使節として派遣し条約を締結させることを決定する。全権を委任される艦隊の司令長官の人選には曲折があったが、結局、一八五二年十一月に東インド艦隊司令長官に就任したばかりのペリー提督（Commodore、代将）が選任された。この情報は、オランダ国王からの警告書簡として直ちに長崎のオランダ商館長を経て日本の徳川幕府に伝達された(4)。

その結果、幕府が、ペリー提督が持参する大統領国書を受け取るか否かを論議している間の嘉永五年十月、ペリー艦隊は日本に向けアメリカを出航する。同艦隊が、大西洋ルートでインド洋を渡り、シンガポール、香港を経て、琉球の那覇に来航するのは翌年の嘉永六年四月であった。そして同艦隊が、日本の浦賀に来航するのは同年六月三日のことである。

ペリー提督は、浦賀から江戸湾の内海に進んで横浜の本牧あたりまで入港し、日本側役人の制止を振り切って早速に内海の測量（海底の深浅の測量）を行う。やっと六月九日になって、ペリー一行は幕府指定の久里浜に上陸し、同応接所で主席全権の浦賀奉行・戸田氏栄（一七九九―一八五八、旗本）と次席全権の同じく浦賀奉行・井戸弘道（生年不詳―一八五五、旗本）が幕府代表として大統領国書を受け取った。そして、国書に対する日本側の返書は、日本の国法に従って長崎で渡す旨の通知をする。が、これに対してアメリカ側は、長崎での返書の受け取りを拒否し、半年以内に再度、来日する旨を告げ、同年の六月十二日、再び那覇に向かって出港する。

那覇に引き返したのは、日本に先駆けて同年六月十七日に琉球王国と琉米修好条約を締結するためであった。予定通り、琉球王国との条約を締結したペリー一行は、南方の重要な寄港地として那覇の港を開港させたのである(5)。

それにしても、嘉永六年六月三日、突如として巨大な黒い軍艦四艘（蒸気船二艘と帆船二艘）が、江戸湾への入口である伊豆半島の突端の浦賀沖に来航すると、当初は、その異様な光景は幕府関係者や見物人たちに言い知れぬ不安と恐怖をかき立てた。
　この黒船来航という情報を、いち早く捉えて反応した日本人の一人が、佐久間象山であった。当時、象山は、江戸に私塾を開き、著名な西洋砲術家として多くの門人を抱え全国にその名が轟いていた。幕府関係の知人を通じてか、彼は、ペリー艦隊が六月に渡来する四ヶ月前の同年二月十八日には、同艦隊の浦賀来航の情報を察知していた。それ故に象山は、なおも旧式の和流砲術にこだわり洋式砲術に目覚めない当時の兵学者輩の多いこと、大砲を運搬する馬の訓練をしていないこと、配置されている台場は無用な旧物であること、そして洋式軍艦を持たないこと、等々、時代遅れの脆弱な防衛体制の欠陥を、来日するであろう巨大な近代的科学装備の異国艦隊に関する西洋知識と比較検討の結果から判断して、次のように指摘していた。

　当年（嘉永六年）は四月の頃、異国船数艘浦賀沖辺渡来候べき風聞にて志御座候ものは、随分疾首《ししゅ》（心配）候儀に候所、時勢をも弁へず、此節に至り候ても洋法を兼ね取る事を知らぬ兵家者流、いづ方にも沢山之れ有るよしにて浩嘆（大いに嘆く）の至りに候。大砲を用ひ候にも馬までも慣し申さず候ては西洋の通軽捷《けいしょう》（身軽）の働き出来申さず、海城を守り候に台場のみにては何分届きかね候事にて、是非かれの用ひ候船之れ無く候ては参らぬ事に御座候。(6)

　実は、前述のごとく、すでに前年の嘉永五年にはオランダ国王からアヘン戦争の経緯を含めた米艦の日本来航を予告する情報（阿蘭陀本国よりの忠告）があり、少なくとも嘉永五年の年内には、ペリー艦隊が来航することを長崎奉行はもちろん幕府関係者は予知しており、その風聞が江戸市中にも広がっていたのである。(7)
　前述の象山史料は、日本が備える和流大砲では台場から米国艦隊には届かず、米国やロシアなどの諸外国船の来航を前にして、なおも洋式大砲の必要性を認めない旧態依然とした兵学者が多数を占める時代遅れの国防体制に対する、象山の怒りと嘆きを表明したものであった。

嘉永六年の黒船来航当時の象山は、江戸の木挽町に軍事科学系の洋学私塾を開き、西洋砲術・西洋兵学に関する本格的な西洋最新の知識技術を、幕臣や五〇を超える全国諸藩から入門してくる数百人もの門人に教授するほどの盛況を極め、本来は当時の日本を代表する朱子学者である象山の名は、西洋砲術・西洋兵学を専門とする洋学者として全国に轟いていた。象山は、米国の軍艦が日本に来航した場合の争乱に備えるべく、早々に食糧の備蓄や陣服の新調、佩刀《はいとう》（帯刀）の修復などを念入りに準備していた。黒船来航の一ヶ月前の嘉永六年五月十日の書簡には、当時の緊迫した様子が次のように記されていた。

昨年来、風説に因り蕃船渡来の義を心遣ひ、少しは米などをも買儲《たくわ》へ夏の陣服など製し候儀を伝聞仕、只今にも争乱の出で来り候様只願心得候（中略）身の廻り佩刀の修復等も仕らせ度と存込候。(8)

ペリー来航と象山の対応

上記の象山史料により、米国艦隊が渡来して争乱が起きるという物騒な風聞は、大名諸侯の武家はもちろん、一般庶民の間にも広く流布していたことがわかる。それ故、江戸に一家を構える象山も、まずは家族と門人を守り、そして武士としての本分をはたす準備に取り掛かっていたのである。

しかも、米艦が来航する前年の嘉永五年は、象山が東西両洋の学問を兼修し、東洋の易学理論から西洋科学（西洋芸術）の結晶である洋式銃砲のメカニズムを解明した漢文の著書『礮卦《ほうけ》』（『砲卦』）を脱稿した年であった。同書は、誠に時宜を得た象山自信の砲学研究書であった。だが、幕府の刊行許可が得られず、また易学の難解な理論を駆使した漢文の書であったが故に、門人たちによる手書きの書写版を作成し、江戸の恩師である佐藤一斎や松代藩の恩師など、少数の関係者に配られただけで、広く一般に普及することはなかった。

自信作の著書が世に知られず、失意のどん底にあった嘉永六年六月三日、象山の予言通り、黒船が来航する。そして、黒船に対する象山の対応は敏速であった。翌日の六月四日の早朝には、江戸の自宅を発ち大森を経て金沢に行き、そこから船を借り受けて浦賀に到着し、山を登って米国艦隊を具に観察した。その間の様子を、六月四日付の母親宛の書簡に次のように記している。

昨晩四時すぎ浦賀までちやく致し候まゝ、御安心願上候。今朝はやく起き候て山に登り渡来の船ども一見候所、かねてきゝ候通大そうなるものに御座候。つがふ四そうの所二そうはじよう気せんと申にて、火の力にて風にさかひ候てもさしつかひなく走り候船に御座候。[9]

明けて六月五日の早朝、象山は東浦賀から山に登り鴨居という所の東に向かって米国艦隊の様子を観察し、浦賀港から艦船までの距離、艦船の大小と装備した大砲の数、国旗である星条旗の図柄などを望遠鏡（「遠鏡」）で丹念に観察し記録する。そして同日の夜、江戸に駆け戻った象山は、すぐさま松代藩の定府家老である望月主水に米国艦隊の観察結果を得意の数字をあげて報告していた。[10]

また、同書翰には、巨大な米国軍艦が入港した浦賀の人々が争乱を恐れ、家財をまとめて避難するなどの騒然たる様子も、「浦賀商家にても銘々逃仕度いたし長持様のもの其外家財持運び候」[11]と記されている。

米国の四艘の軍艦は二艘が蒸気船（フリゲート）で残る二艘が帆船（コルベット）であった。象山は、それら各艦を実際に現地で見分して目測し、最も大きな軍艦は全長四五メートルを超え、大砲二八門を備えた蒸気船であると捉えた。そして、それら四艘の乗組兵員の総数が何と二〇〇〇人。米国艦隊は、強力な武器を装備し多数の軍人を乗せた巨大な大部隊である、と在府家老の望月に報告している。[12]浦賀沖に浮かぶ巨大な四艘の軍艦は、当時の日本人にとっては未曾有の恐怖であった。象山は、都下の騒擾たる様子、幕府から横浜応接所の警備を任された松代藩の軍議役（総勢四百余名の藩兵員の隊伍編成・洋式銃隊訓練などの指揮官）を拝命したこと、そして異国船の来航に備えた警備の最重要拠点は御殿山であるべきこと、等々、私見を交えて親友で松代藩郡奉行の山寺源大夫（常山、一八〇七—七八）に宛てた書簡で次のように報告している。

僅《わず》か四艘の船に候所、都下の騒擾大方ならず。諸侯方にも多分の御出費相立候事と奉存候。誠に残念なる事に御座候。是にて大抵世上の夢も覚め候かと存じ候に、中々左様参らず、益々昏乱し候（中略）小弟に軍議役と申を仰付られ大小銃の差引をば御任御座候（中略）御府内に大砲を用ひ申すべき場所之れ無く、御府内に尤も近く候て大砲を用ふべき所を撰ぶの外御座無く候。かねて御府内に最近くして差当り大砲を備へ申すべき場所、御殿山近辺が然るべきと相考へ、異船乗入候節、先その衝く所に当り候と雖も却て防ぐに便よく候。(13)

なお、日本側の現地交渉の担当者である浦賀奉行所与力の中島三郎助（一八二一―六九）やオランダ通詞の堀達之助（一八二三―九四）が、異国船渡来の場合の慣例通り米国艦船の見分に乗船しようとしたとき、これを米国側は拒み、空砲を鳴らして恫喝し追い返した。象山は、この米国側の傲慢無礼な言動に象徴される道徳面での数々の無礼を問題とした。このことを、翌々日の六月六日、米艦観察の結果を踏まえて、象山は、松代藩の定府家老である望月宛の書簡で、米国艦隊の強圧的な言動を含めた反道徳的な態度の問題を、次のように報告している。

是迄渡来の船と総て品替り候て乗組居候者共も殊の外傲慢の体にて、是までは異船渡来の度ごと与力同心乗入見分する事旧例に候処、此度同心与力の類の身分軽きもの一切登る事を許さず、奉行に候はゞ登らせ申すべきとの事にて、その船の側へ参り候をも手まねにて去らしめ候由、夫を強て近寄り候へば鉄砲を出し打ち放し候べき勢に御座候故、一番船に向ひ候与力は其侭引返し、また彦根侯御人数の内にても乗寄せ強て登らんと致し候所、空砲にはこれ有るべく候ども二発打出し候に付、是も致し方無く、且は恐れ候て引返し候由の話に御座候。(14)

ペリー艦隊の米国一行は、象山門人である浦賀奉行所与力の中島三郎助による日本側と米国側との交渉条件（交渉相手や交渉場所など）の折衝の末に、嘉永六年六月九日、幕府側が設置した横浜応接所で、日本側を代表する浦賀奉行の井戸弘道が、米国フィモア大統領の国書（U. S. President Fillmore's letter to the Emperor of Japan; presented by Commodore Perry on July 14. 1853）を受け取る運びとなった。ここに日本の歴史上で初めて、「横浜」という地名が日米間の条約締結に関わって正式に登場することになる。

図34　「題多帆船図歌　平啓」（個人蔵，真田宝物館提供）

はたしてペリー提督が、艦隊を率いて大統領国書を携え、日本に来航した目的とは、何であったのか。老中首座の阿部正弘（一八一九―五七、備後国福山藩第七代藩主）は、一旦は、幕府海防参与で攘夷派の象徴であった前水戸藩主の徳川斉昭（一八〇〇―六〇、第十五代将軍徳川慶喜の実父）に相談して、国書の受け取り拒否を決定する。だが、強大な米国艦隊との争乱を恐れた幕府は、アヘン戦争やアロー戦争（一八五六―六〇年）で英国に惨敗した中国の惨状を想起し、幕府の交渉役として浦賀奉行の戸田氏栄と井戸弘道に全権を委ね、嘉永六年六月九日、ペリーから開国を促す米国大統領の国書を受領したのである。国書に書かれた米国側の要求は、次の三点に要約することができる。(15)

一、日本の島々に座礁あるいは悪天候で避難したアメリカ船の水夫と彼らの資産の保護
二、アメリカ船に食糧・水・燃料を与え、被災した船舶の修理のための入港の保証
三、アメリカ船舶が荷物の売買や物々交換などをする日本との交易関係の締結の要求

漢語と蘭語の二種類の訳文を受け取った幕府は、それぞれを日本語に翻訳させた。中国語版を和訳したのは林壮軒すなわち林大学頭（健、一八〇一―五九、林大学頭家十一代当主）。オランダ語版を和訳したのは天文方手附の杉田成卿（一八一七―五九、杉田玄白の孫、幕府蕃書調所教授）と箕作阮甫（一七九九―一八六三、津山藩士、幕府天文台翻訳員）であった。

要するに米国が日本に要求したのは「開国」による「開港」と「交易」であった。幕府は、将軍が病気で決定でき

ないとの理由をあげて、国書に対する返答の一年猶予を要求した。ペリー側もこれを受け入れ、明年、再来日することを告げて、嘉永六年六月十二日、江戸湾を離れ、琉球に戻っていったのである。

象山は、ペリー艦隊の来航時には、幕府から沿岸警備を命じられた松代藩の軍議役を仰せつかっていた。だが、このときの彼は、すでに形成し実践していた「東洋道徳・西洋芸術」という東西文化の比較思想の観点から、十数年前のアヘン戦争時に予言していた異国船の来航が的中したことを確認して自信を深め、米国ペリー艦隊の日本来航の意味を分析した。特に米国側の否定的な面として象山が問題としたのは、前述のごとく日本の国禁を犯して一方的に来日し、強硬な外交姿勢と横暴な振る振い、しかも無断で江戸湾の測量を実施したことなど、国家間の外交上ではあるまじき道徳的非礼の振る舞いであった。

「東洋道徳」の観点からペリー一行の横暴な言動を批判　特に象山が重視した問題は、米艦が浦賀に到着直後の六月九日から、日本の国禁を犯して勝手に浦賀沖から金沢沖（横浜市）や本牧（横浜市南東部など東京湾岸地域）の湾内深くにまで侵入し、江戸湾の測量を行なったことである。日本側の交渉役である浦賀奉行所与力の香山栄左衛門（一八二一―七七）は、半島の突端の浦賀から内海に入ることは国禁であると厳重に抗議したが、米国側は巨大な米艦が入港し停泊できる港を探索するために必要な測量であると回答し、測量を中断することはなかった。(16)

象山は、わが国の国禁を破り国体を侮辱するアメリカ軍人たちの横暴な態度を、国家道徳の観点から問題としたのである。交渉に当たった日本側の浦賀奉行の戸田氏栄、井戸弘道の両人は、米国人の傲岸不遜な態度に対する怒りを抑えきれず、米艦が浦賀を去った後、ペリー提督の肖像画を小刀で寸断したという。このことを、象山は次のように諫めている。

　去夏墨虜は兵艦四艘を以て、その国書を護送して、浦賀の抵《おき》に澳《いた》れり。その挙動詞気、殊に悖満《はいまん》（傲慢）を極め、国体を恥むること細《すく》なからずしてして、聞く者切歯《せつし》せざるはなかりき。時に某人（筆者注：浦賀奉行の戸田氏栄、井戸弘道）は浦賀を鎮せしが、気を屏けて負屈《ふふく》して、遂に能く為すことなく、虜の退きて後、自ら小刀を抽《ぬ》きて、その遺りし所の虜主（ペリー提督）の画像を寸断して以て怒りを洩しぬ。(17)

怒りの余りに浦賀奉行が冷静さを失い、ペリーの肖像画を切り裂いてしまった。この感情的行為を、象山は、中国の故事を引いて軽率不利な行動であったと戒めたのである。その訳は、その一枚の肖像画が、ペリー提督の知恵の深浅や図り事の長短など指導者としての能力の有無を判断し、後事の備えをなすための貴重な人相分析の史料となりえたからであると言う。古来、東洋では仏教や儒教を問わず、長年にわたる人間観察の歴史的経験を理論的に体系化した人相学が成立しており、目・鼻・耳・口・髪などの顔面の部位の特徴から人間を分析し理解する手法が一般化し、易学者である象山もまた人相学に精通していたのである。それ故に、ペリー提督の人相学的な性格特性の分析に興味があり、彼の肖像画の資料的価値を問題にしたものと思われる。いかにも象山らしい事実分析と問題提起である。

米艦が日本側の制止を振り切って湾内に侵入し江戸湾測量を強行した非礼の失態を踏まえて、東西の兵学に精通した象山は、外国軍艦の江戸湾侵入に対する防禦と攻撃の両面から最適の場所として御殿山（現在の東京都品川区北品川にある高輪台地の最南端に位置する高台）を特定し、同所を最重要の防衛拠点として厳重に警備すべきことを家老の望月に説き、その旨を第九代松代藩主の真田幸教（一八三六―六九）の名をもって老中の阿部正弘（一八一九―五七、福山藩第七代藩主、老中首座で海防掛を設置）と牧野忠雅（一七九九―一八五八、長岡藩第十代藩主、老中海防掛）宛に「上書」（「文聡公より御殿山警衛を命ぜられんことを幕府に請う書」(18)）の草稿を添えて、訴えたのである。

象山は、米国の軍艦を実際に浦賀の現地に出向いて観察し、四艘の黒船を目測して各艦の大きさを数字で捉えた。例えば、最大のフリゲート鑑である旗艦サスケハナ号については、遠方から望遠鏡で捉えたので、実際の数字は異なっていたが、(19)最大のコルヘット（軍艦）は全長四五メートル《メートル》（実際は七三・八メートル《メートル》）を超える巨艦で、大砲も二八門（同八門、別の砲鑑の場合は二十数門）を備えた蒸気船であると捉えた。しかも、四艘で乗組兵員の総数が二〇〇〇人（同一五〇〇人）という米国艦隊は、強力な近代的武器を装備した巨大な軍艦の大部隊である、と象山は捉えたのである。[20] アヘン戦争以後、西洋砲術や西洋兵学、大砲や軍艦などを詳細に研究してきた象山は、浦賀沖に浮かぶ巨大な四艘の軍艦の威力を具に推察することができた。が、その威力は想像を絶する強大なもので、旧態依然とした日本の防衛力を考えたとき、とても太刀打ちできない非常な脅威と実感したのである。

異国船の来航を早くから予見していた象山は、極めて冷静に受けとめ、米国艦隊の実像を自分の眼で見極め、旗艦サスケナハ号をはじめとする巨大な米国軍艦を数値で目測して理解し表現したのである。その結果、象山が着眼したことは、巨大な軍艦や大砲などの近代兵器を製造する欧米諸国の高度の科学技術力であった。これを日本に導入し、後進国であったアメリカやロシアがオランダやイギリスに学んで富国強兵を成し遂げたごとく、日本もまた欧米に学ぶべきこと、それこそが真の攘夷である考え、中津藩の門人に次のように述べている。

ロシアの先王ペートルが和蘭人を師として遂に和蘭に劣らず、北アメリカ人英吉利を師として終に英吉利に勝ち候類は御承知之れ無く候義や。兎に角愚意には夷の術を以て夷を防ぐより外之れ無く存じ候。彼れに大鑑あらば我も亦大鑑を作るべし、彼に巨砲あらば我も亦巨砲を造るべし。総てかの黄帝を師とし候に若くなしと存じ申候。[21]

象山は、米国艦隊の日本渡来を具にみて、これを武力で排除すべしと昂揚する単純な攘夷思想には与せず、黒船来航の現実を西洋文明の長短得失から現実的に捉え、「東洋道徳・西洋芸術」思想の視座から、否定と肯定、恐怖と希望の両面から冷静に分析した。その結果、巨大な黒船に象徴される軍事科学をはじめとして、欧米先進諸国の近代的な科学技術を、日本に積極的に摂取することが真の攘夷であることを、「夷の術を以て夷を防ぐ」ことであるとして、幕府や藩当局、そして全国諸藩の門人たちに説いたのである。

次の史料は、黒船来航の前年十月に、洋式砲術の導入や海岸警備の強化に取り組んでいた庄内藩第九代藩主の酒井

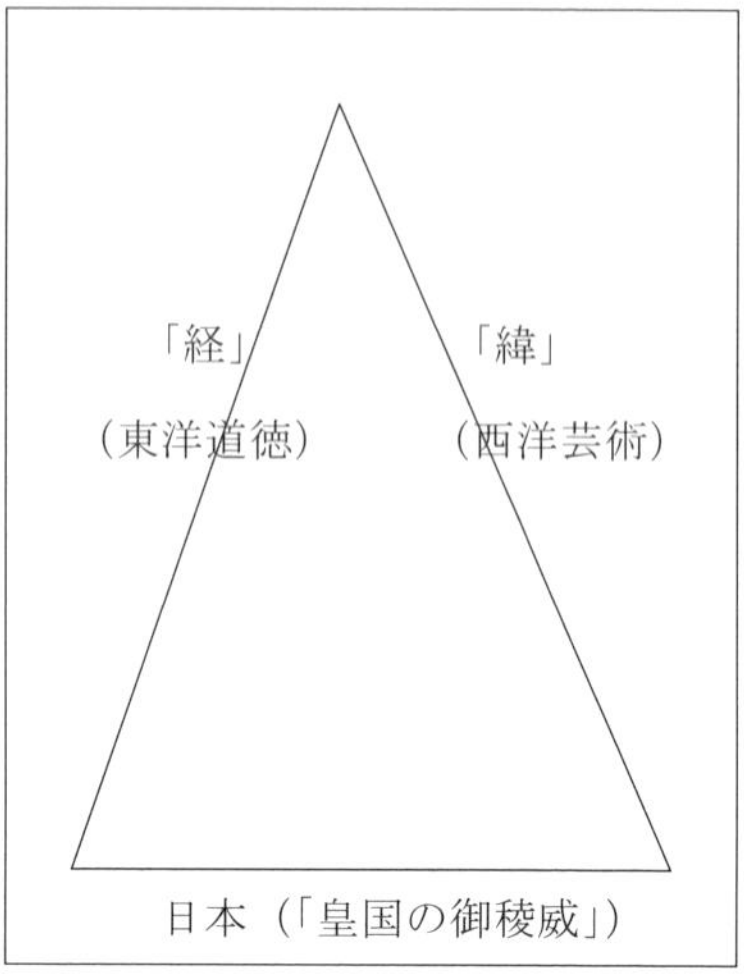

図35　「東洋道徳・西洋芸術」思想の構造略図（著者作成）

忠発《ただあき》（一八一二―七六）から、関心を抱く象山の学歴や職歴に関する問い合わせが松代藩にあり、象山自身の草稿と思われる返書の一節である。その核心は、すでに象山が形成し実践していた「東洋道徳・西洋芸術」という思想世界であった。

　彼（象山）の横文字を自由に読み覚え候て、天地万物の窮理よりして火術兵法等に渉り、只今にては漢土聖賢の道徳仁義の教を以て是が経とし西洋芸術諸科の学を以て是が緯とし、唯願皇国の御稜威（御威光）を盛に致し度と中存念のよしに御座候。（中略）火術門人兵学門人員数の事、是は取り合わせ三百人も御座候。（中略）彼が本業と仕候経学の事は存ぜぬ人多く、結句一個の砲術家の様に世間には申候。[22]

東洋の人間や国家の在り方に関する人倫道徳の優越性（経）と西洋の精巧緻密な科学技術の先進性（緯）、それら東洋と西洋の両者を両翼として、日本という国家の独立安寧（皇国の御稜威）を保持・発展させるべきである。そのためには、開国進取して西洋の科学技術文明を積極的に受容し、国家の防衛体制の革新をはじめ日本の文明開化を推進する必要がある。これが、象山の「東洋道徳・西洋芸術」思想に基づく黒船来航の危機に対する対応策の基本であった。

叙上のような象山の「東洋道徳・西洋芸術」思想における西洋・東洋・日本の三者の相関図を、簡潔に図示すると上記のようになる。単に「東洋道徳」あるいは「西洋芸術」に依存する外来文明の日本化ではなく、あくまでも日本自体の独立安寧が目的であり、それ故に日本の側に「東洋道徳」（中国文化）や「西洋芸術」（欧米文化）を取捨選択する絶対的な主体性が担保されることの重要性が主張される、と言うところに特徴がある。また、日本を東洋や西洋に優越する特別な国家・人民であるとする神国主義・攘夷主義の排他的な思想でもないのである。あくまでも東洋と西洋を両翼として日本が世界に飛翔することが、象山の「東洋道徳・西洋芸術」思想の本質的な意味なのである。

二　再度のペリー来航と象山の横浜開港の主張

象山は日本交渉の横浜を警護する松代藩の軍議役　ペリー提督は、約束通り翌年の安政元年（嘉永七、一八五四）一月十四日、今度は七艘（蒸気船三隻を含む七隻の艦隊、後に二艘が加わり総艦数は九艘）もの巨大な軍艦を率いて、前回と同様に旗艦サスケハナ号（USS Susquehanna）に搭乗して日本に来航した。艦隊は、今回は同じ三浦半島でも浦賀沖とは反対側の相模湾入口の長井村沖（現在の横須賀市）に停泊した[23]。またしても、日本の国禁を破り、江戸湾の内海に侵入し、今度は横浜沖に停泊したのである。

　これに対して浦賀奉行の戸田氏栄と伊沢政義は、米国軍艦を江戸から遠ざけて浦賀湾に引き戻そうと必死に交渉した。が、米国側は「浦賀では数艘の軍艦が停泊するには波が高く困難」であるとの理由で応じなかった[24]。

　尊皇攘夷が昂揚する国内状況を受けて、幕府側は、米国側が要求する「通商条約」には最初は反対であった。だが、米国艦隊の偉容に驚き、何としても中国のように敗北必至の戦争は回避すべく、最終的には米国側との和親条約の協議を受け入れ、調印の場所を浦賀に指定した。米国側も、これに応じて、一月二十五日、軍艦を浦賀沖に移して停船させ、米国側の折衝担当のアダムス（H. A. Adams）中佐一行が浦賀に上陸したのである。

　象山も、安政元年一月十一日の書簡に「亜米利加船八《（ママ）》艘浦賀に向ひ候趣風聞御座候[25]」と記し、再度、米艦が来航する三日前に情報を察知していた。米国艦隊の来航を知ると、幕府は、応接所を横浜海岸に設け、その警衛を松代藩と小倉藩に命じたのである。早速、松代藩は、江戸家老の望月主水を総督に、象山を軍議役（海防人数臨時出役）に任じて、洋式大砲など最新の武装を準備した。だが、松代藩とは対照的に、小倉藩は、いまだ旧式の火縄銃であった。

朱子学の格物窮理を躬行実践する現場主義の象山は、まずは軍艦偵察のために、二月七日に江戸の自邸を発って品川・生麦・神奈川を経て横浜に向かった。途中の生麦まで行くと、「海上二十町ばかりも隔り候はんとおぼしき所に異国船八そういかりをおろし居候」と、居並ぶ軍艦の偉容がみえた。また、一般庶民は、再度の来航に慣れたのか、「加《ママ》奈川宿の手前の松原には茶屋など出し、船見物のものども群集いたし居候（中略）わざわざ人の江戸より見に参り候」と、巨大な米国艦隊を見に江戸からも見物人が駆けつける始末で、茶屋なども出るほどの賑わいであることに象山は驚いた。前回の来航時とは全く異なる好奇心に満ちた庶民の黒船対応の様子を、象山は、早速、江戸のお順夫人に報告している。

なお、江戸日本橋から最初の品川宿を過ぎて三つめが神奈川宿で、その先に隣接する当時の横浜があり、象山が「鰯獵（漁）の御座候所故に村立も宜く見え候」と記すほど、東海道に面した半農半漁の寒村であった。その横浜に、日本側の主張する日米条約交渉の応接所が設けられたのである。

交渉は二月十日から横浜の応接所で開始され、ペリーは最初に全二十五条からなる条約の草案を提起した[26]。だが、これに日本側が反対し、その後、幾度も両者間で協議を重ねて修正が加えられた。やっと同年三月三日に至って合意に達し、日本側全権の林復斎（一八〇一―五九、林大学頭家十一代当主）とアメリカ側全権のペリー提督との間で、全十二条からなる日米和親条約（神奈川条約）が、横浜村で締結されるに至った。その内容の中心は、下田と函館の開港であり、このことが日本が鎖国から開国に国家体制が転じる歴史的な転換点となるのである[27]。

下田開港を否定し横浜開港を主張する象山の論理　和親条約の締結に至るまでには、薪水・食糧・石炭などを供給する港の開港問題で日米の意見が対立した。日本側は、当初、遠方の琉球と辺境の松前を非とし、長崎だけを是とした。だが、ペリー提督は、日本側の提案を否定し、中国広東への航路上にある「琉球」の他に、「(神奈川を含めて）日本の東南で五ヶ所から六ヶ所、北海で二ヶ所から三ヶ所」の開港を要求した[28]。その後の交渉過程で、具体的な開港場として琉球・神奈川・松前・那覇などの地名が候補にあがった。結局、日本側は、最終案として北方の「函館」とともに新たな開港場として南方の「下田」をあげて交渉に当たった。安政元年二月二十六日の交渉で、急転直下、米国側も、この日本側の提案を受け入れたのである[29]。

だが、象山は、この条約内容の不備を衝き、特に日本にとって喜望峰のような軍事上の要衝である下田の開港を絶対不可とし、代わって横浜開港こそが得策と主張したのである。条約締結の前に松代藩軍議役として横浜に控え、横浜の軍事的・地政学的な特徴をよく理解していた象山は、下田開港の愚策に驚き、横浜開港が最善の策であることを理路整然と説き、開港場の変更を幕府当局その他の関係筋に働きかけたのである。

実は、下田開港は日本側が提案したものであった。これに米国側も同意して、二月二十五日には、わざわざ両国で下田港にまで出向いて、現地の実地検分も済ませていたのである。だが、象山は、この動きを察知して、急遽、下田を横浜に開港の変更を求めて動くのである。まず、親交ある水戸藩の藤田東湖（一八〇六―五五）に書簡を送り、下田開港の愚を説き、幕府の海防参与である徳川斉昭（一八〇〇―六〇）に働きかけようと、次のごとく書簡を送った。

昨夕（二月二十五日）罷還長岡藩衆に面会承候へば、下田の義は兼て愚察の通、果たして江川氏より出候に相違之れ無きと申事に候。此人一人の為には一時の功策とも申すべく候へども、皇国の御為には千載の失計に帰し申候（中略）彼の陸行不便の絶地なるを幸とし洋人の学術技芸をも外手にしらせず、吾手にて独り先づ学び得候はんと企候事と察せられ候。誠に悪むべき私計と存申候[30]。

この下田開港の愚案は、かつての西洋砲術の恩師ではあるが、浅学非才と軽蔑する江川坦庵（一八〇一―五五、幕府勘定吟味役格で品川台場を築造）から提案されたものと察した象山の書簡に対して、藤田からは「下田之事建議の出所長岡より御聞成され候由」と、下田開港の建議は長岡藩主で老中海防掛として条約交渉に関わっていた牧野忠雅（一七九九―一八五八、長岡藩第十代藩主）から提示されたものではないか、との返書を受け取る(31)。

ところで、象山は、何故に下田開港に反対し、横浜開港を最善としたのか。まず彼は、開港それ自体には大賛成であることを前提とし、その上で下田を開港することが日本にとっていかに不利益が多く問題であるかを、東西両洋の兵学に精通した象山は、当然、軍事に関わる地勢学的な観点から分析し、下田開港の軍事的な欠陥を第一にあげ、次のごとく説いている。

下田は本邦の要地にして、その形勢は全世界の喜望峰に比すべし。夷虜之を僦《か》りて、屯駐して以て巣窟と為さば、その害は言ふべからざらん。且つ大城は江戸に在りて、人口衆多なり。米穀布帛は皆海運に資《と》れり。不幸にして警ありて、回路格塞せば、江戸は首としてその禍を受けん。伊豆の州たるや、天城の嶮、その中を隔絶して、下田はその南端に在り。一旦変起らば、陸路に兵を出すも、砲隊は嶮の沮《はば》む所となりて、以て行くべからず。海路には則ち我に堅艦なし。他日たとひ造作するを得とも、虜には海陸の形勝ありて、我は反りて之を喪へば、主客は位を易へ、攻守は勢を異にせん(32)。

下田を開港する反対理由の第一は、地政学的な観点からみて絶対的に日本に不利であること。下田は、わが国の喜望峰と言えるほどに重要な位置にある。もし、この地を米国が借地して居留地としたならば、その弊害は言語を絶するほどに大きい。将軍の居城は江戸にあって人口が集中し、米穀布帛などの生活物資はすべて海運によって全国から江戸に運ばれている。もし、不幸にして下田に事変が起きた場合、海路はたちまち戦場と化し交通は遮断され、真っ先に江戸は災禍を受けることになる。

第二に、防禦と攻撃の兵学的な観点から日本に不利であること。伊豆の国は、険しい天城の山が半島を南北に分断する隔絶の地であり、交通の便は非常に悪い。下田は、そのように険しい地形の伊豆の南端に位置している。それ故、一度、事変が起これば、江戸から出兵しようとしても、重装備の銃砲隊は険悪な天城の地勢に沮まれて駆けつけることができない。海路もわが国には警固な洋式軍艦はなく、他日、建造できたとしても、その時には、すでに下田は開港され米国の根拠地となっており、下田の地形に慣れた米国軍は陸と海の両面で利を得て有利であり、わが方はまったく不利な立場に立たされる。攻め手である日本と守り手である米国の勢いが逆転してしまうことになる。よって、わが方の形勢が地政学的にも兵学的にも全く不利となる下田は、絶対に開港すべきではない。

上記の下田開港に絶対反対の理論に続いて、今度は横浜開港のメリットを、象山は次のように説いている。

敵人に地を仮さんには、宜しく他日の計を為して、海陸に兵を進むるを得るの処を撰ぶべし。窃かに横浜の地勢を覧るに、甚だ之に称《かな》へり。且つ虜舶をして常に此に在らしめば、江戸を去ること甚だ邇《ちか》し。則ち人人の膽《きも》を嘗《な》め薪に坐するの念は、自ら已む能はず。警衛守禦の方も亦自ら厳ならざるを得ず。又、親しく彼の長ずる所を観て、以て速に我の智巧を進むべし。これ、その利多しと為す所以なり。（中略）故に我謂へらく、横浜を以て之に仮すの愈《まさ》れりとなすに如かざるなり。是れ天下の大計なり(33)。

横浜開港の国家的な利点は、第一に軍事的観点から江戸防禦の体制を敷く上での横浜の利便性にある。敵に土地を貸与するには、後々の計を考えて陸と海の両方から進軍できる場所を選ぶべきである。横浜の地勢をみると、甚だこの条件にかなっている。しかも、敵の軍艦を横浜港に停泊させておけば、江戸ははなはだ近いので、敵の動静も人々の目につきやすく、監視体制を整えやすい。攘夷の昂揚するわが方の敵愾心は抑えがたいほどに強い。それ故に、守禦の面でも自ずと厳重な警戒体制を取らざるをえないし、それが横浜ならば可能である。

また、第二には、開国進取による西洋の科学技術を摂取できる位置にある横浜の利便性である。高度な文明を持つ異人と親しく接していけば、彼らの長所を見聞して摂取することができ、我が国の知識技術を進化させることができる。異人と市民の日常的な交流による開国進取の重要性である。この故に、断然、下田よりも横浜を開港する方が有利である。横浜を開港して米国に居留地を貸し与える。この考えは、海国日本の独立安寧を担保する将来のための国家的な大計なのである。

以上が、象山の主張した横浜開港の論拠である。象山は、ペリー艦隊が来航するや否や浦賀の現地に分け入り、また伊豆の下田も実地見聞している。横浜と下田を踏破した実地見開を基にした地政学的な判断をもって、下田開港を愚策と断定したのである。安政元年二月二十二日の夜に、下田開港の話を知った象山は、翌朝、松代藩家老で横浜警衛の松代藩総督（軍事長官）である望月主水を訪ねた。そこで彼は、藩公（松代藩第九代藩主真田幸教―第八代藩主真田幸貫の孫）に、下田開港を横浜開港に変更するよう幕府に進言すべく、藩公から幕府宛に渡す上書稿を執筆して持参し、幕府に建策するようにと、熱心に望月を説得する。しかし、象山の庇護者で名君の真田幸貫は、ペリーが初来航した嘉永六年（一八五三）に他界していなかった。幸貫の長男で嗣子たる真田幸良（一八一四―四四）は病弱で早世したため、その長男の幸教（幸貫は祖父で松平定信は曽祖父、一八三六―六九）が第九代藩主となっていた。だが、いまだ十七歳の若輩で政治力に欠け、幕府への献策に躊躇してまったく政治力を発揮することができなかった。

だが、象山は、日本の国家百年の大計から下田開港を下策とし横浜開港を上策とする信念を曲げず、幕府の老中首座として日米交渉の最高責任者の立場にあった阿部正弘と牧野忠雅の両閣老を説得すべく、上書を認め、仲介の任を長岡藩牧野家の家臣で門人の小林虎三郎に託したのである。しかし、牧野侯は江戸遊学中の学徒の身分で天下の政道に意見をしたとの科で、即刻、虎三郎に帰郷謹慎を命じたのである。

虎三郎は、象山塾にあっては塾頭を務め、吉田松陰と双璧（「象門の二虎」）をなす最も優秀な門人であった。彼こそは、儒学・洋学・和学の三学に優れ、象山思想「東洋道徳・西洋芸術」の全体を継承しうる最有力の門人として、将来、国家的次元での活躍を嘱望された学徒であった。しかし、修学中の学徒が幕府の政道に意見を具申したとの理由で藩主の譴責を受け、即刻、長岡帰郷の上、蟄居閉門の処分を受ける。これによって、虎三郎は、学問大成の道を閉ざされ、明治の夜明けの戊辰戦後における長岡復興の責任者として復帰するまでの十余年間、蟄居閉門の身で学究生活に精進した。その間の彼は、敬仰してやまない恩師の期待に応えるべく、耐えがたい不治の難病と闘いながら、蘭書・漢書の翻訳や歴史教科書の編纂、文部省から委嘱された英米における最新の教師教育書の翻訳校訂など、文筆活動に渾身の力を注いでいたのである(34)。

その虎三郎の名は、一般的には長岡藩の美談「米百俵」の主人公として有名である。しかし、彼の真骨頂は、「米百俵」の美談の後の明治四年（一八七一）に上京して以降、東京で展開した国家的な問題に関わる様々な研究活動の成果にあった。漢学や蘭学に精通した語学力・文章力を活かして、教育文化を中心に多くの翻訳書や著書を残し、日本近代化の推進に大きく貢献したのである(35)。

越後長岡と言えば、司馬遼太郎『峠』（新潮社、一九六八年）の主人公として描かれた英雄は河井継之助（一八二七―六八）である。その主人公として描かれた河井は、三島億二郎や小林虎三郎とは幼児期からの親友であり、ともに江戸に遊学して佐久間象山の門人となった間柄である。だが、河井だけは、象山の信奉する「格物窮理」の合理主義思想である朱子学を嫌い、経世済民の実践第一を説く陽明学者である備中松山藩の山田方谷（一八〇五―七七）の教えを受ける。その河井が、戊辰戦争で敗戦を覚悟の上で官軍に正義の戦いを挑み、長岡城下は廃墟となる。皮肉なことに、この長岡復興を任されたのが小林と三島であった。象山を生涯の師と仰ぐ門下生二人の長岡復興に向けた活動は壮絶で、それは長岡再生への新たな戦いであった。滅びの戦いと再生の戦い。実に対照的であった。だが、その後の歴史では正義のために戦った河井が英雄であり、郷土再生に尽力した三島や小林は歴史の表舞台からは忘却された。

時代が過ぎ、小林虎三郎が歴史の表舞台に登場するのは、山本有三の戯曲『米百俵』（新潮社、一九四三年）の美談によってである。長岡復興の主人公として描かれた虎三郎が、昭和の戦後に一躍、有名になった美談。それは、終生の恩師であった象山の「東洋道徳・西洋芸術」思想を具現化した教育立国主義によって、戊辰戦争で廃墟と化した郷

土長岡の復興に献身した彼の多様な功績の中の一頁に過ぎず、彼の日本近代化に関する貢献は多岐に亘るものである。(36)

象山は、ことのほか、愛弟子である虎三郎の身を案じ、この後の同年四月に吉田松陰の海外密航事件に連座して捕縛され、伝馬町の獄中で書いた『省諐録』や藤田東湖宛の書簡の中で、彼のことを思い次のように記している。

・門人長岡の小林虎をして、その主侯に上書して大計（横浜開港）を開陳せしめ、又、之をして阿部閣老の親行する所を見て、為にその利害を論じ、時に因りて規諫することを得て挽回する所あらんことを欲す。並に皆行はれず。小林生は此を以て主侯の譴を得て、遂に辞して国に帰れり。(37)

・小林の事誠に気の毒に存候。天下の御為自分の主家にも当時御役勤められ候て千載の不覚御座候ては如何と気遣ひ候より種々奔走も致し候事にて候所、其事あしく候と申にて、つみ蒙り候て登院にはいさゝかきずに成り申さず候所、牧野様御家の御不行届きは世にも広まり申すべしと窃に嘆かはしく存じ候。(38)

三　門人吉田松陰の黒船密航事件の先駆性

黒船の再来航と吉田松陰の海外密航事件　実は、虎三郎に先んじて、横浜開港の師説を奉じ「浦賀に於ける米艦視察の報告に併せて一篇の意見書を藩庁に提出」して処罰を受けた同じ象山門人がいた。長岡藩の三島億二郎（一八二五―九二）である。当時、老中海防掛で日米和親条約の応接掛であった長岡藩主の牧野忠雅から、「書生の身をもつて藩政を論議するのは不埒至極」との理由で、安政元年（一八五四）正月十九日、御目付役を解任され帰藩を命じられたのである。(39)

虎三郎の親友である三島も象山塾で学問修業に励んでいたが、学問半ばで長岡に帰郷を命じられた不運の門人であった。しかしながら、長岡戊辰戦争については、虎三郎と共に不戦論者であった三島もまた、敗戦後は虎三郎とともに長岡藩大参事に任じられ、長岡復興の藩政を委ねられた。虎三郎が「米百俵」の一件の後に上京した後も、三島は長岡に留まり、長岡復興のためのに銀行・病院・学校（長岡洋学校、現在の新潟県立長岡高等高校）・女紅場などを創設し、多くの殖産興業を手がけ近代長岡の再建に尽力した最大の功労者である。廃藩後の長岡藩の後始末や廃墟となった長岡の復興に尽力した三島も、虎三郎と同様、終生、象山を恩師として敬仰し、「東洋道徳・西洋芸術」思想の躬行実践に挺身したのである。(40)

年少の吉田松陰（一八三〇―五九）にとっては、長岡藩の三島も小林も、ともに象山塾で学ぶ尊敬する先輩であり、ことさらに親交の深い学友であった。三島や小林が、横浜開港という師説を奉じて青春の蹉跌を踏んだことは、忠義の烈士である松陰に大きな影響を与えた。その結果、松陰は、恩師の説く開国進取の具体策の目玉として主張していた海外留学を決断し実行しようとしたのである。

一般には知られていないが、松陰の海外密航には、それを決断し実行させる契機となる前奏があったのである。三島や小林に続いて海外密航を決断した門人松陰の知力と胆力に対する、恩師象山の評価は絶大なものであった。松陰の海外密航が失敗した直後、獄中にあった象山は、信頼できる友人宛に松陰の人物評を次のように記している。

吉田生と申もの当年二十五歳の少年には候へ共、元来長州藩兵家の子にて漢書をも達者に読下し胆力も之あり、文才も候てよく難苦に堪え候事は、生得の得手にて、海防の事には頗る思をなやまし萩藩兵制の事にも深く心を入れ存寄りの次第、書立て其筋へ申出候義も度々これ有り、小弟門下にも多く之れ無き忠直義烈の士に御座候。(41)

象山は、「当今にても辺備の急務は彼をよく知るより先なるはなく、彼を知るの方略は人才を選び彼の地方に遣し、形勢事情をまのあたり探索(42)」させる海外留学こそが急務であることを、黒船来航の前から主張し、優秀な人材の海外留学制度の実現を幕府に説いてきた。だが、この象山の時代を先取りした開国進取の建策も聞き入れられることはなかった。横浜開港の師説を奉じて三島や小林が挫折した後、愛弟子の吉田松陰がペリー艦隊に乗船して米国に留学したいという国禁を犯す大胆な海外渡航計画を相談されたとき、象山は、これを是として大いに奨励した。象山は、松陰に金四両の旅費と「之の霊骨有り」で始まる有名な五言漢詩の壮行詩を贈り(43)、さらには米艦乗船後に、ペリーに渡す嘆願書も添削してあげ（「拙生夷船に投ずる書へ佐久間添削致し候」(44)）、松陰の勇敢な実行計画を激励した。決行は、時あたかも、日米和親条約の締結に、ペリー艦隊が再航していた嘉永七年（一八五四）三月二十七日の夜のことであった。松陰は、自分の門人である金子重之輔（一八三一―五五、長州藩）と二人で、下田港内の小島から漁船で旗艦ポーハタン号に漕ぎ寄り、米兵の制止を振り切って乗船するのである。

だが、ペリー提督は、「幕府から許可を得たものでなければ応じられぬとして、彼らの乗艦を断った(45)」のである。大米国への渡航を拒否され、小舟も流失してしまった失意の二人は、米国側のボートで下田の海岸に送り返された。大志の夢敗れた二人は、小舟が見つかれば分かることとして、潔く下田奉行所に自首して江戸に護送され、伝馬町の牢屋敷に投獄されたのである。

開国進取の突破口となった松陰の海外密航事件　突如、軍艦に小舟で乗り寄せて米国行きを懇願した日本の青年。この若い日本の青年子弟の勇気ある行動に感動したペリー提督は、冷静なドイツの哲学者カントさえも動揺する出来事であろうと評価して、「哲学的安心立命の境にある非凡な標本」と絶賛し、次のように讃えている。

この事件は、同国の厳重な法律を破らんとし、又知識を増すために生命をさへ賭さうとした二人の教養ある日本人の烈しい知識欲を示すもので、興味深いことである。日本人は疑いもなく研究好な人民で、彼等の道徳的並びに知識能力を増大する機会を喜んで迎へるのが常である。この不幸な二人の行動は、同国人の特質より出たものであったと信ずる。又人民の抱いている烈しい好奇心をこれ以上によく示すものはない。（中略）日本人の志向がかくの如くであるとすれば、この興味ある国の前途は何と味のあるものであることか。又付言すれば、その前途は何と有望であることか(46)。

ペリーは、松陰たち日本の青年が命がけで渡米を求めた勇気ある行動を、日本の将来への希望と受け止め称賛したのである。この歴史的な事実を、松陰や象山は知る由もなく、今日に至るまで、意外と日本の幕末史における感動的な出来事として知られてはいない。

海外密航を慫慂し激励した象山も、前述の壮行の漢詩やペリー宛の嘆願書の添削などを証拠に、事件に連座した廉《かど》で捕縛され、松陰と同じ江戸伝馬町の獄に入れられた。象山は、米国使節応接掛を兼務する江戸北町奉行の井戸対馬守（生年不詳―一八五八）の厳しい尋問を受けた。だが、象山は、「是迄の死法を守り、かれの所長を取らむすべをも知らず、かの形勢事情を探らむともせられ候はぬ様子誠に望みを失ひ申候[47]」と、幕府の旧態依然とした保守政道を批判する。それ故に彼は、奉行所の裁判でも、鎖国はすでに死法であり、夷船が近海を跋扈する国家存亡の折に、海外事情を探究して祖国に尽力しようとした吉田松陰らの行動は、称賛に値する義挙であるとして、米国に漂流した漁師のジョン万次郎（一八二七―九八）の前例をあげて駁論し、あくまでも松陰の無罪を主張したのである。

時代とともに変わる俗法よりも、学問が探究する真理の法が価値がある。朱子学の説く格物窮理の実学を躬行実践してきた象山は、若くして「理」を最高善とする自らの主体的な価値観を形成し、「法と理と不幸にして兼ぬるを得ざれば、すなわち法を棄てて理に従うものなり[48]」と説く、徹底した合理主義者であった。

評定所の判決は、本来、密航は死罪であった。が、天下一等の著名な学者である象山を、幕府の老中首座の阿部正弘や川路聖謨（一八〇一―六八、幕臣・勘定奉行）、さらには藩士を象山塾に送り出している中津藩・土佐藩・長州藩・薩摩藩・佐賀藩など五〇を超える藩主たちなど、象山を理解し援護する幕閣や諸大名も多く、結局、象山師弟の判決は、死罪を免れ無期の蟄居謹慎となった。以後の象山は、面壁九年の地元信州での蟄居生活（赦免の二年後に五十四歳で惨殺）、松陰も長州野山獄に幽囚生活（後に安政の大獄で斬首刑、二十九歳）、金子も長州岩倉獄で蟄居生活（獄中で病没、二十五歳）と、憂国烈士の象山師弟は、それぞれに己の大志を貫いて非業の最期を遂げたのである。

実は、この不運な海外密航事件を契機に、奇しくもペリー提督が「同国の厳重な法律を破らんとし」た事件として、その歴史的な意義を高く評したごとく、日本にも欧米先進国へ留学生を派遣するという国境を超えた学びの道が拓けてくるのである。

優秀な人材を海外に派遣して欧米先進文化を学ばせるという先駆的な出来事は、松陰の海外密航事件から六年後の万延元年（一八六〇）正月、幕府が日米修好通商条約の批准のために遣米使節団をアメリカへ派遣したことに始まる。この派遣団で、門人で義弟の勝海舟が咸臨丸の艦長として渡米するのである。海舟の渡米が決まったとき、象山は、これを衷心から祝して、「彌利堅渡海御用仰られ（中略）万衆中御擢選にて非常の御用仰られ候事本懐に過ぎざるの賀候」[49]との書簡を送る。この偉業は、象山宿願の実現であるとの論拠として、次の二点を指摘する。

①当年より十八年八ヶ月も前の天保十三年（一八四二）、当時、幕府の老中職にあった藩主真田幸貫宛の上書（「海防八策」）で、「西洋より船大工の砲学の士等招き呼ばれ、艦砲の学校を興し度」[50]と、御雇外国人教師の召聘を建白したこと。

②当年より十一年前の嘉永二年五月、同じく藩主宛の上書で、象山は、「外蕃を馭するは外蕃の情を知り候より先務は之れ無く、外蕃の情を知り候は外蕃の語に通ずるより先なるはなく候」と「蘭日辞典」の編纂刊行の重要性を建白したこと[51]。

叙上のように象山は、西洋知識を見聞できる海舟の渡米を、自分の長年の夢の実現と受け止めて喜び、その歴史的意義を強調して海舟を激励したのである。

海舟の方も、渡米の翌年の文久二年（一八六二）五月に帰朝すると、実際に米国で見聞した彼の国の政治制度や生活文化などの情報を、蟄居中の象山に書簡で詳細に報告している[52]。

この後、本格的な欧米留学生の派遣が始まるのは、松陰密航事件から十年後、同じ幕末鎖国の時代のことで、幕府自身によるオランダへの留学生派遣であった。幕府は、生麦村事件が勃発する半年前の文久二年二月、西洋近代科学を日本に導入するために、海軍研究生五名（内田恒次郎・榎本釜次郎・澤太郎左衛門・赤松大三郎・田口俊平）、医学研究生二名（伊東玄朴・林研海）・人文科学研究生二名（蕃書調所の西周・津田真道）を、オランダに留学生として派遣したのである。軍事研究の留学生が主流であったが、加えて医学研究や人文科学研究の留学生が含まれたことは、西洋日新の学術技芸の全体を受容する契機となる、実に意義深い英断であった。

彼らは、オランダのライデン大学で各自の専門とする最新の西洋科学を修得して帰国する。帰国後の留学生たちは、各々の専門分野で留学成果を活かして開拓的な研究を推進し、近代日本の優秀な指導者となった。特に人文科学分野の西周（一八二九―九七、西洋哲学者）と象山門人である津田真道は、帰国後、哲学・法学・政治学などの諸分野に西洋学術の成果を紹介する著書を出版するなどして開拓的な業績を残し、人文社会科学の分野における日本の学術文化の近代化に多大な貢献をなした(53)。

さらに、幕府の留学生派遣の翌年の文久三年五月、長州藩は、独自に吉田松陰の門人である志道聞多（井上馨、一八三六―一九一五）・伊藤俊輔（博文、一八四一―一九〇九）・山尾庸三（一八三七―一九一七）・井上勝（一八四三―一九一〇）・遠藤謹助（一八三六―九三）の五名（長州五傑）をイギリスへ密航させ、ロンドン大学に学ばせる。だが、その翌年、長州に予期せぬ大事件が勃発する。長州藩が、文久三年の下関事件と元治元年（一八六四）の馬関戦争の二度、英米仏蘭の欧米四国連合艦隊と交戦して惨敗し降伏したのである。この戦争を機に、長州藩は尊皇攘夷から尊皇開国に急転回し、急ぎロンドンから帰国した伊藤博文や井上馨は、明治維新以降の薩長藩閥主導の政界で活躍する高位高官となった。また、工学系の井上勝は、明治五年九月に新橋横浜間の鉄道を全線開通させるなど日本の鉄道開業に貢献し、「日本の鉄道の父」と呼ばれた。遠藤謹助も、維新政府の官僚として大阪に造幣局を創設して長く局長を勤め、日本の造幣制度を整備して「近代日本造幣の開祖」とも評されたのである。さらに山尾庸三もまた、伊藤博文と連携して工部省の設立に尽力し、伊藤の後継の工部卿となって日本の工業の発展に尽くした。なお、現在に続く大阪造幣局内の桜並木を一般公開する「桜の通り抜け」は、明治十六年、当時の局長だった遠藤の発案といわれている。(54)

また、薩摩藩も、文久三年七月の薩英戦争で、西洋近代科学の成果である強烈な軍事力に圧倒され、鎖国攘夷から一転して開国進取に方向転換し、西洋化を進めるべく英国に寺島宗則（一八三二―九三）・五代友厚（一八三六―八五）・森有礼（一八四七―八九）らの秀才一五名を、幕府に内密でイギリスに留学生として派遣した。留学先は長州藩と同じロンドン大学で、留学生の専攻は陸海軍の測量学・文学・医学・化学などの諸学に及んだ。帰国後、森有礼は、初代文部大臣として近代教育制度の確立に尽力し、また明六社の設立や商法講習所（一橋大学の前身）の創設など、近代学校制度の確立に尽力した。さらに、寺島宗則は、参議兼外務卿となって政府の財政難から関税自主権の回復を図るべく諸外国との条約改正に尽力し、その後は文部卿、元老院議長、在アメリカ日本公使、枢密顧問官など国家枢要の要職を歴任した。そして、五代友厚も明治新政府の参与職外国事務掛となり、イギリス公使パークス事件など外交問題の処理に当たる。が、明治二年に下野して、大阪株式取引所（現・大阪証券取引所）、大阪商法会議所（現・大阪商工会議所）、大阪商業講習所（現・大阪公立大学）、大阪商船、阪堺鉄道（現・南海電気鉄道）などを創設し、大阪経済を組織化し再構築した。(55)

世界の中の日本という世界史の視座から、幕末期日本の歴史の流れをみれば、松陰密航事件は、ペリー提督が「傲慢にして残忍な日本の法典によれば大きな罰であっても、吾々にとつては唯自由にして大いに好奇心の発露(56)」と記したごとく、開国進取を説いて横浜開港を主張した象山が提唱し続けた、日本近代化に不可欠な人材育成のために優秀な人材を海外派遣して学ばせる留学制度への道を拓く礎石となった。松陰の海外密航事件は、当時にあっては国禁を破る大罪ではあったが、維新期以降の近代日本において海外留学は国家奨励の快挙となる人材育成の栄えある成功体験であった。さすれば、幕末期に名もなき下級武士の松陰が志した海外留学への決死の挑戦は、決して無謀な無駄花ではなく、日本の歴史上、実に意義のある先駆的な大事件であったといえる。

日米和親条約に下田開港を明記　鎖国から開港に一大転換する日本が、米国側と開港する港や領事の駐在その他の問題を巡って、交渉は難航した。だが、最終的には両国間の主張の相違は、大方が日本側の妥協により合意に達し、安政元年三月三日、神奈川の応接所で「日米和親条約」（神奈川条約）が締結された。全十二条からなる内容で最も重要な点は、第二条「条約港の設定」であった。そこには、「下田（即時）と箱館（一年後）」を開港すると定められていた。この二港に関して、米国側の要求は「薪水、食料、石炭、その他の必要な物資の給与」を受けることができると明記されていた(57)。象山が、前途ある愛弟子たちの犠牲を払ってまで主張した横浜開港は残念ながら実現しなかった。だが、この後の安政五年の「日米修好通商条約」では、急転直下の起死回生で、下田開港は横浜開港に変更される。そのとき、象山の構想した国家百年の大計は実現するのである。

条約の締結が終了した後、ペリー艦隊は、江戸湾に入って品川沖まで巡航して丹念に湾内調査を実施し、三月二十一日、小柴沖（現在の金沢区柴町にある小柴海岸の沖）を出港して下田に向かった。だが、象山の方は、三月二十七日、愛弟子の吉田松陰が下田に停泊中のペリーの米国艦隊に密航を願い出て拒絶されるという事件が起きる。前述した吉田松陰の海外密航事件である(58)。

日米和親条約の第十一条「領事の駐在についての規定」により、初代日本総領事に赴任したのがタウンゼント・ハリス（Townsend Harris, 1804–78）であった。安政三年七月二十一日、ハリスが乗船した船が伊豆の下田に入港し、翌二十二日、彼は下田奉行と会談する。ハリスは、下田の玉泉寺（曹洞宗の寺院）に領事館を構え、アメリカの東洋世界における貿易権益の確保を目的とした日米修好通商条約の締結という大統領密命を帯びて来日したのである。それ故に彼は、さらなる通商条約の締結に向けて、日本の幕府側と幾度も交渉を重ねた。その結果、最終的には、安政五年四月二十三日に大老（幕政の最高責任職）に就任した井伊直弼（一八一五―六〇、彦根藩主）が、清朝中国に勃発したアヘン戦争やアロー戦争（第二次アヘン戦争）の悲惨な戦争の二の舞になることを恐れて、従来の鎖国論者から開国論者に転じ、開国して積極的に外国との交易を推進することに決し、朝廷の勅許を得ずに、幕府倒壊の契機となる重大な「日米修好通商条約」の締結を決定するのである。

その条約は、一方的に米国側に有利な内容で、日本にとっては極めて不利不当な内容であった。日本側に関税自主権がなく、アメリカ側に領事裁判権を認めるという、巨大な軍事力を背景に欧米先進国が後進国に押し付けた不平等条約は、安政五年六月十九日、神奈川沖の小柴湾に停泊中の米艦ポーハタン号上で締結された。この関税自主権の放棄と領事裁判権の承認という不平等条約は、後々、日本が近代国家に発展する上で長く大きな障害となるものであった。しかも、その第三条には、先の日米和親条約に明記されていた下田に代わって、神奈川と函館の両港に加え、新たに長崎・新潟・兵庫を開港し、江戸・大坂で自由貿易（開市）を行うこと、しかもそれらの港には外国人の居留地を開設することが規定されていたのである。

おわりに

下田から横浜開港への転換とその功労者　ところで、ハリス起草の条約案文には、開港場として「下田」に替わり東海道の繁華な宿場町である「神奈川」と明記されていた。だが、象山と親交があり、日本側全権委員であった岩瀬忠震《ただなり》（一八一八―六一）は、江戸に近い寒村の横浜開港を主張し、江戸を大阪にかわる全国的な商品流通の中心地とし、また外国文明の窓口として幕府の再建をはかるという積極的な横浜開港論を幕閣に開陳したのである。その結果、横浜開港で幕府の意見統一をみた日本側は、横浜開港案に反対する米国側のハリスを押し切って、日米通商友好条約を締結した。それ故に、岩瀬もまた横浜開港の功労者となったのである(59)。

岩瀬の説得を受けた大老の井伊直弼をはじめとする幕閣は、神奈川開港によって東海道沿岸の繁華な神奈川宿の混乱を避けるべく、東海道からずれた対岸にある半農半漁の寒村である横浜村（武蔵国久良岐郡）に新たな港を拓くことに決し、開港日を安政六年六月二日と決定したのである（下田港は横浜港の開港後に閉港）。この日本側の横浜開港案で、安政五年六月十九日、日米修好通商条約は締結されたのである。

これによって、象山が、黒船来航のとき、真っ先に主張した横浜開港が実現するのである。なお、大老就任の当初は鎖国攘夷論者であった井伊直弼は、開国と公益を主眼とする日米修好通商条約の締結を前にして、アロー号事件で清国が英仏両国に大敗したこと、またインドにおけるセポイの乱（英国の植民地支配に対するインドの民族的抵抗運動）の鎮圧（一八五七―五八年）など、当時の日本を取りまく欧米中心の世界史的な潮流による軍事的脅威を痛感して開国和平論者に転身し、天皇の勅許をえずに条約を締結する。日米修好通商条約の締結や安政の大獄などの強権政治を断行した彼の最期は、桜田門外の変（一八六〇年）での悲惨なものであった。だが、結果として、条約の締結を決定し実行した彼も、横浜開港の実現に大きく寄与した歴史的偉人となったのである。

図36　井伊直弼立像（明治42年〈1909〉6月建立，横浜市西区掃部山公園）

そのために、横浜開港の恩人として井伊直弼を顕彰すべく、明治四十二年六月、横浜開港五十周年の記念に、横浜市西区の掃部山《かもんやま》公園に立派な立像が建立され、今なお国際港湾都市として発展し続ける横浜の港を見守っている。さらに、実際に条約交渉に当たり米国側が主張する神奈川開港の提案を退け、東海道に面した繁華な神奈川宿を避けて、その対岸にある反農半漁の寒村の横浜村に港を開くべきと主張して横浜開港案をまとめ上げ、それを実現させたのは、前述のごとく、幕府目付で外国奉行の岩瀬忠震であった。岩瀬をも横浜開港の恩人とみる根拠である。それ故に、横浜郷土研究会有志により、遅ればせながら昭和五十七年（一九八二）、横浜市神奈川区の本覚寺山門の右脇に、岩瀬のレリーフ像をはめ込んだ顕彰碑が建てられた(60)。

そして、黒船来航のときに、いち早く横浜開港を提唱し、その実現に奔走した佐久間象山に関しては、井伊直弼や岩瀬忠震よりも早く、明治二十三年九月、横浜の伊勢山に「贈四位佐久間象山先生碑」が建立された。これは、前年の明治二十二年二月十一日、紀元節に際し朝廷より特使をもって象山に正四位が贈位されたことを受けて、横浜開港の恩人として横浜に「贈四位佐久間象山先生碑」（元帥陸軍大将・山県有朋題額、重野安繹撰）が建立されたのである。なお、その際には、門人で元老院議官の渡辺驥（一八三六―九六、大審院検事長・貴族院議員などを歴任）の主宰で祝賀会が挙行され、門人で元老院議官の加藤弘之（一八三六―一九一六、旧東京大学綜理・元老院議官）・津田真道や知友の中村正直（一八三二―九一、東京大学教授、帝国学士会員）、高崎正風式部次官・渡辺国武大蔵次官・辻新次文部次官、そして弘化元年（一八四四）に蘭漢交換教授をした蘭学恩人の黒川良安、信州飯田藩出身の東京大学貢進生で森文部大臣秘書官となった中川元（一八五二―一九一三）など天下の名士である象山関係者百五十余名が祝賀の儀に集ったのである(61)。

さらに、戦後の間もない昭和二十九年には、横浜市議会の発案により横浜市西区の野毛山公園の高台に象山の記念碑が建立されたのである。

ところで、黒船来航当時の横浜は、令和六年（二〇二四）年現在の人口三七〇万人を超える日本第一の世界的港湾都市の姿からは、まったく想像することができない。横浜は、神奈川宿と保土ヶ谷宿の中間に位置して東海道から外れ、湾内に突き出た半農半漁の寒村であった。開港から百六十年余りが過ぎた今、驚異的な発展を遂げた横浜の歴史を省みると、幕末動乱の鎖国時代に開国和親を唱えて欧米文化の進取究明を図り、もって横浜港は日本の文明開化を推進する窓口となった。横浜開港を実現させた政治家の井伊直弼・岩瀬忠震、そして開港を発想し実現に奔走した佐久間象山、彼らの先駆的な功績を無視することはできない。

図37　岩瀬忠震記念碑（昭和57年〈1982〉建立，横浜市神奈川区本覚寺）

なお、横浜開港に関する歴史的偉人の評価を考える際には、佐久間象山・井伊直弼・岩瀬忠震の他に、別の功績者をあげる説がある。例えば、勝海舟の功績である。安政二年に海舟が作成した地図に、「神奈川宿と横浜村を結ぶ線上に、オランダ語で「船舶錨地」との記載があり、公的に表面化しない段階での、開港志向の人々の動き」があったことを、どのように解釈するか、という問題である[62]。象山門人の海舟は、恩師が安政元年の日米和親条約の締結前から下田開港を否定し横浜開港を最善とする情報を得ていたことは確かであり、「安政二年に海舟が恩師の横浜開港説を奉じて地図を作成した」、と理解するのが妥当である。さすれば、やはり横浜開港を最初に唱えたという先駆性の故に、第一の功労者は、佐久間象山ということになる。彼は、アヘン戦争後の早い時期から開国を主張し、黒船来航のときには真っ先に下田開港を否とし横浜開港を是として、その実現に東奔西走した。紛れもなく最初に横浜開港を提唱したのは象山であった。

一体、何故に彼は、下田ではなく横浜の開港を主張したのか。そ

表５　横浜開港後の横浜市の人口推移

当　該　年	人　　口	対前年比 増加数	対前年比 増加率	備　　　考
元治元年(1869)	12,000人			イギリス領事調査
明治22年(1889)	121,985人			市政施行
明治34年(1901)	299,202人	94096	45.9%	第一次市域拡張
大正８年(1919)	469,868人	23,771	5.3%	横浜開港50年
昭和２年(1927)	529,300人	117,800	28.6%	第三次市域拡張
昭和14年(1939)	866,200人	88,700	11.4%	第六次市域拡張
昭和44年(1969)	2,143,8204人	96,333	4.7%	横浜開港100年
平成13年(2001)	3,461,690人	34,039	1.0%	21世紀開始年
平成31年(2019)	3,748,781人	8,609	0.2%	横浜開港150年
令和６年(2024)	3,771,063人	－703	0%	横浜開港155年

※　横浜市統計時系列データ（2024年10月１日現在）

の根拠は、前述したごとく、浦賀沖に浮かぶ未曾有の巨大な艦隊を具に観察したとき、日本が中国のように軍事的に圧倒され、不利不当な条約を締結させられる国家的な屈辱は、何としても回避しなければならない、という国家百年の大計を考えての兵学的な観点からであった。それ故に、当然のことながら象山の横浜開港の発想は、第一に軍事的な契機からであった。象山は、日米会談が行き詰まり、戦争になって黒船が艦砲射撃を始めた場合の最悪の状況を想定して、西洋兵学者としての専門的な立場から防禦や反撃に有利な場所を考えた場合、外敵を排除し江戸を防禦するのに最適な港は、地政学からみて下田よりも横浜であると考えた。それ故に、米国艦隊を眼前に見て、東西両洋の兵学に精通した象山の横浜開港の発想は、何よりも現実的な非常事態への対応策を想定した軍事的契機によるものであったことは当然のことである。

　しかしながら、象山の場合は、軍事専門の兵学者である前に、格物窮理を基本原理とする真理探究型の洋学者であり、さらには平和社会（「修身斎家治国平天下」：『大学』）の実現を躬行実践する東洋の本格的な儒学者―朱子学者であった。その象山は、アヘン戦争を契機に洋学の世界をも学び、異なる二つの半円からなる東西両洋の地球を一円統合して「東洋道徳・西洋芸術」という学術文化の思想を形成していた。そのような思想的な視座から、東西世界の戦争に精通した兵学者でもある象山は、「百戦百勝は善の善なる者に非ざるなり。戦わずして人の兵を屈するは善の善なる者なり」(63)を信条としており、「戦わずして勝つ」(攘夷を超えた大攘夷)ための最善の策として鎖国日本の開国和親・進取究明・文明開化を説く平和主義者となったのである。

さらに彼は、横浜開港に際して、決して軍事的なメリットだけに囚われて横浜開港を判断したわけではなかった。彼は、東西両洋の自由な交流や交易を通じて、横浜が、日本が、平和裏に発展することを見越して、島国である日本の異国との交流・交易の重要な窓口として、横浜開港を国家的なメリットの観点から捉えていたのである。米国をはじめ英仏露などの先進列強諸国との条約締結の賛否に揺れる幕末期の危機的現実の渦中にあって、百年後、二百年後の日本を先駆して展望し、世界に開かれた日本近代化の窓口として横浜開港を発想し実現に尽力した歴史的な人物、それが横浜開港の先覚者と評される佐久間象山であった。

註

(1) 岩波文庫版、金谷治訳注『孫子』、四一頁。
(2) 象山思想「東洋道徳・西洋芸術」については、拙稿「日本近代化と『東洋道徳・西洋芸術』の思想―開国進取を説く象山思想の形成と展開」(平成国際大学『研究論集』第十五号、二〇一五年三月)を参照。
(3) 麓慎一著『開国と条約締結』(吉川弘文館、二〇一四年、一九―二一頁)を参照。
(4) 奈良本辰也『佐久間象山』(清水書院、一九七五年、九六―九七頁)を参照。
(5) 以下、幕末期の歴史的事実の年月日に関する表記は『近代日本総合年表』(岩波書店、一九六八年)に基づいている。
(6) 信濃教育会編の増訂版『象山全集』(全五巻、信濃毎日新聞社、一九三四―三五年)の第四巻所収、嘉永六年二月十八日付「竹村金吾宛書簡」、一二六―一二七頁。以下、『象山全集』第〇巻と略記。
(7) 前掲、麓慎一著『開国と条約締結』、二三―二四頁を参照。
(8) 『象山全集』第四巻、嘉永六年五月十日付「真田志摩宛書簡」、一三四頁。
(9) 『象山全集』第四巻、嘉永六年六月五日付「母宛書簡」、一四六頁。

(10)『象山全集』第四巻、嘉永六年六月六日付「望月主水宛書簡」、一五一頁。
(11)『象山全集』第四巻、嘉永六年六月六日付「望月主水宛書簡」、一五二頁。
(12)『象山全集』第四巻、嘉永六年六月六日付「望月主水宛書簡」、一五〇―一五一頁。
(13)『象山全集』第四巻、嘉永六年六月七日付「山寺源大夫宛書簡」、一六一―一六三頁。
(14)『象山全集』第四巻、嘉永六年六月六日付「望月主水宛書簡」、一四九―一五〇頁。
(15) 前掲、麓慎一著『開国と条約締結』、一二頁を参照。
(16)『開国と条約締結』、三四―三五頁を参照。
(17) 岩波文庫版、『省諐録』（一九四四年）、三八頁。象山著『省諐録』の原文は『象山全集』第一巻に所収（全漢文）であるが、以下の本章では飯島忠夫訳注の岩波文庫版を使用する。
(18)『象山全集』第二巻所収の「上書」、嘉永六年六月九日付、一二五―一二七頁。
(19)『ペリー日本遠征日記』（雄松堂出版、一九八五年、四五五頁）には、象山が目視した黒船四艘の全長・トン数・乗員数・積載砲数・艦長名などの数値が記載されている。実際のペリー提督を司令官とするアメリカ合衆国極東艦隊（一八五三―五四年）の旗艦サスケナ号をはじめとする所属艦船の規模や装備の一覧は、『ペリー日本遠征日記』（雄松堂出版、一九八五年）の四五五―四五七頁に記載されている。
(20)『象山全集』第四巻、嘉永六年六月六日付「望月主水宛書簡」、一五〇―一五一頁を参照。
(21)『象山全集』第四巻、嘉永六年六月二十九付「小寺常之助書簡」、一五七頁。
(22)『象山全集』第四巻、嘉永五年十二月二十九付「松代藩留守居津田転より庄内侯への返簡」、一一一頁。
(23) 前掲、麓慎一『開国と条約締結』、一一五頁を参照。
(24)『開国と条約締結』、一一五頁を参照。
(25)『象山全集』第四巻、安政元年正月十一日付「望月主水宛書簡」、二二四頁。
(26) 前掲、麓慎一『開国と条約締結』、一四一―一四二頁を参照。
(27) 条約の全文は、前掲、麓慎一『開国と条約締結』、一四九―一五〇頁。英文のとその日本語対訳の全文は、『ペリー日本遠征随行記』（雄松堂出版、一九八〇年）、二五五―二五八頁に掲載。
(28) 前掲、麓慎一『開国と条約締結』、一四三頁。

(29)『開国と条約締結』、一四九—一五〇頁。
(30)『象山全集』第四巻、安政元年二月二十六日付「藤田東湖宛書簡」、二三三頁)
(31)『象山全集』第四巻、二三四頁。
(32)前掲、岩波文庫版『省訾録』、四二頁。
(33)岩波文庫版『省訾録』、四三頁。
(34)象山門人の小林虎三郎の思想と行動に関しては、拙著『米百俵の主人公　小林虎三郎—日本近代化と佐久間象山門人の軌跡—』(学文社、二〇一一年)および『米百俵の歴史学』(学文社二〇〇六年)を参照。
(35)(36)拙著『米百俵の主人公　小林虎三郎—日本近代化と佐久間象山門人の軌跡—』『米百俵の歴史学』を参照。
(37)前掲、岩波文庫版『省訾録』、四三—四四頁。
(38)『象山全集』第四巻、安政元年二月二十六日付「藤田東湖宛書簡」、二三七—二三八頁。
(39)長岡藩の門人で虎三郎の親友である三島億二郎(一八二五—九二)。三島に関する詳細は今泉省三『三島億二郎伝』(覚張書店、一九五七年)を参照。
(40)(42)長岡市史双書『三島億二郎日記』(全四冊、一九九一—二〇〇一年)を参照。
(41)『象山全集』第四巻、安政元年四月二十七日付「獄中より山寺源大夫三村晴山宛書簡」、二五五頁。
(43)『象山全集』第四巻、安政元年四月二十七日付「獄中より山寺源大夫三村晴山宛書簡」二五八頁。
(44)『吉田松陰全集』(大和書房、一九七二年)第七巻、二三四頁。
(45)『ペリー日本遠征随行記』(雄松堂書店、一九八〇年版)、二八四頁。
(46)『ペリー提督日本遠征記』(雄松堂書店、一九八八年版)、下巻、七〇三頁。
(47)『象山全集』第四巻、安政元年四月二十七日付、「獄中山寺源大夫三村晴山宛書簡」、二六五頁。
(48)神田阿玉ヶ池の象山書院時代、原漢文は『象山全集』第一巻「文稿雑」、二七頁。
(49)『象山全集』第五巻、安政六年十二月十五日付「勝海舟宛書簡」、一六六頁。
(50)『象山全集』第五巻、「勝海舟宛書簡」、一六八頁。
(51)『象山全集』第五巻、「勝海舟宛書簡」、一六八頁。
(52)『象山全集』第五巻所収の文久二年八月二十日付「勝麟太郎宛書簡」。これ以降、頻繁に象山と海舟の往復書簡がなされたことが、

『象山全集』第五巻に所収の多くの象山から海舟宛の書簡により判明。

(53) 幕府のオランダ留学生派遣の留学生のオランダでの学習内容・帰国後の活動などに関しては、渡辺實著『近代日本海外留学生上』（講談社講談社、一九七七年）、五九―七七頁を参照。

(54) 長州藩のオランダ留学生派遣に関しては、同上、渡辺實著『近代日本海外留学生上』、一一一―一一四頁を参照。

(55) 薩摩藩のオランダ留学生派遣に関しては、同上、渡辺實著『近代日本海外留学生上』、一一四―一一八頁を参照。

(56) 前掲、『ペリー提督日本遠征記』下巻、七〇五頁。

(57) 前掲、麓慎一『開国と条約締結』、一四九―一五〇頁。

(58) 前掲、『ペリー遠征随行記』、二八八―二九〇頁にペリー側が記録した吉田松陰の米国密航事件の顛末が記載されている。

(59) 昭和五十七年（一九八二）、横浜市の本覚寺境内に「横浜開港の首唱者」の記念碑が建立された（開港一五〇周年記念『横浜歴史と文化』、二〇〇九年、一七八頁）。

(60) 昭和六十一年には新城市川路の設楽家菩提寺である勝楽寺に「岩瀬肥後守忠震顕彰之碑」が建てられ、さらに平成二十八年（二〇一六年）には新城市の設楽原歴史資料館に銅像が建立された。森篤男『横浜開港の恩人岩瀬忠震』（横浜歴史研究普及会、一九八〇）を参照。

(61) 象山の贈位、横浜伊勢山に記念碑の建立、祝賀会の参列者などに関しては、宮本仲『佐久間象山』、六五一―六五九頁を参照。

(62) 横浜市市民局刊『図説　横浜の歴史』、一九八九年、一八二頁。

(63) 岩波文庫版『孫子』、三五頁。

結　語

――「東洋道徳・西洋芸術」思想の過去・現在・未来――

以上、幕末期の日本近代化に関わる佐久間象山の思想「東洋道徳・西洋芸術」を、成立経緯と展開状況、歴史的な意味と役割、そして幕末期という時代性（時代の要求）に対する思想的な妥当性や有効性、等々を検証する研究の一環として考察してきた。象山は、迫り来る欧米列強諸国の軍事的な脅威にさらされ、国家人民の存立安寧が危機的状況に陥った幕末期の日本に、儒学、それも幕府公認の正学たる朱子学の思想基盤（「東洋道徳」）の上に、西洋近代科学（「西洋芸術」）を受容して統合し、「東洋道徳・西洋芸術」という思想に結実させた。この思想を、すでに黒船来航の前に形成した象山は、西洋近代の諸科学の積極的な導入を説き、開国和親・進取究明の具体的な開化政策をいち早く提唱したのである。

本書では、彼の「東洋道徳・西洋芸術」という思想の本質的な意味や思想の構造を正確に理解すべく、その思想の形成と展開の過程とその内容や特徴を、象山関係の基本史料の総合的な分析を通して検討してきた。その結果、本書においては、従来の象山研究の誤謬や未見の事柄を数多く発見することができた。その内の代表的な新知見の十数項目を、本書の第三章「おわりに」の最初に記した。象山史料の分析を踏まえて言えることは、いまさらながら、象山の幕末期における先駆的な偉大さ、特に日本近代化の諸政策を示した「東洋道徳・西洋芸術」思想の形成と展開の歴史的な意味と価値の偉大さには圧倒された、ということである。

非凡な象山は、独立自尊を矜持として非常の時代を生きた非常の人であったが故に、性格的には誤解や曲解を招いた。だが、それもやむをえないことであった。ある意味では、それは象山の人間的な面での未熟さというか、喜怒哀楽を誇大に表現する漢詩人でもあったが故の大仰の表現が招いたものであった。学究的人生を誠実に生きた象山は、生涯、〝純粋な少年の心〟を生き抜いたのである。偉人と称される象山もまた、やはり人間であった。だが、仁愛の道徳心に満ちた象山の本質的な人間性を誠実に理解して、彼の思想と行動とを偏見なくみなければ、彼の「東洋道徳・西洋芸術」という思想の本質を理解することはできない。その思想が、象山の豊かな人間性と非凡な叡智の結晶であることを、本書執筆の全体を通して再認識することができたことは幸運なことである。

象山は、幼少期に養った、近世日本で発達した中国伝来の算学や易学に内在する数理的な合理性を重視する学問の視座から、二十代には儒学—特に格物窮理を中核概念とする朱子学に対する絶対的な確信を深め、三十代にはその学問的な成果を基盤として洋学研究の実験的な理解に挑み、ついには黒船来航前の嘉永年間（一八四八—五四）に東西両洋の学術技芸を止揚し統一した「東洋道徳・西洋芸術」というワールドワイドな日本近代化の思想を形成するに至った。その思想の具現化として開国和親・進取究明を説く象山は、その思想を洋学教育を通して全国的な規模で普及拡大させるべき時代的な必要性を痛感し、蘭日辞書の編纂、西洋砲術書の著作、そして江戸に開設した私塾を舞台に儒学（朱子学）、洋学、西洋砲術・西洋兵学などの私塾教育を実践し、「東洋道徳・西洋芸術」思想の社会的な拡大普及を図る実践活動を積極的に展開した。

著者は、この半世紀の間、象山が提唱し実践した「東洋道徳・西洋芸術」思想の研究に取り組んできた。が、その際、常に反芻して自重自戒を心懸けしてきたことは、ある思想を理解するには、その思想が生起する時代性（過去・現在・未来と連続して展開する歴史的な断片の「今」）への注視と理解が不可決である、ということである。時代が思想を形成し、その思想が時代の問題解決を担って展開される。それ故、思想史研究においては、思想の内容や特徴を規定する時代性という形成的要因を看過することはできないのである。

時代性を無視して、過去と隔絶した百年後、二百年後の、現在という時代的条件の全く異なる新時代の高みから、現在を生み出した歴史的所産である過去の思想をみるならば、いか様にも解釈し評価することができ、あるいは断罪し否定することとさえも可能である。だが、やがては過去化する相対的な現在の「今」を判断や評価の絶対的基準として、過去の思想を把捉するという時代錯誤の思想理解の仕方は、決して正当な思想史研究とは言い難い。現在もまた、必ず過去となる相対的な「今」なのである。

それ故に著者は、象山の「東洋道徳・西洋芸術」思想の理解に際して、幕末期という動乱の時代状況の下で、欧米列強諸国に模して「西洋道徳・西洋芸術」という欧米モデルの主体性なき模倣思想に転化するのではなく、日本人による日本人のための日本近代化に資する主体的な思想として、「東洋道徳・西洋芸術」という思想の歴史的な存在意義を把捉し、それ故に、その思想が形成され展開された時代的な経緯と問題とを、象山と同じ幕末期日本という現実を共生する同時代史的な目線で読み解いてきた。

象山の提唱した「東洋道徳・西洋芸術」という思想は、明治以降も日本近代化推進の現実的な思想としての有効性を担保してきた。このことは、古在由重が指摘するように、間違いないことである。だが、他方、文明開化の明治以降になると、「西洋芸術」だけではなく、「東洋道徳」を否定して「西洋道徳」の普遍性とその受容を説く、全面的な西洋文明化を内実とする日本近代化を主張する開明的な啓蒙思想家たちが活躍するようになる。福沢諭吉（一八三五—一九〇一、中津藩出身）・森有礼（薩摩藩、一八四七—八九）、中村正直（一八三二—九一、幕臣）・西周（一八二九—九七、津和野藩出身）・津田真道（一八二九—一九〇三、津山藩出身）、加藤弘之（一八三六—一九一六、出石藩出身）、箕作麟祥（一八四六—九七、津山藩出身）らである。彼らすべてが、黒船来航（一八五三年）前の徳川幕藩体制がいまだ安泰の時代に生まれ、朱子学を正学とする伝統的な儒学の思想世界で育った武家出身の洋学者たちであった。

象山より幾世代か若い彼らは、欧米諸国への洋行体験を共有し、百聞は一見に如かずで、欧米社会が産業革命により高度に文明開化された自由社会である現実を実地に見聞してきている。特に、維新政府のエリート外交官僚であった森有礼は、英米留学を通して流暢な英語能力（読解・作文・会話の一体化した抜群の語学能力、米国で“*Education in Japan*”“*Religious Freedom in Japan*”を刊行）を身に付けた、正真正銘の国際的な日本人外交官であった。幕府の崩壊とともに帰国した後の彼は、いまだ二十代半ばで高級外務官僚であった明治六年（一八七三）、日本近代化、すなわち日本の西洋文明化を目的とした啓蒙学術団体「明六社」を結成し、最年少で初代社長となり[1]、機関誌『明六雑誌』を刊行した。同誌には、時代遅れの江戸時代と決別し西洋日進の学術文化を受容し日本を変革すべしする各種の論考が掲載された。福沢諭吉の『学問のすゝめ』や中村正直の『西国立志編』には及ばないが、多数の読者を得て日本近代化の推進に貢献した。

特に若くして明六社の中心者して脚光を浴びた森は、日本の旧慣を改革すべき具体的な問題として「妾」の存在を取り上げ、自らが躬行実践する一夫一婦制の西洋婚姻論に基づく論文「妻妾論」を連載するなど、西洋最新の学術知識を駆使した斬新な論文を掲載し、日本社会の旧慣打破による西洋文明化―「東洋道徳」を否定して「西洋道徳」の推進を率先して垂範した。

だが、驚くべきことは、当時の洋学関係者を結集した明六社には、幾人もの象山門人が入っていたことである。正社員一〇名の内で、西村茂樹（一八二八―一九〇二、佐倉藩出身）・加藤弘之・津田真道、それに勝海舟（一八二三―九九、幕臣）ら半数近くの四名を占めていたのである。彼らは、いずれもが恩師・象山の説く「東洋道徳・西洋芸術」思想を修得した門人たちであり、また、門人ではないが幕末期に交友を結び昵懇の間柄の中村正直などもいた。彼らは、象山思想を基にして日本近代化＝文明開化の推進に参画しようとしたのである。

だが、象山門人ではない明六社の社員たちは、自らの海外留学体験などを基に西洋人の目線で西洋の学問の概念や範疇を理解して、従来の日本の伝統的な儒教思想を批判し、さらには象山の「東洋道徳・西洋芸術」思想もまた論理的矛盾に満ちた折衷思想であると批判されたのである。特に西周においては、『百学連環』『百一新論』『致知啓蒙』などの著書を通じて西洋近代の学問における「理」の二元性（人間の「心理」と自然の「物理」の弁別）を「真理」の普遍的な本質として説き、象山思想「東洋道徳・西洋芸術」における「理」の一元性などという東洋の理論は、東西折衷の前近代的な思想として批判された。

しかしながら、前述のごとく、時が過ぎて後の世になれば、過去の学問思想は如何様にも批判できる。思想理解の基本は、それがいかなる現実的な時代状況の下で誕生し、どのような時代的な役割を担わされたかを、思想の形成や展開の重要な要因として把捉し理解しておくことである。何と言っても、象山が生きた時代は、日本国家の存亡に関わる幕末動乱の時代であった。あの異常な時代に求められた学問思想とは、一体、何であったのか。逃避も否定も許されない眼前の国家人民の危機的状況の現実を眼前にみて、机上の理想世界で論理的な整合性を追求する空理空論の無益な学問か、それとも現実の問題解決に実利有用な学問なのか。

何よりも実践躬行を重視する武士道精神を矜恃として、実利有用の学問思想を探究した象山の場合は、紛う方なく後者であった。彼は、獄中にあって学問の存在意義の根本を自らに問い、「これ有るも補うところなく、これなきも損するところなきは、これ無用の学問なり」（『省諐録』）と明言した。それ故に国家人民の防衛を任務とする武士道を生きる学者の象山は、現実社会の問題解決に関わる実践を軽視し、唯、学問すること自体を楽しむという目的的な学問探究の在り方―学問のための学問を、「無用の学問」として厳しく批判し、国家人民に貢献できる実利有用の学問こそが真に存在価値のある学問である、と説いたのである。

幕末期の黒船来航から百年前後の歳月が過ぎた昭和の戦後に、日本思想史研究の家永三郎（一九一三―二〇〇二、東京教育大学名誉教授）が、欧米の外来文化を摂取する日本側の主体的条件を無視した近代化研究を、自己批判を含めて厳しく批判したのは、至極当然のことであった。彼は、昭和の終戦後に欧米研究者の側から問題提起をされた革新的な日本近代化研究が全盛期を迎えようとしていたそのときに、自身が戦時中に執筆した著書『外来文化摂取史論』を数多い作品の中の「失敗作」であったと自らを断罪し、その理由を含めて次のように述べている。勇気ある誠実な学者の反省文である。

近世から近代への移行という、日本史上最も重要な歴史的発展段階の変化を全く無視し、外来文化摂取の主体的条件の検討を完全に脱落させ、「近代西洋文化」という摂取対象の連続性のみに目を奪われ、のっぺらぼうに江戸時代から明治までを一括して叙述しまっているからである。(2)

著者もまた、近世と近代との関係性を、断絶か連続かとの択一的な近代化研究の論議に幻惑されながらも、幕末期という歴史の転換期そのものを限定して把握するのではなく、時代を支える思想が成立する際の時代的な必然性や現実的な有用性を踏まえて、思想成立の主体性を担保する立場にある日本の側から、すなわち幕末動乱の時代を生きた象山自身の思想世界の視座から、追体験的に象山の「東洋道徳・西洋芸術」思想を把捉し納得できる理解をえようと奮闘してきた。それは著者自身の、昭和戦後の一九七〇年代前後に吹き荒れた日本近代化研究に内在する根本的な問題―近代化する日本側の歴史的な主体性を看過あるいは無視した欧米基準の日本近代化研究―に対する批判的な反省でもあった。

具体的には、象山研究を含めた日本の近代化研究は、欧米先進諸国の学問文化を受容する日本側の風土的・歴史的・文化的、そして時代的な諸条件、すなわち日本側の主体性を捨象して、欧米側の近代化理論の尺度（指標―メルクーマール）を絶対基準として、一方的に日本近代化の進捗状況の後進性を指摘する研究動向に対する問題提起でもあった。このような近代化全盛の時代における欧米モデルの研究動向に対して、いまだ若輩の筆者は、次のような論駁を試みたことがある。

日本人の海外異文化受容の在り方を、模倣（imitation）と創造（creation）との相関性のメカニズムという観点から照射し検討した場合に、受容（acceptance）という模倣的な営みの構造が、はたして、どのようにみえてくることになるのか。実は、そこにおいて分析や理解の重要な着眼点の一つとなってくるのが、受容する側における日本人の主体性（independence）の問題である。

ある一定の風土的・歴史的・文化的な諸条件の下に成立し発展した思想や文化が、それとは全く異なった条件をもつ地域の人々に受容される場合には、それがそのまま受容され展開されるということは、極めて稀なことであり困難なことである。そこには、当然のことながら、一種の「変容」（modification）という現象が認められてしかるべきである。それは、送り出す側の意図や内容そのものとは別に、何をどのように受け入れ、いかに消化し展開するかという点において、受容する側の選択や理解、消化や展開の仕方をめぐっての自由意志、すなわち異文化受容の主体性が機能することによって必然的にもたらされる近代化の質的あるいは性格的な変化である、とみることができる。

したがって、異文化受容の問題を理解する場合には、受容する側の主体性の存在とその働き方にこそ注目しなければならない。このような基本的な観点や視座が、従来の欧米型近代化を理想モデルとして日本近代化を論ずる立場の研究には欠落していたのではないか(3)。

たしかに幕末維新期以降における日本の近代化は、西洋近代科学の成果を積極的に吸収し消化していく文明開化の過程であった。だが、西洋近代科学の取り込みを内実とする日本の近代化、すなわち西洋化の現象は、単なる西洋先進文明の模倣的営為として否定的に理解されるべきではない。異質な外来文化を摂取する際に注視されるべきは、受容し消化する側の国家的・民族的な主体性―歴史的アイデンティティの問題である。

今、象山が凶刃に倒れ、明治維新が到来してから百五十余年の歳月が過ぎた。象山存命中の幕末期には夢想だにしえなかった西洋の没落、すなわち西洋一辺倒の絶対的な価値観が相対化されつつある二十一世紀の今、改めて象山が提唱し実践した「東洋道徳・西洋芸術」という思想の内容と意味、そして何よりも日本近代化にはたした歴史的意義の再検討がなされて然るべきではないか。

幕末動乱の時代に、学究的人生を一途に生きて日本近代化の思想「東洋道徳・西洋芸術」を形成し展開した象山は、門人吉田松陰の海外密航事件に連座して捕縛された獄中で、自らの思想と行動を省みて、「天」（万物に内在する各々の「理」が収斂する究極の「理」―「天理」）に恥じない自己の幸福な半生を回顧し、その心境を孟子の「三楽説」に準えて、獄中記『省諐録』の中で後述するような「五楽説」という人間の幸福論を記している。国禁を犯して囚人の身となった彼は、自問し自答した。いかに生きられれば、人間の有限な人生は、「楽」（人間存在の充実感と満足感の極み―「君子」の実現）に満たされうるのか。人間は「天」の「命」を受けてこの世に誕生し、成すべき何事かを「天」からの「使命」と受け止めて成し遂げ、「楽」（自己実現の幸福感）を感得し、有限の存在である自己の「天寿」をまっとうして、最期は無限の存在である「天」（「天理」）の元に還り、その存在は無限化される。

このような「天人一如」の武士道精神を生きる象山が探求した、かくのごとき「天」（天地間を貫通する普遍性・永遠性の真理の根源）と直結した人間存在の真意は、地位や名誉や金銭などの世俗的価値を超えた次元にあるもので、まさに人間存在の生と死に関わる次元の根本概念である。象山は、生前から死後の現在に至るまで、傲岸不遜、自信過剰などと批判されてきた。だが、その一途な学究的人生は、何人がいかに批判し侮蔑しようとも、「天」の寵愛を受けた唯一無二の絶対的な存在として自己を覚知し、自信と自愛と勇気とをもって成すべき「天命」の遂行に刻苦勉励を重ね、たとえ不幸にして凶刃に斃れようとも、それは人間存在の理想郷である「楽」に至る「天寿」をまっとうした象山らしい一期であった、といえるであろう。

その彼が、幕末動乱の時代に形成し実践した「東洋道徳・西洋芸術」という日本近代化の思想の底流には、「楽」という絶対的幸福の探求と実践に生きた象山における人間存在の意義（存在の充実感や幸福感の感得）に関わる時代を超えた万古不易の人間精神が、蕩々と流れていた。彼の獄中記である『省諐録』の中の次の条文は、前述したように孟子の「三楽説」を敷衍して彼自身の「東洋道徳・西洋芸術」思想に裏付けられた「五楽」の幸福観、人生観を述べたものである。

君子に五楽あり。而して富貴は与からず。一門礼儀を知りて骨肉釁隙《きんげき》（不和）なきは、一楽なり。取予（取ることと与えること）苟《いやしく》もせず、廉潔自ら養い、内には妻孥《さいど》（妻子）に愧《はじ》じず、外には衆民に怍《はじ》じざるは、二楽なり。聖学を講明して、心に大道を知り、時に随い義に安んじ、険に処《お》ること夷（平地）の如きは、三楽なり。西人が理窟（科学）を啓《ひら》きし後に生まれ、古の聖賢の未だ嘗て識らざる所を知るは、四楽なり。東洋の道徳、西洋の芸術、精粗遺さず表裏兼ね該《か》ね、因りて以て民物に澤し、国恩に報ずるは、五楽なり。[4]

象山は、投獄されて獄中の人となり、社会的な栄誉栄華などの世俗的な価値の世界から追放、否、解放されて、一人の人間としての自己を見詰め直した。一体、人間にとって何が幸福の条件でありうるのか。このことを自らに問うたとき、象山の胸中に彷彿したものは何であったのか。実は、その偽りなき心境を吐露した象山の表現が、上記の漢詩「五楽説」であった。その内の第三の楽は「東洋道徳」、第四の「楽」は「西洋芸術」、そして第五の「楽」が両者を統合した「東洋道徳・西洋芸術」思想の形成とそれを実践遂行する武士道精神を述べたものである。象山は、若くして「天」の寵愛を受けた己の幸福な存在を「楽」をもって捉えていたのである。

幕末期における「『東洋道徳・西洋芸術』こそは、明治維新を思想的に準備した人々のほぼ共通のスローガンだ[5]」と哲学者の古在由重が指摘したごとく、象山の洋学理解の仕方と西洋列強への対応指針の結晶である「東洋道徳・西洋芸術」という日本近代化の思想は、直接的には門人で国家や地方の文明開化に関わった勝海舟・西村茂樹・加藤弘之・津田真道・山本覚馬（一八二八—九二）・子安峻《たかし》（一八三六—九八）、渡辺驥《すすむ》（一八二九—九〇）、小松彰（一八四二—八八）、北沢正誠《まさなり》（一八四〇—一九〇一）ら数多くの門人たち、また自らを象山死後の門人と崇めた石黒忠悳《ただのり》、さらに異例な門人としては日本絵画の世界に「東洋道徳・西洋芸術」思想を具現化して「近代日本画の父」と評された狩野芳崖（一八二八―八八）ら、幕末期の有名無名の数多い門人たちに継承されたのである。(6)

特にこれまでの象山研究者で、日本画家の狩野芳崖が象山門人であることを記した研究は皆無であった。芳崖がいかに象山を尊崇して、彼の「東洋道徳・西洋芸術」という思想世界を具現化して伝統的な日本絵画の世界に西洋絵画の技法を取り入れ新境地を開いたのか。芳崖と同時代を生きた洋画家の高橋由一（一八二八―九四、佐野藩出身）は、次のように述べている。

佐久間象山（一八一一―六四）との出会いは芳崖にとって幸運だった。（中略）彼の思想をよくあらわす「東洋の道徳・西洋の芸術」という言葉は、突きつめれば次世代の、もしくは明治初年の美術思想にもつながる面があった。彼のいう芸術とは、科学技術のことであって、今日使っている美術や音楽という意味での芸術とは違うのだが、砲術という技術＝芸術を西洋に学ぶことこそ西洋に対抗する現実的な手段であるという開明的な方法論と、それを道徳すなわち政治的な実践を含めた儒教的理想の実現に生かそうとする発想は、この当時きわめて先進的なものだった。（中略）おそらく象山の存在後の芳崖の生き方、画風にまでも少なからず影響を及ぼしているであろう。(7)

象山は、自らが生きた幕末動乱の時代を、「時も非常、事も非常、人も非常に候(8)」と捉えた。そして彼は、このような非常の時代を生きて非常の功をなすには「常例を以て例し難き事に候(9)」と表現し、アヘン戦争後の弘化年間に、自己責任で自己決定し主体的に行動する「立志」と「覚悟」という武士道精神の重要性を、私塾の門人たちに説いていたのである。

たしかに、象山が生きた幕末期という不安と混迷の時代には、個性の強い象山のような人と思想を批判し否定する人々が存在した。だが、それ以上に、象山によって希望と勇気を喚起されて主体性を確立し、大志を抱いて治国安民の実現に生きた無数の青少年たちが、門人以外にも全国各地に数多く存在していた。彼らは、象山の「東洋道徳・西洋芸術」という斬新かつ現実的な思想世界に接して、異質な「西洋芸術」に立ち向かう勇気と希望を喚起され、自己の天与の使命と思われる様々な西洋の学問に挑み、やがては中央・地方の様々な分野で日本の近代化を担う有為の人材に育っていった。

象山の「東洋道徳・西洋芸術」という思想は、幕末期の思想であり、明治以降の日本近代化の思想でもある。だが、象山の思想と行動の軌跡を表現した前述の「五楽」の漢詩を読むとき、自己の全存在を賭して何事かを成そうと必死に「東洋道徳・西洋芸術」という思想世界を生きた象山の一期。その生涯と思想は、明治の近代以降、とりわけ昭和の戦後に、熾烈な国際競争社会に挑む日本人としての主体性を形成することができず、何の踏ん張る土台もなく、大河のごとき「西洋芸術」（高度情報化社会を創出する科学技術―「西洋芸術」）の洪水に圧倒されて懊悩する日本人に対して、新たな主体性（「東洋道徳」）の形成のためにも、吟味するに値する現代の思想的言辞と受け取ることもできる。今、「東洋道徳」の原典である『論語』の「温故知新」の精神に立ち返り、象山の「東洋道徳・西洋芸術」という思想を繙くならば、その思想は、なおも旧くて新しい現代日本人の異文化対応の思想として、再生可能な現代思想となりうるものである。象山のワールドワイドな「東洋道徳・西洋芸術」思想もまた、現代社会はもちろん、今後の幾世代にもわたって、日本人はもちろん、多種多様な東洋の民の未来社会における主体性の形成に有用な合理の思想として活用されるに値する思想であるかもしれない。

註

（1）結成当時の明六社の社員（正会員一〇名）の年齢は、森有礼 二十七歳、箕作麟祥 二十八歳、加藤弘之 三十八歳、福沢諭吉 四十歳、中村正直 四十二歳、西周 四十五歳、西村茂樹 四十六歳、津田真道 四十六歳、杉亨二 四十六歳、箕作秋坪 四十九歳で、提唱者の森は最年少のエリート官僚で、福沢や西村を相談役として明六社を運営した。発足の準備段階では、全会一致で福沢を会長に推す意見が強かったが、これを福沢が固辞した。そのために、やむをえず、森が就任することになったのである。『森有礼全集』第二巻（宣文堂書店、一九七二年）所収「明六社第一年回役員改選ニ付演説」、二五二頁を参照。

（2）家永三郎『外来文化摂取史論』（青史社、一九七四年）の「復刻版の刊行に当たって」。同書四一一—四一二頁。

（3）坂本保富著『思索の栞—人間・教育・歴史—』所収「外国の教育思想の受容をめぐる問題—受け入れる側の日本人の主体性の視点—」振学出版、二〇〇一年）、一一三—一一六頁。

（4）岩波文庫版『省諐録』、二五頁。

（5）古在由重『和魂論ノート』岩波書店、一九八四年、三八頁。

（6）古田亮『狩野芳崖・高橋由一』ミネルヴァ書房、二〇〇六年。京都国立博物館・京都新聞社『没後一〇〇年記念特別展　狩野芳崖—近代日本画の先駆者—』（一九八九年）所収の木本信昭・佐藤道信・狩野博幸の「解説」。

（7）古田亮『狩野芳崖・高橋由一』、二八—二九頁。

（8）（9）『象山全集』第三巻、弘化二年六月六日付「松代藩家老・恩田頼母宛書簡」、三三五頁。

あとがき――叶わぬ夢の実現

本書『佐久間象山研究』は、今から半世紀以上も前に執筆した大学の卒業論文、「日本近代化と佐久間象山―「東洋道徳・西洋芸術」思想の成立と展開―」が源流となっている。いまだ二十歳を超えたばかりの青春の入口で、高校時代から原因不明の難病（関節リウマチ）を患って病院通いをしていた私は、「人間は死すべき存在である」（"Man is mortal"）という一文を噛みしめながら、なおも研究者を志して大学院への進学を決め、天を仰いで願いをかけた。私に、生きて成すべき天与の使命があるならば、この象山研究を成しとげる不惑の年まで、我が命を長らえ給え、と。

その私が、研究者に巣立つまでに十二年という長い学生時代を送り、大学の教員となった。以来、大学での講義や会議などの合間をぬって研究活動に励み、共編著を含めて四〇冊を超える著書を書き上げ、雑誌や新聞などの原稿依頼にも応えて、狭隘な学問世界の枠組を超え、自身の創造する思想世界を自身の言葉で自由に語れる世界を求めて様々な文章を書き連ねてきた。

私は、三、四十代の研究者として最も重要な時期に、四度にわたる五ヶ年計画の大部な共編著の刊行に二十年近くの長い歳月を費やした。だが、それはそれとして、単著で『幕末洋学教育史研究』（土佐藩の幕末洋学史研究、高知県出版文化賞・高知出版学術賞を受賞、高知市民図書館刊行、六四〇頁）や『米百俵の主人公・小林虎三郎』（長岡藩の象山門人研究、学文社、四二〇頁）という大著を書き上げてきた。一冊の研究書を書き上げて刊行するまでには、少なくとも十年の歳月を要した。だが、このたびの本書は別格である。五十余年にわたる私の象山研究の人生を総括する畢生の大作なのである。私の人生は、象山研究とともにあった。象山研究に、苦悩の人生を生き抜く勇気と希望を喚起される学究の人生であった。

そんな私が、ひたすらに走り続けてきた研究者の道を顧みると、すでに還暦や古稀を超えて、令和六年（二〇二四）六月の誕生日で、後期高齢者の喜寿を迎えたのである。実感できないが、慶賀の至りである。家族をはじめ、これまでご理解とご支援を賜った多くの方々への感謝の思いと、自分自身に対する祝福の気持ちを込めた記念の著書、それが本書なのである。その本書は、私のライフワークである幕末思想史研究を集大成した『佐久間象山研究』（上下二巻、各巻が約八〇〇頁）という大著に結実したのである。しかも本書は、佐久間象山が存命であった黒船来航の四年後（安政四年〈一八五七〉）に創業という歴史書出版の名門老舗である吉川弘文館から刊行される運びとなった。どの出版社から刊行するかで研究書のレベルや価値が評価される学術世界で、同社から拙著が刊行されることは、誠に名誉なことである。同社を版元に拙著を出版できることは、私の研究人生を総括する著書を、百年後の後世に遺したいとの私の宿願を満たすもので、言語に絶する無上の喜びである。その昔、青春の門でお天道様に祈った、叶わぬ夢の実現である。

本書は、激動の幕末期に活躍した佐久間象山の生涯と思想を独自の視座から分析し、もって彼が躬行実践した日本近代化の思想「東洋道徳・西洋芸術」の本質的な意味と歴史的な役割を解読しようとした思想史研究の書である。象山は、一般には幕末維新期に活躍した勝海舟・吉田松陰・坂本龍馬・小林虎三郎・橋本左内、あるいは明治期の日本学術界で活躍する西村茂樹・加藤弘之・津田真道らの著名人たちの恩師として知られる。西洋列強諸国が強大な軍事力を背景に極東アジアの弱小海国である日本に迫りきて、国家の存立と人民の安寧が脅かされる未曾有の危機に直面した幕末期に、尊皇攘夷に燃える純粋無垢な青少年であった彼らに、眼を世界に向けて日本の将来を展望し、西洋近代の学術技芸を進んで学び取り、日本近代化に資する有為な人材に成長することこそが、真の攘夷、大攘夷であることを諭したのである。

本書の上巻は、象山の「東洋道徳・西洋芸術」に関する思想史研究篇である。幕末期はもちろん、明治以降の近代日本においても、日本近代化の指標となった佐久間象山の「東洋道徳・西洋芸術」という思想は、一体、どのような内容と特徴を持つ思想であったのか。また、その思想の歴史的な意味と役割とは如何なるものであったのか。「東洋道徳・西洋芸術」という特異な言辞が、象山の思想表現であることは知ってはいても、そこに象山が含意した本質的な意味を理解する研究者は極めて少ない。それ故に本書では、著者自身が可能な限り象山が生きた幕末期という時代を共有共感する追体験的な視座から、象山の生涯と活動とを内在的に理解し、彼の遺した文字史料の裏側に秘められた彼自身の祈りや叫びを聴き取り、彼の意図した「東洋道徳・西洋芸術」思想の内実を読み解こうとした。それにより、従来の象山研究の誤解や曲解を是正し、加えて従来の先行研究では未見の新知見の数々を析出できたことは、本書の成しえた研究成果であった。

続く下巻は、象山門人研究篇である。象山没後の明治中期以来、数多くの象山研究書が刊行されてきた。が、象山門人の実態は曖昧模糊として不明であった。それ故に、一握りの著名な門人だけが取り上げられてきた。だが、象山研究を進めていた私は、東京帝国大学哲学教授の井上哲次郎（一八五五―一九四四）が、「佐久間象山及門録に就いて」という象山門人帳「及門録」に関する論文を、大正三年（一九一四）十一月、研究雑誌に発表している事実を発見した。昭和の終わり頃であった。当時の学術界では未見の新知識と出会えたことは、非常な驚きであり喜びであった。早速、井上論文を分析して上下二篇の論文を書き、私の象山門人研究が本格的に始まった。まだ、研究の世界では未知の新史料を含めて、私が入手した「及門録」と呼ばれる象山門人帳史料には、次の五種類がある。①京都大学図書館所蔵「及門録」（明治中期に門人たちが作成）、②宮本仲著『佐久間象山』所収の「及門録」（昭和七年、岩波書店）、③信濃教育博物館所蔵「及門録」（昭和九年、増訂『象山全集』所収の「訂正及門録」の写本草稿）、④増訂『象山全集』第五巻所収の「訂正及門録」（刊行以来、象山門人帳の原本と誤解されたまま使用されてきた史料）、⑤平成の近年に刊行された『国立歴史民俗博物館研究報告』第一一六集に所収の「象山門人データベース」(二〇〇四年)。

下巻では、上記の全五種の「及門録」に記された四六〇名前後の象山門人の氏名と属性(身分、帰属する藩名・藩主名、入門年月など)の正誤を詳細に分析して検討し、さらに個々および五種全体の「及門録」の記載内容を可視化すべく様々な「比較一覧表」を作成して比較考察した。その研究成果として、これまで象山門人帳の原本であるかのごとくに利用されてきた、④全集版「訂正及門録」が内在する数多の誤謬を訂正した総合訂正新版「及門録」を作成し提示することができた。これによって、幕末嘉永期(一八四八—五四)の一定期間における象山の私塾門人四百六十余名の正確な氏名と属性を解明しえたのである。微力ながら、下巻の誇るべき研究成果である。

今、思い返してみれば、五種類の象山門人帳「及門録」の比較研究に専念してからでも、三十年近くの歳月が過ぎた。心身ともに膨大な時間と労力とを費やしたのである。たび重なる入院治療のときにも、パソコンと分析史料を持ち込み、手術で集中治療室に留め置かれたとき以外は、個室のベットの上で研究を続けた。本書を執筆しながら、時折、芥川龍之介の『或阿呆の一生』という作品の主人公を想い浮かべた。私は、三十歳で大学に奉職してから四十二年間、研究者であることの自尊と執念の心をもって、土日も祭日もなく、毎日が月曜日のように朝から晩まで研究室や書斎に籠もり、本書の基になった原稿(四〇〇字詰原稿用紙で約五〇〇〇枚)の執筆に明け暮れた。七度も入院して手術を受け、今でも八つの専門クリニックに毎月、通院し、診察と投薬を受けている。満身創痍である。なぜ、健康を犠牲にしてまで研究に没頭するのか。「阿呆」としか言いようのない、愚かな生き方である。私の人生は、研究人生であり、それは同時に闘病の人生でもあった。が、多くの仁医に支えられて、今、喜寿を迎え、このたびの大著を出版することができたのである。歴代の主治医の先生方には、謝して余りあるご恩を受けた。本書のような根気の要る「佐久間象山研究」に挑む阿呆者は、今後、二度と現れないであろう。

ところで、私が苦悶の人生を強いられた障害には二つある。一つは上述の病気である。関節リウマチ・腰部ヘルニア・突発性難聴・発作性心房細動・無呼吸症候群・頚部と腰部の脊柱管狭窄症、そして現在も病んでいる原因不明の肺の病気（肺から絶え間なく湧き出る痰、黄色爪症候群、胸膜に水が溜まり肺を圧迫し呼吸を困難にする呼吸器系の症状）。

もう一つは、大学の人事問題である。私は、人事で幾度か闇討ちを受け仁義なき背信行為に遭遇した。特に筑波に移転した母校の教授に約束通り戻れなかったときは、無念の極みであった。眠られぬ夜を幾日も涙して過ごした。それが原因でか、不整脈が起き、呼吸困難となる発作性心房細動という心臓病を発症した。そのとき、母校の東京教育大学時代の恩師である唐澤富太郎先生（一九一一―二〇〇四）から、「大学にこだわるな！研究者として大成し後世に遺る大作を書きなさい。君ならできる！」と、励ましの言葉を賜った。

また、当時、勤務していた都内の私立大学の同僚ではあったが、私の論文や著書を十年間にわたって添削指導してくれた研究上の恩師である斎藤正二先生（一九二五―二〇一一）は、自らの無念な研究人生を語られ、私の前途に大きな期待を寄せられた。特に、私が、『幕末洋学教育史研究』を出版したとき、「先生のこの著書は、今時の博士号の三個分の価値がありますね」と、心から祝福してくれた。先生は、本来ならば母校の東京大学の教授になるべき優れた研究者であった。が、権威主義者である東京大学の指導教授を凌ぐ鬼才であったが故に、教授と対立して学界から追放され、不遇な研究人生を余儀なくされた。しかし、語学の天才でもあり数多くの翻訳書も出版していた先生は、四十歳を過ぎてから大学の語学教師を振り出しに大学教授の研究ポストを得て、本格的に研究を進められ、古稀を過ぎてから全七巻の大部な著作集を刊行された。慈愛をもって厳しい研究指導を賜った先生の不遇な生涯を思うとき、私の無念さなどは些細なこと、と思わされた。

恩師である唐澤・斎藤の両先生に共通する生き方は、大学や学会などの役職は一切、受けず、数万冊という膨大な蔵書に囲まれて、ひたすら研究に没頭し、著書を出版し続ける人生であった、ということである。大学や学会などの学問世界も、世間の人が思うほど、決して高邁な真理探究の聖地ではない。地位と名誉を求めてうごめく動物園の珍獣のような俗人の多く住む、非常識が常識の世界である。両先生は、そのような欲望の世界を超越され、他人に認められる人生ではなく、嫌でも他人が認めざるをえない研究者として、孤高の絶対的自己を生き抜かれたのである。

　失意の中で心機一転を期した私は、佐久間象山の故郷である信州大学に迎えられた。請われて受け、惜しまれて去る。これが人事の要諦と考える私は、国立・私立の三大学の教授を勤めたが、いずれも大学側からの招請を受けのことであった。松本に本部のある信州大学に着任して以来、大学の管理職は一切、固辞して、研究一筋の大学人生を歩んだ。美しい山河の国である信州の大学では、歴代学長以下、教職員一同から深いご理解と温かいご支援をいただき、今は昔、文部省時代の贅沢な研究中心の大学生活を送ることができた。数多くの論文や著書を執筆した信州での歳月が、五年、十年と過ぎ行き、気がつけば、無念な思いに満ちた悲しみの傷は癒やされ、象山研究の完成をめざして生きようとする希望の人生に生まれ変わっていた。本書は、私を心身ともに蘇生させてくれた信州大学と信州人に対する報恩感謝の書でもある。退職して信州を去ってから十数年の歳月が流れた。今でも、信州松本で過ごした充実の日々を想わない日はない。四季の彩り鮮やかな信州の山河、そして人の心も美しい。が、とりわけ極寒の如月に聳《そび》える北アルプスの真白き山々と、静寂の夜空に煌《きら》めく星たちは、孤高にして気高く、ひときわ美しい。脚下照顧、私もまた、信州の雄大な山河や夜空に煌めく星たちのように、研究者として独立自尊の精神をもって、有限の人生の無限化を目指して学問の道を生き抜きたい。そう自らに誓って生きてきた。

　それにしても、本書で「謝辞」を謹呈したＡＯＫＩグループ創業者の青木擴憲氏と実弟の青木寶久氏から、本書の刊行に際して多大な出版助成を賜った恩義は、筆舌に尽くし難い喜びである。私の象山研究を理解していただき、長年にわたって変わらぬご支援を賜ることができたのは、青木ご兄弟が、経営者として幾多の苦境を乗り越えられた人間のみが有する仁の心、慈悲の深さと度量の広さの成せる業、利他の善行である。頭を垂れて幾重にも謝意を表したい。

なお、併せて付記すべきは、ＡＯＫＩホールディングスの守屋ゆり子様である。青木ご兄弟との出会い以来、連絡役をお願いし、今般の本書の出版に関しても何かとご相談に与っていただいた。その守屋様のお名前を本書に記し、心から感謝の意を表したい。

さらに、もうお一方、御礼を申し上げるべき御仁がいる。物心両面で著者に負担をかけまいと気遣う青木ご兄弟のお心を忖度して、青木ご兄弟との連絡や吉川弘文館との交渉など、出版に至る諸事万端を誠意を尽くして処理してくださった、長野市の株式会社アド・ユニティー社長の中村保澄氏である。同氏は、青木ご兄弟が全幅の信頼を寄せておられるお方で、誠実で責任感の強い、情のあるお人である。衷心より感謝の意を表したい。

最後に、改めて謝辞を記すべきは、文字社会の急速な革新により出版事情の厳しい時代状況の下で、大部な本書の出版を快諾してくださった、天下の名門出版社である株式会社吉川弘文館の吉川道郎社長のご英断である。心より感謝申し上げる。特に同社から、拙著の出版が実現するに至ったのは、同社編集部の並木隆氏のおかげである。大変なご面倒をおかけした。作家の吉川英治は、「菊作り　菊見るときは　陰の人」との名句を遺した。が、並木氏は、「本作り　本出るときは　影の人」である。記して謝意を表したい。

令和六年八月三日

酷暑の真夏に浦和の寓居書斎で初校原稿の校正を終えて

坂　本　保　富

初出一覧

序　論　本書の問題意識と研究課題　新　稿

第一章　日本近代化と幕末期洋学の新展開

・「日本近代化と幕末期洋学の新展開―欧米外圧による西洋軍事科学の拡大過程―」（平成国際大学『平成国際大学論集』第二十一号、二〇一七年十二月）

・幕末期にける軍事科学系洋学私塾の実態―「訂正及門録」の分析を通してみた象山塾の入門者―」（鈴木博雄編『日本教育史研究』所収、一九九三年三月、第一法規出版）

第二章　佐久間象山の思想と行動

・「日本近代化と『東洋道徳・西洋芸術』の思想―開国進取を説く象山思想の形成と展開―」（平成国際大学『研究所論集』第十五号（二〇一五年三月）

・「象山における儒学理解の前提と特質―幕末期における儒学的洋学受容論成立への主体形成―」（筑波大学『教育学研究収録』第二号、一九七九年一月）

第三章　「東洋道徳・西洋芸術」思想の構造と特質

・「『東洋道徳・西洋芸術』思想の構造と特質―佐久間象山の東西学術を統合した思想世界」（平成国際大学『平成法政研究』第二十八巻第一号、二〇二三年十一月）

・「『東洋道徳・西洋芸術』にける教育認識の構造と特質―象山における西洋認識との関連において―」（東

京教育大学『教育学研究集録』第十六集、一九七六年十二月）

補論（Ⅰ）　墳原卜伝流免許皆伝「諭示」の全文とその思想的特徴

・「象山の思想形成における父親の武士道教育の思想―幕末期における「東洋道徳・西洋芸術」思想成立への主体形成―」（平成国際大学『平成法政研究』第二十二巻第一号、二〇一七年十一月）

・「墳原卜伝流剣刀術印可」中「諭示」の教育史的意義―象山の儒学理解及び洋学受容への精神的基底―」（埼玉県教育史研究会『会報』第四号、一九七八年）

補論（Ⅱ）　「妾」に嗣子誕生を切願した象山の女性観

・「妾に嗣子誕生を切願した象山の女性観―日本の近世社会の家制度と妾の役割―」（平成国際大学『平成国際大学論集』第二十三号、二〇一三年二月）

補論（Ⅲ）　象山の横浜開港の論理と行動

・「横浜開港と佐久間象山―その論理と行動―」（平成国際大学『平成法政研究』第二十七巻第一号、二〇二二年十一月）

謝辞

研究書の出版が困難なときに、本書、幕末思想史研究『佐久間象山研究』（上下二巻、各巻とも約八〇〇頁）という大著の出版が実現したのは、ひとえにＡＯＫＩグループ創業者である青木擴憲氏、青木寶久氏から多大な出版助成を賜ったからに他ならない。

衆知のごとく、青木擴憲氏と実弟の青木寶久氏は、「洋服の青木」を長野県篠ノ井（現長野市）で創業。その後、株式会社ＡＯＫＩホールディングスを設立。幾多の難局を乗り切られ、当時、大卒の初任給で一着しか購入することができなかったスーツを、毎日、日替わりで着替えることができるようにと、スーツの流通革命を実現、同社を東京証券取引所市場第一部（現・東証プライム市場）に上場させた卓絶の経営者である。

青木ご兄弟は、長野県篠ノ井のご出身。若くして郷土の偉人である佐久間象山先生を敬仰され、自らが探究する経営者の理想像とされてきた。幕末動乱の時代に開国進取を叫び、世界から日本の将来を展望して開国進取を叫び、自らが形成し展開した「東洋道徳・西洋芸術」という日本近代化の思想の実現を担う、幾多の俊英を育成し、彼らに新生日本の実現を託したのである。そんな象山先生の生き方に、お二人は深い感銘を受けられた。

お二人は、ＡＯＫＩグループの創業当初から、「社会性の追求」「公益性の追求」「公共性の追求」という崇高な三本柱を経営理念とされてきた。特にその中の一つ、ビジネス以外でも世の中に貢献する「公共性の追求」の一環として様々な教育文化事業を展開されてきた。公益財団法人「ＡＯＫＩ財団」を立ち上げて、長野県内の中学生を対象に、これからの日本を背負う「国家経営者」を育成する「ながの視察団　ＡＯＫＩ咸臨丸」の事業、また長野県・新潟県・富山県・石川県・福井県の中学生を対象とした奨学金事業「AOKI塾」、さらには横浜市内の中学生を対象とした、将来の日本経済を担う起業家の育成事業「AOKI起業家育成プロジェクト」の支援、そして象山顕彰の講演会の開催や象山神社に象山関係偉人の銅像の寄進（松代藩第八代藩主真田幸貫公・佐久間象山先生の立像、吉田松陰ら象山先生を敬仰した門下生五人の胸像）など、様々な公共公益の社会事業を展開されてきた。

特に注目されるのが、「ながの視察団　AOKI咸臨丸」という教育事業である。多感な人間形成期にある中学生に対して、人間力を磨き社会人としての基礎力を向上させる国内研修および海外研修を実施し、世界的な視野に立って日本の将来を担う人材の育成を目指す「AOKI咸臨丸」の事業である。その目的は「これからの日本を背負い、日本をよりよい国にする」という、世界を見据えた日本の国家的なリーダーの人材育成なのである。

まさに青木ご兄弟は、象山先生を仰ぎみて、互いに誓い合った若き日の夢を実現させた紳士服業界の先駆者である。明治の西洋医学界の重鎮であった石黒忠悳は、自らを「死後の象山門人」と仰ぎみて、象山先生を生涯の師とした。青木ご兄弟もまた、象山神社の拡充事業を惜しみなく支援され、象山先生の偉業を日本の内外に顕彰されてきた。象山先生を人生の理想像とされる青木ご兄弟もまた、紛う方なき「昭和戦後の象山門人」と呼ぶに値する希有の真人である。

叙上のようなAOKIグループ創業者の青木擴憲氏と青木寶久氏の学術研究に対する格別なご理解とご支援を賜り、後世に遺る大部な拙著『佐久間象山研究』が公刊される運びとなった。重ねて青木ご兄弟に深甚なる感謝の意を表する次第である。

二〇二四年九月

坂　本　保　富

付　録

——佐久間象山とその主要な門人——

一　佐久間象山——世界から日本をみた孤高の先駆者

開国和親・進取究明を掲げ、幕末日本の開国と海防を提唱し実践した時代の先覚者・佐久間象山（一八一一—六四）。彼は、洋式大砲・電気医療器・磁石・地震予知器・ガラスの製造など、様々な西洋知識の実験・検証を通して、西洋の合理性に貫かれた精緻な知識技術とそれを創り出す学問（「西洋芸術」）を日本に導入すべきことを説いた。しかも、異文化である西洋の学術技芸を受容するに際しては、受け入れる側の日本人の主体性（「東洋道徳」—受け入れの思想基盤）が不可欠であるとして、東洋の格物窮理を説く朱子学を極めた象山は、「東洋道徳・西洋芸術」というワールドワイドな日本人の主体的な思想を形成し実践した。この開国進取・文明開化を説く象山思想は、異文化受容の基本思想として、幕末明治期における日本近代化（殖産興業・富国強兵）の契機となり道標となった。

この象山の開明思想に鼓舞されて、幕末期以降、多くの青少年が世界に雄飛して西洋先進の学術技芸を学び、日本の近代化を担った。まさに洋儒兼学の希有な学者であった象山は、幕末明治に「東洋道徳・西洋芸術」思想を継承して、法律・行政・医学・軍事・学問・教育などの各方面で活躍する多くの優れた人材を育成した。象山は、幕末日本を代表する天下一等の学者であり思想家である。と同時に、率先垂範の偉大な教育者でもあった。

天命を拝して武士道の救国精神を発揮し、元治元年（一八六四）三月、動乱の京都に上った。が、その四ヶ月後の同年七月、象山は、山階宮邸からの帰途、攘夷派に襲撃されて無念の横死を遂げる。享年五十四。清光院仁啓守心居士、墓所は真田家の菩提寺である京都市右京区花園の妙心寺大法院にあるが、大正十一年（一九二二）には郷里にある佐久間家累代の菩提寺である蓮乗寺（長野市松代町）に分葬された。

象山は、明治二十二年（一八八九）の紀元節（二月十一日）に正四位を受贈。象山神社は、昭和六年（一九三一）に内務省より創設認可が下り、同十三年十一月三日、県社として創建された。

また、明治三十二年に作成された唱歌「信濃の国」（作詞は長野県師範学校教諭の浅井洌《きよし》、作曲は同校教諭の北村季晴《すえはる》）は、昭和四十三年五月に県歌として制定された。その歌詞の五番に信濃の国の偉人として「象山佐久間先生」が登場し、「文武の誉《ほまれ》類いなく　山と聳《そび》えて世に仰ぎ」と、今なお信州の人々に歌い継がれている。

二　佐久間象山の主要な門人——その学歴・職歴・功績

①勝　海舟（麟太郎、幕臣、文政六—明治三十二、一八二三—九九）
——無血開城させ江戸の街を守った維新の大政治家——

・アヘン戦争直後、開国防衛策「海防八策」を幕府に建言した象山が、蘭学修学中の弘化年間に、海舟は初めて象山を訪問した。正式な入門は、象山が江戸木挽町に私塾を移設する前年の松代藩下屋敷時代の嘉永三年（一八五〇）であった。

・安政四年（一八五六）、赤坂田町に蘭学私塾「氷解塾」を開設。同六年に幕府の講武所砲術師範役。万延元年（一八六〇）には日米修好通商条約の批准書交換のため、幕府の咸臨丸で渡米。帰国後は幕府の軍艦奉行並となり神戸海軍操練所を開設した。

・戊辰戦争（一八六八―六九年）のときは幕府軍の軍事総裁で、早期停戦と江戸城無血開城を主張。明治元年（一八六八）四月、官軍の東征大総督府下参謀の西郷隆盛（薩摩藩）と会談し江戸城の無血開城を実現した。

・維新後は新政府の参議、海軍卿、枢密顧問官、貴族院議員、等々の要職を歴任し、伯爵に叙された。特に徳川慶喜の赦免を維新政府に訴え続け、明治二年九月に謹慎解除となり、さらに明治三十一年三月には、慶喜が明治天皇に拝謁を許され公爵を授爵した。海舟の主君に対する厚き忠誠心の賜物である。

・海舟は、維新後に失職した旧幕臣たちの面倒もみ、また義弟で象人門人の代表格である海舟は、物心両面で象山門人たちを支援した。さらに、象山の遺書（『省諐録』『象山詩鈔』など）の刊行、法要や受勲の催など、生涯、恩師象山の顕彰活動に尽力した。

・なお、象山に嫁いだ妹（順子）と妾腹の嗣子である恪二郎を、象山没後は自邸に引き取り、特に問題児の恪二郎を福沢諭吉の慶應義塾に学ばせ司法省の判事に育て上げた。

※勝部真長『勝海舟』（上下巻、ＰＨＰ研究所、一九九二年）。石井孝『勝海舟』（吉川弘文館〈人物叢書〉、一九七四年）。

②吉田松陰（長州藩、文政十三―安政六、一八三〇―五九）

――松下村塾で維新の国家的人材を多数輩出――

・幼名は寅之助、生家の杉家から叔父の吉田家に養子に入り大次郎と改名。通称は寅次郎、諱は矩方、字は義卿、号は松陰の他に二十一回猛士。

・徳川幕府を倒して天皇親政の新政府を樹立するという尊皇攘夷運動の理論と実践の先駆的役割を果たした革命的な思想家。また、叔父の私塾「松下村塾」を継承し、幕末明治期に活躍する高杉晋作や久坂玄瑞をはじめ、初代総理大臣の伊藤博文、第三代総理大臣の山県有朋ら、一〇〇名近い多くの門人を輩出した至誠の教育者であった。

・松陰は、叔父で山鹿流兵学師範の養子となって兵学を修め、藩校明倫館を経て、諸国を遊歴して諸師に学ぶ。その後、嘉永四年（一八五一）、江戸に出て、安積艮斎（昌平坂学問所教授）、山鹿素水（山鹿流兵学者）、古賀謹一郎（洋儒兼学の儒学者）、佐久間象山ら、当代一流の学者に入門して東西両洋の学術技芸を学ぶ。
・世界の趨勢から日本の将来を説く象山は、若者の海外留学を力説し、それに応えたのが松陰であった。安政元年（一八五四）三月に海外密航を企て、日米和親条約締結のために再来航したアメリカ軍艦に乗り込み海外密航を企てた。しかし、ペリー側に拒絶され幕府の獄舎に投獄された。後に長州萩の野山獄に移された松陰は、一年間に約六〇〇冊の本を読破し、また密航事件を省みた著書『幽囚録』を執筆して、生涯の師と仰ぐ象山に届けた。
・安政四年に出獄を許され、実家の杉家に幽閉の処分となる。この後、松陰は、私塾「松下村塾」で『孟子』などの儒教経典を用いて、尊皇愛国の革命思想を説く。すると、久坂玄瑞・高杉晋作・伊藤博文・山県有朋・吉田稔麿・前原一誠・品川弥二郎・山田顕義・野村靖らが相ついで入塾し、若き松陰の熱き至誠の倒幕教育を受ける。
・安政五年、松陰は、幕府が朝廷の勅許を得ずに日米修好通商条約を締結したこと、一橋派の尊皇攘夷派を弾圧したことに激怒。時の首座老中の間部詮勝《あきかつ》（越前鯖江藩主）の暗殺を計画する。松陰は、この企てを自ら公言して幕府に囚われ、安政六年十月二十七日、江戸伝馬町の牢屋敷で斬首の刑に処される。安政の大獄であった。
・文久三年（一八六三）、高杉晋作などの松陰門人たちは、小塚原（現在の荒川区南千住）の回向院にあった松陰の墓を世田谷区若林の現在地に改葬する。さらに、明治十五年（一八八二）十一月には門下生たちによって、同地に松陰神社が創建された。さらに明治四十年十月には、松下村塾出身の伊藤博文（天保十二―明治四十二、一八四一―一九〇九）や野村靖（天保十三―明治四十二、一八四二―一九〇九）らの門人たちによって、松陰の郷里である山口県萩市にも松陰神社が創建された。
・松陰の有名な和歌

『幽囚録』　かくすれば　かくなるものと　知りながら　已むに已まれぬ　大和魂
「辞世歌」　身はたとひ　武蔵の野辺に　朽ちぬとも　留めおかまし　大和魂
※山口県教育会編『吉田松陰全集』全一〇巻（大和書房、一九七二—七四年）。奈良本辰也『吉田松陰』（岩波新書、一九五一年）。田中彰『吉田松陰　変転する人物像』（中公新書、二〇〇一年）。広瀬豊『吉田松陰の士規七則』（図書刊行会、二〇一三年）。

③坂本龍馬（土佐藩、天保六—慶応三年、一八三六—六七）
——幕末動乱の政界を変化自在に生きた傑物——

・幕末期の権謀術数・離合集散の渦巻く激動の政界を自在に遊泳した変化の達人で、幕府を倒し新時代の明治維新に導いた功労者。
・土佐藩の郷士（下級武士）の家に生まれた。嘉永六年（一八五三）、十九歳で江戸に遊学し、北辰一刀流の千葉道場に入門。その直後の同年六月にペリーの黒船が来航する。
・海防に目覚めた龍馬は、同年十一月、佐久間象山の私塾に入門し西洋砲術・西洋兵学を学び始める。だが、翌年四月に象山が門人吉田松陰の密航事件に連座して幕府に捕縛されて以降は、象山門人の勝海舟に心服して門人となり、海舟の警護役を務めた。
・文久二年（一八六二）に土佐藩を脱藩して自由の身となる。慶応二年（一八六六）一月には薩長同盟の仲介役をはたし、倒幕による明治維新の誕生に深く関与した。だが、慶応三年十月の大政奉還の翌月、京都河原町の近江屋で、盟友の中岡慎太郎（天保九—慶応三、一八三八—六七）とともに暗殺された。享年三十三。
・海軍と貿易会社とを兼ねた「海援隊」を組織し、運輸・交易・開拓・投機など、日本近代化の殖産興業の事業展開をしたことや、倒幕後の新政府の政治綱領「船中八策」「新政府綱領八策」が恩師象山の「海防八策」を基に起草されたとみられることは、恩師象山の「東洋道徳・西洋芸術」思想を具現化としたものといえる。

※宮地佐一郎編『坂本龍馬全集』（光風社出版、一九八八年）、飛鳥井雅道『坂本龍馬』（講談社学術文庫、二〇〇二年）、松浦玲『坂本龍馬』（岩波新書、二〇〇八年）。佐々木克『坂本龍馬とその時代』（河出書房新社、二〇〇九年、二〇二二年に吉川弘文館より復刊刊行）。

④橋本左内（福井藩、天保五—安政六年、一八三四—五九）
——安政の大獄に散った悲劇の天才青年——

・福井藩奥医師の長男。嘉永二年（一八四九）、大坂に出て緒方洪庵の適塾に入門して西洋医学を学ぶ。同五年、十九歳の春、父親が病気で越前に帰藩し代診に従事。安政元年（一八五四）、今度は江戸へ遊学し、蘭学大家の坪井信良（文政六—明治三十七、一八二三—一九〇四）の蘭学塾に入る。が、間もなくして、坪井の紹介で門人の杉田成卿（杉田玄白の孫、文化十四—安政六、一八一七—五九）に師事して蘭方医学を学ぶ。同時に、象山の私塾にも入門し、西洋砲術・西洋兵学を学ぶ。

・福井藩主の松平春嶽（慶永、田安徳川家の出身、文政十一—明治二十三、一八二八—九〇）の側近に登用され、安政四年正月には藩校明道館の御用掛となり、藩校内に洋書習学所（洋学所）や武芸稽古所等を新たに設けた。また、第十四代将軍の継嗣問題では、春嶽を補佐して一橋慶喜の擁立運動を展開し、幕政改革を訴えて積極的に西欧先進技術の導入・対外貿易の推進を訴えた。

・だが、安政五年、大老に就任した井伊直弼（十三代彦根藩主、文化十二—安政七、一八一五—六〇）による安政の大獄（一八五八—五九年）が断行され、春嶽は、将軍継嗣問題で隠居謹慎を命じられ、側近の左内は安政六年十月に伝馬町牢屋敷で斬首、享年二十六。若き天才青年の最期であった。

※景岳会編『橋本景岳全集』（東京大学出版会「続日本史籍協会叢書」全三巻）。山口宗之著『橋本左内』（吉川弘文館〈人物叢書〉、一九八五年）。

⑤子安　峻（たかし、鐵五郎、大垣藩、天保七―明治三十一、一八三六―九八）

――読売新聞社を創設した文明開化の先導役――

・大村益次郎に蘭学を学んだ後、嘉永五年（一八五二）、江戸に出て佐久間象山の西洋砲術塾に入門、西洋砲術・西洋兵学・洋学を学ぶ。特に蘭語・英語の優れた語学力を評価され、幕府の神奈川奉行所翻訳方に登用される。明治維新後も新政府の外務省翻訳官として活躍した。

・公務のかたわら本野盛亨《もとのもりみち》（神奈川県大参事、天保七―明治四十二、一八三六―一九〇九）や柴田昌吉（幕府・明治政府で英語の通訳、天保十二―明治三十四、一九四一―一九〇一）らとともに、明治三年（一八七〇）、横浜弁天町に活版印刷所「日就社」を設立し、日本最初の英和辞典『英和字彙』を刊行した。また、恩師象山の『象山先生詩鈔』（全二冊）を明治十一年に「同社」から出版し学恩に報いた。

・明治四年には日本初の日刊新聞「横浜毎日新聞」（後の東京毎日新聞）を創刊し、さらに明治七年には現在の読売新聞社を設立して初代社長に就任し、文明開化の象徴である日本の新聞業界の先駆者となった。

・明治十年に政府官僚の外務少丞を退官して下野。以後、貿易会社、貯蓄銀行、保険会社などを創立し、日本銀行の設立にも関わり初代監事に就任した。

・幅広く殖産興業を担い日本近代化に貢献した子安は、「日本の文明開化の先導役」「明治初期の民間の元勲」と評された。

・勝海舟・北沢正誠・小林虎三郎らの象門有志とともに、恩師象山の著書の出版や記念碑の建立、法事慶事の催しなどの顕彰事業に尽力し、終生、報恩感謝の人生を送った奇特の門人である。

※『読売新聞百年史』(読売新聞社、一九七六年)。竹内繁著『読売新聞の創始者　子安峻』(日本生産性本部、一九九二年)。大植四郎編『明治過去帳』(東京美術、一九七一年、五三〇頁)。

⑥小林虎三郎(長岡藩、文政十一―明治十、一八二八―七七)
――越後長岡の美談「米百俵」の主人公――

・越後長岡の美談「米百俵」の主人公。恩師象山の教育立国主義を戊辰戦後の長岡復興に実践した象山門人。吉田松陰とともに「象門二虎」(象山門下の双璧)と称された秀才。

・長岡藩校を経て二十三歳のときに江戸へ遊学し、嘉永四年(一八五一)に象山の門に入る。儒学・洋学・西洋砲術・西洋兵学を学ぶ。象山の「東洋道徳・西洋芸術」思想の全体を忠実に学びとり実践した門人である。その虎三郎は、ペリー来航のとき、下田開港を否定して横浜開港を主張する恩師象山の説を、老中職にあった長岡藩主に建言する。だが、書生の分際で政道に物申したとの科で、即刻、帰藩し蟄居謹慎を命じられる。以来、明治維新までの十余年間、恩師象山を忍びながら、難病の苦痛を押して蘭書の翻訳、論文の執筆、漢詩文の創作など、臥薪嘗胆、もっぱら学究的生活に明け暮れる。

・虎三郎は、河井継之助の率いる長岡藩の官軍との戊辰戦争には反対した。だが、敗戦後は、雌伏雄飛、藩主は虎三郎を藩政の表舞台に復活させる。焼土と化した長岡の復興を委ねられて藩の大参事(旧家老職)に就任した虎三郎。彼は、支藩の三根山藩(明治三年〈一八七〇〉十月に嶺岡藩と改称、現在の新潟市西蒲区峰岡)からの救援米・米一〇〇俵が届くと、これを飢えに苦しむ藩士家族に配らず、「食えないからこそ学校を建て、人物を養成するのだ」と、恩師象山の教育立国主義を唱え、その米一〇〇俵の代価を元手に明治三年六月、身分や性別を問わずに入学できる国漢学校（現、市立阪之上小学校）を開校した。

・蘭語の語学力に優れ各種の蘭語史料を翻訳し、著書には『興学私議』や歴史教科書『小学国史』（全一二巻）などがある。また、文部省の要請に応えて、オランダ人御雇外国人教師ファン・カステーレン（Abraham Thierry Van Casteel, 1843-1878）の日本語訳『教師必携』『学室要論』などの教師用書を校訂し文部省から出版した。

※坂本保富『米百俵の歴史学』（学文社、二〇〇六年）、『米百俵の主人公　小林虎三郎—日本近代化と佐久間象山門人の軌跡—』（学文社、二〇一一年）。

⑦三島億二郎（長岡藩、文政八—明治二十五、一八二五—九二）
——長岡復興の殖産興業に尽力した陰の立役者——

・三島億二郎（入門時の名前は「川島永次郎」）は、象山門人の小林虎三郎・河井継之助とともに幕末長岡藩の三傑の一人。戊辰戦後の長岡復興の真の立役者で、虎三郎に劣らず恩師象山に対する報恩の念の強い門人であった。

・嘉永六年（一八五三）のペリー来航のとき、虎三郎に先んじて、老中職にあった藩主の牧野忠雅（寛政十一—安政五、一七九九—一八五八）に、恩師象山の横浜開港説を建言して処罰され、即刻、江戸遊学を停止、長岡帰還の命を受ける。

・慶応四年（一八六八）の戊辰戦争に際しては、虎三郎とともに河井の主張する新政府軍との抗戦論に反対する。が、河井と官軍との談判が決裂すると、河井の説得に応じて藩の軍事掛として長岡北越戦争で奮戦する。

・明治二年（一八六九）の版籍奉還で長岡藩知事となった藩主の牧野忠毅は、牧野頼母、小林虎三郎、三島億二郎の三名を長岡藩大参事に任命し、長岡復興を託す。さらに同三年の長岡藩の廃藩に伴い、三島は柏崎県大参事に任命され、象門畏友の虎三郎とともに長岡の復興に尽力した。

・だが、虎三郎が「米百俵」の美談の後、病気療養で上京すると、長岡復興の後事を託された三島は、士族授産のための産物会所・女紅場を創設し、国漢学校の拡充や長岡洋学校（現、新潟県立長岡高校）を創設した。さらに三島は、北越銀行、育英団体長岡社や長岡会社病院（現、長岡赤十字病院の前身）の開設など、長岡再生の諸事業に取り組んだ。

・幕末維新期に福沢諭吉の慶應義塾を支援したのは所縁の紀州藩・越後長岡藩・中津藩の三藩であった。特に福沢と親交の深かった三島は、最期の長岡藩主・牧野忠毅《ただかつ》（安政六―大正七、一八五九―一九一八）の教育を福沢に託した。また、三島は、多くの長岡の学生を慶應義塾に入学させ、同時に慶應義塾から長岡洋学校の教員を招いた。

※今泉省三『三島億二郎伝』（覚張書店、一九五七年）、坂本保富『米百俵の主人公小林虎三郎―日本近代化と佐久間象山門人の軌跡―』（学文社、二〇一一年）などを参照。

⑧河井継之助（長岡藩、文政十―慶応四、一八二七―六八）
――戊辰戦争に散った越後長岡の風雲児――

・嘉永五年（一八五二）の秋頃、河井は、川島鋭次郎（三島億二郎）・小林虎三郎たちが学んでいた象山塾に遅れて入門する。だが、格物窮理（先知後行）の朱子学を説く象山と合わず、知行合一を説く経世済民の陽明学を修めるために、備中松山藩の陽明学者・山田方谷（文化二―明治十、一八〇五―七七）を訪ねて入門する。

・慶応四年（一八六八）正月、鳥羽伏見の戦いで始まった戊辰戦争（一八六八―六九年）の長岡北越戦争で、長岡藩の軍事総督となった河井は、新政府軍監の岩村精一郎（土佐藩）と談判したが決裂、河井の主導のもとで奥羽越列藩同盟に参加して官軍側と交戦したが、激戦の末に敗北。同年五月に長岡城は落城し、長岡七万四〇〇〇石の城下街は焼土と化した。

・河井は再起を期して親藩の会津に向かった。が、慶応四年八月十六日、途中の塩沢村で戦傷が悪化して病没、享年四十二。

※司馬遼太郎の作品『峠』（新潮社、一九六八年、三〇〇万部発刊のベストセラー化）、今泉鐸次郎著『河井継之助伝』（目黒書店、一九九六年、初版は一九三一年）。坂本保富『米百俵の主人公　小林虎三郎―日本近代化と佐久間象山門人の軌跡―』（学文社、二〇一一年）。

⑨西村茂樹（平太郎、佐倉藩、文政十一―明治三十五年、一八二八―一九〇二）
――「東京修身学社」（日本弘道会）を創設した啓蒙思想家――

・福沢諭吉や中村正直と並び称される明治日本を代表する啓蒙思想家。東洋の儒教と西洋の哲学を統合した道徳教育を推進し、「日本弘道会」を創設。恩師象山の「東洋道徳・西洋芸術」思想を最も忠実に継承して明治の道徳教育の世界に展開した門人。

・佐倉藩支藩の佐野藩に仕える側用人の嫡男。嘉永六年（一八五三）の黒船来航に際して、佐倉藩主の堀田正睦《まさよし》（文化七―元治元、一八一〇―六四）に意見書を提出、恩師象山の所説を奉じて積極的な海外交易論を説き、老中首座の阿部正弘（文政二―安政四、一八一九―五七）にも海防策を建言した。

・安政三年（一八五六）、主君の堀田正睦が老中首座・外国事務取扱になると、西村は幕府の貿易取調御用掛に登用され、外交上の機密文書の作成を担当した。

・明治六年（一八七三）には、森有礼（弘化四―明治二十二、一八四七―八九）の唱道で福沢諭吉、西周（文政十二―明治三十、一八二九―九七）、中村正直、加藤弘之らと西洋学術団体「明六社」を結成し、顧問格で会長の森有礼を補佐した。

・明治六年に文部省出仕となり編書課長に就任。以後、明治十九年まで文部省内で東洋の儒教主義徳育強化の政策を推進した。政府の欧化主義に対して東洋の国民道徳の回復を訴え、明治九年に「東京修身学社」（後の日本弘道会）を設立した。また、幕末維新期の国字改革論争では、象山の国民皆学思想を前提に、漢字廃止論を主張して『明六雑誌』の創刊号（明治七年〈一八七四〉三月）に「開化ノ度ニ因テ改文字ヲ発スベキノ論」を発表した。

・晩年には華族女学校（現、学習院女子大学）の校長、東京学士会院会員、宮中顧問官、貴族院議員などを務めた。

・なお、小説家の宮本百合子（明治三十二―昭和二十六、一八九九―一九五一）は孫（母親が西村の長女）である。

※西村先生伝記編纂会編『泊翁西村茂樹伝』日本弘道会、一九三三年一月（上下二巻）。坂本保富著『米百俵の主人公　小林虎三郎―日本近代化と佐久間象山門人の軌跡―』（学文社、二〇一一年）、高橋昌郎著『西村茂樹』（吉川弘文館〈人物叢書〉、一九八七年十一月）。

⑩加藤弘之（出石藩、天保七―大正五、一八三六―一九一六）

――象門の秀才で東京大学の初代綜理（総長）――

・但馬国出石藩《いずしはん》の家老の家に生まれ、藩校講道館を経て江戸に出る。最初は和流の甲州流兵学を学び、その後、嘉永五年（一八五二）、佐久間象山の西洋砲術塾に入門し西洋砲術や洋学・儒学を学ぶ（入門時の名前は「加藤土代士《とよし》」）。学力優秀な加藤に、象山は『砲卦』など自著の写本を任せ、将来の大成を嘱望し学力の向上を願った。加藤は、故あって、一時、郷里に帰国し、安政元年（一八五四）に、再度、江戸に遊学する。だが、そのとき象山は、門人吉田松陰の海外密航事件に連座して幕府の処罰を受け、信州松代で蟄居中であり、再度の入門は叶わなかった。

・やむなく加藤は、大木仲益（芳洲、文政七―明治十九、一八二四―八六、米沢の郷医の長男）に蘭学を学び、抜群の学力を認められ、万延元年（一八六〇）に幕府の蕃書調所教授手伝に任用される。その後、開成所教授職並に昇進し、元治元年（一八六四）には幕府直参の旗本に出世した。

・明治元年（一八六八）には新政府の政体律令取調御用掛に就任、その後は文部大丞、外務大丞などの政府高官を歴任する。明治三年には洋書進講担当の侍講に任ぜられる。同年七月には『真政大意』を著し、人間は生まれつき自由・平等で、幸福を追求する権利を有するという「天賦人権論」を紹介した。

・明治十年四月、東京大学の初代綜理（総長）に就任した。その後は、男爵、元老院議官、勅選貴族院議員、初代帝国学士院院長、枢密顧問官など国家の重職を歴任する。また、法学者としても大成し、文学博士、法学博士の学位を授与された。

・恩師象山の学恩を忘れず、象山の法事や記年祭には最期まで関わり、象山を終生の恩師と仰ぎ心から敬愛した。

※田畑忍著『加藤弘之』（吉川弘文館〈人物叢書〉、一九五九年）。吉田曠二著『加藤弘之の研究』（大原新生社、一九七六年）。『弘之自伝』復刻版（弘隆書林、一九七九年）。

⑪津田真道（津山藩、文政十二―明治三十六、一八二九―一九〇三）

――幕末維新の西洋法学者で初代の衆議院副議長――

・嘉永三年（一八五〇）、津山から江戸に出て蘭学大家の箕作阮甫（寛政十一―文久三、一七九九―一八六三）・伊東玄朴（寛政十二―明治四、一八〇一―七一）に蘭学を学び、さらに佐久間象山に入門して西洋兵学を修める（入門時の名前は「津田眞一郎」）。安政四年（一八五七）幕府の蕃書調所教授手伝並となり、文久二年（一八六二）には西周とともにオランダに留学し、ライデン大学で法学、哲学・経済学、統計学を学ぶ。

・慶応元年（一八六五）に帰国後は、留学中に師事したフィッセリング教授（Simon Vissering, 1818-88）の講義録を慶応二年に『泰西国法論』と題して翻訳・出版する。本書が、日本最初の西洋法学の紹介書となった。その後、幕府陸軍の騎兵差図役頭取を経て目付に就任。大政奉還に際しては徳川家の存続を主眼とする憲法草案「日本国総制度」を執筆した。
・維新後は新政府の司法省に出仕し、明治二年（一八六九）に人身売買禁止を建議した。明治四年に外務権大丞となり、日清修好条規の全権大臣である伊達宗城（旧、宇和島藩主、文政元―明治二十五、一八一八―九二）の副使として清国に渡る。後に陸軍省で陸軍刑法を作成。その後、高等法院陪席裁判官、元老院議官を歴任し、明治二十三年には第一回衆議院議員総選挙に当選し、初代衆議院副議長に就任する。
・明治二十九年一月、貴族院議員に勅選され、その翌年には請われて京華中学校校長に就任した。明治六年の「明六社」の結成にも参画し、象山門人の西村茂樹と共に啓蒙思想家としても活躍した。男爵、法学博士。
※大久保利謙編『津田真道研究と伝記』（みすず書房、一九九七年）。大久保利謙他編『津田真道全集』〈上下〉（みすず書房、二〇〇一年）。

⑫狩野芳崖（文政十一―明治二十一、一八二八―八八）
――東西両洋の絵画を融合した近代日本画の父――

・長府藩（長州藩の支藩）狩野派の御用絵師の家に生まれた。弘化三年（一八四六）、十九歳で江戸木挽町の狩野家塾に入門し、狩野雅信（勝川院）に学ぶ。嘉永三年（一八五〇）には弟子頭となり、生涯の友となる同門の橋本雅邦（天保六―明治四十一、一八三五―一九〇八）とともに「竜虎」「勝川院の二神足」と称された。
・この頃、父の修行仲間で、当時、画塾で顧問役を務めていた松代藩御用絵師の三村晴山（寛政十二―安政五、一八〇〇―五八）の紹介で、狩野塾の向かい隣に私塾を構える佐久間象山と出会い、象山の「東洋道徳・西洋芸術」思想の薫陶を受ける。芳崖は、象山の人と思想を深く敬慕し、書家としても有名な象山の書風をを真似たといわれる。

・明治十七年（一八八四）の第一回絵画共進会で初めて「芳崖」の雅号で作品を出品、これをアメリカのフェノロサ（rnest Francisco Fenollosa, 1853-1908）が高く評価、以後、物心両面で支援を受ける。

・当時、すでに肺を病んでいた芳崖は、病躯をおして必死に絵画の新世界を探求し、ついに明治二十一年、畢生の名作「悲母観音」を描き上げた。このとき芳崖は六十一歳。伝統的な日本画の基礎の上に新たな洋画を融合した「悲母観音」は、絵画の世界に象山の「東洋道徳・西洋芸術」思想を具現化した作品である。東京美術学校の教官に任命された芳崖は、「悲母観音」を描き上げた四日後の明治二十一年十一月五日に病没。享年六十一。

※古川修「狩野芳崖」（上中下、『中央美術』第六巻一―三号、一九二〇年）、古田亮『狩野芳崖・高橋由一―日本画も西洋画も帰する処は同一の処―』（ミネルヴァ書房「ミネルヴァ日本評伝選」、二〇〇六年）。

⑬北沢正誠（まさなり、松代藩、天保十一―明治三十四、一八四〇―一九〇一）

――恩師象山の顕彰に生涯を捧げた漢文学・地理学者――

・松代藩江戸藩邸に生まれ、幼少より象山に師事し、象山の学問全体を修得した門人。

・万延元年（一八六〇）に松代藩の御近習役、元治元年（一八六四）に御留守居役、明治元年（一八六八）には藩の権少参事。

・明治四年、維新政府の左院中議に出仕し兵務を担当。明治八年には政府正院の修史局に出仕する。同年の左院廃止に伴い地理寮七等出仕となり全国地誌を編集、その後、正院の修史局三等修撰に転任。

・明治十二年には東京地学会の創立に参画、赤松則良・佐野常民・福沢諭吉・福地源一郎・山田顕義とともに幹事に就任（会長は北白川能久親王）。明治十三年三月、興亜会を創立し支那語学校を設立、清国より張景試（後の満洲国総理大臣、一八七一―一九五九）を教師として招聘した。

・明治十四年、外務権少書記官・記録局編纂課長となり『蘭学者伝記資料』を編纂、その後、華族女学校（女子学習院の前身）の学監。

・明治十七年、勝海舟・小松彰らの象山門下生と謀り、東京飛鳥山に恩師象山の遺墨「櫻賦」の碑を建立した。この「櫻賦」は象山五十歳（万延元年）の作で、蟄居赦免後の文久二年（一八六二）に孝明天皇（在位一八四六―六六年）の宸賞を賜った。また、海舟たち門下生は、京都妙心寺に象山の墓所を建立し墓田を寄進した。

・晩年の明治十九年八月には、東京府知事・高崎五六（薩摩藩、一八三六―九六）の推挙で本郷区小石川の第二代区長に就任し、特に学事振興に尽力した。さらに、明治三十年頃から数年間、請われて新潟県立高田中学校（現在の県立高田高校）に奉職し、国語・漢文を担当した。小説家の相馬御風（母校の早稲田大学校歌「都の西北」「春よ来い」などの作詞者、明治十六―昭和二十五、一八八三―一九五〇）や児童文学作家の小川未明（明治十五―昭和三十六、一八八二―一九六一）は教え子である。明治三十四年二月に病歿、享年六十二。

・象山側近の謹厳実直な学者肌の門人。象山横死の際には著書や文書類の散逸防止に奔走し、象山史料を海舟に託した。終生、恩師象山の学恩に報いた奇特の門人。『象山先生詩鈔』『蘭学者伝記資料』『洋学先哲碑文』など編著書・論文は多数。

※岩生成一「忘れられた歴史・地理学者北沢正誠」（『日本学士院紀要』第四二巻一―三号）、『更級郡埴科郡人名辞書』（信濃毎日新聞社、一九三九年）。『蘭学者伝記資料』所収「北沢の略歴」（青史社、一九八〇年）。大植四郎『明治過去帳』（東京美術、一九七一年）。

⑭小松　彰（左右輔、松本藩、天保十三―明治二十一、一八四二―八八）

――東京株式取引所などを創設し恩師の学恩に報いた門人――

・松本藩医の家に生まれ、松本藩校崇教館を経て、安政五年（一八五八）に江戸へ遊学。塩谷宕陰（昌平坂学問所教授、文化六―慶応三、一八〇九―六七）・古賀謹一郎（昌平坂学問所教授、文化十三―明治十七、一八一六―一八八四）に就き儒学を学ぶ。この頃、長岡藩の河井継之助と親交を深めた。

・学問遍歴の後、文久三年（一八六三）十一月、象山が蟄居赦免となった翌年に正式入門し、生涯の師とする。元治元年（一八六四）三月、幕命を受けて上洛する象山の警護役として随従。象山没後の事後処理に奔走した。

・維新以後は新政府に出仕し、明治二年（一八六九）一月の倉敷県（岡山県）判事を皮切りに、大学少丞、大学大丞、豊岡県（兵庫県、京都府）県令、正院大外史の歴史課長、法制課長、文部大丞などの政府要職を歴任した。

・明治九年九月に退官し、実業界に転じた。明治十一年一月に東京株式取引所の設立に参画し初代頭取。明治十五年に壬午銀行の設立に参加。明治十九年十一月には両毛鉄道の発起人となり、同二十年三月には同社の取締役に選出される。さらに同年十一月には東京米商会所頭取に就任した。小松は、精力的に開化事業を展開したが、その翌月、持病の肺患が再発して病没、享年四十七であった。

・官界・実業界にあって日本近代化の殖産興業の推進に大きく貢献した。没後、郷里・松本市の四柱神社の境内に顕彰碑が建立されている。

※「小松彰君の伝」（『東京経済雑誌』第四二五号、一八八八年六月）。大植四郎編『明治過去帳』（東京美術、一九七一年）。

⑮渡邊　驥（すすむ、左太郎、松代藩、天保七―明治二十九、一八三六―九六）

――検察官最高位の大審院検事長（現在の検事総長）に出世――

・幼少時に佐久間象山の門に入り、象山の寵愛を受ける。長じて久坂玄瑞（長州藩、天保十一―元治元、一八四〇―六四）や中岡慎太郎（土佐藩、天保九―慶応三、一八三八―六七）と交わり国事を論じた。その後、京都に出て、岩倉具視邸に寄寓し倒幕運動に参加した。
・明治二年（一八六九）、弾正台（司法省の前身）に出仕。明治四年の弾正台の廃止に伴い司法省に移動した。その後は、少丞兼権大検事、大丞兼大検事、大書記官を経て、明治十二年には太政官書記官を兼任。その翌年には大審院勅任検事となる。
・明治十四年には、日本の検察官の最高位である大審院検事長（現在の検事総長）に就任した。退官後は元老院議官、貴族院議員を歴任。
・渡辺は、恩師象山の学恩に報いるべく、象山没後、勝海舟とともに嗣子の恪二郎を養育して福沢諭吉の慶應義塾に入学させ、卒業後は親交の深い愛媛県令（知事）の岩村高俊（土佐藩、弘化二―明治三十九、一八四五―一九〇六）に後見人を依頼し、松山裁判所の判事に任官させた。
・なお、明治以降、司法省で活躍する象山門人は、検察の最高位に出世した渡辺をはじめ、津田真道（津山藩）・薄井龍之（飯田藩）、長谷川三郎兵衛（松代藩）、高野真遜（松代藩）、長谷川直太郎（松代藩）らの多くを数えた。
※『松代町史』下巻、六三八―六三九頁。司法省編纂『司法沿革誌』（財団法人法曹会、一九三九年）。大植四郎編『明治過去帳』（東京美術、一九七一年、四九四頁）。

⑯山本覚馬（会津藩、文政十一―明治二十五、一八二八―九二）
――同志社大学の創立と発展に尽力した初代の京都府議会議長――

・会津藩の砲術指南役の長男。嘉永三年（一八五〇）、会津藩校日新館を経て、佐久間象山の西洋砲術塾に入門し、西洋砲術・西洋兵学を学ぶ。

・恩師象山が文久二年（一八六二）に蟄居放免となり、元治元年（一八六四）三月、幕命を受けて上洛する際には、恩師の身を案じて覚馬たち門人が護衛のために随伴した。

・持病の白内障で失明の盲目となりながら、恩師象山の横死の後、遺児・恪二郎の世話を勝海舟から頼まれ、父親の仇討ち希望の恪二郎を近藤勇の新選組に入れた。

・明治三年（一八七〇）、京都府大参事となり、知事の槇村正直（天保五―明治二十九、一八三四―九六）を補佐し、小中学校・女学校・病院・医学校などを設立して京都の文明開化を推進した。

・明治四年に京都で開催された日本最初の博覧会を支援し、その第二回開催に際して、山本は、日本人による最初の英文による外国人向けの京都案内書（*The guide to the celebrated places in Kiyoto & the surrounding places for the foreign visitors by Kakuma Yamamoto, 1873*）を執筆した。

・明治八年、後に妹の八重と結婚する新島襄（天保十四―明治二十三、一八四三―九〇）の学校設立計画を知り、新島とともに同志社英学校（現在の同志社大学）を設立した。

・明治十二年には、第一回京都府会選挙に当選し、初代の府議会議長となり、明治十八年には京都商工会議所会長に就任し京都の殖産興業に尽力した。

・明治二十三年に新島が他界すると、覚馬は同志社の臨時総長として同校の発展に尽力した。明治二十五年十二月に病没、享年六十四。

※青山霞村・田村敬男編『山本覚馬伝』（宮帯出版社、二〇一三年）。安藤優一郎『山本覚馬　知られざる幕末維新の先覚者』（ＰＨＰ研究所、二〇一三年）。和田洋一『新島襄』（岩波文庫、二〇一五年）。

⑰蟻川賢之助（直方、松代藩士、天保三―明治四、一八三二―九一）
――象山塾の師範代で「象門三傑」と呼ばれる秀才――

・幼少時、象山が松代藩御城付月並講釈助の時代から師事。『小学』の基礎から初めて儒学・蘭学・西洋砲術・西洋医学に至るまで、象山の「東洋道徳・西洋芸術」思想のすべてを修得した秀才。吉田松陰・小林虎三郎とともに「象門三傑」と呼ばれる。
・嘉永七年（一八五四）四月、象山が松陰の海外密航事件に連座して幕府に捕縛された後、江戸と松代の象山私塾の教育（蘭学・西洋砲術）を師範代として担当した。
・自らも松代に私塾「自彊堂」を開き、洋学、和蘭（アベセ・和蘭文典前編・究理・地理・兵書・築造・砲術書・器械書・分析航海書ノ類）の学問を、「嘉永年間カラ明治年間マテ十六年」の長きにわたって教えた。私塾は盛況で門人は数百人を数えた。
・文久三年（一八六三）十月に幕府の講武所砲術教授並、明治二年（一八六九）には維新政府の兵部省の権大丞・大丞など軍の高官を歴任した。

※『松代町史』下巻。『長野県教育史』第七巻（史料編1）・同第八巻「資料編二」。

⑱伴鉄太郎（旗本、文政八―明治三十五年、一八二五―一九〇二）
――咸臨丸で渡米し海軍の充実に尽力した軍人――

・幕末明治期の海軍の軍人（海軍大佐）。嘉永年間（一八四八―五四）、象山塾に入門し西洋砲術・西洋兵学を学ぶ。長崎海軍伝習所の二期生。伝習を修了後の安政六年（一八五九）に幕府の軍艦操練所教授方出役となる。万延元年（一八六〇）の咸臨丸の渡米には測量方として太平洋を横断。帰国後は幕府の軍艦操練所教授方頭取。文久二年（一八六二）には幕府の朝陽丸の艦長となり、小笠原島の開拓に参画。慶応四年（一八六八）には幕府の軍艦頭に就任した。

・維新後も徳川家に随従し、西周が頭取の沼津兵学校一等教授となる。明治五年（一八七二）、同校の東京への移転改組を機に維新政府の海軍に移り、水路局長の副官などを務めた。

・明治十年、日本最初の数学学術団体「東京数学会社」（現在の「日本数学会」の前身）の設立に参加した。

・晩年は、象山塾同門の勝海舟とともに『吹塵録』（江戸時代の経済制度大綱）、『海軍歴史』『陸軍歴史』『開国起源』『氷川清話』などを執筆。明治十六年薨去、享年五十九。

・伴鉄太郎は、子母沢寛の歴史小説『花の雨』（徳間書店、一九八八年）に主人公として登場。

※小川恭一『寛政譜以降旗本家百科事典』（東洋書林、一九九七年）、勝海舟『海軍歴史』（原書房、一九六七年）、。樋口雄彦『沼津兵学校の研究』（吉川弘文館、二〇〇七年）。

⑲真木和泉（保臣、久留米藩、文化十―元治元、一八一三―六四）
――幕末の尊皇攘夷派の領袖で象山を朝廷に推挙――

・従五位下・和泉守の官位を有する神官。象山塾入門は、安政元年（一八五四、嘉永七）。文久二年（一八六二）十二月、象山が蟄居放免となるや、翌三年七月、尊攘派公家の京都御所・国事御用掛の飛鳥井雅典大納言（文政八―明治十六、一八二五―八三）より松代藩留守居役に、佐久間象山を召し抱えたいとの意向が伝達される。象山を御所に推薦したのは、当時、尊皇攘夷派の領袖で学習院の徴士であった門人の真木和泉であった。

・徴命を受けた象山は喜んだ。が、同年の翌月に京都の政変（「文久の政変」）が起こり、真木は処罰を受け、象山の徴命の話はなくなった。

・恩師象山が京都で横死する元治元年（一八六四）の夏、真木は長州藩の京都出兵に吉田松陰門下の久坂玄瑞とともに参戦。しかし、「禁門の変」で敗れ、同年七月二十一日、天王山（京都府乙訓郡大山崎町）で自刃した。享年五十二。その真木が子孫に書き遺した遺書が「何傷録」である。
・新渡戸稲造は『武士道』の中で、真木の著作『何傷録』から「人は才能ありても学問ありても、節義なければ世に立つことを得ず」との名言を引用している。
※源了圓『佐久間象山』（吉川弘文館、二〇〇三年、一八九―一九〇頁）。山口宗之『真木保臣』（新装版、吉川弘文館〈人物叢書〉、一九八九年）。

⑳武田斐三郎（成章、大洲藩、文政十―明治十三年、一八二七―八〇）
――函館五稜郭を建設した軍事科学技術の先駆者――

・弘化四年（一八四七）、二十二歳のときに大坂の緒方洪庵の適塾で蘭学を学び、後に同塾の塾頭となる。その後、嘉永三年（一八五〇）に洪庵の紹介で佐久間象山の私塾に入門し西洋砲術・西洋兵学を学ぶ。
・嘉永六年のペリー来航のときには、象山に連れられて吉田松陰ら門人たちと浦賀に急行し、黒船を間近に見て『三浦見聞記』を著した。その才能を認めた幕府は、武田を旗本格で召し抱えた。
・安政三年（一八五六）に箱館奉行所が設置されると箱館詰めとなって機械・弾薬製造の任に就き、同地に箱館戦争の舞台となった洋式城郭「五稜郭」を設計し建設した。
・維新後は新政府に出仕し、明治期の軍事科学技術の指導者となった。明治八年（一八七五）に陸軍士官学校を開校させた後の武田は、陸軍大佐、陸軍大学校教授、陸軍士官学校教授、初代陸軍幼年学校長など陸軍の要職を歴任した。

・なお、幕末期に江戸開成所教授や大砲製造所頭取に任じられるが、戊辰戦争のとき出身の大洲藩が討幕派だった故に尊皇派の襲撃を恐れ、恩師象山の故郷の松代藩に雇われて身を隠し、慶応四年（一八六八）六月に創立の松代藩兵制士官学校の教官を務めた。同校での教え子には、東京帝国大学教授で明治法曹界の重鎮となった井上操（松代藩、弘化四―明治三十八、一八四七―一九〇五）がいる。

・勝海舟は、象山同門の武田が明治十三年に病死したとき、「武田成章はこの国家主義を持して終始一貫したすぐれた人物であり、わが国科学技術の先駆者として万能の逸材であった」と、その死を惜しんだ。

※白山友正著『武田斐三郎伝』（北海道経済史研究所出版、一九七一年）。村上一博「悲運の司法官―井上操の仏文ノート―」（『明治大学学園だより』第三四六号、二〇〇六年）。

㉑牧野　毅（たけし、松代藩、弘化元―明治二十七、一九四四―九四）

――陸軍少将に出世した西洋軍事科学の先駆者――

・松代藩大島家に生まれ、同藩の象山門人・牧野大右衛門の養子となる。幼少より象山に師事して東西の学問を学ぶ。後、江戸に出て幕府の開成所教授・川本幸民（文化七―明治四、一八一〇―七一）に師事して蘭学を修得。さらに海軍操練所で西洋数学を学び、幕府大通弁の福地櫻痴（源一郎、天保十二―明治三十九、一八四一―一九〇六）に師事して仏学も修めた。

・象山門人の武田斐三郎（成章）を松代藩主に推薦して藩の兵制士官学校の教官に招聘、明治三年（一八七〇）の松代藩文武学校の廃校を機に上京、武田とフランス学の私塾を開設した。

・明治四年、維新政府の兵部省に出仕し砲兵局兼築造掛となり、同年、兵部権大録に昇任、国産原料による火砲製造を推進した西洋軍事科学の先駆者。

・明治五年、陸軍大尉に昇任し参謀局第二課長。同十五年に陸軍砲兵大佐、同二十三年には陸軍少将に昇任した軍人一筋の生涯。
・象山塾同門の小松・渡辺・蟻川らの同志と謀り、恩師象山の頌徳碑を京都妙心寺内に建立するなど、生涯、恩師象山の学恩に報いた。
※『松代町史』下巻、六三四—六三六頁、松下軍次『信濃名士伝』（一八九四年、三四一、三七五頁）。大植四郎編『明治過去帳』（東京美術、一九七一年、四〇六—四〇七頁）。

㉒岡見彦三（清熙《きよひろ》、中津藩、文政二—文久二、一八一九—六二）
——中津藩の象山門人の中心者で福沢諭吉の恩人——

・彦三は通称。嘉永三年（一八五〇）、中津藩の十数名の藩士とともに佐久間象山の私塾に入門し洋式砲術を学ぶ。同藩の一〇〇名近い象山門人数は、五十余藩の中で最多の藩であった。その中心者が岡見であった。
・象山門人である岡見は、大坂の緒方洪庵の塾長であった福沢諭吉を江戸藩邸に呼び寄せて英学塾を開かせ、自らも福沢の片腕となって支援した。岡見は、福沢の才能を見抜いて引き出し、慶應義塾の基礎を造った陰の功労者である。
・岡見の没後も、福沢は岡見の学恩に報いるべく、最期まで未亡人を三田の義塾構内に住まわせて援助した。さらに、岡見の甥の清致《きよむね》が、明治十七年（一八八四）、東京都港区白金台に頌栄女学校（現在の頌栄女子学院）を創立するとき、開校式で演説し学校経営に助言した。
・なお、福沢は文久元年（一八六一）、象山門人の島津文三郎夫妻の媒酌で結婚するが、その島津と岡見が象山との強い師弟関係にあり、中津藩と象山の親密な関係を築いた。その縁で、福沢は、象山没後に嗣子の恪二郎を慶應義塾に受け入れたものと思われる。

※『福翁自伝』（岩波文庫、二〇〇三年）。『慶應義塾史事典』（慶應義塾大学出版会、二〇〇八年）。『頌栄女子学院百年史』（頌栄女子学院、一九八四年）。

㉓菅　春風（鉞太郎、松代藩、文政三―明治三十五、一八二〇―九二）

――「象山書院」以来の象山門人で恩師を朝廷に推挙――

・「象山書院」時代の佐久間象山に師事して文学を学ぶ。自らも嘉永年間（一八四八―五四）より私塾を開いて後進を指導。維新後は、新政府に召されて盛岡県判事、宣教使（皇道主義に基づく国民教化を担う神祇官）を歴任。

・その後は郷里の信州に帰り、長野県の式内神社の調査、県社の社司、神道事務分局、皇典講究所の試験委員など歴任し、明治三十二年（一八八九）には国弊中社生島足島神社《いくしまたるしまじんじゃ》（長野県上田市）の宮司となる。

・江戸の象山塾「象山書院」に入門したときの名は「菅鉞太郎《えつたろう》」で、象山に文学を学び、和歌に長じた。菅の名は、「訂正及門録」の「嘉永二己酉歳」の項に「菅鉞太郎」と記載されおり、菅が西洋砲術・西洋兵学の最初の門人でもあったことを窺わせる。

・象山より文学指導を受けた菅は、文学、特に和歌に長じ、次のような作品を遺している。

あさゆふに　なれてみ山の　畑はや　世をおもひたつ　すみかなるらむ

・明治三十五年病没。享年八十三。

※『松代町史』下巻、六五三頁。『埴科郡更級郡人名辞書』（信濃毎日新聞社、一九二九年、二四一頁）。

㉔小原鉄心（二兵衛、大垣藩、文化十四―明治五、一八一七―七二）

――象山上洛の晩年まで交流のあった大垣藩城代の門人

・代々、大垣藩城代を勤める名家（七五〇石）の出身。鉄心も幕末期には城代となり藩の難局運営に当たる。安政元年（一八五四）、江戸に出て佐久間象山に入門し西洋砲術を学ぶ。
・元治元年（一八六四）、恩師象山が上洛途中に大垣に立ち寄り、鉄心と久しく再会する。
・慶応三年（一八六七）の大政奉還に伴い、翌年一月、新政府に出仕し参与に任命、御親征行幸御用掛、会計官、江戸府判事を歴任した。
・明治二年（一八六九）、版籍奉還で官を辞し、再び大垣藩の大参事（旧家老職）に復する。
・明治五年四月十五日死去。享年五十六。長女の婿養子の忠適は、華族に列し、衆議院議員・貴族院議員などを務めた。
※徳田武著『小原鉄心と大垣維新史』（勉誠出版、二〇一三年）。大植四郎編『明治過去帳』（東京美術、一九七一年、三八頁）。『新修大垣市史』第一巻「通史編」（大垣市、一九八七年）。

㉕大島貞薫（さだか、萬兵衛、旗本家臣、文化三―明治二十一、一八〇六―八八）

――明治の兵学教育一筋に生き明治天皇に西洋兵学を進講――

・恩師象山の国民皆兵論を継承してフランス式徴兵制度の実現に努め、明治の兵学教育一筋に生きた象山門人。維新政府の兵学寮教授で、明治天皇に西洋兵学を御進講。
・下曽根信敦を経て、嘉永四年（一八五一）、佐久間象山に入門。慶応元年（一八六八）以降、紀州藩の軍事改革に、兵式顧問として招聘され軍事指導に当たる。

・明治維新政府の京都兵学校の御用掛・教授を経て、明治三年（一八七〇）八月、兵学允に昇進し、同年十月からは徴兵掛を命じられる。明治四年十一月には兵学少教授、翌年一月には兵学寮教授として東京兵学寮に着任し、再び徴兵掛を命ぜられる。明治六年に発布予定の徴兵令について、兵部大輔の山縣有朋より諮問を受ける。さらに同月には兵学侍講御用を命じられ、明治天皇に西洋兵学を進講した。

※古屋哲夫「近代日本における徴兵制度の形成過程」（京都大学人文科学研究所『人文学報』六六、一九九〇年三月所収）、竹本知行『陸軍建設初期の大島貞薫』（『軍事史学』四六―三、二〇一〇年十二月）所収。大植四郎編『明治過去帳』（東京美術、一九七一年、一二六九頁）。

㉖薄井龍之（商人身分、飯田藩、文政十二―大正五、一八二九―一九一六）

――町人出身の攘夷論者から明治の法曹界で活躍した功労者――

・信州飯山の醤油醸造業者の家に生まれた。が、学問の道を志し、幕府の昌平坂学問所で儒学を修める。その後、上洛して頼三樹三郎に師事し尊皇攘夷思想を学ぶ。さらに佐久間象山に入門して西洋砲術その他を修得した。

・明治維新の後は、岩倉具視の知遇を得て、北海道開拓幹事、東京裁判所判事、名古屋裁判所長など明治の法曹界で要職を歴任した功労者。

※『長野県歴史人物大事典』（郷土出版社、一九八九年）、市村咸人著『伊那尊皇思想史』（下伊那郡国民精神作興会、一九二九年）その他。

㉗桜井純造（純蔵、上田藩、文化九―明治十七、一八一二―八四）

――宮内省の高級官僚・大書記官として活躍――

・最初は象山の恩師筋の下曽根金三郎に師事して高島流西洋砲術を修練。その後、嘉永五年（一八五二）に象山塾に入門し西洋砲術・西洋兵学を学ぶ。翌年、米国艦隊が浦賀に来航すると、同藩の象山門人の先輩である八木剛助とともに米艦来航の情報を収集して藩主に伝達した。
・安政元年（一八五四）、上田藩の洋式砲術助教。明治三年（一八七〇）には上田藩の大属、後に上田藩参事となる。
・明治四年に宮内省出仕となり権大書記官を拝命。同十年に宮内省少書記、そして同十五年には宮内省の大書記官という高官となり、宮内省の高級官僚として活躍した。

※大植四郎『明治過去帳』（東京美術、一九七一年、一九五頁）、『上田市史』下巻（信濃毎日新聞社、一九七四年、一二一六―一二一七頁）

㉘高畠五郎（徳島藩、文政八―明治十七、一八二五―八四）

――幕府の外交文書の翻訳官を経て維新後は海軍の近代化に尽力――

・嘉永二年（一八四九）、江戸の伊東玄朴に師事して蘭語を学ぶ。嘉永三年（一八五〇）、佐久間象山に入門して西洋砲術を修得。
・安政三年（一八五六）、蕃書取調所教授手伝となり幕府の外交文書の翻訳に従事。元治元年（一八六四）には幕府の開成所教授並に昇格し幕臣となる。
・明治四年（一八六九）、維新政府の兵部省に出仕。同六年には佐野常民らとともにウィーン万国博覧会へ派遣され五大州を遊歴する。
・明治七年に海軍秘書官、同十三年には海軍の権大書記官に昇任する。海軍一筋で日本の軍事力（兵制・装備・運用）の近代化に尽力した。

※大植四郎編『明治過去帳』（東京美術、一九七一年、一九二頁）。日本歴史学会編『明治維新人名事典』（吉川弘文館、一九八一年、五七一頁）。梅渓昇『日本近代化の諸相』（思文閣、一九八四年、六一〇―六一一頁）。

㉙木村軍太郎（佐倉藩、文政十―文久二、一八二七―六二）

――ハリスの日米修好通商条約文書を翻訳した秀才――

・佐倉藩校で蘭学を学んだ後、嘉永二年（一八五〇）に江戸の杉田成卿（文化十四―安政六、一八一七―五九）に入門して蘭学を修めた。その後、嘉永三年に佐久間象山に入門して西洋砲術・西洋兵学を修得する。

・その後は、大砲の開発や鉄砲の製造、西洋式の部隊編成の実施などで、佐倉藩（藩主堀田正睦）の兵制改革に尽力。また、江戸に蘭学塾を開き蘭学教育も実施した。

・安政元年（一八五四）正月、藩主より浦賀来航の米艦視察を命じられ、同年三月、同じ象門の吉田松陰と米艦を観察し、藩主に報告書を提出。翌年十二月、幕府天文台の蕃書和解御用に任用され、文久二年（一八六二）には幕府の蕃書調所出役教授手伝となる。蘭語に優れた木村は、再来日したハリスの日米修好通商条約締結に関する文書を翻訳する。だが、悲運にも同年八月、江戸で病死。享年三十六。蘭書の翻訳書に『砲術訓蒙』（天真楼蔵板、一八五八年）。

※村上一郎『蘭学者　木村軍太郎』（一九六七年）。『洋学史事典』（雄松堂出版、一九八四年）。

㉚石黒忠悳（ただのり、幕府代官下役人、弘化二―昭和十六、一八四五―一九四一）

――象山の「死後の門人」と自任する西洋医学界の重鎮――

・主要門人の最後に、正規の門人ではないが門人以上の門人であった石黒忠悳をあげなければならない。彼は、新潟の田舎で私塾を開き、尊皇愛国の教育精神をもって近隣子弟の教育に励んでいた。そのときの門人で、後に哲学者として大成したのが「お化け博士」と呼ばれ、「哲学館」（現在の東洋大学）を創立した井上円了（安政五―大正八、一八五八―一九一九）であった。

・だが、自分の将来に迷い、意を決して敬仰していた佐久間象山に教えを請うべく、松陰密航事件での蟄居謹慎が赦免となった翌年の文久三年（一八六四）三月、象山を信州松代に訪問する。このとき石黒は十九歳であった。

・この無名の田舎青年に対して、象山は、西洋日新の学問文化の蘊蓄を披瀝して、幕末期の日本が直面する様々な重要課題を個人教授をした。象山は、いかに武力による攘夷が無謀であるかを諄々と諭し、西洋の学問を研究し日本に広めることこそが「真の攘夷」あると説いた。

・人生一転して医学の道を志した石黒は、慶応元年（一八六五）、幕府の洋学所に入学して本格的に西洋医学を学ぶ。同所を修了後は医学校雇となり、明治二年（一八六九）には大学東校（東京大学医学部の前身）の小寮長心得、同三年には大学少助教に昇進した。だが、同四年、文部省の上司と対立して罷免される。

・しかし、幸いにも当時の西洋医学界の重鎮であった松本順（良順、幕府の医学所頭取、新政府の初代軍医総監、一八三二―一九〇七）の推挙で兵部省軍医寮に出仕する。草創期の軍医となったのである。そして、同十二年には文部省御用掛、東京大学医学部総理心得となり、翌十三年には陸軍軍医監に就任する。

・さらに同二十年には、ドイツ陸軍衛生制度視察のために欧州旅行に派遣され、翌年、帰国した石黒は、軍医学校長、陸軍衛生会議長となる。同二十三年には、軍医の最高位である軍医総監に登り詰め、森林太郎（鴎外）の上官となった。

・その後も男爵となり貴族院議員となり、西洋医学界の重鎮として国家の要職を歴任する。退官後は、日本赤十字社長、枢密顧問官となって日本医学界に重きをなした。若き日に象山から受けた教えを実現し、医学をもって日本の攘夷を果たしたのである。まさに石黒は、門人以上の象山門人であった。

・なお、石黒は、女性にも医師国家資格を与え、日本人初の女性医師、荻野吟子（埼玉県熊谷市、旧大里郡妻沼町の出身、嘉永四―大正二、一八五一―一九一三）を誕生させた恩人でもある。

※石黒忠悳『懐旧九十年』（岩波文庫、一九八三年）。山崎光夫「森鴎外と医学留学生たちの交流」（『日本医史学雑誌』第五五巻第一号、二〇〇九年）。渡辺淳一『花埋み』（河出書房新社、一九七〇年）。

おわりに

以上、象山の「東洋道徳・西洋芸術」思想の教えを受けて幕末明治期の各界で日本近代化に貢献した主要な門人三〇名を紹介した。この他にも判明するだけでも約五〇〇名の象山門人がいる。だが、それとても象山の教育活動のわずか数年間の門人数に過ぎない。

天保六年（一八三五）に松代藩の儒者となってから元治元年（一八六四）の最期までの約三十年間に教えた門人の総数を推定すると、象山門人は優に一〇〇〇名の多きに達する。彼ら象山門人たちは、有名か無名か、中央か地方かを問わず、敬仰する恩師象山を彷彿させて教えを遵守し、全国各地の様々な分野で日本の独立と国民の安寧（「脩身斉家治国平天下」）の実現に身を賭したのである。

思想があり、その教えを継承する門人がいるとき、その思想は、時代を超えて後世の人々を啓蒙し喚起させ、新時代の建設に立ち向かう勇気と希望を与えることができる。その意味で、「東洋道徳・西洋芸術」思想とともにある象山は、幕末期を超えて混迷する現代人をも喚起する偉大な思想家であり教育者であるともいえるであろう。

続刊

坂本保富著

佐久間象山研究 下巻

―門人帳史料「及門録」の研究―

A5判・上製・函入／予価20000円(税別)

佐久間象山は、幕末から明治期に活躍した勝海舟・吉田松陰・西村茂樹・加藤弘之ら、優秀な門人を多数輩出した開明的な人物と評されてきた。だが、その実体はどうだったのか。『象山全集』所収の「訂正及門録」の問題点の数々を指摘し、現存する五種の「及門録」に記された全四六三名の門人を丹念に比較・分析。確かな象山門人の析出に挑んだ大作。

吉川弘文館

著者略歴

一九四七年　栃木県上三川町に生まれる。
一九七八年　東京教育大学大学院博士課程単位取得修了（教育思想史・教育文化史）。
荒川区教育委員会、長野県教育委員会、松本市教育委員会、大妻学院、諏訪日赤病院などの各種委員を歴任。
現在　信州大学名誉教授、平成国際大学名誉教授。一般社団法人アジア文化研究学会顧問。

〔主要著書〕
『幕末洋学教育史研究』（高知市民図書館、二〇〇四年）
『米百俵の歴史学』（学文社、二〇〇六年）
『米百俵の主人公　小林虎三郎―日本近代化と佐久間象山門人の軌跡―』（学文社、二〇一一年）
『日本人の生き方―「教育勅語」と日本の道徳思想―』（振学出版、二〇一三年）

佐久間象山研究　上巻
「東洋道徳・西洋芸術」思想の研究

二〇二五年（令和七）一月一日　第一刷発行

著　者　坂《さか》本《もと》保《やす》富《とみ》
発行者　吉川道郎
発行所　株式会社 吉川弘文館
郵便番号一一三―〇〇三三
東京都文京区本郷七丁目二番八号
電話〇三―三八一三―九一五一〈代〉
振替口座〇〇一〇〇―五―二四四番
https://www.yoshikawa-k.co.jp/

印刷＝藤原印刷株式会社
製本＝誠製本株式会社

ISBN978-4-642-04368-7

索 引

Ⅰ 人名索引

あ 行

か　行

さ　行

た　行

な　行

は　行

ま　行

や　行

ら・わ 行

II 典籍索引

あ 行

か 行

さ　行

Ⅲ　事項索引

あ　行

か　行

さ 行

た　行

な 行

は 行

ま　行

や　行

ら・わ 行